Routledge History of Philosophy
(Ten Volumes)

Routledge
History
of
Philosophy
(Ten Volumes) 第十卷（Volume X）

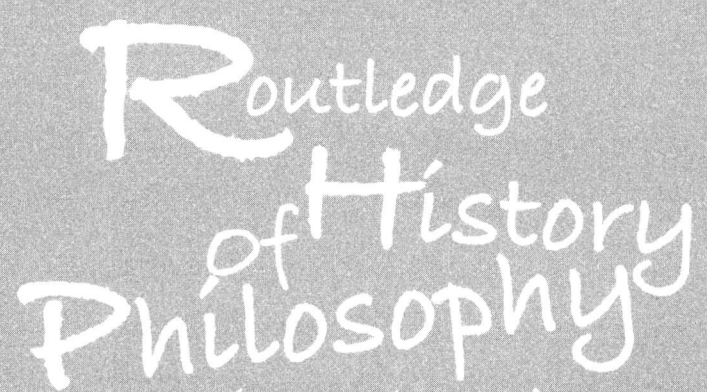

20世纪意义、知识和价值哲学

[加] 约翰·V·康菲尔德（John V. Canfield）／主编
江怡 曾自卫 郭立东 鲍建竹 魏开琼 罗俊丽／译
冯俊 鲍建竹／审校

中国人民大学出版社
·北京·

《劳特利奇哲学史》（十卷本）简介

《劳特利奇哲学史》对从公元前6世纪开始直到现在的西方哲学史提供了一种编年式的考察。它深入地讨论了哲学的所有重要发展，对于那些普遍公认的伟大哲学家提供了很大的篇幅。但是，较小一些的人物并没有被忽略，在这十卷本的哲学史中，包括了过去和现在的每一个重要哲学家的基本和关键的信息。这些哲学家被明确地置于他们时代的文化特别是科学的氛围之中。

这部《哲学史》不仅是写给专家看的，而且也是写给学生和普通读者看的。各章都是以浅近的风格写成，每一章的作者都是这一领域公认的专家，全书130多位顶尖的专家来自英国、美国、加拿大、澳大利亚、爱尔兰、法国、意大利、西班牙、以色列等十多个国家的著名大学和科研机构。每一章后面附有大量的参考书目，可供深入研究者参考。有详细的哲学大事历史年表，涵盖了从公元前8世纪至1993年西方哲学发展的全部历史，后面还附有专业术语的名词解释和文献、主题、人名索引。该书是代表当今世界哲学史研究领域最高学术水平的著作。

第一卷《从开端到柏拉图》 分卷主编：C. C. W. 泰勒，1997年出版。
Volume I: From the Beginning to Plato, edited by C. C. W. Taylor, 1997.

第二卷《从亚里士多德到奥古斯丁》 分卷主编：大卫·福莱，1999年出版。
Volume II: From Aristotle to Augustine, edited by David Furley, 1999.

第三卷《中世纪哲学》 分卷主编：约翰·马仁邦，1998年出版。
Volume III: Medieval Philosophy, edited by John Marenbon, 1998.

第四卷《文艺复兴和 17 世纪理性主义》 分卷主编：G. H. R. 帕金森，1993 年出版。

Volume IV：The Renaissance and Seventeenth Century Rationalism, edited by G. H. R. Parkinson, 1993.

第五卷《英国哲学和启蒙时代》 分卷主编：斯图亚特·布朗，1996 年出版。

Volume V：British Philosophy and the Age of Enlightenment, edited by Stuart Brown, 1996.

第六卷《德国唯心主义时代》 分卷主编：罗伯特·C·所罗门，凯特林·M·希金斯，1993 年出版。

Volume VI：The Age of German Idealism, edited by Robert C. Solomon & Kathleen M. Higgins, 1993.

第七卷《19 世纪哲学》 分卷主编：C. L. 滕，1994 年出版。

Volume VII：The Nineteenth Century, edited by C. L. Ten, 1994.

第八卷《20 世纪大陆哲学》 分卷主编：里查德·柯尔内，1994 年出版。

Volume VIII：Twentieth-Century Continental Philosophy, edited by Richard Kearney, 1994.

第九卷《20 世纪科学、逻辑和数学哲学》 分卷主编：斯图亚特·G·杉克尔，1996 年出版。

Volume IX：Philosophy of Science, Logic and Mathematics in the Twentieth Century, edited by Stuart G. Shanker, 1996.

第十卷《20 世纪意义、知识和价值哲学》 分卷主编：约翰·V·康菲尔德，1997 年出版。

Volume X：Philosophy of Meaning, Knowledge and Value in the Twentieth Century, edited by John V. Canfield, 1997.

目　录

总主编序 …………………………………………………………（1）
作者简介 …………………………………………………………（4）
历史年表 …………………………………………………………（7）

导言 ………………………… 约翰·V·康菲尔德（John V. Canfield）（1）
第一章　语言哲学 ………………………… 马蒂尼奇（A. P. Martinich）（11）
　　语言及其用法 …………………………………………………（11）
　　意义的命名理论 ………………………………………………（13）
　　意义的证实理论 ………………………………………………（19）
　　说话者的意义 …………………………………………………（21）
　　言语行为和会话：一种语用学理论 …………………………（23）
　　命名的因果理论 ………………………………………………（27）
　　名称与信念 ……………………………………………………（31）
　　解释与翻译 ……………………………………………………（33）
　　结论 ……………………………………………………………（36）
第二章　语言哲学的形式化工作
　　………………… 尼诺·B·库恰瑞拉（Nino B. Cocchiarella）（41）
　　把普遍语言看作一种哲学语言的观念 ………………………（41）

  把逻辑上完善的语言看作一种理想规则的观念 ……………… (43)
  逻辑类型论 ………………………………………………………… (47)
  彻底的经验主义和对世界的逻辑构造 …………………………… (51)
  逻辑经验主义的意义理论 ………………………………………… (53)
  符号学与句法学、语义学、语用学的三位一体 ………………… (56)
  从逻辑的观点看语用学 …………………………………………… (59)
  内涵逻辑 …………………………………………………………… (63)
  普遍蒙塔古语法 …………………………………………………… (68)
  言语行动理论和对语用学的回归 ………………………………… (70)

第三章　形而上学Ⅰ（1900—1945）
     …… 威廉·詹姆斯·迪安祖尼斯（William James DeAngelis）(78)
  导言 ………………………………………………………………… (78)
  绝对唯心主义：英国和美国的新黑格尔主义 …………………… (79)
  皮尔士：反形而上学的早期萌芽 ………………………………… (84)
  摩尔：常识的使徒 ………………………………………………… (87)
  伯特兰·罗素 ……………………………………………………… (92)
    旧形而上学与新逻辑 ……………………………………… (92)
    逻辑构造主义 ……………………………………………… (95)
    逻辑原子主义 ……………………………………………… (97)
  威廉·詹姆斯：实用主义、形而上学与中立一元论 …………… (99)
  路德维希·维特根斯坦：被推翻的形而上学 ………………… (103)
  维特根斯坦与逻辑实证主义 …………………………………… (107)
    共同的信念 ………………………………………………… (107)
    共同的问题 ………………………………………………… (109)

第四章　形而上学Ⅱ（1945— ）
     ……………… 伯纳德·林斯基（Bernard Linsky）(116)
  形而上学的再发现 ……………………………………………… (116)
  唯名论 …………………………………………………………… (118)
  同一性与个体化 ………………………………………………… (120)

模态形而上学……………………………………………………（129）

　　迈农主义………………………………………………………（136）

　　自然主义………………………………………………………（138）

　　反实在论………………………………………………………（140）

第五章　伦理学Ⅰ（1900—1945）

　　………………迈克尔·斯廷格尔（Michael Stingl）（147）

　　摩尔的《伦理学原理》…………………………………………（148）

　　直觉主义………………………………………………………（155）

　　自然主义………………………………………………………（158）

　　逻辑实证主义…………………………………………………（162）

　　实质性伦理学…………………………………………………（166）

　　回顾……………………………………………………………（172）

第六章　伦理学Ⅱ（1945— ）

　　………………罗伯特·L·阿灵顿（Robert L. Arrington）（180）

第七章　知识论………保罗·K·莫泽（Paul K. Moser）（214）

　　经验主义的复苏………………………………………………（214）

　　　常识经验主义者：摩尔与罗素……………………………（214）

　　　逻辑实证主义………………………………………………（223）

　　　美国古典实用主义…………………………………………（229）

　　经验主义的问题………………………………………………（235）

　　　奎因论分析性………………………………………………（235）

　　　卡尔纳普论分析性…………………………………………（238）

　　　认识论中的分析性…………………………………………（240）

　　认识论辩护……………………………………………………（243）

　　知识的条件……………………………………………………（252）

　　怀疑论…………………………………………………………（253）

第八章　维特根斯坦的后期哲学

　　………………约翰·V·康菲尔德（John V. Canfield）（272）

　　向后期哲学的转变……………………………………………（274）

总旨 …………………………………………………… (274)
　　语法虚构；形而上学图像 ……………………………… (275)
　　用法 ……………………………………………………… (276)
　　颠倒 ……………………………………………………… (279)
　　《哲学研究》中的"逻辑" ……………………………… (280)
　　何谓简单物，我们可以考察它？………………………… (282)
语言的根源 …………………………………………………… (284)
　　行动 ……………………………………………………… (284)
　　"本能的"行为 ………………………………………… (284)
　　意向 ……………………………………………………… (286)
　　姿态阶段 ………………………………………………… (286)
　　简单的语言游戏 ………………………………………… (287)
　　从原始物到复杂物 ……………………………………… (288)
　　第三人称的意向陈述：句法 …………………………… (289)
关键词 ………………………………………………………… (290)
　　用法；语言游戏 ………………………………………… (290)
　　功能 ……………………………………………………… (292)
　　家族相似 ………………………………………………… (293)
　　标准 ……………………………………………………… (293)
　　Äusserungen（状态）…………………………………… (296)
　　语言的基石 ……………………………………………… (298)
　　私人语言 ………………………………………………… (300)
方法和范围 …………………………………………………… (305)
　　"哲学的正确方法" ……………………………………… (305)
　　维特根斯坦与学院派哲学 ……………………………… (306)
　　维特根斯坦批评的范围 ………………………………… (307)

第九章　政治哲学……………亚瑟·利普斯坦（Arthur Ripstein）(314)
　元伦理学和概念分析 ………………………………………… (314)
　功利主义 ……………………………………………………… (315)

马克思主义……(316)

实用主义……(317)

1960年代……(318)

罗尔斯……(319)

罗尔斯的批评者们……(321)

  自由主义……(322)

  分析的马克思主义……(324)

  共产主义……(325)

女性主义……(328)

  公共的和私人的……(329)

第十章 女性主义哲学
………… 萨拉·露西亚·霍格兰（Sarah Lucia Hoagland）

玛里琳·弗赖伊（Marilyn Frye）(337)

第十一章 法哲学………… 加尔文·G·诺姆（Calvin G. Normore）(382)

基础法理学……(382)

道德的强制……(391)

惩罚……(394)

因果关系、责任和民事侵权行为……(399)

其他主题……(401)

第十二章 应用伦理学………… 贾斯汀·奥克雷（Justin Oakley）(405)

导言……(405)

生命伦理学……(408)

环境伦理学……(415)

商业伦理学……(422)

结论……(429)

第十三章 美学………… 乔治·迪基（George Dickie）(436)

导言……(436)

心理学时期……(437)

  审美经验……(437)

艺术哲学……………………………………………………（440）
　分析时期……………………………………………………………（443）
　　　艺术经验……………………………………………………（443）
　　　艺术哲学……………………………………………………（447）
　情境时期……………………………………………………………（449）
　　　绪言…………………………………………………………（449）
　　　艺术经验……………………………………………………（449）
　　　艺术哲学……………………………………………………（452）
　解释和评估艺术……………………………………………………（457）
　　　解释…………………………………………………………（457）
　　　评估…………………………………………………………（459）

第十四章　宗教哲学………爱德华·维伦卡（Edward R. Wierenga）（468）
　唯心主义……………………………………………………………（469）
　威廉·詹姆斯和实用主义…………………………………………（470）
　艾尔弗雷德·诺思·怀特海与过程哲学…………………………（471）
　神学语言：可证实性和意义………………………………………（471）
　维特根斯坦式唯信论………………………………………………（473）
　恶的问题……………………………………………………………（474）
　本体论证明…………………………………………………………（476）
　宗教的分析哲学……………………………………………………（477）
　宗教认识论…………………………………………………………（480）
　神学话题……………………………………………………………（481）

名词解释………………………………………………………………（488）
索引……………………………………………………………………（499）
译后记…………………………………………………………………（518）

总主编序

帕金森（G. H. R. Parkinson）
杉克尔（S. G. Shanker）

哲学史，正如它的名字所意指的一样，它表示两个非常不同的学科的统一，它们中的一个学科给另一个学科强加了严格的限制。作为思想史中的一种活动，它要求人们获得一种"历史的眼光"：对它研究的那些思想家是怎样看待他们力图解决的问题、他们讨论这些问题的概念框架、他们的假设和目的、他们的盲点和偏差等有一种透彻的理解。但是，作为哲学中的一种活动，我们所要做的不能仅仅是一种描述性的工作。我们的努力有一个关键性的方面：我们对说服力的探求和对论证发展路径的探求一样重要，因为哲学史中的许多问题不仅对哲学思想的发展可能曾经产生过影响，而且它们今天继续盘踞在我们心中。

所以哲学史要求与它的实践者们保持一种微妙的平衡。我们完全是以"事后诸葛亮"的眼光来阅读这些著作，我们能看出为什么微小的贡献仍然是微小的，而庞大的体系却崩溃了：有时是内部压力的结果，有时是因为未能克服一种难以克服的障碍，有时是一种剧烈的技术或社会的变化，并且常常是因为理智的时尚和兴趣的变化。然而，因为我们对许多相同的问题的持续的哲学关注，我们不能采取超然的态度来看这些工作。我们想要知道从那些不重要的或是"光荣的失败"中吸取什么教训；有多少次我们想要以疏漏的理论来为一种现代的相关性辩护，或者重新考虑"光荣的失败"是否确实是这样，或只是超越它的时代，或许甚至超越它的作者。

因此，我们发现我们自己非常像神话故事中的"激进的翻译家"，对现代哲学家们如此着迷，力图用作者自己的文化眼光，同时也以我们自己的眼光来理解作者的思想。这可能是一项令人惊叹的任务，在历史的尝试中我们多次失败，因为我们的哲学兴趣是如此强烈；或者是忽视了后者，因为我们是如此的着迷于前者。但是哲学的本性就是如此，我们不得不掌握这两种技能。因为学习哲学史不只是一种挑战性的、吸引人的消遣活动，把握哲学与历史和科学这两者是怎样密切联系而又相互区别的，这是了解哲学本性的一个根本性的因素。

《劳特利奇哲学史》对西方哲学从它的开端到当代的历史提供了一种编年的考察。它的目的是深入地讨论所有重大的哲学发展，本着这个初衷，大部分篇幅被分配给那些普遍公认的伟大哲学家。但是，较小一些的人物并没有被忽略。我们希望在这十卷本的哲学史中，读者将至少能够找到过去和现在的任何重要哲学家的基本信息。

哲学思维并不是脱离其他人类活动而孤立发生的，这部《哲学史》力图将哲学家置于他们时代的文化特别是科学的氛围之中。某些哲学家确实把哲学仅仅看做自然科学的附属物，但是即使排斥这种观点，也几乎不能否认各门科学对今天被我们称为哲学的东西确实有过巨大的影响，清晰地阐明这种影响是非常重要的。这样大部头的著作并非想要提供一种曾影响过哲学思维的那些因素的单纯记录，哲学是一个有着它自己的论证标准的学科，表现哲学论证发展的方式是这部哲学史关心的重点。

说到"今天被我们称为哲学的东西"，我们可能给人一种印象：似乎今天对于哲学是什么只存在一种观点，肯定不是这么回事。相反，在那些自称是哲学家的人们当中，他们对于这个学科的本性的意见存在着极大的差异。这些差异反映在今天存在的、通常分别描述为"分析"哲学和"大陆"哲学的两个主要的思想学派之中。作为这部《哲学史》的总主编，我们的目的不是要搞派性之争。我们的态度是一种宽容的态度，我们希望，这部十卷本的著作能够帮助我们理解哲学家们是怎么达到他们现在所占有的这些位置的。

最后一点要说的就是，长期以来，哲学成为一个高度技术化的学科，它有自己的专有术语。这部哲学史不仅是写给专家看的,而且也是写给普通读者看的。为了这个目的,我们力图保证每一章都以一种贴近读者的风格写成。由于专业性是不可避免的,在每一卷的后面,我们提供了一个专业术语的名词解释表。我们希望,这样,这个十卷本将会拓宽我们对这个学科的了解,而这个学科对于所有勤于思考的人们来说是最为重要的。

作者简介

Robert L. Arrington（罗伯特·L·阿灵顿）　佐治亚州亚特兰大佐治亚州立大学哲学教授，《理性主义、实在论和相对主义》(*Rationalism, Realism, and Relativism*，1989) 的作者，《维特根斯坦的哲学研究》(*Wittgenstein's Philosophical Investigations*，1991) 的联合主编，即将出版《维特根斯坦和奎因》(*Wittgenstein and Quine*)。目前他正在写作一本伦理学史著作，并主编《哲学家伴读》(*A Companion to the Philosophers*)。

John V. Canfield（约翰·V·康菲尔德）　多伦多大学荣休教授，《维特根斯坦：语言和世界》(*Wittgenstein: Language and World*，1981)、《镜中自我》(*The Looking-Glass Self*，1990) 以及一系列关于维特根斯坦和语言哲学的学术论文的作者。他也是（与弗兰克·唐奈 [Frank Donnell] 合作）《知识论》(*The Theory of Knowledge*，1964) 和《自然的目的》(*Purpose in Nature*，1966)、《维特根斯坦哲学》(*The Philosophy of Wittgenstein*，第 15 卷，1986) 和（与斯图亚特·杉克尔合作）《维特根斯坦的意图》(*Wittgenstein's Intentions*，1993) 等书的主编。

Nino B. Cocchiarella（尼诺·B·库恰瑞拉）　印第安纳大学哲学教授，著有《谓词理论和共相问题的逻辑考察》(*Logical Investigations of Predication Theory and the Problem of Universals*，1986)、《早期分析哲学的逻辑研究》(*Logical Studies in Early Analytic Philosophy*，1987)，以及大量文章尤其是《概念论、实在论和内涵逻辑》("Conceptualism, Realism, and Intensional Logic") 和《概念实在论与奎因论类和高阶逻辑》("Conceptual Realism versus Quine on Classes and Higher-Order Logic")。

William James DeAngelis（威廉·詹姆斯·迪安祖尼斯） 马萨诸塞州波士顿东北大学哲学副教授，总统卓越教学奖获得者。他的成果主要在形而上学和维特根斯坦研究领域，当前正在准备一本宗教哲学的专著。

George Dickie（乔治·迪基） 居住在芝加哥，著有《艺术与美学》(Art and the Aesthetic，1974)、《艺术圈》(The Art Circle，1984)、《艺术评估》(Evaluating Art，1988) 以及《品味的世纪》(The Century of Taste，1996)。

Marilyn Frye（玛里琳·弗赖伊） 在密歇根大学讲授哲学和妇女研究，著有论文集《实在的政治学》(The Politics of Reality，1983) 和《任性的处女》(Willful Virgin，1992)。

Sarah Lucia Hoagland（萨拉·露西亚·霍格兰） 芝加哥东北伊利诺伊大学哲学和妇女研究教授，著有《女同性恋伦理学》(Lesbian Ethics，1988)，也是《仅献给女同性恋者：分离主义选集》(For Lesbians Only: A Separatist Anthology，1992) 的联合主编。

Bernard Linsky（伯纳德·林斯基） 任教于阿尔伯塔大学哲学系。他的论文主要涉及哲学逻辑学、道德形而上学和伯特兰·罗素，其兴趣与他的父亲伦纳德·林斯基（Leonard Linsky）相近。

A. P. Martinich（马蒂尼奇） 在得克萨斯州立大学奥斯汀分校讲授哲学，《语言哲学》(The Philosophy of Language，1985) 的主编，并在该领域发表了一系列论文。

Paul K. Moser（保罗·K·莫泽） 芝加哥洛约拉大学哲学教授，著有《经验的正当性》(Empirical Justification，1985)、《知识和证据》(Knowledge and Evidence，1989)、《哲学与客观性》(Philosophy after Objectivity，1993)，编有《经验知识》(Empirical Knowledge，1986)、《先验知识》(A Priori Knowledge，1987)、《行动理性》(Rationality in Action，1990) 以及《人类的知识》(Human Knowledge，2nd edn，1995)，还有大量知识论相关论文被收入其他各种论文集中，也是最新《劳特利奇当代哲学概论》系列丛书的总主编。

Calvin G. Normore（加尔文·G·诺姆） 多伦多大学埃林代尔学院哲学教授，其著作和演讲涉及中世纪哲学、社会和政治哲学、逻辑史和决策论等不同领域。

Justin Oakley（贾斯汀·奥克雷） 澳大利亚莫纳什大学人类生物伦理学中心讲师，著有《道德和情感》(*Morality and the Emotions*，1992)，发表有伦理理论、医疗伦理学及生物伦理学等领域的相关论文。他目前即将与迪安·库克（Dean Cocking）一道完成一本关于医学中的德性伦理学的著作。

Arthur Ripstein（亚瑟·利普斯坦） 在多伦多大学埃林代尔学院讲授哲学，其作品主要分布于法律和政治哲学等领域，目前正在撰写一本论责任和运气的著作。

Michael Stingl（迈克尔·斯廷格尔） 在莱斯布里奇大学讲授哲学，其研究兴趣包括伦理自然主义和生物伦理学中的各类应用话题，目前正在编辑一本关于改革加拿大卫生系统的著作。

Edward R. Wierenga（爱德华·维伦卡） 罗切斯特大学（纽约州）宗教学教授和宗教与古典学系主任，著有《上帝的本性》(*The Nature of God*，1989)及大量论文。

历史年表

著作或论文所提供的时间都是出版时间。非英语标题都已经翻译过来了，除非原标题更为人所熟知。

	哲学(总论)	逻辑学
1873		
1877	皮尔士,《信念的确定》(Peirce,"The Fixation of Belief")	
1879		弗雷格,《概念文字》(Frege, *Begriffschrift*)
1881		
1883		布拉德雷,《逻辑学原理》(Bradley, *Principles of Logic*)
1884		弗雷格,《算术基础》(*The Foundations of Arithmetic*)
1891		弗雷格,《函项和概念》("Function and Concept")
1892	弗雷格,《论涵义和指称》("On Sense and Reference")	弗雷格,《论概念和对象》("Concept and Object")
1893	布拉德雷,《表象与实在》(*Appearance and Reality*)	弗雷格,《算术的基本规律》(*The Basic Laws of Arithmetic*,卷2出版于1903年)
1895		
1897		
1898		
1899		希尔伯特,《几何学基础》(Hilbert, *Foundations of Geometry*)
1900	胡塞尔,《逻辑研究》(Husserl, *Logical Investigations*)	希尔伯特在国际数学家大会上演讲:《数学的问题》("Mathematical Problems")
1901		
1902		发现罗素悖论
1903	摩尔,《对唯心主义的驳斥》(Moore,"The Refutation of Idealism") 摩尔,《伦理学原理》(*Principia Ethica*)	罗素,《数学原理》(Russell, *The Principles of Mathematics*) 弗雷格,《算术的基本规律》
1904		
1905	罗素,《论指谓》("On Denoting") 马赫,《知识与谬误》(Mach, *Knowledge and Error*)	迈农,《对象论》(Meinong,"Theory of Objects")

科学哲学	科学技术	
杰文斯，《科学原理》(Jevons, *The Principles of Science*)		1873
		1877
		1879
亥姆霍兹，《通俗演讲》(Helmholtz, *Popular Lectures*)	麦克尔逊—莫雷实验(Michelson-Morley experiment，发现光速在垂直方向上保持不变)	1881
马赫，《力学史评》(*The Science of Mechanics*)		1883
		1884
	埃利希(Ehrlich)白喉抗毒素的发现建立免疫学领域	1891
皮尔逊，《科学的规范》(Pearson, *The Grammar of Science*)	洛伦兹—菲茨杰拉德收缩(Lorentz-Fitzgerald contraction，物体在高速状态下会发生长度收缩)	1892
马赫，《通俗科学演讲》(*Popular Scientific Lectures*) 赫兹，《力学原理》(Hertz, *The Principles of Mechanics*)		1893
	伦琴(Röntgen)发现X射线 汤姆逊(Thomson)发明云室(Cloud Chamber)	1895
	发现电子(汤姆逊) 测量电子的电荷(汤姆逊)	1897
	居里夫人(M. Curie)提出"放射性"这一术语 卢瑟福(Rutherford)发现α和β射线	1898
		1899
	普朗克(Planck)提出量子理论：物质只有在特定的能量下才能放射出光 孟德尔(Mendel)1860年代的遗传学著作被重新发现	1900
	电报传输首次跨越大西洋(马可尼[Marconi])	1901
彭加勒，《科学与假设》(Poincaré, *Science and Hypothesis*)	卢瑟福、索迪，《放射性的原因和本质》(Rutherford and Soddy, "The Cause and Nature of Radioactivity")	1902
	首次成功完成飞机飞行(怀特[Wright]兄弟)	1903
迪昂，《物理学理论的目的和结构》(Duhem, *The Aim and Structure of Physical Theory*)	汤姆逊的原子模型：电子分布在正电荷周围	1904
玻耳兹曼，《通俗著作集》(Boltzmann, *Popular Writings*)	爱因斯坦(Einstein)解释布朗运动(悬浮在液体中的微粒的运动)，这被视为原子存在的第一个证据 爱因斯坦发表狭义相对论的论文 爱因斯坦为光像粒子一样的行为提出光量子的假设(1926年提出"光子")	1905

续前表

	哲学(总论)	逻辑学
1906		
1907	詹姆斯,《实用主义》(James, *Pragmatism*) 柏格森,《创造进化论》(Bergson, *Creative Evolution*)	
1908		
1909		
1910		罗素、怀特海,《数学原理》(Russell and Whitehead, *Principia Mathematica*, 1910—1913)
1911		
1912		布劳威尔,《直觉主义和形式主义》(Brouwer, *Intuitionism and Formalism*)
1913	胡塞尔,《观念》(*Ideas*)	
1914	罗素,《我们关于外部世界的知识》(*Our Knowledge of the External World*) 布拉德雷,《真理与实在论文集》(*Essays on Truth and Reality*)	
1915		
1917		
1918	罗素,《逻辑原子主义哲学》(*The Philosophy of Logical Atomism*) 石里克,《广义知识论》(Schlick, *General Theory of Knowledge*)	刘易斯,《符号逻辑概论》(Lewis, *Survey of Symbolic Logic*)
1919		罗素,《数学哲学导论》(*Introduction to Mathematical Philosophy*)
1920	怀特海,《自然的概念》(*The Concept of Nature*)	
1921	维特根斯坦,《逻辑哲学论》(Wittgenstein, *Tractatus Logico-Philosophicus*)	凯恩斯,《概率论》(Keynes, *A Treatise on Probability*)
1922	摩尔,《哲学文集》(*Philosophical Papers*)	
1923		斯科伦,《关于公理集合论的几点说明》(Skolem, "Some Remarks on Axiomatic Set Theory")

科学哲学	科学技术	
	霍普金斯(Hopkins)推测"维生素"的存在(1912年被命名,1928年被发现)	1906
		1907
杜里舒,《有机体的科学和哲学》(Driesch, The Science and Philosophy of the Organism)	闵可夫斯基,《空间和时间》(Minkowski, Space and Time,提出四维宇宙)	1908
	提出基因概念(约翰逊[Johannsen])	1909
	居里夫人,《放射性专论》(Treatise on Radioactivity)	1910
	卢瑟福提出原子理论:带正电的核被带负电的电子所环绕	1911
摩尔根,《直觉和经验》(C. L. Morgan, Instinct and Experience)	提出大陆漂移说(魏格纳[Wegener])	1912
	玻尔(Bohr)的原子模型:电子围绕原子核在固定的轨道上运转,通过轨道的跃迁释放出固定的能量。 亨利·福特(Henry Ford)的装配线投入使用	1913
布洛德,《知觉、物理和实在》(Broad, Perception, Physics, and Reality) 杜里舒,《生机论的历史和理论》(The History and Theory of Vitalism)	卢瑟福发现质子	1914
	爱因斯坦提出广义相对论	1915
石里克,《当代物理学中的空间和时间》(Space and Time in Contemporary Physics)	史瓦兹旭尔德(Schwarzschild)预言黑洞的存在	1917
		1918
		1919
坎贝尔,《物理学原理》(Campbell, Physics: The Elements)	哈金斯(Harkins)提出中子(无电荷粒子);1932年被发现 斯莱弗(Slipher)报道发现了星系光谱红移现象 玻尔成立哥本哈根理论物理学研究所	1920
	发现胰岛素(班廷[Banting]、贝斯特[Best]、麦克劳德[Mcleod]和科利普[Collip])	1921
		1922
布洛德,《科学思想》(Scientific Thought) 摩尔根,《突生进化论》(Emergent Evolution)	德布罗意(de Broglie)提出物质的波粒二象性,1927年由戴维孙(Davisson)证实	1923

续前表

	哲学(总论)	逻辑学
1924		
1925	布洛德,《心灵及其在自然界的地位》(The Mind and Its Place in Nature)	
1926		
1927	海德格尔,《存在与时间》(Heidegger, Being and Time) 麦克塔格特,《存在的本质》(McTaggart, The Nature of Existence)	
1928	卡尔纳普,《世界的逻辑构造》(Carnap, The Logical Structure of the World)	希尔伯特,《数理逻辑基础》(Principles of Mathematical Logic) 米塞斯,《概率、统计和真理》(von Mises, Probability, Statistics and Truth)
1929	卡尔纳普、哈恩和纽拉特,《科学的世界观:维也纳学派》(Carnap, Hahn and Neurath, The Scientific World View: The Vienna Circle) 杜威,《经验与自然》(Dewey, Experience and Nature) 刘易斯,《心灵与世界秩序》(Mind and the World Order)	
1930		哥德尔(Gödel)证明了一阶谓词演算的完备性

科学哲学	科学技术	
	玻色(Bose)提出光量子的玻色统计 哈勃(Hubble)提出星系是独立系统 杀虫剂开始使用	1924
怀特海,《科学与现代世界》(Science and the Modern World)	古德斯密特(Goudsmit)和乌伦贝克(Uhlenbeck)提出电子自旋的假设 泡利(Pauli)发现不相容原理(不能有两个或两个以上的电子具有相同的量子数) 玻恩(Born)、海森堡(Heisenberg)和约尔当(Jordan)首次给出量子力学的简明数学公式 "斯科普斯猴子案件"(高中教师因讲授进化论而被公诉) 布什(Bush)设计出第一台模拟计算机	1925
摩尔根,《生命、心灵和精神》(Life, Mind, and Spirit)	玻恩发表量子力学的概率论诠释 费米—狄拉克(Fermi-Dirac)统计 狄拉克证明了普朗克定律 薛定谔(Schrödinger)发表波动力学的第一篇论文 发表薛定谔方程 摩尔根,《基因论》(The Theory of Gene)	1926
罗素,《物的分析》(The Analysis of Matter) 外尔,《数学和自然科学哲学》(Weyl, Philosophy of Mathematics and Natural Science) 布里奇曼,《现代物理学的逻辑》(Bridgman, The Logic of Modern Physics)	海森堡提出测不准原理(不能同时确定电子的位置和动量) 勒梅特(Lemaitre)提出宇宙起源的"大爆炸"理论的最初版本	1927
爱丁顿,《物理世界的性质》(Eddington, The Nature of the Physical World) 赖欣巴哈,《时间和空间的哲学》(Reichenbach, The Philosophy of Time and Space) 坎贝尔,《测量与计算》(Measurement and Calculation)	狄拉克方程建立起量子力学与狭义相对论的联系 弗莱明(Fleming)发现青霉素,但直到1940年代才开始生产和临床使用	1928
伍杰,《生物学原理》(Woodger, Biological Principles)	海森堡和泡利提出量子场论 发现哈勃定律(星球离地球越远,视向速度越大) 发现脱氧核糖核酸(DNA)	1929
海森堡,《量子论的物理学基础》(The Physical Principle of Quantum Theory)	狄拉克,《量子力学原理》(Principles of Quantum Mechanics) 泡利假设中微子的存在,费米创造了这个概念,1955年发现中微子 汤博根(Tombaugh)发现冥王星 汉斯·津瑟(Hans Zinsser)发现斑疹伤寒免疫	1930

续前表

		哲学（总论）	逻辑学
xx	1931	塔斯基,《形式化语言中的真理概念》(Tarski, "The Concept of Truth in Formalized Languages")	哥德尔不完备性定理被提出 拉姆齐,《数学基础》(Ramsey, *The Foundations of Mathematics*) 卡尔纳普,《数学的逻辑主义基础》("The Logicist Foundations of Mathematics") 海廷,《数学的直觉主义基础》(Heyting, "The Intuitionist Foundations of Mathematics") 冯·诺依曼,《数学的形式主义基础》(Von Neumann, "The Formalist Foundations of Mathematics")
	1932	普莱斯,《知觉》(Price, *Perception*)	
	1933		
	1934	卡尔纳普,《语言的逻辑句法》(*The Logical Syntax of Language*)	希尔伯特,《数学基础》(*Foundations of Mathematics*)（卷2出于1939年）
	1935		赖欣巴哈,《概率论》(*The Theory of Probability*)
	1936	胡塞尔,《欧洲科学的危机和先验现象学》(*The Crisis of European Sciences and Transcendental Phenomenology*) 艾耶尔,《语言、真理和逻辑》(Ayer, *Language, Truth and Logic*) 石里克,《意义与证实》("Meaning and Verification")	
	1937		图灵,《论可计算数字》(Turing, "On Computable Numbers")("图灵机")
	1938		哥德尔证明了连续统假设与公理集合论的一致性 杜威,《逻辑：探究理论》(*Logic: The Theory of Inquiry*)
	1939	布兰夏德,《思想的性质》(Blanshard, *The Nature of Thought*)	内格尔,《概率论原理》(Nagel, *Principles of the Theory of Probability*) 卡尔纳普,《逻辑和数学基础》(*Foundations of Logic and Mathematics*)

科学哲学	科学技术	
霍尔丹,《生物学的哲学基础》(Haldane, The Philosophical Basis of Biology) 纽拉特,《物理主义》("Physicalism") 石里克,《现代物理学中的因果性》("Causality in Contemporary Physics") 卡尔纳普,《作为科学的普遍语言的物理语言》("Die Physikalische Sprache als Universalsprache der Wissenschaft"),英译为《科学的统一》(The Unity of Science, 1934)	狄拉克提出"正电子"的假设,1932年由安德森(Anderson)发现 发现第一种反物质形式	1931
乔德,《现代科学的哲学方面》(Joad, Philosophical Aspects of Modern Science)	粒子加速器首次用于锂的核裂变(考克饶夫特[Cockroft]和沃尔顿[Walton]) 海森堡提出原子核模型:中子和质子通过交换电子结合在一起 查德威克(Chadwick)发现中子 摩尔根,《进化的科学基础》(The Scientific Basis of Evolution)	1932
	费米提出β衰变理论(首次提出弱相互作用) 合成维生素C	1933
巴什拉,《新科学精神》(Bachelard, The New Scientific Spirit)		1934
波普尔,《科学发现的逻辑》(Popper, The Logic of Scientific Discovery) 爱丁顿,《科学的新道路》(New Pathways in Science)	汤川秀树(Yukawa)提出原子核内粒子间交换粒子会引起相互吸引(强相互作用),1939年称为"meson",现在称为"pion"(介子) 里克特(Richter)提出里克特震级 沃森-瓦特(Watson-Watt)发明第一台雷达	1935
布里奇曼,《物理理论的本质》(The Nature of Physical Theory) 国际统一科学百科全书(The International Encyclopedia of Unified Sciences)开始出版(纽拉特、卡尔纳普、莫里斯[Morris])	贝勒泽斯基(Belozersky)首次分离了纯DNA 楚泽(Zuse)发明原始数字计算机 阿塔纳索夫—贝瑞计算机(Atanasoff-Berry Computer)即首台电子计算机开始研制,1939年完成;1942年研制出可实际运算的型号	1936
斯泰宾,《哲学和物理学家》(Stebbing, Philosophy and the Physicists) 伍杰,《生物学的公理方法》(Woodger, The Axiomatic Method in Biology)	安德森发现"μ子",最初宣称是汤川秀树的介子,1945年康弗西(Conversi)、潘西尼(Pancini)及皮西奥尼克(Piccionic)发现了这个错误 克拉莫斯(Kramers)引入"电荷共轭"的概念说明粒子的相互作用,1958年被证明对某些相互作用是无效的	1937
奥巴林,《生命起源》(Oparin, The Origin of Life) 赖欣巴哈,《经验和预测》(Experience and Prediction) 卡尔纳普,《科学统一的逻辑基础》("Logical Foundations of the Unity of Science")	哈恩发现铀的核裂变	1938
爱丁顿,《物理科学哲学》(The Philosophy of Physical Science)	爱因斯坦致信罗斯福:美国开始制造原子弹 赫令(Herring)发展了用量子原理计算物质对象性质的方法 米勒(Muller)合成出DDT杀虫剂	1939

续前表

		哲学(总论)	逻辑学
	1940	罗素,《意义与真理的探究》(An Inquiry into Meaning and Truth) 柯林伍德,《形而上学论》(Collingwood, An Essay on Metaphysics)	
	1941		塔斯基,《逻辑导论及演绎科学方法论》(Introduction to Logic and to the Methodology of Deductive Sciences)
	1942		
	1943	萨特,《存在与虚无》(Sartre, Being and Nothingness)	卡尔纳普,《逻辑的形式化》(Formalization of Logic)
	1944	斯蒂文森,《伦理学与语言》(Stevenson, Ethics and Language)	
	1945		魏斯曼,《还有其他的逻辑吗?》(Waismann, "Are there Alternative Logics?") 卡尔纳普,《概率的两个概念》("The Two Concepts of Probability")
	1946		
	1947	卡尔纳普,《意义与必然性》(Meaning and Necessity)	
	1948		
	1949	石里克,《自然哲学》(Philosophy of Nature) 赖尔,《心的概念》(Ryle, The Concept of Mind)	赖欣巴哈,《概率论》(The Theory of Probability) 涅尔,《概率与归纳》(Kneale, Probability and Induction)

科学哲学	科学技术	
	从青霉素研制出抗生素（该术语于1941年提出）	1940
	楚泽研发出Z2计算机，采用电磁继电器和穿孔带数字输入	1941
	坂田昌一(Sakata)和井上健(Inoue)提出双介子理论 费米首次提出可控的链式反应 绘制出首幅宇宙射电地图	1942
	朝永振一郎(Tomonaga)提出量子电动力学 橡树岭国家实验室成功研制出首台连续运转的核反应堆 首台全电子计算机"巨人"(Colossus)问世，用以破解密码（图灵）	1943
赖欣巴哈，《量子力学的哲学基础》(Philosophical Foundations of Quantum Mechanics)	埃弗里(Avery)确定DNA是几乎所有生命体的遗传物质 喷气发动机和火箭发动机迅速发展	1944
里尔，《有机体的一般生物学和哲学》(Lillie, General Biology and Philosophy of Organism)	广岛和长崎被投掷原子弹 ENIAC研制成功：第一台多功能存储程序的电子计算机	1945
弗兰克，《物理学基础》(Frank, Foundations of Physics)	派斯(Pais)和莫勒(Moller)引入"轻子"来说明不受强相互作用影响的轻粒子 罗彻斯特(Rochester)和巴特勒(Butler)发现"V粒子" 利比(Libby)用放射性碳14方法进行年代测定	1946
	鲍威尔(Powell)的团队发现"介子"（汤川介子） 发现"兰姆移位"(Lamb Shift)，是朝永振一郎提出相近理论四年后，量子电动力学的独立进展 坂田昌一和井上健提出相近理论五年后，马沙克(Marshak)和贝特(Bethe)独立提出双介子理论	1947
伍杰，《生物学原理》(Biological Principles)	相互对立的两种宇宙论被提出：邦迪(Bondi)、霍伊耳(Hoyle)和歌耳德(Gold)提出的稳恒态宇宙论以及伽莫夫(Gamow)、阿尔菲(Alpher)和赫尔曼(Harmon)提出的大爆炸宇宙论 肖克利(Shockley)、布拉顿(Brattain)和巴丁(Bardeen)发明晶体管，将取代真空管	1948
	雷恩瓦特(Rainwater)提出原子核不一定是球形的	1949

续前表

	哲学(总论)	逻辑学
1950	斯特劳森,《论指称》(Strawson, "On Referring") 亨佩尔,《经验主义意义标准的问题和转换》(Hempel, "Problems and Changes in the Empiricist Criterion of Meaning")	奎因,《逻辑方法》(Quine, *Methods of Logic*) 卡尔纳普,《概率的逻辑基础》(*The Logical Foundations of Probability*)
1951	奎因,《经验主义的两个教条》(Quine, "Two Dogmas of Empiricism") 古德曼,《表象的结构》(Goodman, *The Structure of Appearance*)	冯·怀特,《模态逻辑的一篇论文》(von Wright, *An Essay in Model Logic*)
1952	黑尔,《道德语言》(Hare, *The Language of Morals*) 维斯道姆,《他心》(Wisdom, *Other Minds*)	斯特劳森,《逻辑理论导论》(*Introduction to Logical Theory*) 卡尔纳普,《归纳方法的连续统》(*Continuum of Inductive Methods*)
1953	维特根斯坦,《哲学研究》(*Philosophical Investigations*) 奎因,《从逻辑的观点看》(*From a Logical Point of View*)	
1954	赖尔,《两难论法》(Ryle, *Dilemmas*)	古德曼,《事实、虚构和预测》(*Fact, Fiction and Forecast*) 萨维奇,《统计学基础》(Savage, *The Foundations of Statistics*)
1955		
1956	赖欣巴哈,《时间的方向》(*The Direction of Time*) 维特根斯坦,《数学哲学评论》(*Remarks on the Philosophy of Mathematics*)	
1957	齐硕姆,《感知》(Chisholm, *Perceiving*) 乔姆斯基,《句法结构》(Chomsky, *Syntactic Structures*)	冯·怀特,《归纳中的逻辑问题》(*The Logical Problem of Induction*)
1958	波兰尼,《个人知识》(Polanyi, *Personal Knowledge*) 贝尔,《道德的观点》(Baier, *The Moral Point of View*) 吉奇,《精神行为》(Geach, *Mental Acts*)	
1959	斯特劳森,《个体》(*Individuals*) 哈特、奥诺尔,《法律中的因果关系》(Hart and Honoré, *Causation in the Law*)	

科学哲学	科学技术	
萨默霍夫,《分析的生物学》(Sommerhoff, *Analytical Biology*)		1950
贝纳尔,《生命的物质基础》(Bernal, *The Physical Basis of Life*)	吉普森(Gibson)研制首台心肺机 UNIVAC I 研发成功,首台商用计算机	1951
维斯道姆,《自然科学的推理基础》(*Foundations of Inference in Natural Science*) 亨佩尔,《经验科学中概念形成的基本原理》(*Fundamentals of Concept Formation in Empirical Science*) 伍杰,《生物学和语言》(*Biology and Language*)	莱德伯格(Lederberg)发现质粒(即通过细菌交换基因物质的分子构形) 格拉塞(Glaser)发明气泡室用于亚原子粒子的研究 特勒(Teller)研发出氢弹 首例核事故发生(加拿大乔克河) 沙克(Salk)研制出脊髓灰质炎疫苗;1954年开始大量接种,直到1957年被沙宾(Sabine)研制的新疫苗超越 "皮尔当人"(Piltdown Man)被发现为伪造	1952
图尔明,《科学哲学》(Toulmin, *The Philosophy of Science*) 布雷思韦特,《科学解释》(Braithwaite, *Scientific Explanation*)	盖尔曼(Gell-Mann)、中野董夫(Nakano)和西岛和彦(Nishijina)各自独立提出新的量子数,"奇异数" 克里克(Crick)和沃森(Watson)确定了DNA的双螺旋结构	1953
赖欣巴哈,《法则陈述和容许操作》(*Nomological Statements and Admissible Operations*)	欧洲核子研究组织(CERN)成立	1954
	柯万(Cowen)和莱因斯(Reines)观测到中微子 IBM公司的巴科斯(Backus)研发出第一个计算机编程语言FORTRAN 麦卡锡(McCarthy)研发出人工智能的计算机语言LISP	1955
	柯克(Cork)、兰伯特孙(Lambertson)、皮西奥尼克(Piccionic)和文采尔(Wentzel)发现反中子	1956
玻姆,《现代物理学中的因果性和机遇》(Bohm, *Causality and Chance in Modern Physics*)	杨振宁、李政道和吴健雄用奇偶校验法证明在弱相互作用中宇称不守恒 施温格(Schwinger)提出"W玻色子"为弱相互作用的传递媒介 苏联发射第一颗人造卫星Spuntnik I	1957
汉森,《发现的模式》(Hanson, *Patterns of Discovery*) 玻尔,《原子物理和人类知识》(*Atomic Physics and Human Knowledge*)		1958
邦格,《因果性》(Bunge, *Causality*)		1959

续前表

	哲学（总论）	逻辑学
1960	奎因,《语词和对象》(Word and Object) 马尔康姆,《安瑟尔谟的本体论证明》(Malcolm, "Anselm's Ontological Arguments")	
1961	奥斯汀,《哲学文集》(Austin, Philosophical Papers) 格赖斯,《知觉的因果理论》(Grice, "The Causal Theory of Perception") 马尔康姆,《梦》(Dreaming)	
1962	布莱克,《模型与隐喻》(Black, Models and Metaphors) 哈特,《法的概念》(The Concept of Law)	
1963	戴维森,《行动、理由与原因》(Davidson, "Actions, Reasons, and Causes") 哈特,《法律、自由及道德》(Law, Liberty and Morality) 卡茨、福多,《语义理论的结构》(Katz and Fodor, "The Structure of a Semantic Theory") 波普尔,《猜想与反驳》(Conjectures and Refutations) 休梅克,《自我知识和自我认同》(Shoemaker, Self-knowledge and Self-identity)	科恩(Cohen)证明了连续统假设与公理集合论之间的独立性 冯·怀特,《优先逻辑》(The Logic of Preference) 奎因,《集合论及其逻辑》(Set Theory and Its Logic)
1964	谢弗勒,《研究过程剖析》(Scheffler, The Anatomy of Inquiry)	
1965	乔姆斯基,《句法理论的若干问题》(Aspects of the Theory of Syntax) 德弗林,《道德的强制》(Devlin, The Enforcement of Morals)	哈金,《统计推断的逻辑》(Hacking, Logic of Statistical Inference)
1966		
1967	戴维森,《真理与意义》("Truth and Meaning") 弗兰克纳,《道德的概念》(Frankena, The Concept of Morality) 普兰丁格,《上帝与他心》(Plantinga, God and Other Minds)	普特南,《没有基础的数学》(Putnam, "Mathematics without Foundations")
1968	阿姆斯特朗,《唯物主义的心灵理论》(Armstrong, A Materialist Theory of the Mind) 福多,《心理学的解释》(Psychological Explanation)	

科学哲学	科学技术	
	发现穆斯堡尔(Mossbauer)效应;庞德(Pound)和雷布卡(Rebka)用其论证爱因斯坦的广义相对论 阿尔瓦雷斯(Alvarez)发现共振态(短寿命粒子) 梅曼(Maiman)首次制造出激光;其前驱是汤斯(Townes)的"脉泽"(1954),以及卡斯勒(Kastler)的"光泵"(1950)	1960
内格尔,《科学的结构》(The Structure of Science) 哈瑞,《理与事》(Harre, Theories and Things) 恰佩克,《当代物理学的哲学影响》(Capek, Philosophical Impact of Contemporary Physics)	人类首次进入地球轨道(加加林[Gagarin])	1961
库恩,《科学革命的结构》(Kuhn, The Structure of Scientific Revolutions) 塞拉斯,《科学、感知和实在》(Sellars, Science, Perception and Reality) 格鲁夫尔·麦克斯韦,《理论实体的本体论地位》(Grover Maxwell, "The Ontological Status of Theoretical Entities") 海西,《科学中的模型和类比》(Hesse, Models and Analogies in Science)		1962
斯马特,《哲学与科学实在论》(Smart, Philosophy and Scientific Realism) 格林鲍姆,《空间和时间的哲学问题》(Grunbaum, Philosophical Problems of Space and Time)	施密特(Schmidt)首次发现类星体	1963
	盖尔曼提出"夸克"的概念 由于大米紧张而开始的"绿色革命"通过大量使用化肥获得了双倍的产量	1964
亨佩尔,《科学说明的各个方面》(Aspects of Scientific Explanation)	大爆炸残余辐射的偶然发现证实了大爆炸理论(彭齐亚斯[Penzias]和威尔逊[Wilson])	1965
亨佩尔,《自然科学的哲学》(Philosophy of Natural Science)		1966
谢弗勒,《科学和主观性》(Science and Subjectivity)	洛巴绍夫(Lobashov)提出强核力破坏宇称守恒 温伯格(Weinberg)、萨拉姆(Salam)和格拉肖(Glashow)提出"电弱理论",统一了弱作用和电磁作用 首次发现脉冲星 键盘被用于计算机数据输入	1967
贝克尔,《思想的生物学路径》(Becker, The Biological Way of Thought)	发现限制性的酶(能在特定的点切断病毒DNA);成为基因工程的基本工具	1968

续前表

	哲学（总论）	逻辑学
1969	奎因,《本体论的相对性》(Ontological Relativity) 塞尔,《言语行为》(Searle, Speech Acts)	刘易斯,《约定论》(Convention)
1970	戴维森,《自然语言的语义学》("Semantics for Natural Languages")	奎因,《逻辑哲学》(Philosophy of Logic) 科恩,《归纳的暗示》(The Implications of Induction)
1971	罗尔斯,《正义论》(Rawls, A Theory of Justice) 朱迪丝·贾维斯·汤普森,《为堕胎辩护》(Judith Jarvis Thompson, "A Defense of Abortion")	萨尔蒙,《统计说明和统计相关性》(Salman, Statistical Explanation and Statistical Relevance)
1972	波普尔,《客观性知识》(Objective Knowledge)	克里普克,《命名与必然性》(Kripke, Naming and Necessity)
1973		刘易斯,《反事实条件句》(Counterfactuals) 辛蒂卡,《逻辑、语言游戏和信息》(Hintikka, Logic, Language Games and Information)
1974	诺齐克,《无政府、国家与乌托邦》(Nozick, Anarchy, State and Utopia)	哈金,《概率的突现》(The Emergence of Probability) 哈克,《变异逻辑》(Haack, Deviant Logic)
1975	辛格,《动物解放》(Singer, Animal Liberation)	
1976		
1977	德沃金,《认真对待权利》(Dworkin, Taking Rights Seriously) 马尔康姆,《记忆和心灵》(Memory and Mind)	
1978	古德曼,《构造世界的多种方式》(Ways of Worldmaking) 达米特,《真与其他难解之谜》(Dummett, Truth and Other Enigmas)	
1979		
1980	克里普克,《命名与必然性》(Naming and Necessity) 罗蒂,《哲学与自然之镜》(Rorty, Philosophy and the Mirror of Nature)	

科学哲学	科学技术	
	阿姆斯特朗(Armstrong)和奥尔德林(Aldrin)首次登上月球 首个人造心脏被用于人类身上 贝克维斯(Beckwith)首次分离出单个基因	1969
莫诺,《偶然与必然》(Monod, *Chance and Necessity*)		1970
	微处理器(芯片)被研制	1971
	盖尔曼提出量子色动力学 加州教育委员会提出,创造物的圣经解释应该和进化论获得同等程度的关注	1972
	物理学家泰龙(Tyron)提出,宇宙从绝对的无到有的创造服从量子力学提出的概率定律 发射首个天空实验室 科恩和伯耶(Boyer)开始基因工程	1973
斯卡拉,《空间、时间及时空》(Sklar, *Space, Time and Spacetime*) 巴恩斯,《科学知识和社会学理论》(Barnes, *Scientific Knowledge and Sociological Theory*)	大统一理论首次统一了强、弱相互作用和电磁相互作用(乔吉[Georgi]、格拉肖) 里克特和丁肇中(Ting)发现 J/psi 粒子;粲夸克理论得到证实	1974
费耶阿本德,《反对方法》(Feyerabend, *Against Method*)	第一台个人计算机发明(Altair 8800)	1975
布鲁尔,《知识与社会想象》(Bloor, *Knowledge and Social Imagery*)	科拉纳(Khorana)合成了能发挥作用的基因	1976
劳丹,《进步及其问题》(Lauden, *Progess and Its Problems*)	莱德曼(Lederman)发现 Upsilon 粒子;证实了重子的夸克理论 设计个人电脑 Apple Ⅱ 艾滋病病例首次为人所知;直到 1981 年才被确诊	1977
费耶阿本德,《自由社会的科学》(*Science in a Free Society*)	首例试管婴儿诞生	1978
拉图尔、伍尔加,《实验室生活》(Latour and Woolger, *Laboratory Life*) 拉卡托斯,《科学研究方法论》(Lakatos, *The Methodology of Scientific Research Programs*)	三英里岛核反应堆部分熔毁	1979
范·弗拉森,《科学的形象》(van Fraassen, *The Scientific Image*) 玻姆,《整体性与隐缠序》(*Wholeness and the Implicate Order*)	中微子质量很小,作为"隐形物"存在于星系中 古斯(Guth)提出"暴涨宇宙"模型:宇宙在大爆炸前时间内迅速膨胀	1980

续前表

	哲学(总论)	逻辑学
1980		
1981	普特南,《理性、真理与历史》(Reason, Truth and History) 麦金太尔,《德性之后》(MacIntyre, After Virtue)	
1982		
1983		
1984	范伯格,《刑法的道德界限》(Feinberg, The Moral Limits of the Criminal Law) 阿姆斯特朗、马尔康姆,《意识与因果性》(Consciousness and Causality)	
1985	德沃金,《原则问题》(A Matter of Principle)	
1986	马尔康姆,《没有任何隐藏》(Nothing Is Hidden)	
1987	费耶阿本德,《告别理性》(Farewell to Reason) 莱科夫,《女人、火和危险的事物》(Lakoff, Women, Fire and Dangerous Things)	
1988		
1989	格赖斯,《言辞用法研究》(Studies in the Way of Words)	

科学哲学	科学技术	
	W. 阿尔瓦雷斯(W. Alvarez)和 L. 阿尔瓦雷斯(L. Alvarez)复兴了灾变论：地球和巨大陨星碰撞导致包括恐龙在内的大规模生物灭绝	1980
	首次实现一种动物基因向其他物种基因的转移 林德(Linde)、亚布勒希特(Albrecht)和斯坦哈特(Steinhardt)发表了宇宙起源新暴涨理论 哥伦比亚号航天飞机首次发射	1981
	基因工程首个商业产品人胰岛素问世	1982
卡特赖特，《物理规律如何说谎》(Cartwright, *How the Laws of Physics Lie*) 哈金，《表象与介入》(*Representing and Intervening*)	发现 W、Z 粒子；进一步证实了弱电理论(CERN)	1983
	克隆羊成功(魏尔金森[Wilkinson])	1984
福克斯-凯勒，《关于性别与科学的思考》(Fox-Keller, *Reflections on Gender and Science*)	南极上空发现臭氧层空洞	1985
哈丁，《科学中的女性问题》(Harding, *The Feminist Question in Science*)	单个原子中的单个量子跃迁被观察到 费希巴克(Fishbach)发现第五种基本力——超电荷力，但没有被普遍接受 发现"巨引力源"，大量星系(包括我们的)正在向其运动 挑战者号航天飞机爆炸 首次进行转基因生物领域实验(烟草) 切尔诺贝利核电站爆炸	1986
拉图尔，《行动中的科学》(*Science in Action*) 普特南，《实在论的多副面孔》(*The Many Faces of Realism*)	美国最高法院否决了用同等时间讲授神创论的提案	1987
霍金，《时间简史》(Hawking, *A Brief History of Time*)		1988
		1989

导　言

约翰·V·康菲尔德

（John V. Canfield）

本卷以年代顺序考察了 20 世纪英语世界哲学的一些主题。本丛书的另一卷聚焦于逻辑、科学哲学和相关主题，还有一卷围绕近期大陆哲学展开。[1]作为后面各章的一篇概论性导言，我这里将讨论现代英美哲学的几个特征。

首先，思想方法上突出的特征是它对明晰性的追求。例如，这种态度体现在维特根斯坦的话语中："在论证中对透明性没有追求的人将失去哲学。"[2]对明晰性的强烈追求本身就是所谓"语言学转向"的共生物。后者是 20 世纪英美哲学的突出特征。"语言学转向"这个短语是指从对语言问题相对较小的关注转向更大的关注。这不只是说大体而言哲学家们在研究语言的本质和相关问题上花费了更多时间——尽管这是对的，例如，比较一下洛克（Locke）的《人类理智论》（*Essay Converning Human Understanding*）和维特根斯坦（Wittgenstein）的《哲学研究》（*Philosophical Investigations*）在这些问题上所占的篇幅——而是说，语言问题以不同的方式变成了基础性的问题。这在艾耶尔（A. J. Ayer）的名著《语言、真理和逻辑》（*Language, Truth, and Logic*）中就能看得出来。该书的第一个议程就是确立可感语言的范围，之后几乎所有其他东西都是在此基础上推导出来的。

我这里讨论的语言相关内容有几个焦点，下面考虑其中的三个：逻辑形式、无意义及其反面，即意义。一个自然语言（比如英语）所表现的语句也许并没有表现出其隐藏于结构或形式中的正确性，而是必须借助于哲学家的揭示。因此一个陈述的表层形式——表现的形式——不同于它真正的或逻辑的形式。逻辑形式概念预设了我们有某种方法来描述那些隐藏的或伪饰的结构。历史地看，正如此术语本身所表明的，逻辑形式的早期描述采用的是现代逻辑的术语。

现代逻辑由弗雷格（Frege）和罗素（Russell）在努力通过逻辑推演证明数学一致性的背景下发展起来。要完成这一计划，逻辑本身首先必须更新。弗雷格通过引入所谓"量词"[3]对此做出了关键贡献。他彻底放弃了经典的或亚里士多德的主谓逻辑，提出了全称量词"所有 x"和存在量词"存在 x"。通过这些工具，他能够以比旧逻辑更加清晰的方法分析像"所有的人都会死"和"苏格拉底是人"这样的语句。正是这一新的逻辑工具和术语启发了最近哲学中对逻辑形式的研究。

伯特兰·罗素原创性的和最有影响力的论文，1905 年的《论指谓》（"On Denoting"）将现代逻辑或数学逻辑中上述提到的那些观念应用于逻辑形式的发现。因此罗素的这篇论文在英美哲学发展中是一个关键的标志。他所提出的问题流露出技术化和晦涩难懂的气息，但理解它对于掌握后来的思想家对其思想的使用却是必不可少的，因此对于理解本卷所讨论的哲学的核心方面也是必不可少的。[4]（更为充分的讨论，请参见马蒂尼奇教授为本卷所写的章节"语言哲学"。）以罗素著名的例句为例，"当今的法国国王是个秃子"表现为主谓形式，"当今的法国国王"是主词。这一语句与"琼斯是个秃子"具有相同的形式。好像每一个单称指谓表述（一个东西，如专名，指向一个个体）的指示物都可以说具有某种特征。但是罗素的这一例句造成了麻烦。当今的法国国王就像我花园中的独角兽一样是不存在的，因此罗素的语句没有指谓任何东西。如果它不指谓任何东西，那么表面看来它必然是无意义的。但是我们理解它的意思。为了应对这一难题，罗素认为，当我们正确分析这一陈述并因此到达其真值或逻辑形式的层次时，短语"当今的法国国王"就会消失。该语句的真正形式与它表面上显示的是相当不同的。在这一分析中，我们只发现了变量"x"和"y"，逻辑函项"所有 x"和"存在一个 x"，以及谓词"是当今的法国国王"和"是个秃子"。就英语而言，该陈述的逻辑形式是：至少存在一个东西是当今的法国国王，并且所有当今法国国王都与之相等同，并且这个东西是个秃子。因为事实上不存在当今的法国国王，所以该陈述为假，但并非无意义。

在日常的或自然语言之下隐藏着逻辑形式的观念由维特根斯坦提出，并且是其有着巨大影响的《逻辑哲学论》（*Tractatus Logico-Philosophicus*，1921）的基本前提。维特根斯坦认为，逻辑学家没有必要描述命题的确切逻辑形式。如果能笼统地知道是什么逻辑形式，那就够了。他相信，每个命题都能被分析成通过所谓真值函项，即并且、否、或者，以及如果……那么等连接起来的基本命题的集合。基本命题是不能再被分析的命题。在《逻辑哲学论》中，它们只由简单对象的名称组成。"分子命题"表达日常语言陈述，由基本命题借助真值函项的连接形成。所有有意义的命题都有上述的逻辑形式，所有缺少它的自称的命题都是无意义的。一个语句即使我们认为它有意义也可能是无意义的，问题就在于其逻辑形式。

维特根斯坦对揭示我们语言的语句的真正逻辑形式的探索不仅仅受在可言说和不可言说之间划出明确界限的愿望所驱动；除此之外，他还认为，实在的结构反映了命题的结构，因此发现语言的形式就是确立先在的世界的形式。例如以一个明显重要的可能结果为例，维特根斯坦认为，像"我相信 P"（P 为某一命题）这样的第一人称语句具有"'P'说出了 P"的形式。所谓的主词——作为笛卡尔（Descartes）意义上的自我或心灵的相信者——在此分析中消失了，因此实在不再包含任何像自我这样的实体。"语言学转向"聚焦于语言但绝不轻视哲学。

许多当代哲学家都在逻辑形式概念的某种变体下从事研究。例如唐纳德·戴维森（Donald Davidson）利用的是经典的罗素式的逻辑形式理念。伯纳德·林斯基（Bernard Linsky）在论形而上学的第四章中指出，戴维森关于事件本性的研究目标是在"一阶逻辑"中阐述日常的事件—陈述。如在《逻辑哲学论》中一样，背后的动机就是发现实在的真正形式。

还有一些哲学家仍在继续探索哲学重要命题底层形式的正确分析，但是没有假定该形式将以逻辑词汇来表示。例如，这种对陈述的隐藏形式的关注可以在罗德里克·齐硕姆（Roderick Chisholm）对表象本性的哲学问题的处理中找到——那种由笛卡尔和许多后继的思想家假设并产生出大量疑问的神秘的精神对象。[5]齐硕姆认为,对语句如何表象事物的正确理解就是要向它们表明语句有一个副词性的核心而不是一个实词性的核心。如果某个或许是或许不是真实为红色的东西对琼斯来说看起来是红色的,那么我们就可以说琼斯感知了红色的表象。对于后一种表述,齐硕姆认为,事实上我们应该说,"琼斯被红色地表象"。表层的语法实词被深层的语法副词所替代,因此,与表层语法的信息截然不同,现实并不存在像红色表象这样的东西。它只存在一个以某种特定的方式感知的行动者,如琼斯,用副词来描述。这样关于表象本质(即"sense data")的老问题被取消了;相反,该问题被说成是由对表象—陈述形式的错误理解引起的。但是对逻辑形式的研究一方面是英美哲学突出的家族相似元素之一,另一方面本身也如刚刚所阐明的那样充斥着各种伪装。

"语言学转向"中另一个话题是关于无意义(meaninglessness)的讨论。(该主题在后面的章节中多处都有出现,包括威廉·詹姆斯·迪安祖尼斯论形而上学的一章。)某种表面上看似重要的哲学主张事实上也许是隐含地无意义的,这并不是什么新观点,例如在休谟(Hume)和康德(Kant)那里都有此观点的版本。在20世纪初,维特根斯坦的思想极富影响地将无意义观念带到了舞台的中心。他认为,每个有意义的命题都有"这就是事物如何如此"的形式,如此,该命题提出了关于世界的经验主张;而如果它不能提出任何经验主张,那么它就是无意义的。这个观念在逻辑实证主义者(logical positivists)那里得到发展,意义的经验主义标准就是对维特根斯坦的观念做出准确的表述。对实证主义者而言,一个有意义的语句必须要么关于世界做出原则上可证实的陈述,要么像数学和逻辑陈述一样是"重言式"。所有其他陈述,即使看上去是有意义的,也会被判断为无意义的。例如,这一陈述就无法通过他们的检验:"世界上所有测量棒,以及能够充当测量棒的任何东西,每秒都缩短一半。"既然没有任何证据能够证实或否定这一主张,它也不是"天要么下雨要么不下雨"这种空洞的重言式,那么这个陈述就是无意义的。类似的还有罗素的例子:"宇宙5分钟前才存在,包括我们所有的记忆、化石记录,以及所有指向遥远过去的老化和衰退的标志等等。"这些只是说明性的例证。实证主义者的无意义检验有其更重要的目的，它被用来消除可感世界中诸如"上帝是否存在"这样冒充的问题——以及传统形而上学中大多数其他问题。正如卡尔纳普（Carnap）1950年所写："受路德维希·维特根斯坦的影响，维也纳学派（逻辑实证主义的起源）既拒斥外部世界实在性的命题，也拒斥虚假陈述非实在性的命题；同样，既拒斥宇宙实在性的命题……也拒斥非实在的唯名论的命题。"[6]

不过，尽管与实证主义相联系的证实主义如今不再流行，因而关于形而上学无意义的讨论也相应地很少出现，但实证主义传统的影响却仍在继续。对实证主义者而言，当毫无希望的空洞问题或传统形而上学的"伪陈述"已经被洞悉其所是，留给哲学的唯一工作就是充当科学的副手。毕竟，实证主义者一直是被某些人称为科学主义的传统的排头兵。根据这种科学主义，哲学要么从属于科学，要么成为其助手，尤其是对像物理学之类的硬科学而言。默顿·怀特（Morton White）在20世纪中叶所做出的预言已经被证实，至少对于当代很大一部分哲学家而言是如此：

> 分析哲学与科学不再有截然的区分，追求意义或本质与收集事实之间也不再有不可逾越的界限。[7]

哲学与科学融合的理念在当今仍然相当活跃，也值得称道，比如在卡尔纳普的学生奎因（Quine）那里。而且，杰瑞·福多（Jerry Fodor）、丘奇兰德夫妇（Paul and Patricia Churchland）等作者在就诸如所谓大众心理学等进行争论的过程中都自认为是在从事科学活动，尽管只是在基础性的或概念的层次上。[8]相应地，有些社会科学家吸收了来自那些试图通过观察建立假说的科学家的观念——例如，他们展示田野数据，试图说明猴子是否有福多和其他哲学家所理解的"大众心理学"的朴素形式。

当20世纪下半叶对无意义的关注确定无疑地减退时，对其对立面即对意义的关注仍然兴趣盎然。这包括两个方面，无意义或意义由什么组成的理论问题，以及揭示重要哲学术语或主张的意义的应用问题。对此理论问题的关注或许最为突出，而对此最有影响的贡献是弗雷格关于涵义（sense）和指称（reference）的区分。意义问题的理论方面将由马蒂尼奇教授予以探讨，我这里将扼要地说明我所说的应用问题——发现个别词语的意义。

罗素在《逻辑哲学论》的导言中声称，维特根斯坦关注的是一种理想语言而不是自然而然的语言。弗雷格在其开创性的探讨中明确关注的是发展一种语言来服务于科学的目的，因此所关注的也不是实际存在的语言。但这不是维特根斯坦的立场。维特根斯坦认为每个日常语言陈述按其现实都是完全恰当的（*Tractatus*, 5.5563），我们只是不知道它隐藏的形式而已——某种我们只能通过分析，通过找到"对命题的一个且唯一一个完全的分析"发现的东西（*Tractatus*, 3.25）。

对改良的或理想语言的关注和对自然的、未经加工的日常生活语言的关注在英美哲学的发展中各自采取了不同的形式，而且总是处在此消彼长中。在1950年代和1960年代，"日常语言哲学"占据优势地位。这一范式的代表人物是吉尔伯特·赖尔（Gilbert Ryle）和约翰·奥斯汀（John Austin），尽管两者的路径相当不同。维特根斯坦的后期哲学也被认为属于与奥斯汀和赖尔相联系的"日常语言哲学"传统，但是我认为这是非常错误的。大体上遵循这一传统工作的哲学家试图揭示哲学上相关术语的意义，比如伦理学争论中显而易见的"应该"，或者自由意志讨论中的"能够"。对这些词的意义可能的解释——对它们的分析——根据日常用法进行检验，尤其是一个可能的分析也许会被"反例"所反驳。在这些"反例"中，"我们日常想说的话"与对我们想说的话给出的解释是矛盾的。这个分析事业背后的指导理念是：（比如）在讨论"能够"时，我们用一个来自日常词汇表中的词。它的意义在日常用法中已经被固定了。为了要真正知道当我们用这个词时我们在说什么，我们必须研究它，必须分析它。为了提供这种分析，哲学家们提出了所谓使用这个词的充分必要条件。因此，一个经过充分讨论的对"知识"一词的分析如下：琼斯知道 p，当且仅当（1）琼斯相信 p，（2）琼斯有 p 的可靠证据，且（3）p 为真。

分析的另一版本属于"理想语言"一方。它的主张是，我们不应该简单地去试图揭示哲学重要词汇的日常意义，因为它们可能是模糊的，甚至是矛盾的；相反，有人认为，我们应当努力对这些词进行"理性重构"，保持它们的核心意义，但同时明确它们的边界，消除任何不一致性。这一远离"日常语言哲学"标准形式的转向是要证明生存价值的优先性。

在随后的几十年中，"分析"采取了不同的形式。一种是探究所谓的"标准"。例如，"支配我们赋予个人认同的标准是什么"这一问题曾经（并仍然还在）被广泛讨论。这里的"标准"来自维特根斯坦的后期哲学，但其实际应用的发现"标准"的方式似乎与老的（非维特根斯坦的）分析方式相似，即追求充分必要条件。一个表面上的不同在于，它不再诉诸我们想说什么，而是诉诸对各种困惑的直觉。例如，对洛克式的所谓身体的改变，我们的直觉告诉了我们什么？如果某个人醒来发现自己在鞋匠的床上，还有了鞋匠的身体，同时又保留了王子的所有记忆、欲望和期待等等，那么这个地位卑下的人还是那个王子吗？

一个人的回答就反映了一个人的"直觉"。这些直觉大体上充当了基本科学理论的认知功能。相应地，最近几次对分析的探究很大程度上都被提供理论的愿望所取代。例如，哲学家们可以探究一个个体认同的理论或专名的理论。在后一种情况中，哲学被期望告诉我们给定名称与它的承担者之间的关系。有一种这样的理论——罗素的——就是将一系列限定摹状词与给定名称联系起来，并认为符合或满足限定摹状词的对象就是名称所命名的东西。而另一种理论认为名称和承担者之间的关系是因果性的。这些理论都与理性重构类型的分析相似，因为对于可能的"反例"，它们留有更大的余地。就此而言，有一种观点认为旧风格的日常语言哲学是保守的，它要求我们在哲学中使用的概念严格局限于那些自然语言中现存的词汇。那么，如果这样要求的话，科学将置于何地呢？与科学家一样，也应当允许哲学家们有自己的技术用语和相应的理论。正是在这点上，哲学努力使自己与科学这一20世纪最有声望的体系结盟。

"理论"的形式之一受到了乔姆斯基（Chomsky）语言学工作的影响。从1960年代开始，杰罗德·卡茨（Jerrold J. Katz）和福多就试图通过提出一种意义的经验研究或"语义学"来扩展乔姆斯基的理念。[9]这只是一种想当然的对乔姆斯基句法理论的补充。卡茨认为，通过提供一种科学的日常语言哲学，人们能够将研究的经验结果应用于哲学问题的直接解决。当我们通过经验工作学习哲学争论中的这些术语在自然语言中成熟的意义时，问题就解决了。另一方面，像"分析的"这种元理论术语，根据假定的新的意义科学，也能被给出理性重构。卡茨的方法论猜想是后来其他哲学家通过科学探究解决哲学问题采用的方法的前驱之一。

我们已经考察了英美哲学在 20 世纪的不同来源和范式。现代逻辑学首先激发了对语言研究的兴趣，也为它提供了工具，但是研究有它自己的命运，并且随着时间的推移而日渐重要。结果，英美哲学探究传统不同方式地受弗雷格的命题说明、罗素的分析范式和维特根斯坦的《逻辑哲学论》的影响成为最显著的标志。这一影响甚至在各种"理论"完全占据了分析哲学家的关注之时仍然能够被非常强烈地感受到。如上所述，我相信这三个最有价值的遗产仍然是哲学基本问题上对明晰性最冷静的探讨。

为了与语言学转向显而易见的历史重要性保持一致，本书的章节从关于语言的两章开始。随后，形而上学、伦理学和认识论——这些传统的哲学中心领域——的文章表明了语言对于 20 世纪英美哲学研究的重要性，正如后面关于维特根斯坦的一章所表明的那样。剩余的六章关注各种哲学分支，在与语言学转向重要性的相关程度上也各不相同。不同于直觉，关于美学和宗教哲学的文章主要关注语言话题。在另一个极端，哲学家们对传统分析方法的拒斥在第十章"女性主义哲学"和第九章"政治哲学"的一节中也显而易见。关于法哲学和应用伦理学的章节则介于这两个极端之间。

总之，变化总在发生，一个相对稳定的时期之后，就会有迹象表明大的转变即将到来。理智的风格似乎注定需要一个彻底的重塑。边缘的教育哲学领域提供了一个指示：它几乎已经完全放弃了直到最近仍然占支配地位的分析性的焦点而支持各种后现代和大陆思想。主流哲学中同样的转变也有迹可寻，即某些人对马丁·海德格尔（Martin Heidegger）著作较有新意的关注。而他对我们这一代哲学家而言，只是卡尔纳普反形而上学意图的靶子，因而也是"无无着"这一主张的臭名昭著的作者。另一方面，毫无疑问，英美哲学的下一代也仍然存在着旺盛的生命力，它们或明确或含蓄地从事概念澄清的工作。悲观的读者预见到上面指出的各种变化，不愿意放弃对明晰性的追求，或许在如下事实中会找到安慰：欧洲大陆似乎正在转向相反的方向，回转到分析哲学的关注和方法，迟到地承认了弗雷格、罗素、维特根斯坦、石里克（Schlick）、卡尔纳普和其他开创性人物的重要性。

理智最困难的任务之一就是探究一个大而复杂的思想并用一种清晰而有条理的方式去表现它。我的每一位合作者都面临着这一任务，而我感谢他们完成得如此成功![10]

最后需要说明的是：在最近的哲学中，科学很大程度上取代了宗教曾经扮演的角色。科学被广泛认为是真理的终极来源，是哲学家最好追求或参与其中东西。鉴于科学对于哲学的重要性，我在这里经过允许复制了本系列丛书中斯图亚特·杉克尔（Stuart Shanker）主编的第九卷的历史年表所列出的20世纪科学技术发展中的主要事件。

【注释】

[1] 在英美哲学和大陆哲学之间预设地理学和语言学的对比是有误导性的。形成英美哲学视角的哲学家中有几位是德国人或奥地利人，包括分析哲学之父戈特洛布·弗雷格、有重大影响的石里克和卡尔纳普，以及不朽的维特根斯坦。弗雷格的影响部分是通过伯特兰·罗素和其他英美哲学家的著作起作用的；维特根斯坦的智力生活以英国的剑桥为中心，而逃出纳粹德国使其对与石里克和卡尔纳普联系在一起的逻辑实证主义产生了影响，这在英国和北美最能感受得到。另外，法国哲学家皮埃尔·迪昂（Pierre Duhem）也深深影响了当代美国关键的形而上学家奎因。更重要的是，无论是英语世界还是欧洲大陆，都不是同质的，许多显著的哲学研究方法之间的差异体现在这样那样的不同标签之下。不过各学派之间的分歧显而易见。

[2] "Philosophy", ed. Heikki Nyman, trans. C. G. Luckhardt and M. A. E. Aue, in *Ludwig Wittgenstein, Philosophical Occasions 1912—1951*, eds James Klagge and Alfred Nordmann (Indianapolis: Hackett, 1993): 183.

[3] 不太为人所知的是，美国哲学家查尔斯·桑德斯·皮尔士（Charles Sanders Peirce）独立地做出了同样的发明。

[4] 事实上，下面的解释并不完全与《论指谓》的实际文本相符，我给出的毋宁说是这篇论文在哲学中被普遍接受的部分。

[5] *Perceiving* (Ithaca, New York: Cornell University Press, 1957).

[6] "Empiricism, Semantics and Ontology", reprinted in *Semantics and the Philosophy of Language*, ed. Leonard Linsky (Urbana: University of Illinois Press, 1952): 120, 121.

[7] "The Analytic and the Synthetic: An Untenable Dualism", reprinted in *Semantics and the Philosophy of Language*, ed. Leonard Linsky (Urbana: University of Illinois Press, 1952): 286.

[8] See John D. Greenwood, ed., *The Future of Folk Psychology* (Cambridge: Cambridge University Press).

[9] See Jerrold J. Katz and Jerry A. Fodor, "The Structure of a Semantic Theory", *Language*, 39 (1963): 170-210.

[10] 另外我也要感谢 Bernard Katz, Stewart Candlish, Robert Ennis, Hans Herzberger, John Hunter, Soruren Teghrarian, Lance Ashdown, York Gunther and Patrick Phillips, 他们给了我很多有益的建议。

第一章
语言哲学

马蒂尼奇（A. P. Martinich）

语言及其用法

20世纪的大多数语言哲学家[1]都区分了语言或其用法的三个方面：句法学、语义学和语用学。[2]

句法学研究的是可以连接语词与语言的其他成分以构成语法单位的一些方式，这完全不考虑句子的意义。像"Smith are happy"和"Smith happy is"这样的句子在句法上都不正确。"Smith is happy"（"斯密斯高兴"）在句法上是正确的，正如"Green ideas sleep furiously"（"绿色观念沉睡正酣"）这句话也是正确的。后面这句话看上去可能是有缺陷的。如果真是这样，那是因为无法赋予它一个字面的意义；但意义这个概念却不属于句法学，而属于我们随后就会讨论的语义学。

人类的语言是由无数的句子构成的。我们很容易理解一个新的句子是怎样从一个更为简单的句子中无限地构造出来的：

这是杰克盖的房子。
这是杰克盖的房子中生长的麦芽。

这是吃杰克盖的房子中生长的麦芽的老鼠。

这是追逐……的猫。

由于人类的智力是有限的,他们在有限的时间中学习一种语言,因此这种语言的句法一定是有限的。这就是说,人类语言的语法一定包含有限的语词和有限的规则,而句子正由此构成。因为句法学中的大多数重要工作都是由语言学家和形式逻辑学家完成的,这里对这个话题就没有什么可说的了。(参见第二章)

语义学研究语词和句子的意义。意义通常被理解为语词和世界之间的一种关系。语义学中使用的主要概念是指称和真理。在 1920 年代和 1930 年代,许多哲学家认为,我们不可能有一种关于语义学的科学,因为语义学试图用语词去做语词无法做的事情。语词只能用来谈论事物,但语义学却试图谈论语词与事物之间的关系。这个关系本身无法成为一个事物,否则的话,人们就可以询问把这个关系与其他的那些事物联系起来的是什么。如果答案是存在某个其他的关系把它们联系起来,那么,只要这个额外的关系本身就是一个事物,人们就会再次提出完全相同的问题,这就导致了一个无穷后退。似乎削弱了语义学可能性的这个问题可以从全局来考虑。语言表征了世界,但语义学却超出了语言的这种表征能力,试图表征语言与世界的关系。

1930 年代,塔斯基(Alfred Tarski)向哲学家们展示了语义学不需要违背语言的表达限度就可以做到的一种方式。这样,语义学直到 1950 年代末一直支配着语言哲学。(参见 12~18 页和 18~21 页①)

1950 年代初,对语用学的研究开始得到重视,并直到 1980 年代初一直得到蓬勃发展。(参见 21~26 页)语用学研究的是语言的用法。说话者可以用语言去做出陈述和许诺、打赌、提出问题、发布命令、表达悲痛等等。语用学关注的是说话者与听话者之间的相互作用。引导这个领域研究的主要观念是,说话是意向性行为,受到规则的支配。(关于语用学的不同理解,参见第二章)

---

① 指本书边码,下同。——译者注

语义学研究在 1970 年代初重获活力，并持续至今。（参见 26～31 页）但同时，可能在句法学、语义学和语用学之间做出区分的某些假定也受到了其他哲学家的挑战，由此开始出现一种完全不同的语言观念。（参见 31～35 页）

意义的命名理论

最初促使 20 世纪的哲学家们竭尽全力地去研究语言的性质的，是他们对真理和实在性质的传统关注。一个日常的句子或陈述为真，似乎是由于它符合了事实。于是真理就被看作存在于语言之中，而真理的性质也只有在理解了语言的性质之时才能得到充分的理解。关于实在，20 世纪初的许多哲学家都为形而上学家们的明显失败而感到灰心丧气，后者试图通过直接研究实在而去发现实在的性质。因此他们就产生了这样的想法，认为或许可以通过研究语言而间接地研究实在。由于语言反映了实在，发现语言的性质就会揭示实在的结构。于是哲学家们研究语言就有了两个理由：理解真理的性质和理解实在的结构。

语言的一个方面，即指称，由于与真理的联系而得到了过分的关注。如果真理需要语言的要素与世界的实体之间的相符，如果语言反映了世界，那么语言在某些点上就一定附属于世界。语言附属于世界的方式就是指称。指称通常被看作专名或主词表达式的特征，它们指示了个体对象，因为存在于时空中的个体对象似乎就是世界的基本组成部分。这种想法产生了最为简单的，或许也是最有活力的语义学理论，这就是意义的命名理论。

根据这种理论，一个语词的意义就是它所命名或指称的对象。维特根斯坦在《逻辑哲学论》（1921 年德文初版，1922 年英文版）中提出了这种理论的一种完全形式。他写道："一个名称意谓（bedeutet）一个对象。这个对象就是它的意义"（命题 3.203）。虽然名称是句子的基本构成成分，但名称本身并不表达思想。名称被连接或结合成命题记号（句子）。因为维特根斯坦把事实定义为对象已有的配置（2-2.011），这样命题记号本身就是事实。想象一种非常简单的语言，它以名称的排列方式表达了思想。于是，下面这个句子：

  亚当 贝斯 卡罗尔

意味着贝斯在亚当和卡罗尔之间。

  欧洲语言都是一维的语言，就是说，语词排列在句子中的唯一有意义的方式就是线性顺序。但没有什么会妨碍二维或三维的语言，即可以用语词之间的其他几何关系来传达信息。因此，二维的语言就可以用

  亚当
  贝斯 卡罗尔

来表达亚当在贝斯之上，贝斯在卡罗尔旁边。三维的语言可以把语词用作建筑材料，把这些材料的三维空间排列看作在语义上是有意义的。这种可能性促使维特根斯坦说，句子就是实在的图像或模型（命题 4.021），象形文字表明了"命题的本性"（4.016）。结果，使命题为真的东西就类似于使图像精确的东西：命题的有意义成分，即名称，必须与它意图描述的（非语言的）事实对象结合起来；而名称的配置则必须与所代表的事实中的对象的配置完全相同。一维的语言（如英语）试图隐藏它们的真实形式（4.0031）。这样看来，大多数人类语言都是一维的，因为作为一种实践的用途，这种句子很容易被说出来。[3]

  罗素提出了一种关于维特根斯坦命名理论的不同观点。根据罗素的观点，存在两种名称，即专名和通名。专名直接指称单个对象。在他看来，这些单个对象实际上常常是感官数据，就是说，它们是感觉，不同于独立存在的具体对象，比如桌子、椅子、猫、狗等。通名直接指称哲学家们通常用概念、属性和共相所指的东西。个体与概念之间的区别可以用例子加以解释。当某人看到一个黑板，他就看到了一片具体的黑色。这种感觉就是一个殊相。但这种黑色的具体感觉只是能被同一个人在不同的时间或不同的人在不同的时间看到的许多感觉中的一个。这些对黑色的具体感觉就有了共同的东

西；它们都是某个一般事物的例证。这个一般事物就是概念、属性或共相。

殊相与共相之间的区别反映在语言中，就是主词与谓词的区别。所有专名都是主词，且只有专名才是主词；所有通名都是谓词，且只有通名才是谓词[4]（"通名"这个词可能是错误的，因为在罗素看来，形容词和动词就是通名的典型情况）。"苏格拉底坐"这样的句子通常被理解为有一个主词"苏格拉底"，直接指称苏格拉底；有一个"坐"，表达坐这个概念。这个句子只有在苏格拉底属于坐这个概念的情况下才是真的。

罗素严格区分了专名和限定摹状词。罗素把限定摹状词定义为任何具有这种形式的短语，即"这个Φ"（其中Φ是任意的名词或名词短语），比如"中国最高的人"。这样，他就直接反对了19世纪伟大的逻辑学家弗雷格，后者把专名和限定摹状词都看作"单称词"。在弗雷格看来，这两种表达式都可以作为主词表达式出现在句子中，具有相同的作用，就是说都指称其属性得到断定的对象。同样，两者都通过某种认知成分或概念成分指称对象，他把这种成分叫作"Sinn"（含义或意义）。例如，如果一排有四个对象的话，"左边第三个"和"右边第二个"这些短语就有不同的意义，但它们都指称相同的对象。总之，弗雷格有一种双层语义系统：含义（Sinne）领域和指称（Bedeutungen）领域。

罗素有一种单层语义系统。由于语词的意义就是它直接指称的对象，名称就不具有任何描述性内容（Sinn）。"苏格拉底"这个名称并没有揭示关于苏格拉底是什么的任何东西。其至表面上的描述性名称如"坐牛"（sitting bull）也不是描述性的。坐牛并不是一头牛，也并不需要去坐，因为这里涉及的是对"坐牛"的命名。相反，罗素认为，一个摹状词并没有直接指称对象，因此没有意义。它是通过由其所表达的概念作为中介而指称对象的（如果确实指称了的话）。例如，"暮星"是通过这样一个概念指称金星的，即出现在夜晚天空中的第一个天体。方才提到的这些区别的一个结果是，专名不能不指称对象，而摹状词则可以不指称对象。

另一个结果是，摹状词绝不能是主词。这初看起来是很难理解的，因为"现在的法国国王"显然是"现在的法国国王聪明"这句话的主词。另一方面，认为摹状词是这个句子的主词也会有一个问题：并不存在法国国王。这个句子怎样才能真正有意义但又没有谈到任何东西?

有三种解决这个问题的方式。第一种方式指定一个任意的对象,比如说空类,作为实际上并没有指称任何对象的摹状词的指称。这是弗雷格的建议,罗素则把它看作专门的、人为的而加以抛弃。第二种方式认为,有非存在的存在物,它们实际上就是这样一些语词或短语所指称的东西,如"现在的法国国王"、"金山"、"最大的自然数"。罗素本人在《数学原理》(*Principles of Mathematics*,1903)中就采纳了类似的这种观点,但在找到了解决这个问题的方法之后却抱怨人们采纳了这种立场。在《数学哲学导论》(*Introduction to Mathematical Philosophy*,1919)中,他写道:"实在感在逻辑中至关重要,谁要是歪曲它……就是在危害思想。要想正确分析关于独角兽、金山、圆的正方形和其他这种虚假对象的命题,坚定的实在感就非常必要"([1.28],170)。

解决这个问题的第三个方式是罗素的。他解释了为什么"法国国王"不是这个句子的主词,而且进一步解释了"现在的法国国王聪明"这个句子(虽然表面上是,但实际上)不是主谓句。根据罗素的分析,"现在的法国国王聪明"实际上是一个复杂的存在句。这就是说,这个句子应当被正确地理解为是在说类似下面的话:"存在一个对象 x,使得 x 是一个男人并且统治着法国[5];没有其他任何不同于 x 的人是男人并且统治着法国;x 是聪明的。"要注意"法国国王"这个名词短语是怎样被完全消除的,而它的概念内容则被完全转换为一种属性,这是由主动词短语("是一个男人并且统治……")表达出来的。

罗素被认为最终得到了这样的句子分析,即限定摹状词的出现是由于考虑到了可能使整个句子为真的条件。"这个 Φ 是 ψ"形式的句子(大致地)为真,如果正好有一个对象具有由 Φ 表达的属性,而且这个属性也是由 ψ 表达的。要表达正好一个东西具有一个属性的另一种方式就是说,至少有一个东西具有这个属性,而且最多有一个东西具有这个属性。这种分析的前两个句子就被看作抓住了这个观念,即正好有一个对象具有一个属性。

哲学家们发现罗素的摹状词理论具有吸引力的一个理由是,它可以被推广到处理涉及专名之类东西的问题。考虑一下这个悖论:

指称和存在的悖论：
(1) 被指称到的一切事物都必定存在；
(2) "飞马"指称了飞马；
(3) 飞马不存在。

命题（1）～（3）是矛盾的，因为它们结合起来不一致，但每个命题都像是真的。命题（1）和（2）蕴含着

～（3）飞马存在。

命题（1）被称作"存在公理"，因为其为真似乎是公理性的。关于（2），除了飞马之外，"飞马"还可能指称什么？关于（3），罗素要求哲学家坚持的实在感迫使人们承认，飞马并不存在。

罗素对这个悖论的解决实际上是否认（2）。"飞马"并非指称飞马，因为"飞马"并不是一个真正的或逻辑上的专名。的确，任何通常的专名都不是真正的专名。专名并不直接指称，即使它们适合某个东西；相反，它们是伪装的或缩写的摹状词。例如，"飞马"就是"飞行的马"的伪装的摹状词。根据罗素的观点，像"飞马被抓住了"这样的句子应当被理解为是指"存在一个对象 x，它是马并且可以飞行，只要是马并且可以飞行的东西就等同于 x，x 被抓住了"。由于没有什么东西是马并且可以飞行，所以这个句子就是假的。根据罗素的观点，神话和小说中的所有句子都是假的。

如果通常的专名不是真正的专名，那么它们是什么呢？在《论指谓》(1905)一文发表后的许多年中，罗素都认为，"这个"、"那个"和"我"是专名，因为它们似乎直接指向了某个"实指地"确定的（指向的）对象。但最后他认识到，"这个"也是伪装的摹状词，指"靠近说话者并正在被指向的对象"；"那个"也是伪装的摹状词，指"远离说话者并正在被指向的对象"；"我"也是伪装的摹状词，指"正在说话的人"。有意思的是，曾证实了他详细阐述的理论的专名与摹状词之间的最初区分，现在则崩溃了；罗素得出的结论是，没有任何东西是专名。

罗素的理论在直觉上难以理解，所以《心灵》(*Mind*) 杂志的编辑拒绝发表它。不过，在很短的时间内，它又被看作哲学思维的绝妙篇章，因为它提供了对它所提出的问题的严格解决。

直到 1950 年斯特劳森（Strawson）发表《论指称》("On Referring")一文，罗素理论的说服力才得到了严肃的挑战。斯特劳森认为，"现在的法国国王聪明"这个句子不仅在语法上，而且在逻辑上都是主谓句，罗素错误的根源在于对语言的基本混淆。

斯特劳森否定了意义命名理论的基本说法。他说，语词的意义绝不是用它去指称的对象。"意谓"这个词有时意味着"指称"，例如在这样一句话中："当琼斯说最伟大的英国小说家是一位女性时，他是指乔治·爱略特（George Eliot）。"但在这些情况下，问题在于说话者所意谓的东西，而不是语词所意谓的东西。如果一个语词的意义是它所指的对象，那么从一个人的口袋里掏出手绢，就会是从这个人的口袋里掏出"手绢"的意义。同样，毁坏一个被命名的对象，就是毁坏一个名称的意义。这些结论显然很荒谬。

作为对命名理论的替代，斯特劳森提出了一种有时被称作意义的用法理论的理论，这在 1950 年代初到 1970 年代初具有极大的影响。他说："给出一个表达式的意义……就是给出对其用于指向或提及具体对象的一般指示；给出一个句子的意义，就是给出对其用于做出真假断定的一般指示。"[6]（对这个观点的进一步讨论，参见本卷第八章）

斯特劳森严格地区分了句子和陈述。句子可以是符合语法的或有意义的，但它们既不是真的也不是假的。在斯特劳森看来，成真或成假的不是句子，而是通过使用句子去表现世界的陈述或断定。认为"现在的法国国王聪明"这个句子是真的或假的，仅仅是由于它是有意义的，这种看法是荒谬的。在 1625 年使用这个句子，它就可能是用来做出一个关于路易十三的陈述；在 1650 年使用这个句子，它就可能是用来做出一个关于路易十四的陈述。但这些显然是不同的陈述，来自一句完全相同的话。在 20 世纪使用这个句子，"现在的法国国王聪明"就无法得出任何陈述，即使它仍然是有意义的。如今一个愚钝之人说出这句话，就是要用它做出一个陈述，但这是不可能的。在斯特劳森看来，不是语词在做出陈述或指称，而是人们在这样做。于是,"'现在的法国国王聪明'这个句子的主词表达式究竟是指什么"这个问题就不会再被提出来了。

在斯特劳森反对意见背后的是截然不同于罗素的语言观。在罗素看来,语词和句子是意义的源泉;在斯特劳森看来,使用语词和句子的人才是这样的源泉。在罗素看来,语义学是语言学研究的主要对象;在斯特劳森看来,人们如何使用语词的语用学才是主要对象。斯特劳森在《论指称》一文中的论证是 1960—1980 年间所完成的许多工作的先驱。在讨论这些工作之前,我们需要进一步看一下语义学在 1920 年代和 1930 年代的发展情况。

意义的证实理论

意义的命名理论把名称看作意义的原点。逻辑实证主义者则主张一个不同的观点。在他们看来,意义的原点是句子。

逻辑实证主义首先在 1920 年代和 1930 年代早期的欧洲兴起,然后从 1930 年代直到 1950 年代初,发展到了英国、美国以及整个西方世界。最初的逻辑实证主义者是具有哲学倾向的科学家和数学家,他们在莫里兹·石里克的领导下形成了维也纳学派。很快,大多数逻辑实证主义者就不再是科学家或数学家了,而是科学家的,因为他们相信,只有科学才能发现关于实在的真理。他们认为,与科学相反的形而上学阻碍了思想的进步,而他们的目标之一就是质疑这个曾受到尊敬的哲学领域。

关于语言哲学,逻辑实证主义者认为,有意义的句子可以被分为两种:一种是在认识上有意义的,还有一种是在情感上有意义的。虽然在认识上有意义的句子地位更为显著,但还是让我们先来讨论一下另一种句子。属于伦理学、美学、政治学以及宗教的句子——总之,承载价值的句子——都被看作具有所谓的"情感"意义。根据逻辑实证主义者的观点,这种句子并不是要描述世界是如何的,而是要表达或引起某种态度或情绪。因而,说"诚实是最好的策略"、"那幅画真美"、"民主是最好的政府形式",或者"上帝是宇宙的创造者",它们都是在表达说话者持有的某种肯定的态度或情绪,或者是想在听者身上引起这样的态度或情绪。诸如"撒谎是错误的"这样的句子就是在表达——或是说话者想要引起——某种否定的态度或情绪。对承载价值的语言的这种说明无疑是有一些道理的,但这种说明并没有对类似的一般性谈论提供恰当的理论。其他的哲学家则试图完善这个描述,认为说某个东西是好的,就是在推荐或表扬它。

虽然某些哲学家认真地思考过承载价值的语言,但大多数逻辑实证主义者都对它持一种反感的态度。在他们看来,区分出这种语言非常重要,因为这就保证了不会把它与唯一在认识上具有意义的那种语言混淆起来,那就是科学和逻辑的语言。

在认识上具有意义的语言是由两种句子构成的:逻辑句子和经验句子。逻辑句子本身又有两种:重言式和矛盾式。重言式(有时也被称作分析句)就是必定为真的句子,譬如"或者下雨或者不下雨"。矛盾式则是必定为假的句子,譬如"下雨了和没有下雨"。重言式和矛盾式具有真值是因为构成它们的语词的意义,它们独立于世界的存在。相反,经验句子为真和为假则依赖于世界的存在。经验句子的意义决定了什么样的世界事实使其为真(如果它是真的话),什么样的事实或可能的事态使其为假(如果它是假的话)。例如,"猫在席子上"的意义决定了这个句子是真的,当且仅当猫在席子上是一个事实。

我们不难判断"猫在席子上"是一个经验句子,即它的目的是描述物理世界。而且,看上去要刻画一个经验句子是什么应当并不困难;然而,刻画一个经验句子是什么的努力却完全失败了,这就导致了逻辑实证主义的衰落。

最初的驱动观念是,句子是有意义的[7],当且仅当它是可以证实的;就是说,当且仅当有一种方法可以确定它是否为真。这个意义标准产生了一句口号,即一个句子的意义就是它的证实方法。同样,这个方法似乎期望最终能够从有意义的句子领域排除形而上学的句子。没有什么方法可以证实这样的语句——"先验自我是绝对的"或"无无"。因此,根据意义的证实标准,它们被判定为无意义。这个结果令那些将形而上学视作科学的对立面的逻辑实证主义者洋洋自得。

不幸的是，对逻辑实证主义者来说，可证实原则过于严格，因为它排除了许多在他们看来有意义的句子。例如，表达为全称命题的句子就不是完全可证实的。考虑一下这个直接的句子"所有的人都会死"。它显然是有意义的，每个人都把它看作真的。所有已经死去的个体都是这个真理的经验证据，但我们并不能从经验上保证现在活着的每个人都会死。因此，先前死亡的证据并不能最终确定这个全称句子的真。

逻辑实证主义者以各种方式回应了这种以及其他的挑战。他们都认为，最初的可证实性标准并不起作用。另一种方法是可证伪的标准，就是说，一个句子有意义，当且仅当有一种方法可以确定它在什么时候是假的。根据这种标准，全称肯定句就是有意义的；但另一种句子，即全称否定句，则不是有意义的，比如"不存在独角兽"。虽然对独角兽的存在并没有肯定的证据（没有哪个理性的人会认为独角兽存在），但也没有证据可以最终证伪这个句子。即使人们从没有观察到任何独角兽，但我们仍然可以想象，这仅仅是由于它生活在一个遥远的地区，并且移动得太快而无法被看到。

回避由可证实性标准带来的问题的一种通行的方法是，以可以避免反例的方式去修改它。例如，完全的证实可以替换为部分证实的观念。但这些修改都没有起到作用，某些修改还导致了把形而上学的句子看作有意义的，而这与作者的原意是相违背的。可证实性标准的另一个问题是，它是自相矛盾的。用它自己的标准，可证实性的任何陈述本身都没有意义。这样的陈述不可能是逻辑命题，因为它应该具有实质性的真理；它也不可能是经验命题，因为它并没有描述世界。事实上，逻辑实证主义者提出的各种可证实性标准的陈述似乎都是一些形而上学的陈述。这个认识使得大多数哲学家不仅放弃了对有意义的经验标准的寻求，而且放弃了逻辑经验主义。

说话者的意义

直到 1950 年代末，语言哲学完成的所有实质性工作都认为或假定了，意义的原点在语词或句子。语言哲学几乎等同于语义学。人们与语言的所有联系都被看作在心理学范围之内。斯特劳森对罗素摹状词理论的大部分批评，都基于一种截然相反的语言观。在斯特劳森看来，语言哲学研究的焦点是人和人用语言去做的事情。然而，斯特劳森并没有提出一种与公认的意义理论不同的成熟理论。这种不同的理论是在1957年由格赖斯（Paul Grice）公开提出的，他曾是斯特劳森的老师，后来成为他在牛津的同事。

格赖斯在《意义》（"Meaning"，[1.14]）一文中意图解释当关涉交流时，意义究竟是什么。例如，他关心的是表达在以下句子中的意义概念：

铃响了意味着公交车坐满了。
玛丽举起了手意味着她知道答案。
"道路畅通无阻"这句话意味着反对者已经离开了。

格赖斯把这称作"非自然的意义"。这个词多少有些不太恰当，因为在他心中的这种意义并没有什么东西是非自然的。或许更应当把它叫作"交流意义"，因为格赖斯的兴趣正在于人们在广义上的相互交流需要什么。语言意义是一个更狭窄的概念，它归属于非自然的意义或交流意义这个一般范畴。通过手语、旗语和其他非语言的姿态进行的交流，显然是一种交流，但不是语言交流。

格赖斯最初的看法是，一个人要意味（非自然地）某个东西，就是他要从事一种复杂的意向行为，这个行为指向另一个人。总之，他提出了以下的分析：一个人用某个东西或行动非自然地意味某个东西，当且仅当他想要在听者那里产生某种效果，即让听者通过那个东西或行动认识到他意图产生那个效果。格赖斯认为，一个人可以在听者那里产生的效果基本上有两种：使听者相信某个东西，以及使听者去做某件事情。在语言中，这样两种交流方式就反映为分别存在着陈述语气（"玛丽开门"）和命令语气（"玛丽，开门"）。

这个分析的关键之处在于认为，在听者那里产生效果的方式是通过认识到说话者的意图。听者最终相信说话者要离开，只是因为他认识到说话者以他的方式挥了挥手，就是意图使他相信他要离开。在谈到意向的时候，格赖斯并不想承认一种神秘的不可观察的实体。意向行为就是某一种行为方式，它并不是在行为之上增加了不可见的心理对象。因此，他认为，意向行为同其他任何行为一样，可以经受经验方法的研究。

言语行为和会话：一种语用学理论

格赖斯的意义理论不仅可以用于语言交流，而且完全可以用于任何交流。格赖斯在牛津的同事奥斯汀提出了一种理论，最终补充了格赖斯的理论，专门处理交流中的语言方面。奥斯汀在1939年第一次提出他的理论，但直到1955年，他才在哈佛大学的威廉·詹姆斯（William James）讲座中表述了他的观点，从此为世人所知。这个讲座后来作为《如何以言行事》(*How to Do Things with Words*，1962）出版。

奥斯汀的观点最初是为了全面地反对两种相关的哲学立场：一种认为在会话与行动之间存在着不同，还有一种认为所有的会话都是为了描述世界。第二种立场就是典型的逻辑实证主义立场，它认为，每个具有认识意义的句子都一定是在经验上可以证实的。奥斯汀反对这个立场，提出了许多反例，其中的每一个都是仅仅包含了普通词的句子——就是说，没有评价的、情感的或形而上学的语词："我命名这条船为伊丽莎白女王号"；"我把我的手表传给我的兄弟"；"我跟你打五块钱的赌，明天要下雨"。这些反例又直接回到了第一种哲学立场。这些反例的典型特征在于，说出它们就等于是在会话和行动，或者换一种说法，说话就是在做事。用另一种方式说，有许多行动完全是通过完成言语行动而实现的。

虽然某些会话就是行动，不过在这样两种会话之间仍然存在重要的区别，即描述性的会话和非描述性的会话。陈述和断定的目的就是正确地描述实在；成功地描述了实在的陈述就是真的，而没有做到这一点的就是假的。奥斯汀把这种话语叫作"记述句"（constative）。相反，命名、赠与、打赌或类似的会话，其目的并不是描述任何东西。它们既不真也不假。它们的目的是完成某个行动。奥斯汀把这种话语叫作"完成行为句"（performative）。

基于描述性与非描述性区别的记述句与完成行为句之间的区别,似乎是不可动摇的。奥斯汀的一个天才之处就是他辩证地消除了这种表面上毫无例外的区别。在反对记述句的观念时,他表明,做出一个陈述就需要满足某些条件,而这些条件完全类似于满足完成行为句话语的条件。为了做出一个陈述,说话者必须对它拥有证据;它必须与说出这句话的语境相关;而且,对许多有意义的陈述来说,一定存在一个指称对象。因此,有许多方式都会导致做出陈述的努力无法成功。如果失败了,试图做出的陈述就没有描述任何东西,它就既不真也不假。

在随后讨论完成行为句的观念时,奥斯汀表明,许多完成行为句话语都有描述性的方面。考虑一下这些话"我打赌柯利夫兰会赢得三角锦旗",或者"我保证玛丽会来开会"。"柯利夫兰会赢得三角锦旗"和"玛丽会来开会"这些话就完全是描述性的,可以得到真值,但它们在根本上则是完成行为句话语的组成部分。因此,完成行为句与陈述句之间的区别就再次受到了破坏。

如果人们试图把"我陈述猫在席子上"这句话加以分类,那么陈述句与完成行为句之间的区别的完全瓦解就很明显了。一方面,这个句子显然是典型的陈述句,似乎它本身就说它是一个陈述;另一方面,它也有完全相同的结构形式,可看作典型的完成行为句话语("我打赌 p"和"我保证 p")。而且,这表明,或真或假的东西并不是由整个句子("我陈述……")表达的,而只是由独立的从句表达的,即猫在席子上。

记述句与完成行为句之间区分的瓦解导致奥斯汀提出了一种新的话语理论或言语行为理论。他区分了说话的三个不同层次或方面,即以言表意(the locutionary)、以言行事(the illocutionary)和以言取效(the perlocutionary)。以言表意行动本身包含了三个组成部分:语言实体可以被看作(1)声音(或印刷记号),(2)属于一种语言的语词,(3)具有对世界中事物的指称以及意义或意味。以言行事行动包含话语的力量,无论是打赌、承诺、陈述、猜测还是其他什么东西。以言取效行动与在听者那里取得的效果相关。劝说、激怒、安抚或刺激某人,都是以言取效的行动。它们可以是有意的或无意的,但在奥斯汀看来,以言取效和以言行事之间的区别在于,以言行事的行动总是依赖于约定的存在,而以言取效的行动则是自然的、非约定的。

奥斯汀的工作重新确定了许多哲学家的研究方向，为标准的言语行为理论奠定了基础，这个理论后来由他的学生塞尔（John Searle）进行了发展。塞尔首先在《如何承诺：一种简单的方式》（"How to Promise：A Simple Way"，1964）一文中勾勒了他的观点，然后在《言语行为》（*Speech Acts*，1969）中进行了详细阐述。

塞尔指出，奥斯汀对以言表意行动和以言行事行动的区分并没有抓住语言的关键。他认为，言语行为的典型情况是表达了一种力量和一个内容的以言行事行为。考虑以下这些句子：

我陈述玛丽会来开会。
我询问玛丽是否会来开会。
我打赌玛丽会来开会。
我保证玛丽会来开会。

其中每个句子都表达了相同的内容，即玛丽会来开会这个命题。这个命题包含了一个指称（玛丽）和一个谓词（会来开会）。奥斯汀认为命题（即他所谓的"以言表意的行动"）是完全的实体；而塞尔则指出，它们是以言行事行动的组成部分。以言行事行动的另一部分就是它的力量。命题（玛丽会来开会）在上述每次被说出的时候都会有不同的力量。它是在以不同方式做出陈述、提出问题、打赌或做出承诺。

塞尔注意到，对于不同的言语行为有不同的条件需要满足。例如，针对可以用某些言语行为来表达的命题就有一些条件。承诺和命令需要关于未来的命题，悼念则假定了关于过去的命题。所有关于命题或言语行为内容的条件，塞尔都称作"命题内容条件"。实际上，每个言语行为都需要某些东西推进这个言语行为。例如，一个承诺就需要说话者能够去做他所承诺的事情，一个要求就需要接受要求的人能够去做被要求的事情。这种条件被称作"准备性条件"。许多言语行为都需要在说话者方面具有某种诚实。陈述需要说话者相信他所说的东西，承诺需要说话者意图去做他所承诺的东西，提出要求则需要说话者想要他所要求的东西。这些条件被称作"诚实性条件"。

每个言语行为都具有一个本质性条件，它刻画了这个言语行为的要点或目的所在。一个陈述的要点就在于描述世界，一个问题的要点就在于提供信息，一个要求和命令的要点则在于让听者去做某件事情。

言语行为理论是要研究单个句子的用法。然而，存在着一些更为一般的原则支配所有的会话。这些原则在会话中所起的作用一直为格赖斯所研究。由于交流是一项合作的事业，说话者试图在交流中让听者理解他或她心中所想的东西，并且听者也在理解说话者的过程中履行自己的职责，这里有某些标准的准则在起作用。说话者是要说他们信以为真的东西，他们对所说的东西应当拥有证据。他们应当只说必要的内容，而不是更多。他们所说的东西应当与先前发生过的事情相关。最后，他们应当简单明了、毫不含糊和有序地表达他们所要说的东西。虽然这些会话的准则都是规范，但它们却不是在各个方面都可以得到满足。人们有时会违背这些准则，就是说，他们会悄悄地不去满足某个准则，这不仅因为他们会撒谎，而且因为他们会犯诚实的错误，或者是错误地理解了会话的方向，或者做了过多的假定。人们有时会选择不去满足某个准则，当两个准则在某个具体情况中发生冲突时就常常需要这样。当某人被要求简单明了地解释超验范畴推演时，他就会说："我无法对它做出简要的解释。"人们有时会蔑视某个准则，就是说，他们会公然不去满足准则。言语手势就是这样的蔑视。弱陈法（meiosis）就是蔑视"尽可能地说有用的话"这一准则，例如某人在一场横扫一切的飓风之后说："这里需要打扫。"讽刺性的说法，比如在被一个朋友背叛了之后说"你真是一个好朋友"，就是蔑视"说信以为真的东西"这个准则。隐喻也涉及蔑视这个准则。隐喻地说"我的爱人是红玫瑰"，并不是要断定某人的爱人是某种开花的植物。因此，至少能以三种方式不去满足会话性准则：违背、选择不去或蔑视。

格赖斯对话理论最为重要的方面是他解释了说话者所言（或假装说的）、会话的准则和语境之间的互动如何带来"会话含义"（conversational implicatures）。就是说，说话者传达给听者的内容远多于他们所说的或他们所言在逻辑上所蕴含的东西。如果一个说话者对一个汽车没有油的人说"拐角那里有一个加油站"，那么，说话者就蕴含着，加油站是开着的，可以加油，即使他并没有说出这些来。如果一个说话者对一个询问斯密斯是否适合某个工作的人仅仅说了"好吧,斯密斯已经很努力了",那么,他就是在表明斯密斯并不适合。

格赖斯和其他哲学家已经表明,他对语言作用的简单观察可以有助于解决认识论、语义学以及伦理学中的许多传统哲学问题。举一个简单的例子(虽然格赖斯本人并不同意这个具体的应用),考虑摩尔(Moore)的悖论。这个句子中有些很奇怪的东西:"下雨了,并且我并不相信下雨了。"这个句子并不矛盾,但很难或不可能想象有这样的情况,某人会认真地说出这句话来。断定这种句子通常会很荒谬,但假使断定了它,它就可能说出了真的东西。诉诸格赖斯理论的一种解决方法解释:这个句子很奇怪,是因为对第一个句子的断定在会话中就蕴含着"我相信下雨了",而这与第二句话"我不相信下雨了"是矛盾的。因此,虽然摩尔这句话的语义内容并不是矛盾的,但通常由这句话所交流的东西却是矛盾的,人们只有在非常特殊的情况下才会交流矛盾。

命名的因果理论

虽然 1960 年代和 1970 年代是语用学的鼎盛时期,但罗素的摹状词理论以及这样的观点又重新获得了支持,即他认为,真正的专名与它们所指示的东西之间的语义联系是直接的(非间接的)。我们已经提到,直到 1950 年,罗素的摹状词理论都一直是处理有问题的指称表达式的恰当方式。从 1950 年到 1960 年代中期,斯特劳森对指称的论述占了上风。凯斯·唐纳兰(Keith Donnellan)于 1966 年发表的《指称和限定摹状词》("Reference and Definite Descriptions")一文,为指称理论引入了一种新的成分 [1.12]。

唐纳兰认为,在限定摹状词的各种用法中,有两种用法关系到罗素与斯特劳森之间的争议,即归属性用法和指称性用法。指称性用法是斯特劳森关注的焦点,它的作用是要听者领会说话者心中的殊相。如果要使听者认为琼斯有精神病,说话者说"斯密斯的凶手有精神病"[8],那么,这里的限定摹状词就是被指称地使用的。这句话所表达的命题可以表述为这样一个有序对（琼斯，有精神病）。在唐纳兰看来，这个命题只有在琼斯有精神病的情况下才是真的，无论琼斯是否杀害了斯密斯。

唐纳兰的观点可以用下面这种情况说明。假定琼斯因为杀害斯密斯入狱，而斯密斯是一个受人尊敬的绅士，他以一种野蛮的方式被杀害。而且，假定琼斯事实上并没有杀害斯密斯，而是一个精神病人。根据琼斯在法庭上的古怪行为，人们说，"斯密斯的凶手有精神病"。在这种情况中，在唐纳兰看来，说话者就成功地指向了琼斯，并正确地说出他有精神病，即使用来指琼斯的这句话并不适合他。说话者成功地指向琼斯，是因为他意图用这个短语去指出琼斯。

与指称性用法相反，如果一个说话者说了同样一句话，但并不想要听者指出琼斯或他心目中的其他什么人，而只是想要对可能杀害了斯密斯这样绅士的人做出一个一般的评论，那么这个限定摹状词就有可能是被归属性地使用的。这句话所表达的命题就可以表达为这样一个有序对（斯密斯的凶手，有精神病）。这个命题只有在有一个人杀害了斯密斯并且有精神病的情况下才是真的。显然，这两者的真值条件是不同的。正如斯密斯和琼斯的例子所表明的，一个摹状词究竟是被归属性地使用还是被指称性地使用，这取决于说话者的意向和语境。

唐纳兰这种区分的结果在于，指称一个对象，并不需要所使用的语词或表达式具有适合于所指称的对象的描述性内容。于是，唐纳兰把这个结果应用于专名。它们没有或不以任何方式依赖于描述性内容。换言之，通常的专名所起的作用正如罗素所说的逻辑专名的作用。所以，与罗素的观点相反，通常的专名就是逻辑上的专名。唐纳兰把他的观点描述为"对指称的历史说明"。他解释道，一个专名指称一个它所指称的对象，因为它是通过先前所有这个名称对那个对象的指称而与那个对象联系起来的。由于他对指称的解释使用了指称这个概念，这就清楚地表明，他并不想提出一种关于指称的理论，而只是解释一个专名如何指称了它所指称的对象而不是其他的对象。

作为与唐纳兰同时代的人，索尔·克里普克（Saul Kripke）提出了一种类似的指称理论，他称之为"指称的因果说明"[1.17]。像唐纳兰一样，克里普克关心的是某个名称——比如"亚里士多德"——的使用如何指定的是亚里士多德,而不是其他人。克里普克的大部分工作都是在攻击关于专名的摹状词理论。根据这种理论,专名不能直接指称它们所命名的对象,因为不可能存在什么方式把名称与其对象联系起来。因此,根据这种理论,每个专名都是与某个多少确定性的摹状词簇或对摹状词的选择联系起来的,这些摹状词只对所命名的对象为真。说话者和听者都用对这个名称的描述性内容去确定所命名的对象。总之,知道一个专名的意义,就知道了是哪些摹状词指定了唯一被命名的对象。

克里普克反对摹状词理论基于两个主要理由。首先,对许多名称来说,大多数人都没有把唯一确定的摹状词簇与所命名的对象联系起来。例如,"西塞罗"对大多数人来说就是一位著名的罗马演说家,而不是那位最著名的罗马演说家。其次,某个人可能知道如何使用某个专名,即使他或她联系到所命名的对象的那些摹状词事实上并没有正确地描述这个对象。假设"亚里士多德"这个名称与这个选出的摹状词簇联系起来:"或者是柏拉图的学生,或者是亚历山大大帝的老师,或者是《形而上学》(*Metaphysics*) 或《动物学》(*De Anima*) 的作者";但进一步假设,亚里士多德是一个骗子;他并没有做过归于他的任何事情,而都是通过精心策划编造出来的,并且从来没有被历史学家察觉。尽管如此,"亚里士多德"仍然是亚里士多德的名称,即使与他相联系的所有描述都是假的。

根据克里普克的观点,为什么"亚里士多德"代表了亚里士多德,是因为在说话者对"亚里士多德"的用法与亚里士多德之间有一种因果联系。这就是说,某个说话者在使用"亚里士多德"这个词的时候,就成功地用这个名称指称了亚里士多德——克里普克认为,这发生在命名仪式或类似的仪式上——这种指称就从一个说话者传到另一个说话者,直到今天。显然,这种指称理论并没有解释指称本身是什么。它假定指称曾出现在以往对这个名称的使用中。它意图提出的是对这个指称如何被确定为目前使用的名称的一个解释。

许多哲学家都指出克里普克的解释是有问题的。在许多情况中,一个名称用法的因果链条完全被扭曲了。举个例子,"马达加斯加"最初是非洲大陆一部分的名称。这个岛屿得到这个名称,是因为马可·波罗(Marco Polo)做出了错误的指称。土著美国人得到"印第安人"这个名称,是因为哥伦布错误地认为他到了印度。总之,把一个名称的目前用法与最初用法联系起来的因果链条,并不总是决定了正确的指称。

克里普克把他关于专名的观点推广到通名,它们指称了自然种类,譬如"金子"、"狗"和"树":自然种类词指称它们的对象,是因为在这个词与对象之间有因果的交流联系,而不是因为说话者可以把它与描述内容联系起来。希拉里·普特南(Hilary Putnam)提出了一种类似的理论。他的方式极具感染力,他说:"'意义'不在大脑之中。"[9]

根据普特南的观点,通名是有指称或外延的,这是因为在这个词的用法与它所指的对象之间有因果联系。"水"指称了水,是因为在这个词的典型用法中,人们会被认为指着它说:"这是水。"换言之,通名的作用类似于专名。克里普克把它们都称作"严格的指示词",就是说,它们在其所存在的一切可能世界中都指称同一个对象。

在传统上,通名被认为通过概念而间接地指示或指称对象。因此,一个说话者使用"金子"这个词,可能是要他的听者知道他正在谈论的对象,因为说话者和听者都有一个概念,它描述了金子而不是其他的东西(例如"有价值的黄色金属,在王水中会分解"),而人们就用它来指金子。在弗雷格的理论中,这个描述性概念被称作"含义"(Sinn);在洛克的理论中,它被称作"观念"。用经院哲学的术语说,与名称相联系的概念与其指称之间的区别,就是内涵和外延的区别。

普特南认为,可能有一颗星球(孪生地球),它非常像地球,只是它有一种液体,具有与水完全相同的物理属性,即一样的口感、味道、气味、外表和黏性,但具有完全不同的化学成分。由于这两种液体的物理属性完全相同,地球上的人和孪生地球上的人就会处于完全相同的心理状态,但他们可能指称的是完全不同的液体。结果,人们对一个对象的观念或概念,就无法决定他们指称的东西。

普特南从他对通名的研究中得到的一个结论是,语言的用法涉及了劳动分工。水只能有一种化学成分,即 H_2O。虽然每个说英语的人实际上都可以使用"水"这个词，但说这种语言的某些人则需要拥有必要的专门知识，才能确定"水"这个词的真正指称或外延。因此，进一步的结果就是，使用语言比通常认为的更多地是一种合作的事业。

名称与信念

1979 年，克里普克认为，关于名称的摹状词理论和他自己的因果理论都无法解决以下关于皮埃尔的问题。皮埃尔生长在法国，最初只知道怎样说法语。根据他所得知的关于伦敦的情况，他得到了这样的信念：伦敦很美。由于他只会说法语，所以他就对自己说或会认为"Londres est jolie"。由于他不懂英语，皮埃尔就无法或不可能用这样的句子表达自己的信念：

（1）London is pretty.（伦敦很美。）

后来，皮埃尔离开了法国，在另一个国家的一个城市中肮脏的地方定居。这就是伦敦。在那里，他像当地人一样学习英语，也就是说，与他的当地环境直接互动，而不是直接学习如何在法语和英语之间来回翻译。特别地，他从不知道"伦敦"和"Londres"是指同一个城市。根据他在伦敦的经验，他得到了表达为以下句子的信念：

（2）London is not pretty.（伦敦不美。）

问题是皮埃尔是否有相互矛盾的信念。他似乎是有这样的信念，因为他会很诚实地断定"Londres est jolie"，这和（1）有着相同的意思，而他也会很诚实地断定（2）。但克里普克认为，皮埃尔不可能有相互矛盾的信念，因为皮埃尔是一个杰出的逻辑学家，他"绝不会让矛盾的信念溜掉"。[10]

对这个问题的大多数解决方法都试图解释，皮埃尔是如何有了这种矛盾的信念而又没有意识到它们的。克里普克否认皮埃尔有矛盾的信念，这背后隐含着类似以下原则。

名称的透明性：如果（1）一个词与它所指称的对象之间的语义联系是直接的（非间接的），（2）语词 x 和 y 指称的是相同对象 o，（3）一个人 p 有能力去使用 x 和 y，那么，当用 x 和 y 来代表 o 的时候，p 一定会意识到他所拥有的任何矛盾信念。

克里普克认为，他在《命名与必然性》（*Naming and Necessity*）[1.14]中的论证就证明了子句（1）。他认为，子句（2）和（3）是由皮埃尔以及他的语言知识所满足的事实问题。

我们可以认为，所有这三个子句都是正确的，但仍然否认名称透明的结果是真的。我认为，克里普克的错误部分在于认为，语义联系是相关于使用名称的能力的唯一联系。事实上，为了能够使用名称，人们也需要有某种心理表征，把这个名称与对象联系起来，但这个表征并不是那个名称意义的一部分。它不可能是那个名称意义的一部分，是因为人们如何对自己表征一个对象，这并不是统一的，每个人都可以改变自己表征对象的方式，但并不会损失他们指称这些对象的能力。如果一个会话者认为亚里士多德是柏拉图的学生，而另一个会话者认为亚里士多德是亚历山大大帝的老师，这并不会妨碍他们交流的能力。同样，如果某人认为亚里士多德在某个时候是柏拉图的学生而在另一个时候又是亚历山大大帝的学生，这也不会妨碍交流。

如果人们意识到了他们心理上表征对象的各种方式之间的所有这些逻辑关系，那么，如果两个名称命名的是同一个对象，那么他们就会意识到这一点。但这些关系中的许多对于拥有它们的人来说却是不清楚的。人们并不是直接获得（至少是许多的）信念内容，而只能通过他们的心理状态或表征获得，这是从某个视角而不是从整体上来表征对象。这些有限的视角往往会使人无法认识到他们信念的所有后果。这种心理状态就类似于，某人从前面看到了大象，然后又从后面看，最后得出结论，他或她看到的是两种动物。

蕴含在克里普克困惑背后的或许是更为普遍的对语言的错误观念，即相信语言是自足的，仅仅拥有语言知识就足以使用语言。这两种看法都受到了下一节中要讨论的那些哲学家的攻击。

解释与翻译

大多思考过语言的哲学家都曾关注说话者在交流中的作用。人们会认为，如果我们发现说话者所行与听者所行完全一致，那么，从听者的观点来看交流，应当不会表现出截然不同的角度。事实上，这两者是截然不同的角度。奎因是第一个，肯定也是最为重要的一个从听者的角度来看待语言的英美哲学家。

在出版于1960年的《语词和对象》（*Word and Object*）中，奎因探讨了一种坚定的自然主义语言观的结果［1.20］。只有物理事实与理解语言行为相关，而人类把某个东西看作语言以及对这些说话者赋予意义的所有证据，都完全是经验的。这并不是指人们对语言行为做出的判断只能是经验的。关于语言行为的判断混合了经验证据和解释性假设，后一个观点就是他的经典文章《经验主义的两个教条》（"Two Dogmas of Empiricism"）［1.23］的主要思想。奎因这时候把他自己看作一个实用主义者，而不是纯粹的经验主义者。后来，他把自己的哲学看作经验主义、实用主义和自然主义的。

奎因问，一个听者如何能够理解一个说外语的人所意味的东西。这个问题就是要说明，人们如何把他或她自己语言中的句子与说话者语言中的句子联系起来。奎因提出了一种形象的回答，即描绘了一个遇见"当地人"的"田野语言学家"。他假设，这个当地人在一只兔子跑过时说了"Gavagai"。问题是，这个语言学家（听者）如何理解这个当地人说出的东西？奎因认为，语言学家必须询问这个当地人一些问题。这当然就意味着，语言学家已经对什么样的行为对应着英语中的"是"和什么样的行为对应着"否"做出了某些假设。这些假设构成了复杂的假设之网，目的是达到对这个当地人的行为的最为合理的理解。即使这个当地人使用了"是"和"否"这些词，语言学家也不能简单地断定，当地人说出的"是"就是他或她所说的"是"。这个当地人用这些词表达的可能是刚好相反的意思。语言学家既不能简单地断定当地人点头就意味着"是",也不能断定他摇头就意味着"不"。同样,当地人可能恰好意味着完全相反的或其他的东西。当地人可能有完全不同的约定,比如伸出右手食指意味着"是",伸出左手食指则意味着"否"。所以,形成假设的实际过程是非常复杂的。

这个语言学家还有其他的困难。假设这个当地人每当出现兔子时就会说"Gavagai",语言学家就会假设,对"Gavagai"的恰当翻译就是"兔子"(或"有一只兔子")。但这个语言学家如何能够确定这一点呢?即使语言学家确定了关于当地人如何表示"是"和"否"的假设,当地人的回答也并没有证明语言学家提出的翻译,它也可能证明了这样的翻译"还有兔子",或者是"有一个不可分开的兔子部分",或者"有一段兔子的时间切片"。要确定"Gavagai"究竟是指兔子还是指不可分开的兔子部分,方法之一就是连续地指向兔子的两个部分,然后问这个当地人,这个 gavagai 是否与另一个 gavagai 相同。当然,这整个过程必须用当地人的语言来说。假定语言学家用"gavagai plink gavagai"去表达这个意思,那么,语言学家如何知道"plink"究竟是指"等同于"还是指"是同一只兔子不可分离的部分"? 只要"plink"有其中一种意义,那么语言学家就会得到肯定的回答。奎因认为,无论这个语言学家试图检验他或她的翻译多少次——通过在其他情况中检验其他的句子——对所有这些句子都没有一种正确的翻译。总有可能存在几种翻译这个语言句子的不可兼容的方法,而每一种翻译都与经验材料相符。总之,翻译是不确定的。

无论我们采用什么样的翻译图式,假设系统的结果都不仅要考虑一种语言中什么语词和句子与另一种语言中的语词和句子相关,而且要考虑已知句子是在什么条件下说出的和说话者在当时所拥有的信念和意向。这就是说,翻译图式预设了关于经验证据的某些判断,而对每个句子的翻译只有在整个翻译和证据理论中才有意义。认为语言意义存在于整个语言之中,而不是存在于诸如语词或句子这样的次要单位,这种观点被称作语言整体论。

因为奎因把听者的目的看作把一种语言的句子与另一种语言的句子联系起来,而后一种语言与前一种语言完全没有演进的关系,因此他把语言学家的这个工作称作"彻底的翻译"。虽然奎因似乎把翻译看作纯粹句法上的事业，即一种系统中的话语（"序列"）是与另一种系统中的话语相联系的，但这并不正确。一种语言的原始句就是那些与可观察的事物联系起来的句子："妈妈"是在出现母亲的时候说出的，"红色"是在出现红色的时候说出的，"兔子"是在出现兔子的时候说出的。所以，某些语词是与世界的其他部分以这种方式相联系的。奎因所反对的是这样的观念，即认为意义是确定的、抽象的实体，它们单独地与句子相关。

奎因对语言的看法在他的学生唐纳德·戴维森那里得到了修正和发展。一个重要的修正是一种隐含的批评。戴维森认为，寻求语言之间的翻译手册并不是关键所在。人们可能知道"Es regnet"是对意大利语句子"Piove"的正确德语翻译，但并不知道这两个句子究竟指什么。所以，仅仅在这种狭义上知道如何翻译句子，并不构成知道一种语言，关键是要知道如何解释一种语言。因此，戴维森清楚地探讨了"彻底解释"的语义学观念，其任务就是判定一个人如何描绘出使一个话语为真的条件。在这方面，戴维森承认他得益于阿尔弗雷德·塔斯基，后者使语义学在哲学上得到了尊重。戴维森认为，由于知道一个句子的意义就是知道它的真值条件（使其为真或为假的条件），因此拥有一种真理理论就是拥有一种意义理论。戴维森与塔斯基的区别在于，戴维森把真理看作基础概念，它是不需要加以定义的，而且用它去解释什么是解释；而塔斯基则认为，在句子的翻译上并不存在问题，并给出了一种真理定义。[11]

在发表于1974年的《信念和意义的基础》（"Belief and the Basis of Meaning"）一文中，戴维森清楚地表明，解释说话者语词的一个基本困难是，解释并不是简单地把意义赋予话语[1.8]。解释至少涉及两个相互依赖的活动。听者必须把某个信念赋予说话者，并把某个意义赋予他说出的话，以便给出一种解释。例如，假定说话者说"这只猫在席子上"，这时正好有一只猫在席子上。如果听者判断说话者是指猫在席子上，这个听者很可能也会认为说话者相信猫在席子上。这好像很平常，但如果我们考虑一下其他的情况，就不那么平常了。假定说话者说"这只猫在席子上"，而这时只有一只狗在席子上。在这种情况下，这个听者就可能有两种（但事实上可能有更多）选择：（1）说话者是指这只猫在席子上，但他的信念是错的；或者

(2) 说话者是指这只狗在席子上,他的信念是对的。这两种解释都是可能的。哪个解释最有意义,这取决于语境的各种特征:例如,说话者的年龄、智力、视力、诚实以及母语。如果说话者非常愚蠢或有深度近视,那么解释(1)就可能是更合理的。如果说话者只是4岁小孩或有40岁了但还在学习英语,那么解释(2)就更合理一些。在后一种情况中,说话者可能认为,"猫"指的是"狗",所以就用"猫在席子上"去指狗在席子上。

事实上,解释的任务远比戴维森所表明的要复杂得多。除了要把信念赋予说话者和把意义赋予他或她所说的话,解释者还需要把动机赋予说话者,决定这句话的语音特征,判断他或她自己的认识能力。例如,说话者究竟是要说真话,还是在伪装、讥讽或开玩笑(动机)?说话者说"她在斯德哥尔摩消瘦了"或"她说斯德哥尔摩语"这句话了吗?听者真的看到了一只狗吗,或者它是一只猫吗?

奎因和戴维森工作的一个结果是,把语言看作一个完全自足的单元是错误的。说话者不仅需要其他的能力,而且除了语言本身之外,还需要考虑其他的智力行为。语言行为并不是人类行为的独立部分。正如戴维森所言:"我们应当意识到,我们不仅抛弃了通常的语言概念,而且消除了在知道一种语言与一般地知道我们周遭的世界之间的界限。"[12]人们可能会反思把语言看作一种确定实体的理由。一种看法是,当人们致力于理解说话者所指的东西时,他们常常关注的是话语本身,并常常把这种情况的其他方面,诸如说话者的信念、意向和语境事实,看作纯粹的背景或附属的条件。这就是说,话语是首要的,它们直接指向听者;然而,最终对于解释来说,刚才提到的其他特征与话语本身一样重要。

结 论

研究语言哲学就是要理解哲学中存在着一种进步。语言的基本意义单位是语词,这个观念被另一个观念所取代,即这个基本单位是句子;它还被下面两个观念所取代,即句子只有在把它与整个语言联系起来的时候才有意义,并且,语言的意义最终依赖于人们用话语所指的事物。认为语言是可以独立于非语言的语境而得到理解的独立实体,这个观念则被认为语言只有在语境中才能得到理解这个观念所取代,而这个观念又被下面的观念所取代:在语言行为和非语言行为之间,或者在语言行为与它所出现的环境之间,并不存在严格的界限。虽然这里并没有最终答案,但我们在这个世纪学到了许多关于语言的性质和用法、意义的原点、解释的本质、语言与经验证据的关系,以及意义与说话者的认识状态之间的相互关系等方面的东西。

【注释】

[1] 除非有其他的说明,"语言哲学家"以下指20世纪英美哲学主要传统中的哲学家。这同样适用于"语言哲学"一词。

[2] 对语言学这三个方面的明确区分,至少早在1939年就由查理斯·莫里斯(Charles Morris)做出[1.21],但我们并不严格地遵照他的定义。

[3] 对维特根斯坦图像观的进一步解释,参见 Canfield [1.6] 和 Wedin [1.30]。

[4] "主词"和"谓词"被哲学家们以各种不同的方式使用。在本章中,这些词总是指某类语词或短语。"主词"有时被用来指句子的话题,就是说,在我看来,主词所指的东西。"谓词"有时被用来指在我看来的谓词所表达的东西,即属性或概念。伯特兰·罗素常常在各种意义上使用这些词。

[5] "现在的法国国王"这个名词短语需要被替换为一个非名词短语,譬如这个复合动词短语"是一个男人并且统治着法国",以防止下面的论证思路:由于"现在的法国国王"是一个名词,所以它一定命名了某个东西。它命名的是什么?如果这个名词短语被替换为一个动词短语"是一个男人并且统治着法国",那么对任何似乎存在的法国国王就没有问题了。

[6] "On Referring", in Strawson [1.34], 327.

[7] 在本节的余下部分,"有意义的"是指"认识上有意义的",正如逻辑实证主义者理解的那样。

[8] "斯密斯的凶手"需要被理解为对"杀害斯密斯的凶手"的变形。

[9] "Meaning and Reference", in Martinich [1.17], 287.

[10] "A Puzzle about Belief", in Salmon and Soames [1.24], 122.

[11] "Radical Interpretation", in Davidson [1.7], 134.

[12] "A Nice Derangement of Epitaphs", in Grandy and Warner [1.11], 173.

参考书目

1.1　Austin, J. L. [1962] *How to Do things with Words*, 3rd edn, eds J. O. Urmson and G. J. Warnock, Cambridge, Mass.: Harvard University Press, 1990.

1.2　—— [1970] *Philosophical Papers*, 2nd edn, eds J. O. Urmson and G. J. Warnock, London: Oxford university Press, 1970.

1.3　Ayer, A. J. [1936] *Language, Truth, and Logic*, 2nd edn, London: Gollancz, 1946.

1.4　—— ed. *Logical Positivism*, New York: Free Press, 1959.

1.5　Burge, Tyler "Philosophy of Language and Mind: 1950—1990", *Philosophical Review*, 101 (1992): 3-51.

1.6　Canfield, John "A Model Tractatus Language", *Philosophical Forum*, 4 (1974): 199-217.

1.7　Davidson, Donald *Truth and Interpretation*, Oxford: Clarendon Press, 1984.

1.8　—— "Belief and the Basis of Meaning", in Donald Davidson, *Truth and Interpretation*, Oxford: Clarendon Press, 1984: 141-154.

1.9　—— ed. *Words and Objections*, Dordrecht, D. Reidel, 1969.

1.10　——and Gilbert Harman, eds *Semantics of Natural Language*, Dordrecht: Reidel, 1972.

1.11　Davis, Steven, ed *Pragmatics*, New York: Oxford University Press, 1990.

1.12　Donnellan, Keith S. "Reference and Definite Descriptions", *The Philosophical Review*, 75 (1966): 281-304.

1.13　Grandy, Richard and Richard Warner, eds *Philosophical Grounds of Rationality*, Oxford: Clarendon Press, 1986.

1.14　Grice, H. P. "Meaning", *The Philosophical Review*, 66 (1957): 377-388.

1.15　—— *Studies in the Way of Words*, Cambridge, Mass.: Harvard University Press, 1989.

1.16　Hahn, Lewis and Paul Arthur Schilpp, eds *The Philosophy of W. V. Quine*,

La Salle, Ⅲ: Open Court, 1986.

1.17 Kripke, Saul [1972] *Naming and Necessity*, Cambridge, Mass.: Harvard University Press, 1980.

1.18 Martinich, A. P. "Austin, Strawson, and the Correspondence Theory of Language", *Critica*, 9 (1977): 39—62.

1.19 —— *Communication and Reference*, Berlin and New York: de Gruyter, 1984.

1.20 —— *The Philosophy of Language*, 3rd edn, New York: Oxford University Press, 1990.

1.21 Morris, Charles W. [1939] *Foundations of the Theory of Signs*, in *International Encyclopedia of Unified Science*, eds Otto Neurath, Rudolf Carnap and Charles Morris, Chicago: University of Chicago Press, 1955: 78-137.

1.22 Putnam, Hilary *Philosophical Papers: Mind, Language and Reality*, vol. 2, Cambridge: Cambridge University Press, 1975.

1.23 Quine, W. V. O. "Two Dogmas of Empiricism", in W. V. O. Quine, *From a Logical Point of View*, Cambridge, Mass.: Harvard University Press, 1953: 20-46.

1.24 —— *Word and Object*, Cambridge, Mass.: MIT Press, 1960.

1.25 —— *From a Logical Point of View*, Cambridge, Mass.: Harvard University Press, 1961.

1.26 —— *Pursuit of Truth*, rev. edn, Cambridge, Mass.: Harvard University Press, 1992.

1.27 Russell, Bertrand *Principles of Mathematics*, New York: W. W. Norton, 1903.

1.28 —— *Introduction to Mathematical Philosophy*, London: George Allen & Unwin, 1919.

1.29 —— *Logic and Knowledge: Essays 1901—1950*, ed. Robert C. Marsh, London: George Allen & Unwin, 1956.

1.30 Salmon, Nathan and Scott Soames, eds *Propositions and Attitudes*, New York: Oxford University Press, 1988.

1.31 Searle, John *Speech Acts*, Cambridge: Cambridge University Press, 1969.

1.32 ——*Expression and Meaning*, Cambridge: Cambridge University Press, 1979.

1.33 —— *Intentionality*, Cambridge: Cambridge University Press, 1983.

1.34　Strawson, P. F. "On Referring", *Mind*, 59 (1950): 320-344.

1.35　—— *Logico-Linguistic Papers*, London: Methuen, 1971.

1.36　Tarski, A. "The Concept of Truth in Formalized Languages", in A. Tarski, *Logic, Semantics, Metamathematics*, Oxford: Clarendon Press, 1956: 152-268.

1.37　Urmson, J. L. *Philosophical Analysis: Its Development Between the Two World Wars*, London: Oxford University Press, 1956.

1.38　Wedin, Michael "Trouble in Paradise? On the Alleged Incoherence of the *Tractatu*", *Grazer Philosophische Studien*, 42 (1992): 23-55.

1.39　Wittgenstein, Ludwig [1921] *Tractatus Logico-Philosophicus*, trans. D. F. Pears and B. F. McGuinness, London: Routledge & Kegan Paul, 1961.

1.40　—— [1954] *Philosophical Investigations*, 2nd edn, trans. G. E. M. Anscombe, Oxford: Basil Blackwell, 1958.

第二章
语言哲学的形式化工作

尼诺·B·库恰瑞拉（Nino B. Cocchiarella）

哲学中一个长期存在的问题是语言与实在、语言与思想、语言与知识等各种关系的性质。这个问题的一部分就是在研究这些关系的时候应用的一种方法论的问题。我们这里要讨论的这种方法论，基于一种从形式上处理语言哲学的方法，具体地说，就是把逻辑上的理想语言看作意义理论和知识论的基础。

把普遍语言看作一种哲学语言的观念

这种从形式上处理语言哲学的方法，其历史至少可以追溯到笛卡尔（1596—1650）和莱布尼茨（Gottfried Leibniz, 1646—1716），或许还可以追溯到12世纪的思辨语法学家，他们认为，在人类所有自然语言背后，只有一种语法（cp. Küng [2.28]，7）。但是，思辨的语法学家们并没有提出一种用于研究这种语法的形式方法论，因为他们相信，这种语法的结构是由世界万物的性质决定的，而哲学家只有首先考虑了万物的本体论性质，才能发现这种结构。解析几何的发明者和普遍数学观念的提出者笛卡尔也相信，在所有的语言背后存在着一种普遍语言，但它所代表的是人类理智的形式，而不是世界万物的性质（cp. Cassirer [2.3]，1：128）。笛卡尔也并没有试图构造或阐述这样一种语言,而只坚持它一定包含了一种普遍数学;因为他认为,要构造这样一种语言,就需要把一切意识内容都分析成作为最终组成部分的简单观念。

莱布尼茨同意笛卡尔的观点,认为在一切语言背后存在着一种普遍语言,这种语言代表的是人类理智的形式。但莱布尼茨的方法更具有纲领性。他把这种哲学语言的一般框架称作"普遍语言"(characteristica universalis),他试图构造这个系统的一些碎片。在莱布尼茨看来,普遍语言服务于三个主要目的。第一个是作为一种国际性的辅助语言,能够使不同国家的人们相互会话和交流。显然,由于拉丁语已经不再是"活的"语言,而新的贸易航线正在向那些有着各种不同的本地语言的国土开放,因而在17世纪和18世纪,人们就广泛考虑和讨论了建立一种国际性的辅助语言的可能性(cf. Cohen [2.4] and Knowlson [2.27])。实际上,在那个时期,有许多提议,甚至部分地构造出了这样一种语言,但没有一种成功地被较多的人所使用。只有到了19世纪末,世界语才被制定出来,至今有800万人之多在使用这种语言。然而,甚至世界语是否能够成功地实现这个目的的问题,似乎也是非常值得怀疑的。1907年由一个语言学家委员会制定出来的另一种语言,爱多语(Ido),从1930年左右开始就再也没有被使用过(cf. Van Themaat [2.46])。

莱布尼茨为他的普遍语言提出的第二个和第三个目的,把它与其前辈区分开来,并赋予他的纲领以形式的或逻辑的方法论。第二个目的就是,这种普遍语言应当基于一种"结合的艺术"(ars combinatoria),即一种符号化系统或表意符号,它能够对科学中可能产生的一切实际的和可能的概念做出一种逻辑分析。这样一种结合的艺术包含了一种逻辑形式理论和定义形式理论,前者是一种关于这种语言中的有意义表达式可能拥有的一切可能形式的理论,后者则是关于人们可以基于已有的给定概念而构造新概念的运算理论。第三个目的是,普遍语言一定包含了一种理性演算,即一种关于推演和有效论证的完备系统,通过研究已知之物的结论或蕴含,人们就可以把它当作知识的工具。

有了这样一种可以满足三个目的的普遍语言,莱布尼茨认为,可以在整个世界发展一种统一的科学百科全书。通过这种方式，普遍语言也就可以算作一种真实的语言（characteristica realis），即一种表象系统，可以使我们看到万物的内在性质，就像阿丽亚蒂丝线（Ariadne's thread）一样，引导我们对实在做出推理（cp. Cohen [2.4]，50）。因此，根据莱布尼茨的普遍语言纲领，我们就试图包括了语言与实在、语言与思想、语言与知识这样三种关系。在整个纲领的两个基础部分，即构造一种结合的艺术和理性演算，我们也得到了对于形式化地处理语言哲学来说非常必要的关键成分。

把逻辑上完善的语言看作一种理想规则的观念

认为在一切自然语言背后隐藏着一种语法的观念，实际上并不完全等同于认为有一种国际性的辅助语言，而这两种观念又都不同于以一种包含了结合的艺术和理性演算的形式化的人工语言作为统一的科学语言。在19世纪，随着新科学的兴起和数学上更为抽象的代数记号的发展，人们逐渐开始关注如何把理性演算构造成一种形式化的逻辑系统，可以把它运用于不同话域，并且不受自然语言变化的影响。例如，数学家乔治·布尔（George Boole，1815—1864）就认为，代数公式可以用来表达命题之间的逻辑关系，或者概念或类之间的逻辑关系，这与可以把它们运用于表达数字之间的关系没有什么不同。他特别表明了，用于数字的乘法和加法运算，与用于命题或概念的合取和析取运算，以及用于类的交叉和合并运算，这些运算之间存在着结构上的类似。把这种类似发展成一种抽象演算的结果，就是如今著名的布尔代数。这种数学系统已经为计算机的发展提供了基础，并为语言哲学中更多的形式化工作提供了代数基础。

虽然布尔逻辑的代数演算完全不同于传统三段论中直言主谓命题的语法规则，但重要的是，后者可以用前者加以解释。例如，"所有的 F 都是 G" 这种形式的传统主谓命题，可以被分析为概念 F 附属于概念 G，或者 F 类事物包含于 G 类事物（在这里，包含可以定义为如下的交叉：$F \subseteq G =_{df} F \cap G = F$）。"某些 F 是 G" 这种形式的主谓命题也可以被分析为 F 类事物与 G

类事物之间的交叉,即这种交叉不等同于空类(即 $F\cap G\neq 0$,这里的"0"代表空类)。所有的直言命题和传统三段论的整个系统都能以这种方式被分析和解释为布尔代数的算法。布尔本人相信,他的演算可以被用于"研究那些完成推理的心灵运算的基本规律",他可以用这种演算的符号语言来表达这些规律(Boole [2.2],chapter 1,section 1)。

一种不同的但更为根本的处理自然语言语法上的主谓结构以及处理思想规律这一观念的方法,是由弗雷格(1848—1925)在他的著作《概念文字:基于算术模式为纯粹思想而构造的形式语言》(*Concept-Script, A Formula Language for Pure Thought, Modeled upon that of Arithmetic*)中提出的。弗雷格的工作是用最新发展的算术和数学的函项理论,去解释"a 是 F"这种形式的主谓句子,这里的"a"代表一个单称词(例如,一个专名或限定摹状词),而应用了概念 F 的结果,现在则被解释为一个函项(从对象到真值),针对的是单称词 a,即 $F(a)$。"$a R b$"这种形式的主词—谓词—对象的句子,其中的"a"和"b"代表单称词,"R"代表及物动词(例如,a 爱 b 中的动词"爱"),可以被解释为应用了 R 关系,现在则解释为一个作用于两个单称词 a 和 b(以这种顺序)的二元函项(从对象到真值),即 $R(a, b)$。这样,弗雷格就可以从形式上表达和解释比布尔代数所表达的更为根本的谓述方面,就是说,我们可以由此表达一个对象与包含此对象的概念之间的关系,并为一般的关系逻辑提供一个框架。

弗雷格不仅把他的函项论证分析用于这些基本的主谓形式,而且,他还把它用于传统三段论的直言命题形式。正是这样一种分析,带来了对自然语言中量词短语结构的全新认识,这些短语以这样的词开头:"所有"、"每个"、"某个"、"有一个(一些)"。为这种短语提供一种恰当的分析始终是中世纪语法学家和逻辑学家们的主要问题,而只有弗雷格的理论才终于开始对这个问题有了真正的解决。

根据弗雷格的理论,一个量词短语代表了一个包含了一阶概念的(指示变项的)二阶概念,用他的函项—主目术语说,等于是从一阶概念(即谓词短语所代表的那些概念)到真值的一个函项。因此,"每个事物都是 F"这种形式的句子就可以在形式上表示为"$\forall x F(x)$",其中"$\forall x$"代表"每个事物"所代表的二阶概念（由变项"x"所指示）。同样，"某个事物是 F"就可以在形式上表示为"$\exists xF(x)$"，其中"$\exists x$"代表了"某个事物"所代表的二阶概念（由变项"x"所指示）。"所有的 F 都是 G"这种形式的主谓直言命题可被等价地翻译为这种形式的句子："每个事物都是这样的，如果它是 F，那么它就是 G"，这在形式上就可以表示为"$\forall x[F(x) \to G(x)]$"，其中"$\to$"是（真值函项的）"如果……那么"条件短语的对应符号。类似地，"某个 F 是 G"这种形式的直言命题可以被等价地翻译为"某个事物既是 F 又是 G"，这在形式上可以表示为"$\exists x[F(x) \& G(x)]$"，其中"$\&$"是"既—又"合取短语的对应符号。"没有 F 是 G"这种形式的命题可以用符号表示为"$\sim \exists x[F(x) \& G(x)]$"，或者表示为"$\forall x[F(x) \to \sim G(x)]$"，其中"$\sim$"是"并非这种情况……"这个副词短语的对应符号。最后或许最为重要的是，弗雷格的理论也说明了体现在其他量词短语范围中的量词短语，解释了例如这样两种命题形式之间的区别，即"每个男人都爱某个女人"，在形式上表示为"$\forall x[F(x) \to \exists y[G(y) \& R(x, y)]]$"，和"某个女人被所有男人所爱"，在形式上表示为"$\exists y[G(y) \& \forall x[F(x) \to R(x, y)]]$"，其中"$F$"和"$G$"分别代表了一阶概念"作为一个男人"和"作为一个女人"，"R"代表了一阶关系"爱"。

　　对自然语言句子的这种形式分析，特别重要的是，它们等于在逻辑上清晰地表达了由这些句子的内容所决定的真值条件，而且，在这方面，它们可以很容易地运用于推理规则，可以对逻辑演绎和形式有效性概念做出严格分析。正是这些特征使得弗雷格认为，他的概念文字"不仅仅是一种理性演算，而是一种莱布尼茨意义上的普遍语言"（Frege [2.20], 90)。这就是说，弗雷格的目的是要构造"一种逻辑上完善的语言"，而不只是一种抽象的演算，它可以被用来作为数学语言和科学语言的一般框架。它并不是被设计来用作日常语言或自然语言，正如一种国际性的辅助语言所能做的那样，而是想要成为一种概念分析的工具和数学理论与科学理论的形式发展。在这方面，弗雷格坚持认为，他的概念文字与日常语言或自然语言之间的关系，就像显微镜与眼睛之间的关系一样。即使眼睛优越于显微镜是"因为它可能的使用范围以及它能够适应大多数不同环境的灵活性"，然而，"只要科学的目的是要求更为精确的解决方法,眼睛就被证明为是不够用的了"(Frege [2.18], 6)。这就是说,正如显微镜是"完全适用于"科学上更为精确的视觉方法的手段,弗雷格的概念文字也是"为了某种科学的目的而设计出来的手段,人们一定不能由于它不适用于其他目的而去谴责它"(ibid.)。

弗雷格函项理论的另一个基本特征是认为,复合表达式的意义就是构成这个表达式的组成部分的意义函项,或者,这通常被称作意义的构成性法则。根据这里的"意义"究竟指什么,这个法则似乎在涉及了情态和内涵动词的内容上是与自然语言相冲突的,特别是包括了那些被用来赋予某人知识、信念或欲望(或通常所说的命题态度)的动词的内容。这使弗雷格区分了一个表达式的含义(Sinn)和指称(Bedeutung)——或者其他人所说的内涵和外延。这里所说的表达式,他指的是这个表达式表现其指称的方式。例如,"晨星"和"暮星"的含义或内涵就是不同的,即使它们的指称或外延是相同的(即都是金星)。弗雷格把一个句子的含义称作思想(Gedanke),他用这个词指(作为抽象对象的)命题,而不是思维的心理片断。他把一个句子的指称或外延看作真值,即或者是真的或者是假的。于是,在把这个构成性法则应用于指称(外延)的时候,它就规定了,一个句子的指称(外延)(即这个句子的真值),就是构成这个句子的表达式的指称(外延)函项;在把这个构成性法则应用于含义(内涵)的时候,它就规定了,一个句子的含义(内涵),即它所表达的思想(命题),就是那些相同组成的表达式的含义函项。因此,因为"晨星"和"暮星"的指称相同(即金星),但含义不同,"晨星不是暮星"和"晨星不是晨星"这两个句子的指称就具有相同的真值(即都是假的),但它们的含义却表达了不同的思想。

在把他这两个方面的意义概念应用于间接引语(即这样一种语言结构,其中出现的构成句子的短语作为表达命题态度的内涵动词的语法对象)时,弗雷格坚持认为,这个具体句子的指称并不是它在直接引语中的指称,而是它的含义。这样,我们就可以前后一致地坚持意义的构成性法则,无论是在外延上还是在内涵上,同时,我们也就解释了我们如何可以使某人(一致地)相信晨星不是暮星,而不用由此使那个人(不一致地)相信晨星不是晨星。因为诸如"罗纳德相信晨星不是暮星"这种句子的真值（指称）并非"晨星不是暮星"这个句子的指称——如上所说，等同于"晨星不是晨星"的指称——的函项，而是这个句子的含义，这不同于"晨星不是晨星"这个句子的含义。

逻辑类型论

虽然弗雷格以表达式的含义与指称的区分确立了意义理论的基础，但他并没有用他自己的概念文字或逻辑形式理论从形式上表现这个区别。他在提出概念文字时的主要兴趣，是要为算术提供一种逻辑基础，为此他认为，只需要一种外延性的语言，即构成性法则可以限于外延，而完全不用考虑含义或内涵（或自然语言的那些方面，诸如间接引语，它们需要内涵性的分析）。

弗雷格对算数的看法是，自然数是我们用于清点事物的最早和最重要的数字。在这方面他第一个看到，自然数最终基于我们的数词短语来陈述特定数量的对象属于给定的一阶概念。因此，例如，当我们陈述有 12 个信徒，或者（地球）有一个月亮，或者（太阳系）有 9 颗行星时，我们实际上是在陈述，"作为信徒"、"作为月亮"、"作为行星"等等这些概念分别拥有 12 个或 1 个或 9 个实例。换言之，数的概念是二阶概念，它们对应着量词短语，比如"有 n 个对象 x，使得……x……"，其中"……x……"表示一个一阶概念。

根据弗雷格的看法，关于算术的真正哲学问题是要解释，我们如何能够在概念上从包含一阶概念的数字二阶概念（即从数字量词短语所代表的概念），过渡到由数字或其他单称词所指称的算术的自然数（即过渡到属于一阶概念的作为对象的自然数），正如这样的陈述所表明的——"二是一个素数"、"5+7=12"，以及这样的陈述——"信徒的数目是 12"、"月亮的数目是 1"、"行星的数目是 9"。

正是出于这个目的，弗雷格扩展了他的概念文字以包括一种表现概念外延的手段（cf. Frege [2.19]）。这个手段就是把 *spiritus lenis*（字母上面的逗号）用作不带变项的抽象算子，这就把一个开语句公式（即包括一个自由变项的公式）转变成了一个指称由这个开语句公式所表达的概念的外延的抽象单称词。因此，通过把 *spiritus lenis* 用于一个符号化公式"$F(x)$"，我们就得到了抽象的单称词"$\dot{x}F(x)$"，这被用来指称概念 F 的外延，即 F 事物的类（集合论中的相应方法就是用大括号和一个冒号把一个公式"$F(x)$"转变为一个单称词"$\{x:F(x)\}$"）。

值得注意的是，根据弗雷格的看法，这种手段的应用就是自然语言的名词化过程的形式对应物，这个过程使得（简单的或复合的）谓词表达式被转换为一个抽象单称词——但是，在日常语言中，这通常被用来指称这个谓词表达式所代表的概念的内容（或内涵），而不是这个概念的外延。因此，譬如，"聪明的"这个简单的谓词（或短语"是聪明的"），如"苏格拉底是聪明的"中所运用的，就可以被名词化，把它转换为一种抽象的单称词"智慧"（wisdom）（或者是动名词"聪明"［being wise］），例如用于"智慧是一种德性"（或"聪明是一种德性"）。类似地，"三角的"和"等于"可以名词化为"三角性"和"平等"（或是"三角"和"等于"，以及成为以同位语开始的单称词，诸如"三角形概念"和"等于概念"等等）。一般来说，名词化的过程在英语中是通过动名词和不定式短语完成的，以及加上这样的后缀"-ity"和"-ness"。如上所述，这个过程把一个（代表了传统意义上作为可述谓实体的共相概念的）谓词表达式转换成了一个抽象的单称词，这在日常语言中通常被看作指称了这个谓词所代表的概念的内容（或内涵）。

弗雷格把名词化的谓词解释为指称了这个谓词作为谓词所代表的概念的外延，主要是因为他把概念文字看作一种严格的外延性语言。的确，他的逻辑基本规则之一——即第五条规则（Vb），就要求代表了共有概念的谓词表达式的名词化指称相同的对象——就是一条外延性原则，它在形式上可以表述为以下的一元谓词：

$$\forall x[F(x)\leftrightarrow G(x)]\rightarrow \dot{x}F(x)=\dot{x}G(x)$$

因此，由于他承认了一种外延性的概念文字，在弗雷格看来，就没有什么真正的必要去区分"概念 F"这种形式的谓词名词化（即在前面加上这个同位短语"概念")与"概念 F 的外延"这种形式的更长一些的抽象单称词,这个问题仅仅是一种"权宜之计"(cf. Frege [2.21], 106; Cocchiarella, [2.15], chapter 2)。

正是通过把一个谓词表达式名词化地转换为一个抽象的单称词,弗雷格建议去解释"数字之谜",即数字作为对象的存在,由数词和其他单称词所指称,这些多少派生于或相关于数量词短语所代表的二阶概念。因为除了如这种转换所表示的把一阶概念与它们的外延结合起来之外,弗雷格还把二阶概念与一阶概念结合了起来,于是,由此就把二阶概念与那些一阶概念的外延结合起来了,而弗雷格正是把算术里的自然数看作这样一些作为抽象对象的外延的。换言之,通过把二阶概念与一阶概念和把一阶概念与它们的外延结合起来,弗雷格表明了,作为由数量词短语所代表的二阶概念的数字,如何能够与作为对象的数字结合起来(cf. Cocchiarella [2.17], section 4)。

虽然我们这里无法详细考察弗雷格对自然数的绝妙分析,但重要的是要注意到,概念的等级概念是如何隐含在这种分析当中的——尽管一种等级可以通过弗雷格把二阶概念与一阶概念结合起来,然后通过相当于自然语言中谓词短语的名词化的过程把一阶概念与其外延结合起来而向下反映到对象层次。正是这种等级或对这种等级的重新解释,成为后来罗素(1872—1970)提出的一种逻辑类型论的基础,以避免罗素的著名悖论——这种悖论在弗雷格扩展后的概念文字中导致了矛盾。

罗素悖论涉及了弗雷格在他的概念文字中用活灵活现的抽象算子表达的名词化过程。因为这个悖论应用于抽象的单称词(诸如"概念 F")而不考虑这个词是否被理解为指称了概念的外延或内涵,在这里,罗素(他把概念看作内涵性实体)通过概念的内涵理解这个概念本身。这就说明了为什么罗素悖论可以表述为那些并非自身的元素的类的类,或者表述为并非属于自身的概念的概念。因此,在并非属于自身的概念的概念方面,罗素认为,这个概念或者属于自身,或者不属于自身。如果它属于自身,那么,根据对这个概念的定义,它就不属于自身;如果它不属于自身,那么同样根据定义,它就属于自身,由此就产生了既属于自身又不属于自身的矛盾。

罗素是在世纪之交的时候发现这个悖论的,然后他花了很多年尝试各种各样的解决方法,最后他根据逻辑类型论解决了这个悖论。正如罗素所说,这种类型论的目的是为自然语言中有意义的东西或重要的东西设定限制,而正是由于这个原因(并非没有证明),它一直受到严厉的批评。不过,这种逻辑类型论却以各种不同的形式成为语言哲学中许多形式工作的主流——虽然如今有了各种不同的无须类型的方法,如库恰瑞拉所发展的那些(cf. Cocchiarella [2.15], chapter 2),但它们都仍然坚持了弗雷格的甚至是罗素的最初看法。

作为对语言的逻辑结构的一种看法,罗素的逻辑类型论并没有为弗雷格的概念文字所已经表明的增加更多的东西。它们都包含了否定、合取、析取等逻辑连接词,对应于布尔代数的运算,并且罗素关于述谓的基本形式采取了弗雷格的函项理论——虽然他并没有把概念外延地解释为从对象到真值的函项(就像弗雷格所做的那样),而是把它们内涵地解释为从对象到命题的函项,为此,他也把概念称作命题函项。罗素还认识到了弗雷格对量词逻辑的发展的重要性,他追随弗雷格由此采取了谓词表达式的立场,以及单称词的立场。就是说,罗素像弗雷格一样,允许把量词运用于函项表达式以及主目表达式。最后,罗素还像弗雷格一样,允许谓词表达式被名词化,作为抽象的单称词出现——虽然他没有用弗雷格活灵活现的抽象算子作为一种形式手段,来把函项表达式转换为一个抽象的单称词,但罗素使用了他的"帽子记法"(cap-notation),即"^"作为约束变项算子,把函项表达式(或开语句公式)$\phi(x)$转换为一个主目表达式,即一个单称词$\phi(\hat{x})$。它们在这方面的主要区别是,对弗雷格来说,这种抽象的单称词指称了它作用于的开语句公式所代表的概念的外延,而罗素则把它看作指称了作为单一实体的概念本身。由此可见,在这些因素方面——即(1)谓词的基本逻辑形式(由函项主目的记法所表示),(2)命题连接词(对应于布尔代数的运算),(3)进入谓词以及主词(或主目)范畴的量词,(4)名词化(简单的或复杂的)谓词表达式和把它们转换为抽象单称词的手段——罗素实际上并没有对弗雷格认为的构成了逻辑形式理论的基础增加任何新的看法。

罗素所做的,作为避免其悖论的一种方法,就是把以名词化的谓词作为抽象单称词的弗雷格二阶逻辑中的谓词表达式(以及相应的抽象单称词)区分为不同类型的等级，然后，他设置了这样的语法限制，使得名词化的谓词可以仅仅作为更高种类谓词的主目或主词表达式出现，由此把具有这样形式 $\phi(\phi(\hat{x}))$ 及其否定形式 $\sim\phi(\phi(\hat{x}))$ 的表达式排除为无意义的，其目的是表明，由 $\phi(\hat{x})$ 所指称的概念并不属于其自身，而这正是必定带来罗素悖论的那种表达式。（注意：罗素对谓词的区分实际上涉及两个等级，一个是对应于弗雷格概念层次的"垂直的"等级，另一个是对应于对给定层次上的所有概念做出区分的"水平的"等级。简单的类型论是为了避免罗素悖论所需要的那种理论，它仅仅表示了第一种等级，而分支的类型论则表示了这两种等级。）

应当强调的是，这些语法限制并不是希望的，因为它们以无意义为由排除了许多自然语言中不仅在语法上正确，而且在直观上有意义的表达式（甚至有时会导致真句子）。幸运的是，最终发现，这些限制背后的逻辑看法可以得到保留而无须把这些限制作为语法正确的条件。事实上，正如库恰瑞拉表明的那样，这些逻辑看法可以保留（同时避免罗素悖论）在无须种类的二阶逻辑中，这种逻辑把名词化的谓词作为根本上正是弗雷格最初所设想的那种抽象的单称词（cp. Cocchiarella [2.15]，chapter 2）。

彻底的经验主义和对世界的逻辑构造

罗素把他的类型论看作"逻辑上完善的语言"的框架，这种语言是指，一眼就可以看出用它的方法所描述的那些事实的逻辑结构（cp. Russell [2.35]）。在罗素看来，这样一种语言"是指，我们希望用我们所能理解的命题方式说出的任何东西，都可以用这种语言说出来，而且，结构也总是可以用这种语言得到清楚的表达"（Russell [2.36]，165）。罗素认为，要使逻辑类型论成为这样一种语言，所需要的就是对应于自然科学和日常语言中有意义的语词和短语的（非逻辑的）描述常项词汇（Russell [2.35]，58ff.）。纯粹数学常项不同于自然科学中的常项，它们并不需要被补充到这个框架之中，因为在罗素看来，它们都是可以用这个框架本身的纯粹逻辑词加以定义的。换言之，纯粹数学的知识可以解释为逻辑知识——这个观点以逻辑主义著称——特别是，纯粹数学的知识可以解释为能够用独立于任何描述常项词汇的逻辑类型论加以证明的命题知识。

虽然罗素的逻辑主义关乎数学，但在讨论我们关于物理存在或具体物存在的知识时，他仍然是一位彻底的经验主义者。他坚持认为，我们关于世界的所有经验知识都必定能够还原为我们关于经验所给予的事物的知识，他的意思是说，这一定是可以在逻辑类型论的框架中从最低层次的对象那里构造出来的，他把这看作对应于我们感觉经验的事件。正是通过这个框架中的逻辑构造，罗素提出要在物理科学的世界与感觉的世界之间架设桥梁，在这方面，他受到的引导是"引起所有科学的哲学思考的准则，即'奥卡姆剃刀'：除非必要，勿增实体。换言之，在讨论任何问题的时候，要找到无法否认地包含的实体，并用这些实体去陈述一切"（Russell [2.34]，112）。因此，因为感觉材料在罗素看来就是我们一切经验知识中"无法否认地包含的"实体，对这种知识的"唯一可能的辩明"就"一定是把问题从感觉材料展现为一个逻辑结构的东西"（ibid.，106）。

尽管罗素给出了一些例证来说明如何得到这种构造，但卡尔纳普（1891—1970）使用了简单的逻辑类型论框架（以及某种关于经验结构的经验科学，诸如格式塔心理学），最为详尽地分析了我们如何用经验中给定的东西去重新构造我们关于世界的一切知识（cp. Carnap [2.5]）。这特别是指，所有的科学概念都可以被分析或还原为某些应用于经验中所给定内容的基本概念。这种分析的一种重要模式就是如今所说的抽象定义（definition by abstraction），因而，相对于某种已有的等价关系（即反身的、对称的和及物的关系）而言，某些概念就等同于（或表示为）由这种等价关系产生的等价类。这种模式被弗雷格和罗素用于分析自然数（基于等数的等价关系或一一对应），然后又用于分析正负整数、有理数、实数以及虚数。卡尔纳普把抽象定义表示为对概念的"专门分析"，把这种模式概括为一种他称作"准分析"的形式（但他承认，这实际上就等于一种综合形式），这基于部分相似的关系而不是全部相似的关系，即基于不完全等于等价关系的一种关系。可以用准分析方法定义的概念刻画了，相互处于部分相似关系中的事物

（特别是经验内容），究竟在哪个方面是一致的，也就是说，它们在哪方面是部分，而不是全部地相似的（cp. Carnap［2.5］，sections 71-74）。在这方面，卡尔纳普可以定义各种感觉模态词（为属性的类，它们在直觉上属于相同的感觉模态词，而感觉属性的概念则可以定义为基本经验之间的部分相似），特别是包括了视觉和颜色概念（这是由彩色固体的三维次序关系决定的）。

通过使用各种感觉模态词，卡尔纳普进一步构造了关于知觉对象的四维时空世界，它及其所具有的各种感觉属性"只是暂时有效"，而且出于这个理由，它"必须让位于严格清晰但却完全没有属性的物理世界"（Carnap［2.5］，207）。我们在这里无法详尽讨论卡尔纳普的"构造性定义"，但我们应当注意到，卡尔纳普通过这种定义所做的逻辑分析，都可以翻译为他的构造性语言——即一种简单的逻辑类型论的应用形式，这个类型论基于用作基本经验之间部分相似关系的最初描述常项。这种翻译并不需要——一般也没有——保留同义词，它也完全没有把日常的物理对象在本体论上还原为经验的感觉对象。在卡尔纳普看来，这种翻译所保留的是在日常语言的句子或科学理论的句子与构造性语言的句子之间的实质等同（即真值等同）。（注意：古德曼［Goodman］也提出了相同的说法［2.22］，他提出了另一种构造性语言，这基于与类型论的谓词量化相反的唯名论原则。）

逻辑经验主义的意义理论

卡尔纳普是维也纳学派的创始人之一，这是一个由哲学家和科学家组成的团体，他们追随莱布尼茨，寻求在基于现代符号逻辑（在他们看来，这就是指逻辑类型论）的一个共同语言框架内统一所有不同的科学。维也纳学派的首要方法是逻辑分析，他们认为这种分析的任务包括以严格的方式澄清一切科学陈述和概念的意义，由此把一切传统形而上学陈述当作无意义的东西排除在外。他们认为，形而上学理论与日常的自然语言有着过于狭隘的联系，它不仅把实词用于事物，而且用于属性、关系以及过程等等，由此"误导人们把功能性概念看作类似事物的东西"（Hahn，Neurath and Carnap [2.24]，9）。奇怪的是，他们似乎并没有意识到（至少最初是这样），逻辑类型论本身就在形式上通过名词化的手段（比如罗素的帽子算子）包含了"把功能性概念看作类似事物的东西"，由此使命题函项表达式得以名词化，并作为更高序列的命题函项中的主目表达式或主词表达式出现。的确，他们的核心观点，即把数学还原为逻辑，没有与把自然语言中的谓词表达式加以名词化这一过程相对应的这种手段，就是不可能的（cp. Cocchiarella [2.15]，chapter 5）。

卡尔纳普和维也纳学派的其他成员都采纳了所谓的语言学的先天主张（the linguistic doctrine of the a priori），根据这种主张，陈述句可以先天地知道为真或为假，当且仅当这个句子是分析地为真（或为假）。这里所谓的分析真理（或分析谬误）指的是由语言约定为真（或为假），即根据构成整个句子的语词的意义。这个主张就是一种语言学的先天理论，可以看作逻辑经验主义对康德的先天知识如何可能这个问题的回答。根据这种逻辑经验主义者的观点，逻辑和数学是先天可知的，因为所有的逻辑和数学真理都是分析真理。

经验主义的一个基本原则是，为真但不是分析地为真的东西，只有在经验基础上才是可知的。这就导致了一种逻辑经验主义的意义理论，根据这种理论，一个（陈述）句子在认识上是有意义的（就是说，它可以被说成真的或假的），当且仅当它在分析上是真的或假的，或者它的真假是可以由经验证据加以检验的（cp. Hempel [2.25]，[2.26]）。最初，可以由经验证据加以检验这个观念被早期的逻辑经验主义者解释为原则上的完全证实，因此他们的理论最后就被叫作"意义的可证实理论"。根据这种理论，一个陈述句被说成在经验上有意义的，当且仅当它不是分析的，而且逻辑地来自某类有限的、逻辑上一致的观察句——这里的观察句是指断定或否定一个对象（或一组对象）具有某些特殊的可观察特征的句子。（类的有限性是指完全的证实在有限的观察之后是可能的。）然而，这种解释对"所有的 F 都是 G"这种形式的句子却是无效的，即使这里的" F "和" G "是指可观察的特征——除非我们可以在经验上得知，作为 F 的那些事物是有限的。然而，这样的句子完全可以通过简单地观察到一个 F 不是 G 而得到证伪,由此,人们应当考虑用原则上完全可证伪来重新定义经验意义。但同样,根据这种论证,对"所有的 F 都是 G"这种形式的否定,也不会在经验上是有意义的。其他试图阐明经验意义这个观念的努力,因为类似的理由也都失败了。(然而,并非所有人都认为所有这些努力都失败了,例如,参见 Rynin [2.37]。)

在这方面更为有趣的一个建议涉及了一种逻辑上正确的经验主义语言的观念,这通常是指简单类型论的一种应用形式。这种理论唯一(非逻辑)的描述常项可能就是那些代表了事物可观察特征的东西,即所谓的观察谓词。由此,一个可观察特征就是指日常宏观对象的可观察属性,而不是仅仅用于感觉材料的那种特征。这样一种经验主义语言只包含了清晰的逻辑形式,其中任何句子的真值条件都可以按照一种严格的方式由这些形式加以确定。此外,它还体现了一种先天的语言理论,这种主张认为,只有那些在分析上为真(为假)的句子才是可以先天地知道为真(为假)的,且全部在分析上为真(为假)的句子都可以先天地知道为真(为假)。另外一个条件是,这个语言必须是外延的(就是说,弗雷格的构成性原则在限定于表达式的外延时必须是有效的),这是指,这种语言不能包括内涵算子(如必然性算子)或内涵动词的对应物。于是,自然语言的或科学理论的(陈述)句被说成在认识上有意义的,当且仅当可以把它翻译为(只保留内容的等价)这种在逻辑上正确的经验主义语言。

这种建议的观念是,逻辑上正确的经验主义语言会使我们控制词汇(通过排除无意义的语词)以及逻辑句法,即逻辑语法和有效性。在这方面,这个建议类似于莱布尼茨的普遍语言纲领,不同的是,莱布尼茨并没有采纳这条经验主义原则,即一切概念都可以用事物的可观察特征加以分析。因此,根据最初表述的这个建议,自然语言的谓词表达式是在经验上有意义的,当且仅当与之对应的形式和逻辑表达式可以用逻辑上正确的经验主义语言中的观察谓词加以定义。因而,由于"所有的 F 都是 G"这种形式的句子及其否定(这里的"F"和"G"都可以用这种语言的观察谓词加以定义),都可以用这种语言构造出来,所以它们都会被看作在经验上有意义的(由此就避免了把我们限于有限的观察这个问题)。

这个建议的问题在于，它仍然过于限制性了，因为科学的讨论和日常语言中存在许多谓词表达式，它们对我们显然是有意义的，却无法清楚地用观察谓词加以定义。特别地，代表了气质、权力、能力、倾向等的谓词表达式就无法用这种语言加以定义，除非我们为此补充（譬如）因果必然性（或可能性）的模态算子，由此就可以构造出类似规律的反事实条件句。然而，这种算子导致了非存在语境，这是与逻辑经验主义所要求的对外延性语言的限制相冲突的。因此，卡尔纳普提出修正最初的建议，这样就可以通过准定义模式（他称作还原句）把倾向性谓词引入逻辑上正确的经验主义语言，由这个模式可以得到反事实条件句的内容，而无须引入内涵算子（cf. Carnap [2.7]）。这种扩展逻辑上正确的经验主义语言的方式，极大地扩展了它赋予日常语言和科学语言句子意义的范围；但不幸的是，它仍然没有说明现代科学中的大多数理论谓词，它们处理的是微观物理世界——更不用说自然语言中的内涵动词，它们代表了认知科学中研究的各种命题态度。为了克服这些问题，人们提出一些尝试（see Carnap [2.11] and [2.12] 后来对理论谓词的分析），但至少在自然语言的内涵动词方面，他们总体上没有成功。

符号学与句法学、语义学、语用学的三位一体

有时卡尔纳普的确认为可以给出对逻辑必然性的阐释，但这涉及了一种新的语言方法，即语义学方法。更早些时候，卡尔纳普 [2.6] 采纳了一些元数学的技术和数学家希尔伯特（David Hilbert，1862—1943）应用于对形式语言句法的一般分析的观念。在那本著作中，卡尔纳普区分了我们要去研究其逻辑句法的形式语言（他称之为对象语言）和我们要从事这种研究的语言（他称之为元语言）。最初，后者是句法上的元语言，因为它仅仅处理对象语言的句法方面，诸如构成规则（定义语言的不同逻辑语法范畴的良序表达式）及其转换规则（定义句子有效地产生于语言的其他句子的条件）。然而，根据他后来的方法，卡尔纳普把他的元语言扩展到包括代表语义关系的表达式，诸如存在于对象语言表达式与它们所代表或指示的实体之间的各种

指示关系。这种元语言的最初目的是要定义真假的语义概念（以及逻辑真假概念），用于对象语言的句子。这种语言的句子的意义是由其真值条件给定的，即这个句子可以被相应地说成真或假的条件（cp. Carnap [2.8]，section 7）。

句子的意义就是其真值条件，这个观念早在维特根斯坦（1889—1951）的《逻辑哲学论》（[2.47]，4.024，4.46）中就得到了强调，它描述了一种以逻辑原子主义而著称的形而上学框架。逻辑原子主义的要素是原子事态，其中每一个事态都逻辑地独立于其他事态，而全部事态就构成了逻辑空间。不同的可能世界（包括现实世界）就构成了在那些世界中所得到的所有原子事态。卡尔纳普在提出他的逻辑必然性语义学时采纳的正是这个框架。因为通过把原子句子与每个原子事态结合起来，我们就可以用某些种类的原子句或它们的否定去描述不同的可能世界，卡尔纳普把这称作状态描述。就是说，对形式的对象语言的状态描述是一类原子句或它们的否定，这就使得对这种语言中的每个原子句来说，属于这个类的或者是这个句子或者是它的否定，但不能两者都是。因而，可能世界中的真理对于这种语言中的所有句子是可以用原子句或它们的否定加以定义的，这些原子句或它们的否定在状态描述中对应于那个可能世界；逻辑真理就可以定义为每个逻辑上的可能世界中的真理。

卡尔纳普认为，有了逻辑上的可能世界这个概念，我们就可以用严格外延的元语言去定义这种形式的句子的真值条件："（逻辑上）必然的是……"（其中"……"代表一个从句）。卡尔纳普认为，我们以这种方式就可以对对象语言放弃外延性论题，而对元语言可以保留这个论题，这种语言现在对哲学极为重要。因此，□是对应于"（逻辑上）必然的是"这个短语的语句算子，而卡尔纳普对□φ这个形式的对象语言句子提出的真值条件（以及意义）就是，□φ（在一种可能世界中）是真的，当且仅当φ在逻辑上是真的（即当且仅当φ在一切逻辑上可能的世界中是真的）（cf. Carnap [2.9]）。（关于逻辑原子主义如何提供了一种典型的逻辑必然性语义学，更为详细的讨论参见 Cocchiarella [2.15]，chapters 6 and 7。）

外延语义学元语言的观念，即在此种元语言中语义的真（和假）的概念能够对形式的对象语言的语句进行定义，在 1930 年代早期也曾是一些波兰逻辑学家的目标，其中尤其包括塔斯基（1902—1983）。塔斯基成功地用如今所称的模态理论定义了这样一个概念，其中模态指一种集合论的构造，它相当于可能世界概念的对应物（cp. Tarski [2.43] and [2.42]）。集合论语言（这主要是一种外延性语言）如今成为大多数模态理论和形式语义学工作的主要框架，各种不同类型的模态理论构造一直被用来为各种各样的模态算子提供真值条件，以及为逻辑必然性和某些代表了命题态度的算子提供真值条件。换言之，作为集合论的分支，模态理论得到发展，不仅被用于一些外延性数学语言，而且被用于自然语言的内涵结构（cp. Addison, Henkin and Tarski [2.1]；Partee, ter Meulen and Wall [2.32]）。然而，应当强调的是，集合论这种模态理论在其中得到发展的一般框架，首先是一种数学框架，在这方面，集合论语言就不是莱布尼茨最初设想的那种意义上的哲学语言，也不是后来弗雷格、罗素、卡尔纳普以及其他人提出的语言。（对这个问题更为详细的讨论，特别是对述谓的形式理论在概念上优于集合或类成分的形式理论的讨论，参见 Cocchiarella [2.16]。）

除了句法学（研究逻辑语法的构成规则和对象语言的转换规则）和语义学（研究对象语言的良序表达式与由这些表达式指示的实体之间的不同指示关系，特别是包括了对象语言句子的真值条件）之外，还有一种存在于对象语言的表达式与使用这些表达式的语境（特别是包括了在这种语境中使用语言的人）之间的关系。对这种关系的研究通常被称作语用学。所有这三种研究，即句法学、语义学和语用学，就叫作符号学（cp. Morris [2.30]）。应当注意的是，在卡尔纳普看来，只能有一种经验的或描述的语用学，而没有纯粹的（或分析的）语用学，但可以有纯粹的逻辑句法学和纯粹的逻辑语义学。这是因为，在卡尔纳普看来，语用学中的指示关系是一个心理学概念，而心理学则是一门经验的描述科学，而不是分析的科学。因此，由于哲学的任务现在就是符号分析（而不仅是句法分析或语义分析），根据卡尔纳普的观点，哲学的专门框架就不再是纯粹的逻辑句法学（就像卡尔纳普在 1936 年所认为的那样）——就是说，它不再是纯粹句法的元语言，其中我们的目标是研究不同对象语言的逻辑句法，它也不是纯粹的逻辑语义学——就是说，一种纯粹语义的元语言，我们可以用它研究一般的真理概念、逻辑真理和指示关系；相反，现在哲学的专门框架是，我们在其中可以研究"科学语言的符号学结构，包括日常语言的理论部分"。我们在这种框架中不仅可以从事逻辑分析（这在涉及意义的时候，就是纯粹的语义学；如果这种分析是纯形式的，就是纯粹的逻辑句法学），而且可以从事关于获得和交流知识问题的分析，在卡尔纳普（[2.8]，250）看来，这正属于语用学的范围。

从逻辑的观点看语用学

语用学的转向，即转向对日常的自然语言使用语境的研究，已经由某些逻辑经验主义者完成了。例如，纽拉特（Otto Neurath，1882—1945）就认为，虽然科学语言的统一是这场运动的目标之一，但"人们必须通过日常生活的语言去检验一切理论"，特别是，人们必须系统地分析"理论演算与日常生活语言之间的相互关系"（Neurath [2.31]，19）。然而，纽拉特本人并没有研究"日常生活的语言"如何能够与逻辑经验主义用作科学的统一语言的形式的、理想的语言相互联系起来。的确，新一代的语言哲学家并不研究这些相互联系，他们完全抛弃了形式语言的方法，而坚持只研究日常生活中日常语言的功能，这与形式化的方法完全不同（cf. Wittgenstein [2.48]）。例如，有人认为，"非科学话语中使用的概念不能在字面上被替换为起相同作用的科学概念；科学语言也不能如此取代会客厅、厨房、法庭和小说中的语言"（Strawson [2.40]，505）。

非常明显的是，形式化语言哲学家对这种批评的反应并不是无视日常语言，而是转向对各种依赖于语境的特征的形式分析。特别地，一个被看作研究对象的特征，就是用时态去区分我们在语言的任何给定语境中对过去、现在和未来事件的指向。普莱尔（Arthur Prior，1914—1969）提出，我们言语行为的这种语境特征可以形式化地表示为时态算子，诸如"$\mathscr{L}$"、"$\mathscr{F}$"，分别对应副词短语"情况曾是"和"情况将是"。（一般现在时被构造为原子公式的形式，于是可以通过应用过去时态和将来时态的算子进行修正。）通过运用这些算子,与副词短语"情况曾总是这样"和"情况将总是这样"相应的形式表达式可以分别定义为"~$\mathscr{L}$~"和"~$\mathscr{F}$~"(其中"~"如上所述被用作否定记号,代表了副词短语"情况不是这样")。正如普莱尔[2.33]指出的,对应于我们不同时间结构概念的不同时态逻辑,可以用这些时态算子构造出来。

时态逻辑规律的一些例子是($\phi \to \sim\mathscr{L}\sim\mathscr{F}\phi$)和($\phi \to \sim\mathscr{F}\sim\mathscr{L}\phi$),它们对应的情况就是:如果一个句子 ϕ(现在)是这种情况,那么情况曾总是这样,即(当时)就将会是这样的情况,而情况将总是这样,即(在当时之前)情况曾是这样。类似地,($\mathscr{L}\mathscr{L}\phi \to \mathscr{L}\phi$)和($\mathscr{F}\mathscr{F}\phi \to \mathscr{F}\phi$)重复应用了相同的时态算子,表示了这样一个主题,即(在过去的某个时间之前)一直存在的就是这个情况,相对于未来某个时间的将来的情况就将是那个情况。(注意,"$\mathscr{L}\mathscr{L}$"表示的是英语的过去完成时,"$\mathscr{F}\mathscr{F}$"表示的是将来完成时。)假定过去的时间结构是稠密的(即在任何两个过去时刻之间存在着另一个过去时刻),这就表示为($\mathscr{L}\phi \to \mathscr{L}\mathscr{L}\phi$);而未来的时间结构是稠密的,则表示为($\mathscr{F}\phi \to \mathscr{F}\mathscr{F}\phi$)。下面两个规律(其中"∨"表示相容析取)在库恰瑞拉的时态逻辑中得到了捍卫,但遭到了普莱尔的拒绝(cf. Prior [2.33], chapter 3, section 6)。它们假定,任何语境时间中的过去事件(或未来事件)都是相互关联的(即它们或者是同时发生的,或者是前后发生的):

$$\mathscr{L}\phi \& \mathscr{L}\psi \to \mathscr{L}(\phi \& \psi) \vee \mathscr{L}(\phi \& \mathscr{L}\psi) \vee \mathscr{L}(\psi \& \mathscr{L}\phi)$$
$$\mathscr{F}\phi \& \mathscr{F}\psi \to \mathscr{F}(\phi \& \psi) \vee \mathscr{F}(\phi \& \mathscr{F}\psi) \vee \mathscr{F}(\psi \& \mathscr{F}\phi)$$

正如我们所说,亚瑟·普莱尔构造了一些不同的时态逻辑,对应于对时间结构的不同看法。他把这些逻辑应用于不同的哲学论题,特别是包括了麦克塔格特(J. M. E. McTaggart)反对时间实在性的论证(cf. Prior [2.33], chapter 1)。普莱尔对当下时间(其过去的本体论地位已经确定)的实在性毫不怀疑,但他的确怀疑未来的实在性以及未来可能的陈述(譬如,出现在亚里士多德著名的海战论证中的陈述)的意义,他的某些逻辑观点以不同的方式对展现未来的公开性(或将会出现的情况)做出重要的形式贡献。普莱尔还说明了如何在形式上用时态逻辑表示古人关于必然性时间性质的某些观点，如狄奥多罗斯（Diodorus）认为，可能的东西就是现在出现的或将要出现的东西，而亚里士多德认为，必然的东西就是总在过去存在、现在存在以及将来存在的情况。

除了怀疑未来的本体论地位之外，普莱尔还认为，指称过去和未来的对象仅仅是在这种指称（表达为存在量词短语"∃x"，"∃y"等）出现在过去和未来时态算子中的时候才是有意义的。应当强调的是，这里的问题并不是关于过去或未来对象的陈述的真理问题，而是这些陈述的有意义问题。例如，"在其他人存在之前的确存在过某个人"这个句子显然是有意义的，可以在形式上表达为"$\mathscr{L}\exists x[H(x)\&\sim \mathscr{L}\exists y[y\neq x\&H(y)]]$"，其中指称过去的某个人（谓词"$H$"代表了动词短语"是一个人"）位于过去时态算子的范围之内。这样，在本体论上承诺在过去的某个人之前不存在其他任何人，最多只是间接的，弱于对一个存在量词短语应用于使用语境的时间的承诺，且没有出现在时态算子的范围之内（它应当应用于过去或未来的时间）。

这个解决方法对这样的句子并没有效，即"的确有某个人是现存的每个人的祖先"，不过，这显然是有意义的（无论它们是否是真的）。在这个句子中，量词短语"现存的每个人"仅指说话时存在的人，是在第一个量词短语"的确有某个人"的范围之内的（或是由它支配的），第一个量词短语指在说话时并不存在的（或至少不可能存在的）过去的某个人。公式"$\mathscr{L}\exists x[H(x)\&\forall y[H(y)\rightarrow R(x,y)]]$"（其中的"$R$"代表了祖先关系）并不会被当作一种分析，因为它代表的是不同的英语句子："的确有某个人是当时存在的每个人的祖先"；公式"$\forall y[H(y)\rightarrow \mathscr{L}\exists x[H(x)\&R(x,y)]]$"也不会被当作一种分析，因为它代表的是不同的英语句子："现存的每个人都有一个祖先"，两个量词短语之间的支配关系发生了颠倒。这就表明了，对过去对象（以及对未来对象）的直接量化是我们在日常语言中通常会做的事情，却无法用间接的量化形式加以说明，即无法用仅仅出现在过去（或未来）时态算子范围之内的量词短语加以说明。这就需要某种其他的形式手段，例如直接指称了过去（或未来）对象的原初量词，或者在语义上把出现于时态算子范围内的公式与说话的时刻联系起来的现在算子（或许还有把具体的公式与过去或未来的指称时刻联系起来的当时算子），以便恰当地表示自然语言中的这些句子（cp. Cocchiarella [2.14]）。然而，在这种情况下，我们对过去（和未来）对象的本体论承诺的性质就无法狭隘地解释为普莱尔所认为应当所是的那样。

时态逻辑并不是在形式上研究语用学的唯一对象。1960 年代，蒙塔古（Richard M. Montague，1932—1971）在这个领域做出了重要贡献和推进。例如，蒙塔古表明了如何一般地对语用算子定义真值条件，包括指示词符号和人称代词，只要我们把可能世界（或模态）概念替换为使用语境的概念（或蒙塔古所称的索引或指称点）。用集合论表示使用语境并不需要讨论一个真实语境的复杂情况，而只需要讨论与这个语言表达式相关的某些方面，例如，（用于时态算子真值条件的）这个语境的具体时间、（作为第一人称代词指称者的）说话人、（作为第二人称代词指称者的）被说话人、由（作为指示代词指称者的）说话人所指明的对象等。

蒙塔古表明，即使某个使用语境中的句子的真值（或外延）一般并不是这个语境中的句子组成部分表达式的外延的简单递归函项（或至少不是这样的句子，它们包含了像时态算子那样改变指称点的语用算子），不过，这个句子的内涵却是其组成部分内涵的递归函项。因而，由于一个表达式的内涵可以决定它在某个指称点上的外延，于是一种形式的语用语言公式就可以用这些公式及其组成部分的内涵做出递归的真理定义。蒙塔古追随卡尔纳普 [2.10]，把某一种表达式的内涵表达为从可能的使用语境（或索引词或指称点）到这个表达式在这些语境中具有的外延的函项（cp. Montague [2.29]，chapters 3，4）。譬如，（形式上对应于专名的）单个常项的内涵就是从不同的可能使用语境（即能够使用这个名称的语境）到由这个单个常项指称的对象（即外延，如果有的话）的函项；n 位谓词常项的内涵就是从不同的可能使用语境到作为这些语境中这个谓词外延的 n 元对象的类的函项。蒙塔古把第一种内涵称作单个概念，把第二种内涵称作 n 元内涵关系，或者，当 n 为 1 时就是属性。一个陈述句的内涵——蒙塔古称作命题——表达为从可能的使用语境到真值（弗雷格的句子外延）的函项。

利用这种表示内涵的方法，蒙塔古就可以对形式语用语言句子的使用语境（或对索引词或指称点）中的语义真理概念给出一个集合论的形式定义，借助于这个概念，他就可以定义相关的语义学的逻辑真理概念和普通语用学意义上的逻辑后承概念。由此，普通语用学的逻辑就成为纯粹的逻辑语义学的一部分。

内涵逻辑

根据蒙塔古的方法，语用算子相当于更高阶的（内涵上的）命题属性和关系，这意味着，语用算子可以表示为内涵化类型论的高阶谓词，这种类型论增加了必然性的模态算子。这种更高阶的逻辑通常就是内涵逻辑的所指，它进一步证明了这样一种说法，即语用学属于语义学。蒙塔古表述了两种这样的内涵逻辑，一种对应着罗素式的看法，即认为内涵和外延（或意义和指称）的区分不是根本的；另一种则对应着弗雷格式的看法，即认为这个区分是根本的。正是这后一种看法最后成为如今所谓的蒙塔古纲领的重要核心。

蒙塔古把他的第一种内涵逻辑应用于各种哲学困惑，特别是包括了对疼痛、事件、任务和责任这种实体的分析（cf. Montague [2.29]，chapter 5）。蒙塔古看到，我们用来谈论这种实体的句子在哲学、知觉心理学和日常会话中起着非常明显的作用，"因而似乎就有可能去研究这些实体的性质，构造一种严格而便利的语言去谈论它们，分析逻辑后承的恰当概念"（ibid.，148）。例如，任务就被蒙塔古看作个人与时刻之间的某种两位内涵关系，这样，所谓的某人 x 在时刻 t 完成一个任务 R，我们就是指 x 与 t 处于一种 R 关系之中，即 $R(x, t)$。疼痛以及一般的感觉就被看作与任务属于相同的本体论类型。譬如，"看见一棵树的经验是，仅在 x 于 t 看见了一棵树的情况下由 x 对 t 产生的一种内涵关系"（ibid.，151），因而，x 在 t 具有经验 R，就是说 x 对 t 具有内涵关系 R，即 $R(x, t)$。类似地，某个人 x 在时间 t 履行或完成了责任 R，就是说 x 与 t 具有内涵关系 R。

根据蒙塔古的观点，把疼痛、任务和责任这种"可疑的本体论范畴"还原为内涵关系，关键就在于它能够使我们拥有"一种能够自然地处理关于这些可疑实体的话语的严格语言"，即内涵逻辑的语言，因而一旦我们拥有了这样一种语言，我们就拥有了"直觉上令人满意的逻辑后承概念"，我们就可以解决关于这种实体的各种哲学困惑或悖论（[2.29]，154）。例如，一个这样的困惑就是对这个句子的分析"琼斯看见了与实际在他面前的桌子一样高的独角兽"，由于它涉及并不存在的某个东西与实际存在的某个东西之间的关系的视觉经验，这就被某些哲学家看作隐含着感觉材料的存在（某些感觉材料是存在着的对象的表征，而其他的则不是）。根据蒙塔古的分析，这个句子为真并不意味着一个独角兽存在，也不意味着表征了独角兽的感觉材料的存在。

在分析这个句子的时候，蒙塔古区分了"看见"的真实含义与非真实含义，把后者意译为"似乎看见"，他把这分析为一个人与这个人似乎具有的（但实际上可能没有的）属性（诸如看见一个独角兽的属性）之间的关系。因此，对于"看见"的非真实含义，蒙塔古就把"琼斯看见了一个独角兽"意译为"琼斯似乎看见了一个独角兽"，用似乎拥有（一个属性）的关系来说，这可以在形式上表达为"似乎（琼斯，看见了一个独角兽）"。在这里，琼斯似乎（但不需要真正）拥有的属性是由不定式短语"看见一个独角兽"（to see a unicorn）指称的，这是把复合谓词"看见一个独角兽"（see(s) a unicorn）加以名词化的结果。

作为一个名词化的谓词，不定式短语可以在形式上表示为抽象的单称词，这是指在复合谓词短语（诸如"看见一个独角兽"）的情况下，我们需要一种形式的约束变项手段，如弗雷格或罗素的那样，这样，谓词短语就可以被名词化和转换为一个抽象的单称词。然而，蒙塔古并没有使用弗雷格或罗素的手段，而是（在他的晚期著作中）采纳了阿伦佐·丘奇（Alonzo Church）的 λ 算子去表示复合谓词，这样，通过删除了形式上作为谓词组成部分的圆括号，他也用这个算子去表示在名词化这些复合谓词的时候所产生的抽象的单称词。因此，"$[\lambda y \exists z(独角兽(z) \& 看见(y,z))]($ $)$"带有单称词表达式的一对双括号，表示了这样的复合谓词短语"是 y，使得 y 看见了一个独角兽"（这里的"看见"在其真实的含义上使用），而不带有这对圆括号的相关表达式"$[\lambda y \exists z(独角兽(z) \& 看见(y,z))]$"则不是一个谓词，而是一个抽象的单称词，它代表了不定式短语"成为 y，使得 y 看见一个独角兽",或者更简单地说,是这样一个不定式短语"看见一个独角兽"。

"琼斯似乎看见了一个独角兽"这句话现在可以在形式上表达为"似乎(琼斯,[λy∃z(独角兽(z) & 看见(y,z))])"。如上所见,这并不意味着一个独角兽的存在,也不意味着表征了独角兽的感觉材料(真实或非真实)的存在。类似地,"琼斯看见了与实际在他面前的桌子一样高的独角兽"这个句子(这里的"看见"取其非真实的含义),现在可以在形式上分析为∃[桌子(x) & 前面(x,琼斯) & 似乎(琼斯,[λy∃z(独角兽(z) & 看见(y,z) & 有一样的高度如(z,x))])],这也既不意味着一个独角兽的存在,也不意味着表征了独角兽的感觉材料(真实或非真实)的存在。

应当强调的是,这种分析根本上依赖于累赘陈述和双括号的使用,但最后蒙塔古发现它们并不令人满意。特别是在内涵动词的情况中,不同于诸如"看见"这种知觉动词的情况,此时在动词的真实含义与非真实含义之间无法做出区分。例如,"寻求"这个词就是一个内涵动词,不同于诸如"发现"这样的外延动词,它导致了在指称上模糊的语境。这就说明了为什么以下论证是无效的:

琼斯寻求一个独角兽;因而,存在一个独角兽。

而以下的论证则是有效的,即使它们两个具有相同的逻辑形式:

琼斯发现了一个独角兽;因而,存在一个独角兽。

这两个论证的区别可以用蒙塔古的第一种内涵逻辑加以解释,即把"寻求"意译为"试图去发现"。这样,"琼斯寻求一个独角兽"就被分析为"琼斯试图去发现一个独角兽",而由于"去发现一个独角兽"是一个不定式,这就与"琼斯发现了一个独角兽"具有了不同的逻辑形式。因此,"琼斯发现了一个独角兽"就被分析为"∃x[独角兽(x) & 发现(琼斯,x)]",就意味着存在一个独角兽;而"琼斯试图去发现一个独角兽"则被分析为"试图(琼斯,[λy∃x(独角兽(x) & 发现(y,x))])",这并不意味着存在一个独角兽，而只是把琼斯与这样一个属性（内涵）联系起来了，即成为 y，使得 y 发现一个独角兽，这是琼斯试图具有但实际上并不必具有的属性。即使以上两个（关于琼斯发现了一个独角兽和琼斯寻求一个独角兽的）论证表现为具有相同的逻辑形式（在这两种情况中，它们或者都是有效的或者都是无效的），根据这种分析——这里的"寻求"被意译为"试图去发现"——它们被看作实际上具有不同的逻辑形式。特别是，第二个论证有着这样的有效形式：

$\exists x[$独角兽$(x)\&$发现（琼斯，$x)]$；
因而，$\exists x$ 独角兽 (x)。

而第一个论证则假设具有不同的形式：

试图（琼斯，$[\lambda y \exists x($独角兽$(x)\&$发现$(y, x))])$；
因而，$\exists x$ 独角兽 (x)。

这很容易看出是无效的。

这里的困难在于，虽然以上的逻辑分析解释了"琼斯发现了一个独角兽"与"琼斯试图去发现一个独角兽"之间的区别，但仍然没有解释在分析"琼斯寻求一个独角兽"时为何要使用意译。在英语中，这个句子显然与"琼斯发现了一个独角兽"具有相同的语法形式，似乎有理由认为，它们也具有相同的逻辑形式——这就向我们提出了最初的那个问题，即要解释为什么表面上相同的论证形式对"发现"就是有效的，而对"寻求"就是无效的。

正是由于这个原因，蒙塔古最终替换了他的第一个内涵逻辑，如上所述，它对应着罗素式的高阶逻辑的观点，其中感觉—指称、内涵—外延的区别并不是根本的；蒙塔古采用了第二个内涵逻辑，它对应着弗雷格式的观点，把这种区别看作根本的。事实上，蒙塔古所做的是，对（丘奇式的）简单类型论（使用丘奇的 λ 算子）增加了一个内涵构成算子"^"和一个外延构成算子"ⱽ",这样,如果 φ 是新的内涵逻辑中有意义的(良序的)表达式,那么,"^φ"和"ⱽφ"就是有意义的,分别代表着 φ 的内涵(或含义)和 φ 的外延(或指称)。相对于这种框架而言,蒙塔古提出,及物动词(诸如"发现"和"寻找")的直接对象表达式(如量词短语"一个独角兽")应当被解释为,并非代表了这个表达式作为句子的语法主语出现在句子中时所代表的东西,而仅仅代表了这个表达式的内涵(或含义)。在"一个独角兽"这样的量词短语中,这种内涵就表示为"^$[\lambda F\ \exists x(独角兽(x)\&F(x))]$",它代表一个独角兽所具有的属性这个含义。这样,"琼斯发现了一个独角兽"和"琼斯寻求一个独角兽"就可以(最终)类似地被分析为"发现(琼斯,^$[\lambda F\ \exists x(独角兽(x)\&F(x))])$"和"寻求(琼斯,^$[\lambda F\ \exists x(独角兽(x)\&F(x))])$",这意味着它们本质上具有相同的逻辑形式。

根据这种分析,一切及物动词在把它们应用于直接对象表达式时都会带来一种内涵的或指称上模糊的语境,这就表明"发现"和"寻求"在这方面并没有不同。它们的区别并非在于逻辑形式,而在于把什么附加条件作为意义公设应用在了那些动词之上——譬如,一种意义公设使得由"发现"带来的内涵语境转换成了外延语境。(通过运用外延算子,就可以把内涵表达式转换成外延表达式,由此就可以把^φ 这种形式的内涵表达式转换成ⱽ^φ,这就简单地还原为了 φ。)因此,为什么一个独角兽的存在来自这个句子而不是另一个句子的真,其原因并不是它们在逻辑形式上的区别,而是因为其中的一个动词"发现"属于允许这种推理的意义公设,而另一个动词"寻求"则并没有这样一个与其相关联的意义公设。(以主动和去活性的指称概念——一切指称概念,包括那些基于专名以及通名的概念,都是由量词短语表示的——做出的一种相关但不同的分析是由库恰瑞拉[2.17]给出的。)根据这种分析,去活性的指称表达式,诸如在"琼斯发现了一个独角兽"和"琼斯寻求一个独角兽"这两句话中出现的"一个独角兽",就表示为一个名词化的谓词表达式,其形式为"$[\lambda F\ \exists x(独角兽(x)\&F(x))]$"。然而,与蒙塔古的分析不同,这种分析并不依赖于内涵算子和外延算子,而只依赖于一种无类型的二阶逻辑差异的概念主义观点,这是一种带有名词化谓词的二阶逻辑,它把这种谓词看作谓词在作为谓词起作用时所代表的概念与这种名词化所指称的作为抽象单称词的内涵对象之间的抽象单称词。

普遍蒙塔古语法

除了把内涵逻辑发展成为一种新的哲学理论框架,蒙塔古还在集合论内构造了一种框架,他称之为普遍语法(这里的"普遍的"仅取其最通用的含义)。这种普遍语法被设计成包含了普遍句法学和普遍语义学,它们既可以应用于自然语言,也可以应用于形式的人工语言。根据蒙塔古的观点,自然语言的句法学和语义学(或至少是其中有意义的部分)可以得到(他普遍语法中的)一种描述,它在数学上的精确性毫不逊色于数理逻辑学家的人工语言所能得到的精确性,因此,(与日常语言哲学家的说法相反)自然语言在这方面与形式语言没有什么不同。

蒙塔古对(自然的或非自然的)语言 L 的集合论描述,相当于用一个系统 (L, R) 表示 L,其中 L 是在句法上清除了模糊的语言(最后也就是一种人工语言),R 是句法分析的一个两位关系,这个分析把 L 表达式与 L 表达式联系起来。(R 一般地是一与多的关系,因为它会把 L 中一种句法上模糊的表达式与 L 中几种不同的清除了模糊的表达式联系起来,作为对这个表达式的不同分析。)清除了模糊的(人工的)语言 L 包括(由基本短语集合产生的)自由代数;对 L 中的成串表达式的结构运算的集合;句法规则的集合(这些规则刻画了表达式的种类,这些表达式是在把结构运算用于一串给定种类的表达式时产生的);对 L 的句法范畴的刻画,特别是包括了 L 中的陈述句范畴。L 中不同句法范畴短语的家族,因而就可以用 L 的基本短语以及由 L 中的句法规则和结构运算所确定的闭合条件加以归纳地定义(cf. Montague [2.29], chapter 7)。蒙塔古通过例证刻画了一个英语片段的句法范畴、结构运算和句法规则的集合,表明了这个部分的各种短语如何能够严格地刻画为这些范畴的某些基本短语。他还说明了他的第二种内涵逻辑如何能够同样以严格形式的语词加以刻画。

句法学的基本目的就是要刻画语言表达式的各种句法范畴,特别是包括了陈述句范畴；而在蒙塔古看来，语义学的基本目的则是（根据一种解释）刻画这种语言的真陈述句概念，然后根据这个概念去刻画这种语言陈述句之间的逻辑后承关系。通过达到这个目的，蒙塔古提出了一种基于他的第二种类型论即弗雷格式的内涵逻辑建立起来的模态理论，表明了各种不同种类的内涵（含义）以及各种不同的外延如何能够在他的模态理论中得到类型论的表达。这样，通过把某个给定语言的不同句法范畴与他内涵逻辑的逻辑类型相互结合起来，蒙塔古就能刻画一种语言（自然的或非自然的）的语义范畴，他由此也就能用与这些语义范畴相关联的模态理论结构（他称之为弗雷格的解释），去定义真理概念和这种语言的陈述句之间的逻辑后承概念。（弗雷格的解释不仅包括了一套可能的世界，而且包括了在这些可能世界中的使用语境和时刻。）

除了普遍句法学和普遍语义学之外，蒙塔古普遍语法的第三个成分是从形式上刻画的一种翻译理论。这个理论涉及把两种语言 L 和 L' 的句法范畴联系起来，其中 $L=(L, R)$ 和 $L'=(L', R')$，这正如从含有 L 的自由代数到含有 L' 的自由代数产生的一个同态（homomorphism，一种数学函数）。除了把 L 语言的良序表达式翻译为 L' 语言的良序表达式，这个同态还以弗雷格对 L 语言的解释产生了对 L' 语言的解释（即一种模态理论结构）。因此，通过构造一种把英语这样的自然语言（片断）翻译为弗雷格的内涵逻辑的翻译函项，蒙塔古就把为后者定义的模态理论结构（弗雷格的解释）与为前者定义的模态理论结构联系了起来。

在蒙塔古看来，"翻译的主要用处就是要得到语义上的解释"（[2.29]，232）。这样一种解释实际上正是集合论的结构，而并没有提供一种翻译为蒙塔古的弗雷格内涵逻辑所能提供的（通过逻辑形式）清楚解释。的确，蒙塔古有时也认为，一切哲学分析都可以看作集合论的确定外延（cf.[2.29]，154），但他并没有满足于把集合论看作一种哲学语言，正是出于这个原因，他继续提出了一种不同的内涵逻辑。因此在蒙塔古看来，"哲学总是能够扩展自身；就是说，通过元数学的或模态论的方式（它们适用于集合论），我们就可以'证明'一种超越集合论的语言或理论，由此进一步提出这种语言中的一种新的哲学分支。现在正是采取这样一个步骤并建立内涵逻辑的基础的时候了"（[2.29]，155）。在构成和应用他的弗雷格内涵逻辑时，蒙塔古表明了，通过把英语翻译为这种内涵逻辑的一种应用形式（这实际上就等于一种严格的逻辑分析），各种英语的表达方式，特别是量词短语和内涵动词，如何能够用这种内涵语言在直觉上得到一种令人满意的自然表达或解释。

言语行动理论和对语用学的回归

我们已经看到，语言哲学的形式方法始终受到所谓的日常语言哲学家的批评。这种批评一直被描述为意义的言语行动（或交流意向）理论与诸如蒙塔古语法中提出的意义的形式真值条件理论之间的冲突（cf. Strawson [2.41]，chapter 9）。人们认为，一个句子的意义一般并不等同于其真值条件，即使真值条件是相对于使用语境而言的；因为，除了陈述句之外，还有命令句、祈使句、疑问句、感叹句等等，它们有真值条件之外的或不同于真值条件的伴随条件或完成条件。根据这种观点，意义理论的基本概念并不是真理概念，而是说话者通过指向听者的言语行动意味某个东西的概念（cp. Grice [2.23]，chapter 5）。

在（使用语境中）完成一个言语行动时，说话者完成了一套可以加以辨别的行动，特别是包括了所谓的以言行事的行动，在简单的情况中可以把它描绘为一个 $F(P)$ 形式的行动，其中包含了一个以言行事的力量 F 和一个命题内容 P。一个言语行动的以言行事力量决定了应如何来看待它——例如，看作一个陈述、提问、许诺、道歉、命令、宣布、提供、拒绝，其中每一个都是一类不同的以言行事的行动（cp. Searle [2.38]，chapter 1）。一种使用语境究竟是在完成哪种以言行事的行动，这取决于这种以言行事的力量发出者，如动词语气、词序、标点符号和语调。英语以及大多数自然语言也都有完成行为动词，诸如"陈述"、"许诺"、"提问"、"命令"、"道歉"、"发誓"，它们都代表了不同的以言行事的力量。一个完成行为句是一个陈述句，其中出现的完成行为动词表明，字面上说出这个句子就构成了由这个完成行为动词所代表的以言行事行动的说话者对行动的完成。

由于完成行为句是以陈述语气出现的，因此某些语言哲学家就以为，对以言行事行动的语义分析，可以通过完成行为句的真值条件语义学（相对于使用语境而言的）完成。这些完成行为句与那些行动相联系，因此，诸如蒙塔古的弗雷格内涵逻辑的逻辑形式就足以表示这种行动。然而，这种方法并没有说明非陈述的句子如何被用来完成以言行事的行动，在这方面，它没有解释在完成行为句与非陈述句子（诸如"我询问是否下雨了"和"下雨了吗？"）之间存在的以言行事的关系。事实上，一般来说，把言语行动中可能使用的各种不同的句子的意义还原为仅仅基于含义与指称（或内涵与外延）逻辑的分析，或还原为（某些语言哲学家坚持的）外延逻辑，这种尝试并没有解释真值条件和句子之间以言行事内容的各种情况，在这方面，它也没有为在给定的使用语境中所能完成的各种不同言语行动提供恰当的认同标准。

这并不意味着我们必须放弃理想语言方案，我们用这种语言可以清楚地展现我们在使用语境中说出的不同句子的逻辑形式，即我们用这种理想语言可以展现和解释我们使用和理解语言的语言能力。相反，我们需要做的是，把内涵逻辑发展为一种也包含以言行事逻辑的框架，就像可以把蒙塔古关于含义与指称的弗雷格逻辑，扩展为代表了在不同的可能使用语境中成功完成的或没有完成的言语行动，这是通过对这种逻辑增加新的句法范畴表达式，用以表示以言行事的力量和某些新的值（例如成功和失败的值，后者可以称作"不成功"）实现的（cp. Vanderveken [2.44] and [2.45]）。根据这种观点，我们不是把语言能力定义为说话者理解句子真值条件的能力，而是应当把它定义为说话者理解以言行事行动的能力，这种以言行事的行动可以是句子字面上在不同的使用语境中完成的。这就是说，我们不是把句子的意义表达为从可能的使用语境到真值的函项，而是表达为从可能的使用语境到以言行事行动的函项，而完成这种以言行事的行动是通过在这些语境中逐字说出那个句子。而且，除了逻辑常项的虚词记号（它们可以确定复合句子的真值条件）之外，这种扩展了的理想语言句子的逻辑形式现在就包含了那些自然语言句子的句法特征的句法范畴的对应物，它们决定了哪些以言行事的行动可以由在不同的使用语境中逐字说出那些句子完成。

这种扩展框架的一个原则是，$F(P)$ 形式的以言行事行动具有成功的条件以及满足的条件,其中 F 是以言行事的行动,P 是命题内容。这种行动的成功条件是指这样的条件:它们一定是在使用语境中得到的,以便使说话者成功地在那个语境中完成那个行动。这种行动的满足条件是指这样的条件:它们一定是在使用语境的世界中得到的,以便使那个行动在这个语境中得到满足。满足概念比真值条件概念更为宽泛。例如,虽然一个断言当且仅当为真的时候才得到了满足,但一个命令当且仅当被服从的时候才得到了满足;类似地,一个允诺当且仅当被遵守的时候才得到了满足,一个要求当且仅当得到保证的时候才得到了满足——对其他每个以言行事的力量都是如此。

根据这种分析,以言行事行动的成功条件和满足条件是由这个行动的某些以言行事力量成分决定的——诸如这个力量的以言行事要点(包括断定要点、委托要点、指导要点、陈述要点或表达要点)、成就模式(这决定了要点一定是如何得到的)、命题内容(这决定了带有这种力量的行动要取得成功必须达到或产生的事态)、准备条件和诚实条件(这决定了由完成具有这种力量的行动的说话者所假定的命题,或表达了说话者的心理状态或命题态度模式)以及进入诚实条件的心理状态的力度。这些以言行事力量的成分表达为这种力量的逻辑形式,而一切可能的以言行事力量集合可以用这些成分和五种最简单的以言行事力量递归地加以定义,这五种力量被看作这个框架的基础(cp. Searle and Vanderveken [2.39])。

除了对这类以言行事力量的递归式刻画之外,被某些人称作普通语义学的一种新的扩展框架,允许各种无法单独在内涵逻辑中实现的新的语义概念。例如,除了真值条件的一致性之外,还有句子作为以言行事的一致性的概念;除了在分析上得到满足的或分析上没得到满足的句子(诸如"我存在"和"我不存在"),还有在分析上成功的或在分析上不成功的句子(诸如"我现在正在说话"和"我现在没在说话")。而且,用这种扩展的框架还可以刻画至少八种不同逻辑类型的句子,诸如真值条件句、以言行事的句子、成功和满足的真值条件句(cp. Vanderveken [2.45])。应当强调的是,这种扩展的框架并非与蒙塔古的内涵逻辑相左,而实际上是对后者有保留的扩展,即简单地对蒙塔古的真理理论增加了一个关于成功和满足的递归理论。当然,这种增加的一个重要结果是,意义和交流的首要单位并不是孤立的命题，而是 $F(P)$ 形式的以言行事行动，这是指，许多带有严格相等的命题内容的以言行事行动，具有不同的成功条件，因而它们是不一致的。

根据这种解释，普通语义学处理的是一切可能的句子的逻辑形式和一切可能的自然语言和科学语言的话语意义。以这种框架构造出来的理想语言就是要表达语言用法的共相，即自然语言和科学语言形式的和实质的普遍特征。为了支配完成以言行事行动的成功条件，这种理想语言的普遍规律被看作反映了先天的思想规律，而为了支配这些行动的满足条件，相同的这些规律被看作反映了关于这个世界的逻辑结构的先天规律（Vanderveken [2.44]，58ff.）。显然，这种观点又使我们回到了最初由莱布尼茨设想的类似普遍语言的东西。

普通语义学包括了语用学，因为它包括了使用语言的可能语境的概念作为基本成分。但是普通语义学讨论的是仅仅在字面上处理的言语行动。这就是说，普通语义学把说话者的意义还原为句子的意义，它认为，说话者在使用语境中说出一个句子，就意味着完成一个由这个句子在这个语境中在字面上表达的以言行事行动——只要这个以言行事行动在字面上是可以完成的。然而，说话者可能并不想从字面上完成他的言语行动，如在隐喻、讽刺和某些间接言语行动中。而且，在一个会话背景中，说话者可能是指在完成了字面上的主要的以言行事的行动之外，还要完成一个次要的非字面的以言行事的行动，但在普通语义学所能包含的任何意义上，这个次要的行动事实上并没有包含在主要的以言行事行动之中。这些次要的以言行事行动被称作会话含义（conversational implicatures）（cp. Grice [2.23]，Part Ⅰ）。例如，在一个语境中，一个学生问教授如何看待他提交的研究计划的大纲，如果教授回答说"打印得非常好"，他在字面上并没有暗示他否定了这个计划，但这个否定在语境中被会话地暗示了。分析和解释这些含义，以及提出能够解释非字面话语的说话者意义的一般理论，如今仍然是语用学的专门任务（cp. Vanderveken [2.44]，71）。

语用学研究的是非字面的说话者意义，它仍然是符号学的重要部分，因为"说话者完成和理解非字面的以言行事行动和会话含义的能力，是使用语言和进行交流的能力的一部分"（ibid.）。在这方面，语用学就对诸如普通语义学这种框架的恰当性提出了附加条件,要求根据比如格赖斯所称的会话准则(或指导)和会话背景概念提出自己的术语。这种会话规则意义上的语用学是否能够以及在什么程度上能够得到形式的分析并结合为一种理想语言,尚未确定。无论如何,哲学语言作为一种包含了内涵逻辑和以言行事逻辑的理想语言,不再仅仅是纲领性的了,它已经在许多方面得到了实现。

参考书目

2.1 Addison, J. W. L. Henkin and A. Tarski *The Theory of Models*, Amsterdam: North-Holland, 1965.

2.2 Boole, G. *An Investigation of the Laws of Thought*, London: Walton & Maberly, 1853.

2.3 Cassirer, E. *The Philosophy of Symbolic Forms*, vol. 1: Language, New Haven: Yale University Press, 1955.

2.4 Cohen, J. "On the Project of a Universal Character", *Mind*, 63 (1954): 49–63.

2.5 Carnap, R. [1928] *The Logical Structure of the World*, trans. R. George, Berkeley: University of California Press, 1967.

2.6 —— [1936] *The Logical Syntax of Language*, trans. A. Smeaton, London: Routledge & Kegan Paul, 1937, repr. 1951.

2.7 —— "Testability and Meaning", Part I: *Philosophy of Science*, 4 (1936): 420–471; Part II: *Philosophy of Science*, 5 (1937): 2–40.

2.8 —— [1942] *Introduction to Semantics*, Cambridge, Mass.: Harvard University Press, 1959.

2.9 —— *Meaning and Necessity*, Chicago: University of Chicago Press, 1947.

2.10 —— [1955] "Notes on Semantics", published posthumously in *Philosophia*, 2 (1972): 1–54.

2.11 —— "The Methodological Character of Theoretical Concepts", in H. Feigl and M. Scriven, eds, *The Foundations of Science and the Concepts of Psychology and Psy-*

choanalysis, Minneapolis: University of Minnesota Press, 1956: 38—76.

2.12 —— "On the Use of Hilbert's ε-Operator in Scientific Theories", in Y. Bar-Hillel, ed., *Essays on the Foundations of Mathematics, Dedicated to A. A. Fraenkel*, Jerusalem: Magnes Press, 1961: 156—169.

2.13 Church, A. "A Formulation of the Simple Theory of Types", *Journal of Symbolic Logic*, 5 (1940): 56—68.

2.14 Cocchiarella, N. "Philosophical Perspectives on Quantification in Tense and Modal Logic", in D. Gabbay and F. Guenther, eds, *Handbook of Philosophical Logic*, vol. 2, Dordrecht: D. Reidel, 1984: 309—353.

2.15 —— *Logical Studies in Early Analytic Philosophy*, Columbus: Ohio State University Press, 1987.

2.16 —— "Predication versus Membership in the Distinction Between Logic as Language and Logic as Calculus", *Synthese*, 77 (1988): 37—72.

2.17 —— "Conceptualism, Realism, and Intensional Logic", *Topoi*, 8 (1989): 15—34.

2.18 Frege, G. [1879] "Begriffsschrift: A Formula Language, Modeled upon that of Arithmetic, for Pure Thought", in J. van Heijenoort, ed., *From Frege to Goedel*, Cambridge, Mass.: Harvard University Press, 1964.

2.19 —— [1893] *The Basic Laws of Arithmetic*, trans. and with an introduction by M. Furth, Berkeley: University of California Press, 1964.

2.20 —— *Conceptual Notation and Related Articles*, ed. and trans. T. W. Bynum, Oxford: Oxford University Press, 1972.

2.21 ——*Posthumous Writings*, ed. H. Hermes, F. Kambartel and F. Kaulbach, Chicago: University of Chicago Press, 1979.

2.22 Goodman, N. *The Structure of Appearance*, Cambridge, Mass.: Harvard University Press, 1951.

2.23 Grice, P. *Studies in the Way of Words*, Cambridge, Mass.: Harvard University Press, 1989.

2.24 Hahn, H., O. Neurath and R. Carnap [1929] *The Scientific Conception of the World: The Vienna Circle*, Dordrecht: D. Reidel, 1973.

2.25 Hempel, C. "Problems and Changes in the Empiricist Criterion of Meaning",

Revue Internationale de Philosophie, 11 (1950): 41-63.

2.26 —— "The Concept of Cognitive Significance: A Reconsideration", Proceedings of the American Academy of Arts and Sciences, 80 (1951): 61-75.

2.27 Knowlson, J. Universal Language Schemes in England and France, 1600—1800, Toronto: University of Toronto Press, 1975.

2.28 Küng, G. Ontology and the Logistic Analysis of Language, Dordrecht: D. Reidel, 1967.

2.29 Montague, R. M. Formal Philosophy, ed. and with an introduction by R. Thomason, New Haven, Conn. : Yale University Press, 1974.

2.30 Morris, C. W. [1938] "Foundations of the Theory of Signs", in International Encyclopedia of Unified Science, vol. 1, Chicago: University of Chicago Press, 1955: 78-137.

2.31 Neurath, O. [1938] "Unified Science as Encyclopedic Integration", in International Encyclopedia of Unified Science, vol. 1, Chicago: University of Chicago Press, repr. 1955: 1-27.

2.32 Partee, B. , A. ter Meulen and R. Wall Mathematical Methods in Linguistics, Dordrecht: Kluwer Academic, 1990.

2.33 Prior, A. Past, Present and Future, Oxford: Oxford University Press, 1967.

2.34 Russell, B. [1914] Our Knowledge of the External World, London: George Allen & Unwin, 1952.

2.35 —— [1918] The Philosophy of Logical Atomism, ed. and with an introduction by D. Pears, La Salle, Ill. : Open Court, 1985.

2.36 —— My Philosophical Development, London: George Allen & Unwin, 1959.

2.37 Rynin, D. "Vindication of L * G * C * L P * S * T * VSM", Proceedings and Addresses of the American Philosophical Association (1957): 46-66.

2.38 Searle, J. Expression and Meaning, Cambridge: Cambridge University Press, 1979.

2.39 —— and D. Vanderveken Foundations of Illocutionary Logic, Cambridge: Cambridge University Press, 1985.

2.40 Strawson, P. F. "Carnap's Views on Constructed Systems versus Natural Languages in Analytic Philosophy", in P. A. Schilpp, ed. , The Philosophy of Rudolf

Carnap, La Salle Ill. ; Open Court, 1963; 503-518.

2.41 —— *Logico-Lingusitic Papers*, London; Methuen, 1971.

2.42 Tarski, A. "The Semantic Conception of Truth", *Philosophy and Phenomenological Research*, 4 (1944); 341-375.

2.43 —— *Logic, Semantics, Metamathematics*, Oxford; Oxford University Press, 1956.

2.44 Vanderveken, D. *Meaning and Speech Acts*, vols 1 & 2, Cambridge; Cambridge University Press, 1990.

2.45 —— "On the Unification of Speech Act Theory and Formal Semantics", in P. R. Cohen and M. E. Pollack, eds, *Intentions and Communications*, Cambridge, Mass. ; MIT Press, 1990; 190-220.

2.46 Van Themaat, P. "Formalized and Artificial Languages", *Synthese*, 14 (1962); 320-326.

2.47 Wittgenstein, L. [1921] *Tractatus Logico-Philosophicus*, trans. D. Pears and B. F. McGuiness, London; Routledge & Kegan Paul, 1971.

2.48 —— *Philosophical Investigations*, trans. G. E. M. Anscombe, New York; Macmillan, 1953.

第三章
形而上学 I （1900—1945）

威廉·詹姆斯·迪安祖尼斯（William James DeAngelis）

导 言

对形而上学的哲学态度在20世纪上半叶发生了标志性的转变，就其急剧性和显著程度而言，这一转变可以与英语世界中哲学史的任何其他重大变化相提并论。在此前的三个世纪，形而上学始终是欧洲哲学的中心议题。从笛卡尔的时代直到我们当下的20世纪，形而上学哲学家们普遍持有的核心假设认为：人类的理解力能够发现实在本质的某些重要方面，而科学和常识对之无能为力。另外一些与大陆理性主义者联系在一起的、更为大胆的形而上学体系则认为，许多有关实在的最重要真理也是这种类型的东西。进一步，我们也不能否认，理性主义者的那些主要英国同侪的著作，甚至是那些与更为谨慎的经验主义传统紧密联系在一起的英国哲学家的著作，也包含了明确的形而上学主张并表现出对核心假设的依赖。

可以确定地说，休谟和康德，这两位18世纪晚期公认的哲学巨人，对形而上学哲学家的核心假设和基本理论提出了明确的警告。但是，这些警告在他们的哲学家同侪及紧随其后的哲学家那里，既没有引起足够的重视，也没有得到应有的理解。稍晚些时候，在19世纪，原则性的反形而上学思想潮流开始在欧洲和美国变得流行，也越来越有影响。即使如此，形而上学哲学依然在欧洲大陆大行其道，在英国和美国，说形而上学研究达到了盛况空前的繁荣局面，也一点都不为过。随着 20 世纪的临近，那种最有雄心且最具系统性的传统形而上学，在英语世界中仍然很好地存在着。

所有这一切都将发生极为显著的变化，并且就目前来说，这一变化也的的确确无可挽回地发生了。确切而言，20 世纪早期的许多杰出英语哲学家乃至哲学圈外的其他一些人，仍然继续埋头从事那些或多或少与传统形而上学有关的哲学活动。然而，在这一时期，一些更为强大的哲学运动已经蓬勃兴起，它们将不可避免地威胁到形而上学的存在地位并深刻改变其性质。这些主导的思想倾向，虽然并没有公开宣称是反形而上学的，但至少寻求对形而上学的方法和应用范围做出严格的限制。这一章就要着重关注这些新兴的哲学运动，关注其对传统形而上学原则性的反对意见，也关注这些意见对于概念、域（scope），以及对于英国和美国 20 世纪的形而上学研究实践所造成的那些引人注目的后果。同样，这一章也将反映作者的如下信念：这些哲学运动有着非同寻常的重要性，以至于单独探讨这些运动本身就已经成为本章论述的适当焦点。

绝对唯心主义：英国和美国的新黑格尔主义

在 20 世纪初，新黑格尔主义哲学是英国和美国的重要哲学家所信奉的主流哲学理论。受黑格尔（Hegel）启发的各种理论学说成为当时哲学兴趣和哲学讨论的主要焦点之一——即使不是唯一的焦点。在形而上学领域，情况尤是如此。19 世纪晚期和 20 世纪初的那些年，牛津的 F. H. 布拉德雷（F. H. Bradley，1846—1924）和伯纳德·鲍桑葵（Bernard Bosanquet，1848—1923），剑桥的 J. E. 麦克塔格特（1866—1925）和哈佛的乔西亚·罗伊斯（Josiah Royce，1855—1916）是最为杰出的英语哲学家。这些哲学家不约而同地持有黑格尔式的形而上学观点。虽然哲学动机和理论风格彼此不同，表达理论主旨的具体素材也自然迥然有异，但他们最为基本的形而上学信念却极为相似。概括起来，我们可以说，他们分别以各自的方式代表了在当时及此后极短一段时间内占据统治地位的同一思想流派，这一雄心勃勃的形而上学流派就是后来众所周知的绝对唯心主义。

新黑格尔主义者的观点在很多方面都值得注意。一方面，这些哲学家的观点包含了某些形而上学理论，这些理论不仅与常识的基本信念明显不相符，而且——有更大历史和文化意义的是——与当代自然科学也不相符；另一方面，这类学说的方法和结论，与英国哲学的传统，即谨慎的经验主义传统彻底背道而驰。后一方面的特征被新黑格尔主义的英国倡导者看作积极的变化，他们将之解读为对经验主义传统的一个迟来的发展。有人认为，这一运动的领袖人物——布拉德雷，最终将英国哲学带入了欧洲思想的主流之中，在十年或者二十年的时间内，这种发展似乎将被证明是英国哲学发展的长久趋向。

与那些可以被认为此前几个世纪最有影响的英国哲学家如洛克、贝克莱（Berkeley）、休谟和密尔（Mill）等人所主张的经验主义的理论和方法相比，绝对唯心主义的理论和方法几乎与之没有任何相同之处，这一点毋庸置疑。但是，绝对唯心主义对英语世界的影响，将不会被证明是长久的。我们将会看到，这个学派的繁荣，将仅仅构成对英国哲学漫长传统的短暂分离。事实上，无论是在内容方面还是在哲学动机方面，从20世纪早期英国哲学的那些最值得关注的形而上学思想中，已经可以看出哲学的自我觉醒和对绝对唯心主义及其理论、方法和精神导向的有力反抗。在G. E. 摩尔和伯特兰·罗素的早期著作中，这种觉醒和反抗表现得尤为明显，他们两人也将被证明在反对绝对唯心主义运动中扮演了最为重要的角色。自从摩尔和罗素拒绝了新黑格尔主义的形而上学，他们在对之进行激烈反对这一点上就从来没有表现过丝毫动摇。实际上，他们各自哲学生涯的很大一部分都在建构他们所希望的成功的替代性理论。值得注意的是，这些替代性理论明显因循了长期存在的英国经验主义传统，而这一传统曾经被布拉德雷和其他新黑格尔主义者所破坏。我们大可假设如下情形：如果休谟和贝克莱看到布拉德雷和黑格尔著作的相关章节，一定会在痛心疾首中感到无所适从；但当他们看到摩尔的相关批评性著作以及罗素的某些更少技术性的评论时，则会大方地表示认同。

在这个语境中，我们也应该提到维特根斯坦的工作。作为一位年轻的哲学家，维特根斯坦本人受到了罗素的影响，在更少的程度上，他也受到了来自摩尔的影响。虽然维特根斯坦从来没有直接把自己与布拉德雷、黑格尔或者他们的追随者联系起来，但他的工作却始终如一地强调，像他们的著作那样的东西完全就是废话。他在《逻辑哲学论》中对这一观点的非凡阐述，甚至启发了逻辑实证主义这一卓越的哲学学派，正如我们将要看到的那样，这个学派将要求取消所有的形而上学。

与在英国的影响相比，摩尔、罗素、维特根斯坦以及逻辑实证主义在美国的影响也毫不逊色。此外，同样有着强大影响力的美国实用主义，尤其是皮尔士、威廉·詹姆斯和约翰·杜威（John Dewey）也对新黑格尔主义颇为不满，他们要求建构一种新的哲学，以便在他们认为新黑格尔主义误入歧途的地方迈出正确的步伐。在更为普遍的意义上，这些很有影响的实用主义哲学家对传统形式的形而上学表现出了公开的敌视。尽管皮尔士和詹姆斯还像罗素那样对形而上学抱有某些希望，在他们看来，即便需要做出巨大的努力和进行根本性的改变，形而上学还是能够以新的面目重见天日。然而，正如形而上学在英国的命运那样，将形而上学的观念当作某种无意义的东西也在美国变得很是流行，而这一局面的长期后果，也和英国的情况颇为相似。

当然，在英国和美国，哲学家们早已不再以严肃的态度对待绝对唯心主义。这一学派在上个世纪之交却是如此盛极一时，那些为之辩护的哲学家也都曾经声名显赫，有些人甚至在这一时期达到了其哲学生涯的至高顶峰；可这个学派和这些哲学家们在不到一个世纪之后变得几乎无人问津。为了理解那些在20世纪初期刺激了英国和美国思想界的反抗运动何以如此激烈，搞明白布拉德雷和其他新黑格尔主义者到底相信些什么还是很重要的。

一方面，绝对唯心主义是一个雄心勃勃的形而上学流派，它试图建立关于整个宇宙的不容置疑的真理。这种理论特别强调，实在必须被当作整体性的东西纳入形而上学的考虑当中。这就与哲学之外的其他学科的研究路径形成了鲜明的对比,那些学科的研究路径必然被当作局部的和不完全的。另一方面,绝对唯心主义也同样相信,它所发现的真理是与其他学科所建立的真理完全不同的东西:只有绝对唯心主义的真理才是关于实在性质的必然的、终极的、本质的真理。

可能最为重要的一点是,布拉德雷坚持认为宇宙构成了一个不可分割的整体。为了解释这一点,让我们来考虑如下被认为理所当然的想法:我们都相信宇宙中存在着数量巨大,类型无限多样的事物,这些事物通常是彼此独立的,有着同样无限多样的各种属性和相互关系。举例而言,星系、恒星、行星、人、摇椅、南瓜和蚯蚓都是存在的,它们各自有着非常不同的属性,可以通过各种不同的方式相互建立联系,看起来没有比这更平常不过的事情了;但这些恰恰是绝对唯心主义者所否认的东西。为了反对这种常识的想法,他们急切地想要人们相信如下事实,即宇宙本质上是一个既不可分割也不能被区分的整体。科学和常识必然地包含了对实在整体的扭曲和曲解,因为它们仅仅处理了实在的这个或者那个方面,研究了这个或者那个事物。实在在本质上是一个整体,任何想要暗示实在是由独立部分构成的观点都必定会被斥为无稽之谈。

黑格尔的英国信徒们绝不满足于仅仅预设上面的观点。布拉德雷在1893年出版的那本颇为有名的《表象与实在》(*Appearance and Reality*)[3.6]中,通过论证上面这种观点,奠定了当时的哲学基调。他认为,宇宙、实在或者——用他自己的术语——绝对精神,根本就不包含所谓的部分,任何认为实在包含部分的想法,在最终的分析中都会被证明是不融贯的。他的这一论证可能更多应该归于芝诺(Zeno)而不是黑格尔。他的一个最为基本的论证前提,成为此后相关批评的一个争议性主题和尤为重要的标靶。他所认为是必然真理的这一观点,就是后来广为人知的内在关系论。

根据内在关系论,任何与事物有关的关系事实——比如在另一个事物的下面——都反映了该事物的本质。布拉德雷拒绝承认关系是终极的、不可还原的,实际上,他认为关系是非真实的,我们最好只把它当作事物的内在属性。说关系是非真实的,这本身就已经是一个相当惊人的观点;而对于布拉德雷,这一惊人观点还将导致更加严重的后果。在他看来,从这一观点所规定的原则出发,我们就可以得到如下结论:当两个事物彼此联系时,其中的每一个事物——按他的说法——就都能够"进入另一个事物的性质之中"。例如当 x 在 y 的下面时,"在 y 的下面"成为 x 性质的一部分,而"在 x 的上面"成为 y 的性质的一部分。x 是 y 的性质的一部分,而 y 是 x 的性质的一部分。既然每一事物都被认为与其他任一事物处于某种关系之中,那么其他任一事物都进入每一给定事物的性质当中。通过诉诸其他一些辅助性原则,布拉德雷最终推导出如下极为惊人的结论:对于任何给定的事物,根本就不存在所谓的"其他事物",这一点又反过来意味着唯一存在的事物就是那种囊括一切的实体。上面的这个思路是布拉德雷所独有的思维方法,他经常指导归谬论证,这些论证旨在反对把实在分为各个不同事物及其相互关系的有关实在的常规思维方法。他的意图在于说明,常规思维方法是错误的,只有他的关于实在的形而上学观点才是唯一可行的理论选择。而内在关系论,即在两个假设的不同事物之间存在的关系是不真实的,并据此将关系还原为内在性质的观点,是他的核心论证的关键步骤。

上述非同寻常的形而上学主张还会带来某些进一步的理论后果,在这里简单提一下这些后果对我们理解绝对唯心主义会很有帮助。由于布拉德雷相信实在不是由部分构成的,也不是(用他的轻蔑的说法)事物的"纯粹结合",他就得出了实在不是物质的东西这一大胆结论。因为如果实在是物质的,它就将是可分的,而实在可以分割这一点却是布拉德雷坚决否认的。因此,布拉德雷就宣布实在是某种精神的东西。布拉德雷既是一个唯心主义者,也是一个一元论者。在这一点上,他与英国哲学中的另一位伟大的唯心主义哲学家贝克莱是不一样的,贝克莱部分地接受唯心主义是因为他认为这是唯一与常识观点彼此兼容的形而上学观点。布拉德雷对唯心主义的支持则出于完全不同的理由,他在唯心主义中看到了反对常识的好处,尽管他完全拒绝常识。

布拉德雷对实在的任何可分性的拒斥与他著名的关于时间和空间的结论密不可分:时间和空间——本身在概念上是可分的——也是非实在的。麦克塔格特尝试以独创性的归谬论证,即用证明时间和空间的观念本身就是非融贯概念的方法，对布拉德雷的这一结论做了补充。布拉德雷和麦克塔格特不仅不把这些结论当作几乎难以置信的谬论，反而坚持说这些都是宇宙中再明白不过的真理。布拉德雷以及几乎他的所有追随者，不仅没有被他的任何令人惊讶的结论激怒，反而将之奉为圭臬。他们对常识的极度拒斥，对只存在统一精神性实在的承认，与绝对经验主义所共有的如下观点是一致的，即认为世界的表面缺陷在某种意义上都是不真实的，在某种终极的意义上，存在即合理。客观来说，这已经是一个非常宗教化或者神秘化的观点。

所有这些非同寻常的结论都会导致一大堆更为基本的问题。我们关于科学和日常生活的信念是如此基础，无论如何，它们看起来为我们提供了足够好的有关实在的认识，我们怎么能说它们是假的呢？布拉德雷承认这一问题是存在的，但他强调我们的科学信念和日常生活仅仅关注了现象，只有他关于绝对的形而上学观念才是对实在的唯一正确解释，而实在是与现象对立的东西。布拉德雷相信，他关于绝对的形而上学是关于实在的真实真理，是只有哲学才能建立起来的实在真理。

皮尔士：反形而上学的早期萌芽

查尔斯·桑德斯·皮尔士（1839—1914）现在被认为是美国实用主义哲学学派的开山鼻祖，有些时候他也被认为是思想最为深邃的实用主义哲学家。早在1870年代，他就出版了一些著作，但他的思想和著作在生前基本上没有受到什么重视。尽管通过私人讨论的方式，皮尔士启发并极大地影响了早期实用主义的领袖人物，但他本人的著作基本上都没有发表，也没有引起多大反响。直到1931年，随着《皮尔士著作集》（*The Collected Writings of Charles Sanders Peirce*）[3.18] 的整理和出版，这些著作才以遗著的形式展现在世人面前。作为哈佛大学一位数学家的儿子，皮尔士受到了严格的家庭教育。他在逻辑学、数学和自然科学方面展示出极高的天赋，获得了化学学士学位；但最终，皮尔士的兴趣转向了哲学。皮尔士曾短暂地在哈佛大学讲授过哲学，此后也曾同样短暂执教于霍普金斯大学，但始终不能很好地适应大学教授的生活。他唯一长期的职业是作为测量员供职于美国海岸和陆地观测所。皮尔士是一个有着令人畏惧的敏锐理解力的批评者，即使对于他本人的思想，他的反思和批判也总是不遗余力，他很少对自己的著作表示满意——如果他曾经满意过的话。

与20世纪其他那些受过数学和自然科学训练的哲学家一样，皮尔士也坚信，要推动哲学的发展，就必须将这些学科的知识及它们所具有的严格性注入哲学家的头脑。他相信，他所处时代正在进行的哲学工作，大部分都不满足这一标准。在他思想发展相当早的阶段，皮尔士就得出了这样的结论：形而上学思想在吸收自然科学知识和严格性方面都极度匮乏；匮乏程度是如此难以忍受，以至于他将形而上学的论证当作"空谈"（moon-shine）——美国俚语中非法私人酿造的威士忌酒的名称。在较少感情色彩的意义上，皮尔士用"废话"来形容各类形而上学理论。虽然他的用法与数十年后维特根斯坦和逻辑实证主义者的更为专门的使用有所不同，但毫无疑问，皮尔士对形而上学的这些早期观点与这些后辈哲学家更正式地扩展开来的思想之间，存在着重要的联系。另外，我们也应该注意到，皮尔士明确表示受益于他对康德《纯粹理性批判》（*Critique of Pure*）的阅读，康德的思想不仅成为他对传统形而上学不满的早期思想来源，也为他本人在这一主题上的某些思想提供了直接灵感。下面，我们就转向对这些思想的讨论。

皮尔士最早的两篇论文是《信念的确定》（"The Fixation of Belief"）和《如何明确我们的信念》（"How to Make Our Ideas Clear"），分别发表于1877年和1878年的《大众科学》（*Popular Science Monthly*）。虽然在此后数十年间皮尔士继续发展了这两篇文章所表达的思想，但这两篇文章本身已经被当作对他的观点的经典阐述。在这两篇文章中，皮尔士用不算太正式的方式讲清楚了他的基本想法，这些想法预示了此后实用主义和逻辑实证主义对形而上学思想的重要批评。皮尔士的主要关注点是要寻找一种成熟的探究理论。虽然在人类探究的具体模型方面皮尔士的兴趣是人类学的，但他更关心的是建立一种规范的和标准的探究方法。朝着这一目标，皮尔士的首要考虑是"澄清"方法论术语。就简洁性而言，他在这个问题上的主要论点颇为优雅：除非我们预先已经明确了某一方法论术语的实践后果，否则我们就不能理解这一术语的意义；所谓实践后果是方法论术语所遇到的某一可指明的具体情境，借助于这一情境，我们可以说这个词是情境适用的。事实上，皮尔士坚持着方法论术语适用性的实用标准。让我们用皮尔士本人的例子继续讨论，对于语词"硬"（hard）来说，要使它有明确的意义，我们就必须能够明确地说，在实践的意义上，就某个具体情境中对于某一适用于这个语词的物体我们可以期待什么。就这个例子而言，皮尔士更为真实的想法是，当两个物体发生刮擦时，一个硬的物体可以在绝大多数其他物体上留下刮痕，而其他绝大多数物体却不能在这个物体上留下刮痕。从这个例子出发，皮尔士含蓄地主张：对于理论语词来说，如果这个语词的适当用法没有实践性的，或与具体情境相联系的后果，那么这个语词根本就没有任何意义。

通过对上面的理论进行扩展，皮尔士对命题也得到类似结论。他强调，除非预先能够明确，在给定情境中，作为真值支撑的实用后果是什么，否则我们不能理解一个命题的意义；如果不存在对这类后果的清楚解释，这个命题的意义就会极不清楚以至于它根本就没有意义。注意到如下一点非常重要，即当皮尔士在上述语境中强调所谓的实践后果时，他已经排除了传统形而上学家的那些理论主张。实际上，从布拉德雷这样的形而上学家的观点出发，皮尔士的实用性要求可以被看作窃取论题，因为这一要求坚持将每一形而上学术语的意义与被布拉德雷称为纯粹现象的东西联系起来。皮尔士的反驳，实际上是布拉德雷所宣称的那种"现象"优于"实在"的思想：即如果存在着任何理论词项的使用标准，或者存在理论命题的真值标准，那么这一标准必须存在于实践后果的范围之内。就当前的进展看，纯粹的形而上学被皮尔士当作无意义的东西从人类的实际生活中移除了。皮尔士明确指出，那些本体论形而上学的命题，由于与实践的领域完全不搭界，因此是"理论上无意义的"，除了"胡言乱语"（gibberish）外它们什么也不是，这和说形而上学是"空谈"没有什么区别。

有趣的是，皮尔士认为有些被称作"形而上学"的东西，值得我们开展富有成果的研究工作。实际上，皮尔士认为某些形式的形而上学是可以通过实用的方式进行检验的，至少在这一层次上，它们与科学联系在一起。对于他设想的这些形式的形而上学到底是什么，似乎从来都不甚清楚。皮尔士对形而上学研究也做了一些适当的尝试，但这些研究中没有哪一点引起了足够的关注，而且这些研究与他的主要哲学研究工作之间似乎存在着一条明显的分界线。非常清楚的是，皮尔士要求形而上学必须是可检验的和可证实的，他也注意到，证实经验绝不是像精密科学所做的那样进行某种专门的观察，而是包含了对最常见、最普遍的经验事实的证实。下面一点也非常重要，皮尔士强调，就其本性而言，合法的形而上学探究是由许多不同的研究者共同开展的合作性探究，或者说它是一项社会性的探究活动。

然而，对这一节来说，最重要的是要理解皮尔士所拒绝的东西以及他拒绝这些东西的原因。皮尔士对形而上学的拒绝有着强有力的理论原则基础，我们可以大概将其总结为如下几条：自然科学是人类理智探究的典范；只有存在对理论概念适当用法的实践检验时，这一概念才有意义；只有存在对理论命题为真或为假的实践检验时，这一命题才有意义；不存在实践检验的所谓概念和命题都是无意义的；最后，哲学研究只有通过某种方式满足了实践的可检验标准，才会被接受为合法的理智探究。在整个20世纪，上面的这些观念始终被美国实用主义哲学家们所奉行，而且以各种不同的方式得到了进一步发挥。在皮尔士的思想中，我们也可以看到大量逻辑实证主义相关理论的哲学预言。最后，皮尔士认为形而上学由于完全与实际生活相隔绝而误入歧途的想法，虽然是从康德思想的相关内容中引申出来的，却在我们即将讨论的G. E. 摩尔的哲学中产生了有趣的共鸣。

摩尔：常识的使徒

在绝对唯心主义的哲学大背景下，G. E. 摩尔（1873—1958）进入剑桥大学学习古典学。通过对古典学的学习，摩尔开始了对哲学著作的阅读。正如在与麦克塔格特的会话中所表明的那样，摩尔也曾在一个极为短暂的时期内对绝对唯心主义的理论表示相当认同，但随后他就走上了一条反叛这些理论的哲学道路。在反对绝对唯心主义理论的过程中，摩尔对哲学的兴趣与日俱增，他长于哲学辩论，并因此在剑桥声名鹊起，逐渐地，想要成为古典学家的最初意愿被抛诸脑后，而同样多少有些让摩尔惊讶的是，他最终成了一位哲学家。此后不久，摩尔便几乎全身心地投入到对绝对唯心主义影响的反抗之中。在此之后的许多年中，摩尔都怀疑外在世界和自然科学是否真的向他提出了什么哲学上的疑难问题，他宁愿相信，他忙着处理的那些哲学难题，仅仅是他听到或者读到的其他哲学家所信奉的那些奇怪理论所造成的恶果。概而言之，摩尔哲学的最初动机是与削弱绝对唯心主义形而上学中那些奇怪主张的影响联系在一起的。如果没有接触绝对唯心主义，摩尔可能永远不会成为哲学家。

摩尔是一位风格独特的思想家，他有着鲜明且坚韧有力的个性，哲学家同行们对此除了认真对待外毫无办法。在摩尔的思想中，没有什么花里胡哨的东西；与此相反，其思想的力量来自不绕弯子的直话直说，来自永不妥协的诚实和坚定的思想独立性。摩尔从来都不是一位才思敏捷、想象力丰富的思考者，但他思想的清晰性和对真理毫无保留的献身达到了空前的程度；摩尔也从来不是一位系统性的哲学家，但他进行哲学思考的方式无疑是新颖的、原创性的。在处理哲学中的疑难问题时，摩尔既表现出极强的决断力，也在展示清晰性方面表现出少有人能达到的能力。对他而言，这就意味着要提出问题，以极其清晰的方式表达他对这个问题的观点，做出所有必要的区分，不遗漏任何细节也不留下任何含混和晦涩的方面。通过这种方式，摩尔获得了可能超过任何与他同时代的哲学家所能获得的巨大成功。

摩尔关于形而上学的最具影响力的著作可以被分为两类。一类是批评唯心主义主张和论证的早期论文。这些文章很有影响，它们既展示了摩尔对清晰性的标志性强调，也展示出他在考察细微区别方面的天赋。摩尔的早期论文《对唯心主义的驳斥》("The Refutation of Idealism"，1903) 主要被当作削弱各类唯心主义论证的批评性论文。毫不例外的是，这些论证都是新黑格尔主义者基于其哲学立场而有目的地提出的 [3.14]。摩尔试图指出，唯心主义是由各种混乱、残缺不全的思想和毫无根据的主张所组成的一团乱麻。退一步说，即便承认唯心主义（起初，摩尔着力以典型的摩尔式分析，即诉诸充分精确性的方法，来澄清这一概念）可能是真的，也没有好的理由使我们相信它是真的。摩尔特别着力于批评贝克莱"存在即被感知"的原则。在一篇更早一些的，影响力稍逊的论文《外在关系与内在关系》("External and Internal Relations")中，摩尔对布拉德雷的"内在关系论"提出非难，试图指出布拉德雷的这一理论是某些重要的思想混乱的结果 [3.14]。上面这两篇文章，根本上来说都是批判性的。

然而，[另一类是] 在大量稍晚一些的论文中，摩尔大胆地为"世界的常识观点"进行辩护并拒绝任何与这一观点不兼容的形而上学观点。这些是摩尔最为著名的理论，而阐述这些观点的相关文献也表现了其思想的最显著特征。《保卫常识》("Defense of Common Sense") 可能是摩尔最有名的论文，在这篇意义非凡的论文中，他采取了一种颇为优雅，但也让人迷惑的简单策略 [3.16]。摩尔以列出被他称为"自明之理"的命题清单开始。接下来，他将所列出的命题分为三类。第一类是他所断言的常识命题，比如：摩尔有一个身体；摩尔在很多年前出生；摩尔在整个生命过程中都是活着的或者摩尔生活在靠近地球表面的某个地方，而地球在摩尔出生前已经存在了很多年，在地球上有其他人生活过而且现在也还有人在生活着。第二类是与经验有关的命题。摩尔说他经常感知到他本人的身体以及包括其他人的身体在内的存在于周遭环境中的事物，他也经常观察到关于这些事物的很多事实。他给出了这些事实的一些实例，这些实例包括对于周遭环境详细的、直接的观察结果，对于过去的回忆，关于他本人当前和过去的信念、愿望和情感的事实等。第三类也是最后一类只包含一个命题，这个命题说的是：对于许多和摩尔类似的人来说，他们中的每一个都能够经常性地知道类似于摩尔所知道的东西，都知道摩尔开列给他本人的前两类命题清单中的那些命题。摩尔强调，所有这三类命题都是真的，他可以确定地知道命题清单中的每一个命题都是真的。他继续说道，每一个命题的意义都是再清楚不过的，整个清单就构成了"世界的常识观点"。

可能有人会奇怪，摩尔为何如此不厌其烦地唠叨这些常识的东西，而不再用他那种标志性的，具有清晰性、完整性以及更为谨慎的方法来论证这些常识。正如摩尔在论文中已经强调的那样，这样做的原因在于，很多哲学家宣称存在的东西，是与常识的最为基本的真理相冲突的。他认为最重要的就是要指出这类宣称的异质性特征。举例来说，布拉德雷和麦克塔格特所坚持的理论实际上认为物质存在是不真实的，时间和空间也是不真实的。然而，如果他们真的知道他们是有身体的，他们的身体存在于靠近地球表面的某个地方，他们的身体已经存在了很多年，那么这当然也就意味着他们知道很多与他们的哲学所宣称的完全不同的东西。事实上，在这篇论文的论述中，摩尔像在讨论中多次做过的那样对这些哲学家的观点做了回应。例如对那种认为时间是非真实存在的主张，摩尔可能会说："你的意思是，我不应该相信我今天在吃午饭之前吃了早饭吗？但我确定地知道我在吃午饭之前吃了早饭啊！"摩尔的这篇文章及其直接性论证策略的理论力量在于，它为形而上学主张设定了极有说服力的限制。它迫切要求包括哲学家在内的每一个人，在说与他所确定知道的东西明确冲突的事情方面保持克制。摩尔认为，注意到很多形而上学哲学家在这一点上是如此偏离正道尤为重要。

考虑到摩尔此前的那些论文旨在揭示唯心主义形而上学在推导中出现的错误，他这里的这种论证策略就其想法来说就颇为大胆。但《保卫常识》已经超越了早期论文中的这一批判性目的，在这篇文章中，他的立场已经发生了根本性的改变。这就意味着，当唯心主义形而上学的结论与我们每个人确定知道为真的东西相矛盾时，任何符合要求的论证都根本不可能被确立起来。摩尔的意思实际是说："我不关心你的论证是什么，如果你的结论与常识不一致，那么你的论证就一定是假的，因为你要论证的结论已经必定是假的了。"

摩尔的另一篇论文《外在世界的证据》("Proof of an External World")也同样颇为大胆。这篇文章最初是摩尔于1939年在英国皇家学会演讲的讲稿，其后作为遗作被收入《哲学文集》（*Philosophical Papers*）[3.16]中出版。在这篇论文的起始部分，摩尔详细阐述了康德关于"外在事物"的怀疑论的一些思想。对于"外在事物"这一表达摩尔也给出了极有特色的详细讨论，详细列举了哪些事物可以被当作外在的东西。摩尔认为，狗、行星、恒星、影子和手都可以被当作外在事物的明显实例。在对实例进行细致论证时，摩尔不失时机地用右手打了一个手势，说道："这是我的一只手。"随后，他又用左手打出手势并说道："这是我的另一只手。"这个例子成了摩尔所做的那个演讲的高潮部分。通过将这个例子与已有的理论前提，即将例子与我们常识知道的东西一定是确定无疑地真的知道这个前提联系起来，并强调结论相对于前提的必然性，摩尔得到如下结论：在我们之外的事物是确定无疑地存在的。由此，摩尔又一次拒绝了任何与我们所有人的直接且确定无疑的知识相对立的观念。

这里值得注意的是，在所有这些文献中，摩尔从来没有使用过嘲弄的、无礼的口吻。他虽然批评那些哲学家坚持了与常识矛盾的观点，但从不认为他们就此而失于愚蠢，或流于荒谬，即便他肯定认为他们是错误的。面对这些哲学家，摩尔的感觉更像是面对一群迷路的人，他们没有看到哲学工作立足于现实生活这一虽然简单却难以捉摸的事实，他们忽略了自身理论内容与真实生活的最明显特征的矛盾之处，正是在这里，他们偏离了哲学的康庄坦途。

摩尔的上述观点也留下了一个严重的问题，即如果摩尔是对的，如果我们对于常识的信念不容置疑，并且任何与之矛盾的哲学观点都是不可接受的；那么，即便假设形而上学哲学家还有事可做，他们又能做些什么呢？摩尔对那些与世界的常识观点相矛盾的理论观点的拒绝，或者说他对接受其他哲学家的其他观点的拒绝，实际上就成了形而上学的长眠之地。尤其当我们想到摩尔进行哲学思考的最初目的，只是为了反对绝对唯心主义形而上学的奇怪观点，那么看上去好像他最终找到了对这种观点的回应，而这种回应能够被当作明确的、可以忍受的，甚至是最终的理论接受下来。实际上，摩尔也几乎算是找到了这样的回应理论。但是，摩尔不承认他对常识所做的辩护是这样的最终理论。

通过在理解命题的意义与对意义进行解释或说明之间做出适当的有趣的区分，摩尔坚持认为，分析他所指定的那些常识命题对于哲学发挥其职能来说是合法的，甚至是必需的。随着其哲学规划的不断发展，摩尔相信在命题分析这一领域，哲学工作还有很多工作要做。他认为，他的所有工作都是对必然知道为真的常识命题的概念分析，因此，以这种方式所构想的哲学分析，不会带来什么大的惊人后果，也不会削弱常识，而只是对常识的详细说明。

但是，摩尔的"分析"概念到底意味着什么呢？一方面，摩尔承认，在不能陈述或解释命题意义的情况下，理解该命题的意义是完全可能的，只有陈述或解释意义才需要分析；另一方面，除了前面的这一说法之外，我们可以公平地说，到底什么可以算作对一个命题的分析，他从来就没有给出令人满意的一般性解释。摩尔基本承认情况确属如此，这也可能是他在哲学上最为严重的挫败。通过具体的例子，我们可能会对摩尔想要说明的东西有所理解。在前面的论述中，我们曾提到，摩尔在论证外在于我们的事物是存在的这一点时，曾部分地诉诸用一只手打手势并说"这是我的一只手"。在他看来，"这是我的一只手"是一个完全真的、无论如何不能怀疑的、意义绝对清晰的命题。然而，他相信这样一个命题可以被分析，并着手开展这一分析工作。在《保卫常识》中，摩尔说在经过分析之后，这个命题最终是关于感觉材料的命题，而感觉材料是与直接意识相关的某些对象，它们是充分分析的命题或判断的主题。除此之外，他不清楚感觉材料是什么。也就是说，摩尔认为命题"这是我的一只手"最终不能被归于构成一只手的属性的某一感觉材料。这就导致下面的问题：如果手的属性不能被归于感觉材料，那么在感觉材料和出现在命题中的那只手之间的其他可能关系究竟是什么仍然是不清楚的。虽然摩尔认为对这个命题的适当分析能够说明两者之间的关系，但他从来都不认为自己在实践适当分析的方面取得过成功。对于如何解决这一问题，罗素提出了一种极富创造性的方法。

伯特兰·罗素

旧形而上学与新逻辑

与摩尔相比，罗素是非常不同的另一种类型的知识分子。众所周知，罗素首先是一位训练有素的数学家，在数学基础和形式逻辑领域，他做了大量具有历史意义的重要工作。1910—1913年间，三卷本《数学原理》（*Principia Mathematica*，与怀特海［Whitehead］合著）的出版构成了人类观念史上的一个重大事件。我们会看到，这部巨著也影响了他的形而上学观点。罗素是个极聪明的人，他想象力丰富、才思敏捷且能言善辩，他在理智探究方面雄心勃勃，也有着广泛的研究兴趣。在一个相当长的时期内，毫无疑问是由于受到逻辑学研究所取得成功的巨大鼓励，罗素认为他在这一领域中应用纯熟且获得成功的一些策略，也能够被应用到哲学的其他领域中并取得类似的成功。在他看来，这种应用转换的前景是相当乐观的。

罗素有着良好的哲学气质，作为摩尔在剑桥的同事，他起初也对来自绝对唯心主义的新黑格尔主义形而上学颇感兴趣，但随后也同样地反叛了这一理论。与摩尔相比，罗素对绝对唯心主义的评价和反对，在理论倾向上是完全不同的。一方面，罗素是用一种更为彻底，也更具系统性的方式来思考问题；另一方面，罗素在指责被他看作新黑格尔主义的哲学动机的东西时，也更为直截了当。

罗素对绝对唯心主义的一些最初的反对意见，源于他对该理论的支持者所持哲学动机的怀疑。有时他感觉这些人的哲学动机并不是完全理性的，甚至根本就是不诚实的。对于这一点，我们绝不能等闲视之，因为罗素的一些最为轻蔑的批评，就以绝对唯心主义的支持者为对象。他甚至将黑格尔、布拉德雷和他们的许多追随者当作"悖论贩卖者"。在罗素看来，他们根本就不想理解世界，而是出于对超感性绝对的兴趣，想要证明世界是非实在的。

罗素也说明了他的一些实质性的反对意见。值得注意的是，这些反对所关注的焦点和摩尔完全不同。摩尔的那些反对总是明确地指向这个或者那个命题或者论证，而罗素则聚焦于更为系统性的方面。他的反对也差不多独立于对黑格尔、布拉德雷的形而上学结论所抱有的拒斥态度，而是认为那些在其形而上学中有着重要作用的逻辑思想过于陈旧且缺乏缜密性。当然，公平地说，他也为这些逻辑思想做了些许的辩护。

上面这一点通过各种不同的方式表现出来。在有关逻辑学和数学基础的著作中，罗素就已经决定要对逻辑原则进行彻底革新并使之系统化——尽管这并非他的唯一关怀。由于他有着很大的雄心，所要求的标准也极为严格。罗素的著作不仅将来自他本人和其他思想家的诸多创新集合到统一的学科范围之内，而且也帮助这些创新引起了直接的公众关注。最终，他的这些著作为在20世纪的哲学家和数学家之间建构起一个新的逻辑共识发挥了主要作用。毋庸置疑，绝少有哲学家能够获得这样的成功。

当罗素最初读到黑格尔和布拉德雷的著作时，他的逻辑学工作才刚刚开始。但即便在这个时候，罗素就已经发现他们思想中的某些内容，与他所感觉的逻辑学的应有面目完全是背道而驰的。在对黑格尔《大逻辑》(*Greater Logic*)的评论中，罗素以毫不掩饰的轻蔑口吻记述了他的这些疑虑，并把这种逻辑称为"昏头昏脑的胡话"。随后，他对这一问题考虑得更加清楚。在他与一元论唯心主义形而上学公开决裂数年之后写就的《数学原理》的序言中，罗素解释道：

> 我将要支持的逻辑是一种逻辑原子主义的逻辑，它与那些人或多或少是因为追随黑格尔而支持的一元论逻辑是对立的。当我说我的逻辑是原子主义的逻辑时，我的意思是我分享了如下常识信念，即许多不同的事物是真实存在的；我不将世界表面的多样性当作仅仅是语言上的构造，也不认为它们是对唯一的不可分实在的非真实区分。

[3.22，I：vii]

上面的引文似乎表明，罗素看起来几乎已经将他的形而上学预设带入了逻辑学之中，但这种印象是错误的。正如将会被证明的那样，罗素支持"原子主义"逻辑的理由，在相当程度上与他的形而上学预设毫无瓜葛。罗素和其他一些逻辑学家——他们中的很多人对形而上学完全没有兴趣——在这个问题上主要关心的是那种有着极强演绎性和表达力的逻辑学的发展。演绎性和表达力的强度才是判断这种逻辑成功与否的主要标准。也正是由于这种标准，而非借助形而上学的借口，这种新的逻辑才被发展起来。

绝对唯心主义是如何与20世纪那些已经被接受为正确的逻辑规则相冲突的呢？对于这种冲突的某些方面，给出一个概略的观点是可能的。一方面，布拉德雷内在关系论的教条与由《数学原理》所发展的、在现代逻辑中极为基本的一个特征是矛盾的。我们已经看到，布拉德雷的教条认为，我们所谓的关系，即存在于两个可能的分离事物之间的关系，实际上是虚幻的。与之相联系的是，它也认为关系词项是可以消除的，指示关系的词项能够被指示属性和个体的词项所代替。后面的这一点不仅与罗素的直觉是冲突的，而且他很快能在逻辑的层面上展示这一冲突：某些关系词项，最为明显的是与非对称属性相联系的关系词项，比如"在……北面"（north of）、"比……老"（older than）、"高于"（higher than）和"在……下面"（below），就不能通过诉诸内在关系的方式，被令人信服地还原为关于个体的主谓句。出于上述这些以及其他的技术性考虑，现代逻辑允许将关系陈述当作基本的、不可还原的陈述类型，并假设它们是真的。就这一点来说，即便20世纪的逻辑不是拒绝了19世纪晚期的新黑格尔主义形而上学，也至少是对之做出了否定。

逻辑构造主义

罗素本人的形而上学观点在其一生中有着相当大的变化。在拒斥唯心主义之后，罗素接受了一种极端形式的实在论，但很快他就发现这种观点只不过是无可救药的思想混乱而予以抛弃。在1912年出版的《哲学问题》（*The Problems of Philosophy*）中，罗素又接受了来自洛克和笛卡尔的某种关于知觉的因果表征理论。此后，罗素的形而上学思考发生了根本性的改变，他构想并使用了一种应对形而上学问题的真正创造性方法，并在一个相当长的时期内对之颇为信赖。这种方法与他在关于数学的逻辑基础的著作中成功应用的策略联系在一起，罗素将其称为"逻辑构造主义"。当在形而上学的背景下使用这一方法时，罗素以如下方式说道："在任何可能的情况下，逻辑构造都将取代推论实体"（[3.24], 155）。

逻辑构造主义意味着什么呢？它究竟又怎样适用于处理形而上学问题？自笛卡尔以降的数个世纪，现代哲学家们已经倾向于相信，物质对象不是直接知觉的对象。这种观点现在虽已不再流行，但仍然有些市场。如果对上述观点再附加如下信念，即在知觉中我们能够直接意识到的东西，是只能被引起知觉的那个个别知觉者所理解，且与知觉对象并不相同的某种东西，那么，这一直接意识的对象就可以被当作内在经验，而表征被知觉的物质对象的内在经验将会成为感觉过程的重点。这里需要注意的是，有关对象表征的经验与被对象所引起的经验是不同的。因此，我们可以说，由知觉引起的某种完全定性的经验，在理论上是可能的。比如说，在没有南瓜这一物质对象的情况下，产生表征南瓜的知觉经验就是可能的——这种知觉经验似乎确实出现在梦境和幻觉之中。更为糟糕的是，如果一个人曾经直接经验到的都只是内在经验或者直接的感觉材料，他如何能够知道这些直接经验就表征了独立的物质对象呢？对于上面的观点，不存在原则上可直接检验的办法，因为如果经验是一个人可以最终检验的全部东西，那他就绝对不能验证经验是否是由超越经验的对象引起的。简而言之，如果关于知觉的这种观点是正确的，就没有人能够知道它是正确的。从认识论的这个大的标准来看，这种观点的问题在于：以内在的感觉材料为基础，我们如何知道物质对象是存在的呢？罗素颇为严肃地对待上述问题。他对这一问题的回应诉诸逻辑构造主义的方法，而这一回应的理论分支，无论在形而上学还是认识论的层面上，都有重大的意义。

罗素的策略是，将那些棘手的实体分析为较为熟悉或至少不那么棘手的实体。举例来说，在假定直接意识的对象只能是感觉材料的情况下，我们当前的困难在于如何对物质实体的信念进行辩护。在终极分析的意义上，似乎不存在从最直接的感觉材料推导出物质对象的有效方法。罗素创造性的替代分析策略是：不将物质对象当作从感觉材料推导出的特殊实体，而将其当作他所谓的感觉材料的逻辑构造。这是什么意思呢？罗素的建议是，我们不能将物质对象当作某种独立于感觉材料的特殊实体，而是要将之当作某种从感觉材料出发的可分析的实体。这就是说，罗素实际上不把物质对象当作形而上学的基本存在类型，而是把感觉材料当作更具基础性的存在类型。

通过表明如下一点，即所有有关物质对象的命题，在原则上都可以用有关感觉材料的命题进行分析，罗素实践了他的上述想法。罗素认为，如果对命题的这种分析能够成功，他的这一分析步骤就可以解决有关物质对象的哲学难题，而这个难题是按照如下假设行事的恶果：这一假设错误地认为，有关物质对象的命题与有关感觉材料的命题在逻辑上是彼此独立的。在《我们关于外部世界的知识》（*Our Knowledge of the External World*，1914）[3.19] 中，罗素对这种分析的可能性做了尝试。在《物理对象和感觉材料的关系》（"The Relations of Sense-Data to Physics"）和《物质的最终构成》（"The Ultimate Constituents of Matter"）（分别发表于 1914 年和 1915 年，重印于 1917 年出版的《神秘主义与逻辑》[*Mysticism and Logic and Other Essays*] [3.20]) 这两篇文章中，罗素也使用了相同的分析策略。在《心的分析》(*The Analysis of Mind*，1921) [3.21] 中，罗素将这种逻辑构造主义的技术应用到对心理现象的分析，只有到了稍晚的《物的分析》(*The Analysis of Matter*，1927) [3.23]，罗素才开始抛弃这种策略，但是，从开始孕育到最终被抛弃，这一策略已经对整整一代哲学家产生了巨大的影响。

逻辑原子主义

这种创造性的形而上学策略最终被罗素当作一个更大的、更为雄心勃勃、也更具系统性的哲学计划的一个缩影，承认这一点是非常重要的。在 1918 年和 1919 年分两个部分发表的《逻辑原子主义哲学》(*The Philosophy of Logical Atomism*) 中，罗素对上述这一点做了解释。通过这本引人注目的著作，作者以一种全面的方式——如果在细节上不是面面俱到的话——阐述了他所理解的处理形而上学难题的整体方法。也正是在这一时期，罗素完成了其在形而上学领域中那些最受推崇的重要工作 [3.25]。罗素对这一整体计划的实施在不同的时期导致了不同的成果，但他在使用这一方法达到最终的决定性结论方面，却从来都没能让自己满意。然而，看起来也非常明显的是，在他最为多产的那些年份，罗素从未对这一计划背后的基本假设有所怀疑。

罗素想用他的新逻辑建立一种经久不衰的哲学系统。他所设想的这种哲学系统就其本质而言必然是形而上学的。正如其在很多著作中所论述的那样，他的这一想法建基于如下预设，即由《数学原理》所开创的新逻辑代表了"逻辑理想语言"(logically perfect language) 的形式结构或者句法结构。这种理想语言所缺乏的，仅仅是一张具体的词汇表。罗素的形而上学计划就是要决定究竟该给出怎样一张词汇表，当它与新逻辑所提供的句法联系起来时，能够完成寻求理想语言的任务。

罗素认为，日常语言常常容易使对真理的追求变得混乱不堪。他在逻辑学的相关著作中（尤其在那篇标志性的论文《论指谓》中）已经极为精妙地表明了：像英语这样的自然语言所具有的表面形式，掩盖了命题或论证的逻

辑形式 [3.25]，而现代逻辑最为显著的成功之处在于，它提供了一种构造谨慎的、仅揭示命题或论证的逻辑结构的形式语言。以类似的方式，罗素也认为，他所寻找的理想语言，不仅能够揭示命题的逻辑结构，而且当这种语言在世界中的相关应用细节得到澄清时，它也将揭示实在的逻辑结构。由于对他在展示理想语言的语法学方面所做的大量工作感到满意，罗素接下来着眼于语义学方面的讨论。

罗素如何能够相信他可以为这种理想语言找到一张合适的词汇表呢？这里，罗素提出了大量在他看来是不容置疑的理论预设。首先，这种语言中的所有命题，要么是基本命题（他称为原子命题），要么可以被分析为基本命题。他认为那些非基本命题或者分子命题是基本命题的真值函项。也就是说，任何分子命题的真或者假，是构成这些分子命题的原子命题为真或者为假的一个函数。其次，他相信原子命题陈述了相关事实，准确地说是陈述了世界中的基本事实或原子事实。进一步地，罗素将理想语言的原子命题称为逻辑原子，将与之相对应的世界中的事实称为形而上学原子。由此，他的哲学计划，总体而言，对于什么是原子事实以及原子事实的构成要素，找到了一个满意的解释。

对于原子事实是什么的问题让罗素很是着迷，也使他颇为懊恼，但他从来都没能找到有效的解决办法。在这个问题上，罗素有两个强有力的哲学直观。首先，罗素强烈地倾向于相信，原子命题是关于它们所指涉的殊相的命题。他相信，原子事实应该有殊相成分。其次，罗素也受到认为殊相是直接的意识对象这个观点的极大吸引。有一段时间，罗素甚至想要将原子事实的构成要素与感觉材料等同起来，这样逻辑原子主义的计划就能与逻辑构造主义的计划保持完美的一致。这一等同，正如前面所说的那样，相当于说全部有意义的命题最终都涉及了直接经验，这也就构成了罗素最纯粹的经验直观。虽然罗素极力想要说明原子事实是什么，但以上面的两个假定为基础，他从来都没能对原子事实做出完全清晰的解释。他也发现，想要让这两个假定彼此协调，同样是困难的。

尽管面临上述困难，罗素也从未完全抛弃形而上学的清晰性是可能的这一希望。颇具讽刺性的是，罗素在逻辑构造主义/逻辑原子主义时期所坚持的形而上学思想,激发了他的朋友兼同事维特根斯坦的思考。维氏的这一思考很快就使他写出了自己的著作,而这部著作无疑将被置于 20 世纪最具影响力、最为生动,也最为激进的反形而上学著作之列。

威廉·詹姆斯:实用主义、形而上学与中立一元论

威廉·詹姆斯是实用主义的第一个重要的公开阐释者。与我们已经讨论过的其他许多重要人物一样,詹姆斯受到了良好的科学训练,也同样以改革者的姿态进入哲学领域。在加入哲学家的行列之前,詹姆斯曾在哈佛大学医学院从事了多年的医学和心理学教学工作。由于受到皮尔士的启发,詹姆斯希望扩展实用主义的理论原则并将之应用于解决哲学中的重大疑难问题。詹姆斯相信,实用主义是一种本质上正确的理论,它必将对哲学思想的发展产生革命性的影响。但与我们讨论过的其他哲学家不同,詹姆斯在细节方面毫不在意。他的思想新颖而深刻,但著作的表达方式却极为生动,读之引人入胜。詹姆斯最有影响的思想往往是未完成的,但他的著作却在美国和英国都产生了巨大的影响。詹姆斯的思想中有着强烈的经验主义元素,实际上,詹姆斯本人就将自己称为"彻底的经验主义者"。从激进经验主义的视角来看,他是与传统的一般性形而上学有着原则区别的理论反对者,尤其与绝对唯心主义势不两立。与此同时,詹姆斯思想中也有着宗教学的重要方面,其著作的相当一部分,都试图在实用主义的基础上为宗教辩护,并且拒绝向他思想基础中的经验主义的、准科学的基础做出妥协。关于詹姆斯在宗教辩护这一点上是否取得了成功,这是一个有趣的,也十分开放的问题。然而,讨论他的宗教问题已经超越了本文的论述范围,这里,我们还是集中精力探讨詹姆斯哲学思想中更为基础的东西。

詹姆斯明确承认,他的哲学极大地受惠于皮尔士。皮尔士坚持理论命题必须直接与实践后果相联系的观点对詹姆斯影响颇深,詹姆斯也同样相信,传统形而上学的命题没能实现这种联系,由此,他对绝大多数形而上学也表现出类似的敌意。詹姆斯对皮尔士反形而上学主要论点的发展,尤其强调形

而上学命题在经验后果方面的匮乏性。在其最后一部著作,即在作为遗著出版的《哲学的若干问题》(*Some Problems of Philosophy*)中,詹姆斯写道:

> 实用主义的原则是:概念的意义如果不总是能够在那些其所指示的殊相中找到,也能够在另外一些不同的,被人类经验过程确认为真的殊相中找到。
>
> ([3.9],60)

詹姆斯相信很多熟悉的形而上学教条是无意义的,其原因恰恰就在于它们没有包含任何与人类经验相联系的概念;更明确地说,詹姆斯的这些观点与"经验就是一切"的口号是一致的。詹姆斯将经验后果的匮乏当作任何所谓形而上学观点的致命缺陷。作为一位有着丰富语言特色的思考者,詹姆斯经常以隐喻的方式调侃说这些形而上学观点之所以是无意义的,只是因为它们没有"兑换价值"。

然而,詹姆斯与皮尔士和罗素一样,并没有想要就此终结形而上学,而是希望将其变成一个在理智上受人尊重的研究领域。詹姆斯相信,有意义的形而上学讨论是可能的。在这一点上他走得如此之远,以至于认为即使那些形而上学哲学家,也偶尔会提出有价值的建议,提出基于合理观察的、具有真正"兑换价值"的形而上学理论。举例而言,詹姆斯在《实用主义》(*Pragmatism*,1907)中就区分了两种不同形式的唯物主义(materialism)[3.10]。第一种是关于物质基质的传统唯物主义理论,这种理论主张,在对象的可感知性质的背后,存在着某种不可感知的实体。毫无疑问,在詹姆斯看来,这种唯物主义是空洞的、无意义的,因为它不与任何经验后果相连,从而没有"兑换价值"。为了指出这种理论的缺陷,詹姆斯意味深长地向贝克莱送上溢美之词,将他对这种唯物主义的讨论形容为"绝对实用主义的批评"。

与这种空洞的唯物主义相反,詹姆斯提醒说存在着另一种合法的唯物主义。他认为即便人们会拒绝某种不可感知的物质实体,甚至可以像贝克莱那样对之进行激烈批评,但我们仍然可以在"较为宽泛的意义上,在根据物理性质的规则解释高阶现象的意义上"([3.10],93)成为唯物主义者。这种有意义的唯物主义认为,世界中那些被我们自然地认为包含了理解、目的、意识和意向的各种现象,原则上都可以通过诉诸物理科学的方式得到解释。詹姆斯虽然没有特别地鼓吹这种唯物主义,但他至少认为这种理论是有意义的。他真正的想法似乎是这样:大致来说,这种有意义的唯物主义与可能的可观察经验后果联系在一起。理论是否有意义,取决于它是否能够对某种被发现的性质提供某些解释。但詹姆斯强调,解释绝不意味着那种简单观察,它至少应该满足严格的实用主义要求,即解释必须使概念产生某种意义,而这一意义能够对改变经验过程有所贡献,唯有如此,唯物主义是可验证的、与科学相连的,才是有意义的形而上学。

对于个人同一性的观念,詹姆斯也做出了类似的区分。一方面,詹姆斯从实用主义的原则出发,认为笛卡尔对这一概念的分析是无意义的;另一方面,他也严肃地将洛克的解释当作一个有价值的哲学贡献。简单来说,笛卡尔认为,一个人的精神现象,比如知觉、思想、情感、记忆及幻想和梦等之所以是属于这个人的,是由于它们是相同的内在精神实体或灵魂的内容或模式。笛卡尔明确地将这些精神实体和它的内容区分开来,并承认精神实体本身并不是可经验的对象。此外,他还论证说个人统一性是由内在精神实体构成的。詹姆斯对笛卡尔的上述观点提出了富有生气的实用主义批评。他论证道:这种精神实体的概念完全是空洞的,因为在实际的经验中,这一概念宣称存在的东西不曾以任何方式出现过。在经验中,我们对于该实体是存在还是不存在,也没有办法进行有效区分。对于一个持存不变的精神实体在何处会被另一个实体所取代,我们也同样一无所知。用詹姆斯的话说,这些情形都将是"无差异的区别"。

与对笛卡尔的态度截然相反,詹姆斯对洛克就精神实体提出的类似批评深表赞同,相同的态度也见于对洛克就个人同一性所提出的经验分析。詹姆斯称赞说,洛克以经验的方式将个人同一性概念还原为某种实用价值。这就意味着詹姆斯接受如下事实:在生命的某一瞬间,我们记得其他瞬间的事情,并感觉到所有这些瞬间的事情都属于相同的某个人,属于这个人的个人历史。詹姆斯从未详细解释洛克的相关分析，也没有明确说明他为何如此青睐洛克的理论；但他明显认为，通过把意识当作人的本质，并把记忆（以相同的方式）当作统一性或同一性的原则，洛克至少已经将个人同一性还原为具有经验特征的记忆条件。根据这一理解，一个持续存在的人就成为一束持续存在的意识之流；至于是什么将个别经验统一为意识之流，只和存在于经验中的记忆关联的可能性有关。

詹姆斯的上述评论预示并部分地影响了罗素的某些形而上学观点。他对旧式形而上学的深度怀疑，对形而上学可以被改造所抱有的希望，以及认为正确的形而上学必将使用到的概念和命题，其最终的意义内容都将是经验性内容这一强烈信念，都在罗素的形而上学中得到反映。与罗素一样，詹姆斯是有着经验主义倾向的形而上学改革者，注意到是他的形而上学的整体观点启发了罗素那个最为激进的策略，将会非常重要。下面，我们就转向这一主题的讨论。

詹姆斯为现象主义所吸引——罗素的逻辑构造主义是这种观点的一个实例——这一观点认为，物质对象可以通过某种方式被等同于，或被还原为经验。就现象主义本身而言，并没有什么特别激进的地方。与罗素一样，詹姆斯也对这种观点的细节方面没什么兴趣（典型的詹姆斯风格），但他通过将这一观点的理解从物质对象转变为心灵或者意识，从而为该理论开辟了全新的应用范围。最早是在论文《意识是存在的吗？》("Does Consciousness Exist?", 1903) [3.12] 中，詹姆斯对上述转变做了论述。由于相信物理对象可以被等同于以适当方式相互联系的经验集合，詹姆斯进一步认为（可能是追随洛克的相关暗示），心灵和意识之流也能够用同一套总体策略进行分析。他的论证认为，上面这种观点不仅是可靠的，而且当考虑到它只需要设定经验这一种存在类型时，其在概念上更表现出极大的经济性。在这里，詹姆斯已经提出了一种新的一元论，在这种理论看来，宇宙的最终"材料"既不是物质，也不是精神，而是一种纯粹的经验。

现象主义观点的结论可做如下概括：真正存在的只是经验，经验既是构成物质对象的经验集合的组成部分，也是构成意识之流，或者意识心灵的经验集合的组成部分；构成这两类对象的经验是同一种类的，也是唯一种类的经验。对于这个有趣的结论，詹姆斯颇为青睐。在他看来，这一理论解除了笛卡尔主义在心灵和身体之间预设的绝对分离性，而正是这种分离性预设才导致了无尽的形而上学迷雾。詹姆斯的这种既非唯心主义，亦非唯物主义的一元论，就是现在人们所熟知的中立一元论。

受到詹姆斯的影响，罗素在一段时间内接受了中立一元论。他的《心的分析》（1921）明显表现出想要依据中立一元论原则来发展形而上学的意图[3.21]。但是，当代哲学的后续进展表明，这种理论并不会带来太大的影响。后辈的哲学家们更愿意揭示隐藏在这种现象主义观点背后的、作为其本质性要素的理论困难。就目前而言，所有类型的形而上学的可行性问题，都将在维特根斯坦那里受到最为严格的审查。

路德维希·维特根斯坦：被推翻的形而上学

在这篇仅限于介绍英美哲学家的文献中，是否应该将路德维希·维特根斯坦（1889—1951）包括在内，我并不是十分有把握。维特根斯坦出生并成长于维也纳，用他的母语——德语进行哲学写作，他在很多方面也更像是个维也纳人；但是，维特根斯坦从事哲学研究的学术生涯全部在剑桥度过，他自己最终成了一名英国公民。他的许多最为亲密的朋友，以及原本就为数不多的和他有过严肃哲学讨论的人，绝大多数也都是英国人。此外，他在英语世界影响甚广，将他在著作中所持观点当作某种版本的英国哲学的先例，也大量存在着。这些似乎都说明，至少在某种程度上，维特根斯坦可以被当作英国哲学家来看待。

作为个人，维特根斯坦高深莫测，他的思想极难把握，他的著作也极度让人畏惧。对于这些著作的最终价值，许多当代哲学家，甚至包括相当多并不认可其结论的哲学家，都承认它们足以使其作者在哲学史上占据一个最具历史重要性的位置。维特根斯坦生前出版的著作只有两部，一部是被称为代表了早期维特根斯坦的《逻辑哲学论》（1921），另一部则是代表了晚期维特根斯坦的《哲学研究》（1953）。在这两部著作中，《逻辑哲学论》及其表达的思想和所产生的影响,在 20 世纪上半叶的哲学发展中留下了深刻烙印。

维特根斯坦起初作为工程师接受专业训练。由于对有关数学基础的问题感兴趣,他来到剑桥就学于罗素门下。罗素很快就发现,他的这位学生是与他有着同等智慧的哲学天才,而维特根斯坦也对罗素的哲学著作有强烈的兴趣。虽然他们两人没有合作写下任何哲学著作,但在第一次世界大战前的相当长时期内,他们确实是哲学研究上的合作者。在《逻辑原子主义哲学》中,罗素明确提到,维特根斯坦在他的思想形成过程中扮演了主要角色。维特根斯坦也在《逻辑哲学论》中援引罗素作为其思想发展的一个重要刺激。总而言之,这两部著作在许多方面都是彼此唱和的,当然,两者之间的区别也非常明显。

也许《逻辑哲学论》最显著的特征是它对形而上学哲学的明确拒斥,并且这种拒斥是以最为极端的方式进行的。维特根斯坦不主张形而上学命题通常是假的,这一点与摩尔明显不同。他也不像罗素或者皮尔士那样认为传统形式的形而上学在逻辑上过于草率,从而需要诉诸新的、更为严格的方法,以便使其变成一个值得研究的领域。相反,维特根斯坦强调,形而上学就其本性而言是无意义的,传统的形而上学著作甚至在给出可以成真或者成假的命题方面都是失败的,它们根本就不是有意义的东西。

必须承认,《逻辑哲学论》是一本相当难懂的书,它虽然篇幅不大,但主题极为集中,文字晦涩有似神谕。这本书由许多按照主题系统编号的短小命题条目组成,这些条目近于名言隽语,大都要言不烦。命题的主题包含了语言、逻辑、思想、世界,以及最重要的——这些主题之间的相互关系。作者对这些主题所提出的观点极为新颖,但显然不是常识的。就理解而言,作者没有为读者提供任何指导原则,许多难以理解的观点没有得到澄清,中心论点也往往是自我断定的,对于这些论点是如何被发展和推演出来的,作者绝口不提。即使在数十年之后的今天,对这本书的理解也没有好到哪里去,对于书中许多观点的解释,仍然存在着大量分歧。

在简短的序言部分,维特根斯坦解释说,他这本书想要论释的是如下一点,即在语言中存在着一个"可说的东西"的界限,"可说的东西"在这里意味着可以有意义地谈论的东西。通过引用界限的比喻,维特根斯坦写道:

"在界限的另一边，存在的是完全的废话。"总体说来，他的整体观点至少表述得十分清楚：通过揭示在语言中可以被有意义地表达的东西，形而上学（以及伦理学、美学和宗教学）就明显落在了"另一边"，落在了"完全的废话"的领域。维特根斯坦的意图无非是想要说明，当哲学家们尝试写作有关形而上学、伦理学、美学和宗教学的著作时，他们必定只会在制造废话方面获得成功。但对于这些"废话"我们无话可说，因为对于它们根本就没有可说的东西。毫不意外，他的这一观点被证明是极富煽动性的。一方面，它启发了维也纳学派的成员及其追随者，并由此引导了逻辑实证主义这一极为卓越且生气勃勃的学派；另一方面，这一观点也遭到激烈的批评。维特根斯坦本人明显想要和所有这些自称的支持者和批评者撇清关系。由于相信已经确定地回答了最重要的哲学问题，维特根斯坦对他的主张表现出令人钦佩的一贯坚持并最终放弃了对哲学的研究。在《逻辑哲学论》完成之后的十年里，他没有做任何与哲学有关的工作，转而接受教师训练，在奥地利山区的一所小学当了老师，做了一阵子的园丁，还为他的姐姐设计并建造了一座新房子。只有当他开始怀疑这些早期观点时，维特根斯坦才回到哲学。

维特根斯坦对形而上学的拒斥，是《逻辑哲学论》所提出的全新语言观所造成的理论后果。与罗素将理想语言当作日常语言的完美替代品的想法不同，早期的维特根斯坦相信，这样的一种理想语言就潜藏在日常语言的表面形式之下。实际上，他似乎认为，像罗素所设想的那种理想语言如果是可能的，它就必须存在于日常语言之中并构成这种语言的基础，日常语言需要，并确实拥有这种复杂的深层逻辑结构。抛却这些不同，维特根斯坦也从罗素那里接受了有意义的命题都是原子命题的真值函项的想法。在这一点上，他通过将原子命题当作原子事实的图像，也引人注目地加入了自己的新见解。就细节方面来说，这一主张显得相当烦琐也不易被理解，但维特根斯坦显然对其理论后果有着非常清楚的认识，他意识到，原子命题的真值情况绝对不能以先验的方式确定下来，因为每一个原子命题都只是一个图像，它为真或者为假取决于命题是正确地还是错误地反映了世界的状况。确认一个原子命题的真值情况需要将命题所反映的图像与世界的状况进行对比，它最终为真还是为假，明显是一个经验事实。世界中存在着命题图像所反映的事实，才是一个原子命题为真的充分必要条件。

维特根斯坦相信所有的命题要么是原子命题，要么是原子命题的真值函项。他追随罗素，将这种命题称为分子命题。对于分子命题中的重言式，维特根斯坦给予了极为细致的说明。所谓重言式，是指那种命题真值独立于作为其构成部分的原子命题的真值情况的命题类型。举例来说，如果 P 是一个原子命题，分子命题"P 或者非 P"就是一个重言式，不管作为其子命题的原子命题 P 是真的还是假的，命题"P 或者非 P"都一定是真的。维特根斯坦指出，这样的重言式表达的是一个逻辑真理。逻辑真理的真值只取决于逻辑结构，与世界中的任何事实状况都不存在冲突。重言式当然是真的，但维特根斯坦强调，这种命题没有给出关于世界状况的直接信息，因此仅仅是一种无意义的，或者说微不足道的真理。维特根斯坦也承认存在着逻辑上的谬误，或者说存在着因为其逻辑形式而为假的命题（"P 且非 P"就是个好例子），这类命题与重言式一样，也没有表达关于世界状况的实际内容。

维特根斯坦强烈主张，只有重言式才构成了必然真理或者先验真理，其他种类的真理都依赖于世界的实际性质。从根本上说，原子命题或者正确反映了世界状况，或者没有，它们的真值只取决于世界是什么样子的这一事实，而不取决于超越这一事实的其他东西。那些不是重言式的分子命题（当然也不能是逻辑谬误），只有依据其原子命题部分的真值情况才能被证明是真的，因此它们为真或者为假最终依赖于其原子命题部分为真或者为假，而这一点，又反过来必然是一个有关事实情况的判断。

概而言之，维特根斯坦认为只存在重言式真理和事实真理这两种真理。重言式是先天的、必然的真理，但它缺乏事实内容。其他的真理要求以某种方式反映世界状况，但它们是偶然的、后天的事实。他旗帜鲜明地指出，在这两种类型的真理中，都没有那种号称既具有绝对必然性，又超越了纯粹事实的形而上学真理的合法位置。对他来说，所有的必然真理都是无内容的，所有关于实在的真理都只是关于事实的真理。尽管传统形而上学宣称要建立超越经验的真理，但超越经验事实且有意义的真理却是根本就不存在的。维特根斯坦的哲学图景，没有为传统的形而上学留下哪怕一丁点儿的立锥之地。他拒斥形而上学的这些论证细节，对逻辑实证主义有着巨大的吸引力，也启发他们形成了自己的反形而上学理论。

维特根斯坦与逻辑实证主义

共同的信念

1920 年代，一群志趣相投的哲学家在维也纳组织了一个此后成就斐然的哲学小圈子，这个小圈子就是在莫里兹·石里克（1882—1936）领导下组织起来的维也纳学派。作为这个小组的成员，这些哲学家们在数学和自然科学领域受过严格训练，在哲学方面得到的训练也毫不逊色。我们将看到，这个小组的成员将对 20 世纪的哲学思想产生深刻影响，其中主要成员包括奥图·纽拉特、弗里德里希·魏斯曼（Freidrich Waismann）、汉斯·哈恩（Hans Hahn）、鲁道夫·卡尔纳普、古斯塔夫·伯格曼（Gustav Bergmann）、赫伯特·费格尔（Herbert Feigl）和奥尔加·哈恩-纽拉特（Olga Hahn-Neurath）。此外，卡尔·波普尔（Karl Popper）也与这个圈子有着松散的联系。

与维特根斯坦的情况一样，是否应该将这些哲学家放入论述英美哲学的文献中，也不是一件容易决定的事情。所有这些哲学家都不是出生在英国或者美国，他们的母语也都不是英语；然而，这些哲学家中的一些人在 1930 年代和 1940 年代移居英语国家。晚期的卡尔纳普和费格尔将自己置身于美国的哲学圈子之中。在英语世界，这些哲学家的哲学观点与在其他地方一样有着巨大的影响，而这些观点本身也受到罗素和维特根斯坦的早期哲学的影响。石里克就曾明确地说，维特根斯坦的《逻辑哲学论》将现代哲学带到了一个"关键的转折点"，在他的要求下，小组的许多成员投入到对该书的系统性集体阅读之中。他们对这部著作极为钦佩，发现书中相当多的内容为他们所认同且深受启发。在 1920 年代末，当维特根斯坦返回维也纳时，石里克还说服他来主持由部分小组成员参加的相关讨论。稍晚些时候，两位更为年轻的哲学家——美国人奎因和英国人艾耶尔，将与维也纳学派建立起哲学上的联系。奎因将会成为 20 世纪最为杰出，也最为重要的美国哲学家的一员；艾耶尔将是维也纳学派的理论观点在英语世界最重要的阐释者，他也将是众多清晰的、生动的解释性哲学散文的作者。虽然将维也纳学派的形成当作英美哲学史中的事件并不可靠，但这个小组作为一个整体确实对英美哲学的历史发展产生了影响。在形而上学方面，这种影响表现得尤为明显。因此就他们对形而上学问题的整体观点做一点简明扼要的论述——特别是在联系到维特根斯坦的形而上学观点的意义上——当然是合适的。

维也纳学派成员自觉地将自己当作一个哲学运动的代表。在相当多的方面，他们都像一个政治团体的成员那样行事。他们召开会议，出版宣传学派观点的期刊，甚至还发表了一份题为《科学的世界观：维也纳学派》（"The Scientific World View: The Vienna Circle", 1929）的联合宣言。有超过十年的时间，维也纳学派都是欧洲大陆最主要的哲学力量，如上文所述，其观点对英语世界也产生了巨大影响。在事关哲学本质的一些重要问题上，小组成员间略有分歧；但对于许多哲学问题的整体观点，他们彼此保持着一致。这些共同的观点往往被称为"逻辑实证主义"或者"逻辑经验主义"。虽然这些哲学家的理论兴趣包括了科学哲学、数学基础、认识论、语言哲学及伦理学等诸多方面，但引起最广泛关注也最具争议性的，可能还是他们的形而上学理论。

对于形而上学，逻辑实证主义者的观点至少与维特根斯坦在《逻辑哲学论》中所表达的观点是一致的。他们接受了维特根斯坦的如下主张：所有有意义的命题要么是重言式，要么是后天的事实命题（实际上，石里克独立得出了几乎相同的结论）。对于罗素和维特根斯坦关于所有有意义的事实命题都是基本命题的真值函项的观点，他们亦深表认同。同样，他们也同意对于每一个这样的事实命题，都有一个特定的真值条件的集合，且真值条件能否被满足是一个经验问题。虽然逻辑实证主义者没有接受维特根斯坦的意义图像理论，但他们也认为，为了将命题的真值情况确立为清楚的命题标记，维特根斯坦经由对比语言中的基本命题和世界状况，已经在心里对命题做了观察证实。与维特根斯坦相比，逻辑实证主义者赋予观察证实的概念以更大的重要性，并进一步将这一概念与把整个学派团结于一处的共同原则联系起来——实证主义者将这一原则称为证实原则。

证实原则（维也纳学派成员从未给出精确定义）背后的大致想法是：对

于一个非重言的有意义命题，原则上必须存在进行证实的经验方法，经验证实的可能性是命题有意义的一个标志；相反，如果原则上不存在证实一个所谓非逻辑命题的方法，这个命题就不是一个有意义命题，逻辑实证主义者将这种命题称为"伪命题"。他们相信，传统形而上学所宣布为真的所有命题都是伪命题，这些命题错误地被假定是对必然存在于可能的观察证实范围之外的先验事实做出了描述。由此，虽然逻辑实证主义的理论基础略有不同，但他们与维特根斯坦同样认为，传统形而上学的著作，无论在理论层面还是在事实层面，都是毫无意义的。

共同的问题

假如维特根斯坦和逻辑实证主义者对于语言的基本信念，对于形而上学的不可能性持有相同观点，他们也会因为这些共同观点而面临大量的相同困难。首先，关于语言和形而上学的整体观点存在一个非常基本的、几乎令人尴尬地带有讽刺意味的理论难题。经过检查，我们可以发现，他们关于语言的共同观点——把形而上学当作无意义的东西加以排除的观点——在被应用于自身时，也明显会产生完全相同的效果；换句话说，根据从他们的立场所提出的原则来看，这一立场本身也是无意义的！这也就意味着，他们所共有的立场是根本上有问题的。

解释这个问题最简单的办法，莫过于讨论逻辑实证主义自己提出的证实原则。证实原则仅仅允许将可证实的经验命题（将重言式排除在外）当作有意义的真理，但是这一原则本身又是哪种类型的真理呢？很明显，证实原则肯定不是无意义的重言式命题。事实上，逻辑实证主义者吹嘘道，证实原则与万有引力定律有着相同类型的意义，他们肯定不会认为它是空洞的。然而，证实原则好像也不是可以被经验证实的，毕竟，实证主义者对这一原则的接受不是任何科学观察和试验的结果，此类观察似乎也不能被用来证实这一原则。上面的这个问题在相当一段时间内困扰着维也纳学派中的某些成员，他们也从未对这一原则的具体表述形成任何决议。因此维也纳学派对证实原则的一致认同，既缺乏一个对原则的具体表述的认同，也需要花大力气去表明这个原则如何能够从原则本身中被解救出来。

这个问题绝不是一个孤立的矛盾。一旦逻辑实证主义者将有意义的真理限定为重言式命题和经验命题，他们就同样也需要在说明自己的哲学判决何以是有意义的这一点上大费周章。无论如何，不管维也纳学派的哲学家们对科学和逻辑学怀有何种程度的羡慕，他们所写的哲学著作都不能被当作这些学科的作品，那么，他们自己写下的那些东西如何能够是有意义的呢？这一点将导致进一步的两难处境：由于前面的困难没有解决，逻辑实证主义者在没有对自己就形而上学所做的诘难进行诘难之前，就不能对形而上学进行诘难；并且，如果逻辑实证主义者选择无视这一点并继续写他们的那些批评形而上学的书，则很难说他们如何能够对形而上学提出诘难，因为他们与形而上学哲学家们所做的事情没有什么不同。

在维特根斯坦的《逻辑哲学论》中，类似的困难更为明显地彼此交织在一起。写作该书的这位堪称史上最具反思性的哲学家，曾经非常明确地意识到了这些困难。他承认，该书所包含的那些句子既非重言式命题也非经验命题，因此在这本书的背景下，这些句子都应该被当作废话来看待。维特根斯坦没有想要避免这一结论，而是本着接近胜利的精神接受了这一结论。在接近《逻辑哲学论》结尾的部分，维特根斯坦写下了如下句子：

> 6.54 我的命题应当是以如下方式起阐明作用的：任何理解我的人，当他用这些命题作为阶梯进而超越了它们时，就会终于认识到它们是无意义的。（可以说，在登上高处之后，他必须拆掉梯子。）
> 他必须超越这些命题，然后他就会正确地看待世界。

随后，维特根斯坦直截了当地承认，《逻辑哲学论》中的句子等于废话。但他争辩说，这些废话是有意义的废话，它们揭示、指出或者阐明了那些严格来说是不可说的东西。然而，如果同意维特根斯坦的这一争辩，我们就可以提出如下问题，即对于一个形而上学家，他是否也能够出于为其超验观点辩护的需要，提出相同的或相似的托词呢？可能的情况是，维特根斯坦将会拒绝形而上学的这种托词，而以某种方式坚持认为在《逻辑哲学论》中的具有阐明作用的废话与形而上学的错误的废话之间，存在着某种区别。

对于维特根斯坦来说，他对形而上学所做的拒斥还有另外一个悖论性的方面。在《逻辑哲学论》中，所有的反形而上学信念，全部包含了从任何方面看都与传统形而上学——如来自柏拉图、莱布尼茨和贝克莱的形而上学——毫无二致的句子。这本书的读者，包括维也纳学派的成员，从来没有对其最初和最后的段落给予太多关注。这一点都不奇怪，因为这些段落明显地包含了许多非常难以理解的文段，它们看上去很难与全书的其他部分和谐地连为一体，其他的那些部分，相对而言至少在非常概括的层面上稍微容易理解一些。举例来说，在最开始的那些段落，维特根斯坦处理了同样严重地困扰他和罗素的那些主题——原子命题的性质、原子事实及它们的成分问题。虽然维特根斯坦从未给出一个原子命题的例子，并倾向于认为这些命题是深深掩藏在语言的表面现象之下的，但他还是对这一主题做了大量的论述。维特根斯坦认为，原子命题是基本名称的连接，即命题反映了原子事实，而名称则指称了这些事实的被他称为"简单对象"的基本成分。但是，在关于事物的牛津图式看来，这些简单对象只是语言的最终指称物，也可以说，最终指称物也就是世界的最终对象。

维特根斯坦对这些简单对象的描述是很不寻常的。他强调这些简单对象的绝对简单性、不可分割性、不可毁灭性和非时间性的特征。实际上，他的用词所暗示的这些实体一点都不比柏拉图的形式、莱布尼茨的单子以及布拉德雷的绝对精神更为寻常和更不离奇。虽然维特根斯坦允许这些对象以不同的方式彼此联系起来，但他说这些联系——作为可能事实的可能变种，是被当作非时间的、不可改变的必然之物固定下来的，这种联系一旦被确立，就被一劳永逸地确定下来。按照他的这个说法，必然性就等同于形而上学的必然性，它独立于语言或思想，决定了世界的可能状况。维特根斯坦用表达式"世界形式"来阐明这种将简单对象组合为事实的可能关系的集合，他还补充说，这种关系集合决定并固定了关于世界的可能命题的集合。看起来，上面的观点更像是传统形而上学的复仇，它甚至指出《逻辑哲学论》中存在的另一个悖谬之处：不仅这本书的具体语句将自己置于无意义的境地，而且全书所表达的激进反形而上学理论，都以有着深刻形而上学基础的语言观为基础。

在写《逻辑哲学论》时，上面的所有这些问题都没有对维特根斯坦造成太大的困扰；但当维特根斯坦重新回归哲学，他的后期思想——主要是1930年代和1940年代的思考成果——明显拒绝了其早期著作的这些成分。具体来说，他权威性的晚期著作《哲学研究》小心地表明，那些关于语言的论述不但不是对自己的破坏，反而直接适用于其中的语句。在这本书中，他也揭露了《逻辑哲学论》的形而上学基础并将之当作思想病灶而予以拒斥。虽然维特根斯坦还坚持说形而上学是无意义的，但《哲学研究》对之多少有着更为同情的观点。在这里，维特根斯坦依然否定了宣称能够把握，并事实上成功把握了实在的深层本质的形而上学断言；但在剥夺这类断言所提出的理由的同时，他却允许这类形而上学陈述的存在。在他看来，如果能以正确的方式进行分析，它们在成功把握语言的重要性质方面将引起足够重视。维特根斯坦还相信，形而上学家们受到了语言自身的欺骗从而混淆了关于语言的真理——形而上学术语中的"语法真理"——和关于世界的真理。在说明这些主张时，维特根斯坦可以说是不遗余力。

有趣的是，卡尔纳普——可能是维也纳学派中最具持久影响力的哲学家——以独立于维特根斯坦的方式，在他的更为成熟的著作中发展出了相似的观点。在《语言的逻辑句法》（*Logical Syntax of Language*，1934）中，卡尔纳普论证说形而上学伪陈述的主要根源与想要表达句法区别的倾向有关，形而上学家们不满足于将句法当作适当的"形式模型"，而是想要将其视为"语言的实质模型"[3.7]。对维特根斯坦来说，形而上学源于对语法的误解；而对卡尔纳普来说，形而上学是误解句法的结果。他们的这两种观点是紧密联系的，这两位哲学家都强调形而上学混淆了关于语言的真理和关于世界的真理，他们也都试图在语言中找到这种混淆的根源所在。他们的观点，虽然都与《逻辑哲学论》和早期逻辑实证主义有着连续性，却表现出更大的复杂性。这两位哲学家在各自著作中表达的观点都更加细致地留意作为形而上学根源的语言混乱，也更愿意为形而上学家留下尺寸之地。在他们看来，形而上学虽然混乱不堪，但它无疑有着更强的自我反思性，也在逻辑、意义和语境之间建立了更为紧密的联系。或许，我们可以接受如下说法：20

世纪下半叶的一些主要哲学家,如奎因、艾耶尔、古德曼、斯特劳森、克里普克、达米特(Dummett)、普特南和其他那些允许自己讨论与本体论、模态论、实在论和本质主义等相关的主题的哲学家,也是在相似哲学精神的指导下开展了相关问题的讨论。

由此,形而上学又重新出现在哲学家的视野当中,当然,它是以一种受限制的方式——在黑格尔、布拉德雷或者麦克塔格特看来,这些限制已等于被"革出教门"——重新出现。形而上学的这种限制可以被当作本章所讨论的这些伟大哲学家所留下的哲学遗产。在这些遗产中,与新的形而上学共识相联系的,也最值得注意的是科学与哲学的关系问题。在不到一百年前,绝对唯心主义还愿意表达明显与现代科学的基本观点不相容的形而上学观点;今天的哲学家虽然也还愿意这么做,但若要他们拒绝任何可能对现代科学产生实质后果的观念(更别说替代这些科学观念),就几乎不存在任何一致意见。或许,这一态度的转变反映了一个更具全局性的文化转变,即寻找关于世界、世界结构和世界成分的实质真理的可行方法,只能是科学的方法。根据这个假设,形而上学就变得无所作为了,留给它的工作只剩下解释、澄清和适当的概念化,它也必须满足于一个有意义的,但却次要的角色。

参考书目

3.1　Ayer, A. J. *Language, Truth, and Logic*, 2nd edn, London: Gollancz, 1946.

3.2　——ed. *Logical Positivism*, Glencoe, Ill.: The Free Press, 1959.

3.3　——*The Origins of Pragmatism: Studies in the Philosophy of Charles Sanders Peirce and William James*, San Francisco: W. H. Freeman, 1968.

3.4　——*Philosophy in the Twentieth Century*, New York: Random House, 1982.

3.5　——*Russell and Moore: The Analytical Heritage*, London: Macmillan, 1971.

3.6　Bradley, F. H. *Appearance and Reality*, London: Oxford University Press, 1893.

3.7　Carnap, Rudolf *The Logical Syntax of Language*, New York: Harcourt Brace Jovanovich, 1937.

3.8　James, William *The Meaning of Truth: A Sequel to "Pragmatism"*, New

York: Longman, 1909.

3.9 ——*Some Problems of Philosophy*, New York: Longmans, Green, 1911.

3.10 ——*Pragmatism: A New Name for Some Old Ways of Thinking*, New York: Longman, 1925.

3.11 ——*The Will to Believe and Other Essays in Popular Philosophy*, New York: Longman, 1897.

3.12 —— "Does Consciousness Exist?", reprinted in *The Writings of William James*, ed. John J. McDermott, New York: Random House, 1967.

3.13 Malcolm, Norman *Nothing Is Hidden*, Oxford: Oxford University Press, 1986.

3.14 Moore, G. E. *Philosophical Studies*, London: Kegan Paul, Trench & Trubner, 1922.

3.15 ——*Some Main Problems of Philosophy*, London: Allen & Unwin, 1953.

3.16 ——*Philosophical Papers*, London: Allen & Unwin, 1959.

3.17 Munitz, Milton K. *Contemporary Analytic Philosophy*, New York: Macmillan, 1981.

3.18 Peirce, Charles Sanders *The Collected Papers of Charles Sanders Peirce*, 8 vols, vols 1-6 ed. C. Hartshorne and P. Weiss, vols 7-8 ed. A. W. Burks, Cambridge, Mass.: Harvard University Press, 1931—1958.

3.19 Russell, Bertrand *Our Knowledge of the External World*, La Salle, Ill.: Open Court, 1914.

3.20 ——*Mysticism and Logic and Other Essays*, London: Allen & Unwin, 1917.

3.21 ——*The Analysis of Mind*, London: Allen & Unwin, 1921.

3.22 ——*Principia Mathematica*, 3 vols, 2nd edn, written with A. N. Whitehead, Cambridge: Cambridge University Press, 1925.

3.23 ——*The Analysis of Matter*, London: Kegan Paul, Trench & Trubner, 1927.

3.24 ——*The Problems of Philosophy*, New York: Oxford University Press, 1967.

3.25 ——*Logic and Knowledge*, ed. R. C. Marsh, London: Allen & Unwin, 1956.

3.26 Schilpp, P. A. ed. *The Philosophy of G. E. Moore*, Library of Living Philosophers, vol. 4, Evanston, Ill.: Northwestern University Press, 1942.

3.27 Thayer, H. S. *Meaning and Action: A Study of American Pragmatism*, Indianapolis: Bobbs-Merrill, 1973.

3.28 Urmson, J. O. *Philosophical Analysis: Its Development Between the Two World Wars*, Oxford: Oxford University Press, 1956.

3.29 Warnock, G. J. *English Philosophy since 1900*, London: Oxford University Press, 1966.

3.30 Wittgenstein, Ludwig *Tractatus Logico-Philosophicus*, trans. D. F. Pears and B. F. McGuiness, London: Kegan Paul, Trench & Trubner, 1961.

第四章
形而上学 II（1945— ）

伯纳德·林斯基（Bernard Linsky）

形而上学的再发现

1945年以降的分析传统中的形而上学，是对逻辑实证主义反形而上学立场的一个连续反应。在《语言的逻辑句法》（1934）中，鲁道夫·卡尔纳普列出了许多由于误解关于实在本质的语言所具有的令人困惑的特征而产生的哲学问题和哲学观念。他指控从亚里士多德开始的那些形而上学主题，即那些关于真理、实在、宇宙、本质属性、时间、因果等主题的传统理论，都源于对按照日常用法使用的语言（语言的"实质模型"）和真正关于语言自身的语言（语言的"形式模型"）的混淆，它们混淆了关于语言自身琐碎的无意义论断和关于世界的实质性论断。虽然像卡尔纳普这样的逻辑实证主义者拒绝承认绝大多数传统问题是有意义的，但从他们拒绝这些问题的语言学路径中，我们可以看到某种隐而未发的传统唯名论立场。在1930年代和1940年代的逻辑学和科学哲学中，这一立场得到跟进，哲学家们将其应用到对真理的传统问题的某些方面的合理性辩护当中，也将其应用到对必然性、因果性、时间和空间的性质的证明当中。从1945年开始，将形而上学问题当作有意义的，并将这些问题当作出现于形而上学历史的不同时期，且类型极其不同的理论的共同主题已经成为一个稳定的过程，虽然就其本质而言，这种"有意义"主要是逻辑上的或者经验上的。下面要讲的故事，就是形而上学的复兴过程。这一过程首先以形而上学中的某种亚里士多德传统的复苏为起点，有关必然性和本质性的模态观念的作用清楚地表明了这一起点。在很大程度上，对于康德主义传统中形而上学问题的兴趣也曾经是相当匮乏的，与哲学家们对本体论问题以及对自然世界、时间、空间和物质等的最普遍特征的强调相比，对于自由意志与决定论、自我及自然世界中神的位置和性质等问题的讨论也不是形而上学的中心问题；而在实在论和观念论的争论中，或者按照当下的表述方式被称为实在论和反实在论的争论中，这些康德主义的问题再次成为形而上学的焦点。

本章所做的概览性阐述，将追溯英语世界中的形而上学发展的主要线索，或者说将追溯分析传统中的主流理论。形而上学，远远超越20世纪哲学的其他领域，成为一个包含了诸多不同思想流派的理论领域，而这些流派都明显地区别于任何形式的主流思想。对于那些将分析哲学当作逻辑实证主义反形而上学立场的遗产而予以反对的人，将从事形而上学当作独立的研究主题也成为他们的号召点。不可避免地，这一概览性章节将漏掉许多东西，即便它们可以被很好地看作这一时期形而上学研究的核心理论。但不论其理论是否是次要的，所有这些哲学家都各自坚持了处理形而上学传统问题的理论版本，并且在1945年之后的这一时期，在不同程度上，为形而上学的再发现做出了自己的贡献。

在遍布英语世界的天主教高等院校中，托马斯主义，或者说圣托马斯·阿奎那（Saint Thomas Aquinas）的哲学，被当作哲学的一个持续的、核心的部分而得到广泛讲授。由美国天主教大学（1947年建校）编辑的《形而上学评论》(*Review of Metaphysics*)，是一本坚持所谓形而上学宽泛传统的刊物。该杂志不仅刊发有关托马斯传统的论文，也接受有关形而上学史的相关主题的论文，以及论述大陆形而上学传统和各种分析形而上学的论文。那些追随查尔斯·哈茨霍恩（Charles Hartshorne）和保罗·魏斯（Paul Weiss）而坚持"过程哲学"的学生，也可以被放在坚持少数派形而上学传统的位置上，这两个人的思想无疑受到了怀特海晚期著作的启发。古斯塔夫·伯格曼的学生们持有一种虽然与主流理论更为亲近，但仍然带有明显自我识别性的少数派主张，他们坚持讨论罗素在第一次世界大战前发展起来的逻辑原子主义及实在论传统的形而上学。他们对共相、殊相性质等实在论的传统问题很有兴趣，而这些问题在 1970 年代随着对共相兴趣的重燃而再度进入形而上学讨论的核心领域。伯格曼坚持认为，逻辑实证主义者不仅没有摧毁形而上学作为一个学科的地位，而且为传统问题的研究贡献了新的方法；并且，伯格曼还宣称，逻辑实证主义以不同的方式坚持了唯名论、唯物主义或现象主义等这些传统理论。他的这些主张现在正在成为广为接受的观点。伴随着形而上学的再度复苏，一种形而上学的自觉意识，一种将逻辑学和语言哲学中的"语义"问题植入形而上学，并将其具体应用到传统形而上学讨论的意识，已经变得越来越明确。

唯名论

尼尔森·古德曼的《表象的结构》（*The Structure of Appearance*）一书出版于 1951 年，虽然作为该书写作基础的哈佛博士论文早在 1940 年就已完成。本质上，该书是对卡尔纳普《世界的逻辑构造》（*The Logical Structure of the World*）中所持观点的分析和修正。卡尔纳普的计划想要从基本经验，或者从呈现于感觉的感受性建构起时间、空间和物质对象的世界。卡尔纳普计划背后的本体论基础是现象主义，这种理论认为物质对象仅仅是表象的集合，其主旨是要将经验构想为由感受性质的个体项和有关空间、声音等的知觉单元所构成。对古德曼来说，建构计划的目标只是要实现对观念的重构，而这一观念外延地同构于前理论的原初观念，同构性只要求外延逻辑所能够呈现的结构的相同性，而对象和关系则是对原初观念的模仿。但要使得这一建构能够生效，就必须诉诸最初由波兰逻辑学家莱斯尼斯基（Lesniewski）在 1920 年代发展起来的分体论的"基础个体"概念。古德曼用原始一阶逻辑的"重合"关系将基础个体公式化，由此，个体的分体整体是另一个作为其部分且具有相同逻辑类型的个体。在古德曼看来，唯名论最具特色的地方在于：唯名论与集合、意向实体等抽象对象的承诺毫无关联，它仅仅与物体及其整体有关。在他那里，逻辑类型才是本体论范畴的标准。

虽然这一时期的形而上学家们对于是否接受物体范畴之外的其他范畴感到犹豫不决，特别是对于接受除集合之外的其他抽象实体很是抵触，但选择一种宽容的殊相本体论（权且假设这种本体论是唯物主义的，至少是物理主义的）却是一个普遍的共同起点。每一个有关物体或物体部分的集合都构成了一个整体，这个整体的部分就是这些物体或物体部分。所以，就存在着某个物体构成了我的手、那本书和某座叫伦敦的城市。这样的观点曾被当作一个有待解决的难题，其困难之处在于，到底是什么东西将我们日常所认为的物体区分出来呢？这些物体又是否仅仅是对我们有着重要性和引起兴趣的分体整体？我们如何以及为何像我们所做的那样将物体个体化的问题，由此便会立即显露出来。但这个问题不像在先前的时代那样，作为一个从一束经验中识别或者合成物体的认识论问题，而是一个解释在众多分体整体中到底哪些东西对我们来说具有真正重要性的问题。卡尔纳普—古德曼计划的"构造"没有创造物体，而毋宁说这一计划重构了我们的概念图式。那些对我们具有重要性的物体是从少数几个原初的心理概念（比如知觉相似性）构造出来的，这就解释了我们从外在现象世界的大量前存在的本体论中，为我们兴趣所选择的究竟是什么东西的问题。但是，将世界分割为物体和相应的基于共有性质的分存部分，无论怎么来看，在某种意义上都是武断的而不是"实在的"，由此，这种形式的唯名论，与反实在论就很是相似。

古德曼对性质（或共相）的解释，说明了分体论在他的构造计划中所扮演的核心角色。卡尔纳普因循唯名论策略将性质构造为依照正确方式彼此相似的个体的类（class）。按照这种解释，粗略来说，一种像"蓝色"的性质就是彼此相似的事物的类，亦即所有蓝色事物的类。任一事物是否有资格成为"蓝色"的类的成员，并不取决于它是否拥有相同的"蓝色"，而是由它与"蓝色"的类中其他成员之间的相似性大于它与不是该类的成员之间的相似性这一点决定的。类是唯一的普遍对象，它包含了许多成员作为它的"实例"。然而，这一观点也会导致"非完全共同体"的问题，因为我们不能对属性做如下定义：与那些不属于该类的成员相比，属性是彼此更为相似的物体所构成的类。举例来说，与其他物体——比如红色的或木质的东西，或红色的或木质的球——相比，一个红色的橡皮球、一个蓝色的木球和一个红色的立方体可能彼此之间更为相像，但它们之间却没有任何真正的共同性质。古德曼解决这一问题的办法是：通过将分体整体当作个体，分体整体就成了相似关系的候选对象，作为分体整体的个体而非分离的个体，才是其他个体必须相似地具有共同性质的比较对象。由此，古德曼在坚持组合中的成对物体彼此必须极为相像的同时，也说明了组合的分体整体不必一致地与其他不管是红色的、木质的，还是球的物体彼此相似。

古德曼唯名论的另一个特征是强调谓词是唯一的普遍实体或共相实体，这一点在他的后期思想中变得极为重要。因此"绿色"既是一个很好的谓词，也是一种实在的属性，他所虚构的颇为著名的颜色词"蓝绿色"（在2000年之前是绿色，在此之后是蓝色）也同样是一个好的谓词和实在的属性。但当有人问，假如在2000年之后进行检查，为何对绿宝石的实际颜色情况进行归纳——它们既是绿色的又是蓝绿色的——会引出完全对立的两种述谓？由此就导致了认识论的困难。在随后的理论发展中，从这种形式的唯名论发展出了古德曼版本的反实在论。让我们还是用古德曼本人的例子来进行辩护，假设像"音响系统"这样的谓词是人类发明的，根据人类兴趣对世界进行划分且具有心智依赖性，那么"恒星"也是这样的谓词，并且它也在相同的意义上具有心智依赖性。

112　　古德曼的唯名论既影响了他较为年长的同事奎因，也影响了受教于哈佛大学的整整一代形而上学哲学家，虽然相较于古德曼严格的本体论立场，这些学生的立场有着明显的不同。

同一性与个体化

日常语言哲学以牛津大学为中心，繁荣于1945年之后及整个1950年代。日常语言哲学家们希望通过对日常语言的研究，以诊断和消除潜藏的语言混乱的方式，来为传统哲学问题寻求解决办法。实际上这种努力延续了逻辑实证主义对形而上学的敌视态度。大卫·皮尔斯（David Pears）那篇名为《共相》（"Universals"，1951）的论文，就对支持和说明谓词使用的共相研究提出了一个几乎是心理学的解释[4.16]。他认为共相只是谓词的影子，而对之进行解释的研究将注定一无所获。他问道：所有红色的东西有什么共同之处呢？当然，它们都是红色的，但作为一种解释共相的理论还需要些什么？它又能提供些什么？我们能够解释殊相事物以不同方式有什么共同之处，但这不是在所有情况下相似物体之间所具有的那种共同之处，因此共相解释的问题不是要对某种发挥理论功能的特殊类型的实体做出说明，而是要对寻找这种实体的愿望给出解决办法。虽然雷福德·班布拉（Renford Bambrough）的《共相与家族相似性》（"Universals and Family Resemblances"，1960）一文表面上承认共相问题是存在的，但他通过诉诸维特根斯坦的"家族相似性"概念来寻求该问题的解决方案，这一方案实际上否定了如下关于共相问题的假设。这一假设认为：对于我们需要对之做出说明的普遍词项的具体实例而言，它们存在着某种共同的东西。

　　对于形而上学各个主题的这些问题，并非所有讨论都是不屑一顾的。马克斯·布莱克（Max Black）的论文《不可识别物的同一性》（"The Identity of Indiscernibles"，1952）所提出的观点认为：不存在任何两个物体能够具有完全相同的属性的说法不是明显有意义的，而仅仅是明显错误的[4.5]。他认为我们可以轻而易举地想象一个只包含两个由不可识别的金属要素构成的金属球，此外不包含任何其他东西的共相。布莱克所引述的这种日常语言学派的分析路径，试图要对那些相反意见提出反对。这些意见一再表明，仅仅通过在思想中成功指称某一物体（比如指称一个金属球，而不是另一个），我们不能坚持认为某些语词是有意义的。我们必须说明，这些思想绝不是令人误入歧途的图像，我们也必须牢记语言指称过程的那些公共的、客观的性质，正是这些性质赋予事物以名称。例如，在上面的例子中，我们不能命名布莱克所举例子中的金属球，因为根据假设，在宇宙中不存在这样一个能够赋予其名称的金属球。布莱克的这篇论文，引起了关于物体性质与指称和命名物体的先决条件的性质之间关系的争论，这一争论构成了之后数年形而上学讨论的核心议题。在斯特劳森的著作中，我们也看到了这一讨论的痕迹。

彼得·F·斯特劳森在《个体：论描述的形而上学》(*Individuals: An Essay in Descriptive Metaphysics*, 1959) 中，抛弃了日常语言哲学运动所延续的逻辑实证主义的反形而上学传统［4.23］。斯特劳森将他的哲学计划称为"描述形而上学"，他的目标是要从我们日常的、非科学的世界观点中发掘形而上学图式，并且他相信这一图式就内嵌于我们的日常语言之中。由此斯特劳森偏离了与我们的语言的主谓结构相一致的、关于指称和描述的基本语言行为，并进而归结出一个由位于时间和空间之中，且具有其自身性质的物体所构成的基础性概念图式。使用名称的能力要求在另外的时间识别，然后再识别指称对象，与此同时，这种能力也要求对持续的空间物体结构进行预设，指称过程就在这个结构中进行。相应地，本体论依赖的问题被概念优先性的问题所取代，因此我们并不会提出类似于空间是否是绝对的、空间关系是否依赖于物质物体这类问题，而是会关心空间结构对于物体再确认是否必需这类问题。如果我们在不同的时间中只能通过追踪其空间关系来再确认物质物体，那么空间结构就是必需的。实际上，斯特劳森花了一整章来讨论"听觉世界"的可理解性问题，在听觉世界中，我们只能感知到不同音高的声音的暂存序列。

斯特劳森关于共相的观点是对概念论要素和唯名论要素的一个综合。共相概念和属性概念源自对引入实体的述谓（极其类似于指称确认物体）的考察。实体是由那些我们将之与述谓联系在一起的概念进行识别的。斯特劳森的兴趣既不在于谓词所引入的对象的本体论地位，也不在于指称与述谓的非对称性，他关注的是物体与谓词之间的区别。物体只能由指称表达式引入，但被述谓的对象除了被谓词表达式引入外也可以被指称性地引入。斯特劳森论证说这种逻辑角色的非对称性并不源于与之相联系的实体种类的不同，相反，我们对不同种类实体的探讨是对这种逻辑角色的先验区分的一个反映。也就是说，殊相与共相之间的区别反映了指称与述谓之间的区别。斯特劳森也同样关注普遍性质和殊相之间的概念关系，就这一问题而言，讨论属性被例示的个体化被对个体的讨论所取代的过程是怎样的？在这一点上，斯特劳森不同意奎因的观点。斯特劳森的论证认为：一门语言只会将特征"放置"

在各个不同的位置之上，说在这个如此这般的地方有雪或者水，仅仅是一个人为的语句，它必须依赖于一个先验的概念图式，在这个图式中，地点由占据这些位置的物体进行识别，而特征是这些物体的属性。我们关于属性位于时间和空间中的物体的日常概念图式，概念上优先于那些被提议为科学的，或不受本体论束缚的其他图式。

除了物质殊相之外，斯特劳森也将人当作同等基础的本体论范畴。通过将人看作基本的概念范畴，进而看作基本的本体论范畴，斯特劳森解决了将心灵与身体相联系的传统难题。人的概念，是我们将心理谓词和物理谓词进行归属的共同主项，而人本身也是既能够思想也有物质属性的基本殊相。这一观念即当前所说的属性二元论，它避免了实体二元论的困难，也是心灵哲学中当代功能主义的理论先声。

在大卫·威金斯（David Wiggins）那里，斯特劳森哲学的影响继续着。借助于斯特劳森关于识别和概念依赖的基本框架，威金斯引入了亚里士多德式的自然种类和本质属性的概念。在他看来，那些我们在理解历时性识别及稍后的同一对象再识别的过程中所依赖的属性，是本质属性的候选者。这些属性也是物体作为物体所必须具有的性质。我们注意到，威金斯对本质属性的这种理解，将会导致模态观念的概念论解释。对于物体来说，属性之所以不可或缺，是因为它们支撑了我们的概念结构。除非我们能够将属性归属于某些物体，或者将这些物体看成具有某些本质属性，否则我们不能形成有用的物体概念。由此，形而上学的重要性就被归结为指称的预设或者语言的使用，但这也将引出关于"相对识别"概念的争议。在一些反对意见看来，如下的主张才是可理解的：只有在范畴的层次上，一个东西才等同于其他的东西，换句话说，我们会认为某个东西是同一个雕塑，或同一块铜，而不会认为某个东西就是相同的"东西"。这种观点认为，我们总是可以提供一个"类型"词项来补充识别理论，而且除非识别理论能够引申出识别关系本身就是相对于类型的识别这种观点，否则这一主张本身似乎就是不完整的。相应地，这样一种反对意见将导致对个人认同的性质的审查，那些我们能够说一个人与先前的某个人是同一个人的条件也将受到质疑。

当代解决同一性难题的方案始于洛克，洛克关于同一灵魂如何在不同时间赋予不同身体以生命的例子是对该问题的最初讨论，他进而讨论了科幻小说中关于大脑复制和物质转换的情节。当代哲学家们对这些问题的讨论，既引起了对"自我"的广泛兴趣，也引起了对"自我同一性"概念重要性的关注。如果某个人说当前的这个自我并不严格同一于将来的自我，那么将来的自我如何能够从当前的自我的基于自我利益的行为中获益呢？有关道德责任的概念又意味着什么呢？自我同一性的问题也将引起对某些观念的表面透视性质的讨论。关于个人利益或自我知识的概念，要求在第三人称的物体和自我之间有所区别，或者我们也同样可以要求一个具有分离视角的观点。对于"我是如此这般的一个人"这一知识或信念而言，除了这个如此这般的人必须有某些属性这一事实外，我们还需要加上些什么呢？按照这一路线进行思考，我们关于自我及我们在世界中的位置的形而上学问题，才从对同一性这一简单关系的最初兴趣中显露出来。

威拉德·范·奥曼·奎因发展出了一套不同于斯特劳森的形而上学理论，该理论是作为他有关语言和科学的连贯哲学系统的组成部分而发展起来的。奎因的理论旨在以科学的形而上学来代替斯特劳森的日常概念框架。虽然与斯特劳森的方法一样，奎因研究的也是那种可归结为某一概念图式或语言图式的形而上学观点，但与斯特劳森不同的地方在于，他认为这一图式并不能在自然语言中得到解释，而只能在自然科学中得到广泛的解释。在他的《语词和对象》的开篇部分，我们可以读到如下语句："我们是在触手可及处接触事物的存在的；最初的概念框架的凝聚点是观察到的物体，而不是观察本身"（[4.20]，1）。因此对象既是事物存在的结果，也是我们的观察行为的结果。奎因非常坦率地将本体论看作某一理论还原后得到的某种东西，与此同时，在奎因那里，它也可以被看作完全是出于各种主观原因而做出的理论选择。例如，我们会选择最简单的、对先前的理论修正最少的理论。他意识到经由这种选择而得到的本体论不能引导我们讨论事物的"本来面目"，所以奎因将这种本体论称为"超验"形而上学的"残余"（尽管逻辑实证主义已经推翻了这种形而上学）。

奎因假设的科学的本体论是这样的：在其中，科学被看作单一的、具有四维结构的时空，而奎因假设的科学语言，是相对于理论词项和观察词项的、由谓词所充实的一阶逻辑的语言。奎因将一阶逻辑的语言当作形而上学起点的做法，有着多方面的理论后果。第一个后果是产生了对理论的本体论承诺的检查，即一个理论承诺了在其陈述中被量化限制的那些对象。在他的那篇颇有影响的论文《论何物存在》("On What There Is")［4.19］中，奎因批评了迈农（Meinong）的对象理论。迈农的理论认为，为了使思想有其对象，哪怕帕卡索斯（Pegasus）这样的对象都是以某种方式存在的。奎因回应说这是基于不可靠假设之上的一个错误理论，这种假设认为要使名称有意义，它就必须有所指称；但是，名称的意义，就好比限定摹状词——如"最高的山"——的意义一样，是由逻辑表达式给出的，而逻辑表达式的意义并不依赖于其指称对象的存在。一个人可以在不存在任何一匹飞马的情况下有意义地否认语句"飞马存在"的真实性，这是因为这个语句仅仅包含了谓词和量词。大致来说，这个句子说的是存在着某种会飞的马（至少存在一匹会飞的马），因此它显然是假的。一个带有名称和摹状词的真语句，只承诺了那些作为分析结果的量词及其论域所遍历的对象。像"夸克自旋"这样的陈述，在被当作量化式"存在着某个如此这般的 x，x 是夸克且 x 自旋"时，我们就能清楚地看到这个陈述承诺的是夸克。这样的一个分析结论建基于如下观点：在语言中，变元是真正的指称装置，就名称是摹状词而言，它是可消除的，而按照罗素的理论，摹状词本身也是可消除的。只有约束变元（比如前面例子中的"x"）才被认为论及了某些对象，而一个理论所承诺的东西完全取决于量化分析，在这一点上，奎因的口号是"存在就是约束变元的值"。

　　奎因的这一简洁理论还有其他几个方面的直接后果。任何像迈农那样的区分，即在作为思维对象的实体和实际存在的实体之间所做的区分都被排除了。当"一切皆存在"被解读为"每一事物都与某物等同"时，它就成了一个简单的逻辑原理，虽然这一原理有着形而上学的后果——不存在非存在之物的王国，也不存在仅仅是可能存在物的存在领域。第二个直接后果是，除了约束变元外，语言的任何其他部分都不产生本体论承诺。量化分析是确定理论的承诺之物的唯一手段，谓词的使用也不会对共相的存在做出承诺。对于述谓语句的解释，奎因持公开的唯名论态度。一个谓词对于它的许多实例来说就简单地"是真的",它们之间不必有某些共同之处,或者承诺某一共相。奎因说,一个人存在,仅仅意味着表征这个人的名称和谓词"是个人"结合起来可以产生一个真陈述,这是所有存在的人的共同点所在。由于奎因的论点认为所谓普遍之物只是普遍词项,上面的这一陈述就成为唯名论的一个经典表述。奎因本人追随古德曼的界定(当然两人之间还是略微有些区别),也认为任何对于抽象实体的接受,甚至是对像集合这样的殊相的接受,都是对唯名论的背叛,同时也是向柏拉图主义的滑动。只是由于数学的看似不可避免的使用,及作为其还原对象的集合理论和自然科学的引导,奎因才没有使用古德曼分体论的个体,而是把集合理论的变元——就其遍历集合论域的表面意义上——当作真正的物体。

奎因用来决定做出本体论承诺的标准,是一个对被提议为实体的候选对象的实用主义检查,这一检查服务于科学的目的。他要问的是,那种最简单的、最具解释力的关于现象的理论对实体进行量化了吗?如果答案是肯定的,那么这种理论就可以进行应用,其附带的本体论承诺也会被接受。简单性和富有成效是实用主义的标准,因此发现为什么一个人会选择使用这样一种理论是容易的。但是,对于实在论者来说,知道为什么简单性和富有成效就会使得这一理论有可能更真,却不是一件显而易见的事情。在这一意义上,奎因哲学是对皮尔士和詹姆斯的哈佛实用主义传统的继承。按照这一传统,真理在实用主义的基础上被解释,或者说至少是在实用主义的基础上被判定。因此,对于做出本体论承诺而言,奎因顺从科学;但在实践中,基于更加先天的根据,他反对特定的实体,科学和常识都要求理论实体得到明确定义。奎因识别实体的最初检查,后来被以"同一性条件"的简洁方式进行陈述,典型的回答是物质物体和集合。当两个物体占有相同的时空位置时,它们就是同一个物体,当且仅当集合 x 的元素恰好与集合 y 的元素完全相同时,集合 x 和集合 y 才是同一个集合。这个条件并没有定义同一性条件,因为它将同一性视为原初性概念,它也没有像斯特劳森的概念体系那样,描述如何"同一"实体。它仅仅是一个集合论的观点,一个为集合的同一给出充分必要条件的观点。这种同一性关系的缺乏,也被奎因用来抱怨共相和命题、可能对象等其他内涵实体。在形而上学的这个方面,奎因提出的口号是

"没有同一性就没有实体"。奎因在同一性和量词那里找到了他所需要的全部概念工具。当斯特劳森考查我们关于物体的观念对时间和空间框架的依赖时,奎因想的是,当"水"这样的总量词被同一性概念的使用所补充用以产生个体时,个体观念的出现。也正是由于这个原因,一个小孩关于"附近的妈妈"(mama around)的概念,才能被一个持续的、区别于其他事物的对象——她的妈妈所代替。时间不是一个物体在其中被识别和再识别的框架,而是一个可以对物体的暂存部分进行定位的维度。对于一个在某一时间是绿色的而在另一时间是红色的(此时它就不是绿色的)物体来说,要区分这些部分就要求该物体有可分割的部分,其中的一个部分位于第一个时间点并且是红的,另一个部分位于第二个时间点并且是绿的。这两个部分之间的关系不是同一性关系,而是它们两者都是同一个分体整体的殊相,分体整体同一于物体。

当奎因考虑到语句的真值条件和变元的论域只能在元语言的背景下得到规定时,科学语言就成了本体论的向导并产生重要的理论意义。奎因的这些想法,也导引出了本体论的相对性理论。这一理论认为:我们只能根据其他理论的术语来解释某一理论的本体论承诺,并且这种给出承诺的理论和解释承诺的理论,都是同等正当的。实际上,背景极为不同的理论和任务,可以在物体理论的所有真语句上达成一致。为了做出进一步的说明,奎因给出了下面的例子,对于一个陌生词项"gavagai",一种语言将其理解为经验地恰当断定为真的兔子,而另一种语言则将其理解为经验地为真的不可分离的兔子的身体部分。两种语言之间以各种不同方式存在的松散对应关系,会产生各种彼此不相容的本体论承诺,也会导致关于本体论主张的不可消除的相对性。除非我们的具体选择已经表明了我们持有何种语言和理论,否则根本就不存在关于本体论承诺的有意义的事实。当研究我们自己的本体论时,这种元语言表现为对我们自己的对象语言的延伸。虽然"自旋的夸克是存在的"让我们承诺了夸克,但却不存在一种理论中立的语言来解释这种被承诺的夸克等同于什么东西。奎因将这一点作为其思想的实用主义要素的一个方面,即我们在一个概念框架或理论之内进行工作,并试图对这一框架或理论进行尽可能的完善。但正如奥图·纽拉特所提供的图景那样,我们就像一群水手，必须在大海上修补自己所在的这艘船。我们最大限度地使用可资利用的理论，而不奢望某种外部的、出自上帝之眼的观点来评价我们的知识。奎因的这种本体论相对性理论及其对本体论所持有的态度，将被稍后的反实在论者所接受。

　　唐纳德·戴维森提议将元语言层次的本体论承诺的研究当作一种形而上学的研究方法。他论证说，一种塔斯基式的真理论，不仅仅是一种解释语言意义的方法，而且也是到其本体论的一个指引。戴维森还论证说，一种理论的本体论承诺取决于该理论的变元论域（明显是追随奎因），但他进一步认为量化可以在并不出现于语言表面的语义内容中被找到。由此，戴维森就支持在本体论中识别出事件，其理由在于，如果想要对某些关于行动的语句给出适当解释，就要求我们将这些语句当作对事件进行的量化。一种真理论必须能够解释一门语言中的逻辑推理，于是我们可以从关于推理的知识走向一种真理论，这种理论将说明这些知识的正当性并可能揭示隐藏于其中的本体论承诺。因此，我们从语句"琼斯于午夜在浴室里拿着一把刀在面包上涂黄油"可以推导出"琼斯用一把刀在面包上涂黄油"，也可以推导出"琼斯在浴室里在面包上涂黄油"，还可以推导出"琼斯在面包上涂黄油"以及更多的类似语句。但一阶逻辑对于此类语句的一般形式化处理，即通过使用关系表达式将该语句转化为"x 于 t 时在 z 处用 w 将黄油涂在 y 上"，将不允许这样的推导出现。只有带有明显事件量词的形式化分析才能把握这类推导的逻辑本质。我们必须把最初的那个句子看作如下形式——存在着一个事件 e，e 是涂黄油且 e 是关于面包的且 e 是琼斯做的且 e 发生的地点是在浴室里且 e 发生的时间是在午夜，从中可以容易地推导出其他句子，只要将前面的语句当作"存在着一个事件 e，e 是涂黄油且 e 是关于面包的"这一语句形式，前述语句之间的推导就变得易如反掌。也就是说，我们必须将语句放入一个一阶逻辑的逻辑形式当中进行处理，因为给出一门语言的真理论是必要的，它也会反过来成为一种形而上学的方法，成为"形而上学的真方法"。

　　奎因曾经把事件仅仅等同于时空中位置的集合，这就导致将物质物体当作持续性事件（在时空中由时间轴所定向的事件）。但戴维森却感觉需要将它们规定为某种特殊的实体，因为从表面来看，两个不同的事件可以同时发生于相同地点。他建议我们考虑如下情况，当一个球在同一时间绕着一个轴缓慢旋转并发热时，似乎就是两个事件同时发生了。一个事件是球的旋转，另一个事件是球的发热。但是如果不诉诸时空位置，到底什么是事件的同一性条件呢？哲学家们已经提出了几种竞争性的解释理论，这些理论通常将事件进一步还原为其他范畴，一般来说是还原为物体和属性的结合。两个事件之所以是相互区别的，可能是因为它们所包含的属性不同。在上面的例子中，不同的属性就是变热和绕轴旋转。但是，戴维森和奎因一样有着唯名论的倾向，他没有任何类似的想法。在他看来，事件是由它们的原因和结果进行识别的。戴维森效仿奎因的集合区分标准（有相同元素的集合才是同一集合），认为有相同原因和相同结果的事件才是同一事件。非常明显的是，戴维森的标准与奎因的标准是非常不同的，而且它也不如奎因的标准那样成功。不过戴维森对事件的相关后续讨论对行动哲学却是极富成效的，这些讨论再次引起了哲学家们对事件和其他相关概念——比如事实——的兴趣，要知道，自从逻辑原子主义时代之后，事实已经被从形而上学讨论中除名了。

戴维森对事件的论述，是由对事件语句进行一阶逻辑的形式化要求所主导的。他和奎因的哲学都对一阶逻辑的有效性深信不疑，他们也都相信一阶逻辑的外延性特征使其能够成为合适的科学语言。但是，相对于奎因对必然性逻辑（量化模态逻辑）的纯技术性反对，戴维森认为要理解这种逻辑，就必将招致像"亚里士多德主义的实在论判断"那样令人厌恶的形而上学后果。戴维森对于模态逻辑的反对，被他的部分学生当作对这种逻辑的一个挑战，并可能也是他所担忧的亚里士多德主义形而上学复兴的一个主要原因。

模态形而上学

索尔·克里普克在 1960 年代早期提出的可能世界语义学，特别是 1970 年代在普林斯顿大学的名为"命名与必然性"的演讲，将形而上学理论引向了一个全新的时代。作为对内涵概念诸多指责的一个部分，奎因曾经宣称，当量词与"……是必然的"(It is necessary that)这样的语句算子结合起来时，量词并不总是可理解的。奎因认为，我们可能尝试去把"必然存在着某个 x，使得 x 是 F"这样一个从言（de dicto）必然语句，理解为语句"存在某个 x，并且 x 是 F"的伪装形式，后者可能声称它是一个分析真理或者公理。就"断言"(dictum)的词源学意义"意思是说"（what is said）而言，上面的解释是正确的。量词与这类语句算子的另一种结合方式，或者说具有相对范围的量词与模态算子的结合，就像在语句"存在某个 x，使得 x 必然是 F"中那样，将会产生一个从物（de re）必然论断（对于事物来说是必然的）。在这个句子中至少有一个东西 x 被断定具有某种必然属性，但这个句子不能被简单地理解为把必然性赋予被论及的属性。按照奎因的想法，要理解这样的语句，就要对物体的属性做出强制的、武断的区分，就必须把属性区分为对象必然地或本质地具有的属性和基于对象的描述而归属于该物的属性。让我们用奎因喜欢的例子进行说明，对于一个骑自行车的数学家，当我们把他描述为骑车的人的时候，他似乎本质上是有两条腿的，当我们把他描述为数学家时，他又必然是理性的，但是这两种属性中的任何一种实际上都不比另一种更为本质。奎因担心，如果在这种主观基础上进行属性区分，将会招致毫无希望的混乱，或者说会招致为逻辑实证主义者和早期现代哲学家所极度厌恶的、某种经院哲学的"亚里士多德主义实在论"判断。

克里普克的可能世界语义学提供了规范这种属性区分的一条路向。他的语义学将语句放在一系列附加于真实世界之上的、彼此可区分的可能世界中进行理解。如果某一语句必然地断定了 p 只能为真，那么 p 就不仅必须在现实世界中是真的，而且必须在所有可能世界中都是真的。通过将每个世界都看成有一个域（domain），每个域都由存在于该世界中的物体所构成，且域在成员之间有重叠，从物必然性就得以体现。如果物体 x 在其存在的每一个世界中都是 F，那么 x 就本质地是 F。如果在任一世界中都有某一物体或其他物体是 F，那么上面这个语句的从言断定就可以被当作真的。举例而言（这个例子是对奎因那个著名例子的修改），从言断定"最矮的间谍必然存在"必然是真的，因为在任一世界中总有一个间谍比其他间谍都矮。但要使这样的一个从物断定为真，就必须存在某一个对象 x 在它所存在的所有

世界中都是 F，因此，从物断定"某个间谍必然是最矮的间谍"明显为假，因为它要求存在某个具体的间谍在其存在的所有世界中都比任何其他间谍矮。新近的绝大多数模态形而上学理论，都可以被看作对这种可能世界语义学所提供的形而上学主张和假设的进一步探讨。

为了找出一种理解上述从物必然性的方式，克里普克继续提出了几个有关从物必然真理的具体事例的论断。其中一个论断，即同一性的必然性论断，已经在语言哲学中产生了巨大影响。克里普克语义学的一个后果是：对于任何的 x 和 y，如果 $x=y$，那么必然地 $x=y$。这一观点与模态逻辑中有关内涵实体置换的失效是一致的，而对内涵实体的强调是这种逻辑最重要的特征。可能的情况是，从言真理：

9＝行星的数量不是必然的

从物真理：

对于行星的数量（即9）和9，前者＝后者是必然的。

虽然限定摹状词不能在每个世界中挑选出相同对象，并且会引出明显是偶然的同一性论断，但出现在必然同一性陈述中的"严格指示词"却能在不同的世界中挑选出相同对象。克里普克据此断定，如果"晨星"和"暮星"都是金星的名称和严格指示词，那么晨星＝暮星就是一个必然真理。克里普克将这个等式当作只能被后天知道的必然真理的一个例子。提出这种后验必然真理，也就违背了必然性与先验性之间的传统的等同关系。虽然对传统认识论中相关必然性观点的抛弃，将对形而上学问题的思考有解放作用，但传统认识论并没有被另一种达成共识的认识论解释所取代。

克里普克通过将严格指示词的概念扩展到自然种类词项，得到另一类从物必然真理的候选对象。如果像"水"、"老虎"、"H_2O"等普遍词项以严格的方式挑选出自然种类，即跨越不同的可能世界，那么像"水＝H_2O"和"老虎是动物"这样的论断就可以表达一种新的、从物的后验必然真理。关于自然种类的本质属性以及语言哲学关于指示问题的考虑是否有根本性的形而上学意义,已经产生了巨大的争议。

克里普克讨论的第二种从物必然真理是起源的本质性。克里普克断定,特定起源对于一个对象来说是不可或缺的。无论是对于人造对象还是自然对象,起源都极为重要。由此一个特定木制讲台必然起初是由实际上构成该讲台的特定木料构成的,虽然在随后的时间中这个讲台将会由其他的木料所构成。(模态论的忒修斯之船将很快被当作对该观点的一个挑战提出来,这个例子假定一个物质物体可以由与实际构成该物体的物质稍微不同的其他物质所构成。比如对一艘木船而言,它可以有三四块不同于实际组成该船的其他船板为其材料,但如果这艘由其他船板构成的船还是起初的那艘船,那么更多的其他船板就可以成为这艘船的船板,照此以往,这艘船最后可以由完全不同的船板所构成。就历时同一性来说,物体的跨世界同一性似乎就遇到了困难。)克里普克还认为,对于物质物体,尤其是人这样的物质物体,如果起源也是本质性的,那么某个具体的人——比如伊丽莎白女王,就本质地起源于她所产生于的那对精子和卵子。甚至另一个与伊丽莎白有着原子到原子的相像程度的人,只是由于她产生于另一种起源,就不会是与伊丽莎白相同的某个人。

这些关于自然种类和个体的本质属性的论点,已经引起了极大的争议,也启发了哲学家们对模态概念的哲学史研究,尤其是启发了相关亚里士多德传统中的模态概念的研究。这些研究的一个直接结果,是想要把克里普克的自然种类和本质属性的概念应用到自然种类的一个突出实例——生物物种——的各种尝试。生物哲学中的"物种难题"由此进入到形而上学的主流,且很快就引出了与当下的进化论思想更具一致性的竞争理论。这种理论认为:物种只是由于其祖先而彼此联系的对象种类,进一步地,每一物种都最好被看成由隶属于其下的普通有机体所构成的一个单独个体或分体整体。

克里普克语义学的另一个理论后果是重新引起了对本体论论证和其他神学问题(比如预知问题)的兴趣。阿尔文·普兰丁格(Alvin Plantinga)提出了模态论的本体论论证。"可能必然的东西就是实际为真的东西"是一个纯粹的模态逻辑的公理或原理。按照这个原理,如果必然存在是上帝性质的一部分，那么仅仅从上帝存在的可能性中，我们就能够推出上帝是实际存在的。正如在许多传统论证中作为前提出现的本体论论证那样，普兰丁格的这个论证，也反过来引导他和其他一些人，重新审视关于必然性和可能性的模态主张所具有的认识论地位。当然，与众多杰出的模态形而上学家一样，普兰丁格也相信模态逻辑的认识论地位是可靠的。这些有宗教倾向的批评者的一贯想法是：分析形而上学曾经是20世纪科学所提供的无神论世界观的一个组成部分，但它现在只能被当作研究传统神学思想的一个工具；哲学家们已经从形而上学的技术性问题中解脱出来，转而研究他们自己的信仰这一稍微简单的问题。传统的神学概念，比如全知、全能、永恒存在和预定论等，都能在模态词项及可能世界语义学中得到很好的解释。

用可能世界语义学解释可能性和必然性，还引起了对自由和决定论等概念的理论兴趣的复苏。自然科学的完全决定论的形而上学及其从过去到未来的单一时空延续性，规定了有着固定的、单一的过去和具有分支结构的可能未来的世界模型，在可能世界语义学中，这一世界模型得到极大解放。可能世界语义学所提供的世界模型——一种非决定论的自然模型，也唤起了哲学家们对自由意志问题的兴趣。这些哲学家们尝试在如下两种信念之间进行调和：一种信念假设我们的行动是自由的，而另一种根深蒂固的信念则认为世界是由有某种模态力量的自然规律所支配的。虽然奎因的那种在1945年之后的分析形而上学中占据支配地位的科学世界观没有给自然规律任何特殊的本体论地位，而且认为只有以正确的方式进行概括，并赋予其适当的认识论地位，我们才能得到某种自然规律；但这种世界观还是给人留下这样的感觉，即要对决定论进行适当分析，就必须服从自然规律。只有在这个意义上，决定论才有其内容，也才是真的。将可能世界语义学引入必然性的讨论，改变了这样的态度，自由意志问题也再度显示出强大的理论说服力。

除了克里普克的这种可能世界语义学，大卫·刘易斯（David Lewis）也发展出了另一套完整的形而上学图式，这种主张在《世界的多重性》（*On the Plurality of Worlds*）[4.14]一书中达到顶峰。克里普克的语义学以下面的方式理解从物必然性：说一个对象 x 必然地具有属性 F，就意味着在 x 存在的每一个可能世界 w 中，x 都是 F。刘易斯不同于克里普克语义学的对应物理论则认为：每一个对象都只存在于一个世界中，当我们说 x 必然地有 F 时，我们的意思是在任一世界 w 中，x 在世界 w 中的对应物必然地具有性质 F。对于对应物及其所存在的可能世界的真实性，刘易斯有一种令人意外的奎因式观点。对刘易斯来说，可能世界是具有时空延展性的对象，它将存在其中的成员当作分体部分容纳于世界之中。现实世界只是"我和我的周围域"所在的世界，实际上就是我们当前所在的宇宙。其他可能世界类似于我们的现实世界，也包含着物质物体，而且它们与现实世界中的物体一样是实在性的。这些物质物体之所以被从我们的世界中排除出去，仅仅是由于它们与现实世界的物体之间不存在任何时空联系。刘易斯的可能世界，看上去非常类似于奎因理论所给出的世界图景，不同的只是刘易斯的世界不是一个，而是许多个。因此，刘易斯就能够用物体集合的方式来识别属性，即便这些物体原本来自许多不同的可能世界。红的性质就是所有红的事物的集合，这些红的事物既包括了现实的红的东西，也包括了所有可能的红的东西。只用了奎因的物质物体和集合的观念，刘易斯就能够区分出奎因必定要进行区分的实体。此外，刘易斯还分享了奎因关于世界是由按照四维结构延伸的物体所构成的这一观点，他也与奎因一样，用物体的不同暂存部分具有不同属性来解释变化。

在对奎因的宇宙所做的各种不同补充中，上面这个看似小小的补充，当然有着极为深远的理论意义。通过这个简单的权宜之计，许多被奎因本体论所禁止的模态概念被重新引入形而上学讨论中。除了将形而上学必然性这一基础概念解释为在所有可能世界都为真外，刘易斯也能对更具相对性和局限性的必然性概念——比如出现于因果律和陈述在具体条件下能够发生什么的反事实论断中的必然性概念——做出解释。支撑上面这些分析的更为基础性的概念是刘易斯对反事实条件的解释。说"如果火柴已经被擦燃了，它就在发光"，就是说虽然在现实世界中火柴没有被擦燃，但是在那些与这个世界足够相似，不同的是火柴已经被擦燃的世界中，火柴也将发光。由此，可能世界的相似性概念被刘易斯当作分析其他一系列概念的起点。在解释这个反事实条件的过程中，刘易斯还分析了具体的因果陈述。比如在"火柴的擦燃致使它发光"这种反事实词项所陈述的因果联系中，火柴被擦燃了所以它发光，如果火柴没有被擦燃，它就不会发光。由此，因果律是在事实因果联系和可能因果联系的相互关系中被概括出来的。以上面的这些分析为基础，刘易斯大胆地进入了其他问题的讨论。在最近的形而上学看来，他所讨论的这些问题都是不常见的。由此，刘易斯能够对传统的有关自由意志的"兼容论"解释给出新的解释。对刘易斯来说，对这个问题进行详细说明是可能的。他的解释认为：行为既由自然律所引起也服从自然律的支配，与此同时，由于行为也可以由我们的意愿和愿望所引起，所以它也是自由的。一个具体的行为，不论它如何受到自然律的支配，只要我们有其他的行为选择或可以按其他的选择采取行动，这个行为就是自由的。最后，这些分析同样也使刘易斯能够对时间旅行概念及附带的因果关系和决定论等问题做出更有意义的解释。

对于奎因的本体论承诺标准及他所拒绝的那种并不真实存在，却有其存在地位的迈农式对象概念，刘易斯的态度又如何呢？刘易斯完全接受奎因的本体论承诺标准，即所有我们在理论中予以量化的对象就是该理论的承诺。由此刘易斯允许谈论"所有的驴"，这些"驴"不仅包括真正的驴，而且包括可能的会说话的驴，这些可能的驴是我们在说"会说话的驴可能是存在的（也就是说，这些驴存在于可能世界中）"时承诺的东西。但与迈农式对象概念的不同之处在于，刘易斯所说的这些可能实体（可能存在物）并没有任何特殊的存在地位，比如它们并不是与实存之物相区别的，以某种低于实存的方式存在的其他存在类型。可能实体固然与实在实体完全一样都是实际存在的；但是，人们也必定会说，刘易斯相信会说话的驴是存在的，但驴却是不会说话的！在这一点上，刘易斯给出的答案是：会说话的驴确实是存在的，但它们并不现实地存在着。这里没有任何本体论范畴的区别，因为，根据刘易斯的解释，语词"现实的"是一个类似于"我"和"这里"的索引词，它的意思类似于"在与说话者相同的世界中"，所以它和其他索引词一样，没有标识出事物的特殊种类。

刘易斯的对应物理论，尤其是他所提出的每个物体都只存在于一个世界的观点，对他关于现实性的"索引"理论，以及对他那种认为每个世界都与现实世界一样真实存在的观点，有着极为重要的意义，他的这些主张也往往被冠以"（极端）模态实在论"的称号。当世界包含了寻常物体且这些物体具有其并不现实具有的属性时，它就不能被当作奎因式的宇宙。实际上，刘易斯是通过发现如下一点，即存在于不同世界中的同一物体具有不同属性的想法是非一致的，来论证他的对应物理论的。他明确地把这种想法表述为"内在偶然属性问题"。刘易斯说，考虑物体的某些非本质的内在或非关系属性，这些属性就是该物的内在偶然属性。由此某个现实地是有五根手指的人，比如说休伯特，实际上可能有六根手指。假设我们把这个例子分析为如下情况：虽然休伯特在现实世界 w^* 中有五根手指，但他在某个其他的世界 w' 中却可以有六根手指。这一情况的困难在于，如果有某一确定数目的手指对于休伯特来说是内在的，那么在世界 w' 中有六根手指的那个物体是什么呢？对于有五根手指的休伯特来说，一个有五根手指的人怎么能有六根手指呢？如果我们回答说，在一个世界中具有的某一属性在另一世界中并不具有这一观念，是一个模态形而上学的基本观念，这将不能动摇刘易斯的上述立场。刘易斯要说明的恰恰是这一观念的非一致性。当然，刘易斯的上述观点是一种少数派主张，更为常见的观点认为物体是可以存在于不同的世界之中的。这种观点的一个版本有些时候被称为"个性论"（呼应中世纪的相关讨论），个性论认为物体有某种独立于该物的任何其他属性的个性或者"自性"（thisness），这种个性或"自性"说明了物体何以存在于一个世界中且独立于其在这个世界所具有的那些属性。个性论绝非支持跨世界实体的唯一理论解释，另一种解释就认为正是由于物体有"个别本质"，它们才能跨世界地存在（呼应古老的"本质"或"本性"观念）。"个别本质"在不同世界的不同属性（可能是内在的）之外，提供了物体的同一性来源。

刘易斯的现实性概念及其对应物理论所引发的争论，使模态形而上学家们对存在、同一性、个体本质等概念的中世纪观点，产生了日益浓厚的兴趣。

迈农主义

对现实性概念和可能存在物地位的思考导致了哲学家们研究对象理论的

兴趣。这种起初为阿莱克西斯·迈农和他的学生所主张的对象理论,曾经一度和罗素的摹状词理论纠结在一起并成为分析哲学兴起的重要原因。对象理论最初以一种逻辑理论的面目出现,其目的是要解释像"帕卡索斯"这样的非指称性名称和围绕"方的圆"这类假定的矛盾,但迈农主义的某些发展却表现出明显的形而上学倾向。这些形而上学的迈农主义者都接受迈农在存在(being)与实存(existence)之间的区分,他们也都认为存在实体的领域极其广泛,比如方的圆、金的山都是存在的,但只有部分存在实体具有实存性质。特伦斯·帕森斯(Terence Parsons)在《非存在对象》(*Nonexistent Objects*)[4.15]中区分了日常的核心性质和特定的超核心性质,前者包括颜色、物理性质等,后者包括实存和其他范畴性质(比如是一个对象)等。这一假定使帕森斯能够调和迈农想要规定尽量多的实体的理论动机和他的存在理论而不至于引起矛盾。他认为,我们不能用"实存的金山"来定义实存,因为虽然金山是存在的,但实存是一种超核心的性质。帕森斯的迈农主义形而上学的首要目的是要论证一种自然语言语义学的本体论,而在自然语言中,对于非实存之物的指称无处不在。帕森斯将虚构对象和虚构人物,比如福尔摩斯侦探和哈姆雷特等,包括在他的非实存实体的范围之内。他认为这些非实存实体是典型的非完全迈农式对象:虽然福尔摩斯侦探有具体住址和非常著名的装束,但在他左脚的脚后跟上既没有也不缺少一块胎记。也就是说,虚构人物只具有其在故事中被赋予的那些性质以及与被赋予性质极其相近的相关性质。帕森斯本人的著作和其他一些以"虚构逻辑"而为人所知的著作,已经在文学理论中引起了相当兴趣。也正是在这一点上,最近的分析哲学正在打破横亘于学科之间的传统藩篱。

爱德华·扎尔塔(Edward Zalta)的《抽象对象》(*Abstract Objects*)[4.26]表现出更为明显的形而上学倾向。这本书发展出了一套全面的对象理论。在该理论中,可能世界、单子和共相及更多的其他形而上学概念被放在对象概念的模型当中。扎尔塔的基本概念来自迈农的学生恩斯特·莫利(Ernst Mally),其要旨是区分内在述谓(inherent predication)和编码述谓(encoding predication)这两种不同的述谓模型。扎尔塔认为,虽然一般性质内在于具体的对象之中,但抽象对象,无论是传统抽象对象如集合和共相等，还是新的抽象对象比如迈农的方的圆，都对这些一般性质进行编码。尽管扎尔塔的理论在性质上明显是形而上学的，但该理论系统却将自己置于可以被称为"自明形而上学"的形式和许诺之上。不过在简单清单所提供的若干基础公式之上，它允许提出有关可能世界、内涵实体等对象的派生理论。与克里普克和刘易斯的模态形而上学一样，迈农主义起先也只是一种对逻辑和形式语义学感兴趣的理论，但随后它们都发展出了各自的形而上学方案。

自然主义

逻辑实证主义者对自然科学的定位，尤其是将物理学当作科学典范的做法，与他们关于"统一科学"的实证主义理论一道，导向了近期形而上学中强大的自然主义传统。举例来说，在奎因的著作中，我们就可以明显地发现，科学方法和科学理论与常识的方法和理论是连续的，但由于前者更为精致和更具自觉性，因此就被赋予了特权地位。统一科学学说和将所有科学最终还原为物理学的还原论原则，也使物理学的本体论在奎因的理论中有着同样的特权地位。由此，奎因才会认为本体论是由承载了熟悉的物质属性（或物理属性）和能量状态等内容的时空位置构成的。在奎因那里，当前的物理学理论和需求是对本体论承诺的裁决。哈特瑞·菲尔德（Hartry Field）和其他一些人发现：奎因对集合的承诺是出于与科学本体论的物理主义保持一致的缘故，因此将澄清科学中对这种抽象实体的任何明显承诺视为基本目标。

大卫·M·阿姆斯特朗（David M. Armstrong）和许多澳大利亚哲学家受到奎因的影响，他们发现对共相的承诺和最重要的物理主义是相容的。阿姆斯特朗的《共相和科学实在论》（*Universals and Scientific Realism*，1978）引起了对共相实在论的科学哲学和形而上学的广泛讨论，其主题包括了自然律、归纳和因果性等相关问题。阿姆斯特朗将自己的"世界假设"刻画为如下三个论点：（1）世界包含了具有属性和彼此联系的具体事物，此外它不包含任何东西；（2）世界只不过是一个单一的时空系统，此外它什么也不是；(3) 世界完全以（发展完善的）物理学的方式被给予描述（[4.1]，126)。阿姆斯特朗继续论证说我们假设共相，并不是要用它来解释语言的表象，尤其不是要用它来说明述谓的性质。共相之所以被引入，完全是基于纯粹的科学基础，它实际上是用以解释观察现象的理论实体。就共相而言，现象具有完全的相似性。共相概念也最好被解释为同一性概念的后果，由此相同共相才会出现在极为相似的不同实例中。通过论证共相时空性地分布于其实例，但在某些柏拉图主义的范围内不具有这种时空分布特征，阿姆斯特朗避免了共相概念的柏拉图主义实在论的主要非物理主义特征。在追溯"内在实在论"的传统时，阿姆斯特朗诉诸的也是亚里士多德主义而非柏拉图主义。内在实在论的后果在于，只有当被例示时，共相才可能存在。通过将个体化共相与因果效力联系起来，阿姆斯特朗也有理由对高阶共相（比如属性的属性）的存在表示怀疑。在他那里，只有受到因果影响的物体才具有解释该因果关系的相关属性。

共相是阿姆斯特朗解释自然律的核心概念。长期存在的经验主义传统坚持的是一种自然律的规则性理论，而阿姆斯特朗则选择与这一传统分道扬镳。在他看来，自然律起源于共相之间的联系。虽然在世界中可能存在所有种类的恒常规则性，但这些规则性却可能导致"偶然情况"，因为它们并不源于其所包含的共相联系，而仅仅是共存关系的反映。只有将关于必然性的原始关系加到这种偶然的巧合之上时，我们才能得到自然律的观念。对于这一时期的所有形而上学家来说，阿姆斯特朗的上述观点标志着一个极为显著的变化。奎因当然坚持了一种关于自然律的规则性理论，他发现在我们所持理论的法则陈述中，自然律所发挥的特殊作用将规律和纯属偶然的规则性区分开来，尽管刘易斯将必然性、因果性和其他的类似概念还原为跨世界的或所有可能物理世界的规则性。

在阿姆斯特朗哲学体系的其他部分，包括在他解释知觉、知识等认识论概念的部分，因果关系都发挥着核心作用。阿姆斯特朗坚持为之辩护的是一种关于认识论证成的外在论解释。这种解释认为，感觉经验的证据性质源于它与外在证据的可靠联系，而这种联系是通过系统的因果联系实现的。通过《唯物主义的心灵理论》（*A Materialist Theory of Mind*，1968）一书，阿姆斯特朗的物理主义在心灵哲学领域产生了一定影响,该书所主张的观点目前以"还原论物理主义"的面目而广为人知[4.2]。这种还原论的物理主义认为,正如我们在自然科学中将闪电等同于放电现象,将水等同于"H_2O"那样,疼痛、信念和自我意识等这些心理状态,也都可以被等同于某种大脑状态或中枢神经状态。至于心理状态到底等同于哪种物理状态,则留待自然科学的发现去证实。对于阿姆斯特朗和其他许多物理主义者来说,本体论承诺的模型,是一个由自然科学所提供的还原论和同一论的模型。

威尔弗雷德·塞拉斯(Wilfred Sellars)在明显影像和科学影像之间做出了区分。前者是包括了连续的、丰富多彩的宏观物体的世界,后者则是包括了亚原子粒子和无次级性质的粒子的世界。他的这种区分随后引起了一系列趋向于自然主义的观点。这些心灵哲学中的取消主义观点认为,我们应该像在自然科学中取消燃素和巫术那样,取消作为大众心理学的明显影像。这些理论进一步要求矫正我们的日常观念,甚至要求将世界的科学影像当作我们的日常概念。然而,塞拉斯的这些观念与自然主义并不完全相容,它们因还原论色彩过于强烈而遭到直接抛弃,他所主张的极端自然主义,也被指责为一种给予科学以过高评价的科学主义,其后果则是导致了某些不同形式的反实在论。

反实在论

上面所讨论的各种形式的自然主义和物理主义,都像传统的逻辑实证主义所引起的反应那样,导致一种关于科学理论实体的实在论观点。希拉里·普特南通过将这种特殊实在论与经由指称的因果理论所发展的自然种类词项理论结合起来,扩展出一套普遍的实在论理论。普特南的理论认为,所有的词项,包括那些被赋予操作主义或经验意义的词项,实际上都是通过与世界中的某个物体、种类或属性之间的因果联系而获得其指称的。

在1976年和1977年进行的两次演讲中,普特南颇为戏剧性地宣布了他对实在论的抛弃,很快许多其他一流哲学家也追随他做了同样的事情。取代实在论的反实在论有许多不同的理论形式,但其共同点在于,它们都对指称的简单图景和关于理论词项的实在论毫无兴趣。普特南最初是根据对逻辑学中的相关熟悉事实——比如多种可选模式的可能性和对既有理论的解释等——进行语义学论证来反对实在论的。普特南指责说,实在论依据的是已经存在着某种特殊的、从其他理论解释中被挑选出来的解释;但是,任何被选出的理论与其他理论的关系不过是:"更多理论"本质上就意味着不同的解释。我们只能在一个理论的内部,对因果关系或世界中其他存在于语言和事物之间的普通关系,有一个明确的指称观念。因此,普特南允许实在论的存在,只要这种实在论是一种"内在的"实在论。这也就意味着,举例而言,科学中关于其自身的实体的实在论,可以被当作正当的科学假设,或者说作为一种内在的、依赖于具体理论的实在论,它是可理解的。但如果有人试图断言说科学作为一个整体,或者我们的语言作为一个整体,由于对应了某种独立的实体因而是真的,那他就进入了普特南所反对的那种非一致的形而上学实在论。因此,普特南的内在实在论不是一种关于殊相实体的存在性质的实在论观点,而是一种有关真理性质的整体观点。普特南还用如下观点来刻画这种实在论:在形而上学实在论中,真理在本质上是非认识论的,我们的所有可辩护信念都可以被证明是假的。他还进一步提出"缸中之脑"的生动假设(回应笛卡尔的"邪恶天才")来继续说明这些主张。假定我们只是被疯狂的科学家制造出来的、放置于盛满培养液的缸中的大脑,情况将会怎样呢?我们关于我们自己和我们身体的日常信念都将被证明是假的,不管那些被给予的精心设计的感觉输入能对这些信念进行如何完美的说明。普特南说,不,有关信念和指称的概念不允许这样的可能性,我们不能以这样的方式在我们的信念内容及其对象之间做出区分,我们也不能理解一个如此分离于自身信念的真理概念。相反,普特南主张一种更为实用主义的真理概念,这一概念尝试将我们的认识论实践和认识标准更紧密地结合在一起。他还论证说,抛弃形而上学实在论图景,将允许我们在困扰西方文明的事实与价值、自然科学与解释性社会科学的截然二分之间实现和解。

在 1950 年代,迈克尔·达米特就已经开始主张将数学中的直觉性概念推广到哲学领域,他尤其主张将直觉主义的真理概念当作类似于证据或被证成之物的概念。这种使陈述可以变得既不为真（被证实）也不为假（被证伪）的态度，以及所导致的真值空隙，达米特表述为"反实在论"，他的这个版本的反实在论可以被看作由逻辑实证主义所开启的证实主义的回潮。与普特南一样，达米特的反实在论以真理概念为中心；但是，达米特强调的重点落在一种可能允许真理实在论的意义理论之上。以维特根斯坦关于意义的公共性质的论证为基础，达米特论证说，意义必须是可以被公开展示的、可证实的意义理解。他的问题是，如果意义独立于其证实条件，那么人们如何能够展示对意义的真值条件的理解呢？我们要么以寻找语词所在语句的证实条件的方式，直接地把握语词的意义；要么以寻找该语词与可直接证实语词之间关系的方式，间接地把握语词的意义。我们没有办法将意义赋予某个超越可能的证实条件的语词，因此，宣称存在"超证实"领域的说法就既不真也不假。直觉主义者达米特还论证说，虽然关于数的许多基本论断是可以证实的，但另一些论断，包括那些涉及所有数的量化所做出的论断，却是不可证实的。这类直觉主义论断的一个著名的例子认为，在十进制的范围之内，存在着一个由连续的数字 7 所构成的无穷级数。这样的陈述仍然有明确的真值这一断言预设了一个无限扩张中的无穷级数的"上帝视角"，某种超出了人类能力所能及的范围因此既不为真也不为假的东西。达米特将上面这些观念扩展到我们的整个语言之中，通过在关于数的可决定语句和关于物的可证实语句之间进行类比，达米特同意在这些领域我们是"实在论者"。相反，在那些不能进行证实的领域中，我们必须是"反实在论者"。这一谨慎区分意味着我们将接受存在于如下两种陈述之间的排中律。一种陈述是关于日常的物质对象的陈述，另一种是关于其他对象的陈述。在这后一种对象的领域中，我们是实在论者，但一旦我们跃出这一领域，比如当我们谈论不再能够被证实的过去，或者换一个例子，当我们谈论那些已经死去的人的倾向性个性（不可再次成为明显个性）——比如勇敢时，我们就将失去作为实在论者的资格。由此，达米特的这种反实在论，将被局限于语言或由语言所描述的世界的某些领域或某些方面，虽然他的一些新近的追随者认为不存在任何可以完全被证实的陈述类型，并据此支持一种更为全面的反实在论。达米特对意义理论的强调及对维特根斯坦相关论证的依赖，为他的反实在论奠定了理论基础。这一基础也意味着，他的反实在论与传统的形而上学主题之间，尤其是与德国唯心主义和美国实用主义之间，几乎没有什么关系。

其他形式的反实在论所表现的证实性要弱一些。在巴斯·范·弗拉森（Bas van Fraassen）的《科学的形象》（*The Scientific Image*，1980）中，作者倡导一种来自自然科学的反实在论观点。这种观点承认那些有关理论实体的陈述是有意义的，即便它们已经超越了作为其形成基础的经验证据的范围［4.24］。范·弗拉森进一步主张，虽然这些陈述完全是有意义的，但它们的真值却绝对不是科学需要考虑的东西。科学以经验适当性为目的，科学理论的目的也只在于对观察做出正确预测，并且当这些理论仅仅看上去像真的时，它们也能做出正确预测（在表明其理论观点时，范·弗拉森自觉与费英格［Vaihinger］的"仿佛哲学"保持一致，而与19世纪晚期的实证主义保持距离）。也就是说，科学理论在假定有关理论实体的语句有真值时，对其真值可以一无所知。与普特南和达米特的理论相比，范·弗拉森坚持的是一种更少全面性的反实在论。实际上，有人已经将这种反实在论当作"科学"反实在论，也有人用范·弗拉森本人的术语"建构的经验主义"来识别这一理论并将其当作一种独立于形而上学实在论的特殊实在论版本。上述说法有一定的根据，例如这种理论将像电子这样的理论实体和研究电子的仪器和设备相提并论。此外，这一理论虽然也承认传统的符合论真理概念（以逻辑学家的"模型"解释）是有意义的，但认为它们不能成为科学的目标或对象。虽然范·弗拉森主要被当作科学哲学家，但是他的观点为什么不应该像费英格的哲学那样，被当作坚持了形而上学实在论理论性质的反实在论，其理由却并不清楚。只有19世纪的实证主义传统才要求人类的可证实知识（指在科学中，此外还能找到其他逻辑实证主义的继承者吗？）必须被限制在现象领域之内。但费英格和范·弗拉森都认为，超越现象的形而上学陈述是有意义的，而且基于其他基础（比如启示或信仰）也是可接受的。这里，我们看到了现象领域和本体领域的康德式区分的当代回响，看起来它显然是解决实在论形而上学问题的一条路径。

理查德·罗蒂（Richard Rorty）［4.22］对将心灵比作自然之镜的隐喻

发起了挑战，在他看来，这种隐喻起源于在理论真理及其经验证据之间所进行的类比。对实在论的这一描述，正如它的早期观念论批评者所做的那样，使实在论与真理的融贯论紧密地联系在一起。所谓的"真理问题"也重新从语义学领域回到形而上学领域，而19世纪围绕该问题的讨论，就是在形而上学领域展开的。罗蒂断言，一旦我们发现将心灵当作存在于世界之外且反映世界的媒介这一实在论理论基础是一个错误的隐喻，实在论的问题就会得到解决。只有基于自然之镜的隐喻，我们才能提出是什么反映了世界，哪些东西被反映了，以及在这些镜像之后是否存在着一个真实世界的问题。虽然拒绝了其他反实在论者那种超越证据的世界概念，但罗蒂还是发现他的立场更接近反实在论而非实在论。与普特南一样，罗蒂也认为辩护实践是我们可以研究的全部内容，而进一步的问题，这种辩护能否引出真理则必须被抛弃。由此，罗蒂就削弱了为认识实践寻求基础的尝试，也放弃了哲学作为真正知识裁决者的地位。罗蒂并不将哲学放在其他认识论传统之外并处于各类传统的对话之中，而认为哲学是对各类传统的调和。但与普特南不同的是，罗蒂将他的反实在论当作分析哲学"终结"的一个部分，而普特南将他的哲学看成一个至少对于那些已经放弃了大陆形而上学传统的哲学家而言的新进展。因此，实在论的形而上学图景，以及伴随这一图景并据之定义当代哲学的认识论方案，都必须让位于放弃了传统方案的后现代哲学。

从上面的论述可以看出，虽然各种反实在论都应用到有关超经验词项的意义的语义学理论，但其理论形式却极为多样化。虽然它们都普遍否认在已证实信念和真理之间存在鸿沟，否认将世界当作由人类所"发现"或"建构"的，但其中仍然存在反实在论的认识论方面。此外，也有很多反实在论哲学家希望通过后康德的德国哲学来阐述其观点，由此重新燃起了对这一领域的兴趣。最后，反实在论作为一种哲学现象本身也引起了对分析哲学进程的思考。这一进程以摩尔和罗素对唯心主义的拒绝为起点，却以复归观念论而告终。反实在论还经常与"后现代主义"这一更为广泛的文化现象联系在一起，但它却不被看作早期观念论的复辟，而被当作"哲学的终结"。

参考书目

4.1　Armstrong, D. *Universals and Scientific Realism*, Cambridge: Cambridge University Press, 1978.

4.2　—— *A Materialist Theory of the Mind*, London: Routledge & Kegan Paul, 1968.

4.3　Bambrough, R. "Universals and Family Resemblances", *Proceedings of the Aristotelian Society*, 41 (1960—1961): 207-222.

4.4　Bergmann, G. *The Metaphysics of Logical Positivism*, Madison: University of Wisconsin Press, 1954.

4.5　Black, M. "The Identity of Indiscernibles", *Mind*, 61 (1952): 153-164.

4.6　Carnap, R. *Logical Syntax of Language*, London: Routledge & Kegan Paul, 1937.

4.7　——*The Logical Structure of the World and Pseudoproblems in Philosophy*, trans. R. George, Berkeley: University of California Press, 1967.

4.8　Davidson, D. "The Logical Form of Action Sentences", in D. Davidson and G. Harman, eds, *The Logic of Grammar*, Encino: Dickenson, 1975: 235-245.

4.9　Dummett, D. *Truth and Other Enigmas*, London: Duckworth, 1978.

4.10　Field, H. *Science Without Numbers: A Defence of Nominalism*, Princeton, NJ: Princeton University Press, 1980.

4.11　Goodman, N. *The Structure of Appearance*, Cambridge, Mass.: Harvard University Press, 1951.

4.12　Kripke, S. *Naming and Necessity*, Cambridge, Mass.: Harvard University Press, 1980.

4.13　Leonard, H. and N. Goodman "The Calculus of Individuals and Its Uses", *Journal of Symbolic Logic*, 5 (2) (1940): 45-55.

4.14　Lewis, D. *On the Plurality of Worlds*, Oxford: Basil Blackwell, 1986.

4.15　Parsons, Terence *Nonexistent Objects*, New Haven, Conn.: Yale University Press, 1980.

4.16　Pears, D. "Universals", *Philosophical Quarterly*, 1 (1951): 218-227.

4.17　Plantinga, A. *The Nature of Necessity*, Oxford: Oxford University Press, 1974.

4.18　Putnam, H. *Meaning and the Moral Sciences*, London: Routledge & Kegan Paul, 1978.

4.19　Quine, W. "On What There Is", *Review of Metaphysics*, 2 (1948): 21-38.

4.20　——*Word and Object*, Cambridge, Mass.: MIT Press, 1960.

4.21　——*Philosophy of Logic*, Englewood Cliffs, NJ: Prentice Hall, 1970.

4.22　Rorty, R. *Philosophy and the Mirror of Nature*, Oxford: Blackwell, 1980.

4.23　Strawson, P. *Individuals; An Essay in Descriptive Metaphysics*, London: Methuen, 1959.

4.24　van Fraassen, B. *The Scientific Image*, Oxford: Oxford University Press, 1980.

4.25　Wiggins, D. *Sameness and Substance*, Oxford: Basil Blackwell, 1980.

4.26　Zalta, E. *Abstract Objects: An Introduction to Axiomatic Metaphysics*, Dordrecht: D. Reidel, 1983.

第五章
伦理学 I （1900—1945）

迈克尔·斯廷格尔（Michael Stingl）

伊恩·哈金（Ian Hacking）言简意赅地说，20 世纪早期哲学主要是意义的全盛期。如其在《为什么语言对哲学是重要的？》（*Why does Language Matter to Philosophy?*）［5.22］中强调的那样，这不是说这一时期的哲学就是为了研究意义；而是说，研究意义是为了更好地研究哲学。用于提问和尝试回答哲学传统问题的那些词句，是这一时期的主要焦点所在，特别是这些词项怎样获得意义，甚至是否有意义。其哲学的幻想在于，一旦意义得到澄清，就可以很容易地把哲学真理与哲学混乱区分开。但到这个世纪末，甚至这一点也变得不肯定了。到那时候，哲学的核心问题是，是否实际存在任何哲学家传统上假定自己要寻求的那种真理。让人担忧的事情是，一旦它们的意义得到澄清，传统哲学问题将显示出它们实际上是没有意义的。

这个时期道德哲学的焦点是元伦理学，更具体地说，是一旦像"善"和"正当"这样的词项得到澄清，伦理科学还是否可能的问题。因为，当科学，特别是物理学，似乎正获得一个接一个的惊人成功时，处于 20 世纪开端的伦理学并不比早期希腊时代更接近任何可以算作道德知识的东西。对 G. E. 摩尔来说事情大约就是如此，他在 1903 年着手一劳永逸地澄清"善"的意义，并通过这样做来为真正的、可以正当地宣称为我们提供对与错的确定知识的伦理科学扫清道路。

摩尔的《伦理学原理》

135　　我的1971年平装本《伦理学原理》（*Principia Ethica*）附有这样的广告：

> 什么是善？
> 为回答这个问题，G. E. 摩尔写了20世纪最有影响的书之一——《伦理学原理》。
>
> [5.44]

考虑到广告的本质，发现这则广告和与它所修饰的这个版本同时代的哲学家关于摩尔著作的常见观点大相径庭就不足为怪了。这种观点的代表性例证是阿拉斯代尔·麦金太尔（Alasdair MacIntyre）发表的《伦理学简史》（*A Short History of Ethics*）：

> （摩尔）说如果我们考虑善和（比如说）快乐或其他会使我们将之与善相混淆的概念，我们就会看到我们的"心灵面对着两个不同的概念"。这种澄清概念的技巧某种程度上为摩尔冷静断言的方法所加强。《伦理学原理》中做出的没有根据或无法找到根据的断言可能比任何一本道德哲学著作都多，但是做出这些断言的方式很得体，因而，虽然有些虚张声势，但好像几乎不能贸然反对。但是，什么才是摩尔的观点？
>
> （[5.35]，250）

麦金太尔接着暗示，其价值并不大。一般来说，这是20世纪下半叶的哲学家关于摩尔著作的标准观点：一个潘多拉的盒子，充溢着非常没有说服力的论证，其中许多针对的是对较早的道德哲学家的胡乱误读，而摩尔却自认为给出了决定性的批评。

摩尔的一个主要靶子是约翰·斯图亚特·密尔。密尔像摩尔一样是个功利主义者。并且像所有功利主义者一样，密尔提出了两个相互联系的道德理论，一个关于善的理论和一个关于正当的理论。这两类理论的功利主义式结合背后的普遍观念是，一个人不能说什么样的行为是正当的，除非他能说出什么样的结果是善的。简单地说，正当的行为是那些产生善的后果的行为。因而，在所有道德理论的最基础部分，人们需要的是说明什么样的东西有内在价值：不仅作为别的东西的手段，而且其本身就是值得追求的东西。有些功利主义者（密尔是否属于他们值得争议），提出了纯主观性的关于善的理论，这种理论把快乐和幸福之类的特殊意识状态当作唯一有内在价值、本身为善的东西。其他功利主义者，例如摩尔，提出了关于善的更客观的理论：有些东西有内在价值，不论它们是否碰巧使人幸福，如知识和友谊。

摩尔对密尔的主要批评与其说是他提出了一种关于善的错误理论，不如说是他犯了一个更深层次的元伦理学错误，由此导致他错认了可以被恰当地称为善的东西。

为了理解这一批评的要点，我们需要从密尔的《功利主义》(*Utilitarianism*)中被当作靶子的那些段落开始。在第一章中，密尔声称：

> 终极目的的问题不能要求直接证明。任何可以被证明为善的东西要能被证明为善，必须通过表明它是某个不经证明就被承认为善的东西的手段。
>
> ([5.37], 4)

之后，在题为"功利原则容许何种证明"的第四章，密尔重复了他的断言，终极目的的问题，即什么东西是本身的善的问题，不容许有严格的证明。他接着说了以下的话：

> 目的问题，换言之，就是什么东西可欲的问题。功利主义的学说是，幸福是作为目的而可欲的，其他东西只是作为该目的的手段

而可欲。

> 一个对象被看见所能给出的唯一证据是人们实际地看见它。一个声音能听到的唯一证据是人们听到它,我们经验的其他来源也是如此。我认为,以同样的方式可以得出,任何东西可欲的唯一证据是人们实际地欲求它。
>
> ([5.37],34)

这最后两段已经理所当然地变得众所周知,毫不逊色于《伦理学原理》中几乎同样著名的对它们的反驳:

> 好了,这就足够了。那是我的第一点。密尔如此稚拙、不加掩饰地运用自然主义谬误达到了任何人所能够想象的极限。他告诉我们,"善"意味着"可欲",而只有寻求发现什么是实际被欲求的,才能发现什么是可欲的。
>
> 对伦理学来说……企图证明"善"意味着"被欲求"这一步是重要的一步……这一步中的谬误是如此明显,密尔竟没有看到它,真是非常令人惊讶。
>
> ([5.44],66—67)

对摩尔来说,他对自然主义谬误的发现是《伦理学原理》的关键之点。一方面,它被证明无处不在,"几乎在每本伦理学著作中都会遇到";另一方面,未能理解它是什么,阻碍了伦理学的所有进步,因为犯此谬误就是误解了善(goodness)的根本性质。如果我们不理解善是什么,那么,在任何情况下我们都很难说哪种东西是善的,更不用说哪种行为是正当的。既然对这种谬误的发现有如此大的好处,那么,这个所谓的谬误是什么呢?根据摩尔,它就是这样一种谬误的最盛行的形式,我们可以追随威廉姆·弗兰克纳(William Frankena)的《自然主义谬误》("The Naturalistic Fallacy")[5.20]的后续讨论而称该谬误为定义论谬误,即假设善这一属性可以用其他某种属性或属性的集合来定义。

在该谬误的自然主义版本中，用来定义善的术语是自然主义的。例如，在密尔的例子中，据说善被定义为"被欲求"。而一个欲求是否存在是一个人类或动物心理学的问题，无论如何，它是一个可以通过经验研究来回答的问题，即它是一个关于自然世界状态的问题，在这个例子中是这种或那种生物的实际心理状态的问题。就此而言，我们要了解什么是本身的善，只要弄清，从事实的观点看，什么东西本身就是人们所欲求的。这里密尔似乎做出了简短扼要的回答：幸福。

与密尔相反，摩尔认为，任何用其他属性（不论是否是自然的）来定义善的举动，都可以通过诉诸所谓未决问题论证，被决定性地证明为谬误。未决问题是那些答案并非直接明显，而要求进一步思考或研究的问题。摩尔的意思是，对所提议的任何善的定义，我们都可以提出"但它是善吗"这种形式的未决问题。例如，关于密尔的观点，我们可以提出"但幸福是善吗"这个问题。这个问题是个未决问题，证明善不能被定义为幸福，因为那样我们就只是在问"但幸福是幸福吗"，一个显然并非有待解决的问题。因为它可以应用于所提议的任何善的定义，未决问题似乎是个强有力的论证：如果它有效，它表明善不可定义。

实际上，这就是摩尔的结论：善这种属性是简单的、不可定义的、非自然的思维对象。就像"黄"，可能存在某些所有好东西都具有的属性，但"好"就像"黄"一样，指称另外的某种东西，我们通过直接了解而知的属性。对于黄色，我们知道它是在看到它的时候。当然，最终可能证明所有黄色的东西都以某种方式反射光，但是，为了能有意义地主张这是事实，我们不能用"黄"和"以如此这般的方式反射光"表示同样的意思。相反，我们通过对黄色东西的直接感知性了解来知道什么是黄，再接着通过研究光的反射属性来发现所有黄色东西所具有的物理属性。相似地，我们通过思忖善的东西时对善的某种直接的认知性了解来知道什么是善，然后等伦理科学告诉我们是否有某种其他属性或属性集合能与善相连。

正是在这个意义上，摩尔可以被称为直觉主义者，虽然他自己拒绝这个标签。存在我们能直接认知性地知觉的善的特征，但既然这一知觉显然不是感知的，它必定是某种其他的、纯理智类型的知觉，可能是某种类似我们对数学对象的知觉的东西。无论如何，既然我们不是通过知觉意识到善，并且它不能用其他知觉属性定义，因而它必定是非自然属性。

这提出了三个重要的哲学问题。第一，存在这个"非自然"属性究竟是何种属性这样的形而上学问题。第二，存在关于它的知识实际上如何可能这样的与认识论相关联的问题。第三，也许对伦理学最重要的是，存在这样的问题：被这样理解的善如何与人类的动机系统相联系。对世界的非自然属性的知识如何能有动机性效果？即它怎么能给我们去行动的理由（更不用说义务）呢？

这些不是摩尔在《伦理学原理》中关心的问题；这本书的要旨只是澄清"善"的意义，然后开始从事摩尔所认为的伦理科学首要任务：尝试辨别实际确实具有简单的、非自然的善的东西的类。善的东西（the good），作为某种与善（goodness）不同的东西，是摩尔认为可能定义的东西，实际上，这恰好是他认为伦理学应该努力去做的事：精确地定义实际善的事物的类。他的根本观点是：关于善的东西的问题依赖于逻辑上在先的关于善之定义的问题，伦理学不能不回答后一问题就开始解决前一问题。简言之，这就是密尔的错误。由于混淆了两类问题，他把对何种东西是善这一问题的貌似有理但不正确的回答，变成了对善本身是什么这一问题的十足荒谬的回答。

正如早先所指出的，历史并未眷顾摩尔。讽刺的是，后来的哲学家像他唐突地对待密尔一样唐突地对待他。在《边沁和密尔的功利"证明"》("The 'Proof' of Utility in Bentham and Mill") 中，埃佛特·霍尔（Evert Hall）辩解说，密尔没有犯任何谬误。他以这种刺耳的批评作为开场为密尔辩白：

> 对于这一把密尔说成犯有定义论谬误的恶名昭著的解读，我只能解释为摩尔没能把握密尔论证的其他含义，因而认为密尔一定犯了这一谬误。但是对于任何没有堕入文字曲解的解释者，其他含义显然存在。

([5.23], 150)

这另一明显的解释要求注意这一事实，在摩尔作为攻击点的那个段落的开头，密尔警告说，他关于善的理论不可能有任何证明。他的要点是，即使严格证明是不可能的，仍然可能存在其他不那么严格的检验，所提出的关于善的理论可能对之做出解释。因而，根据霍尔，密尔在所讨论的那个段落中所做的，只是提出这样一个检验：任何被一个理论说成善的东西，最好是实际地激发人们行动的那种东西。所以，论证人们实际地欲求幸福时，密尔并非在提供一个善的定义，而是试图表明他提出的关于善的理论通过了一个重要的经验检验，一个关于动机效力的检验。按照快乐主义心理学的学说，事实上，最终激发人们的是他们认为将使他们幸福的东西。霍尔的观点是，虽然这一心理学说很成问题，但是在力图为自己关于善的理论辩护这一语境中，密尔诉诸它并没有犯逻辑错误。

摩尔无疑误解了密尔。然而《伦理学原理》是有影响的，并且它的影响并非微不足道。要知道原因，我们必须把这本书和它的论证置于它们的原初语境中。我们必须问为什么摩尔会如此绝对地确信，不论密尔自认为他在做什么，只要他在做某事，他所做之事的一部分就是在提供善的定义。我们必须问摩尔为什么会发现，未决问题论证是这样一个彻底反对任何定义善的企图的批评。

摩尔的例子是语言很明显地与哲学相关的例子。除非把他对作为科学的伦理学的关切置于他和伯特兰·罗素在 20 世纪前几十年开始发展的指称意义论的语境中，否则，《伦理学原理》的主要道德主张只能显得像摩尔的许多批评者看来那样：像被误导一样华而不实。

根据意义指称论（它在罗素的《论指谓》、《数学原理》、《数学原理》[与怀特海合著] 和《哲学问题》中得到了强有力的发展，摩尔自己也在《伦理学原理》的开篇不那么强有力地发展了它），一个词的意义就是它所指称的东西。按照这个理论最早的版本，某些词项，如"苏格拉底"，指称特殊的个体；其他的，如"黄"，指称共相，在这种情况下，该属性被所有黄色的东西所共有。要知道一个句子意谓着什么，人们需要知道它的词项的意义或指称。所以，要说何种东西善，密尔本来必须以一种有哲学教益的方式，澄清"善"指称什么。在这一点上，密尔似乎没有令人失望：他似乎很清楚地说，"善"是人们欲求的东西，而人们所欲求的是幸福。但在摩尔的意义指称论的语境中，这恰恰是荒谬的：正像未决问题论证决定性地证明的那样，不论"善"指称什么，它都不能指称幸福。所以《伦理学原理》引用了巴特勒主教（Bishop Butler）的观点作为引言：每个东西都是其所是，不是另一个东西。不论"善"是什么，它不是幸福。

现在，坚持意义指称论正确的人可以尝试为密尔辩护：他在有争议的段落中想要做的，是以一种可容忍的误导的方式，论证"善"和"被欲求"，像"黄"和"以如此这般的方式反射光"一样，只是外延地等价。所有善的对象并且仅有善的对象是被欲求的。密尔没有认为"善"指称人们所欲求的——幸福，但他的确认为内在善和幸福这些属性恰好被同一类对象所拥有。然而，摩尔的第二条辩护路线将再次与他自己对意义指称论的理解相联系：如果密尔对"善"指称善本身而非其他东西还有任何理解，他就不会接下去提出幸福是唯一善的东西这一明显错误的学说。摩尔认为这很明显，即任何人一旦把善作为独立的思想对象，他或她就会看到，除了幸福，善还和友谊、知识这样的东西相联系。要达到他所得出的结论，密尔必定在很大程度上混淆了善与幸福。

但是如果把《伦理学原理》置于特定语言和意义理论的语境中展示它的论证的真实意义，那么它也同时显示了它们的根本弱点：它们不会比它们预设的意义理论更好。1921年路德维希·维特根斯坦的《逻辑哲学论》的出版只是使意义指称论达到了它最后的全盛期，之后它迅速衰亡，最终更遭到决定性的拒绝。就像《逻辑哲学论》遭到无条件拒斥后，其中的某些学说继续让哲学头脑着迷一样，《伦理学原理》仍然继续萦绕于关于伦理学的哲学思考中。摩尔表明从事伦理学不能忽略语言，除非道德哲学家对"正当"和"善"这样的词意味着什么给出某些指示，否则，伦理学的纯粹哲学探求不可能有任何进步。而且，摩尔关于善的客观性理论所提出的哲学问题，已经成为任何成功的伦理学方法所要解答的重要谜题：不论道德价值最终证明是什么，关于它的知识如何可能？它如何作用以激发人类活动？回答这些问题的尝试，处于佩里（Perry）和杜威的自然主义，艾耶尔和斯蒂文森（Stevenson）的情绪主义（emotivism），以及近来的契约论道德政治哲学的中心。

直觉主义

这些尝试也处于直觉主义的中心，虽然直觉主义的回答最终并不比摩尔更有说服力。

直觉主义的推动力是 H. A. 普理查德（H. A. Pritchard）1912 年在《心灵》杂志上的文章《道德哲学基于一个错误吗？》（"Does Moral Philosophy Rest on a Mistake?"）[5.49]。正像人们认为的那样，这个问题是反诘性的。根据普理查德，所有先前道德哲学都存在的问题是没有给出对道德义务的有说服力的说明：没有令人满意地回答一个人为什么应当做正当的事这一问题。所有这些失败背后的错误是假设这个问题可以用某种证明来回答。一旦一个人看到这不可能，他就可以摆脱束缚，发现事实上任何证明都是不必要的：一个人应当做正当的事，是对所讨论之行为的正当性的直接理解的一部分。

人们可能像摩尔那样，试图把正当行为导致的好结果作为其义务性的基础。但如普理查德所说，这"预设了……好事情应当发生"，而这是假的。世界的特定状态，如人类苦难的终结可能的确是非常好（善）的事情；但是人类困难的终结是好（善）的这一事实本身并不导致我或其他任何人有义务造成它。改为假设正当行为本身就是善的也不会使情况更佳，因为，根据普理查德，善的行为就是出于正当理由而做的正当行为，即一个行为善，只与它的动机有关，而与它的正当性无关。普理查德说，做我们应当做的事，完全不同于像我们应当做的那样做它。这里潜在的观念是，如果正当性不能与善相分离，那么道德义务性也不能。

在他的文章的接近结尾处，普理查德简要地提出了一个更一般的论证，即我们做正当之事的义务不容许任何哲学证明。为了证明我们知道任何事，笛卡尔认为我们必须证明我们知道我们知道它；但普理查德说，这是不可能的：它导致认识论的无穷倒退。它与伦理学的类比是这样的：就像面对过去的错误信念使我们思考，我们怎么知道我们自认为知道的事；面对冲突的倾向使我们思考,为什么我们应当做我们认为正当的事。但是,如果我们假设,要回答为什么我们应当做我们认为正当的事这一问题,我们必须找到我们必须如此的某种证明,那么我们就使得伦理学工作成了不可能。在寻找这样一个证明时,我们是在寻找某种迫使我们以特定方式行为的东西,换言之,寻找某种有倒退危险的东西,这一倒退与使笛卡尔式认识论纲领不可能的那种倒退同类。如果我被迫做正当的事只能通过被迫而被迫如此,那么很难回答为什么关于义务同样的问题不会在下一个水平上重复出现。

普理查德对传统认识论工作的拒斥,是新近对关于"s 知道 p"的充分必要条件的哲学探求的拒斥的有趣先兆,这种探求是为了支持对能实际地产生在其他方面我们愿意认为是知识的东西的认知过程的经验研究。然而非常奇怪的是,尽管他洞察到为什么我们应当做我们应当做的事这一问题表达了对绝对确定性的错误要求,普理查德自己却对道德义务做了不切实际的笛卡尔式解释:当我们看到它时,我们就知道它。如果某人不觉得有义务履行一个正当行为,仅仅是因为他或她没有足够充分地凝神思索使该行为正当的东西是什么。把一个行为领会为正当的,就是把它领会为义务。

这就是直觉主义的主要观念:做什么是正当的这一问题完全独立于任何关于什么是善的论证,并且,做什么是正当的实际上不是某件可以给予任何论证的事,不论它是否诉诸好的东西。一个行为是正当的,是一件必须被直接领会的事。

在某种程度上,W. D. 罗斯(W. D. Ross)在《善与正当》(*Right and the Good*)[5.52]和《伦理学基础》(*Foundations of Ethics*)[5.53]中,E. F. 卡里特(E. F. Carritt)在《道德理论》(*The Theory of Morals*)[5.7]中,进一步发展了这一直接领会的观念。根据罗斯,我们在领会正当性时领会的是某种有关行为类型的东西。例如,因为我们看到某一行为是遵守承诺的行为,所以我们直觉到它是正当的。赞誉特定类型的行为——诸如守承诺、讲真话、报答恩人——是正当的,对于罗斯来说,是他的显见(*prima facie*)义务(显见正当的行为类型)理论的基础。被这样理解的义务是显见正当的,而不是实际正当的,因为在特定情况下它们会变得互相冲突;在这样的情况下,只有一个显见义务可以是一个人的实际义务。我们后面在"实质性伦理学"的一节更详细地考察这一理论时将会看到，我们的实际义务是什么，不是某种我们能直接直觉到的事。

卡里特明确地否认了这一点，他在很多方面是今天所谓境遇伦理学的先驱。按照卡里特的观点，道德直觉直接应用于特殊境遇及其全部细节。我们所直觉到的是这个行为，在这个境遇中是正当的。我们可以在后来认识到我们的行为属于某个一般类型，或许与罗斯的显见义务表一致；但这些类型不是我们直接直觉到的东西的一部分。在深层含义上，没有一个伦理学理论是可能的。因此卡里特说：

> 你不能向一个人证明他有义务，或者他应该履行他的义务，或者正义是一个义务，或者这个行为是正义的。你所能做的一切是告诉他关于他所做之事的前因和后果的更全面信息，并且要他同意你它是对或错。如果他像你一样清楚地知道这个境遇和后果，但仍与你意见相左，那么你们中必定有一个是错的。你所能做的一切是让他再次想象这个境遇，更专心地重复道德思考活动。
>
> ([5.7], 72)

或许这是一个谦逊的伦理学观点，但最终它和摩尔对善的说明一样华而不实。说我们"通过直觉"知道什么东西是正当的，一点都没有告诉我们，我们是如何在认识上与所争议的道德价值相关联的，更不用说这一关联与人类动机系统的实际结构有什么关系。诉诸某种更加神秘的东西来解释某种神秘的东西，这种做法具有其吸引力，这是人类理智的古怪特征。不过，更深层的神秘还能在理智上让人满意，只要在该领域中没有其他解释具有它所不具有的某种真实解释力。这就是为什么以下情况被证明具有历史的必要性，当更深层的神秘在情感上和政治上令人满意时，听凭人们伴随着各种令人不快的非理性说服工具去冒险：直觉主义难以获得工具，卡里特那段令人绝望的引语使这一点再清楚不过了。如果某个贫乏的灵魂看不到显然正当的东西显然正当，我们就只能一次又一次地努力张开他或她的眼睛，直到我们中的一个因疲累而让步或放弃。

自然主义

通过以人类利益（interests）为主来定义道德价值，自然主义能够提供直觉主义者不能提供的东西：直接回答道德知识如何可能这一问题，以及这样的知识如何能有动机性效力这一更深层的问题。

对于摩尔和其他英国直觉主义者，道德在如下含义上是客观的，即善这样的道德价值，必须在独立于一切主观经验而存在的对象的性质中发现。对于自然主义者，这一道德客观性的观念是错误的。在《教义之风》（*The Wind of Doctrine*）中，美国哲学家乔治·桑塔亚纳（George Santayana）提出了如下论证：

> 对于人类机体，威士忌的确比咖啡更令人陶醉，而相反的意见将是错误的；但是，为证明这是真实的——尽管是相对而言的——特征，坚持威士忌本身就是令人陶醉的，与任何动物无关，它为固有的陶醉所弥漫，烂醉于瓶子中，这种方式多么奇怪啊！
>
> （[5.60]，267）

根据桑塔亚纳，威士忌令人陶醉是一个相对性事实，即不仅涉及酒精的化学性质，也涉及人类体格的生理属性的事实。道德事实也是如此：某个东西道德上好，既涉及具有特定利益和故意行为能力的生物，也涉及它能在其中活动，以满足自己更多而不是更少利益的环境。

一种以此种方式自然化的伦理学观念，得到了另外两位美国哲学家，拉尔夫·巴顿·佩里和约翰·杜威的进一步发展。他们二人都试图以这种方式为道德的善所意味的东西提供更精确的定义。

在他的《价值通论》（*General Theory of Value*）[5.47] 和续篇《价值王国》（*Realms of Value*）[5.48] 中，佩里建议，我们应该说某个东西具有价值，当且仅当它是利益的对象；它是道德上好的，当且仅当它是利益的对象，而这一利益本身是得到和谐安排的利益集合的一员。佩里想用"利益"囊括主体对对象的任何赞成或不赞成的态度，他关于这些态度的例子有喜欢和不喜欢、希望和恐惧、欲求和逃避。只要动物能感到不喜欢或厌恶，那么它们就也有利益，并且虽然它们不能积极参与利益的和谐安排，但是，至少任何这样的安排都必须把它们的消极利益纳入考虑范围。按照佩里发展的自然主义观点，这是因为客观来说，未得到满足的利益是坏的。

佩里似乎用"和谐安排的利益"来表示与罗尔斯（Rawls）最近在《正义论》（*A Theory of Justice*）[5.50]中发展的一个观念相似的东西，即秩序良好社会的理想。虽然约翰·杜威在《道德生活论》（*Theory of the Moral Life*）[5.15]中也提及了这个观念，但他和佩里都没有全面地发展它。在其最一般的意义上，这个观念是这样的：利益处于残酷的冲突中；某些利益比另一些利益更重要；只有在社会环境中，人类才能繁荣；个人的以及人际的最好利益集合是相互支援的利益集合。当我的利益的满足是你的利益的满足的一部分，并且反之亦然时，我们的生活是组织得最好的。正是在这一含义上，在秩序良好的社会中，每个人的利益都成为所有人的利益。

显然，这一切恰恰是在主张做摩尔所认为不能做的事：提供道德善的定义。部分地与摩尔一致，佩里确实认为不可能用其他概念集合来替换善的概念，或更一般地说，价值的概念，该概念集合意味着同样的东西，只不过对此一意义的表达是以更容易理解的方式进行的。然而，佩里的确认为，实际的价值概念，其边界往好里说，是模糊的，往坏里说，是歧义的和混淆的。它完全可能用更精确的替代物来替换，这样做的优点可以用它在多大程度上能有利于我们进行关于价值、道德等等的反思来衡量。倘若这种定义改良具有这样的性质，对佩里来说，未决问题论证的意义仅仅是表达这样的要求：提出的任何改良要被接受，都要以证明它比它的竞争者更有趣、更富有成果为条件；这样，并且只有这样，那种东西，不论它最终是什么，才能被说成根据"定义"是好的。

与桑塔亚纳一样，佩里不是摩尔意指的那种含义上的道德客观主义者。然而他非常关心在对某个东西有利益和做出关于这个利益的判断之间确立区别，以使一个东西的价值最终不会仅仅在于它被判断为有价值这一事实。东 *146*

西有价值仅仅因为它们被判断为有价值是道德主观主义的特征性标志，是自然主义者强烈否认的观点。

杜威避免主观主义的努力在有些方面比佩里更微妙，在有些方面则有所不及。杜威没有围绕摩尔的道德客观性概念所假设的主客体的重大形而上学区分——通过论证某种次级的认识论区分，例如利益与判断的区分——来展开论述，而是主张广泛公认的形而上学假设本身就是一个错误。其主张的要点在《寻求确定性》(*The Quest for Certainty*)的第八章得到了简洁的陈述：

> 如果我们看到认识并不是置身于外的旁观者的活动，而是置身于自然与社会场景中的参与者的活动，那么，知识的真正对象就在被指导的行为的后果中。
>
> ([5.14], 196)

如果我们和世界之间的一个试验性互动产生了我们期待的结果，我们就在这个程度上获得了关于世界的客观知识。这个试验既可以是物理学的，也可以是道德的：两种情况下的一般方法都是相同的，一种场合中告诉或未能告诉我们的东西，并不比另一种场合中的更客观。

简言之，根据杜威，道德知识是通过关于假设和试验的一般科学方法生产出来的。与摩尔关于伦理科学的面貌的观念相反，对杜威来说，共享同一个方法论是伦理学成为真正科学的唯一途径。举一个来自杜威和詹姆斯·塔夫特(James Tuft)的《伦理学》(*Ethics*, 1908)第一版的例子，用以使20世纪早期北美强盗资本家的过度行为合法化的个体主义道德理想，是一个在此过程中已被证明为明显错误的假设。这个假设所依据的道德预期是，一个这样促成和安排的社会秩序会比一个基于更具社会主义倾向的原则的社会更稳定，更有创造力。根据杜威和塔夫特，时代的社会巨变表明，事情并非如此。不受节制的资本主义试验的失败表明，纯粹个体主义的道德理想不能产生和谐安排的社会利益集合。

除了提供对道德知识的融贯解释，杜威的自然主义还提供了对道德动机的融贯解释。如果试验方法承诺向我们展示我们的利益如何能被最好地整合进复杂的社会整体中,那么教育就承诺产生具有正当利益的个体。我们应该重构我们的社会的基本制度,来产生这样的个体。这一点首先被理智所理解,其次,出于私利和同情而被追求。一旦理智向我们表明,我们自己的特殊好处是与我们周遭那些人的好处联系在一起的,私利和同情就会推动我们追求和谐安排的利益这一更大的好处。这样做的最直接方式当然就是从利益尚未形成的个体开始,采用能使他们实际形成恰当利益的方式教育他们。

不论它会带来其他什么担忧,对杜威关于人类动机系统的解释的这一简略概述把我们引向了后来哲学家对伦理的自然主义最深刻的元伦理学批评,即人类的动机系统是一回事,道德义务则是非常不同的另一回事。换种方式来说,自然地存在什么怎么能让我们得出在道德上应当存在什么?这一困扰,有时称为是/应当困境,至少被后来的某些哲学家看作未决问题论证的真正要点,而不论摩尔是否认识到这一点。按照这种观点,自然主义谬误是不加掩饰地从主张某个东西——或许是由于我们的生物属性——自然地对我们好,推进到进一步主张这一自然事实使我们有义务追求这个东西。和谐安排的利益,作为自然事实的一个要素,也许对于我们是好的;但这怎么能对任何人产生追求这种安排的义务?

在他的《道德生活论》[5.15]和《人性与行为》(*Human Nature and Conduct*)[5.13]中,杜威对这样的忧虑做了一个回应。最简单地说,他的主张是,和谐安排我们的利益的道德义务是从人必然作为社会存在得出的:

> 我们的生活包含着社会压力,就像我们呼吸的空气和我们行走的地面一样。如果我们的欲求、判断、计划,简而言之,心灵,是远离社会联系的,那么后者将是外在的,它们的作用将被视为非道德力量。但是,在我们的环境中,并且由于我们的环境,我们才在精神上和肉体上生活着。社会压力只是我们参与其中的永远持续着的互动的名称罢了,只要活着我们就分担着它们,至死方休。
>
> ([5.13],327)

除了过人类生活的纯粹欲求,对杜威来说,对于为什么我们应当做对我们好的行为这一问题，不可能存在更深刻的回答。

逻辑实证主义

148 　　不论伦理学自然主义和道德直觉主义在哲学上的优点和缺点是什么，它们都被逻辑实证主义潮流的兴起而取代了。

　　逻辑实证主义是一种对语言和意义问题的一般方法。作为一种运动，它的起源和初期发展是在维也纳学派，一个 1920 年代初期到 1930 年代中期汇集在维也纳的科学家和哲学家团体。该学派中两个比较重要的人物是莫里兹·石里克和鲁道夫·卡尔纳普，虽然路德维希·维特根斯坦从来不是它的实际成员，但他的《逻辑哲学论》和某些后来的观点大大地影响了该学派的讨论和观点。英语哲学家中，A. J. 艾耶尔与该学派有短暂的联系。1936 年，他出版了主要论战性文本《语言、真理和逻辑》（*Language, Truth and Logic*），这本书的核心是证实原则：

> 我们说一个句子对任何特定的人有意义，当且仅当他知道如何证实它要表达的命题——即他知道在特定条件下，何种观察能使他把该命题作为真的而接受，或作为假的而拒绝。
>
> （[5.2]，35）

　　根据实证主义者的观点，表达科学命题的句子服从这一原则。因为它们能通过观察来检验，所以它们是有意义的。在除石里克之外的所有实证主义者看来，伦理学句子不服从这一原则，因为道德主张不能用观察来验证，所以它们字面上是无意义的。按照这一关于科学和伦理学的观点，不可能有伦理科学。

　　在此有三个重要的限制条件。第一，存在着自然主义的问题。例如，如果杜威的主张——最好把道德判断理解为关于利益如何得到最佳安排的假设——是对的，那么似乎道德主张可以通过观察来检验。与此相反，艾耶尔支持普理查德的观点，即关于善的主张不能告诉我们任何关于道德责任的事。从维特根斯坦开始，这个观点得到了很多属于实证主义传统的哲学家的共鸣，他在《逻辑哲学论》[6.41]中说，如果价值是世界的一部分，那么它们在某种重要的意义上是"偶然的"。总的观念是，虽然自然地定义的善可以告诉我们关于人类的重要的心理学和社会真理，告诉我们世界被建构的方式的可能真理，但它不能告诉我们任何关于应当是什么的真理。用艾耶尔的术语，对道德语言的自然主义解释忽略了"善"、"正当"这类词的规范性用法，而这种用法激起我们的行为。

这一点把我们引向第二个限制：说道德主张字面上没有意义并不是说它们根本没有意义。某些主张，比如科学的主张，它们或真或假地描述通过观察而向我们揭示出来的世界，仅在这个范围内，它们是有意义的。然而，其他的主张，可以因它们让我们表达我们的感情的方式而有意义。这样一种关于道德主张的观点，被所有实证主义者接纳——除了作为伦理自然主义者的石里克——并开始被称为情绪主义。在英语世界中，对道德词项的情绪主义解释首先在1923年由C. K. 奥格登（C. K. Ogden）和I. A. 理查兹（I. A. Richards）在《意义的意义》(*The Meaning of Meaning*)中明白地道出：

> "善"被声称代表独特的、不可分析的概念。这个概念据说是伦理学的主题。我们提出，"善"的这一独特的伦理学用法是纯粹的情感性用法。当这样使用时，这个词不代表任何东西，它只用作表达我们态度的符号，或许还激起他人同样的态度，或引起他们这样那样的行动。

([5.46], 125)

在《"善"是一个简单、非自然性质的名称吗?》("Is 'Goodness' the Name of a Simple, Non-natural Quality?") [5.5] 中讨论这个观点时，C. D. 布洛德（C. D. Broad）机智地把它称为道德语言的"乌拉—呸"理论。因为根据情绪主义，例如，当我说偷窃是错误的时，我实际意谓的不过是"偷窃，呸!"当然，这导致很难看出这种理论如何能使道德论证有意义，这是 G. E. 摩尔在《道德哲学的性质》（"The Nature of Moral Philosophy"）中提出的忧虑。如果对某个东西我说"呸"，你说"乌拉"，这里没有断言任何我们对之有分歧的真理，而仅仅是我表达我的情感，你表达你的。

艾耶尔对此的反应是迎头反击，否认道德争论事实上可能。艾耶尔主张，在与某个人的道德分歧中，我们可以就与该情况有关的事实进行争辩，或者就这些事实是否属于这一道德原则的问题进行争辩；我们不能争论的是为什么某人应该接受这个道德原则而不是相反的那个。我们能像实际上那样经常正常地相处，对于艾耶尔来说，只是一个人为的结果，即我们是在一个由某种共享价值所限定的特殊社会中成长起来的。

但这个关于道德争论的观点很难公正地对待我们关于道德问题的实际争论。在以其《伦理学与语言》（Ethics and Language，1944）为顶点的一系列重要文章中，查尔斯·斯蒂文森力图扩展对道德论证的情绪主义解释。他同意艾耶尔，至少一些道德争论只不过是关于与问题有关的事实的争论。然而，对斯蒂文森来说，可以存在真正的道德分歧：

> 我们必须区分"信念分歧"（以科学为典型）和"利益分歧"……当 A 对 X 有赞成的利益，而 B 对它有不赞成的利益，并且双方都不满足于让另一方的利益保持不变时，利益分歧就出现了。
>
> （[5.66]，426）

在这种分歧的过程中，A、B 双方都想努力影响另一方，使之放弃或修正他或她对 X 的原初利益。这样做的最重要方法是使用斯蒂文森所谓的说服性方法（persuasive method），它

> 依赖于语词纯粹、直接的情感作用——作用于情感意义，（声音的）抑扬顿挫，机智的隐喻，声音的洪亮，刺激，或祈求的语调，戏剧性的手势，小心地建立与听众或观众的友好关系，等等。
>
> （[5.69]，139）

某些东西肯定超出了卡里特提出的道德说服方法。

不过，不论其作为道德论证的描述性理论多么不恰当，情绪主义的确提供了关于道德动机的融贯叙述。不同于自然主义，情绪主义把道德知识的问题看作无实际意义的，这一点把我们引向了道德判断无实际意义的第三个限制条件。

情感意义不是描述意义。道德判断最终既不是关于人类情感和兴趣的主观领域，也不是关于自然的或非自然的善的客观领域。虽然道德判断表达情感，但是，除非碰巧，它们不用于描述那些情感。情绪主义者与自然主义者一样，强烈地否认主观主义，但只是因为他们相信道德判断在它们的纯规范性使用中，没有命题性内容。表达这一要点的另一种方式是说道德主张并不表达关于世界存在方式的认知性判断，不论这种存在是主观的、客观的还是关系的。因为这个原因，情绪主义和它的后继常常被称为伦理学的非认知主义理论。

狭义上的逻辑实证主义逐渐在它自己的假设的重压下没落。可以用艾耶尔给《语言、真理和逻辑》第二版的序言中的话来做评论：最终证明，用融贯一致的方式来陈述证实原则极端困难。因此，作为一个独特的思想学派，逻辑实证主义已经让位给通向语言、意义和知识的更一般的经验主义途径。然而，对于伦理学，情况更为混乱。到1945年，情绪主义已经使它的主要对手——直觉主义和自然主义——陷入困境；但此后情绪主义自己也被极为不同的各种替代物所压倒，其中有些是非认知主义的，有些不是，每一个都差不多和另一个一样貌似有理。当20世纪行将结束时，仍然可以不失公允地说，整体上，实证主义，尤其是情绪主义，其影响力远比直觉主义或自然主义广泛。

造成的困惑比其影响力更为持久的是维特根斯坦《逻辑哲学论》的伦理学说。这本书的核心逻辑主张，即有意义的东西的界限不超过自然科学世界的经验命题，被早期的逻辑实证主义者热情地接纳。然而，对于维特根斯坦，这个逻辑观点本身就具有最高的道德重要性。通过显示可说的东西的界限，维特根斯坦认为他显示了世界整体上的界限。他认为具有深刻道德重要性的是，在显示世界界限的同时，他显示了自己不可能是它的一部分。作为在心理上和身体上可描述的欲求、经验和行为的主体,他肯定是经验世界的一部分;但作为看到逻辑显示出的有关它界限之事的形而上学主体,他肯定不是经验世界的一部分。

因为形而上学主体不是世界的一部分,世界中发生的任何事都不会对它有好或坏的影响;善与恶必定完全在形而上学主体之中,远离经验世界中的实际事件。对于维特根斯坦来说,这意味着:好人,幸福的自我,是与世界融为一体的自我——接受发生的一切而不试图改易事件的进程以满足特定经验主体的那个自我,它也许不幸地被诱使把自身和经验主体相等同。维特根斯坦的伦理学,由于它根植于维也纳和后期哈布斯堡帝国的明显非英国的理智传统中,因此与20世纪上半叶在英国和美国得到发展的道德哲学方法步调完全不同。例如,罗素和摩尔——维特根斯坦提交《逻辑哲学论》申请剑桥大学学位时的主考,最熟悉他的英国哲学家——从来没有真正理解这本书没有说出的主张,而根据维特根斯坦,它没有说出的比它说出的更重要——在他的《1914—1916年笔记》(*Notebooks 1914—1916*)中发现的纯粹的道德命令:"幸福地生活!"

实质性伦理学

如本章开篇所说,20世纪上半叶道德哲学的主要焦点在道德词项意义的元伦理学问题上。实证性伦理学问题——何种东西是实际善的或恶的,正当的或不正当的——较之一个人把这些词项用于这个或那个东西意味着什么的问题,在合法性上似乎居于次要地位。然而,至少就某些自认为成功地解决了这种意义问题的参与者而言,这个时期也包括了关于专门伦理学(ethics proper)的两个重要发展。

第一个发展已经提到了,就是罗斯的显见义务理论。这个理论是义务论的,因为它把正当性,或责任问题,而不是善的问题作为伦理学的基本问题。对于罗斯,道德的基础是在我们关于正确或错误的直觉中发现的,直觉向我们揭示关于特定行为类型的道德真理:说真话、撒谎、遵守或违背诺言、尊重或不尊重生命或财产。例如，我们的直觉告诉我们遵守诺言是显见正当的，也告诉我们违背诺言是显见错误的，但正当性和错误性本身是什么？首先考虑简单的情况，只作为这些类型之一的示例的行为事实上正当还是错误，依赖于它们作为其示例的那个行为类型。然而，对于作为不止一个类型的示例的行为，存在这样的可能性，虽然它们一方面是显见正当的，但可能另一方面又是显见错误的，在这种情况下，我们如何知道这个行为是正当的还是错误的？根据罗斯，这不是某种能由直觉决定的事。例如，如果我们面对一个既是遵守承诺同时又是撒谎的行为，我们可以采取的最好做法是尝试评估两个相冲突的显见考虑在这一境遇中的相对权重，然后做出相应的选择。

这一般被认为是显见义务理论的主要失败之处：它就不是关于正当与错误的理论。这个批评的要点是，在典型的情况下，我们注意道德理论是因为我们受到在一个特定场合中做什么是正当的这个问题的困扰。我们假定，如果我们能一般地确定使一个正当行为正当的东西是什么，那么我们也能知道，在当前的特定场合中，我们应当做什么。因为没有告诉我们在道德上令人困惑的场合中正当性意味着什么，罗斯的理论没有提供一个有趣的或有用的道德理论必须提供的东西。

这个理论的另外两个问题在杜威的《道德生活论》中得到了很好的表达。他的第一个要点是我们的道德直觉不会优于它们在我们实际道德教育过程中的来源。

> 如果它们的产生条件是理智的，即如果参与创造它们的父母和朋友有道德智慧，那么它们很可能是理智的。但任意的和不相干的环境常常介入，并留下影响……
>
> （[5.15]，125–126）

第二个，也是更深层的问题与道德变化有关。一个人把其道德理论建基于直觉上，就使它具有了内在的保守性。

> 人们逐渐被他们的判断所束缚，就像他们紧守着其他因熟悉而珍视的所有物一样。特别是像目前这种时代，当产业、政治和科学变革正飞快进行的时候，改变旧的评价尤其必要。
>
> ([5.15], 127)

当然，杜威的"目前"在某些方面不再是我们的"目前"，但他的要旨并非与当前无关。例如，在我们快速变化的时代，约翰·罗尔斯以所谓我们反思平衡的深思熟虑的道德判断作为他正义理论的基础；但是正如女性主义者和其他人已经指出的，我们深思熟虑的道德判断，即使是反思平衡的，仍可能被种族、性别、阶级的差别深深地分裂。理解对《正义论》的这一相当普遍的指责的一种方式是，把它看作对罗尔斯的反思平衡方法中内在的保守主义的直接回应。

对于我们正在研究的这个时代，它提出了一个重大问题。例如，妇女在哪里？她们基本上不在大学里专业地发展伦理学理论，但是她们处于20世纪早期针对禁酒、选举权、计划生育、和平主义和一般社会改革之类事情的许多重要社会运动的中心。在她们对各种运动的参与中，突出的女性思想家撰写著作、文章、演讲稿和书信，所有这些都必须作为关于正当与错误、善与恶的未涉及的丰富思想资源而占有一席之地。从这些思想中重构伦理学理论将是一项伟大而富有挑战性的工作；对20世纪伦理学的更周全的理解的产物，我们只能开始感到好奇。对于这个时期的历史，是需要增加一个和两个这样的章节，以顾及女性和其他边缘群体的道德思考，还是需要整体重写？如果近来女性伦理学的工作对20世纪后半期道德哲学中这种遗漏的程度做出了衡量，那么更激进的选择未尝完全没有道理（Kittay & Meyers [5.34]；Hanen & Nielsen [5.24]）。

既然对这种争端的哲学思考还处于未决状态，这些问题就必定仍是推测的。这不是说可以富有成效地忽略它们。对于一条实质伦理学的可靠路线来说，考虑那些处于社会边缘者的道德判断，初看起来，是比考虑那些主要代表社会掌权者的利益的判断重要得多的理论起点。这不是说那些处于边缘者是完全未受偏见污染的，而只是说，比起那些从中得利者，社会邪恶对于那些受害者表现得更明显。

有了这一思想，让我们转向目前理解的这个时期的第二个重大理论发展，摩尔的理想功利主义。摩尔相信，一旦我们知道了善是什么——一个简单的和不可分析的非自然属性——我们就可以接着回答何种东西实际地拥有这个属性的问题。除了快乐，摩尔认为，对个人的爱和对美的静观，抛开任何可能与它们相联系的快乐，是本身的善，这一点是显而易见的。摩尔认为，稍加思索就足以表明，知识也是客观上善的。密尔的享乐主义功利主义宣称，只有快乐是内在善的；与此相反，摩尔的理想功利主义似乎提供了一个更宽泛的、多元主义的选择。这里的假设是密尔的确相信快乐是唯一内在的善，对这一点当前存在某些争议（Anderson [5.1]）；不论这一争议本身如何解决，很显然，密尔关于善的理论比摩尔所以为的要精致得多。

相对于善的理论，功利主义关于正当的理论是直截了当的。如果某个东西是善的，那么它越多必定越好。因而，正当的行为，就是使善最大化的行为。根据其后果相对的善和恶，某些行为是正当的，某些行为是错误的，还有一些是道德中立的。因为按照这种观点，行为的正当性依赖于其结果的善。这类道德理论常常被称为后果论。

人们会假设，后果论的理论，作为与义务论相反的理论，是比保守主义更合适的社会变革工具。但对摩尔来说不是这样。因为对任何社会变革提议的总体善的评估都伴随着巨大困难，摩尔认为任何这样的变化都不可能被证明是件好事。他的建议是简单地遵循他称为常识规则的东西：尊重人的生命和财产，遵守你的承诺，保持勤奋和节制。这并不像经常认为的那样，意味着在摩尔的观点中，我们简单地被交托给习惯道德的各种要求；正像汤姆·雷根（Tom Regan）在《布卢姆斯伯里的先知》(*Bloomsbury's Prophet*) [5.51] 中坚持澄清的那样，摩尔的观点恰恰相反。只有那些表明了自身毫无疑问地为个人自由地追求善的东西提供了所要求的社会和个人稳定的常识规则，才是我们应当服从的。是这种追求，而不是习惯道德的独裁，应当给我们的个人生活规定界限。

但是不论摩尔在这一点上的观点与关于宽容和个人自由的自由原则有什么相关性，也不论他的观点对布卢姆斯伯里小组（Bloomsbury Group）的上流阶层有多大的解放作用，事实仍然是，他不是密尔那种社会改革者。《伦理学原理》的著者可能会同意《论自由》(*On Liberty*)的一般原则，但他肯定不会同意《妇女的屈从地位》(*The Subjection of Women*)中包含的对社会变革的强烈呼吁。关于摩尔的诉诸常识，当代道德哲学家做出的最为对立的回应依然来自杜威的《寻求确定性》：

> 我们能够摆脱习惯和已确立的直觉并不是一个暂时的提议。单纯的突变无疑容易导致混乱，但这里没有这种突变的危险。通过法规和教育，人类过分的习惯性保守使得这种危险的观念不会实现。存在的真正危险是新状况的力量会产生外来的和机械的破坏：这是一个永恒存在的危险。坚持旧的标准足以应付新状况的保守主义，加重了而不是减轻了这一前景。
>
> ([5.14]，272–273)

156 对于杜威来说，对道德知识的寻求不是一件我们很容易选择放弃的事；而且，与摩尔相反，对这种知识的追求要求我们在道德上积极参与世界的社会和技术变革。由于其可能的后果，参与在道德上比被动好。

杜威在1929年写作时不可能预见1945年7月16日早上5:30发生在新墨西哥州沙漠的骇人的、突然的技术对人类道德思考的瓦解。那些对发生在那一天的瞬间核能释放负有最直接责任的人中，某些物理学家，如尼尔斯·波尔（Niels Bohr）和列奥·西拉德（Leo Szilard），徒劳地企图影响美国政府不要把这个可怕的、玉石俱焚的大规模毁灭性新武器用于实际的军事行动中。另外一些人，如J·罗伯特·奥本海默（J. Robert Oppenheimer），则积极参与筹划把第一颗原子弹投放到哪个城市。但随着战争的终结，经过一番骚动的、有组织的政治努力后，到1947年为止，大多数科学家都从政治重返科学。阿尔伯特·爱因斯坦（Albert Einstein）说出了他自己对美国人的漠然反应感到沮丧的原因："公众被告知了核武器的可怕性质，但对它无所作为，并且在很大程度上从他们的意识中摒除了这一警告"（Jungk [5.33]，249）。

既然已经提到了爱因斯坦，那么这里转向这个时期的另一位知识界人物也是恰当的，到目前为止他都只是被顺便提到。不论他对 20 世纪分析哲学的发展或对 20 世纪整体的理智生活的贡献有多大，伯特兰·罗素在 20 世纪前期伦理学史中的地位仍是成问题的。如巴特·苏尔兹（Bart Schultz）在《伦理和政治中的伯特兰·罗素》（"Bertrand Russell in Ethics and Politics"）[5.64] 中提到的，罗素的伦理学作品，不仅是简略的，而且是值得注意的。就像他的观点和这个时期的主要历史线索相互缠绕一样，在同样程度上，也很难把它们组织成任何对它的经纬的合理的直接描绘。20 世纪头十年，从作为摩尔式的客观主义者开始，罗素迅速着手于他自己的情绪主义方略，预见了后来不仅被艾耶尔，而且被斯蒂文森更全面地讲出的观点的许多重要方面（Schultz [5.64]，597-599）。但是，至少到 1952 年，罗素已经发展出了沿着另一个新方向进行的观点，这些观点一方面结合了情绪主义和自然主义的因素，另一方面结合了功利主义和和谐安排之利益的社会理想（Russell [5.57]；Schultz [5.64]，603-604 and 613-614）。

然而，在当前的背景下，更为有趣的是罗素自己参与政治生活的广度。在他面向普通读者而非其他职业哲学家的多卷本著作中，他与充分发展的科学体系对社会造成的危险进行了斗争，特别是那些可以有效利用技术来阻碍人们独立思考的方式。根据罗素，大众意见很容易被制造出来以适应那些社会掌权者的利益。由于拒绝追随大众意见，他曾两次入狱：第一次是因为抗议英国卷入第一次世界大战，第二次是因为 1961 年抗议英国卷入核武器竞赛。

对于那些在 20 世纪结束之际从事道德反思的人来说，罗素的例子在不止一个方面具有重要性。技术和大众传播已经收紧了对自由、民主思想的控制。虽然冷战至少暂时地停止了，但核毁灭的威胁并没有消失：当具有核能力的国家的数目继续增加时，世界本身也在政治上继续变得不稳定。最后，也许是最重要的，我们正处于我们自己的科学和技术的悬崖边上。正像 1945 年以前，很少有道德哲学家会想到生活可能像我们所知道的那样毁灭，也很少有当代道德哲学家真正能够想到基因工程的可能性带来的肆意妄为地改变生命基本结构的潜在能力。

在 20 世纪中叶，原子的基本结构突然向科学和技术展开。在 20 世纪末，DNA 的基本结构有望同样地向人类的知性展开，为人类所操纵。当我们准备进入 21 世纪之际，很难说这些事件中的哪些将会对道德思考和行为有更深刻和更广泛的影响。

回　顾

如果 20 世纪前期的哲学开始于摩尔自信地断言，善是我们道德知识的某些理智上自明的对象的简单、非自然性质，那么它肯定结束于情绪主义的宣称：道德判断只不过是关于正当与错误的主观情感的表达。在此期间，世界见证了两次大战、纳粹的覆灭、美国原子弹对日本城市广岛和长崎的摧毁。但是，到 1945 年为止，科学和伦理学已经最终明确地分道扬镳的说法，则是过分简单了。正如弗里德里希·杜伦马特（Friedrich Dürrenmatt）的戏剧《物理学家》（The Physicists）[5.17] 中的精神病院里的一个患者所说，如果我们中的任何人消极地打开电灯，而不知道他或她所作所为的物理学原理，那么他或她不仅是对科学的滥用，而且是对人性的滥用。只要这种消极性是我们的社会规范，我们就没有一个人是安全的，即使是自认为已经从那个把原子弹投向城市的癫狂世界逃入相对平静的疯人院的物理学家，也不例外。

更尖刻的是布莱希特（Brecht）的《伽利略传》（Galileo）[5.4]。这出戏具有戏剧性张力的关键之处是：伽利略在酷刑的威胁下，放弃了他对哥白尼理论的基于理性的信念。在他的追随者看来，伽利略作为那个时代最伟大的物理学家，在科学和人性两方面都失败了。公开抛弃科学方法，违背了他的社会角色所负担的艰巨责任，而不论他喜欢与否，他已被抛入这一角色中；公开地放弃信念，他使人性重新陷入意识形态的黑暗和它所遮盖的不平衡的社会秩序中。正像他的一个主要门徒在他身后叫喊的："不幸的土地上生长不出英雄。"许多人也这样指责出于道德怯懦而制造原子弹的科学家。我们可以向他们推荐伽利略自己的回答："不幸是需要英雄的土地"（115），戏的最后一幕的对照使这句话得到了强调。顽固地拒绝独立思考，失败的是人性本身。

在这同样的背景中，在直接回应是/应当困境时，值得考虑一个杜威常常重复的要点：当伦理学被放逐到分离的、轻飘的领域，超脱科学、假设和行动时，我们实际生活于其中的实在世界就只能任凭不受控制的商业和军事利益摆布。就像他在《寻求确定性》中对这个要点的表述：

> 道德家经常将道德限于狭隘的范围，他们把某些行为作为有德的和邪恶的，与其他广大范围的行为分离开……通过将科学的主题从形成道德标准和理想的任务中排除出去的习惯使之永久化。同样的态度作用于另一个方向以保持自然科学的技术特性，无意识地鼓励把它专门用于能把它转化为个人和阶级利益的地方，如战争和商业。

([5.14], 274)

相反，杜威的自然主义道德哲学与他对 20 世纪早期北美资本主义造成的社会条件的思考紧密地联系着，这些条件包括对童工的剥削、城市和工厂中极端不人道的生活和劳动标准的产生和维系，以及使这种条件对大量的人来说无法避免也无可逃避的强制性失业威胁。

社会动荡、社会主义骚动、杜威和其他知识分子参与的进步运动、行业工会主义和随后的政府调节都对改善这些条件起了作用，至少使得不断加剧的国家混乱和社会革命的威胁可以被扼杀在萌芽状态。虽然由此可以证明与国家紧密联系的资本主义困扰自身是可控的，但是，20 世纪落幕之时，控制性资本主义不具有逃避这种联系的普罗米修斯式的能力却变得日益明显。面对其所关心的国家调节，资本主义只是使它的条件跨出国界，把它的雇佣童工、过低工资、不安全的劳动标准和武力炫耀迁移到第三世界。而且，随着在加拿大、美国和英国的生活标准由此而持续下降，同样变得日益明显的是：如果资本主义真的是社会差别的巨大推平机，它对第三世界的作用天然地比对第一世界更大。

因而，从最终影响上说，杜威和其他自然主义者的著作会被证明具有更持久的重要性。也就是说，在任何多数人挨饿以使少数人过度消费的社会网络中，我们可以想见，利益不可能已得到和谐的安排。当 21 世纪发展为 20 世纪早期杜威式美国状况的跨国重演，我们可以因此让自己希望，对伦理学而不是元伦理学的关切，将成为新世纪黎明的标志。显然，杜威的问题，将成为现在我们追随这一希望时可以从事的事情。

参考书目

5.1 Anderson, Elizabeth S. "John Stuart Mill and Experiments in Living", *Ethics*, 102 (1) (1991): 4-26

5.2 Ayer, A. J. [1936] *Language, Truth, and Logic*, 2nd edn, New York: Dover, 1946. Ch. VI, "Critique of Ethics and Theology", excerpted in W. Sellars and Hospers, eds *Readings in Ethical Theory*, New York: Appleton-Century-Crofts, 1952.

5.3 Bernstein, Richard J. *John Dewey*, New York: Washington Square Press, 1966.

5.4 Brecht, Bertolt *Galileo*, trans. Charles Laughton, ed. Eric Bently, New York: Grove Press, 1966. First US productions in Hollywood and New York, 1947.

5.5 Broad, C. D. "Is 'Goodness' the Name of a Simple Non-natural Quality?", *Proceedings of the Aristolelian Society*, 34 (1933—1934): 249-268.

5.6 Cahn, Steven M. *New Studies in the Philosophy of John Dewey*, Hanover, NH: University Press of New England, 1977.

5.7 Carritt, E. F. *The Theory of Morals: An Introduction of Ethical Philosophy* London: Oxford University Press, 1928.

5.8 Chomsky, Noam "On Changing the World", in *Problems of Knowledge and Freedom : The Russell Lectures*, London: Barrie & Jenkins, 1972.

5.9 —— *Necessary Illusions: Thought Control in Democratic Societies*, Toronto: CBC Enterprises, 1989.

5.10 Darwall, Stephen, Alan Gibbard and Peter Railton "Toward *fin de siècle* Ethics:

Some Trends", *Philosophical Review*, 101 (1) (1992): 115-189.

5.11　Dewey, John *Theory of Valuation*, Chicago: University of Chicago Press, 1939.

5.12　—— [1920] *Reconstruction in Philosophy*, Boston: Beacon Press, 1957.

5.13　—— [1922] *Human Nature and Conduct : An Introduction to Social Psychology*, New York: Modern Library, 1957.

5.14　—— [1929] *The Quest for Certainty : A Study of the Relation of Knowledge and Action*, New York: G. P. Putnam's Sons, 1960. Ch. X, "The Construction of the Good", reprinted in W. Sellars and J. Hospers, eds, *Readings in Ethical Theory*, New York: Appleton-Century-Crofts, 1952.

5.15　——*Theory of Moral Life*, New York: Holt, Rinehart & Winston, 1960. Reprint of J. Dewey and J. H. Tufts, *Ethics*, 2nd edn, New York: Henry Holt, 1932, Part Ⅱ.

5.16　—— and James H. Tufts *Ethics*, New York: Henry Holt, 1908.

5.17　Dürrenmatt, Friedrich *The Physicists*, trans. James Kirkup, New York: Grove Press, 1964. *Die Physiker* was first performed in Zurich in 1962.

5.18　Edwards, James C. *Ethics Without Philosophy : Wittgenstein and the Moral Life*, Tampa: University Presses of Florida, 1982.

5.19　Edwards, Paul *The Logic of Moral Discourse*, Glencoe, Ill. : Free Press, 1955.

5.20　Frankena, William [1939] "The Naturalist Fallacy", in W. Sellars and J. Hospers, eds, *Readings in Ethical Theory*, New York: Appleton-Century-Crofts, 1952.

5.21　Gibbard, Allan *Wise Choices, Apt Feelings : A Theory of Normative Judgement*, Cambridge, Mass. : Harvard University Press, 1990.

5.22　Hacking, Ian *Why Does Language Matters to Philosophy?*, Cambridge: Cambridge University Press, 1975.

5.23　Hall, Evert "The 'Proof' of Utility in Bentham and Mill", in J. B. Schneewind, ed. , *Mill*, New York: Anchor, 1968.

5.24　Hanen, Marsha and Kai Nielsen, eds *Science, Morality, and Feminist Theory*, Calgary, Alta. : University of Calgary Press, 1987.

5.25　Hanfling, Oswald *Logic Positivism*, N. Y. : Columbia University Press, 1981.

5.26　Harman, Gilbert *The Nature of Morality : An Introduction to Ethics*, New York: Oxford University Press, 1977.

5.27　Heims, Steve J. *John von Neumann and Norbert Wiener : From Mathematics to the Technologies of Life and Death*, Cambridge, Mass. : MIT Press, 1981.

5.28　Heldke, Lisa "John Dewey and Evelyn Fox Keller: A Shared Epistemological Tradition", in Nancy Tuana, ed. , *Feminism and Science*, Bloomington: Indiana University Press, 1989.

5.29　Hersey, John [1946] *Hiroshima*, New York: Alfred A. Knopf, 1985.

5.30　Hudson, W. D. , ed. *The Is/Ought Question : A Collection of Papers on the Central Problem in Moral Philosophy*, London: Macmillan, 1969.

5.31　—— *Modern Moral Philosophy*, London: Macmillan, 1970.

5.32　Janik, Allan and Stephen Toulmin *Wittgenstein's Vienna*, New York: Simon & Schuster, 1973.

5.33　Jungk, Robert *Brighter than a Thousand Sun : A Personal History of the Atomic Scientists*, trans. James Cleugh, New York: Harcourt, Brace, 1958.

5.34　Kittay, Eva Feder and Diana T. Meyers, eds *Women and Moral Theory*, Totowa, NJ: Rowman & Littlefield, 1987.

5.35　MacIntrye, Alasdair *A Short History of Ethics*, New York: Macmillan, 1966.

5.36　Mill, John Stuart [1859] *On Liberty*, ed. Elizabeth Rapaport, Indianapolis: Hackett, 1978.

5.37　—— [1861] *Utilitarianism*, ed. George Sher, Indianapolis: Hackett, 1979.

5.38　—— and Harriet Taylor *Essays on Sex Equality*, ed. Alice Rossi, Chicago: University of Chicago Press, 1970.

5.39　Minear, Richard, ed. and trans. *Hiroshima : Three Witnesses*, Princeton, NJ: Princeton University Press, 1990.

5.40　Monk, Ray *Ludwig Wittgenstein : The Duty of Genius*, New York: Free Press, 1990.

5.41　Morgenbesser, Sidney, ed. *Dewey and His Critics : Essays from the Journal of Philosophy*, New York: The Journal of Philosophy, 1997

5.42　Moore, G. E. *Ethics*, Oxford: Oxford University Press, 1912.

5.43　—— "The Nature of Moral Philosophy", in *Philosophical Studies*, London:

Kegan Paul, Trench & Trubner, 1922.

 5.44 —— [1903] *Principia Ethica*, Cambridge: Cambridge University Press, 1971.

 5.45 Novack, George (1975) *Pragmatism versus Marxism: An Appraisal of John Dewey's Philosophy*, New York: Pathfinder Press, 1975.

 5.46 Ogden, C. K. and I. A. Richards [1923] *The Meaning of Meaning*, 8th edn, New York: Harcourt, Brace, 1946.

 5.47 Perry, Ralph Barton, *General Theory of Value: Its Meaning and Basic Principles Construed in Terms of Interest*, Cambridge, Mass.: Harvard University Press, 1926. Excerpts from Ch. V, "Value as Any Object of Any Interest", reprinted in W. Sellars and J. Hospers, eds, *Readings in Ethical Theory*, New York: Appleton-Century-Crofts, 1952.

 5.48 ——*Realms of Value: A Critique of Human Civilization*, Cambridge, Mass.: Harvard University Press, 1954.

 5.49 Pritchard, H. A. [1972] "Does Moral Philosophy Rest on a Mistake?", in W. Sellars and J. Hospers, eds, *Readings in Ethical Theory*, New York: Appleton-Century-Crofts, 1952.

 5.50 Rawls, John, *A Theory of Justice*, Cambridge, Mass.: Harvard University Press, 1971.

 5.51 Regan, Tom, *Bloomsbury's Prophet: G. E. Moore and the Development of His Moral Philosophy*, Philadelphia: Temple University Press, 1986.

 5.52 Ross, W. D. *The Right and the Good*, Oxford: Oxford University Press, 1930.

 5.53 ——*Foundations of Ethics*, Oxford: Oxford University Press, 1939.

 5.54 Russell, Bertrand [1903] *The Principles of Mathematics*, New York: Norton, 1938.

 5.55 ——*Principia Mathematica*, Cambridge: Cambridge University Press, 1910.

 5.56 ——*The Problem of Philosophy*, London: Williams & Norgate, 1912.

 5.57 —— [1952] *Human Society in Ethics and Politics*, New York: Simon & Schuster, 1955.

 5.58 —— [1905] "On Denoting", in Robert C. Marsh, ed., *Logic and Knowledge*, London: Allen & Unwin, 1956.

5.59　Ryan, Alan, *Bertrand Russell : A Political Life*, New York: Hill & Wang, 1988.

5.60　Santayana, George "Hypostatic Ethics", in W. Sellars and J. Hospers, eds, *Readings in Ethical Theory*, New York: Appleton-Century-Crofts, 1952. Excerpted from *The Winds of Doctrine*, New York: Scribner's 1913.

5.61　Schilpp, Paul Arthur, ed. *The Philosophy of John Dewey*, Chicago: Northwestern University Press, 1939.

5.62　——*The Philosophy of G. E. Moore*, London: Cambridge University Press, 1942.

5.63　Schlick, Moritz [1939] *Problems of Ethics*, trans. David Rynin, 2nd edn, New York: Dover, 1962.

5.64　Schultz, Bart "Bertrand Russell in Ethics and Politics", *Ethics*, 102 (3) (1992): 594–634.

5.65　Sellars, Wilfrid and John Hospers, eds *Readings in Ethical Theory*, New York: Appleton-Century-Crofts, 1952.

5.66　Stevenson, Charles L. "The Emotive Meaning of Ethical Terms", *Mind*, 46 (1937): 14–31. Reprinted in C. L. Stevenson, *Facts and Values : Studies in Ethical Analysis*, New Haven, Conn: Yale University Press, 1963, and in W. Sellars and J. Hospers, eds, *Readings in Ethical Theory*, New York: Appleton-Century-Crofts, 1952.

5.67　—— "Ethical Judgements and Avoidability", *Mind*, 47 (1938): 45–57. Reprinted in C. L. Stevenson, *Facts and Values : Studies in Ethical Analysis*, New Haven, Conn. : Yale University Press, 1963.

5.68　—— "Persuasive Definitions", *Mind*, 47 (1938): 331–350. Reprinted in C. L. Stevenson, *Facts and Values : Studies in Ethical Analysis*, New Haven, Conn. : Yale University Press, 1963.

5.69　——*Ethics and Language*, New Haven, Conn. : Yale University Press, 1944.

5.70　——*Facts and Values : Studies in Ethical Analysis*, New Haven, Conn. : Yale University Press, 1963.

5.71　Strickland, Donald A. *Scientists in Politics : The Atomic Scientist Movement, 1945—1946*, Indiana: Purdue University Studies, 1968.

5.72　Urmson, J. O. *The Emotive Theory of Ethics*, London: Hutchinson University Library, 1968.

5.73 Warnock, G. J. *Contemporary Moral Philosophy*, London: Macmillan, 1967.

5.74 Warnock, Mary *Ethics since 1900*, New York: Oxford University Press, 1960.

5.75 Weiner, David Avraham *Genius and Talent : Schopenhauer's Influence on Wittgenstein's Early Philosophy*, Toronto: Associated University Presses, 1992.

5.76 Wittgenstein, Ludwig "A Lecture on Ethics", *Philosophical Review*, 74 (1) (1965): 3-12.

5.77 —— [1921] *Tractatus Logico-Philosophicus*, trans. D. F. Pears and B. F. McGuiness, New York: Routledge & Kegan Paul, 1974.

5.78 ——*Notebooks 1914—1916*, Chicago: University of Chicago Press, 1979.

第六章
伦理学 II （1945—   ）

罗伯特·L·阿灵顿（Robert L. Arrington）

第二次世界大战结束后紧接着的那些年里，对被称为情绪主义的那种元伦理学理论的讨论支配了伦理学领域。这种理论坚持道德判断是情感和态度的表达，而非关于客观实在的事实陈述。作为一系列关于道德判断的意义和认识论地位的主张，情绪主义代表了一种新的关于伦理学的元伦理学概念。20世纪早些时候，G. E. 摩尔探究了"善"这个词的意义，因此可以说，他和他的英国直觉主义同道们开创了元伦理学方法，但是情绪主义者才第一次把伦理学探究限制在元伦理学研究的范围内。他们把哲学的任务看作阐明规范性判断的语言特征，而不是做出关于什么东西正当和错误或善和恶的规范性判断。意义与辩护的问题对于情绪主义的作为二阶语言分析事业的元伦理学构想具有核心地位。根据这一构想，从元伦理学分析中得不出一阶的规范性结论。在这一含义上理解的元伦理学成为随后20年受到偏爱的伦理学研究方式。

情绪主义理论首先是由一些与逻辑经验主义有联系的哲学家提出的，这种在1920年代和1930年代有影响的哲学的要点是明白地表述出有意义的言谈的标准，并根据这一标准，把有意义的话语限定为经验上可证实的陈述。实证主义的可证实性标准实际上把有意义的话语限定为科学陈述，而把道德和伦理（以及美学和宗教）陈述从该领域中排除了出去。但是，如果道德言说不是有意义的陈述，那么它们是什么？鲁道夫·卡尔纳普提出，它们根本不是陈述而是命令：例如，说偷盗是错误的，就是一种命令某人不要偷盗的方式。A.J.艾耶尔以相似的口吻主张，道德和伦理评论的真正功能是发泄做出这些评论的人的情绪和情感——因此"偷盗是错误的"是说"偷盗，呸！"的另一种方式。显然，命令和感叹根本不是事实陈述，而且它们不能被当作真的或假的（虽然一个情感表达可能是不真诚的），因此它们不传达任何形式的知识。根据这种思考方式，道德判断是非认知性的。道德言说在功能上是情感性的，旨在表达情感状态或影响态度与行为，而不告知任何关于人类本性和人类行为的信息和知识，从而把这种观点称作伦理学情绪主义是恰当的。

查尔斯·L·斯蒂文森在1944年出版的《伦理学与语言》，无疑是对情绪主义最成熟和最精心的发展。斯蒂文森感兴趣于解释为什么有那么多的道德分歧和为什么这些分歧经常那么难以克服。如果像自然主义道德哲学家所认为的那样，道德术语指称可以通过科学方法察知的自然属性，那么包含着它们的道德判断就应该服从经验证实或证伪。如果自然主义是正确的，科学探究的过程就应该足以令所有理性心灵满意地确立道德判断的真假。同样，如果道德判断指涉可以由道德直觉的特殊官能察知的非自然性质（像直觉主义者早先声称的那样），运用这种所谓的认知能力就应该带来道德分歧的解决。最后，如果像康德那样的哲学家是正确的，存在某种理性的、准逻辑的、用于做道德决定的决定程序，那么理性的人应该能够就道德真理达成一致。但是道德分歧四处滋生，无休无止。为什么是这样？是我们的科学、直觉或理性的决定程序没有得到正确运用吗？抑或道德分歧是某种根本不适于认知性解决的东西？

道德分歧和论证是高度动态的事项，这一事实使斯蒂文森印象深刻——争论的各方看起来不仅力图使他们的对手相信不同的东西，而且使之以不同的方式感觉和行为。争论中使用的语言富有情感性："好"和"坏"、"正当"和"错误"这些词似乎在表达说话者正面和负面的情绪和态度，并且这些和其他有情感效力的词还仿佛被当作争论者用以相互影响和相互激发行动的工具。

斯蒂文森表明了，依他之见，这些态度和活动如何构成了道德术语和判断的根本意义。他坚持后者既有情感意义又有描述意义——它们用于表达和显明或激发态度并做出描述性断言。例如,"善"这个词经常被人用来描述自己赞成某个对象或行为,但同时它也被用于能动地表达说话者对该对象的赞成态度。最后,它也被用于唤起听话者对该对象或行为的赞成。因此,在斯蒂文森看来,"x 是好的"经常表示类似于"我赞成 x,你也赞成吧"的东西。"善"同时描述自己赞成该对象(就像她描述自己有五英尺高),表达说话者的赞成(很大程度上是以"哎哟"表达疼痛,"呸"表达厌恶的那种方式),并且促使他人赞成它(就像她命令某人关门)。

斯蒂文森为我们提供了一个对意义概念的精致的因果倾向性分析。首先,意义被理解为引起一个言说的状态,同时被理解为作为这一言说的结果而产生出来的状态。通常,特定的信念和态度会因果性地导致一个人使用特定的语词,而这些语词的使用又反过来使其他听到和读到它们的人变得拥有同样的信念和态度。如果我相信将要下雨,这可能使我说将要下雨,而我这么做反过来可能使其他人相信这一点。如果我反对我女儿做的某件事,可能导致我说她所做的是错误的,而作为我这么说的结果,其他人(我希望包括我女儿在内)将变得也反对它。我所说的话的意义涉及引起我的言说又反过来因我的言说而产生的信念和态度。

然而,一个词的意义不仅是使一个人在特定场合说出这个词(或在特定场合通过说出这个词而在他人身上引起)的一系列观念或态度。这样的原因和结果过于多变以致不能构成意义。但是经过一个很长的时期,语词——由于对它们的使用——产生出一种在那些听到它们的人身上引起特别的信念和态度的趋势,就像产生出使一个人说特定事情的趋势一样。这些趋势可以称为倾向性,而这些倾向性具有恒定性,允许它们被包括进对意义的解释中。这样就使得斯蒂文森把一个语词的意义当作它激起特定系列的观念和态度的倾向,以及它被具有这些信念和态度的人使用的倾向。

因而,"善"这样的词的意义可以被定义为它相对于一个特定系列的信念和态度的倾向。它可能具有的一个意义是,它引起其他人赞成一个对象和相信说话者赞成该对象的倾向,以及当说话者赞成该对象时它被说话者使用的倾向。我们可以说,在这种情况下,它的描述意义是它使其他人相信说话者赞成该对象的倾向,而它的情感意义是它表达和激发对该对象的赞成的倾向(斯蒂文森还允许更丰富的描述意义,但这个分析只是给了他的理论的俘获者以致命的一击)。

如果道德判断(或更一般地说,价值判断)是信念和态度二者的函数,那么理解道德范围内的分歧就要掌握这两个成分如何产生冲突,以及它们如何相互作用。两个或两个以上的个体可能有直接的信念分歧:一个人相信克林顿(Clinton)将赢得1996年的总统选举,另一个人相信多尔(Dole)将获胜。或者他们可能有态度分歧:一个人赞成多尔,另一个打心眼儿里反对他。更为常见的是,信念分歧可以被决定性地解决:要么克林顿,要么多尔将赢得选举。争论的一方是正确的,另一方是错误的。态度分歧的情况要稍微复杂一些。许多(也许是大多数)态度分歧是信念分歧的结果。两个潜在的投票者可能因他们对克林顿当选总统后有什么政策观点不一而对克林顿有不同的态度。他们可能争论他的政策将是什么这一问题,其中一个可能成功地改变另一个的思想,而这可能导致另一个人产生出对克林顿的新态度:信念一致会导致态度一致。但这种函数关系不一定总是成立。两个人可能就多尔支持广泛削减资本利得税而克林顿不支持如此有信念上的一致;然而,其中一个人由于他在这个问题上的立场而赞成克林顿,另一个人由于同样的原因反对克林顿。这里我们产生了至少在表面上不基于信念分歧,并且不能靠引入信念一致来解决的态度分歧(当然,争论双方可能有其他信念分歧——或许是关于社会和经济的一般性质的——最终导致他们对资本利得税的态度冲突)。因此可以设想,可能存在独立于信念分歧的态度分歧。如果是这样,则它们不能通过获得信念一致来解决。

价值判断的双重——情感和描述——意义加上态度和信念的一致和分歧的不同可能,导致斯蒂文森得出结论:道德范围内理性争论的效能是有限的。在道德分歧反映基于信念分歧的态度分歧的范围内,可能可以用理性手段,即用那些带来信念一致的经验和逻辑方法来解决道德分歧;但是,在道德分歧反映不基于信念分歧的态度分歧的范围内,单纯的理性手段不能确保带来一致。在这种情况下,理性、科学方法等等的使用可能带来所有各方对事实的一致;但尽管如此,他们独立于信念的态度仍旧相左。因而,理论上，在道德范围内，我们从理性的使用中所能期待的东西是有限的。

从斯蒂文森对道德判断的情绪主义分析中可得出另一个重要暗示。这一分析暗示，有效性（validity）概念对于许多道德论证都不适用。如果"汤姆是好人"这个判断像斯蒂文森建议的那样表示"我赞成汤姆，你也赞成吧"，某个反对这个判断的人可以被认为说"我反对汤姆，你也反对吧"。发现他们有分歧，这两个人，A 和 B，可能进行争辩，并且这一争辩将包括双方都努力提出有关汤姆的信息，希望改变对方的信念从而改变她对汤姆的态度。让我们假设争辩中的一方——A，成功地用这种方式使另一个人——B，同意了汤姆是个好人的观点。所有 A 给出的支持"汤姆是好人"的理由与这一规范性结论本身之间是什么关系？A 的理由有可能证明了汤姆是好人吗？在此我们是否拥有了一个论证，其中这些理由是前提，由之可以有效地推出汤姆是好人的结论？

斯蒂文森的回答是否定的。A 给出的理由不应被看作支持 A 断言汤姆是好人的证据，毕竟这一断言只相当于 A 说她自己赞成汤姆并建议 B 也这样。我们可以合乎情理地预期 B 同意 A 赞成汤姆的陈述——这是没有争议的，而不是 A 与 B 争辩时力图说服她的东西。A 提供的理由不是为了证明 A 的汤姆是好人的陈述，而是为了改变 B 关于汤姆的信念，从而改变她对他的态度。这样做时，它们要么是奏效的，要么不是，因此关于这些理由唯一能提出的问题是它们在改变其他某个人的道德判断上是否具有因果性效能，而不是它们在证明说话者的道德判断上是否具有理性效能。有效性概念在道德争论中没有中心地位（虽然在判定争论中涉及的信念是否得到了理性辩护上，它显然起了辅助作用）。

斯蒂文森的情绪主义的后果是令人震撼的，至少对于那些相信理性在道德争论中起着中心作用，并且当各方都使用它时最终会出现理性的一致的人来说是这样的。有效性——理性概念的核心要素——最终只在道德论证中起有限作用。不植根于信念分歧的态度分歧的威胁，使得任何对理性解决道德分歧的一般信仰都受到质疑。而且，情绪主义给予我们的关于道德话语的描绘非常不同于我们常识上所习惯的描绘。它把这种话语描绘为一系列策略、影响、说服，并有时驱使人们产生所欲求的态度趋向，而不是描绘为对真理的冷静寻求。在这种语境中，真理和有效性无关紧要。达成态度一致——不论通过何种手段——似乎才是终极目的。当第二次世界大战的枪声停息时，对道德本性的争论却砰地开始了。

虽然情绪主义具有深刻而广泛的怀疑论魅力，许多哲学家却很快把这种怀疑主义看作基于对我们语言的实际样态和形式的误解，就像怀疑主义经常被看作的那样，在这个例子中是道德语言。有些批评者辩称，情绪主义者未能在指导一个人的态度和行为与驱使一个人以特定的方式感觉和行为之间做出必要的区分。另一些人表达了对斯蒂文森的因果性意义论的怀疑，并坚持我们通过参照支配日常话语的语言学规则来定义道德术语的意义。或许对情绪主义的最大担忧是它贬损道德领域中的理性，它声称有效性概念在道德论证中没有重要的应用。这一断言公然挑战了我们对其他人的道德论证的常见批评，以及我们自身使我们的道德信念尽可能具有良好根据的努力。由此开始了对情绪主义的反抗，最早的主要批评者是规定主义（prescriptivism）的元伦理学理论的提倡者。

首要地与规定主义相联系的哲学家是 R. M. 黑尔（R. M. Hare）。他的《道德语言》（*The Language of Morals*）出版于 1952 年，是 20 世纪道德理论的一座里程碑。它提出了一种今天继续被许多哲学家持有的立场。虽然是对情绪主义的批评，黑尔的规定主义仍然是非认知主义理论，然而，它表现出对道德语言实际用法的更大的敏感性。

情绪主义几乎不承认理性和逻辑在道德论证中的作用，黑尔是对此感到不安的思想家之一。他认为，一旦掌握了这样一个论证的结构，我们就将看到它常常具有三段论的形式，因此有效推理的规则可以严格地适用于它。考虑这样一个道德论证的例子：

　　A：玛丽堕胎是错误的。
　　B：为什么？
　　A：因为它涉及夺去人的生命。
　　B：为什么这使得它是错误的？
　　A：因为夺去人的生命总是错误的。

这一论证可以被转换为如下的三段论：

(1) 夺去人的生命总是错误的。
(2) 通过堕胎，玛丽夺去了人的生命。
(3) 玛丽堕胎是错误的。

这是一个完全有效的论证，并且因此尽可能有力地证明了它的论点。但是，像一切有效论证一样，仅当一个人接受了前提才能逻辑上要求他接受结论，因此围绕夺去人的生命是否总是错误的可能爆发争论。在这一争论中，前提（1）的捍卫者可能构造另一个像这样的三段论：

(4) 违背上帝的命令（其中包括不得杀人的命令）总是错误的。
(5) 夺去人的生命违背了上帝的一条命令。
(6) 夺去人的生命总是错误的。

不论关于它别的人会说什么，这个扩展的论证具有逻辑上无懈可击的资质。如果关于道德论证存在着怀疑的理由，理性自身也无可挑剔。在黑尔看来，有效性概念适用于道德领域就像其适用于其他领域一样。

刚才考虑的例子暗示，道德辩护最终导致基本的或根本的道德原则，它们为不那么基本的原则和特殊道德判断制造证明，而这种证明却不适用于它们自身。考虑前提（4）：违背上帝的命令总是错误的。在很多信徒看来，这条原则是终极的——不存在其他原则，使它本身能够被从中推演出来。如果另一个人不接受这个原则会怎么样？或许那个人甚至不相信上帝存在，在那种情况下，她肯定不会同意人们应当服从上帝的命令。如果道德论证具有黑尔描述的演绎结构，并且我们在论证过程中达到了终极原则，这种情况下当然无法给予终极原则进一步的演绎论证，因而没有任何办法向某个不接受它的人证明这个原则。

因此我们必须说，虽然黑尔向我们表明，理性在道德争论中起着重要的核心的作用；但是，他的分析暗示，理性带来合理的道德一致的能力是有限的。在捍卫我们的特殊道德判断和大部分原则时，我们必须遵循逻辑规则；但是仅当人们接受了相同的终极原则时，理性和逻辑才会在他们中带来道德问题上的一致。人们是否真的接受了相同原则并不总是清楚的，但这样的原则间存在不可调和的分歧的可能性，似乎是黑尔的分析中不可避免的怀疑主义推论。它引导我们质疑是否能说理性证明了我们的一切道德判断（如果它们最终全都依赖未得到证明的终极前提），并且引导我们怀疑我们是否真的有权要求关于我们的道德信念的知识。

当我们关注黑尔对道德判断的作用或功能的分析时，他的元伦理学中固有的非认知主义变得更加明显。在黑尔看来，道德判断在性质上是规定性的（prescriptive）、准命令性的。规定不能是真的或假的，并且谈论知道它们没有什么意义。虽然我可以知道某人命令我关门，但说我知道"关门"这个命令的真值是无意义的。道德判断的规定性身份排除了道德知识的可能性，尽管根据黑尔，理性要求我们在使用道德规定时始终一致。

把"好（善）"这个词作为他对道德语言的规定性分析的焦点，黑尔提醒我们它是一个赞词。作为这样一个词，它用于在面临选择的情况下赞扬事物。如果我说这辆新本田车是辆好车，我就是在建议某个人——也许是我自己——买一辆。如果我说甘地（Gandhi）是个好人，我就是在赞扬他过的那种生活，并推荐他人仿效这种生活。这些例子中的这种赞扬功能可以用规定性术语来刻画——我规定选择新本田，或甘地所示范的那种生活方式。我在回答这样的问题：我该选择什么？我该做什么？与情绪主义相反，黑尔声称，价值判断的功能不是（因果性地）使某人做某事或具有某种态度，而是告知她去做它（do it）。在告知某人这一点时，我使用规定性语言。

然而，我并不是在任意地规定选择。根据黑尔，说某个东西是辆好车或一种好生活等等，我暗示了存在着选择这种车或生活的良好理由。我暗示了被赞扬的这些对象具有特定的属性，使得它们好，并且我是因为这些属性而赞扬它们的。黑尔称这些属性是我所赞扬的那类对象的致善属性（good-making properties），例如车的致善属性，或人类生活的致善属性。黑尔坚持，要求某个赞扬特定对象、人和行为的人提供这一赞扬的理由，并且这些理由应该提及这些致善属性，总是恰当的。

171

说出所赞扬的那类存在物的致善属性时，我实际上是在诉诸普遍标准或原则，例如"好车具有属性 a,b,c"或"好生活具有属性 f 和 g"。我的特殊价值判断总是暗含着普遍价值判断。这一普遍标准或原则，以及大意是我所赞扬的实体事实上具有合适的致善特征的陈述，产生出我最初做出的价值判断。即

(7) 好车具有属性 a,b 和 c。
(8) 这辆新本田具有 a,b 和 c。
(9) 这辆新本田是辆好车。

我们如何刻画在这种论证中作为大前提的普遍标准和原则？黑尔认为，它也必须被看作规定性的。正如在说新本田是好车时，我在规定选择它；在说具有属性 a,b 和 c 的车是好车时，我在赞扬和规定选择具有这些属性的车。一般原则和归属于它们的特殊道德判断一样是规定性的。

　　黑尔关于价值术语和判断的赞扬性和规定性的论点以及他关于致善属性的主张，使他坚持道德术语和判断既有评价意义又有描述意义。赞扬功能和规定作用可称为道德术语或判断的评价意义，所蕴含的关于被赞扬对象的致善属性的陈述可称为它的描述意义。正常情况下，道德术语和判断既有描述意义又有评价意义；然而，评价意义是首要的。不管被赞扬对象的类是什么，它都保持不变，而描述意义却随这个类别而变化。评价意义相对于描述意义的首要性也以这种方式表现出来：除非我愿意赞扬要选择的特定系列的属性，否则我不会把它们作为所说那类对象的致善特征。

　　黑尔关于价值判断的规定性的主张使他可以展示评价与行为之间的密切联系，而他认为那些仅仅把价值判断解释为描述的人无法完成这个工作。接受一个价值判断时，我实际上是在赞同选择这个对象或履行所谈行为的规定。赞同一个规定的标准是：当其他情况相同时，我实际地做该规定告知我要做的事（换言之，除非我履行所规定的行为，否则我就没有赞同该规定）。当然，其他情况可能不相同：关于赞同该规定，我可能改变了主意，或者发现我无法做被告知去做的事，或者忘记了我要做什么，等等。但是，如果这

些条件中的这个或那个不存在，那么赞同一个规定就衍推我服从这个规定。相反，赞同一个描述从来不衍推我将履行特定的行为；实际上，它从来不衍推我会做任何事。因此黑尔对实践话语的分析说明了它为什么是实践的，它为什么引起行为。（人们应该注意，规定与行为之间的密切联系也向黑尔提出了一个大难题：意志软弱的问题。显而易见的是，上面提到的任何其他条件均不成立时，我可以赞同一个规定，却还是未能行动——我的意志可能是软弱的。解释这一意志软弱的问题是规定主义者的一个大难题。）

"善"和其他价值术语的赞扬功能具有重要的逻辑后果。我们已经看到，赞扬包含对选择的规定。规定在逻辑上区别于描述，并且不能仅从它们逻辑地导出。不论我描述一辆车具有什么属性，在描述它时，我都没有设法推荐选择它：我没有说"选择这一辆"。因此从仅包含真/假描述的前提中不能得出任何规定性的价值判断。我们已经看到，评价性论证不仅包括描述性的小前提，而且包括规定性的普遍标准或原则作为大前提。我们现在可以看到，这是一个有效的评价性论证必须具有的结构。一个规定性结论是从恰当的规定性大前提和描述性小前提得出的，但不单独从后者得出。并且不论论证中加上多少事实性、描述性的陈述，都不会得出评价性的结论，直到恰当的规定判断作为前提加入进来。

对于有关道德论证的争端，从这些逻辑观察可得到重要的结果。关于事实的一致并不能保证关于所争论的道德判断的一致。两个或两个以上的人可以运用不同的道德标准和原则，在这种情况下，他们可能就正在评价的对象、人和行为的所有属性达成一致，但仍对它的道德或评价性特征有分歧。如果他们带着相同的标准和原则进入讨论，关于事实的一致将导致关于评价性结论的一致；但如果他们不这样做，他们将发现自己处于不可调和的分歧中。当然，如上面所提到的，他们可以努力通过论证标准和原则来达成关于它们的一致；但这个论证必定像我们已经看到的那样，有另一个具有更高一般性的标准或原则作为它的大前提，并且除非两个或两个以上的人能就这个具有更高一般性的大前提达成一致，否则他们不能就具有较弱一般性的标准和原则达成一致。只要单独从事实陈述中不能演绎出评价性判断，终极原则就必须被看作以它们的持有者的根本承诺和决定为基础的。如果人们所承诺的具有最高一般性的标准和原则各不相同，那么将不存在任何办法可以用来逻辑地或理性地迫使他们中的一个采取其他基本原则。

黑尔似乎愿意接受这些结果，但他认为它们并不蕴涵道德话语领域在根本上是任意的。道德话语是这样的，以致道德判断在概念上要求给予支持它们的理由。通过描绘出支持一个道德判断的一系列事实性主张和标准或原则，通过指向伴随这些标准或原则的后果并表明这样做如何满足了更高、更终极的原则，一个人实际上展示了一种生活方式。能说出这种生活方式来捍卫一个道德主张，就是做一个完全理性的人。寻求更多，要求我们能从一系列事实性命题中演绎出这种生活方式来作为对它的辩护，就是忽略了这样一个事实，即道德最终不是一个世界以特定方式存在的问题，而是我们选择特定类型的生活方式的问题。

在1950年代和1960年代期间，黑尔的规定主义支配了道德哲学的讨论，并且很快成为道德话语的非认知主义方法的典范。但在1950年代后期开始了对规定主义的反抗，并在1960年代汇成潮流。虽然没有与之竞争的理论取得了黑尔的规定主义曾获得过的支配地位，但是大量强有力的论证是专门针对它的。渐渐地，作为这种攻击的结果，钟摆开始沿着认知主义的方向往回摆。然而，到今天，也没有一种认知主义立场获得了黑尔的观点曾经获得的那种程度的普遍赞同。

攻击规定主义的一个领军人物是牛津哲学家菲利帕·福特（Philippa Foot）。在发表于1958年和1959年的两篇开创性文章，《道德论证》（"Moral Arguments"）[6.8]和《道德信念》（"Moral Beliefs"）[6.9]中，她提出了现已被称为新自然主义的道德哲学形式，其核心观念是：道德主张内在地或概念地与人类福利的观念相联系。我们从而可以对这些主张的真和假进行评价，并且可以通过理解我们的行为如何影响人类福利来理解什么是真正正当和错误的。这里我们的注意力将首先指向福特反对规定主义的理由，因为这些理由最终比她自己构造的理论更有影响。

福特反对仅凭赞成和决定赞扬事物拥有的一系列属性来创造对象的善性和行为的正当性标准的观点。她声称，黑尔的观点会使我们仅仅通过赞成和赞扬红头发而把好人等同于那些长着红头发的人。我们可以仅凭规定选择残忍的行为而认为残忍是正当的。然而，断言好人是那些长着红头发的人，正当的行为是那些残忍的行为，并不只是做出了错误的断言。这样的陈述是荒唐的，它们是概念上无意义的话。语词的正确使用是由语言规则支配的，而支配"善"和"正当"的规则不允许我们把它们分别专门用于红头发的人和残忍的行为。这些规则禁止我们随心所欲地使用道德术语。黑尔使得道德术语的描述意义依赖于评价意义：某类对象的致善属性是一系列我们出于选择而决定赞扬的属性。这样的观点会使描述意义在不同人之间差别很大。福特认为这样的观点暗含着概念混乱，她拒斥这种混乱，因为它与道德术语受规则指导的性质不一致。她认为，当我们仔细查看这些规则是什么时，我们将发现道德术语在概念上同一系列与福利有关的属性相联系。如果以不承认这种联系的方式使用这些术语，我们就不能避免说胡话。

另一个攻击非认知主义的领军人物是彼得·吉奇（Peter Geach）。在《善与恶》（"Good and Evil"）中，吉奇辩称，在"好人"和"好汽车"这样的短语中，"好（善）"这个术语是定语性的，而不是谓词性的[6.12]。如果它的使用是谓词性的，对它具有的含义的理解，可以不依赖在这些短语中与它相结合的术语的含义，就像"红"出现在短语"红猫"中时，对它的理解可以不依赖"猫"。一只红猫是一个红色的并且同时是猫的东西。黑尔声称"善"的评价意义不依赖它的应用标准或描述意义，并且他断言评价意义是首要的，因为它在具有不同标准的对象的类之间保持恒定，这就要求"好"在"好人"和"好汽车"中被当作谓词。相反，吉奇辩称，在这种短语中，它的使用是定语性的。他要求考虑"好窃贼"这样的例子——这并不是一个善的并且同时是窃贼的人。理解"好窃贼"要求理解这个短语作为整体的意义——我们不知道在这个语境中"好"表示什么，除非我们知道什么是窃贼。因此我们不能在诸如此类的例子中假定"好"的评价意义不依赖这个规范性术语所附着的描述意义。

在另一篇有影响的论文《断言》（"Assertion"）中，吉奇力图表明"好"的意义不能通过它的称赞性使用来理解[6.11]。他举出很多由语句构成的语境，这个词在其中的使用不能被看作称赞任何东西，例如，"如果这孩子是好的，那么应该允许她到外面去玩"。一个人在说"如果这孩子是好的……"时，肯定没有称赞这个孩子。因而，在这一语境中，"好"的意义不能用它的称赞性功能或力量来解释。但是，吉奇继续论证说，如果我们要保持它出现于其中的论证的有效性，这个术语在这个语境中具有的意义必须与它在其他语境中具有的意义相同。例如，考虑以下论证：

> 如果这孩子是好的，她可以出去玩。
> 这孩子是好的。
> 因而，这孩子可以出去玩。

如果"好"在第一个前提中的意义不同于它在第二个前提中的意义，这个论证将是无效的，它犯了一词多义的错误。然而，这个论证是有效的。由此可知，只要"好"在第一个前提中没有与称赞作用相联系的意义，那么它在第二个前提中也没有这样的意义。吉奇承认"好"这样的词有时可以用作称赞——然而，这一事实并不排除它具有首要的描述意义。它赋予它所出现于其中的那些命题以描述意义，而不论这些命题出现在什么样的语境中。

另一个针对类似黑尔的元伦理学观点的有影响的攻击来自约翰·塞尔的文章《如何从"是"导出"应当"》（"How to Derive 'Ought' from 'Is'"）[6.16]。塞尔辩称，与源自休谟并被黑尔的规定主义继承的长期思维传统相反，从（关于什么是事实的）纯粹描述性判断导出（关于应当做什么的）评价性判断是可能的。考虑这样的描述性说法："约翰说了这样的话'我在此承诺付给你，史密斯，五美元'。"塞尔声称，由此我们可以导出这样的评价性结论："约翰应当付史密斯五美元。"诚然，有一些中间步骤要填补在前提和结论之间，但塞尔坚持它们中没有一个包含了评价性陈述或原则。因而，应当陈述（ought-statement）是单独由是陈述（is-statement）或描述性前提得出的。塞尔的论证是有争议的，但是它初看起来有道理，迫使许多哲学家重新思索"是/应当"争论。它引导他们重新考虑，是否像黑尔所声称的那样，规定不能单独由描述性前提得出，或者更为基本地，应当判断（ought-judgement）和其他评价性主张是否真的是非描述性的（至少在任何重要的含义上）。

还有其他批评针对黑尔和以他的观点为代表的非认知主义途径。黑尔元伦理学理论的一个重要部分是，假定道德辩护是这样进行的，即从普遍标准或原则，以及用以把特殊判断包摄于该普遍原则的事实陈述，演绎出特殊道德判断。除非一个特殊判断能以这样的方法包摄到我们的一个普遍原则之下，否则我们就不能合理地接受它。但是，某些哲学家，如雷福德·班布拉〔6.7〕和杰罗姆·施尼温德（Jerome Schneewind）〔6.15〕问道，为什么这些一般原则具有这种辩护作用上的在先性？事实上，在我们的日常道德实践中，它们总是具有这种在先性吗？人们可以论证说，我们经常感到一个特殊行为是错误的，远比对它所例示的一般原则的感觉更确定。例如，在大多数情况下，我违背还琼斯五美元的承诺肯定是错误的，但违背这样的承诺总是错误的吗？我们可以想到许多例子，情况可能不是这样。我肯定应该为了拯救生命而违背承诺，有时为了促进更高的利益而违背承诺也是完全允许的。遵守承诺在有些例子中具有压倒一切的重要性，而在其他例子中则并非如此。在认识论上，较之普遍地规定遵守承诺的原则，我们对具体的环境中违背一个特殊承诺的责任要确定得多。

事实上，人们可以论证，我们实际上是通过类似归纳的方式来达到许多一般原则的——因为做 x 在许多特殊情况下是做正当的事，所以我们推广为做 x 总是正当的。这样的推广应该被看作指导方针，而不是绝对原则。作为绝对原则，在特定情形下，如果我们对在此场合做 x 是错误的有着确信的意识（有人也许说是直觉），那么它将遭到拒斥。

对于后一种思考模式，罗尔斯做出了一种精深的发展。事实上，对今天的许多哲学家来说，罗尔斯的反思平衡方法已经成为解决道德推理问题的一种有吸引力的途径。任何达致一系列一般原则（罗尔斯寻求的是正义原则）的努力，一开始必须通过这样的方式检验，即对两个方面进行比较，一方面是一系列被提出的一般原则建议我们做的东西，另一方面是我们自己关于在具体环境中如何做的特殊判断或直觉，特别是那些我们高度确信的判断。这些原则的应用需要与这些直觉相符合。当然，对于在特殊环境中我们应当做什么，我们并不总是十分确信。并且我们可以继续通过了解它们是否能提供我们在有疑问的环境中能够接受的指导方针，对这些提出的原则进行检验。

确实，一旦我们对我们提出的原则具有了相当的自信——因为它们与直觉的决断相符合的程度和它们在有疑问的环境中提供可接受的指导方针的程度——我们可以扩展它们的使用并在实际中用它们矫正直觉的决断。这就是说，经过相当多的检验后，一般原则可以推翻特殊判断，这些判断是未受一般原则指导时我们习惯于做出的。以这种方式，我们的原则可以用来矫正我们的特殊信念，就像我们的特殊信念可以矫正我们的原则一样。这种相互矫正的结果是，我们把我们的原则和我们的特殊判断带入反思平衡状态。这种状态给予所考虑的原则和所考虑的判断的认识论保证的水平，高于这个过程前面的阶段中任何一方所拥有的保证。

  反思平衡的方法似乎在某些重要方面类似于科学中达到可靠信念的方法。一般科学理论的发展部分地由特殊观察所推动，而与这些观察一致是一般理论陈述或规律陈述必须通过的检验。但是一旦我们拥有了一个具有某些保证的理论，我们就可以用它预测新的观察，并用它拒斥在这个理论看来显得异常的观察。因而，在科学中，我们寻求特殊观察和一般理论之间的反思平衡。如果罗尔斯是正确的，这也是我们在道德探究中所做的。因此，不难认为道德探究在性质上比情绪主义和规定主义所相信的更接近科学思维。我们所注意到的这个类比似乎赋予道德思维某种程度上的认知性和可靠性，而这是被非认知主义者所否定的。道德判断并非构成了根本性地表达心灵的非认知状态的独特话语模式，而是可以反映某种类似科学方法的东西应用于一个独特的人类经验领域。钟摆再一次开始从非认知主义摆向认知主义。

  道德判断的概念限制的问题和道德探究与方法论的论证，是对道德概念本身的更一般兴趣的一部分。这个我们称为道德的经验和话语领域是什么？如果我们获得了对它的清晰描绘，我们将发现道德处理的是非常独特的关切和问题，它们限制着可以恰当地出现在道德论证中的考虑和理由的种类。而且，正是道德概念对什么行为可被判断为正当和什么样的人可被判断为好设定了限制。它们可以被道德概念所施加的要求相当精确地识别出来，而不是像非认知主义者坚持的那样，是个人选择和态度的问题。

  但是，道德概念由什么构成？什么样的独特关切是道德关切？行为和世界的什么维度是与道德相关的？随之发生了关于这些问题的长久争论，一方主张道德概念使得某些类型的事实问题对道德争论有相关性和决定性，另一方则否认道德概念强加了任何这样的质料条件。后一类思想家承认"道德"这个术语具有独特的意义，但对于他们来说，这种意义反映的是道德判断的形式，例如，它们的规定性以及它们的共相或可普遍化（universalizable）特征。前一类思想家提出道德的质料概念，它可以识别出独特的道德主题；后一类则主张，对于什么是道德判断，道德概念只施加形式条件。

质料性道德定义的最有影响的拥护者之一是威廉姆·弗兰克纳。在《道德概念》（"The Concept of Morality"）中，弗兰克纳首次出于论证的目的提出这个术语的形式定义，他认为这个定义把握了他的哲学对手的想法[6.17]。这个定义告诉我们，一个人具有道德，当且仅当她接受特定的判断和原则（a）它们是规定性的，（b）她把它们普遍化为对所有人的约束，（c）她把它们看作明确的、压倒性的或具有最高重要性的。然后，弗兰克纳提供了另一个质料定义：一个人有道德，当且仅当她接受这样的判断和原则——它们从其他人自身的角度，而不是从她自身利益的角度，考虑她的行为对其他人的作用。

形式主义定义允许存在相冲突的道德原则，一个原则支持纯粹利己主义的生活方式，而另一个推荐考虑其他人利益的行为。质料定义把道德原则限定为那些考虑其他人利益的原则。如果一个人接受了质料定义，关于行为如何影响他人生活的考虑必然与决定一个人在道德上应当做什么相关；但是，如果一个人接受了形式定义，她就不能仅凭"道德"的意义决定这些考虑是否相关。

弗兰克纳通过（1）提出它最好地符合了我们对"道德"这个术语的实际使用，和（2）反驳那些喜欢形式定义的人的论证，来论证道德的质料定义。他特别考虑了R. M. 黑尔的主张，即如果我们把社会约束纳入"道德"的意义中，我们就是用语言学的命令赢得了反对利己主义者的辩论。根据黑尔，任何关于"道德"表示什么的争论，都必须为把利己主义者和促进他人利益者区分开的实质性争端留下余地。弗兰克纳同意，即使我们采用了质料概念，实质性争端仍然存在。仅仅通过指出利己主义的立场是非道德的，我们并没有抛弃利己主义关于我们应该总是追求自我利益的主张；与利己主义者争论时，我们面对的争端是为什么我们应该选择道德观点而不是非道德观点。因此，一个人可以承认分歧存在，而不放弃他关于道德概念本身要求考虑他人利益的想法。如果一个利己主义者坚持他的立场是一个道德立场，那么唯一恰当的反应是看他支持这一主张的论证是否可接受。利己主义者可以提出，说一个包含着彻底不为他人考虑的行为没有错误，这并不矛盾。但这正确吗？弗兰克纳认为不正确。

许多哲学家担心质料定义可以使某种类似功利主义的东西因定义而正确——一个对功利主义来说也许可以接受的结果，但对许多拒斥它而仍认为自己是道德主义者的哲学家来说则无法接受。然而，弗兰克纳的道德质料概念，宽泛得足以容纳强调对他人责任的义务论理论，以及那些承认最大多数人的快乐或幸福最大化的方针的理论。它仅仅从道德中排除了纯粹利己主义这样的原则。

关于道德的恰当概念的争论没有得出明确的结论。一些人原则上赞同形式主义者的构想，但拒绝弗兰克纳在对它的说明的第三项中所表达的要求——把道德考虑看作具有最高权威性。他们主张，宗教的，甚至个人的考虑可以在某些人的心灵中具有超过道德的优先性，这些人却没有犯任何概念错误。有人采取其他努力来既支持质料的，又支持形式的概念，从而提供人们正确使用"道德"这一术语的充分必要条件。但是，几乎任何术语的使用的充分必要条件都是难以获得的，就像当前的例子所详尽展示的。

在道德哲学中，与研究道德的定义相关且类似的一种发展是道德话语的良好理由方法。这个方法最初是由 S. 图尔明（S. Toulmin）在《理由在伦理学中的地位》（*The Place of Reason in Ethics*）[6.21]中和库尔特·拜尔（Kurt Baier）在他的《道德观点》（*The Moral Point of View*）[6.20]中提出的。图尔明和拜尔要求我们更多地注意为捍卫道德立场和判断而提出的理由的种类，而不是道德判断本身的逻辑特征或内容。他们向我们保证，如果这样做，我们将注意到某些考虑与道德话语和争论特别相关。诉诸那些定义责任的已被接受的规则，这样的理由在大多数例子中都是恰当的考虑。但是这些规则可能相互冲突，在这种情况下，我们可能需要诉诸道德的真正功能，即以使实现每个人的目标和欲求的可能性最大化的方式协调我们的态度和行为。因而，良好理由最终就是这样的理由，它们谈及促进实现每个人的目的和欲求这一目标的行为方式。（不难看到，黑尔这样的哲学家在此何以能发现一种通过语言学的命令把功利主义引入道德的企图。）显然，存在着行为影响这一目的状态的事实，因此，诉诸良好理由可以使我们获得道德真理和知识。

库尔特·拜尔试图通过表明某些考虑或理由是如此这般的，以致不把它们纳入考虑是非理性的，来强化良好理由的概念。在一篇早期的论文中，他辩称，一个行为将带给自己痛苦的事实是一个相关考虑，人们通常反对致力于该行为。当然，可能存在其他支持给自己带来痛苦的行为的理由，例如该行为可能最有利于他的家庭，并且这些理由可能表明一个行为即使给行为者带来痛苦也是正当的。但是，如果不存在这样的高于一切的理由，一个行为给自己带来痛苦就是一个不做它的决定性理由。如果一个人仅仅根据它会带给他痛苦而致力于一个行为，我们会认为这个人是非理性的。因此，当其他方面相同时，产生痛苦是不做该行为的客观上良好的理由。

在令他满意地确立了存在赞同或反对一个行为的客观上良好的理由之后，拜尔把他的注意力转向了道德推理。这里，他的论证包括证明存在独特的道德观点，使得采取这个观点相当于把特定种类的理由看作与判定何为道德上正当和错误相关。当一个人按一般原则行为，即使在遵循这些原则会妨碍他自身利益时也不例外时，他就是出自道德观点而行动的。因此，道德规则或原则是普遍的——约束每一个人，包括说话者。而且，原则或规则必须同样地促进每个人的利益，即考虑并推进所有人的利益。

拜尔继续论证说，促进道德目标比追求与道德相冲突的目标——如自私的目标——更理性。他告诉我们，我们推理的目的就是要尽可能增加我们的满足，减少我们的挫折。由此得出，如果我乐于做某事，而这么做又不伤害其他任何人，那么我就有一个做它的良好理由。在这些例子中，我乐于做 x 是一个做 x 的客观上良好的理由，因为不把它认为良好理由会是乖谬或疯狂的。但是，如果我做 x 会伤害其他人，情况就变化了。我们的道德规则禁止我们伤害他人，即使这么做是令人愉快的。道德规则压倒了那些利己规则。但是，道德规则优先于利己规则也是理性的。正如托马斯·霍布斯

(Thomas Hobbes）观察到的，如果每个人都遵循利己规则，将会导致一种自然状态，在这种状态中，每个人的生命都是肮脏的、野蛮的和短暂的。这样的状况是与利己相悖的，进而促进它是反理性的。在那些追求自我利益会伤害别人的例子中，接受压倒自我利益的规则是更理性的。因而，那些针对所有人的善的道德规则是同等地有利于每个人的。由此得出，在一个我们能期待他人在极大程度上遵循道德原则的社会里，道德规则是受理性推荐的。道德观点因而是理性的观点。

这一论证肯定是可以批评的。因为，发展出显得和道德一样理性，甚至更理性的复杂形式的利己主义是可能的；但我们将不在这一点上进行论证，虽然我们后面考虑的某些理论将从支持道德的角度继续这一论证。足可以说，研究伦理学的良好理由方法使理性行为观念（和理性概念本身）成为随后许多道德哲学的中心概念。许多道德哲学家通过探究我们的理性概念是否允许我们构造对道德的客观辩护，来探讨伦理学主题。

在讨论某些处理道德客观性的"理性"方法之前，让我们先考虑定义道德和道德观点的企图所造成的另一个问题。假定我们已经恰当地这么做了——这个问题就浮现出来了：为什么我应该是道德的？拜尔——如我们已经看到的——认为答案是：因为有道德符合理性——因为这么做有利于每个人。其他哲学家不同意这种类型的回答——不是因为他们是利己主义者，而是因为他们认为它是对这个问题的种类上错误的回答。他们会说，道德是否有利于任何人是不相关的。一个人应当是道德的，仅因为这样是正当的。另外的选择——当会给别人带来伤害时，出于对自己利益的偏爱而行动——就是错误和邪恶的。一旦我们知道我们应当道德地行为，做任何与此相冲突的事就是为道德所禁止的。

但是，别的哲学家会观察到，以这种方式回答"为什么要道德"的问题是偷用论题，它援引道德理由来支持道德。所提出的问题并不是是否存在以特定方式行为的道德理由，而是是否有理由选择道德观点，而非其他观点，特别是自我利益的观点。

一个道德的捍卫者可能回答：你所问的是，对于选择道德而不是利己主义，是否存在利己主义的理由。既然道德强调所有人的善，经常要求牺牲我们，回答将可能是否定的。这除了表明道德和自我利益经常是对立的——我们在论证之前就知道这一点，还表明了什么？即使我们碰巧查明，有道德会符合我们的自我利益，这也不是一个道德的人可能接受的对道德的辩护。一个人应该有道德，因为她认识到道德理由优先于利己的、自我中心的理由。如果一个人出于自私的原因而这么做，那么她并不是真正在道德地行动。

在此我们似乎僵持不下。我们不能诉诸道德理由或诉诸利己主义的理由来为有道德辩护，或许我们根本不能为有道德辩护，也许我们决定投身于道德的生活方式中是随意的。拜尔自己不这么认为。他认为道德理由优于自私的理由是因为它们更理性。另一些人论证说，道德至少不是不合情理的。现在是考察那些从理性选择的观点来看道德的新近理论的时候了。

第一个要考虑的这种理论是约翰·罗尔斯的。在一开始就必须说明，对这个理论的简短描述，无法传达出它对当代伦理学所具有的巨大影响。罗尔斯是第二次世界大战后的伦理学的主要人物之一，他的规范体系在伦理学之外也有相当的影响：在社会和政治哲学领域以及政治领域本身。我们将把罗尔斯定义和捍卫一系列正义原则的努力看作一种表明理性选择的概念如何能产生一种伦理学立场的努力。

罗尔斯的立场首先通过他的早期论文《作为公平的正义》（"Justice as Fairness"）［6.29］引起大批哲学读者的注意。其他文章随后发表，并且1971年出版了里程碑式的著作《正义论》［6.28］。在《作为公平的正义》中，罗尔斯建议我们这样开始对正义原则的探究，即问我们自己：如果一群人（我们自己）必须确认将采用什么方式来组织和调节他们未来的共同生活，他们会接受什么原则？他们会就什么原则达成一致？每个人一开始可能会偏向有利于他或她自己的原则，即使以损害他人为代价，但是经过反思后会认识到，这不会被他人所接受。所需要的是一种决定什么原则会被所有人接受的技术。这种技术必须保证组织社会的原则被每个人看作对他或她有利，只有这样它们才会为每个人所同意。罗尔斯所提供的这项技术需要确认一个我们可以接受的"原初的平等状态"，即对于选择有利于我们的原则来说，我们在其中全都平等的状态，因而也是我们可以确信每个人都会同意所提出的原则的状态。

对于罗尔斯来说，进入这个原初地位，要求我们置身于"无知之幕"之后，其优点是，我们不知道我们的个人兴趣和天赋是什么，或者我们的社会地位是或将是怎样的。不知道这种关于我们自己的细节，我们提出的原则将不能单单为我们的利益而设计，服务于我们的利益和地位，以及利用我们的天赋来获利。如果我们只假定关于人类的基本善与关于人性和社会的基本事实的一般知识，我们所选择的原则将只增进我们的共同利益——那些由我们的一般本性和条件而产生的利益。不知道我们是谁，或未来将是谁，因此不知道特定的原则会如何单单使作为独特个体的我们得利，我们会选择不论我们最终是谁都有利于我们的原则。例如，我们不会选择允许奴隶制，因为我们可能被证明是奴隶；我们不会选择有利于富人的原则，因为我们可能被证明是穷人。相反，我们会选择有利于每个人——而且肯定也有利于我们中处境最坏者——的原则，因为我们可能正好属于这个群体。以这种方式在无知之幕后面选择的原则是可以被所有各方慎重地加以接受的。对于每个人来说，同意这些向处于原初地位的人提出的原则都是合乎情理的。

184　　把正义原则——组织和支配我们生活的原则——定义为处于无知之幕之后的人会愿意接受的原则时，罗尔斯并没有说人们曾实际加入过这种类型的契约。他所谈论的协议是假设的：当我们身处无知之幕之后时会接受的东西，因而，我们并非承诺履行我们较早时加入的社会契约。但是，只要假设的协议是思想上可以设想的，并且只要施加于思想实验的条件能确保不管我们是谁都会对我们有利的结果，那么我们接受所确认的原则并在我们的现实生活中履行它们，就将是合乎情理的。

　　什么是我们在无知之幕后面会接受的原则？罗尔斯确认了两条原则。第一条要求每个人拥有与其他人的同等自由（liberty）相容的最大自由。罗尔斯所考虑的自由是政治自由、言论和结社自由、良心自由和思想自由、人身自由、不受任意逮捕和扣押的自由。第二条原则关涉自然和社会利益的分配，并且要求这些利益在所有人中平等地分配，除非在这样的情境下，即不平等地分配会有利于每个人，包括在物质资源和力量方面处境最坏的人。第二条原则也要求与社会职位有关的机会或进入权平等。如果两个原则相互冲突，第一个原则优先于第二个原则。在论证这两条原则时罗尔斯所使用的方法，先前已经被我们确认为在以下两方面之间寻求反思平衡的策略：一方面是我们关于特殊例子中什么是对是错的直觉，另一方面是我们提出的一般原则。在捍卫两条规范性原则时，罗尔斯也开始了将伦理学从专注于意义和辩护的元伦理学争端转移开的进程，并且把它指引向其更传统的工作，即寻求原则，为我们界定什么是真正正当的和好的。他的正义理论不仅是对规范伦理学的重要贡献，而且也使得规范伦理学的事业重新成为合法的和值得尊敬的事业。在后一种作用上，它推动了许多其他规范伦理学理论的发展，并且还支持了对实践或应用伦理学的不断发展的兴趣，这种伦理学开始寻求对我们在当今社会中面对的具体伦理问题的规范性回答。

许多哲学家追随罗尔斯的引导，用这样的问题来定义伦理学的基本问题，即关于满足我们的偏好和使我们寻求福利的机会最大化的最佳方式，可以说出什么理由。关于理性的裁决，有些人甚至做出了更强的断言。例如，戴维·高契尔（David Gauthier）[6.26] 主张，当与一系列公正无私地承认他人利益的规则相对立时，选择对自我利益不加限制是非理性的。高契尔把道德看作理性选择理论的一部分。使用判断理论（它界定了在冒险或不确定条件下理性选择的原则）和博弈论（它关注基于对其他行动者如何选择的预期而做出的选择）的技术，他相信可以证明一个人在理性上应当同意那些公正无私的道德规则，这些规则要求我们有时牺牲自己的利益以公正无私地增进所有相关人等的利益。应用理性选择理论将表明，用公正无私原则限制对我们自己的利益的追求实际上有利于我们自己，并且，不同意以这种方式限制我们的行为是非理性的。高契尔的工作显然是我们先前讨论过的库尔特·拜尔的观点的延伸。

也许在最近的伦理学中，对理性的最野心勃勃的使用可以在艾伦·格沃思（Alan Gewirth）的理性主义伦理学中找到。格沃思[6.27]相信，在表明任何人企图否定道德原则将导致自相矛盾的强度适当的含义上，证明基本道德原则是可能的。这一被格沃思称为种属一致原则的基本原则，要求一个人按照他人和他自己的种属权利行为，这些种属权利是对于自由和福利的权利。格沃思给了种属一致原则以一种非常复杂（并且有争议）的证明。这个证明首先表明，我们作为有意图和目标地行为的主体，必须关心自己的自由和福利，这些是达到我们的任何特殊目标或实现我们的任何意图所要求的条件。因而，自由和福利对于我们每个人都是必需品。在确立了我们必须承认我们的自由和福利是我们所有行为都要求的之后，格沃思进一步论证，我们必须维护我们对于自由和福利的权利——否则，它们就不会是我们必须具有的物品。但是，如果我们每个人都基于自由和福利是实现我们所承认的具体意图和目标的必要条件而致力于我们对它们的权利；那么，我们必须同意，因为他人的自由和福利也是必需品，所以他们也必须要求他们的自由和福利。如果我们每个人都基于这样的理由要求我们的权利，那么我们每个人也必须承认其他所有人基于相同的理由要求他们的权利同样是合理的。否定每个人都有对种属物品的权利，将使我们陷入非理性境地：承认我们基于这些理由具有这些权利而其他人却没有。格沃思辩称，这一否定将意味着无法避免的不一致。因此，我们不能否定种属一致原则的正确性而不自相矛盾。在此，我们遇到了哲学史上对理性证明道德原则的能力的最强烈的支持者之一。

　　由图尔明和拜尔在早期创立的研究伦理学的良好理由方法，导向了对伦理学中的理性作用的当代观点，即认为理性有为道德真理提供客观证明的能力。如我们所见，这类观点有很多（我们考察过的只是一小部分有代表性的例子），但它们都把理性的概念置于伦理学思考的中心。这种观点，尽管今天大为流行，但无论如何不是研究伦理学的当代方法的全部。我们现在将把我们的注意力转向一种当代观点，它把"理性主义"视为被误导的道德哲学形式。

　　一种影响力日益增强的当代伦理学运动是道德实在论运动。这种理论有两种不同的形式，一种在性质上基本是直觉主义（和英国式）的；一种产生于科学实在论，这是近来非常流行的，特别是在美国。这两种形式有一个共同的事实，即它们的拥护者相信客观道德属性的实在性——义务属性、善性等等——它们独立于人的信念和欲求，而附属于行为、人和环境。它们还相信我们掌握这些属性从而获得客观道德知识的能力。它们的首要差别与它们对产生这种知识的认知能力的理解有关。直觉主义者强调我们直接面对行为和行为者具有特定道德属性这一事实的类似知觉的能力；科学实在论者坚持一种与建立科学理论相似的探究形式，它常常导致关于行为和行为者道德特征的知识。

直觉主义实在论者提出，主要通过正当和好这样的抽象概念来从事伦理学探究并没有很好地帮助我们；相反，我们应该看看仁慈和勇敢这样的非常具体的道德概念。弄清一个人是仁慈还是勇敢并不困难，而在这么做时，我们察觉到道德特征。说我们看到一个人是仁慈的或勇敢的是完全有意义的。注意，我们对这些性质的知觉总是基于对这个人或她的行为的其他性质的直觉：我们看到一个人是仁慈的，因为她做了 x 或 y；或勇敢的，因为她在境遇 s 中以 r 的方式做出反应。但是道德特性不能还原为这些其他特征，尽管后者构成了道德属性的根据或基础。我们直接面对一个人是仁慈的这样的事实，虽然我们会提及其他（非道德）特征来为我们的道德主张提供理由。实在论者说，道德属性依附于基础属性。这一依附关系包含着这样的观念，即道德属性不是从非道德属性中推断出来的，而是必须在道德意识中直接面对；然而，它还强调这样的事实，即道德特征并不独立于它们所植根的特性或环境的具体细节。直觉主义实在论者强调，需要密切注意每个行为的具体细节和环境，从而我们可以直接察觉道德特性以及造成它和给我们理由断言它存在的基础属性。

许多直觉主义实在论者以一种他们认为反映了维特根斯坦后期哲学的观点来处理关于道德实在论的争端。由于拒斥任何形式的把一切话语都还原为科学命题的科学主义企图，他们声称，我们的日常语言包含了道德属性和道德知识的概念。在掌握这种语言（玩道德的"语言游戏"）的过程中，我们发展出在知觉标准的基础上应用道德术语的能力。如果我们在一个特定场合正确地这样做，就可以说我们陈述了道德真理并获得了道德知识。道德实在性的概念并没有什么神秘之处——一旦我们认识到，道德概念和科学概念一样塑造和通告直觉，古怪的表象就消失了。我们学习应用科学术语，并且当我们正确地这样做时，我们就有了科学知识。我们的道德语言游戏中包含着我们在实际玩这个游戏时所诉诸的概念表达和规则。否定道德知识或把它等同于自然主义的科学知识的理论，没有把握到我们的道德语言的真正本质。理性主义者和其他把规则置于道德的核心的人，同样没有看到，道德语言游戏是一种直接看见、面对或察觉特定行为和个人的道德特性的游戏，而不是从一般规则演绎出道德真理的游戏。

科学道德实在论在许多方面与直觉主义实在论在哲学上相差十万八千里。它的拥护者的确和直觉主义者一样，强调在日常语言中，我们常常把行为和行为者的道德属性当作实在的和客观的加以谈论。他们还注意到，在这种日常话语中，我们毫不犹豫地声称，这些道德属性因果性地造成了世界上发生的事件。例如，我们说，一支军队的失败是将军的怯懦造成的，或者独裁者的残忍造成了他的垮台。从日常语言中获得了对这种说话方式的许可，科学实在论者提出，我们努力构造将道德属性的因果作用纳入考虑的、关于个体行为和社会变化的理论。这种理论将把道德属性设定为它们解释工具的一部分。这些理论可以通过它们解释人类行为和社会变化过程的能力来检验。这些理论中设定的道德属性的实在性与亚原子颗粒的实在性一样不容置疑。我们两者都接受，是因为其所导致的理论具有解释世界琢磨不透的方面的能力。由于道德概念的解释性效用，我们肯定一个客观道德领域的实在性是合理的。

诉诸理由或理性选择，诉诸直觉，或者诉诸科学理论建构，是哲学家力图用以展示客观道德知识的本性和实在性的三种方式。这种理论的盛行表明，伦理学已经离开情绪主义和规定主义中内在的怀疑主义很远了。但是并非所有哲学家都接受客观道德知识的主张。当然，今天的大多数伦理思想家放弃了非认知主义而赞成某种形式的认知主义——认为我们的确具有道德知识。但是做一个认知主义者并不要求一个人认为道德真理是客观的，是独立于人类态度和习俗的某种东西，并且能为任何正常人的洞察和证明所获得。存在的一个选择是相对主义，它对那些仍然感受到怀疑主义的影响力的人显得有吸引力。从西方哲学的最早期开始，相对主义就伴随着我们，至今仍然是一种可行的选择。情绪主义和规定主义的非认知主义立场似乎蕴含着这种或那种形式的相对主义。即使拒斥了这些立场——例如今天大体上就是这样——在当前的认知主义环境中，相对主义仍然存在空间。最近对这种理论给予引人注目的表述和捍卫的是两位美国哲学家，吉尔伯特·哈曼（Gilbert Harman）和黄百锐（David Wong）。

在分析相对主义的任何讨论时，需要在文化相对主义和伦理相对主义之间做出一个基本区分。文化相对主义的论点是：不同的文化和社会具有不同的道德规则，它是对存在着某种被所有人普遍接受的道德价值的否定。这样的论点，是经验的、科学的论点（经常为人类学家所断言的论点），而不是一个哲学论点。伦理相对主义是一个哲学论点，它声称：历史上发现的众多道德规则没有一个可以被证明为正确或错误。这种形式的相对主义是对伦理绝对主义的驳斥，后者主张存在对每个人都正当或错误的行为，不论他们持有什么样的信念。因此，根据伦理相对主义，正当的东西只是在你的社会中对你来说正当的东西。你的道德规则对你有效，就像别人的道德规则对他们有效一样。没有一个是对每个人都有效或真实的。

伦理相对主义者经常被批评，因为他们把他们的哲学、认识论主张建立在文化相对主义的经验论点的基础上。从人们有不同的道德信念这一事实，当然得不出这些信念中没有哪个比别的更优越，或不存在普遍有效的、绝对的道德原则的结论。所以，批评者论证说，伦理相对主义建立在逻辑谬误的基础上。

但是，没有必要基于不同社会有不同道德规则而断言一个人的伦理相对主义。否定存在对每个人都有效的道德规则，这一断言可以有不同的根据，这种理论的一个杰出例子可以在吉尔伯特·哈曼的工作中发现。哈曼[6.40]否认确认那种识别出什么是对所有人都道德上正当的行为的一般原则对我们是有意义的。告诉某人她致力于某一行为在道德上是应当的，预设她接受了一个要求做这种行为的原则。如果她不接受这样的原则，她就没有理由致力于这样的行为；而如果她没有理由致力于这样的行为，那么我们提出她应当这么做就是不恰当的。哈曼告诉我们，我们说食人族道德上应当不吃他们的受害者是没有意义的，因为，由于没有道德原则禁止这么做，所以他们没有理由戒除这种活动。同样，我们说希特勒企图灭绝犹太人在道德上是错误的，这种说法也是逻辑上荒谬的。倘若不服从一个禁止种族屠杀的原则——当他已经超越了道德的围栏——希特勒就没有理由不这么做，因而我们说他道德上应当不这么做是空洞的。

总之，当人们做出关于一个人道德上应当做什么的"内在判断"时，人们是在做出关于这个人的原则和她的行为之间关系的判断。如果这些原则在人与人之间不同，像哈曼认为的那样，那么，当所说的人并不服从证明这个判断的原则时，内在判断就是不恰当的。因此，这些关于一个人道德上应当做什么的内在判断的本质，阻止我们做出所有人在道德上都应当以某种方式行动的绝对主义断言。

黄百锐的相对主义更具有传统性质〔6.43〕。他承认存在着真和假的道德判断，但否认它们中任何一个对所有人为真。他认为，声称一个特殊道德判断是真的，就是说它所要求的行为符合一个人所属群体的理想标准或原则。如果这些标准在群体和群体之间不同，那么，对一个群体来说为真的道德判断就可能对另一个群体并不为真——所判断的行为符合一个社会的标准，可能不符合另一个社会的标准。

190　　　黄百锐敏感地注意到这样的指控，即相对主义允许把不论什么行为都判断为正当的或错误的——一个绝对主义者经常针对的指控。但是，如我们所见，在黄百锐的相对主义中，一个行为要成为正当的，就必须符合一个群体的理想标准或原则。这些理想标准是根据相关事实信息能够成立，并且与这个群体的其他标准融贯一致的那些标准。因此，对于何种被接受的标准能产生真正的道德判断，存在一些限制。对相关事实信息和逻辑考虑的敏感性会排除掉某些标准。最后，可接受的标准必须做道德原则在所有社会中被设计来完成的工作：它们必须有助于解决个人和人际的冲突。并非所有标准在这项任务上都会成功，而那些失败者会被从理想标准的集合中排除掉。所以，黄百锐辩称，并不是什么都行。道德真理要求一个可接受的道德标准的集合，或者可接受的道德体系。

黄百锐声称，总体来说，仍然有多种道德规则同样地达到以上提出的可接受标准。他提供了东方文化中美德导向的道德和西欧权利导向的道德作为例子。这两种道德体系的道德规则将产生相冲突的真道德判断，以致对东方人做 x 是正当的而对西方人做 x 是错误的。例如，由于美德导向的道德强调共同利益而权利导向的道德强调个人自由，因此对于一个人应该为共同利益做贡献还是追求她自己的利益，两种道德可能会相互冲突。倘若两种道德规则同样是可接受的，我们将不得不接受道德真理根深蒂固的相对性。

不承认对两个传统道德理论——功利主义和美德伦理学——的兴趣的重燃,任何对1945年以来的伦理学领域的说明都将是不完备的。当代功利主义试图详述、提炼和——按某些人的观点——剧烈地修正盛行于18、19世纪和20世纪初的功利主义观点,特别是杰里米·边沁(Jeremy Bentham)和约翰·斯图亚特·密尔的观点。美德伦理学有更古老的传统:亚里士多德哲学。我们将在本章中包括对这两种复兴的理论的简短讨论。

边沁和密尔的经典说明中阐述的功利主义,是一个把正当行为定义为能产生总体最大好处的行为的理论。这样的理论常常被描述为在性质上是目的论的:它用行为的结果来定义正当行为。对于什么构成好的结果,理论家们可能有分歧——有些人说是快乐,另一些人说是避免痛苦,还有一些人说是幸福,另有少数人认为是正当行为产生的多重理想事物。但他们都同意,我们应当做的是致力于比其他可选行为产生更多好处的行为。产生更大的好处就是具有所谓的功利。正当行为就是那些具有功利的行为。

对功利主义的当代兴趣主要集中在这个问题上,即行为的正当性是个别行为本身的后果的函数,还是个别实例所属的行为类别——行为的一般种类——的后果的函数。倾向于第一种理论形式的人采取所谓的行为功利主义,而那些倾向于第二种理论形式的人接受所谓的规则功利主义。拿遵守承诺作为例子来说明这一差别。对于行为功利主义者,我应该遵守一个我在特定场合做出的承诺,仅当比起不遵守承诺,这样做会带来更好的结果——比如说,更大的幸福。完全可以设想,比起不遵守承诺,遵守承诺可能不带来更多的善,在这种情况下,行为功利主义者会说,在那样的环境下,我应该不遵守承诺。这一可能性困扰着某些功利主义者,并且导致他们倾向于规则功利主义。规则功利主义者会说,我应该遵守我做出的特殊承诺,因为它是遵守承诺的一般规则("人应该总是遵守他的承诺")要求的,而遵守这个规则,比起制造例外,或整个抛弃它,会带来更好的结果。规则功利主义者可能同意,在特殊场合,违背我的承诺可能产生比遵守它更好的结果,但她仍将坚持遵循这个规则,因为拥有并遵循这个规则比不这样做更可欲。行为功利主义者认为,这样忠于规则,即使是那些被证明总体上能产生好结果的规则,是非理性的。如果,在特殊的场合,我知道违背我的承诺将带来比遵守它更多的幸福，那么理性要求我违背它。

我们看到的开始出现在规则功利主义者和行为功利主义者之间的争论，是当代功利主义讨论的核心特征之一，另一个核心特征与规则概念本身有关。作为罗尔斯的经典论文《规则的两个概念》("Two Concepts of Rules")[6.45]的结果，哲学家今天在规则的总括性概念与实践性或构成性概念之间做出区分。总括性概念是一个统计学概念：说遵守承诺作为一个规则具有功利（比别的选择产生更好的后果），是说比起不遵守承诺，这种选择被证明更经常有益。例外的可能性被计入总括性概念中，根据它，规则和原则应该仅作为经常遵循而不是不遵循的指导方针而被提出。实践性概念不是把规则描绘为统计学频率，而是定义特定一类行为或组织的一种方式。在此，象棋规则为我们提供了一个例子。说王不能被吃掉，并不是说作为一个实际情况，王从来不被吃掉，或者王总是避免被吃掉。根据定义，王不能被吃掉——这样的地位某种程度上是使一个棋子是王的东西。不允许吃掉王的象棋规则是一个构成性规则，而不只是一个总括性规则。同样，在我们的社会中，我们发现许多规则定义了特定的活动形式——我们可以称为实践的东西。惩罚实践是一个例子。惩罚的规则，例如不能惩罚无辜的规则，不是总括性规则而是构成性规则，它们为我们定义了惩罚这样的实践是什么。在一个具有禁止惩罚无辜的构成性规则的社会中，我们并不考察违背这一规则的个别行为的例子，来看它们是否可能具有功利。从事惩罚根本上要求遵循这一规则——否则我们就不是在从事惩罚。但是，具有禁止惩罚无辜等构成性规则的惩罚实践，自身可以被考察，来看它是否具有功利。如果是，可以宣称它得到了辩护。因而，归属于构成性规则的行为得到辩护，不是因为它们自身具有功利，而是因为具有构成性规则的实践具有功利。因此，通过把规则理解为构成性的，许多规则功利主义者能够给他们的功利主义形式额外的支持。并且他们能够把功利主义从这种频繁指控中拯救出来，即它允许这种道德上可憎的行为，如在特定的场合惩罚无辜的人，因为这样做具有功利。

如我们所注意到的，当前对美德伦理学的兴趣相当于某种类似亚里士多德的伦理学构想的东西的复活。不是把注意力集中在责任、义务和正当行为的一般规则，亚里士多德把伦理学当作确认对人类获得好生活至关重要的品格特征的努力。他称这种品格的卓越为美德,并且着手定义它们,揭示它们产生好生活的方式。那些与我们作为公民的活动相联系的美德,对亚里士多德具有特殊的重要性。好生活只能在社会中找到,并且发展公民美德对于全面而有益地参与社会领域至关重要。亚里士多德怀疑绝对的、泾渭分明的规则,它们要求的行为经常与我们对我们所爱的人和同胞的恰当的、有德的反应不一致。在实现有美德的生活时,我们并不像密切注意具体情况那样注意遵循规则。要成为好人,通常最好的方式是仿效好人。

所有这些论点都使一些当代哲学家满意,他们因未决的元伦理学争论而沮丧,并且最近对于给予规则及其证明过多注意感到不满。美德伦理学复兴的领袖是阿拉斯代尔·麦金太尔,他的书《德性之后》(*After Virtue*)[6.47]是最近的伦理学中被讨论最多的著作之一。麦金太尔相信,当代道德哲学没有战胜尼采(Nietzsche)的虚无主义和怀疑主义,他看到它植根于像情绪主义这样的当代观点中。然而,那些避开情绪主义,谈论人类权利、责任和义务的人对这些观念没有清晰的概念性理解——他们缺少使谈论权利和其他道德特征有意义的神学背景。并且事实上,谈论权利常常堕落为毫无节制的个人主义的诡辩,企图站在个人一方而在冲突的自我中夺路而行(就像情绪主义者解释的道德谈论)。对于麦金太尔来说,我们唯一的希望是重新思考伦理学,恢复亚里士多德的美德概念。他认识到,要做到这一点,我们不能诉诸亚里士多德作为他理论根据的目的论生物学的形式——这种形而上学观点对于当代心灵来说,简直是不可接受的。如果我们认识到实践在我们生活中的作用,我们将找到逻辑空间,重新引入对价值的谈论。我们的实践是人类活动的合作形式,旨在实现只有参与这些活动才能获得的好。存在着家庭实践、政治实践、经济实践、宗教实践和许多其他实践。在这样的实践中,参与者具有角色——如丈夫或妻子、孩子或父母、公民或政客、工人或商人、参加礼拜者或市民领袖——并且这些角色要求特定的行为模式,和由此而来的品格上的卓越,来为获得实践中内在的善做贡献。没有我们的不同角色和体现它们的实践,我们就不会是我们所是的那个人。所以在发展我们在这些实践中扮演的角色的内在美德时,我们就是在实现我们自己——并帮助实现共同善。实践还必须通过它们的传统来理解,传统把人类同他们的先人和同时代人联系起来，并因此同个体必须在其中实现自身的人类社群联系起来。麦金太尔承认，对于习惯了关于道德的不同思考方式的现代读者，所有这一切听起来可能都是陌生的；但是，正像许多哲学家以前做过的，他提出如果我们最终打算看到真理——在这个例子中是关于伦理学的真理，我们就必须拒斥当时的流行观点。

194 这把我们带向了伦理学理论半个世纪喧嚣的末尾。这个时代的开端见证了对伦理学思维的传统形式的巨大偏离，但在这个时代结束前，我们又发现了向其中某些传统的回归。在开端和结束点之间，出现了太多的理论和争端。虽然其中包含的立场的多样和焦点的转换，可能使新手感到混乱；但是，也许恰恰由于这个原因，伦理学史上的这个时代，由于它的活力和它产生的理智兴奋而值得注意。当20世纪的终结来临时，伦理学是活跃而良好的，正等待着它的下一个重大争论和下一个重大理论。

参考书目

情绪主义

6.1 Ayer, A. J. *Language, Truth, and Logic*, New York: Dover, 1946.

6.2 Carnarp, Rudolf *Philosophy and Logical Syntax*, London: Kegan Paul, Trench & Trubner, 1935.

6.3 Falk, W. D. "Goading and Guiding", *Mind*, 67 (1953): 145-169.

6.4 Kerner, George C. *The Revolution in Ethical Theory*, New York and Oxford: Oxford University Press, 1966.

6.5 Stevenson, Charles L. *Ethics and Language*, New Haven, Conn.: Yale University Press, 1944.

6.6 Urmson, J. O. *The Emotive Theory of Ethics*, London: Hutchinson University Library; New York: Oxford University Press, 1968.

规定主义

6.7 Bambrough, R. *Moral Scepticism and Moral Knowledge*, London: Routledge &

Kegan Paul, 1979.

6.8　Foot, Philippa "Moral Argument", *Mind*, 67 (1958): 502-513.

6.9　—— "Moral Beliefs", *Proceedings of the Aristotelian Society*, 59 (1958—1959): 83-104.

6.10　——*Virtues and Vices*, Berkeley: University of California Press, 1978.

6.11　Geach, Peter "Assertion", *Philosophical Review*, 74 (1965): 449-465.

6.12　—— "Good and Evil", *Analysis*, 17 (1956): 33-42.

6.13　Hare, R. M. *The Language of Morals*, Oxford: Clarendon Press, 1952.

6.14　——*Freedom and Reason*, Oxford: Oxford University Press, 1963.

6.15　Schneewind, J. "Moral Knowledge and Moral Principles", *Knowledge and Necessity*, Royal Institute of Philosophy Lectures, 3 (1968—1969): 249-262.

6.16　Searle, John "How to Derive 'Ought' from 'Is'", *Philosophical Review*, 73 (1964): 43-58.

道德的定义

6.17　Frankena, William K. "The Concept of Morality", *Series in Philosophy*, 3 (1967), University of Colorado Studies; reprinted in G. Wallace and A. D. M. Walker, eds, *The Definition of Morality*, London: Methuen, 1970.

6.18　Wallace, G. and A. D. M. Walker, eds *The Definition of Morality*, London: Methuen, 1970.

良好理由方法

6.19　Baier, K. "Good Reasons", *Philosophical Studies*, 4 (1953): 1-15.

6.20　——*The Moral Point of View*, Ithaca, NY: Cornell University Press, 1958.

6.21　Toulmin, S. *An Examination of the Place of Reason in Ethics*, Cambridge: Cambridge University Press, 1950.

我为什么应该有道德？

6.22　Gauthier, D., ed. *Morality and Self Interest*, Englewood Cliffs, NJ: Prentice Hall, 1970.

6.23　—— "Morality and Advantage", *Philosophical Review*, 76 (1967): 460-475.

6.24　Nielson, K. "Why Should I Be Moral?", *Methodos*, 15 (1963): 275-306.

理性选择论

6.25　Daniels, N., ed. *Reading Rawls*, New York: Basic Books, 1975.

6.26　Gauthier, D. *Morals by Agreement*, Oxford: Oxford University Press, 1986.

6.27　Gewirth, Alan *Reason and Morality*, Chicago: University of Chicago Press, 1978.

6.28　Rawls, John *A Theory of Justice*, Cambridge, Mass.: Harvard University Press, 1971.

6.29　—— "Justice as Fairness", *Philosophical Review*, 67 (1958): 164-194.

道德实在论

6.30　Sayre-McCord, G., ed *Essays on Moral Realism*, Ithaca, NY: Cornell University Press, 1988.

(i) 直觉主义的

6.31　Lovibond, Sabina *Realism and Imagination in Ethics*, Oxford: Basil Blackwell, 1983.

6.32　McDowell, John "Virtue and Reason", *The Monist*, 62 (1979): 331-350.

6.33　Platts, Mark *Ways of Meaning*, London: Routlegde & Kegan Paul, 1979.

6.34　Wittgenstein, L. *Philosophical Investigations*, 3rd edn, ed. G. E. M. Anscombe and R. Rhees, trans. G. E. M. Anscombe, New York: Macmillan, 1969.

(ii) 科学的

6.35　Boyd, R. "How to Be a Moral Realist", in G. Sayre-McCord, *Essays on Moral Realism*, Ithaca, NY: Cornell University Press, 1988.

6.36　Post, J. *The Faces of Existence*, Ithaca, NY: Cornell University Press, 1986.

6.37　Railton, P. "Moral Realism", *Philosophical Review*, 95 (1986): 163-207.

6.38　Sturgeon, N. "Moral Explanations", in D. Copp and D. Zimmerman, *Morality Reason and Truth*, Totowa, N. J.: Rowman and Allenheld; and in G. Sayre-McCord, *Essays on Moral Realism*, Ithaca, NY: Cornell University press, 1988.

6.39　Werner, R. "Ethical Realism", *Ethics*, 93 (1983): 653-679.

伦理相对主义

6.40　Harman, Gilbert *The Nature of Morality*, Oxford and New York: Oxford University Press, 1977.

6.41　── "Moral Relativism Defended", *Philosophical Review*, 84 (1975): 3-22.

6.42　Krausz, M. and J. W. Meiland, eds *Relativism: Cognitive and Moral*, Notre Dame, Ind.: University of Notre Dame Press, 1982.

6.43　Wong, David *Moral Relativity*, Berkeley: University of California Press, 1984.

功利主义

6.44　Bayles, Michael D., ed. *Contemporary Utilitarianism*, New York: Anchor Books, 1968.

6.45　Rawls, J. "Two Concepts of Rules", *Philosophical Review* 64 (1955): 3-32.

6.46　Smart, J. J. C. and B. Williams *Utilitarianism: For and Against*, Cambridge: Cambridge University Press, 1973.

美德伦理学

6.47　MacIntyre, Alasdair *After Virtue*, Notre Dame, Ind.: University of Notre Dame Press, 1981.

综述

6.48　Arrington, R. L. *Rationalism, Realism, and Relativism: Perspectives in Contemporary Moral Epistemology*, Ithaca, NY: Cornell University Press, 1989.

6.49　Hudson, W. D. *Modern Moral Philosophy*, Garden City, NY: Doubleday, 1970.

第七章
知识论

保罗·K·莫泽（Paul K. Moser）

知识论是关于知识的理论，它是对知识的性质、起源和范围的哲学研究。相应地，20世纪的知识论者争论的也是下面这些问题：（1）知识是由什么构成的（例如，可辩护的真信念），（2）知识的基础是什么（例如，感觉经验），以及（3）知识的范围何在（例如，非构想性的客观事实和构想性的主观事实）。从柏拉图时代开始，围绕（1）~（3）的争论就已经占据了知识论者的理论视域。20世纪的知识论者们当然没有为这些争论划上句点，而是做出了一些很有特色的贡献。本章将从这些贡献中选出一些代表性内容，且会尤其关注我们是否真正拥有客观知识（有关非构想性事实的知识）这个基本主题。

经验主义的复苏

常识经验主义者：摩尔与罗素

20世纪的英美知识论，起源于罗素（1872—1970）和摩尔（1873—1958）对唯心主义的反叛。这种康德式或黑格尔式的唯心主义在牛津和剑桥都很是流行，他们要挑战的正是这一时期英国唯心主义的两位主要代表人物——布拉德雷（1846—1924）和麦克塔格特（1866—1925）。罗素报告说：

> 在 1898 年年底，摩尔和我反叛了康德和黑格尔。摩尔一马当先，我也紧随他的步伐。在我看来，对这种新哲学的最初的公开阐释来自摩尔发表于《心灵》（1899）的论文《辩护的性质》（"The Nature of Judgement"）。虽然我和他现在不再坚持这篇文章中所阐述的所有理论，但我本人，并且我相信摩尔也一样，还是会对文章的否定性部分——即对事实总体上独立于经验的观点——表示认同。
>
> ([7.92]，42)

罗素追随摩尔，反对包含了"在经验和被经验对象之外无物存在"（ibid.，107）这一观点的任何形式的唯心主义。罗素和摩尔认为"事实总体上独立于经验（以及其他心理活动）"的观点包含了关于事实的实在论。而关于事实 F 的实在论是这样一种观点：F 存在，但它的存在不依赖于一个有关 F 的构想经验，也不依赖于对 F 的构想行为。

摩尔以如下方式将他的实在论与康德和黑格尔的唯心主义对立起来：

> 我的理论（与康德的知觉理论）的主要区别在于，我用感觉取代概念作为知识的材料，并且我拒绝在某种模棱两可的意义上将两者之间的关系当作精神的产物。我的理论拒绝解释"知识可能性"的企图以及将认知关系接受为一种终极基准的做法。因此，它就与唯心主义所担保的概念综合撇清了关系，不管这种概念综合是由将所有区别虚妄地还原为"绝对精神"的和谐，标志着黑格尔主义发展的唯心主义所担保，还是甚至由康德式的唯心主义所担保。
>
> ([7.53]，183)

摩尔认为"概念既不是精神事实，也不是精神事实的部分"（ibid.，179）。他认为概念只是知识的对象，并且存在的东西也只是概念和概念的复合物。罗素关于事实"独立于经验"的前述说法明显地引用了摩尔的非精神概念（但是，随后关于外在对象的实在论讨论并不依赖于对象是概念的观点）。

本体论主张关心何物存在，知识论主张则关注我们知道什么或者能够知道什么，或者至少可有正当理由地相信什么。罗素和摩尔不仅反对唯心主义的本体论主张并认为存在独立于精神的事实，他们也反对其知识论主张并宣称他们知道这些事实是存在的。对于后一种知识论主张，其基础何在呢？罗素解释道：

> 布拉德雷辩称常识相信的所有东西都只是现象，我们（罗素和摩尔）则回到与其对立的另一个极端。我们认为常识相信的所有东西都是真实的，而常识是不受哲学或神学的影响的。带着一种越狱的感觉，我们允许自己认为草是绿的，太阳和星星在没有人看到的时候还是存在的，我们也允许自己设想一个非时间的、柏拉图式的多元理念世界是存在的。
>
> ([7.89], 12)

根据罗素的阐述，这一基础就是"不受哲学或神学影响的常识"。那常识究竟是什么呢？令人意外的是，罗素和摩尔都未曾对此进行过详细论述。粗略而言，一种看似可信的解释是，一群人的常识是由这个群体中大范围的个人的共同信念构成的。但是，无论是罗素还是摩尔，都不会满足于这种常识概念，也不会以这种常识为基础进行知识论论证。举例来说，他们不会由于绝大多数人相信上帝存在，就论证我们因此知道上帝是存在的。

罗素确实谈到了不受哲学或神学影响的常识，但为什么我们就应该将这种常识当作反对唯心主义和支持实在论的适当的哲学的基础呢？特别地，为什么我们就应该将这种常识当作有关唯心主义和实在论的正确信念的可靠来源呢？由于罗素将常识排除在哲学或神学的影响之外，这就导致了两方面的问题：

首先，在一个熟悉的广义"哲学"概念之下，常识信念可以完全不受哲学影响吗？换句话说，常识信念不也典型地包含了明显是"哲学的"理论假设吗？举例来说，关于日常物质物体的常识经验信念，就典型地建基于如下假设条件之上：如果我扔掉这面镜子，它就会被摔碎。这些条件之所以是理论性的，是因为它们已经超越了对某人感觉经验中当前呈现内容的简单描述。对于这类理论信念是不是"哲学的"，罗素说得不甚明了。但是，在其"哲学"概念缺乏一个清晰陈述的情况下，想要评价他的那些观点就很是困难。

其次，为什么我们应该认为不受哲学或神学影响的常识信念就是可靠的，或者说为什么它们比任何其他常识信念更为可靠呢？那些受到某些种类的社会学、心理学、政治学和天文学影响的常识信念，和受到某些种类的哲学或神学影响的常识信念一样，都是不可靠的信念。但是一种广泛持有的、不受哲学或神学影响的常识信念，可能仍然是非常不可靠的，因为它还可能受到其他来源的信念的影响，例如受到一种有偏见的政治策略的影响。至此，罗素可能会诉诸不受任何其他信念影响的常识概念。这可以解决当前的问题，但会导致是否存在这种常识信念的新问题。对于是否存在不受任何其他信念影响的常识信念这一点我们并不清楚，但即使这种信念是存在的，也极为少见。

在《保卫常识》(1925) 中，摩尔争论说"'世界的常识观点'就其某些基本特征而言，是全真的"（[7.54]，44），他还认为他"确定地"知道相关常识命题。这些常识命题包括：

(a) 存在一个活着的人是我的身体。
(b) 以前许多其他人的身体也存活在地球上。
(c) 在我的身体出生以前，地球已经存在了很长时间。
(d) 我经常感知到我的身体以及构成了其周围环境之部分的其他东西，包括其他人的身体。

（[7.54]，33）

摩尔还认为我们每个人都经常性地知道上面这些关于自我的相关命题。虽然没有详细说明哪些常见特征使这些命题成为"常识"命题，但摩尔强调，我们能够确定地知道这些命题。

在摩尔看来，上面这些常识命题从如下的简单考虑中得到支持：根据某些哲学家的观点，假如没有这样的常识命题是真的，那么就"不曾有哲学家存在过，并且因此没有人能够对这类（常识命题）表示认同，这也就意味着没有任何属于这些常识的命题是真的"（[7.54]，40）。根据摩尔的这种考虑，对每一个常识命题真实性的否定，就包含着"否定这个命题是错误的"这一逻辑结果。简而言之，对此类常识命题的否定将我们置于自相矛盾的境地。

作为对摩尔的回应，我们可以提出以下两点。第一，摩尔假设，如果一个人否定所说的常识命题的真实性，那么他就作为一个活着的人的身体存在，那么根据摩尔的想法，这一否定就要求进行否定的这个人确实是一个活着的人的身体。但是，到底有什么根据可以支持这一假设呢？可以设想的情况是，我们是非具身的思维性存在，我们的理智生命也不依赖于物质身体。早在17世纪，笛卡尔就已经提出了这种假定必然的常识信念的可能性问题。摩尔认为只有活着的人的身体才能否认他的常识命题的核心假设，还欠我们一个证明。

第二，摩尔假设我们确定地知道他的那些常识命题。在不否认摩尔的常识命题为真的情况下，我们仍然可以对这个假设提出质疑。我们也可以在不考虑命题真值的情况下，仅仅否认我们能够确定地知道这些命题。命题为真或者为假是一回事，我们是否确定地知道这个命题则是另一回事。例如我可以否认我确定地知道"中国的大熊猫吃豌豆"，但这一否定不要求我否认"中国的大熊猫吃豌豆"这个命题是真的。我的否认可能只是拒绝了支持这个命题的证据。摩尔认为我们可以确定地知道他的常识命题的假设，也同样欠我们一个证明。

摩尔强调他能够为各种各样的此类常识命题提供证明。1939年发表的《外在世界的证据》就基于如下主张：

> 我现在可以给出（关于外在事物存在的）许多不同的证明。它们中的每一个都是完全严格的证明……例如，我现在就能够证明人的两只手是存在的。我如何进行证明呢？通过举起我的两只手并说我举起了两只手，我就证明了两只手是存在的。我可以一边用我的右手做出某个手势并说"这是我的一只手"，然后用我的左手做出某个手势并说"这是我的另一只手"，将这两个证明归于一处，我

就证明了我的两只手的存在。

([7.55], 145-146)

摩尔宣称他的"证明"是"完全严格的",并且那种认为他并不真的知道通过手势而被证明的两只手存在,而仅仅是相信其存在的观点是"荒谬的"。于是,这就是摩尔的外在物理对象存在的"证明"。

此外,摩尔还宣称,他也证明了外在对象在过去是存在的。因此,"在不久前的某个时刻,我在桌子上方举起了我的两只手,在这个时间点上我的两只手是存在的,那么至少在过去的某个时间点有两个外在物体是存在的"(ibid., 148)。摩尔坚持认为自己知道他在过去曾经举起了他的两只手,并且因此他已经给出了"外在物体在过去曾经存在的完全决定性证明"。

摩尔必然会面临一个反对:他的"证明"没有反驳这样的断言,即他只是在睡梦中举起双手或者由于记忆错误而认为自己举起了双手。摩尔的回应是,虽然他不能证明自己对"一只手和另一只手"的证明,但这并不造成真正的困难(ibid., 149)。摩尔发现,无论是对于先前的断言,还是对于他不是在做梦或者没有出现记忆错误的断言,给出"决定性证明"就已经足够了。按照摩尔的观点,对于不能证明的东西,我们依然能够给出决定性的证据并形成某种知识。因此,摩尔宣称他有决定性的证据来证明自己不是在做梦,尽管他不能告诉我们这些证据究竟是什么。

在1941年的论文《确定性》("Certainty")中,摩尔考虑了对他认为自己不是在做梦这一论断的确定性的反对。摩尔提出:"(当下)感觉经验和与之最接近的过去记忆的连接,或许足以使我们能够知道自己不是在做梦"([7.56], 250)。反对者将做出这样的回应:逻辑上可能的是,摩尔拥有他的全部当下感觉经验和记忆——定性地描述的——但他还是处在做梦的状态中。摩尔进一步回应道:"对我而言,把我有这些感觉经验和记忆的命题同我正在做梦的命题相联系,极有可能是自相矛盾的"(ibid., 251)。但是,摩尔的这个回应根本没有说服力。到底为什么设想摩尔既拥有当前经验和记忆,同时又是在做梦将是矛盾的和不可思议的呢?摩尔对此没有给出任何理由。我们没有理由认为摩尔在拥有当前经验和记忆时不会是在做梦;恰恰相反，摩尔正在做梦和摩尔拥有经验和记忆似乎完全是彼此相容的。因此，摩尔对他的常识命题的确定性的解释是牵强的。

也许有人会做出这样的回应：摩尔关于确定性和决定性的标准，符合我们对确定性和决定性的日常的、非哲学的看法。虽然在纯粹逻辑的意义上，假设我们的身体不存在是可能的，但我们还是主要认为自己确定地知道——以决定性证据为基础——身体是存在的。按照这种观点，与之相关的标准只能是日常的常识看法的标准，因为我们通常将来自身体的感觉经验当作我们拥有身体的决定性证据，据此我们能够确定地断定我们是有身体的。现在，这种看法产生了两个棘手问题：即使在对感觉经验的可靠性这一熟悉的哲学问题的讨论中，我们怎么能够以这种方式诉诸日常标准呢？在把确定性和决定性标准的问题当作"不相干"问题的基础上，我们可以振振有词地忽视这些哲学问题吗？在后续有关怀疑论的部分，我们将回到对可靠性问题的讨论上来。（参见232~241页）

摩尔和罗素的常识理论的一个核心要素是经验主义。经验主义的观点认为，感觉的经验证据，例如来自视觉、听觉、触觉和味觉的经验，构成了真正知识的恰当证据。与摩尔的经验主义相比，罗素的经验主义更为明确，也更为激进。罗素写道：

> 没有经验的帮助，我们不能知道任何东西是存在的。这也就是说，如果想要证明我们对之没有直接经验的某一事物是存在的，在我们的前提中就必须包含一个或者多个可以直接经验的事物。举例来说，信念"中国皇帝是存在的"就建基于证据之上，在最终的分析中，这一证据是由经阅读或被告知而看到或听到的感觉材料构成的。
>
> （[7.84]，74-75；cf. [7.92]，97-98）

在这里，罗素与洛克、贝克莱和休谟等经验主义哲学家一样，反对唯理论者的如下观点：独立于具体经验的先验知识能够对什么真正存在提供知识。但是，在如下一点上，罗素与笛卡尔和莱布尼茨保持一致，他们都认为，逻辑原则——无论是演绎原则还是归纳原则——都不是在经验支持的基础上被认识的。罗素认为，经验所提供的所有支持，只是预先提出了逻辑原则。虽然罗素允许我们关于逻辑原则的知识由经验引出或由经验产生，由此他也允许在信念的根据和原因之间进行区分；但是，总体而言，罗素还是认为：“断言存在的所有知识都是经验的，有关存在的仅有的先验知识，只是就存在或可能存在的事物之间的关系做出了假设，但并没有对实际存在本身做出假设”（[7.84]，75）。因此，罗素的经验主义是温和的，他允许某种先验知识的存在。

罗素对"感觉材料"的讨论意味着感觉经验中的所有内容都"可能成为意向所挑选的东西，例如具体的颜色块、具体的声音等"（[7.85]，142）。在1918年之前，罗素的经验主义将感觉材料当作"关于外在对象的所有知识的认识论基础"，同时也将之当作"亲知"的知识的某种对象。罗素（[7.83]；[7.84]，chapter 5）区分了亲知的知识和描述的知识，也区分了关于事物的知识和关于真命题的知识，关于事物的知识要么是关于事物的亲知的知识，要么是关于事物的描述的知识。描述的知识要求是关于真命题的知识，它是对某一事物如此这般的描述；相反，亲知的知识不是关于真命题的知识，而是由对某事物直接的、非命题性认识构成的。罗素认为：“说S对O有亲知的知识，和说O被呈现在S面前，本质上是一回事"（[7.83]，202-203）。罗素会说，当你在阅读当前这些内容时，你亲知了这些印刷文字的颜色。

在1918年之后，罗素放弃了将感觉材料当作认识对象，以及将感觉当作特定认识类型的观点。[1]他开始拒绝下面的观点，这种观点认为，在关于颜色的视觉经验中，存在着一个与对颜色块的认识相关联的主体。罗素认为，主体像数学中的点（point）和瞬（instant）那样，只是一个"逻辑的虚构"。由于拒绝将主体当作实际存在的东西，罗素也拒绝了感觉和感觉对象之间的区分。按照这种观点，对于某个颜色块的感觉与颜色块本身并无二致。由此，这种感觉就失去了作为某种知识的资格。罗素在1918年之后的大量知识论著作都力图在不诉诸感觉材料的基础上，对认识、亲知和经验证据等做出解释，这些解释通常是在约翰·华生（John Watson）有关心理现象的行为主义理论的帮助下进行的。

与摩尔的知识论不同，罗素的知识论将明确的知识论重要性归因于自然科学。这种重要性赋予科学以超越常识的知识论优先地位（对罗素1918年之后的知识论观点而言，这尤其正确）。罗素承认，科学起源于常识的观念和判断——例如那些关于因果关系、时间、空间和事物的观念；但是科学为了实现其解释目的，也需要经常修正或排除这些常识观念。罗素注意到，我们的理论化开始于认为事物如其所是的"素朴实在论"。我们最初也认为知觉到的对象就是它们所表现的那个样子：雪是白的，火是热的，羽毛是柔软的。然而，科学对我们的知觉对象提出了极为不同的观点，这一观点包含着这样的内容：素朴实在论归属于外在事物的特征，并不是外在事物本身所固有的。由此罗素评论道："素朴实在论引出了物理学，但假如物理学是真的，它就会表明，素朴实在论是假的"（[7.88]，15）。

在罗素看来，哲学在这里发挥着重要作用：它指明了基本的常识观念能够以何种方式进行重构，以便有利于科学的解释目的。但是，罗素否认哲学提供了完全不同于科学知识的另一种知识。罗素认为："哲学包含着对科学知识的批评，但这些批评并不是出于与科学知识完全不同的另一种立场，而是出于一种不涉及细节，却更关注具体科学间的整体协调的立场"（[7.87]，2）。

但是，为什么我们应该将科学当作最终的知识论权威呢？对于那些在科学的可靠性问题上倾向于怀疑论的哲学家来说，这个问题显得尤为迫切。对此，罗素的回答几乎没有提出任何论证：

> 对我来说，我只是假设科学在总体上是真的……但就反对彻底的怀疑论而言，除了不相信他们的怀疑论是真诚的，此外我提不出任何其他论证。
>
> （[7.91]，382）

这个回答或许根本不能说服任何人。罗素将陈述的真值理解为该陈述对事实的描述，陈述因此可能是客观的，因为它超越了主观经验（[7.90]，149，151；[7.88]，chapters 16–17）。但为什么对科学提供的此类真理表示怀疑会被认为是不真诚的,罗素没有说明缘由。对于知觉、记忆和自然科学的进程是否传递了客观真理,知识论者们的争论历时久远,仅仅通过假设以知觉、记忆或科学为基础的信念大体上是真的,并假设任何怀疑前述假设的人是不真诚的,我们不能有效解决这一争论。而且,后面这个假设的目的是要以掩耳盗铃的方式来保卫科学,即便这种方式是有效的,它也不过是一个巨大的哲学圈套。

现在,让我们转向一些主要的逻辑实证主义哲学家,看看他们是否避免了摩尔和罗素所面临的那些知识论问题。

逻辑实证主义

罗素以科学为导向的经验主义在诸多逻辑实证主义哲学家那里被发挥到极致。这一趋势最早由 1920 年代早期的一群哲学家表现出来,他们形成了一个自称为"维也纳学派"的学术小圈子,这个圈子的参与者包括哲学家、逻辑学家、数学家和科学家等。莫里兹·石里克(1882—1936)是维也纳学派的开创者,随后吸引了包括鲁道夫·卡尔纳普(1891—1970)、奥图·纽拉特(1882—1945)、赫伯特·费格尔(1902—1988)、弗里德里希·魏斯曼(1896—1959)、库尔特·哥德尔(Kurt Gödel,1906—1978)和汉斯·哈恩(1879—1934)等众多参与者。虽然在许多根本的知识论问题上存在着种种分歧,但维也纳学派的成员在某些哲学和科学问题上有着共同的兴趣,也都对解决这些问题的特定方法——一种分析的、科学主义的和反形而上学的方法——有着共同的偏好。

纽拉特、卡尔纳普和哈恩在 1929 年为维也纳学派发表了一份名为《科学的世界观:维也纳学派》的共同宣言。[2]这些哲学家将 18 世纪最重要的经验主义者大卫·休谟当作他们主要的哲学先驱之一。在《人类理解研究》(*Inquiry Concerning Human Understanding*,1748)中,休谟得出了如下反形而上学的实证主义结论:

> 我们如果在手里拿起一本书,例如一本神学书或者经院哲学书,那我们就可以问,其中包含着数和量方面的任何抽象推论吗?

没有。其中包含着有关实在事实和存在的任何经验推论吗？没有。那么我们就可以把它投进烈火之中，因为它所包含的没有别的，只是诡辩和幻想。

(section Ⅶ, part Ⅲ)

维也纳学派的成员（可能哥德尔是个例外）分享了休谟对形而上学的厌恶。他们旨在用现代逻辑（源自弗雷格和罗素）和各种分析方法将哲学研究限制在发展科学知识的范围之内，由此对形而上学的关注就被从哲学中驱逐了出去。休谟的极端经验论曾对缺乏经验基础的概念的意义提出了质疑，维也纳学派成员也同样怀疑那些超越经验的形而上学概念和命题的知识论意义。

路德维希·维特根斯坦（1889—1951）对维也纳学派的哲学观点有着决定性的影响。在他的《逻辑哲学论》（1921）中，维特根斯坦阐述的如下学说对学派中的反形而上学成员有着极大的吸引力：

4.11 真命题的总体就是全部自然科学（或各门自然科学的总体）。

4.112 哲学的目的是从逻辑上澄清思想。哲学不是一门学说，而是一项活动……哲学的成果不是一些"哲学命题"，而是对命题的澄清。

6.53 哲学中正确的方法是：除了可说的东西，即自然科学的命题——也是与哲学无关的某种东西——外，什么也不说，而且一旦有人想说出某种形而上学的东西，我们就立即向他指明，他没有给他的命题中的某些记号以意义。

([7.108])

学派成员很是热情地聚焦于《逻辑哲学论》中的这些反形而上学命题，而不是聚焦于该书中明显的神秘主义："6.522 确实存在着不可说的东西，它们显示自己，它们是神秘的东西。"维也纳学派也同样对维特根斯坦认为逻辑命题的知识不是一种特殊类型的关于世界的形而上学知识这个观点表示欢迎。维特根斯坦还提出了如下观点："逻辑命题是重言式……因此逻辑命题什么也没说（它们是分析命题）"（6.1—6.11）。

逻辑实证主义的标志性主张是关于意义和理解的证实原则。在《逻辑哲学论》中，我们找不到对这一原则的直接表述，但该书却对理解阐述了如下观点："4.024 理解一个命题意味着知道若该命题为真，事情将会是怎样的。（因此，不知道一个命题是否为真也可以理解它。）"然而，到 1920 年代晚期，维特根斯坦承认了关于意义和理解的证实原则。在 1929 年底，维特根斯坦宣称：

> 如果我从来都不能完全证实一个命题的意义，那么我就不能用这个命题意味任何东西，那么这个命题也就没有表示任何东西。为了确定一个命题的意义，我应该必须知道具体的证实步骤，以便知道在什么时候这个命题可以被当作已经证实的。
>
> （[7.112]，47）

依据证实和辩护来描述理解和意义的相关论述，出现在维特根斯坦 1920 年代末和 1930 年代初的著作中。在他的《哲学评论》（*Philosophical Remarks*，c. 1930）中，维特根斯坦写道："理解一个命题的意义，就意味着知道命题的真假是如何被确定的"（[7.110]，77）。[3]在这一时期的另一本著作《哲学语法》（*Philosophical Grammar*，c. 1933）中，维特根斯坦说："论断的意义，是由被当作论断的辩护的东西构成的"（[7.111]，I：§40）。在 1930 年代初，许多逻辑实证主义哲学家将证实原则理解为意义的证实原则。正是在维特根斯坦的影响下，魏斯曼提出了这些最初理解的一种表述："如果没有办法说明一个命题何时为真，那么这个命题无论如何都是无意义的，因为一个命题的意义就是它的证实方法"（[7.107]，5）。由此，我们可以对证实原则做如下扼要表述：命题的意义就是它的证实方法。

如果关于上帝、灵魂、本质、价值，以及诸如此类的其他东西的形而上学论断缺少一种证实方法，那么我们就可以用证实原则把它们当作无意义的而加以排除。实际上，维也纳学派也确实把它们当作无意义的东西——而不仅仅是不可知的东西——而加以排除。他们将这种必不可少的证实方法理解为依照可观察事件或情境辩护或确证的方法。因此他们认为，每一个有意义的论断都能以观察论断的方式加以表述，这也就是说，对可接受论断的确证和否证都必须以观察为基础。石里克［7.94］更明确地指出，论断的意义并不依赖于它的实际证实，而只依赖于在经验基础上这个论断被证实的可能性。

维也纳学派成员之间对于基本观察论断——所谓的"记录陈述"（protocol statements），规定了确证和有意义的标准[4]——的性质存在分歧。一个关键的问题是要说明这些观察陈述仅仅是关于私人经验的、主观的被给予之物的论断，还是也包括了关于物质事态的、主体间的可验证论断。在《世界的逻辑构造》（1928）中，卡尔纳普的目的是要详尽说明所有有意义的概念如何能够被还原到"所与之物"，亦即被还原到作为总体和不可分割统一体的经验本身（［7.14］，108）。卡尔纳普尤其想在存在于基本经验之间的"回忆相似性"这个单一基本概念的基础之上，定义一系列相关的观察概念（例如颜色概念、视觉—空间概念）。但是，同样是在 1930 年代初，卡尔纳普转向了纽拉特的观点，后者认为，记录陈述形成于主体间有关物质状况的共同语言。

逻辑实证主义所面临的主要问题与记录陈述的条件无关，而是与证实原则自身的地位有关。其中的一个问题在于，某些有意义的论断似乎不能容纳"证实方法"。考虑下面的情况，例如存在那种无所不能的存在者，即存在足够强大以至于可以完成任何能够被清晰描述的事情的存在者。我大概能够理解这个论断，但我却没有办法对其进行确证和否证。我似乎理解了这个论断为真或者为假的时候，大致的情况将是怎样的，至少我们关于意义和理解的常识概念允许我们这么做。但是，我没有任何办法——包括观察手段——来确证或否证这个论断。实际上，对我来说，甚至连任何可以用来确证或否证这个论断的可能方法都不存在。我缺少一种证实这个论断的证实方法；但是，至少在日常标准上，这个论断看起来仍是有意义的。如果我们弱化证实条件，以便能够为这个论断提供那种想要的证实方法，我们就会使证实原则失去将形而上学当作无意义主张而加以排除的能力。

证实原则本身有没有问题呢？证实原则自己是否允许基于观察证据之上

的证实方法呢？这一点看起来是可疑的。我们的观察证据源于感觉和知觉的经验，它不能为证实原则本身提供直接的证实方法。因此，根据证实原则的意义标准，这一原则本身就是无意义的。1933年加入维也纳学派讨论的艾耶尔（1910—1989）通过如下方式解决这一自我指称的难题：

> 维也纳学派倾向于忽略这个难题，但对我来说非常明显的是，他们实际上是把证实原则当作一种约定加以应用。其所提出的对"有意义"概念的定义，在规定了实际上由经验有益的陈述满足的条件的意义上，与该概念的日常用法是一致的。他们对先验陈述的处理也想对陈述实际上如何起作用提出一种解释。到此为止，他们的工作都是描述性的。但当这些哲学家提出如下提议，即当他们认为只有这两种陈述可以为真或者为假，且只可以为真或者为假的命题才应该被当作严格的有意义陈述时，他们的工作就变成了规范性的。

（[7.9]，15）

卡尔纳普[7.15]也认为，证实原则是一个"约定"，以对如何使用某种语言的选择为基础。

论断"无所不能的存在者存在"，使证实原则的描述性使用和规范性使用都出现了问题。我们似乎没有对这个论断进行可能证实的办法，但"有意义"的常见用法允许我们将这个论断当作有意义的，由此证实原则的描述性使用就与概念"有意义"的常见用法相抵触。就这个原则的规范性使用而言，如果想要把"无所不能的存在者存在"这样的论断当作无意义的，我们就需要一个很好的理由。就算我们能够明确区分什么是经验上可证实的，以及什么是经验上不可证实的，我们还是需要一个特定的理由，以把不可证实的东西当作无意义的。有了对"有意义"概念的日常理解，断定"无所不能的存在者存在"就不是废话。即便这个论断是不可证实的，它仍是可理解的。认为我们有某种强制性理由，以至于可以放弃对"有意义"概念的日常理解的想法将是可疑的。

约定在维也纳学派的认识论中的作用，导致了在认识论中强调目的关联性和实用性的实用主义。这一强调之所以是合理的，是因为应用哪种语言约定的问题，非常自然地会被理解为哪种约定能最好地为某个人的语言目的和理论目的服务的问题。卡尔纳普以如下论述确认了一种实用性考虑：

> 假定对于某个既定语句 S，我们已经对之进行了观察检验，且 S 已经在某种程度上被观察所确证；那么我们是否将这个确证程度当作足够高的以便我们能够接受 S，就是一个实用决定的问题……虽然我们的决定以当前的观察为基础，但却不是单独由这些观察所确定的。不存在确定我们的决定的普遍原则，因此对一个综合语句的接受或拒绝，总是包含着约定性成分。
>
> ([7.16]，49)

这一观点仅仅意味着，在我们关于合理接受的决定中，存在着不可消除的约定性成分，但这不意味着我们的决定整体上是约定性的。

卡尔纳普的实用主义在1950年之后变得颇为明显。关于外在世界，实在论者断言，可观察的、时空性的事物和事件确实是存在的；主观唯心主义者则怀疑这个实在世界（the thing world）本身的实在性。从哲学的起始处开始，实在论和唯心论的争论就一直持续着。卡尔纳普为这一争论注入了实用主义因素：

> 那些对实在世界本身的真实性提出疑问的人，也许心里想的并不是一个理论问题……而是一个实用的问题，一个有关我们语言结构的实用问题：即对于是否接受并使用语言框架中的某些相关形式的表达式，我们不得不做出选择。
>
> ([7.17]，207)

卡尔纳普承认，"实在语言"（the thing language）能够有效地服务于日常生活的许多目的，并且在这个实用主义基础上接受实在语言也是明智的。

但是，卡尔纳普拒绝那种认为这一实用主义基础能够为实在世界的"实在性"提供确证证据的想法。根据卡尔纳普的理解（[7.17]，214），一个关于某些实体（例如空间—时间实体）的整体系统的真实性的陈述，是一个"无认识内容的伪陈述"，而关于某些实体的整体系统的问题——卡尔纳普称为"外在问题"——按照这种观点，也只有被当作是否按照某种方式使用语言的实用问题时，才是可理解的。

在认同卡尔纳普上述观点的同时，赫伯特·费格尔着重强调了实用主义在认识论中的作用。他注意到，如果我们试图以某个东西紧随在某个东西之后的方式，来为我们用某些语词（如"正确推导"）所意味的演绎逻辑的规则进行辩护，那么辩护所依赖的规则正是亟须辩护的规则。根据费格尔的理解 [7.31]，这种循环就意味着我们已经触及了辩护的界限。但是，费格尔也注意到，在这种情况下，我们仍然能够继续进行实用主义的证实，因为我们可以建议采用与获得某种目的——例如避免歧义和矛盾的混乱——相关的规则。在我们所熟悉的讨论——关于独立于心灵的事物的讨论——中，费格尔也采取了相似的实用主义方式："我们唯一能够给出的那种辩护……包含了对语言的充分性和必要性的揭示，而这种语言是物理学、心理学和历史学等科学所需要的"（ibid.，132–133）。上面这个实用主义辩护包含了我们所拥有的作为目的或作为达成目的之手段的事物。根据费格尔的解释，这种剔除了循环论证的终极辩护，相对于研究者所持特定目标而言，仍然是一个兼具工具主义和实用主义色彩的辩护。

到 1950 年代，1920 年代的逻辑实证主义在认识论领域已经转向了实用主义。通过这一转向，实证主义哲学家们复兴了存在于美国哲学运动（这一运动早于维也纳学派）中的许多话题，我们现在就转到对美国古典实用主义中的某些话题的讨论上来。

美国古典实用主义

在美国实用主义的开山鼻祖皮尔士（1839—1914）那里，实用主义最初是作为一种关于意义的观点被提出来的："意义的区别只存在于实践的可能差异中，此外没有存在于任何其他东西之中的意义区别"（[7.71]，30）。这一观点的大意是，对于我们所拥有的任何概念，我们只能根据该概念所表述对象的经验性实用后果来理解这个概念的意义。由此皮尔士认为，如果新教徒和天主教徒对"圣餐"（包括面包和稀释葡萄酒）概念所表述对象的所有可能经验后果有相同看法，那么他们实际上对"圣餐"的意义也就达成了一致。这个观点可能会让新教神学家和天主教神学家大吃一惊（他们在这个问题上争执不休），但皮尔士却把它当作一种避免形而上学"欺骗"和空洞争论的办法提了出来。

在前一节我们已经看到，由于逻辑实证主义的证实原则将意义与经验主义的证实方法严格地联系起来，因此它与许多我们认为有意义的东西是冲突的。与逻辑实证主义者不同，皮尔士转而将意义与概念对象的可能经验后果联系起来。这一做法的一个问题在于，某些概念，例如数学概念、逻辑概念以及虚构概念等，缺乏有可能经验后果的表述对象，但它们似乎仍旧是有意义的。另一个问题在于，某些概念的意义似乎完全产生于当我们设想这个概念被实现（或有一个实例）时，其意义将会是什么样的想象。然而，我们所设想的那种意义，并不必然与我们（可能）经验到的那种意义是一样的。天主教的"圣餐变体论"概念和新教的"圣餐"概念（为了实现这两种仪式的宗教意义）对于仪式的意义有着不同的要求，而不管我们是否（可能）经验到这种意义的不同（天主教的圣餐要求将面包和葡萄酒当作耶稣圣体的变形，但新教没有这种要求）。由于满足天主教和新教的圣餐仪式各自所要求的宗教意义是不同的，我们可以合理地将这些概念看作意味着不同的东西。但是，这也会使我们面临某些困难的，甚至或许无法判断的问题，即在这两种仪式中实际上究竟存在着什么或发生了什么。但是，通过规定概念意义以保证这个概念是有意义的，并由此避免这些问题的做法似乎并不可行。

威廉·詹姆斯（1842—1910）为哲学家以及非哲学家极为详尽地论述了实用主义。詹姆斯把他对真理的实用主义解释当作对"真理"之"意义"的把握。在《实用主义》一书中题为"真理的实用主义构想"这一章，詹姆斯写道：

> 真观念是那些我们可以吸收、证实、印证和确证的观念……正

是实用的差别使我们拥有真观念。因此，真理的意义就是实用的差异，因为真理只有作为实用差异才能被认识。

([7.44], 97; cf. [7.45], 3-4)

一些哲学家已经就此提出了反对意见，他们认为詹姆斯完全混淆了什么使陈述为真和什么使陈述可以被证实。[5] 这些哲学家主要援引了那些可以为真但不能被证实的陈述作为反例。举例而言，陈述"地球是圆的"在它能够被证实之前，其认识论地位就非常棘手。

在与这些批评意见——包括那些提出真理不依赖于任何像证实这样的理论原则的批评意见——的争论中，詹姆斯的立场毫不动摇。詹姆斯还进一步提出了他的"实用主义方法"：

当有争论出现时，如果争论的一方而不是另一方是真的，那种（实用主义的）方法就存在于对实用后果将会有何种差异的论证中。如果不能想到这些差异，那么这个争论就只是有关语言的争论，那么被断定为先于所有经验调停或经验禁止的，自我超越的真观念会被当作什么呢？对我们来说它是真的吗，它有怎样的实用后果？

([7.43], 39-40)

考虑到这种实用主义方法，詹姆斯做出推断：如果不与实用后果的差异相联系，关于真理性质的争论（例如真理是否独立于证实）就只是一个空洞的语言问题。

詹姆斯（[7.45], 61-69）认为，他的实用主义方法使他能够为认识者"在心里"的知觉对象提供非神秘主义的解释。詹姆斯将某人在心里有一个对象描述为这个人拥有一个特定的经验序列。他将某个东西是一个感觉对象的知觉表征，理解为这个东西是感觉对象的一个替代。詹姆斯用他的实用主义方法来澄清这个替代究竟是什么：相对于认识者的目的，一个观念如果有"实用后果"的话，它就是一个替代者。这也就是说，作为替代者，它与被替代的对象有相同的实用后果。按照詹姆斯的解释，表征就是两个东西实现相同功用，亦即被表征之物和表征之物的实用后果是相同的。

如果不对被称为"实用后果"的概念的直接解释有所论述，评价詹姆斯的这些观点就是很困难的。将实用后果说成"构成经验差异"的任何东西，似乎也没有什么帮助，这样做只是把我们的任务转换为对"构成经验差异"提出直接解释罢了。通过前述对皮尔士意义方法的讨论，我们已经看到，意义并不是明显地完全由经验后果所决定的。詹姆斯的实用主义类似于皮尔士的理论，基于一种不可靠的、局限的意义方法。

约翰·杜威（1859—1952）和 C. I. 刘易斯（1883—1964）与詹姆斯一样，认为在知识中存在不可排除的实用主义成分。这种实用主义成分是可能存在于所有知识中的"积极的解释性"因素。美国的实用主义者认为，在感性经验知识中，我们是通过用概念组织和描述感觉输入的方式来进行理解的。由此，对于感觉输入何时是"正确的"，他们提出了极为不同的解释。其核心观点认为，当有效引导取决于实用结果，而实用结果又和某个人解释或组织经验的目的相关时，若能"有效引导"一个经验到另一个经验，理解就是正确的。实用主义者对实用结果和有效引导的强调，目的是要提出一种不同于以往经验主义的新观点。以往的经验主义认为，理解的正确性取决于对经验事实的"符合"。詹姆斯和其他实用主义者发现了以往方法的缺陷：对于理解何时真正符合了经验事实，这种方法没有提供一种可理解的或可证实的解释。

在《寻求确定性》中，杜威提出了一种"认识的试验方法"。这种方法的目的是要对经验论、唯理论以及康德的极有影响的混合认识论进行改良。根据杜威："这种物质探究的方法旨在（在经验中）引起某些变化，以便观察随后会发生怎样的变化。当我们用一系列操作来衡量时，这些变化之间的相互关系就构成了确定的，也是我们期望的认识对象"（[7.29]，84）。杜威的"试验方法"意味着，知识的对象来自受控制的试验操作，且在认识行为之前不存在。下面的这段话表明了杜威对认识中控制作用的强调：

> 如果我们以试验模型建构认识概念，那么我们就会发现，这是以某种方式在日常经验之上，同时也是以日常经验为工具进行操

作。我们的目的不是根据经验所直接呈现的性质来构造观念，而是要以存在于经验之间的相互作用来构造观念，并且因此我们控制经验、改变经验，以及以期望的方式指挥变化的能力，得到了无限增长。认知本身是一个实践行为的模型，也是使其他自然的相互作用服从指挥的相互作用方式。

([7.29], 106-107)

杜威由此将做置于认知的中心，并且强调，在认知情境中，认知者是积极的参与者，而不仅仅是旁观者。杜威甚至认为，这种积极的参与和感觉"材料"联系在一起，他将认知者描述为是在选择——而不只是被给予——这些材料。尽管如此，杜威对感觉和推理在认识中的重要性给了同等程度的认可。按照他的观点，推理观念对于关联经验和进行预测来说是非常重要的，而经验作为对观念和预测的检验的基础，也同样是重要的。

刘易斯认同杜威对认知者积极作用的强调。事实上，在刘易斯看来，实用主义的一大特色就在于它对认知者与感觉材料有关的理解行为的强调。根据刘易斯的实用主义，经验真理总是由概念系统所表达，同时也依赖于概念系统，而概念系统本身是基于实用主义而被选择的。刘易斯解释说：

实用主义的要点是……真理对人类喜好和需要的回应，以及某种意义上由人类心灵所构成的事实……他必须总是依据由心灵自身所决定的范畴和概念来理解经验。对经验进行另外描述的其他概念系统是可能存在的，如果在这些范畴性概念中没有某些纯粹的逻辑缺陷，那么这些概念系统都是同等客观、有效的。当情况确是如此时，这些选择，无论是有意的还是无意的，都以实用主义为基础确定……知识中的实用主义成分，与选择应用哪种理解的概念框架有关。

([7.49], 271-272; cf. p.257)

刘易斯认为，所有的理解都包含了独立于经验的先验要素，并且这种理解要素不是从经验中，而是从"心灵本身的要求或目的"(ibid., 267)这样的实用主义要素中得到支持。

刘易斯认为经验知识包含了以下三种要素：直接的感觉材料，囊括这些感觉材料的概念和范畴，以及经由范畴理解材料的心理行为。刘易斯和詹姆斯都认为，如果没有理解行为，我们的经验就会是"婴儿头脑中嘈杂的一团混乱"。按照他们的观点，理解行为使这种混乱成为一个有序的经验世界。刘易斯力图为经验中的"所予"性成分，即为纯粹知觉的独立性进行辩护；但作为实用主义者，他还是强调在将概念应用到经验所予材料时，应该注意其实用基础。[6] 按照他的观点，概念就是"理解的工具"。刘易斯对这些观点做了如下总结："对于控制自然，以及使人类喜好和行为方式相一致这些活动而言，存在着完全性、简单性和适用性的标准，凡是这些标准在决定概念工具方面发挥作用时，就会有实用主义要素存在于认识之中"（[7.48]，211）。

此外，詹姆斯、杜威和刘易斯都同意认识需要积极理解的观点，他们也同意具体解释模型的原理是实用主义的，且它来自具体解释者的解释目的。对于某种理解方式，我们经常会寻求一种实用主义原理，我们随后也想要知道，对我们的解释目的来说，应用某些概念（或不同的分类方式）的实用后果是什么。实用主义原理关心的就是特定概念在达成理论目的方面的工具有效性，而不管这种具体的理论目的是什么。

是否存在非实用的概念原理呢？例如刘易斯是否忽略了非纯粹实用性概念选择的知识论基础呢？也许我们能够评价那些与有更多客观性和更少变量的事物联系在一起的概念，也就是说，我们能够评价那些在对客观的、独立于构想者的世界进行描述方面具有可靠性的概念。有些哲学家认为，后一种以客观可靠性为基础的评价，是尤其"知识论"的评价，而实用主义原理和这种认识论评价之间不能有（也经常没有）任何关系。这种观点背后的假设认为：认识论评价以关注客观的、独立于目的的真理以及对这些真理的可靠揭示为中心；而实用的成功有时会导致不可靠的，甚至是假的信念，例如当我们对某一事物保持一种不可靠的虚假观点便于我们目的的实现时，就会出现这种情况。

如果我们能够有意义地讨论客观的、非目的性的正确性，我们就能够在认识论评价和实用主义评价之间做出区分。非目的性的正确性概念能够允许我们在理论化过程中所采用的那套概念经常依赖于我们在理论化中的目的。然而，现在的关键问题在于，对非目的性的正确性概念的讨论是否是有意义的。实用主义的反对者们提出的大致观点是这样的：外在世界有某种与心灵无关的特征（存在于其中的许多事物都有其"自然"边界），我们的分类性概念可以大致精确地或可靠地与外在世界的这些与心灵无关的特征相符合。如果能够有意义地讨论"精确符合"，我们就能够承认一种特殊的认识论考虑：概念真的精确符合于外在世界吗？这里我们就遇到了一个有着关键重要性的认识论问题。在考察了认识论的一些进一步发展之后，我们将在后面有关怀疑论的论述中（参见 232～241 页），回到对可靠性问题的讨论。

经验主义的问题

在 1950 年之前，20 世纪的那些杰出的经验主义者，大致上都接受了分析—综合的区分。这个区分存在于仅仅依据其意义（或依据定义）而为真的命题和依据意义之外的其他东西而为真的命题之间。与这种区分相一致，经验主义者也在经验知识（后验知识）和非经验知识（先验知识）之间进行了区分。这些经验主义者的共同观点是：所有的先验知识是关于分析真理的知识，并且不存在关于综合真理的先验知识。举例来说，艾耶尔就认为，"先验的"这个语言概念就意味着逻辑真理和数学真理是先验的，因为在不违背统摄语言用法的规则的前提下，我们不能否认这些真理（[7.7]，chapter 4）。艾耶尔认为，逻辑真理和数学真理的分析性，是对它们作为先验真理唯一的恰当解释，并且我们不能拥有关于经验实在或综合真理的先验知识。

奎因论分析性

奎因于 1951 年发表的论文《经验主义的两个教条》[7.74]，对现代经验主义的如下教条发起挑战：一是认为存在着分析真理和综合真理的截然二分；二是坚持还原论，这种还原论认为，每一个有意义的陈述都等值于某个语句，这个语句中的词项指称了直接的感觉经验。在奎因发表这篇论文之后，哲学家们普遍认为，对于分析性的讨论，在最好的意义上是可疑的，在最坏的意义上则是虚构的。存在于认识论者之间的一个共识认为，就认识论而言，对分析性的讨论没有真正的解释价值。

奎因［7.74］认为，在认识论中，任何对分析性的恰当诉求，都预设了认识同义性的概念，而这个概念却和分析性本身一样是难以理解的。一类分析陈述——所谓逻辑的真陈述并没有引起奎因的反对，这种以"未婚男是没有结婚的男人"（No unmarried man is married）为代表的陈述，无论对其中的非逻辑成分进行怎样的重新解释，都仍然是真的。然而，第二类陈述，即那种以"单身汉是没有结婚的"（No bachelor is married）为代表的陈述，却招致了奎因的反对。一些哲学家认为，通过对第二类陈述中语句的同义词进行同义代换，例如用"未婚男"替代"单身汉"，可以将这类陈述转化为逻辑真理。另一些哲学家则依据定义，通过把"单身汉"定义为"未婚男"，将第二种分析陈述还原为第一种陈述。奎因反对这些有关定义的讨论，他认为定义依据的是一个未得到充分解释的"同义性"概念，同义性的意义与被定义概念及先前的语言用法都有关系。根据奎因的观点，这个被假设的同义性概念，和分析性概念一样都有待澄清。

奎因将他的反对与如下观点联系起来：同义性存在于保全真值的不同语言形式——不改变真值的语言形式——的可置换性中。在一种没有"必然性"这类模态副词的语言中，保全真值的可置换性并不担保同义性，它只会提出像"所有的单身汉，并且只有单身汉是未婚男"这样的陈述。支持同义代换的哲学家认为，这种真理仅仅依赖于对意义的考虑，而不依赖于巧合的事实因素，于是，我们可以引入"必然性"来维持这种存在于意义考虑和偶然因素之间的对立。然而，奎因对此表示反对，他认为只有当分析性概念已经是可理解的时，对"必然性"概念的这种使用才是可理解的，但目前的情况却并不是这样。由此，我们还需要一个对分析性概念的解释。

奎因希望通过意义的证实理论来解释分析性。按照这种观点，分析真理就是被确证的"不论什么"（即"不论发生什么"）形式的陈述。实际上奎因支持整体论的经验主义，这种观点认为，在经验基础之上，陈述不是单个地被确证或者否证,而是作为一个"场"被确证或者否证。奎因的整体论认为,任何陈述不管怎样都能够被接受,只要我们对被接受的陈述场的其他部分做出修正——可能是彻底的修正。整体论也意味着,在原则上,没有任何陈述可以避免被修正。奎因由此得出结论认为,分析命题的证实方法,依据的是一条关于确证和否证的不可靠的原子主义路线。在《经验主义的两个教条》中,奎因仅仅允许把分析性当作约定的缩写:

> 仍然有一种极端的不能被追溯到先前的同义性的定义,这种定义明显是为了缩写的目的而根据约定引进的全新符号……这里我们就有了由定义创造的非常明显的同义性例子。如果一切种类的同义性都同样地容易理解就好了。但就其他情况而言,定义依赖于同义性,而不是解释了同义性。

([7.74],26)

对于这种作为分析性基础的约定性定义,奎因没有做进一步的论述。他认为像分析性这样一个重要的哲学概念,产生于约定性定义是不可能的。现在,奎因的论点在于,整体论消除了任何对分析性的认识论需要:

> 现在我认识到,有关分析性的重要哲学问题,以及有关逻辑真理的语言学理论,其目的都不在于对分析性进行说明,而是一个讨论分析性与认识论之间关系的问题。我在《经验主义的两个教条》一文中所引用的经验主义的第二个教条,即认为每一个经验上有意义的句子,都有自己的经验内容的想法,应该被看作鼓励了对分析性的错误信念;但是现在我会进一步说,第二个教条创造了将分析性当作认识论核心概念的需求,并且当我们认识到迪昂的工作并抛弃这个教条时,这种需求就会失效。

([7.76],207)

奎因的(受限制的)意义整体论,意味着我们不需要用分析性来解释逻辑真理和数学真理的意义，它们的意义可以被看作来源于它们所属于的自然科学，而自然科学包含了各种各样的可观察验证的陈述。按照这种观点，逻辑真理和数学真理，并没有脱离经验内容，而是参与到（虽然是直接地）各种观察陈述的经验内容之中。类似地，我们也不需要用分析性来解释逻辑真理和数学真理的必然性。根据奎因的理解，"整体主义通过自然选择和最小残缺的原则来说明必然性"（[7.78]，56）。按照这一观点，必然性只是一个我们当下不愿意将某些陈述从我们信念之网的中心地带分离出去的问题而已。

总而言之，奎因对分析性的反对包括两个方面：第一，"对它所有的先验合理性而言，根本就不存在一条区分出分析陈述和综合陈述的界线"（[7.74]，37）。第二，一旦我们接受了某种整体论，对分析性的认识论需要就失效了。有些哲学家基于如下原因反对奎因的这两个反对意见，他们认为分析概念的可行性，并不真的依赖于按照奎因的那种要求对分析性所做的解释，也就是说，一个独立于上述概念的解释将被奎因认为是不清楚的。这里的问题在于，奎因对于充分清晰的分析性解释的标准是否过于严格了（对该问题的讨论，参见 Grice and Strawson [7.49]）。

卡尔纳普论分析性

作为对奎因的回应，卡尔纳普提出：当且仅当"意义约定"的逻辑推论明确了某些语词之间的逻辑关系时，陈述才是分析的（[7.18]；[7.19]，918）。（我们可以把约定定义当作一种熟悉的意义约定。）奎因反对这种看法，他认为讨论"意义约定"并不能获得真正的理解，因为我们缺乏对"意义"讨论的理解。就我们需要某种对意义和分析性的讨论进行澄清的标准这一点看来，奎因的反对好像是有道理的。奎因本人诉诸的是一个经验主义的行为主义标准，其理由在于："除了从可观察情境的公开行为中搜集的材料，语言意义中不存在任何东西"（[7.78]，38）。

从各种当前的行为主义意义观念的视角来看，奎因的理由将不那么有说服力，因为这些观念允许意义从不需要在公开行为中可识别的心理过程或心理事件中产生，它们也允许这些心理行为在作为意义要素的同时仍然是内隐的。由于奎因没有清除这些观念，他就必须限制那种被他附属在公开行为之上的意义概念，他关于意义"从可观察情境的公开行为中搜集得来"的要求也必须被限制在可社会性习得的、公开的语言意义范围之内——那种存在于我们共有的自然语言之中的意义。在这种限制之上，我们能够接受奎因的行为主义标准，因为社会语言学上的意义确实依赖于公共行为的证据。

卡尔纳普试图满足奎因对分析性的公共行为主义标准的要求。他要我们考虑如下情况：当两个语言学家面对"所有的乌鸦都是黑色的"这个陈述时，根据其各自的语言，他们对该陈述是否分析地为真存在分歧。这两个语言学家可以通过如下方式来检验互相抵触的假设：当有人向你展示一只白色的乌鸦时，你是否愿意收回"所有的乌鸦都是黑色的"这个论断？你可以用下面两种方法中的任意一种来回答：（1）当我面对确实存在一只白色乌鸦的充分证据时，我愿意收回我的论断；（2）我不会收回我的论断，因为我不会把这只白色的鸟叫作"乌鸦"，在我使用"乌鸦"这个词的意义上，不可能存在白色的乌鸦。卡尔纳普认为，回答（2）支持"所有的乌鸦都是黑色的"这个假设对你而言是分析的，但是回答（1）支持这个假设不是分析的。他得出结论认为，对分析性的归属可以被公共语言行为的观察所检验（[7.19]，920）。

我们能够对卡尔纳普的观点做如下转述：无论何时，只要你仅仅通过考虑论断的构成词项的用法，就能拒绝所有对论断的证伪，我们就可以把这个论断当作对你而言分析地为真。这也为分析性提供了一个行为上的标准，但这个标准不是绝对可靠的。拒绝所有的证伪，可能只是为了就什么对你而言是分析的欺骗我们，或者仅仅因为对相关语词的用法实际是什么混淆不清。由此，对所有证伪的拒绝，并不能担保任何熟悉意义上的分析性。

一个经过改进的分析性的标准是这样的：当且仅当你会拒绝所有对语句 S 的证伪，并且这个拒绝只是基于你对该语句构成语词的实际用法的考虑时，语句 S 对你而言才是分析地为真。这个标准也对你拒绝所有证伪所依据的标准，或就你对语句 S 构成语词的实际用法的考虑提出了限制：它不允许基于语言混乱和以欺骗为目的的反驳。卡尔纳普可能希望我们根据语词使用方式的"意向"来理解实际用法。他认为理论家们在"选择他们的（意义）约定方面是自由的，他们的选择并不受其关于世界的事实的信念所引导，而是受其关于意义的意向，亦即对描述性常项的使用方式所引导"（[7.18]，225）。按照卡尔纳普的观点，一个人的语言系统中的分析真理产生于意向或"约定"，且与语词的使用方式有关。

卡尔纳普否认他的方法将分析真理等同于"无论发生什么"都成立的真理（[7.19]，921）。他区分了已接受陈述的两种变化：一种变化出现在所使用的语言中，另一种出现在被归属给陈述（其真值不单由语言规则所固定）的真值中。根据定义，分析陈述将不会发生第二种变化。但是，通过采用不同的意义"约定"，我们仍然可以改变语言。按照卡尔纳普的观点，有一些真值完全由语言规则所固定，另一些真值则不是这样。对于卡尔纳普的分析性方法来说，这是一个关键的假设。同样是按照卡尔纳普的观点，我们必须承认分析性的人称关联性。对于什么是分析性的，在不同人之间存在着巨大的差异，这种差异来自语词用法意向的可变性。对于分析性的这种人称关联性，奎因没有给予足够的关注。

现在我们重新回到奎因的认识论，看一看在没有分析概念的情况下，他的认识论是否可以是有效的。

认识论中的分析性

一种恰当的认识论依赖于认识论原则，而认识论原则明确了认识论根据（或认识论辩护）存在于何种条件之上，这些原则也会产生一个可理解的"根据"概念。哪怕像奎因这样的哲学家，其认识论也依赖于认识论原则。奎因的一个主要的认识论原则是"最小伤害原则"：这是一个保守主义的认识论原则，它意味着如非必要，就最好不改变我们先前的理论（[7.78]，15，56）。奎因强调，他的另一个认识论原则，即理论的最大简单性原则，比保守主义原则更为重要；但这不影响我们将要提出的观点，并且我们也只会考虑那些两个原则互不冲突的情况。

现在的关键问题是：为什么奎因的保守主义认识论原则可以是真的，或者是正确的？为什么有根据的理论修正与最小伤害原则相一致是正确的，或是实际情况？换句话说，是什么使得奎因的认识论原则是真的而不是假的呢？这些问题将会突出分析性在认识论中的重要性。它们不是试图对为什么有些人使用奎因的认识论原则提出因果性解释，而是试图解释为什么奎因的认识论原则是真的而不是假的。奎因可能给出怎样的答案呢？

仅仅说保守主义原则要求有根据的认识论修正被保守主义原则所限制，我们不能回答上面的问题。说在保守主义原则的基础上，保守主义原则是真的，也没有提供必要的信息。上面这些问题问的是，什么使得有根据的认识论修正被限制在保守主义原则之内成为如此这般的一个事实。下面的假设是非常合理的，即保守主义原则对认识论根据的限制，是奎因对语词"认识论根据"的用法的一部分。在这个假设的基础上，我们或许可以说，对奎因而言，以保守主义原则限制认识论根据是分析地为真的。

奎因认为，他的保守主义和简单性认识论原则在实际的科学实践中找到了支持。他认为这些原则是"指导科学对预测未来进行辩护的箴言"（[7.78]，15）。这也就暗示了如下观点，即奎因的认识论原则是由它在实际科学实践中的作用加以辩护的。我们或许可以进一步提出：奎因的保守主义原则，因其在实际科学实践中的作用因而是真的。如果仅仅出于论证的目的，现在我们可以接受这个建议是真的，并且还可以问：为什么实际科学实践限制着有认识论根据的理论修正这个观点是真的，或者情况为什么是这样呢？最可信的答案是，实际的科学实践限制认识论根据是奎因对"认识论根据"的用法的一部分，对于奎因而言，科学实践限制认识论根据分析地为真。因此，诉诸科学实践并没有将我们从分析性的重要性中解放出来。在排除了分析性之后，回答上面所提出的这些问题就变得困难起来，这大概也就解释了为什么奎因会对这些问题保持沉默。

诉诸整体论也同样不会把我们从分析性的重要性中解放出来。认识论的整体论者以这样的方式使用语词"认识论根据"：融贯性考虑决定了根据。即使是对奎因这样的认识论的整体论者来说，我们上面提出的这种问题仍然能够揭示分析性的重要性。由于我们所讨论的卡尔纳普式分析性概念，并不以辩护和证据为主要特征，因此对于整体论者而言，它就不是一个可能的选择，并且奎因还用这种整体论对分析性提出了批评（[7.74]，41）。鉴于奎因的观点认为有些观察陈述有其单独的经验内容,对于那种关于意义而非关于证据的语义整体论来说,他的承诺就明显是有限制的([7.77],426)。无论如何,一种根据的整体论并不要求一种意义的整体论。因此,对整体论的这些考虑并不会威胁到先前对分析性的相关论述。

奎因可能想要从如下观点中寻求庇护,这一观点认为我们可以放弃对认识论根据以及所有这些规范性的讨论。但是,这是一种不可靠的极端转变,它与奎因自己的语言学实践也并不一致。这一转变将从整体上把所有有价值的讨论从认识论乃至从哲学中清除出去。按照这种观点,我们只能描述那些与认识论相关的陈述是何等根深蒂固或被怎样坚定不移地相信着,而不能对这些陈述进行评价。奎因本人并不满足于描述这些陈述是何等根深蒂固。实际上,他的如下观点是众所周知的。这种观点认为:"就属性和命题而言,同一性标准的缺乏,可以被看作'属性'和'命题'的一个缺陷"([7.75],244)。这种对缺陷的讨论,并不是说在某人的语言中缺乏描述性或规范性的讨论。在《经验主义的两个教条》和其他相关文献中,奎因用他的真正科学的理论修正的观点建立了一种评价性的认识论标准——包含了整体论的融贯性、简单性和最小残缺的标准。由于奎因有自己的评价性认识论标准,他就必须面对上面所提出的有关"正确性"的问题,这些问题显示了分析性的哲学重要性。

我们应该注意到一个被奎因所忽略,尤其是被《经验主义的两个教条》所忽略的区分。这个区分存在于以某种语言用法规则为基础,什么可以为真,以及这个规则如何被证实这两个问题之间,或者说它是关于用法规则牵涉或者包含了什么,以及这个规则得到何种支持的区分。奎因对分析性的反对明显是由于对这个区分的混淆。仅仅由于一种用法规则,一个陈述可以分析地为真,哪怕支持或者为这个用法规则提供辩护的只是某个语言使用者的可变的解释目的。支持目的的可变性,并不会使产生于用法规则的分析性变得不可信。分析性范畴不是一个先验的认识论范畴,也并不包含不可修正性。用法规则——通常作为改变解释目的的结果——能够并且实际上会发生改变,用法规则的改变也就是语言的改变。分析范畴以单独产生于用法规则的那种真理为特征,它确实不是一个还意味着某种特殊根据和证据的范畴,但它仍然是一个可以对认识论有所贡献的范畴，它使我们能够回答上述有关认识论原则的"正确性"问题。

认识论辩护

前面我们已经提到（参见 217 页），奎因大致来说支持认识的整体论，这种观点认为，陈述的认识论根据或认识论辩护依赖于其他陈述的根据。按照柏拉图在《泰阿泰德篇》（*Theaetetus*）中所提出的对知识的所谓"传统分析"，当且仅当你有一个关于 P 的可辩护的真信念时，才可以说你知道 P。你可能相信一个没有根据的真推论，但你并不能因此就知道这个推论是真的。按照标准的理解，知识不仅要求对信念条件和真值条件的满足，而且要求对信念条件的满足以适当方式关联于对真值条件的满足。后面的这个要求引出了知识的辩护条件——把那些类似幸运猜想的巧合现象排除在外的条件。

20 世纪的认识论者对认识论辩护的条件，亦即对知识的恰当辩护，给予了特别关注。他们一般允许被证明为正当的假信念，这种允许也被称为辩护的可错论。举例而言，在可错论看来，哥白尼（Copernicus）之前的托勒密（Ptolemy）派天文学家可以正当地坚持地球中心说的宇宙模型，虽然他们的模型是错的。根据绝大多数 20 世纪认识论者的观点，对命题的辩护并不需要逻辑地包含被辩护命题：假如用作辩护的命题是真的，那么被辩护命题并不需要必然地也是真的。当辩护逻辑地包含了被辩护命题时，我们得到的是演绎性辩护。相反地，归纳性辩护并不逻辑地包含被辩护命题，它的意义在于，假如用作辩护的命题是真的，那么被辩护命题在某种程度上可能是真的。对于适合归纳性辩护的可能性是什么，20 世纪的这些认识论者并没有达成统一的解释。但是，绝大多数新近的认识论者相信，当某个人获得了另外的辩护条件，并且用作辩护的那个命题就此不再起到辩护作用时，这个认识论辩护就可以被废止。举例来说，对于"前面的路上有一摊水"这个信念，当你在接近路上的这个地点的过程中获得了新证据之后，先前为这个信

223

念所提出的辩护就可能被推翻。

在20世纪的认识论争论中，一个重要的主题是我们就外部世界的信念——包括认为存在独立于认识者的物质对象的信念——所提出的那种辩护问题。20世纪的绝大多数认识论者都同意，这些信念只能归纳性地辩护，因为这种辩护并不逻辑地包含被辩护信念。一些怀疑论者由于对存在外在对象的信念的认识论辩护有所怀疑，转而为这些信念寻求演绎性辩护；其他一些人甚至质疑我们对这个信念能否有归纳的可能性辩护。（参见232~241页）

一些怀疑论者认为我们对独立于认识者的外在世界的相信是不可辩护的。为了坚持他们的主张，这些人采用了回溯性论证（cf. Oakley [7.69]）。该论证起源于这样的问题：在其他信念的基础上，亦即在所谓推论辩护的基础上，我们对外在世界的任何信念是否是可辩护的呢？如果答案是肯定的，这些信念又能得到何种辩护？怀疑论者对回溯性论证的使用，目的在于表明，推论辩护的每一个可能解释都是无效的，因此这种辩护根本就不存在。最初的怀疑论担忧在于：如果某个人关于外在世界存在的信念，在另一个信念的基础上是可辩护的，那么后面那个信念，那个进行辩护的信念本身如何得到辩护呢？它可能通过一个进一步的信念而得到辩护吗？如果情况是这样，那这个进一步的信念怎样得到辩护呢？这里，我们似乎受到了要求辩护信念的无限倒退的威胁。对于我们实际的日常推理来说，这个倒退似乎有些过于复杂。根据许多认识论者的观点，我们的选择是显而易见的：（1）对要求辩护信念的无限倒退进行解释，说明它并不令人麻烦，或者（2）表明如何终止这个危险的无限倒退，或者（3）接受推论辩护不可能这个怀疑论结论。

下面这个具体的例子阐述了推论辩护的问题。当沿着密歇根湖散步时，我们决定如果能在今天游泳将会很惬意，但户外游泳在当前的严重危险性会阻碍这一决定。我们关于"今天在户外游泳会很危险"的信念被我们的其他信念所支持。例如，我们相信（1）当地的气象学家已经预测，今天我们所在的这个地区会有雷雨；（2）我们这个地区的天空中有出现积雨云的兆头；并且（3）气象学家的预报和积雨云的出现是将有雷电的可靠标志。我们对

"今天户外游泳会很危险"的信念从我们的信念（1）、（2）和（3）为真中得到支持。但是，对我们来说，是什么支持了信念（1）、（2）和（3）呢？我们自然还需要提出其他信念来支持它们，并且这个推论辩护的链条因此还会继续下去。我们能对信念（1）提出的部分支持可以是信念（4）我们听到了今天的广播预报且这些预报来自当地的气象学家；我们能对信念（2）提出的部分支持可能是信念（5）我在天空中看见了黑色的乌云。我们对信念（4）和（5）的支持可能是一些类似的推论辩护，并且由此进一步地延长推论辩护的链条。

对于推论辩护所面临的倒退问题，非怀疑论的认识论者提出了四种值得注意的回应。他们的第一个回应——或许可以称为"认识论无限主义"——提出，虽然推论辩护的倒退确实是无限的，但这种考虑并没有排除真正的辩护。根据这种回应，我们相信今天在户外游泳会很危险的信念，将通过上面的信念（1）得到辩护，信念（1）通过信念（4）得到辩护，而信念（4）则通过进一步的信念得到辩护，依此类推以至无限。这样的无限主义尽管几乎没有吸引到支持者，却被美国实用主义的开创者查尔斯·皮尔士（[7.70]，36-38）所支持。无限主义的明显要求是，如果想要有一个被推论地辩护的信念，我们就必须有无限多的进行辩护的信念。

怀疑论者将会争论说，可能的推论辩护的无限链条不能提供真正的辩护。他们将注意到，在推论辩护的无限倒退中，不论我们能走多远，我们都只能找到那种有条件地得到辩护的信念，即只能找到那种当且仅当支持这些信念的信念得到辩护时，其本身才能得到辩护的信念。问题在于这些支持性信念本身也最多只是有条件地得到辩护的，当且仅当支持这些支持性信念的信念得到辩护时才得到辩护。在这个无尽链条的每一点上，我们找到的都是那种可以被有条件地辩护的信念，而不是实际得到辩护的信念。另一个问题在于，假定每一个支持性信念的形成都需要耗费一定数量的时间，某个人有无限的支持性信念似乎就要求无限的时间。当然，我们人类没有无限的时间，因此在实际的辩护中会包含辩护信念的无限倒退这一点是可疑的。虽然这些考虑并不是决定性的，但它们表明无限主义的支持者还需要做出一些重要的解释。

对倒退问题的第二个非怀疑论回应是认识的融贯论。这种回应认为,由于我们的信念之间有"一致性关系",因此所有的辩护都是推理性的和系统性的。根据认识的融贯论,对任何信念的辩护都将终结于得到辩护的信念在其中彼此一致的信念之网或信念系统,它也否认辩护是以无限主义所设想的那种线性方式展开的。我们不应该将关于辩护的融贯论——认识的融贯论——和真理融贯论混为一谈。真理融贯论是那种为布兰德·布兰夏德(Brand Blanshard [7.11], 268; [7.12], 590)所支持的融贯论,其目的是要明确"真理"概念的意义或说明真理的本质属性;辩护融贯论不是要说明真理的本质属性,而是旨在说明适合知识的那种辩护的本质属性。各种版本的认识的融贯论的新近支持者包括威尔弗雷德·塞拉斯([7.95]; [7.96]; [7.97])、尼古拉斯·雷谢尔(Nicholas Rescher [7.79]; [7.80])、吉尔伯特·哈曼([7.40]; [7.41])、基思·莱勒(Keith Lehrer [7.46]; [7.47])和劳伦斯·邦乔(Laurence BonJour [7.13])等。

认识的融贯论的支持者想要回答如下两个紧迫的问题:首先,对被辩护的信念来说,何种一致性关系有着关键的重要性?其次,被辩护信念必须与哪种信念系统保持一致?对于第一个问题,许多认识的融贯论的支持者承认,作为信念间一致关系的逻辑包含和逻辑解释,有着关键的重要性。当某个人的一些信念有效地解释了为什么他的其他那些信念是真的时,我们就得到了解释性的一致性关系。举例而言,我认为外面正在下雨的信念,可能就对我的办公室的窗子是湿的这个信念为真做出了有效解释。对于第二个问题,支持者认为,不仅任何服务于认识的融贯论目的的信念系统,而且一些其他的信念系统,例如那些包含了科学虚构命题,看起来明显为假,因此似乎不能为被辩护的认识论信念提供基础的信念系统,都与辩护信念保持一致。不论你如何回答上面的这两个问题,认识的融贯论意味着对任何信念的辩护都依赖于这个信念与其他信念之间的一致性关系,这种融贯论由此是系统性的,它强调在认识论辩护中信念的彼此关联性。

怀疑论者会提出下面的问题,我们为什么应该将信念之间的一致性关系当作有关事物在经验世界中实际是什么样子的经验真理的可靠指示呢?(对这一主题的更为深入的讨论,参见232~241页论述怀疑论的相关部分。)此外，让我们来考虑针对认识的融贯论的下面这个被称为"孤立异议"的问题：这个问题认为认识的融贯论包含了如下推论，即在接受一个与某个人的所有经验证据相矛盾的偶然经验命题时，或者至少在接受对他的经验证据来说不太可能的偶然经验命题时，在认识论上他仍然是可辩护的（Moser [7.59]，84-103；[7.61]；[7.62]，176-182）。这个反对意见的支持者，并不将经验证据局限在某个人相信或者接受的经验命题范围内。

对辩护融贯论而言，一旦我们将经验证据的范围扩展到某个人相信或者接受的经验命题（或判断）之外，孤立反对就会成为一个普遍适用的问题。举例来说，假如某个人的经验证据包括了主观非命题性内容（例如视觉形象），而这些内容与非信念性知觉和感觉的意识状态有关，例如他看到了一个可知觉的东西或者感觉到了一种疼痛等，并且如果这些内容是存在的，那么它们作为非命题性内容，就不存在于其所相信或接受的东西之列。当然，这个人可能承认他有特定的视觉形象，但这并不意味着这个形象本身是一个他所接受的命题。如果我们将有关非信念性知觉状态和感觉状态的非命题内容包括在经验证据的范围之内，孤立反对将会对辩护的融贯论构成直接反对。根据定义，各种融贯理论都将认识论辩护置于被相信或接受的命题的一致性关系之上，作为一个原则，它们就此忽视了非信念性知觉状态和感觉状态的非命题内容的证据意义。对于孤立反对所提出的这个问题，认识的融贯论的支持者还没有提出一个统一的解决方案。

对倒退问题的第三种非怀疑论回应是认识的基础主义。概括而言，认识论辩护的基础主义认为这种辩护有着双重结构：某些辩护实例是非推论的，或者说是基础的；而其他的所有辩护实例都是推论的，或者说是非基础的，因为它们最终来源于那些基础辩护。这种结构观点由亚里士多德在《后分析篇》中（*Posterior Analytics*）（作为一种有关知识的观点）首先提出，在笛卡尔的《沉思录》（*Meditation*）中获得其极端理论形式，并且以各种不同的理论形式出现于伯特兰·罗素（[7.88]）、C. I. 刘易斯（[7.49]；[7.50]）和罗德里克·齐硕姆（[7.22]；[7.23]；[7.25]）以及其他许多20世纪哲学家[7]的认识论著作中。

不同的基础主义辩护在以下两个问题上存在区别。一个问题是对非推论的基本辩护的解释，另一个问题是对这些辩护如何从基本信念转移到非基本信念的解释。一些追随笛卡尔的哲学家假设，基本信念必须是确定的（例如是不可怀疑的或不可错的）。这个假设为激进基础主义提供了理论基础，而激进基础主义不仅要求基本信念是确定的，而且要求基本概念也保证它所支持的非基本概念是确定的。下面两个原因可以解释为什么激进基础主义几乎不能对任何认识论者有吸引力。首先，我们的知觉信念几乎都不是确定的，即使有确定的知觉信念，它们的数量也是少之又少[8]；其次，可作为确定性信念候选者的信念（例如我正在思考这个信念），对于担保关于外在世界的高度确定的推论信念（例如关于物理学、化学和生物学的信念）来说，并不是充分有效的。

大多数当代的基础主义者接受的是温和基础主义，这种基础主义认为，基本信念不需要拥有或者提供确定性，且也无须演绎地支持被辩护的非基础信念。这些基础主义者主要将被非推论辩护的基本信念，描述为认识论辩护不来自其他信念的那种信念，但对于基础信念的因果基础中是否包含了其他信念，他们的态度是开放的。此外，他们还认为基础主义是对某个人的信念（或命题）有其辩护做出的解释，而不是就某人表明信念有一个辩护或表明该辩护为真这一点做出的解释。

对于如何进行非推论的基本辩护，温和基础主义者可以在如下三条颇有影响的论证路径中进行选择：(1) 自我辩护，(2) 通过非信念性亦非命题性的经验进行辩护，(3) 通过信念的可靠非信念起源进行辩护。自我辩护最近的支持者包括罗德里克·齐硕姆（[7.22]）和 C. J. 杜卡斯（C. J. Ducasse [7.30]），他们主张基本信念在不从其他东西那里获得任何证据支持的情况下，是可以自我辩护的。相反，那些支持非信念性经验的基本辩护的哲学家避开了严格的自我辩护，他们追随刘易斯（[7.49]；[7.50]），认为基础知觉信念可以经由非信念的感觉经验或知觉经验（例如我似乎看到一个键盘的非信念性经验）得到辩护，这些经验要么证明基本信念是真的，通过基础信念得到最好的解释；要么支持了基本信念（例如，这里有，或者至少看上去有，一个键盘的信念）。支持通过可靠来源进行基本辩护的哲学家认为，非推论辩护依赖于非信念的信念形成过程（例如知觉、记忆、反省），就倾向于提供真信念而非假信念这一点来说,这个过程在某种程度上有利于使信念为真。后面的这个观点诉诸信念的非信念起源的可靠性[9],而前面的这个观点则诉诸作为基本信念之基础的具体的感觉经验或知觉经验。尽管这里存在分歧,但是温和基础主义的支持者大多同意,非推论性的辩护至少在绝大多数情况下能够依据个人已被辩护的信念的扩张而被否决。举例来说,对于你认为花瓶中有一支红色的花这个信念,当引入在花上亮着一盏红色的灯这一新证据时,这个信念就可能被推翻。

威尔弗雷德·塞拉斯[7.96]和劳伦斯·邦乔[7.13]提出了一个有广泛影响的论证来反对非推论辩护的主张。他们认为,我们相信的任何概念,在认识论上都不能以非推论的形式得到辩护。因为仅当我们有很好的理由来相信一个信念为真时,我们对这个信念的相信才是在认识论上可辩护的。他们因此认为,这意味着对一个所谓的基础信念所做的辩护,实际上依赖于一个如下形式的论证:

(1) 我的基本信念 P 有特征 F,
(2) 有特征 F 的信念可能是真的,
(3) 因此,我的基本信念 P 可能是真的。

如果对某个人的基本信念的辩护依赖于这样一个论证,那么这些信念最终将不是基本的,因为对它们的辩护会依赖于对一些进一步的信念的辩护,即依赖于出现在论证(1)~(3)的前提中的信念。

认为要对某个人相信 P 进行辩护,就要求这个人相信前提(1)和(2)是可辩护的,这似乎过于苛刻了。在这个要求的基础上,只有当你相信你的信念"P 有特征 F"得到辩护时,你相信 P 这一点才得到辩护。进一步地,同样是按照那些要求,只有当对额外命题的相信得到辩护,即(2)你相信(1)有 F 得到辩护时,你对(1)"P 有特征 F"的相信才得到辩护。根据这些要求,类似的要求不仅适用于后面的这个命题(2),而且对其后无限多个被要求进行辩护的命题中的任何一个也同样适用,我们没有非武断的方法来避免这种令人厌烦的纠葛。问题在于,我们似乎没有被要求的、无数复杂性不断增加的被辩护命题。

　　这里的一个明显教训在于，对于相信者来说，如果对一个信念的辩护性支持必须是可达到的，那么可达到性本身不应该被当成需要进一步辩护的信念。认识论辩护的内在主义和外在主义的当前争论关心的是，对于我们的被辩护信念而言，如果存在着某种可达到性，那么哪种形式的可达到性是我们必须不得不支持的。内在主义显示出对某种可达到性的要求，在这种可达到性之上就可以提出辩护，但外在主义并不需要这样一种可达到性。在目前的认识论中，外在主义和内在主义的争论是无法解决的。[10]

　　基础主义不仅必须解释非推论辩护的条件，而且必须解释辩护从基本信念到推论辩护的非基本信念之间的转移是怎样发生的。与激进基础主义者不同，绝大多数温和基础主义者允许在辩护之间转移非演绎的、仅仅是可能的联系。但是，对于这种联系的确切本质是什么，他们彼此之间没有达成一致。一些温和本质主义者认为，在许多情况下，某种"最佳解释的推导"可以对辩护的转移做出说明。举例而言，在某些情况下，我相信在我面前有一台电脑的信念，能够为各种关于我的知觉输入的基本信念提供最佳解释。但是，这一点在认识论者之间还是有争议的。

　　一个对各种不同版本的基础主义都造成困扰的特殊问题是：对某个人似乎看到、听到、触摸到、嗅到和尝到某些东西这样的主观信念来说，非推论辩护是有局限性的。就这些主观信念如何能够为关于独立于认识者的物质对象的信念提供辩护，各种版本的基础主义都必须做出解释。非常明显，这些主观信念并不逻辑地包含关于物质对象的信念。因为广泛的错觉始终是可能的，当某个人的主观信念为真时，与之相关的物质对象的信念为假的情况也总是可能的。这个原因对支持语言现象论的基础主义者提出了挑战。语言现象论认为，在不出现意义贬损的前提下，有关物质对象的命题可以被翻译为逻辑等值的、仅仅与主观状态（由主观信念所描述）有关的陈述。[11]或许追随齐硕姆［7.23］和科曼（Cornman）［7.27］的基础主义者可以引出一组非演绎的联系，以解释主观信念如何能够为物质对象的信念进行辩护。但是，这个问题仍然是一个挑战，因为没有这样的一组联系在基础主义者那里获得广泛接受，虽然我们应该注意到，某些版本的基础主义允许对关于物质对象的信念做非推论辩护，并且因此避免了当前的这个问题。

对倒退问题的第四种非怀疑论回应是认识的语境主义。这一观点由维特根斯坦［7.109］提出，在安妮丝（Annis［7.3］）那里得到明确阐述。通过宣称"在良基信念的建立之处，存在着未被建立的信念"（［7.109］，§253），维特根斯坦提出了语境主义的核心原则。如果我们将维特根斯坦的断言理解为陈述了如下内容，即在一个被辩护信念的基础之处，存在着未经辩护的信念，那么我们就有了一个不同于无限主义、融贯论和基础主义的选择。[12]根据语境主义，在任何研究语境中，人们只是假设（或接受）某些命题作为研究的起点，并且这些作为"语境基础"的命题尽管缺少证据支持，却能够支持其他命题。语境主义强调，作为语境基础的命题在不同社会群体之间，以及在不同语境之间——例如从神学研究的语境到物理学研究的语境——可以是极为不同的。因此，在一个语境中作为未经辩护的辩护者起作用的命题，不必在另一个语境中也起相同作用。

语境主义的主要问题，在于认为未经辩护的信念可以为其他信念提供认识的辩护的观点。如果我们接受这个观点，我们就需要避免下面这个看似合理的观点。在它看来，任何未经辩护的信念，不管如何明显地是假的或者是矛盾的，都能够在某种语境中提供辩护。如果任何未经辩护的命题都可以充当辩护者，我们就好像能够为任何我们想要为之辩护的信念提供辩护。虽然我们主要是在某些特定语境中将某些东西视作当然之物，但这并不支持存在着未经辩护的辩护者的观点。也许被主要地当作当然之物的东西，实际上是可以得到某些很好的理由支持的；但如果它们不是可支持的，我们就需要某些办法来把它们从不能转移到对其他信念的辩护的未经辩护的信念中区分出来。由此，语境主义者必须解释，一个未经辩护的信念——而不是任何未经辩护的信念——如何能够为其他信念提供推论辩护，对于这个必须做出的解释，语境主义者还没有达成一致。

因此，总而言之，推论辩护的倒退问题有着令人厌烦的恢复能力。无限主义、融贯论、基础主义或语境主义对这个问题都可以提出一个可行的解决方案，但只有对上面所提到的关于方案本身的问题有所解决之后，这些方案才是可行的。现在让我们转向一些在知识分析中面临的并发性问题。

知识的条件

231　　一些新近的认识论者建议我们放弃传统的知识辩护条件。他们追随阿尔文·戈德曼（Alvin Goldman [7.37]），建议我们将辩护条件理解为一个因果条件。大致而言，他们的想法是这样的：你知道 P，如果（1）你相信 P，（2）P 是真的，以及（3）你对 P 的相信因果地产生于并持存于使 P 为真的事实。这个想法是有多种证明的一种知识的因果理论的基础。

知识的因果理论明显面临着严重的问题，这个问题源于有关普遍命题的知识。例如，我们可能知道所有的电脑都是由人类制造的，但是我们对这件事情的相信似乎不能从所有的电脑都是由人类制造的这个事实中得到因果性支持。我们不清楚的是，后一个事实是否能够因果地产生任何信念。在最低限度上，我们还需要解释因果理论如何能够说明这类与普遍命题相关联的知识。

将知识当作可辩护的真信念的分析，不管它如何详尽，都将面临一个最初源于知识的因果理论的反对——亦即盖梯尔问题。在 1963 年，埃德蒙德·盖梯尔（Edmund Gettier）对那种认为如果你有一个关于 P 的可辩护的真信念，你就知道了 P 的观点提出了影响深远的反对。下面是盖梯尔 [7.35] 对该观点提出的一个反例：史密斯可辩护地相信如下假命题：(i) 琼斯有一辆福特车；在 (i) 的基础上，史密斯推导他能够可辩护地相信如下命题：(ii) 或者琼斯有一辆福特车，或者布朗在巴塞罗那。假如情况确实是这样，布朗就在巴塞罗那，并且 (ii) 由此是真的。因此，虽然史密斯是可辩护地相信真命题 (ii)，但史密斯并不知道 (ii)。

盖梯尔式反例要说明的是某个人有关于 P 的可辩护的真信念，但缺乏关于 P 的知识的情况。盖梯尔问题也是为标准的、可辩护的真信念的分析寻求修正或替代的问题，而这些分析原本规避了盖梯尔式反例中的困难。关于盖梯尔问题的争论极为复杂且尚无定论，许多认识论者从盖梯尔式反例中获得的教训认为，在辩护条件、真值条件和信念条件这三个条件之外，命题知识还要求有第四个条件。在认识论者之间，目前还没有明确的、可以被压倒性接受的第四个条件，不过有些意见已经开始突显出来。例如，所谓的"可否决条件"就要求对知识的适当辩护在一般意义上是"不可否决的"，即要求某些适当的对辩护的否决者的虚拟条件性关切就该辩护而言为真。举例而言，对史密斯知道 P 来说，它的一个简单的第四个可否决条件要求不存在可以为真的命题 Q，使得如果 Q 对史密斯来说变得可辩护，那么 P 对史密斯就不再是可辩护的。因此，如果史密斯在视觉知觉的基础上知道是布巴从图书馆拿走了书，那么史密斯开始相信是布巴的与他长相一样的双胞胎兄弟从图书馆拿走了书这个真命题，就不会破坏史密斯对关于布巴本人的信念的辩护。另一种方法避免了这种主观条件的问题，它认为被命题知识所要求的可辩护的真信念，由实际真理的整体所支持，但这个方法对辩护何时被破坏以及何时被修复要求一个具体的解释。[13]

根据许多认识论者的理解，盖梯尔问题有着认识论的重要性，它是寻求对命题知识的性质——亦即命题知识的本质要素——的精确理解的认识论分支。要对命题知识形成精确理解，就要求我们对这种知识有盖梯尔式的证据分析。因此，认识论者们对盖梯尔问题需要有一个可辩护的解决方案，不管这个方案是何等的复杂。这个结论与认为不同认识论者在不同明确性层次上使用不同的知识概念的观点也是相容的。

怀疑论

对于知识的界限或范围问题，认识论者之间的争论由来已久。我们越是认为知识的范围是有限的，我们也就越倾向于怀疑论。两种有影响的怀疑论是知识怀疑论和辩护怀疑论。不受限制的知识怀疑论暗示没有人能知道任何东西；而不受限制的辩护怀疑论则暗示了更加极端的观点，它认为甚至没有人能够可辩护地相信任何东西。某些形式的怀疑论比其他的怀疑论要强一些，知识怀疑论的最强硬理论形式暗示任何人都不可能知道任何东西，而弱一些的理论形式则否认我们所拥有知识的真实性，但对拥有知识的可能性不予规定。许多怀疑论者将它们的怀疑论限制在假定知识的某个特定范围之内，例如关于外在世界的认识、关于他人心灵的认识、关于过去和未来的认识或者关于不可感知对象的认识等。在认识论的历史上，受限制的怀疑论比不受限制的怀疑论更为常见。

支持怀疑论的论证有不同的形式，其中一个最为困难的理论形式是关于标准问题的论证，这个论证的一个版本来自 16 世纪的怀疑论者蒙台涅（Michel de Montaigne）：

> 要对事物的现象进行裁决（在为真和为假之间），我们需要有一种区分性的方法；为了对这种方法进行验证，我们就需要一个辩护性论证；但要验证这个辩护性论证，我们需要的恰恰是这种有待验证的方法，因此，我们实际上是在原地踏步。[14]

这条怀疑论的论证路线，与认识论本身一道起源于古希腊（参见塞克斯都·恩披里克 [Sextus Empiricus] 的《皮浪学说概略》[Outlines of Pyrrhonism] 第二卷）。[15] 这条路线迫使我们面对下面的问题：在没有说明我们如何知道之前，如何能够说明我们知道什么呢？以及在没有说明我们知道什么之前，如何能够说明我们如何知道呢？在这个危险的循环之外，是否存在其他的合理方法？这是最困难的认识论问题中的一个，任何一种令人信服的认识论理论都必须对之提出一种可辩护的解决办法。对于这个紧迫的问题，当代的认识论还缺少一个可被广泛接受的回答。罗德里克·齐硕姆 [7.24] 提出的一个有影响的回答假设我们知道一些有关外在世界的具体命题，并据此将怀疑论从认识的起点处排除出去。齐硕姆支持的是一种排他主义的回答，它以回答我们知道什么的问题为起点，但这个回答似乎回避了怀疑论的关键问题。对标准问题的卫理公会的回答，以回答我们如何知道的问题为起点，但这个回答的风险在于，它将知识从有关具体知识的深思熟虑的判断中剥离出来，它也必然会回避怀疑论所提出的关键问题。

让我们考虑另一种怀疑论论证（由莫泽详细阐述 [7.63]；[7.64]）。假设你是一个实在论者并认为存在关于独立于心灵的外在对象的知识，并且认为这些知识在细节方面与存在的外在对象是一致的；我们再假设，你认为自己关于外在对象存在的知识的主张有令人信服的合理论证。

让我们假设，你的论证以如下概略形式出现：

(1) 如果某个人的信念 P 有特征 F，那么他知道 P。
(2) 我关于外在对象存在的信念有特征 F。
(3) 因此，我知道外在对象是存在的。

只要是出于论证的目的，甚至实在论的批评者都可能接受前提（1）。这个前提可能只是实在论者的"知道 P"意味着什么的直接含义。

性质 F 可以包括大量熟悉的良基性特征中的任何一个。具体来说，它可以包含：(a) 适当一致性信念 (cf. Lehrer [7.47], chapter 7)，(b) 最大解释效力 (cf. Lycan [7.51], chapter 7)，(c) 未被否决的自明证据 (cf. Foley [7.33], chapter 2)，(d) 连续的成功预测 (cf. Almeder [7.1], chapter 4)，(e) 无争议的普遍接受 (cf. Annis, [7.3])，(f) 知觉、记忆、内省或证明等信念形成过程的因果支持 (cf. Goldman [7.38], chapter 5)，(g) 在简单性、完全性等美好特征方面的充分理论精致性 (cf. Thagard [7.105], chapter 5)，(h) 事物进化图景中的存在价值 (cf. Carruthers [7.20], chapter12)，或者 (i) (a)~(h) 的某些结合 (cf. Cornman [7.27])。这些良基性特征并不能概念地穷尽 F，因为假设某个人知道 P（不像那些良基性特征），就蕴含了他知道的就是 P 的如其所是的实际情况。

假如知识包含的不仅是客观为真的信念，正如它从柏拉图的《泰阿泰德篇》(cf.202b) 所处时代开始就意味的那样，那么 F 就会是复合属性——包含客观为真的属性加上某些额外属性。按照标准的知识概念，那些额外属性包含了某类良基性特征（一些情况下，为了处理前述的盖梯尔问题，对这些特征会有一种不存在任何否决者的限制）。让我们把这些良基性特征称为 "F 的良基性成分"。一个良基性特征的作用主要是将知识从只源于类似幸运猜想的偶然现象的真信念中区分出来。就这方面来说，这样的特征在某种程度上可以被看作使一个信念"可能为真"。如我们在关于认识论辩护的前述章节中所做的说明（参见 228~229 页），对于通过良基性特征使真理成为可能的认识者来说，内在主义的良基性特征是可理解的（直接地或间接地），而外在主义的良基性特征则不可理解（cf. Alston [7.2]，chapters 8, 9）。

如果像一般假设的那样，即如果关于 P 的知识包含着 P 客观上就是如其所是的样子，或者 P 客观上是真的，那么那种相关的真之可能性就必然包含着客观为真是什么的可能性，或者包含着客观上如其所是的样子是什么的可能性。所以，不论是内在主义的还是外在主义的，良基性特征必然产生客观上如其所是是什么的可能性。换句话说，它必须在一定程度上指明那种独立于认识者的可能性是什么样子。假如 F 的良基性成分违背了这个要求，它就不能将知识从仅源于类似幸运猜想的偶然现象的真信念中区分出来。

对于外在对象的实在论观点，前提（2）会引起一个激起怀疑论的问题。这个前提肯定了：（a）你认为外在对象存在的信念在客观上是真的，并且（如果你认为知识有良基性成分）（b）良基性特征在一定程度上指明了外在对象存在的可能性。怀疑论者可以合理地提出下面这个问题：

问题 1：如果我们有任何非逃避问题的理由，以便可以肯定你相信外在世界存在的信念客观地为真，那么这个理由是什么呢？

如果你是一个坚信知识的良基性成分的典型实在论者，你将尝试从 F 中选择那些你喜欢的良基性成分来回答问题 1。你的回答尤其想要说明，对良基性成分条件的满足，为你肯定你的信念为真提供了必要理由。按照良基性成分产生真之可能性的前述假设，对问题 1 的这个回答并不让人意外。

对实在论者提供的任何一种良基性成分，怀疑论者可以提出下面的反对：

问题 2：如果我们有任何非逃避问题的理由，以便可以肯定对 F 良基性成分的条件的满足，在任何程度上都实际地指示了 F 客观上就是如其所是的样子，那么这个理由是什么呢？

实在论者可能这样回答：凭借"客观上如其所是的样子的指示"所意味的东西，他们喜欢的良基性成分作为"客观上如其所是的样子"的指示者就是真的（cf. Pollock [7.73]，chapter 5）。这个转变试图用定义性（或概念性）命令的方式来驳倒怀疑论者，但实际上却并没有回应他们的焦点问题。

我们可以把他们的焦点问题更加准确地阐释为：

问题 3：如果我们有任何非逃避问题的理由，以便可以肯定对 F 中被喜欢的良基性成分条件的满足——包括对实在论者"客观上如其所是的样子的指示"意味着什么的定义性条件的满足——是代表性地理解"客观上如其所是的样子"意味着什么的一种真正可靠的方法，那么这个理由是什么呢？

在相同的意义上，如果我们有非逃避问题的理由，以便可以肯定满足 F 的一个被喜欢的良基性成分条件的论断（例如断言外在对象存在），实际上就客观为真呢？我们可以同意实在论者对"客观上如其所是的样子的指示者"的定义，但这个定义必须以问题 3 为基础。怀疑论者可能从问题 1 开始，但一旦实在论者诉诸 F 的良基性成分，则将转向对问题 3 的追问。如果怀疑论者不能将问题 3 当作问题 1 那样的为实在论带来麻烦的问题，那么他们所奉行的只能是浅薄的怀疑论。

非常明显，你援引你喜欢的良基性成分而为反对问题 3 的实在论所做的辩护，将是一种逃避问题的辩护，你所喜欢的良基性成分的可靠性恰恰是目前有问题的，并且逃避这个问题将不能为实在论提供令人信服的支持。举例来说，如果你认为一致性信念是客观真实性的指示，你现在不能简单地假设一致性信念是客观真实性的指示；那么现在的问题就在于，一致性信念（或其他类似的良基性成分）是否真的就是客观真实性的指示。也许你所喜欢的这些良基性成分，是那种自成良基的良基性成分；但是，这一考虑丝毫无助于回答问题 3。问题 3 要问的是：如果我们有任何非逃避问题的理由，以便我们能够把你所喜欢的良基性成分当作通达客观实在性的可靠方法，那么这个理由是什么。实际上，除了诉诸你所喜欢的良基性成分（的可靠性）之外，我们有什么理由把这一成分当成通达客观真实性（例如你相信外在对象存在这个信念的客观真实性）的可靠方法呢？

怀疑论者对问题3的使用允许良基性的可误论，这种可误论认为一个有根据的信念可以是假的。此外，怀疑论者对问题3的使用既不需要假设，论断所根据的证据都必定逻辑地包含（或演绎地支持）这个论断；而且在围绕认识论辩护的具体条件的纯粹概念性争论中，它也不要求我们采取一个有争议的立场。这是怀疑论者用问题3来反对实在论的一些优点。

由此，假设你是一个运用论证（1）~（3）的实在论者，并且你也同意 F 中有良基性成分（例如一致性信念）这个实在论的标准观点，那么你就会认为，你关于外在对象存在的信念说明了下面的情况：当信念满足了你所喜欢的良基性成分（例如一致性信念）的条件时，它就是一个客观上为真的信念。然后，在前提（2）的基础上，你将认为外在世界存在的信念在客观上是真的，并且在此情况下你所喜欢的有关 F 的一个良基性成分（也就是一致性信念）被一个客观为真的信念所满足。但是，你还是欠怀疑论一个非逃避问题的理由，以说明你认为你所喜欢的 F 的良基性成分（也就是一致性信念），在这种情况下，是通达客观真实的信念的真正有效方式。

实在论者追随波洛克（Pollock [7.73]），他们可能旨在以如下主张压制怀疑论，这个主张认为我们关于外在对象的概念实际上是构成性的，或者说总体上是被良基性条件所决定的，这些良基性条件包含了一个或多个上面提到的良基属性。这里的这个主张的意思是，就我们有关外在对象的概念来说，它的某些良基属性的条件已经完全决定了这个概念。这个主张还包含着对我们有关外在对象的概念的一种证实主义，并且这种证实主义不等同于前面那种诉诸"客观真实的指示"的意义的观点。

怀疑论者的回应可以是这样的，我们关于外在世界的观念可能逻辑地超越了该观念的良基性条件的各种标准。例如我们关于外在对象的概念似乎包含着这样的条件：任何被归于此概念下的对象，即使在我们不看它时也不会消失，即使未被意识到也仍然存在。对于我们有关外在对象的观念来说，物体在不被意识到的时候仍然存在这个条件,似乎并不逻辑地包含于各种标准的良基性条件之中。例如我们对日常知觉经验(的来源)的最有效解释,在逻辑上并不要求当有东西被意识到时就存在某个事物。进一步地,即便良基性条件完全决定了我们有关外在事物的观念,我们拥有自己的有关外在对象的观念,是否包含这些良基性条件被满足,即被我们认为外在世界存在的信念所满足,仍然是一个开放的问题。如果这些条件包含着刚刚说到的那些虚拟条件,怀疑论者将要求一个非逃避问题的理由来说明它实际上得到了满足,并且由此那些激起了怀疑论的熟悉的担忧将再次出现。在任何意义上,实在论者一般都不是我们关于外在对象概念的证实主义者。

就此我们可以回到怀疑论的主要反对,即在问题3中实在论者必须提出一个非逃避问题的理由。对于回答怀疑论的那个熟悉的可靠性问题,这个理由将不仅仅是假定一个有利于实在论的答案。在任何实际情况下,这些熟悉问题的一部分将关注我们信念形成过程(例如知觉、反省、判断、记忆和证明等)的可靠性,而这些过程有时会产生关于外在对象存在的信念。在任何实际情况下,其他一些熟悉问题将关注关于外在对象存在的适当一致、解释有效和成功预测的信念的可靠性。上面所提到的任何一种良基属性都将引起这样一个怀疑论的可靠性问题,因此,怀疑论者将不会被外在对象的实在论所提供的对简单性和完全性的观察结论所动摇。问题3的应用将要求一个非逃避问题的理由,以便肯定由实在论所提供的这种简单性和完全性,可以成为通达客观上的真信念的可靠方法。对良基性成分的任何高阶使用——为了支持良基性成分——与它的一阶使用有着相同的命运,因为问题3同样地适用于任何高阶用法。如果缺乏应对怀疑论问题的答案,我们就不能令人信服地推导说有关外在对象的实在论已经被证实了。

怀疑论并不因为这个空洞反对而是错误的,即它不要求你给我一个令人信服的论证而不使用任何前提。其面对的挑战在于,当满足你所喜欢的良基性成分的信念是一个客观为真的信念时,你认为外在对象存在确实如此的信念,需要给我一个令人信服的、非逃避问题的理由。所要求的不是实在论者放弃对前提的使用,而是要求实在论者放弃使用逃避问题的前提——逃避了有关可靠性激起怀疑论的相关问题的前提。问题1~3说明了怀疑论问题的一些标准，而实在论者逃避问题的论证，甚至都没有开始接近怀疑论者的论证力量。因此，论证的纯粹合理性并不是亟待解决的问题，令人信服的非逃避问题的合理性才是。

238　　　一个熟悉的考虑——可能怀疑论者只是出于论证的目的才使用到——表明怀疑论者对问题 3 的运用，将不能从实在论者那里得到成功的回答。就我们人类而言，对任何东西的相关认知通道依赖于知觉、内省、判断、记忆、证明、直观和常识等概念的信念形成过程。这些过程在问题 3 那里还有待讨论，并且它们自身对其可靠性也不能给出非逃避问题的支持。更为坦率地说，我们不能假设一个独立于我们的相关认知过程的立场，以便为这些过程的可靠性给出非逃避问题的指示。不论好还是不好，这似乎是人类的认知困境所在，并且没有实在论者已经表明我们如何能够摆脱这个困境。与此同时，这也是我们支持"必须极为严肃地对待怀疑论"这个结论的直接考虑。除非我们有了那种必需的、非逃避问题的理由，否则怀疑论在认识论上似乎就比实在论更加是可辩护的。我们不能提供那种必需的、非逃避问题的理由，与削弱怀疑论的反对毫无关系，它仅仅是削弱了那种有力地支持实在论的主张。

　　一个支持实在论的非逃避问题的理由，应是一个为非构想的真实性提供有效识别的理由。例如，我们似乎不能有效地依赖我们的视力来检验我们自己的视力的客观可靠性。因此，那种熟悉的斯内伦视觉试验就不能有效地对客观可靠的视力进行度量。通过斯内伦试验这样一个具体的例子，我将扼要地阐述这个观点，从而表明对非构想的真实性的有效识别何以是不可能的。

　　熟悉的斯内伦视力表测试的是视网膜中央凹的功能，中央凹是视网膜最为敏感的部位。视力表的临床应用假设"E"、"F"、"P"、"T"等构成字母——朝向五个视力方向中的一个方向——可以被"正常眼"正确地辨认出来（也有一些偶然情况，有许多人会混淆朝向相似方向的字母，相应地，在某些斯内伦视力表中，这些字母被设计成只朝向四个方向中的某个方向）。测试主要在 6 米或 20 英尺的距离进行，在这个距离上，从视力表字母上反射的光线大致上是平行的，受试者不需要——至少应该不需要——努力寻找聚焦点。如果一个坐在 6 英尺之外的受试者，读出了 6 英尺之外的朝向五个方向中的某个方向的字母，我们就说他的视力是 6/6（或者在美国的英尺制中是 20/20）。其中分子部分表明了进行测试的距离，分母则表明了读出朝向五个方向中的某个方向的最小字母的距离。

我们不能貌似合理地认为，根据斯内伦测试标准得到的 6/6 视力，就有资格成为客观的可靠视力——有利于客观为真的视觉信念的视力。视力测试极度依赖于"正常眼"的标准，而"正常眼"取决于我们对"典型的人类眼睛"在分辨斯内伦字母时实际如何操作的参考。由朝向五个视觉方向中的某个具体方向所设定的标准，严格来说，产生自人类社会中的视觉感知者的典型视觉是什么。宽松来说，根据斯内伦测试，当受试者站在斯内伦视力表六米之外，并且可以清楚看见——没有朦胧、模糊或重影——反向字母"E"的三道横杠，那么这种视觉经验就是"正常眼"的标准。

在与实在论的怀疑论有关的意义上，斯内伦标准下的正常视力明显地不会被当作客观可靠的或有利于为真的。斯内伦标准下的正常视力，松散地依赖于假设的人类视觉知觉者的统计平均值，而不是依赖于支持指出视觉的客观可靠性的考虑。根据问题 3，怀疑论者自然地会对统计平均值是否是通达非构想性实在的可靠方法提出疑问。认为我们有任何非逃避问题的理由来支持这一看法可靠，这一点是有问题的。我们不能假设我们视力的可靠性，来为我们的视力可靠性本身提供非逃避问题的支持性理由。

更广泛地说，我们不能有效地依赖于对我们的信念形成过程（如知觉、内省、判断、记忆、证明、直观和常识等）的裁决，来检查这些过程在通达非构想性事实方面的可靠性。对怀疑这些裁决和过程的可靠性的研究者来说，诉诸对这些过程的裁决，将逃避关键的问题。要为实在论者有关客观实在性的主张提供一个非逃避问题的支持，这一信念形成过程的可靠性还有待检验。实在论者宣称他们知道有关外在对象的非构想性事实。一个心存怀疑的研究者，就自然要求对这种实在论主张提出一个有效的、非逃避问题的理由，一个逃避问题的理由根本就不能解决目前的这个哲学争论。

怀疑论者对问题 1~3 的使用，对通常被称为"实在论"的广泛立场提出了反对。它所反对的范围包括了实在论如下类型中的每一种：弱实在论（即某物以非构想的形式客观存在）、常识实在论（即绝大多数当前可观察的常识类型、科学类型，以及物质类型的个例，以非构想的形式客观存在），以及科学实在论（即绝大多数当前不可观察的科学物质类型的个例，以非构想的形式客观存在）。迈克尔·德维特（Michael Devitt）宣称，弱实在论"弱到毫无趣味"（[7.28]，p.22）。但即便如此，这也只是他偶然的一家之言。它并没有为实在论者提供非逃避问题的理由支持弱实在论做出申辩。实在论者不能看似合理地像德维特那样，仅仅诉诸当前的自然科学来解释有关实在论的认识论争论。为了抵抗怀疑论者，他们必须说明，当前的自然科学如何能够给予我们有利于实在论，且为我们所需要的有效理由。如果我们像德维特那样，只是说"（关于非构想事实的知识的）怀疑论仅仅是乏味的，它将小孩儿连同洗澡水一起倒了出去"（[7.28]，63），这将不能解决任何哲学问题。紧迫的问题在于，实在论者实际上是否有一个真的小孩儿——即得到有效支持的知识——可以被倒出去，如果想要推动哲学的真正进步，我们不能简单地回避这个问题。

在哲学语境中，正在被争论的问题，不能从仅仅假设一个争议性答案的正确性中得出非逃避问题的答案。如果我们一般地容忍这种逃避问题的答案，则我们可以支持任何我们喜欢的争议性立场：只要在我们关于所喜欢立场的任何争论中回避关键问题就够了。按照这个策略，论证就变得很是多余，因为循环论证是无意义的。逃避问题的策略促进了哲学争论中的不良专断，因此那些尚在争论中的问题是理性地不可决定的。什么问题会被逃避总是与争论问题的语境有关，而语境并不必然地为各类问题所普遍共有（对各种论证循环的任何纯形式标准的怀疑，参见 Sorensen [7.100]）。

对实在论的实用主义辩护，依据的是信念的整体效用，但它所面对的情况比上面提到的良基属性也好不到哪里。我们可以直接应用问题 3 的一个变形：如果我们有任何非逃避问题的理由，以便可以肯定一个信念的整体实用效用，是通达客观上如其所是的样子是什么的真正可靠方法，那么这个理由是什么呢？非常明显，认为把实用效用当作通达客观真实的可靠办法的说法在实用的层面是有效的，在此没有什么用处。怀疑论者会再一次地要求非逃避问题的理由。按照前述的人类认知困境，对于在实用主义基础上提出一种必要的、非逃避问题的支持，我们几乎不抱希望。为实在论提供实用支持是一回事，提供非逃避问题的支持则是另一回事。怀疑论者要求满足后一种支持，但对于获得这种支持已经失去了信心。

与各种各样的唯心主义相比，即便实在论有某些理论上的优点，它还是必须面对怀疑论者有关缺少非逃避问题的支持理由的担忧。怀疑论者对实在论正确性的怀疑，不需要成为那种认为是某个人的心理活动创造了所有事物的唯心主义观点，它可以合理地认为，我们缺乏非逃避问题的理由来支持——在任何程度上——实在论和唯心主义。怀疑论避开了任何没有包含非逃避问题的理由的立场，因为逃避问题的支持根本就不是支持。提供令人信服的论证的重担现在正当地落在了实在论者的肩上。认识论的未来将表明这个重担是否可以被彻底地卸下来。[16]

【注释】

[1] 在 [7.86], 305-306, cf. Russell ([7.92], 100) 中，罗素首次公开表明他不再坚持感觉材料理论。

[2] See Neurath [7.68], 299-318, 关于维也纳学派某些反形而上学观点的更为详细的阐述，参见 Ayer [7.7]。

[3] 在 [7.110], 200 中，维特根斯坦还写道："证实不是真理的标志，而是命题的意义。"

[4] 相关争论参见 Neurath [7.67]、Schlick [7.93] 和 Ayer [7.5]。

[5] 例如可参见罗素 [7.82], 詹姆斯的回应参见他的论文《两位英国批评者》("Two English Critics", [7.45], 146-153)。对詹姆斯的真理方法是否包含了符合论条件的讨论，参见 Moser [7.58]。

[6] 对刘易斯关于经验中所予性要素的观点的阐述，参见 Firth [7.32] 和 Moser [7.60]。

[7] 讨论基础主义的相关参考书目，见 Moser ([7.65], 273-276) 和 Triplett ([7.106], 112-116)。为各种不同的认识的基础主义辩护的最近尝试，参见 Pollock [7.72]、[7.73]; Cornman [7.27]; Swain [7.104]; Moser [7.59]、[7.62]; Foley [7.33]; Audi [7.4]; Alan Goldman [7.36] 以及 Alston [7.2]。

[8] 对有关感觉的主观信念的可靠性的某些重要观点的概述和评价，参见 Meyers ([7.52], chapter 3) 和 Alan Goldman ([7.36], chapter 7), 也可参见 Alston ([7.2],

chapters 10，11）。

［9］认为可靠的信念形成过程提供认识的辩护的观点已经以可靠主义的面目而广为人知，对各种可靠主义的辩护参见 Swain ［7.104］，Alvin Goldman ［7.37］，Alston ［7.2］和 Sosa ［7.101］。

［10］对这些争论的部分论述，参见 BonJour（［7.13］，chapter 3），Alston（［7.2］，chapters 8，9），以及 Moser（［7.59］，chapter 4；［7.62］，chapter 2）。

［11］对这种和其他版本的现象主义的讨论，参见 Ayer ［7.6］，［7.8］；Chisholm（［7.21］，189-197）；Cornman ［7.26］；以及 Fumerton ［7.34］。

［12］哲学家们对于如何理解维特根斯坦的《论确定性》（*On Certainty*）明显地存在争议。对各种理解的讨论，参见 Shiner ［7.98］和 Morawetz ［7.57］。另一种对语境主义的颇具影响的支持观点来自罗蒂 ［7.81］。对罗蒂语境主义观点的讨论，参见 Moser（［7.62］，chapter 4）和 Sosa（［7.101］，chapter 6）。

［13］对这种方法的详细讨论，参见 Pollock（［7.73］，180-193）和 Moser（［7.62］，chapter 6），对盖梯尔问题相关历史的讨论最早出现在1982年，参见 Shope ［7.99］。

［14］Michel Montaigne,"An Apologie of Raymond Sebond", in *The Essays of Montaigne*（New York，Modern Library，1933），p.544.

［15］相关历史性讨论参见 Striker ［7.102］，［7.103］；以及 Barnes ［7.10］。

［16］就当前篇幅的一章来说，它不足以处理所有那些描述了20世纪认识论的运动和问题。论及其他运动和问题的文献，参见 Chisholm ［7.22］和 Hill ［7.42］。我对 John Canfield 就本章草稿所做的评论表示感谢。

参考书目

7.1 Almeder, Robert *Blind Realism*, Lanham, Md.：Rowman & Littlefield, 1992.

7.2 Alston, William *Epistemic Justification*, Ithaca, NY：Cornell University Press，1989.

7.3 Annis, David "A Contextualist Theory of Epistemic Justification", *American Philosophical Quarterly*, 15 (1978)：213-219.

7.4 Audi, Robert *Belief, Justification, and Knowledge*, Belmont, Cal.：Wadsworth, 1988.

7.5 Ayer, A. J. [1936] "Verification and Experience", in A. J. Ayer, ed., *Logical Positivism*, New York: Free Press, 1959: 228—243.

7.6 —— *The Foundations of Empirical Knowledge*, London: Macmillan, 1940.

7.7 —— *Language, Truth, and Logic*, 2nd edn, New York: Dover, 1946.

7.8 —— [1947] "Phenomenalism", in A. J. Ayer, *Philosophical Essays*, London: Macmillan, 1954.

7.9 —— "Editor's Introduction", in A. J. Ayer, ed., *Logical Positivism*, New York: Free Press, 1959: 3—28.

7.10 Barnes, Jonathan *The Toils of Scepticism*, Cambridge: Cambridge University Press, 1990.

7.11 Blanshard, Branh *The Nature of Thought*, vol. 2, London: Allen & Unwin, 1939.

7.12 —— "Reply to Nicholas Rescher", in P. A. Schilpp, ed., *The Philosophy of Brand Blanshard*, La Salle, Ill. : Open Court, 1980: 589—600.

7.13 BonJour, Laurence *The Structure of Empirical Knowledge*, Cambridge, Mass. : Harvard University Press, 1985.

7.14 Carnap, Rudolf *The Logical Structure of the World*, trans. R. A. George, Berkeley: University of California Press, 1967.

7.15 —— "On the Character of Philosophical Problems", *Philosophy of Science*, 1 (1934): 5—19.

7.16 —— [1936] "Testability and Meaning", in Herbert Feigl and May Brodbeck, eds, *Readings in the Philosophy of Science*, New York: Appleton-Century-Crofts, 1953: 47—92.

7.17 —— "Empiricism, Semantics, and Ontology", in R. Carnap, *Meaning and Necessity*, 2nd edn, Chicago: University of Chicago Press, 1956: 205—221.

7.18 —— "Meaning Postulates", in R. Carnap, *Meaning and Necessity*, 2nd edn, Chicago: University of Chicago Press, 1956: 222—229.

7.19 —— "W. V. Quine on Logical Truth", in P. A. Schilpp, ed., *The Philosophy of Rudolf Carnap*, La Salle, Ill. : Open Court, 1963: 915—922.

7.20 Carruthers, Peter *Human Knowledge and Human Nature*, New York: Oxford University Press, 1992.

7.21　Chisholm, Roderick *Perceiving : A Philosophical Study*, Ithaca, NY: Cornell University Press, 1957.

7.22　—— [1964] "Theory of Knowledge in America", in R. Chisholm, *The Foundations of Knowing*, Minneapolis: University of Minnesota Press, 1982: 109-193.

7.23　——*Theory of Knowledge*, 2nd edn, Englewood Cliffs, NJ: Prentice Hall, 1977.

7.24　—— "The Problem of the Criterion", in R. Chisholm, *The Foundations of Knowing*, Minneapolis: University of Minnesota Press, 1982: 61-75.

7.25　——*Theory of Knowledge*, 3rd edn, Englewood Cliffs, NJ: Prentice Hall, 1989.

7.26　Cornman, James *Perception, Common Sense, and Science*, New Haven, Conn.: Yale University Press, 1975.

7.27　——*Skepticism, Justification, and Explanation*, Dordrecht: D. Reidel, 1980.

7.28　Devitt, Michael *Realism and Truth*, Oxford: Basil Blackwell, 1984.

7.29　Dewey, John *The Quest for Certainty*, New York: Putnam, 1929.

7.30　Ducasse, C. J. "Propositions, Truth, and the Ultimate Criterion of Truth", in C. J. Ducasse, *Truth, Knowledge, and Causation*, London: Routledge & Kegan Paul, 1968.

7.31　Feigl, Herbert "De Principiis Non-Disputandum ⋯?", in Max Black, ed., *Philosophical Analysis*, Ithaca, NY: Cornell University Press, 1950: 113-147.

7.32　Firth, Roderick "Lewis on the Given", in P. A. Schilpp, ed., *The Philosophy of C. I. Lewis*, La Salle, Ill.: Open Court, 1969: 329-350.

7.33　Foley, Richard *The Theory of Epistemic Rationality*, Cambridge, Mass.: Harvard University Press, 1987.

7.34　Fumerton, Richard *Metaphysical and Epistemological Problems of Perception*, Lincoln: University of Nebraska Press, 1985.

7.35　Gettier, Edmund "Is Justified True Belief Knowledge?", *Analysis*, 23 (1963): 121-123. Reprinted in Paul Moser and Arnold vander Nat, eds, *Human Knowledge : Classical and Contemporary Approaches*, New York: Oxford University Press, 1987.

7.36　Goldman, Alan *Empirical Knowledge*, Berkeley: University of California Press, 1988.

7.37　Goldman, Alvin "A Causal Theory of Knowing", *Journal of Philosophy*, 64

(1976): 357-372.

7.38 ——*Epistemology and Cognition*, Cambridge, Mass.: Harvard University Press, 1986.

7.39 Grice, H. P. and P. F. Strawson "In Defense of a Dogma", *Philosophical Review*, 65 (1956): 141-151.

7.40 Harman, Gilbert *Thought*, Princeton, NJ: Princeton University Press, 1973.

7.41 ——*Change in View*, Cambridge, Mass.: MIT Press, 1986.

7.42 Hill, Thomas *Contemporary Theories of Knowledge*, New York: Ronald, 1961.

7.43 James, William [1904] "A World of Pure Experience", in W. James, *Essays in Radical Empiricism and a Pluralistic Universe*, New York: Dutton, 1971: 23-48.

7.44 —— [1907] *Pragmatism*, Cambridge, Mass.: Harvard University Press, 1975.

7.45 —— [1909] *The Meaning of Truth*, Cambridge, Mass.: Harvard University Press, 1975.

7.46 Lehrer, Keith *Knowledge*, Oxford: Clarendon Press, 1974.

7.47 ——*Theory of Knowledge*, Boulder, Col.: Westview, 1990.

7.48 Lewis, C. I. [1926] "The Pragmatic Element in Knowledge", in P. K. Moser and A. vander Nat, eds, *Human Knowledge*, New York: Oxford University Press, 1986: 201-211.

7.49 ——*Mind and the World-Order*, New York: Scribner, 1929.

7.50 ——*An Analysis of Knowledge and Valuation*, La Salle, Ill.: Open Court, 1946.

7.51 Lycan, William *Judgement and Justification*, Cambridge: Cambridge University Press, 1988.

7.52 Meyers, Robert *The Likelihood of Knowledge*, Dordrecht: D. Reidel, 1988.

7.53 Moore, G. E. "The Nature of Judgement", *Mind*, n. s., 8 (1899): 176-193. Reprinted in G. E. Moore, *The Early Essays*, ed. Tom Regan, Philadelphia: Temple University Press, 1986.

7.54 —— "A Defence of Common Sense", in J. H. Muirhead, ed., *Contemporary British Philosophy*, 2nd series, London: Allen & Unwin, 1925: 193-223. Reprinted in G. E. Moore, *Philosophical Papers*, London: Allen & Unwin, 1959: 32-59. Reference is to this reprint.

7.55 —— "Proof of an External World", *Proceedings of the British Academy*, 25

(1939): 273-300. Reprinted in G. E. Moore, *Philosophical Papers*, London: Allen & Unwin, 1959: 127-150. Reference is to this reprint.

7.56 —— [1941] "Certainty", in G. E. Moore, *Philosophical Papers*, London: Allen & Unwin, 1959: 227-251.

7.57 Morawetz, Thomas *Wittgenstein and Knowledge*, Amherst: University of Massachusetts Press, 1978.

7.58 Moser, Paul "William James's Theory of Truth", *Topoi*, 2 (1983): 217-222.

7.59 ——*Empirical Justification*, Dordrecht: D. Reidel, 1985.

7.60 —— "Foundationalism, the Given, and C. I. Lewis", *History of Philosophy Quarterly*, 5 (1988): 189-204.

7.61 —— "Lehrer's Coherentism and the Isolation Objection", in J. W. Bender, ed., *The Current State of the Coherence Theory*, Dordrecht: D. Reidel, 1989: 29-37.

7.62 ——*Knowledge and Evidence*, Cambridge: Cambridge University Press, 1989.

7.63 —— "Realism and Agnosticism", *American Philosophical Quarterly*, 29 (1992): 1-17.

7.64 ——*Philosophy after Objectivity*, New York: Oxford University Press, 1993.

7.65 ——ed. *Empirical Knowledge: Readings in Contemporary Epistemology*, Totowa, NJ: Rowman & Littlefield, 1986.

7.66 ——and Arnold vander Nat, eds *Human Knowledge: Classical and Contemporary Approaches*, New York: Oxford University Press, 1987.

7.67 Neurath, Otto [1932] "Protocol Sentences", in A. J. Ayer, ed., *Logical Positivism*, New York: Free Press, 1959: 199-208.

7.68 ——*Empiricism and Sociology*, ed. Marie Neurath and R. S. Cohen, Dordrecht: D. Reidel, 1973.

7.69 Oakley, I. T. "An Argument for Scepticism Concerning Justified Belief", *American Philosophical Quarterly*, 13 (1976): 221-228.

7.70 Peirce, C. S. [1868] "Questions Concerning Certain Faculties Claimed for Man", in Philip Wiener, ed., *Charles S. Peirce: Selected Writings*, New York: Dover,

1966: 15-38.

7.71 —— [1878] "How to Make Our Ideas Clear", in Justus Buchler, ed., *Philosophical Writings of Peirce*, New York: Dover, 1955: 23-41.

7.72 Pollock, John *Knowledge and Justification*, Princeton, NJ: Princeton University Press, 1974.

7.73 ——*Contemporary Theories of Knowledge*, Totowa, NJ: Rowman & Littlefield, 1986.

7.74 Quine, W. V. [1951] "Two Dogmas of Empiricism", in W. V. Quine, *From a Logical Point of View*, 2nd edn, New York: Harper & Row, 1963: 20-46.

7.75 ——*Word and Object*, Cambridge, Mass.: MIT Press, 1960.

7.76 —— "Reply to Geoffrey Hellman", in L. E. Hahn and P. A. Schilpp, eds, *The Philosophy of W. V. Quine*, La Salle, Ill: Open Court, 1986: 206-208.

7.77 —— "Reply to Hilary Putnam", in L. E. Hahn and P. A. Schilpp, eds, *The Philosophy of W. V. Quine*, La Salle, Ill.: Open Court, 1986: 427-431.

7.78 ——*Pursuit of Truth*, Cambridge, Mass.: Harvard University Press, 1990.

7.79 Rescher, Nicholas *The Coherence Theory of Truth*, Oxford: Clarendon Press, 1973.

7.80 ——*Cognitive Systematization*, Oxford: Basil Blackwell, 1979.

7.81 Rorty, Richard *Philosophy and the Mirror of Nature*, Princeton, NJ: Princeton University Press, 1979.

7.82 Russell, Bertrand [1908] "William James's Conception of Truth", in B. Russell, *Philosophical Essays*, London: Allen & Unwin, 1966: 112-130.

7.83 —— [1911] "Knowledge by Acquaintance and Knowledge by Description", in B. Russell, *Mysticism and Logic*, Garden City, NY: Doubleday, 1957: 202-224.

7.84 ——*The Problems of Philosophy*, London: Oxford University Press, 1912.

7.85 —— [1914] "The Relation of Sense-Data to Physics", in B. Russell, *Mysticism and Logic*, Garden City, NY: Doubleday, 1957: 140-173.

7.86 —— [1911] "On Propositions: What They Are and How They Mean", in B. Russell, *Logic and Knowledge*, ed. R. C. Marsh, London: Allen & Unwin, 1956: 285-320.

7.87 ——*Philosophy*, London: Norton, 1927.

7.88 —— *An Inquiry into Meaning and Truth*, London: Allen & Unwin, 1940.

7.89 —— "My Mental Development", in P. A. Schilpp, ed., *The Philosophy of Bertrand Russell*, Evanston, Ill.: Northwestern University Press, 1944: 3-20.

7.90 —— *Human Knowledge: Its Scope and Limits*, New York: Simon & Schuster, 1948.

7.91 —— [1950] "Logical Positivism", in B. Russell, *Logic and Knowledge*, ed. R. C. Marsh, London: Allen & Unwin, 1956: 367-382.

7.92 —— *My Philosophical Development*, London: Allen & Unwin, 1959.

7.93 Schlick, Moritz [1934] "The Foundation of Knowledge", in A. J. Ayer, ed., *Logical Positivism*, New York: Free Press, 1959: 209-227.

7.94 —— "Meaning and Verification", *Philosophical Review*, 45 (1936): 339-369.

7.95 Sellars, Wilfrid [1956] "Empiricism and the Philosophy of Mind", in W. Sellars, *Science, Perception, and Reality*, London: Routledge & Kegan Paul, 1963.

7.96 —— "Epistemic Principles", in H.-N. Castañeda, ed., *Action, Knowledge, and Reality*, Indianapolis: Bobbs-Merrill, 1975: 332-348.

7.97 —— "More on Givenness and Explanatory Coherence", in G. S. Pappas, ed., *Justification and Knowledge*, Dordrecht: D. Reidel, 1979: 169-181.

7.98 Shiner, Roger "Wittgenstein and the Foundations of Knowledge", *Proceedings of the Aristotelian Society*, 78 (1977): 102-124.

7.99 Shope, Robert *The Analysis of Knowing*, Princeton, NJ: Princeton University Press, 1983.

7.100 Sorensen, Roy "'P, Therefore, P' without Circularity", *Journal of Philosophy*, 88 (1991): 245-266.

7.101 Sosa, Ernest *Knowledge in Perspective*, Cambridge: Cambridge University Press, 1991.

7.102 Striker, Gisela "Sceptical Strategies", in Malcolm Schofield, Myles Burnyeat and Jonathan Barnes, eds, *Doubt and Dogmatism*, Oxford: Clarendon Press, 1980: 54-83.

7.103 —— "The Problem of the Criterion", in Stephen Everson, ed., *Epistemology*, Cambridge: Cambridge University Press, 1990: 143-160.

7.104　Swain, Marshall *Reasons and Knowledge*, Ithaca, NY: Cornell University Press, 1981.

7.105　Thagard, Paul *Computational Philosophy of Science*, Cambridge, Mass.: MIT Press, 1988.

7.106　Triplett, Timm "Recent Work on Foundationalism", *American Philosophical Quarterly*, 27 (1990): 93-116.

7.107　Waismann, Friedrich [1930] "A Logical Analysis of the Concept of Probability", in F. Waismann, *Philosophical Papers*, ed. B. F. McGuinness, Dordrecht: D. Reidel, 1977: 4-21.

7.108　Wittgenstein, Ludwig [1921] *Tractatus Logico-Philosophicus*, trans. D. F. Pears and B. F. McGuinness, London: Routledge & Kegan Paul, 1961.

7.109　——*On Certainty*, ed. G. E. M. Anscombe and G. H. von Wright, trans. Denis Paul and G. E. M. Anscombe, New York: Harper & Row, 1969.

7.110　——*Philosophical Remarks*, ed. Rush Rhees, trans. R. Hargreaves and R. White, Oxford: Basil Blackwell, 1975.

7.111　——*Philosophical Grammar*, ed. Rush Rhees, trans. Anthony Kenny, Oxford: Basic Blackwell, 1974.

7.112　——*Wittgenstein and the Vienna Circle* (conversations recorded by Friedrich Waismann), ed. B. F. McGuinness, trans. J. Schulte and B. F. McGuinness, Oxford: Basil Blackwell, 1979.

第八章
维特根斯坦的后期哲学

约翰·V·康菲尔德（John V. Canfield）

> 思为朴。
> ——《道德经》

路德维希·维特根斯坦（1889—1951）的早期哲学受到了戈特洛布·弗雷格和伯特兰·罗素著作的影响。这三位思想家的工作构成了 20 世纪分析哲学得以产生的主干。维特根斯坦的具体影响首先表现在罗素 1918 年的讲演"逻辑原子主义哲学"中，罗素说，它"主要关心的是解释我从我的朋友和以前的学生路德维希·维特根斯坦那里学到的某些观念"。这些观念在维特根斯坦的《逻辑哲学论》（1921）中得到了成熟的表达。维也纳学派的哲学家仔细研究了这部著作，并采纳了其中的某些主要观念。鲁道夫·卡尔纳普或许是最初着迷于这部著作的那些人中最有影响的人物。他的著作后来帮助形成了奎因的立场，后者是 20 世纪下半叶起关键作用的美国哲学家。

虽然《逻辑哲学论》的某些成分还保留在维特根斯坦的后期思想中，但这两个体系在根本上是不同的。后期哲学开始于维也纳。维特根斯坦在经历了小学教师和修道院园丁的工作后，又做起了建筑师，这时奥地利哲学家石里克劝说他重返思想工作。从 1927 年开始，维特根斯坦不定期地与石里克和其他人见面，讨论哲学问题。1929 年，维特根斯坦返回剑桥，从事哲学的全职工作。正是在这里，他的后期观点得以形成。虽然维特根斯坦在他的有生之年从未发表过他的后期思想，但他的思想通过课堂、记录下来并私人传阅的笔记（如今作为《蓝色和棕色笔记本》［Blue and Brown Books］出版）、传闻以及各种打印出来的其他人的报告等得到广泛传播。那些与他对话和学习的人记录下了他的哲学观点，他们包括：魏斯曼、安伯罗斯（Alice Ambrose）、马尔康姆（Norman Malcolm）、安斯康姆（G. E. M. Anscombe）、里斯（Rush Rhees）、冯·赖特（G. H. von Wright）。

《哲学研究》明确地表达了维特根斯坦的后期思想，它出版于维特根斯坦去世后的 1953 年。由于维特根斯坦的威望，这本书必定对哲学界产生重要影响。它得到了仔细的研究以及思想挖掘，成为哲学讨论的主要焦点，它的某些观念和术语（更多的是术语而不是观念）也成了哲学讨论的共同话题。不过，在随后的几十年中，英美哲学界对这本书的观念的评论趋向于否定性的。受到早期维特根斯坦强烈影响的哲学界，显然很少接受具有与早期哲学思想完全对立立场的后期哲学。因此，在 1950 年代和 1960 年代，维特根斯坦的大量实质影响是提供一种劝告性的观点。在整个这段时期，评论家通常喜欢讨论他们在二手资料中看到的维特根斯坦，因而不从原著本身出发去做艰难的研究工作。克里普克发表于 1981 年的论遵守规则的一篇文章，开启了近期对维特根斯坦思想的讨论。同样，对当代讨论的影响也主要是通过二手资料完成的。

我相信这个循环又重新开始了：我们正在进入一个持久地关注维特根斯坦实际话语的时期。这种对文本的回归期待已久了，它们包含了大量未被挖掘的丰富内容。譬如，维特根斯坦富有创见的《关于心理学哲学的评论》（Remarks on the Philosophy of Psychology）在那个领域就很少受到哲学家们的研究。

另一方面，毫不奇怪的是，几十年来，英美哲学家总是忽略维特根斯坦的手稿，而它们却是真正创见的来源。首先，这里有一个理解他的困难。例如，人们只要看一眼刚才提到的《关于心理学哲学的评论》，就可以明显地感到这种挑战。的确很难，非常难以明白维特根斯坦所谈论的内容。主要的障碍是，他的写作总是深入到他独特的思想体系中。除非我们对这个体系的主要轮廓有些感觉，否则我们就会发现他乏味的论述异常难以理解。每个句子就其本身而言都很清楚，难以把握的是借助于这些句子要做的是什么。维特根斯坦想要做什么？

本章力图澄清《哲学研究》的某些根本观念和假设。我集中于我在《哲学研究》中所看到的"人类学"成分，集中于该书对简单之物的诉求。

向后期哲学的转变

总旨

在早期思想中，维特根斯坦把哲学的目的看作"对思想的逻辑澄清"（*Tractatus*, 4.112）。因此，"哲学的结果不是一些'哲学命题'，而是使命题清楚"（ibid.）。同样，

> 正确的哲学方法就会是这样。只能说可以说的东西，即自然科学命题，即与哲学无关的东西：于是总是这样，当其他人希望说形而上学的东西时，就要向他表明，他并没有给他的命题中的某些记号赋予意义。
>
> （*Tractatus*, 6.53）

于是，《逻辑哲学论》的目的是反哲学的，形而上学是隐藏的无意义。《哲学研究》同样把形而上学看作错误使用语言的结果，哲学家被语言的某些表面特质所愚弄。维特根斯坦的立场极其激进，他把自己看作最后一位哲学家，认为在哲学中跑到最后的人就赢得了比赛（[8.12], 34）。之所以是最后的，是因为他把自己的工作看作在摧毁哲学，至少是摧毁古典形而上学意义上的哲学。对哲学幻觉的治疗同样存在于《逻辑哲学论》中：直接面对现实的语言事实。他在《哲学研究》中说："我们所做的，是使语言从形而上学的用法返回到它们的日常用法"（[8.9], §116）。差别在于这种面对的

性质。我首先要简单地看一下这种对比的两个方面，即疾病和治疗。

语法虚构；形而上学图像

在《逻辑哲学论》中，所有的感性命题都是图像，它们描绘了事物存在的方式。相反，在后期哲学中，"图像"是很糟的家伙，正是它们引导哲学家走向错误："图像俘虏了我们。我们无法摆脱它，因为它就在我们的语言中，而语言似乎无情地向我们重复着它"（[8.9]，§115）。在后期哲学中，类似形而上学家的人不是追求真理的科学家或严厉的逻辑学家，而是毫无希望的糊涂之人。《透过观察镜》（*Through the Looking Glass*）中的国王，他以为信使说他在路上没有人遇见，是在说一个叫作"没有人"的人。这个国王受到"形而上学图像"的支配，他的"没有人"就是"语法虚构"的例证。因为信使所说的"没有人"具有一个名称的表面上的语法地位，所以国王误解了它的深层语法，把它看作单一的指称表达式，这就是说，他以为"没有人"就是指称某个具体的人。他最后对信使的天真无礼的说法是，"所以当然没有人（这个人）比你走得更慢"，这在现实中并不是假的，而是无意义的。他说出了一个我们都能理解的词，却以一种与其性质相反的方式使用它，因而就是说了无意义的话。

现实的形而上学图像就属于这种类型：对表达式表层语法的错误投射。我们的理解受到了一种错误类比的迷惑。譬如，人们把对某人意向的谈论看作在谈论这种或那种心理上的东西。这个错误实际上是由我们的语言强加给我们的。我们像这样来谈论事情："我想去商店"或者"我的意图是去商店"或者"我有一个去商店的意图"。当我们这些哲学家对意向的性质感到疑惑的时候，我们就会想起这些例子来。在反思它们的时候，我们就已经不假思索地认为，如果某人有一个意向，那么他就一定有某个东西。那么这个东西会是什么呢？它显然不是物质的东西，我不能把我的意向放到盒子里或拿给某人看，所以它就一定是心理的东西。或许是关于我的目的的一个想法，或许是一个决定——一个心理行为——去寻求这个目的。"我弄丢了我的手表，但我有一个意图去买一块新的"，在这句话里，"意图"和"手表"都表现为指称了某个东西。正是这种简单的错误类比，促使哲学家不断地去讨论意向——这个讨论极为复杂难解，但它们从一开始就是荒谬绝伦的。

同样，"我想……"，"我意图……"等句子中的"我"这个词也都表现为一个指称表达式。形而上学的基本问题就是要确定这种指称实体的性质。我在后面将要解释，为什么维特根斯坦否定了"我"的这些用法是在指称。如果他是对的，那么，哲学的自我，"我认为……"中所声称或假设的指称物，就是一个语法虚构；形而上学家的"我"是被描绘出来的，而不是被想象出来的。

对以上观点有两种合理的反对意见。第一种是：在上面最后两个例子中，所谓的产生无意义的哲学图像事实上是正确的。作为心理实体的意向和笛卡尔的自我都是真实的，而不是语法虚构。第二种是：由于没有人会愿意放弃哲学，所以维特根斯坦的相反态度是十分荒谬的。

关于第一种反对意见，某人相信意向是内在的以及我是真实的，这种信念的力量得到了维特根斯坦的认可，的确也得到了他的支持。倘若没有如此强有力的号召力，就不会有什么对这些观点提出挑战。维特根斯坦所反对的是某人开始考虑这种事情的时候就强硬坚持的观点。不仅如此，维特根斯坦的真正目标不是可以在哲学史或当代著作中看到的对这种观点的阐发，而是这些观点的根源：使人深信不疑的直觉，例如，认为意向一定是内在的，而我——即当我用第一人称说话时所谈论的那个东西——是真实的。这种直觉，或被强烈持有的基本的哲学信念或前哲学的信念，正是维特根斯坦的批评所要考察的目标。

一般的方法论反对意见认为，维特根斯坦攻击哲学本身一定是错了，这种反对意见最初很有说服力。这种反对意见的一种形式认为，由于维特根斯坦肯定了各种"语言游戏"的存在（见下文），他就一定肯定了哲学的作用，因为哲学也可以看作一种语言游戏。但在一个人确定这一点之前，最好还是先充分地理解他所要反对的立场。这里要做的关键步骤是，理解与哲学"图像"相对应的究竟是什么。理解维特根斯坦的最主要障碍，或许就是很难掌握他对语言性质的正面说明，即他把意义看作用法的观点。

用法

标志维特根斯坦后期哲学的主要变化是他从早期的心理主义意义观转向

了一种社会的意义观。只要我们看一下《逻辑哲学论》和《哲学研究》的核心概念，即"用法"（Gebrauch），这个变化就很明显了。如果我们从《逻辑哲学论》中抽取出以下命题，就会发现它很适合《哲学研究》：

§6.211 在哲学中，"我们使用这个词或者这个命题究竟是为了什么"这个问题不断地带来有价值的领悟。

例如，这个主题似乎与《哲学研究》中这样一个著名说法是一致的："就大部分情况来说……一个词的意义就是它在语言中的用法"（[8.9]，43）。

但"用法"在这两本书的过渡期间曾经历了深层的变化，这里的一致仅仅是表面的。的确，在这两本书中，用法是一个能使简单的记号（尘世俗事）获得意义的魔点，成为语言的真正部分。在《逻辑哲学论》中，用法是命题记号通过思想对其含义的心理投射。这个观点大致说来是弗雷格的，我们可以在诸如福多这样的当代心理主义者那里看到相似的东西[8.62]。在《哲学研究》中，用法与心理的东西无关；相反，它主要是指社会的东西。维特根斯坦从这样一个明显的事实中得到暗示，即语言是人们之间交流的东西。语词往返不断，改变着我们交往的方式。例如，做出和完成一个请求。维特根斯坦对作为交换的用法的这个概念给出了一种特殊的解释。他认为，使用一个符号标记，就是把它放在游戏中，或在语言游戏中把它说出来。

语言游戏这个概念或许正是他的后期哲学思想的核心。要想理解维特根斯坦，就必须能够像他那样看待语言，就是说把语言看作语言游戏的集合。因此我们必须理解语言游戏是什么，但我们也必须理解如何去理解语言游戏是什么。

一个语言游戏就是一个习俗，一个由社会限定的交往模式。这里的"游戏"一词强调，词的用法是与人类的相互交往密不可分的。一个语词就类似于某种游戏标记，国际象棋中的骑士或桥牌中的红桃尖。这些对象本身是没有活力的，只有在玩它们的时候才会获得通常的意义。交往的具体模式提供了使这些对象得以存在和发挥作用的一种氛围。同样，孩子叫"果汁！"只有在某种人类语境中才被看作一种要求，这是一种由习俗规定可以接受和（有时）完成请求的交往模式。但是把"语言游戏"解释为"交往模式"并没有使我们得到更多的东西，这里提出的更为一般的问题是，如何解释我们在从事哲学研究时所面临的概念。这样我们就进入了方法问题。

但首先还是让我把以上讨论的"图像"和"用法"这两个概念放在一起，以便更为清楚地陈述维特根斯坦后期哲学的目标。像"意向"这样更高层次的概念，在本质上是与更低层次的"实践"联系在一起的。例如，人们可以说下一步是什么，而不需要使用相应的高层次的词"意向"。我们可以自上而下或自下而上地去努力理解这样一种给定的概念。这里有两个自上而下地说出的相关系列。(1)"我有一个上楼的意向。""我想上楼。""我要上楼了。""上楼！"（孩子用一个词说出的意向。）(2)"我有一个信念，即这本书很重。""我相信这本书很重。""这本书很重。""好重！"（孩子用一个词说出的信念。）自上而下地说明就是试图用其他的概念去解释或定义一个高层次的概念。譬如，"意向"可以用"命题态度"加以解释；同样，"语言"则可以（部分地）用"心理表征"加以解释。我们最终用本身需要说明的概念说明。但正如孩子使用的一个词的例子，我们学会了使用语词去表达意向或信念等等，直到我们学会了像意向和信念这样的心理层次的概念。后期维特根斯坦相信，富有成果的说明结果就是这种自下而上的学习。

我们都展现了对基础层次语言实践的完美掌握，但我们并没有对这种用法形成反思性的知识，我们也没有回过头来观察它们；相反，我们的兴趣转向了类似"想要"或"语言"这样的词，试图考虑这种东西会是什么。这样，维特根斯坦在《哲学研究》中说，我们会像原始人那样形成关于他们实践的最为奇怪的想法（[8.9]，§194）。摆脱的方法就是使我们自己变成自身文化的人类学家，实际地考察我们的实践。考察基本的更低层次的语词用法，是反思地理解相应更高层次的逻辑语词的恰当方式。这种考察的结果，就是驱除了我们通过错误地把类似"意向"、"信念"或"我"等语词投射到它们所谓的指称物上所形成的虚假图像。更为一般地说，植根于形而上学中的图像是与考察语言的相关部分如何实际地发挥作用联系在一起的，面对这种图像被看作揭示了这样一个事实，即我们的哲学立场在根本上是无意义的。因此，维特根斯坦［8.9］写道：

§464. 我的目的是：教会你从一种伪装的无意义转变为明显无意义的东西。

本文主要的注释策略是表明这种起作用的揭示无意义的方法，主要是在"意向"和"我"的例子中。

颠倒

《逻辑哲学论》是自上而下的，即它是从语言的最一般特征推演出它的发现，比如它关于"简单对象"的著名论证（2.0211，2.0212）。它的这种自上而下还表现在，它以抽象的术语表达了它的结果。《逻辑哲学论》关心的简单物由此是相当错误的。最简单的命题，即基本命题，并不是通过例证直接得知的，例证并没有引起自认为是纯粹逻辑学家的《逻辑哲学论》作者的兴趣。人们唯一知道的是有基本命题，它们是由简单名称的配置构成的，这些名称命名了不可分析的简单对象。这种描述的核心被看作区分了命名（naming）与说出（saying）。但命名和说出这两个概念，在这个具体情况中，并不是通过实例给出的；相反，人们预先假设了对这些概念的抽象把握。后期维特根斯坦会说，我们只是错误地描绘了这种说出和命名，而不是真正理解了它们。

对这种自上而下方法的颠倒是他后期思想的主要特征。宣布这种倒置的是《哲学研究》中的一段话：

§108. ……［《逻辑哲学论》］水晶般纯净的先入之见只有通过反转我们的整个考察才能去除。（人们会说：我们考察的参照轴心必须被旋转，但却围绕着我们真实需要的确定点。）

这个真实的需要就是理解语言的性质——现在这被看作某种缺乏本质的

东西——理解那些对哲学至关重要的概念。我认为，这种颠倒是从自上而下到自下而上的180度大转弯。不是从抽象物的高度去看具体物和简单物，而是用简单物和具体物去考察和理解抽象物，特别是，用简单的语言用法的例子。

这种例证的核心是在《蓝色和棕色笔记本》中宣布的：

> 为了清楚地得到一个全称词的意义，人们必须找到其所有应用中的共同成分，这种观念束缚了哲学研究；这不仅没有带来任何结果，而且使哲学家把具体事例看作无关紧要的而不予考虑，但恰恰是这些具体事例才会帮助他理解这个全称词的用法。
>
> ([8.6], 19)

维特根斯坦在这里认为，唯一可以使我们理解我们感兴趣的概念的东西，就是相关的"具体事例"。他对简单例证的强调表现在许多地方。这在他的哲学实践中可以看到，他一次又一次地转向简单地想象出来的例证，他在许多地方都劝我们考虑一个孩子是如何学习某个概念的。例如，他在《哲学研究》中讨论信念的时候（[8.9], 190），一开始就提出这样的问题："我们最终是如何使用像'我相信'这样的表达式的？"孩子第一次学习的东西可能是简单的东西。

要做出维特根斯坦的180度大转弯，就要采纳一个谱系框架。在这种框架中，要理解语言的复杂用法，就需要把它们同正在发展的相关的简单用法相比较。这种颠倒也涉及人们对实际使用的语言的关注。这是基本的层次，人类正是在这个层次上与他人在日常生活之流中进行面对面交往的。

《哲学研究》中的"逻辑"

以一种方式回忆一下《逻辑哲学论》，这位逻辑学家的目标是洞察语言的一般性质，以及在哲学上重要的具体概念。一个主要差别是放弃了语言的同质性观念以及相关的假定，即认为语言是有本质的。我们在维特根斯坦过渡时期的《略论逻辑形式》（"Some Remarks on Logical Form"）中可以看到，他已经接近了这个结论。他在那里抛弃了如下立场，即逻辑学家绝不能被实际的例子玷污自己，他试图尽可能详细地分析颜色命题。最后，他不得不抛弃了这样的观念，即支配语言的逻辑规则是普遍的、跨越边界的。如果视阈中的一点是一种颜色，它就不可能是另一种颜色，这条规则现在不再被看作一个隐藏的真值函项的重言式（不是作为普遍逻辑真理的一个实例），而是被看作支配颜色词的具体规则；但这些"具体"规则仍然被看作"逻辑的"。

维特根斯坦在转折时期的论著（比如发表在《哲学评论》上的手稿）中认为，语词属于家族，因而语言就可以被分析为不同的演算，具有自己的规则，这种看法在他的后期思想中发展成具体演算的观念，即语词被应用在语言游戏之中，语言因而就逐渐被看作语言游戏的集合。这些"游戏"之间没有任何共同之处，没有什么使它们成为语言的一部分。它们没有共同的本质；相反，本质被分散了，每个语言游戏都有自己的逻辑，自己唯一的规则和范围。

逻辑仍然像在《逻辑哲学论》中一样，是哲学中最深刻的部分，但这位逻辑学家的任务发生了变化。它不再研究命题的普遍预设——"逻辑空间"的普遍特征，而是逐个研究纷繁复杂的语言游戏的不同属性。不再是一个逻辑空间，而是每个语言游戏都有自己的独特的逻辑空间。认为只有通过抽象的和非常普遍的描述才能接触到最简单的情形——即原子命题——的观念被取代为新观念，即在实际观察的意义上观看使用语词的各种简单例子的观念。维特根斯坦改变对逻辑的看法是他改变语言观的自然结果。也许应当强调的是，这种逻辑观与初级逻辑教程中所见的标准逻辑观完全是背道而驰的。

在维特根斯坦那里，逻辑的主题被极大地扩展了。传统逻辑讨论的大部分内容是关于命题或真值陈述的。从人们受数学和科学的力量所影响这种观点看，这种研究涵盖了语言的话题；而维特根斯坦指出，语言在传统逻辑的范围之外还有多种多样的用法。他在《哲学研究》中给出的列表只提供了这种多样性的有限观念，但这是一个起点：

发出命令并遵守它们。……描述一个对象的外表，或给出它的测量。……根据一种描述（一个绘画）构造一个对象。……报道一个事件。……思考一个事件。……形成并检验一个假设。……编造一个故事，阅读它。……演戏。……拉歌。……猜谜语。……编一个笑话，说出这个笑话。……请求，感谢，照顾，问候，祈祷。

（[8.9]，§23）

维特根斯坦的逻辑主题考虑了语言的所有方面及其对人类生活的全面卷入。"逻辑"不再关心我们一切有内容的话语都共同具有的预设，而是关心一种类型的话语所共同具有的假设，其中类型就被看作语言游戏。要陈述某种话语的"逻辑"预设，就是要描述说出它的那种语言游戏的"逻辑"或"深层语法"。例如，在一个语言游戏中，我们做出了第一人称的意向表达，这种话语的一个"逻辑特征"就在于，它们都受到了真理性标准的支配，对此我下面就要讨论。

何谓简单物，我们可以考察它？

这位新的"逻辑学家"与老的不同，他蔑视这样一种分析，即试图用假定的意义成分去澄清某个概念。因为维特根斯坦不再相信这种分析的结果，即原子命题，那么，后期哲学中对应的简单物是什么呢？我相信，对应于基本命题的是他有时所称的"记号"（signal）。这些是话语，常常是一个语词，它在简单的语言游戏中起作用，就像在孩子请求"果汁！"的例子里一样。与原子命题不同，语词是在简单的语言游戏中说出的。

这种简单的语言游戏有两个来源。其中一个是编造。著名的建筑师的例子（[8.9]，§2）就假定，用一个部落具有的唯一一种语言，一个建筑师叫出各种材料的名称，比如"板子！"或"梁条！"助手的反应就是递给他这些名称所指的对象。这种语言游戏就使得维特根斯坦可以用一种极其单一的方式去讨论一些难题；但他所想象出来的这些例子会使读者感觉过于概要，很难把这些例子与我们的实际语言联系起来。

我相信，这些例子只有在和另一种简单例子一起考虑的时候才有效。维特根斯坦在对考察孩子如何可能学习某种语言频繁提出的建议中，间接地提到了这种例子（除了前面提到的例子之外，还可参阅：[8.9]，200；[8.11]，I：§§163，309，346，375）。如果我们详细实行了这里提出的考察，我们最终就可以以正确的方式明白他自己编造出来的例子，我们就可以理解他的许多"逻辑"评论。

我建议我们从关于孩子的那个问题中去掉"可能"，而替换为"事实上"——孩子们事实上是如何掌握言语的？观察他们的行为就可以清楚地看到这种简单的语言游戏，它们构成了或许是维特根斯坦的主要模式的东西。这样，维特根斯坦所强调的（例如《关于心理学哲学的评论》中的例子，[8.11]，Ⅱ：337）在学习与所学习的事物之间的思想联系就变得很清楚了：观察孩子们最终对言语的掌握，使我们能知觉他们所掌握的语言游戏的细节。这种例子应当成为我们的导师，它们会引导我们理解两件事情：维特根斯坦所用的令人迷惑的术语，包括"语言游戏"和"用法"；以及哲学的核心概念，比如意向、指称或自我。对这种简单性的诉求就是理解维特根斯坦的一种维特根斯坦式的自下而上的方法。这条解释路线推进了由马尔康姆提出的建议（[8.34]，133-153），这关系到维特根斯坦的这样一种说法，即语言是行动的外延。

然而，人们可能会说，维特根斯坦的思想中存在与最初的方法不一致的因素。他有时又提出这样的观点，认为我们目前的说话和行为方式可以想象为不依赖于我们在孩提时代所学过的东西（[8.6]，12）。如果是这样的话，那么，在孩子的早期语言与他成人之后的语言之间的联系就会被打破，研究前一种语言就不会教给我们关于后一种语言的知识。但在这里以及其他类似的地方，维特根斯坦所谈论的是因果联系。他提出这样的观点，认为人们可以想象，例如某人天生有一种说话的能力，而他从没有接受过语言教育和训练。我所关心的从孩子的语言游戏到成人的语言游戏的追溯道路，其焦点并不是因果性的；这个成人的言语行为的原因也不在考虑范围内。这里的关键是这种行为的性质或特征（形式和作用）。我认为维特根斯坦提出的假设是，澄清这个孩子的语言游戏的特征，也就告诉了我们关于这个成人的语言游戏的特征。这两个模式是相似的，无论它们之间是否具有因果联系。在更为复

258

杂的事物中寻找简单模式,或者把更为复杂的事物看作简单事物的变种,这些都提供了一种看待复杂事物的洞见。类似地,考察原始的内燃机可能有助于我们理解后来更为复杂的机型的工作,即使后来机型的出现完全不依赖于发明者内心的原型,以致在这两种东西之间并不存在任何因果联系。

语言的根源

行动

我已经强调了维特根斯坦的原始主义,本节将详述他对原始之物的诉求,这部分地是通过引入三重类型学,即"原型"(proto-type)、"姿态阶段"(gestural stage)和"原始的语言游戏"(primitive language-game)实现的。这种分类蕴含在维特根斯坦的思想中,这样说有助于我们对他思想的理解。某些读者可能会反对说,对语言学习和原始行为的连续讨论在对维特根斯坦的介绍中并不占有地位,这个讨论与标准的表述相比,的确听起来有些奇怪。我的解释是,随后的评论强调了维特根斯坦后期思想中两个关键性的相互关联的成分,而它们常常是被忽略的或没有发挥作用。一个是他的自下而上的方法,另一个是他假定语言是行动的外延。

"本能的"行为

我已经介绍了第一点,这里从第二点开始,特别是通过一些能够确立这种解释的引语,即在维特根斯坦看来,语言是隐藏在早期言语中的行为模式的扩展。以下引自《论确定性》[8.13]的段落,就表明了这位"逻辑学家"明确地关注原始之物:

> §475. 我在此想把人类看作一种动物,一种具有本能但还没有理性活动的原始人,一种原始城邦中的生物。对足以胜任原始交流手段的逻辑不需要我们的辩护,语言并非出自某种推理过程。

《原因与效果：直觉意识》("Cause and Effect：Intuitive Awareness")这篇文章对于理解维特根斯坦论原始人的思想至关重要。例如，他在那里写道：

> 语言游戏的最初和原始形式是反应：只有从这里才能推演出更为复杂的形式。语言（我想说）是一种精巧的东西，"im Anfang war die Tat"（行动在先）①。
>
> （[8.8]，420）

后来，他不再说"原始形式"，而是说语言游戏的"原型"（ibid.，421）。他谈到了"本能的"行为，即一个人"本能地"（或许更好地说，自然地）从效果到原因地观察，例如，观察是什么刺痛了他（ibid.，410）。他也提及了行为的这些"原始形式"的"生物学功能"：

> （语言）游戏并不是开始于怀疑某人是否牙痛，因为这并不……符合我们日常生活中游戏的生物学作用。在最为原始的形式上，这是对某人的喊叫和姿态的反应，是一种同情的反应或其他什么反应。
>
> （ibid.，414）

维特根斯坦相信，我们可以通过考察概念在相互交往行为的原始形式或自然形式的根源，而获得对我们这些概念的洞见：

> 相信其他人在疼痛，怀疑他是否在疼痛，这些就是对待他人的各种自然的行为，我们的语言不过就是对这种行为的附加物和扩展。我是指：我们的语言是对更为原始的行为的延伸。（因为我们的语言游戏就是一种行为。）
>
> （[8.11]，Ⅰ：§151）

---

① 这是歌德在《浮士德》第一幕开场白中的名言。——译者注

孩子自然会参与这个作为语言基础的原始行为模式，因此考虑一下行为和反应与请求语词之间的联系。在最早的阶段，这个孩子在饥饿、寒冷或潮湿等情况下只会哭叫，然后，妈妈就会做出反应，比如说给他喂奶，这样孩子就用吃奶参与了这个行为。同样，孩子要拿某个东西以及母亲把这个东西递给孩子的反应，也有相互作用的模式。

这样一种相互作用是自然产生的，没有在孩子和照看者之间有过任何训练和清晰的指导。它们支持了语言的发展，而没有它们就不会有这样的发展。我会把刚才讨论过的这种相互作用的基本阶段称作语言游戏的原型。原型的行为出现在最简单记号的使用之前，在它之后的这种最简单记号的使用，我称作自然姿态。

意向

在支配孩子掌握意向语言的相互作用中，母亲会对她所看到的孩子的行为做出反应。她的反应可能是发出警告，而孩子对她充满担心的声音的反应则可能是立马停住。我们这里也可以谈到孩子的表现（projects）——他在做某件事情，比如用勺子自己吃饭，把小石头一个个地放到罐子里面，或者是扣衬衣扣子。这种行动典型地是一种自愿的行为（[8.11]，Ⅱ：§270）。于是，在这种语言游戏的原型中，这个孩子就是在做出某个表现；母亲观察到或预见到这个孩子的表现，并做出恰当的反应，而孩子也对这种反应做出反应。这个行动模式植根于我们的动物本性之中，特别是植根于我们能够预见到另一个人的行动并能够恰当地做出反应的能力之中。这种预见和类似的恰当反应也存在于类人猿中。

姿态阶段

自然姿态出现在这种原型行为中，并且是与这种行为不可分割的。修正、强调或补充隐含的行动模式，是为了使它引起另一个人的注意，它由此就成了自然姿态。例如，人们可以把一个行动变为一个姿态，方式就是在通常先于它的相互作用行动出现之前就完成这个行动。

基于生物学的这种原始姿态的性质可以从灵长类研究的例子里看到：

> 为了清洁[黑猩猩幼崽的]侧面和腋窝，[黑猩猩妈妈]就把它的手臂向上拉起来。[后来，]这个幼崽……习惯了这个姿势，只要妈妈清洁它，它就会自动地举起手臂来。到 11 个月的时候，幼崽……走向它的妈妈，坐在她前面，做出这个姿势。……完全可以预料到，它的妈妈为它进行了清洁。
>
> (Plooij [8.75]，117)

类似地，普洛杰（Plooij）还谈道，"人类婴儿举起手臂这个姿态，最初也是婴儿对被举起手臂的被动反应，后来才发展成了主动要求被举起手臂"（ibid.）。

这里有一个关于意向的自然姿态的例子。一个不会说话的孩子，正爬向台阶，显然是想爬上去，他停了下来，与母亲发生目光上的交流。孩子这样做是要唤起注意——他要爬向楼梯了，他用了一个自然姿态来表示他要做的事情。在这个例子中，他的目光就表明了他要爬上楼梯的意图。母亲可能做出了反应，跟在他后面走上了楼梯，在保证安全的条件下锻炼他的运动机能。

这个姿态离开了具有相应的原型行为特征的语境就无法存在。就是说，离开了这个具体的语境，它就不可能是那个姿态。这有两个理由。第一个是，这个语境澄清了一个姿态：同一个运动可以是一个请求姿态，也可以是一个意向姿态，这取决于语境。第二个是更为彻底的理由，如果一个社会团体的成员并不是可以相互清洁的生物，那么他们就无法用这个姿态去表示清洁。如果他们这些生物并不会对他人的表现做出预见和反应，那么他们也就没有意向姿态。

简单的语言游戏

自然姿态似乎是在说：在这一点上采取通常的相互作用模式。大猩猩的幼崽有一个相互作用的模式，即爬到妈妈的身上以被带着走。做出这个姿态的妈妈实际上是在说，现在开始上车程序。或者，在婴儿停下来做目光交流的例子里，开始你对我爬向楼梯并爬上去的反应程序。这个姿态是对先前已自然存在的相互作用模式的程式化。

进一步的关键程式化则是在相同的原型中完成的：一个词的语言游戏正是从这种原型中或它的姿态风格中发展出来的。这个词不仅仅是基础的原型行为的简单风格或格式化。这个词作为符号标记得到程式化，使得它与其所完成的工作之间的联系成为纯粹约定的，在这种意义上，也就是专断的。其他更短的、可以发出声音的或可以感知到的标记种类也会很好地起到相同作用。这个专断的东西，也就是这个词或其他的符号，替换了姿态，取代了它的作用。在自发地使用其文化语词的过程中，这个孩子就进入了语言。

在简单的语言游戏中，作为记号的符号起到了姿态的作用，反过来又起到了在原型行为模式中母亲观察孩子的作用。这个词就代替了这个姿态，起着相同的作用。譬如，孩子会说"上"，而不是做出看的姿态；这个词就像这个姿态，告诉了母亲这个孩子所想的东西。由此语言是潜在的行为模式的一种延伸，而我们从而理解了维特根斯坦引述歌德（Goethe）的话"行动在先"的要点。这个符号就是应用于相应的语言游戏中的符号标记。拥有一个概念（即知道一个符号），就是能够使用语言游戏中的记号标记。掌握一个概念也就是拥有某种技巧，而不是把某个观念、"意义"或指称与符号标记联系起来。

为了能够说出他的意向，这个孩子就要表明两个相关的能力。第一个能力是与其他许多动物所共有的，他要表明这个行为，我们称作带有目的地行动。他要追求表现。第二个能力似乎是人类特有的——至少限制在与野生动物相比时是如此——这就是说出一个词，或者提供一个符号标记，它表明了这个人事实上正在做出的表现的终点。

由于这后一个能力是独特的（带有更早前的品质），因而它不过就是对一种并非独特的能力——以自然姿态指明一个人的表现的天赋——的很小装饰。通向语言的道路并没有跨越某种伟大的本体论分界，我们与其他动物之间并没有根本性的区别。事实上，被驯服的大猩猩可以学会用符号"表达它们的意向"。这样，维特根斯坦就与乔姆斯基相反，他是一个达尔文主义者 [8.57]。

从原始物到复杂物

· 孩子的一个词的用法，向后看就是更为原始的阶段，向前看则是更为复杂的成人用法。导致了我们更为复杂的日常意向会话的演变，包括使用两个或更多语词的意向话语，比如"爬上椅子"。而表现的终点则是由几个词来表明的，一个词表示一个行动，另一个词表示行动作用的对象。意向话语的作用——即表示这个表现终点——完全没有改变。

有顺序的意向话语，比如"先跳起来，然后穿衬衫"，是独词句的另一个演变，例如孩子后来有条件的意向话语，比如"等我到了丹尼尔那里，我想要喝果汁"。最终，随着学会了钟点和日历，这个孩子就可以混合时间的指称和意向话语，说出这样的陈述："我会在七点钟上楼。"

简单的意向话语构成了我们语言的主要分支的基础之一。做出承诺、布置任务、告诫某人、深思熟虑，所有这些都预设了或者以某种方式结合了早期简单的意向话语的语言游戏。一般来说，简单的语言习俗来自原型的相互作用模型；反过来，这种简单的习俗又改变、推进和结合到我们日常参与的各种复杂的语言习俗中。在这种演变的最后，是极其复杂的语言游戏，比如理论物理学，但即使是这些也植根于原始之物。

在维特根斯坦看来，看待成人的意向话语的明了方式就是把它们与原型语言游戏中出现的核心相互作用模型做一比较。比如"我要出去拿一张纸"这个陈述显然就类似于孩子做出的"我要上楼"这个姿态，这两者都反映了之前参与和反应的模式。

孩子通过掌握复杂度不断增加的相互作用模式（习俗）学习语言，语词在其中就像工具一样，起各种作用，有各种功能。向增加的复杂性和多样性的过渡，不再需要从语词使用到心理接受的概念之间的通道。游戏者学会了更多和更为复杂的语言游戏，但从不需要任何内在的、心理的活动。

第三人称的意向陈述：句法

我刚才描述的一个词的意向话语是第一人称的用法，这个孩子还掌握了把意向赋予他人的第三人称的用法。这两类用法之间的区别很是关键，我会在后面讨论 Äusserungen（状态）（参见269~271页）时讨论这个问题。这里我想看一下关于"我"的问题。

要掌握第三人称的用法，这个孩子就必须学会运用两个不同的标准。第一个标准支配了所说的人是否具有这个意向。这里，这个孩子会依赖于他所观察到的东西,包括所描述的这个人会说些什么。第二个标准涉及所描述的这个人的身份问题。这个孩子必须能够认出叫作"爸爸"的那个人,或者"你"所指向的某人,等等。这两个标准在第一人称的情况中都不起作用。孩子并不是根据他自己的观察或者(当然)听到他自己的话语,才形成他的意向话语,他也没有把某个标准用来确立正在陈述的正是这个人的意向。正如维特根斯坦所说,这里的说话者并没有选择说话的嘴([8.6],68)。同样,当孩子用姿态表明他想要的东西时,他并没有选择用来指示的手臂。他不过就是指示,而在另一个例子中,他只是说出了"上楼"。

考虑一下第一人称和第三人称意向陈述的句法。句法的严密结构发挥作用依赖于符号标记的用法。在最简单的第三人称意向情况中,两个起作用的成分得到了编排,一个表示了这个人表现的终点,另一个则表明了这是谁的表现。在"爸爸上楼"的例子里,这两个起作用的位置都得到了填充。"爸爸就要上楼去"是一个得到正确编排或语法上正确的说法。

在第一人称的情况中,语法的编排需要一个词出现在没有相应功能的地方。在这里,孩子最初并不是表示自己;只要功能起作用,这里就没有,也绝没有必要要求这种表示。这个孩子并没有运用什么身份标准去把自己识别出来;孩子面前的听者看到了是孩子在说话,也不需要说出是谁在说话。这个孩子的"上楼",在功能上完全等同于这句话所起的作用。但是语法则需要编排成主词和谓词,所以,孩子就学会了修饰一下他说的"上楼",改成说这样的句子:"我要上楼。"这些反思就为我们理解维特根斯坦反对把"我"看作一个指称表达式的观点奠定了基础。

关键词

我现在要表明以上讨论的例子如何清晰地显示了后期维特根斯坦的观点。

用法;语言游戏

使用一个词就是在一个语言游戏中说出它来。但什么是语言游戏呢?对维特根斯坦的一个大众式哲学批评是，他没有回答这个问题，他没有为语言游戏提供"同一性标准"。他没有提供的大概就是对被看作语言游戏的某个东西给出某种自上而下的说明。然而，在维特根斯坦自己看来，他并不需要向我们提供对"语言游戏"的这种自上而下的阐述。用一个个的词去定义他的专门术语，这毫无用处；用日常话语或某人的其他系统以非循环方式定义这些术语，也是不可能的。人们实际上需要学习的是如何使用这些术语，而且人们能够学习。对"什么是语言游戏?"这个问题的恰当回答是：这个就是，还有这个，这个，等等。这样给出回答似乎站不住脚，但如果这里的"这个"是指经过了详尽细致的考察的例子，那就是另一回事了，比如前一节中表明的那种例子。于是，对以上反对意见的回答，就是要拒绝对"语言游戏"做出有用的、自上而下的定义或分析的可能性。这个概念更多地是通过例子和对它们的评论而得到传播的。

《哲学研究》在引入"语言游戏"这个术语的时候，维特根斯坦诉诸了孩子掌握语言的例子，他写道：

§7. 我们还可以把第2节［板子—木梁语言］中使用语词的整个过程看作孩子们通过它们学会自己母语的游戏中的一种。我把这些游戏称作"语言游戏"，有时也会把一种原始语言称作语言游戏。

当维特根斯坦说"我把这些游戏称作'语言游戏'"的时候，所指的这个类就是"孩子们通过它们学会自己母语的游戏"。但后面这句话是错误的。维特根斯坦并不是指，这里的"游戏"有启发性作用，即让孩子学会进一步的语言；相反，孩子在这些情况中学会的就是语言——原始的、简单的，但却是真正的语言。

在《蓝色和棕色笔记本》中，维特根斯坦这样引入了"语言游戏"：

语言游戏是孩子借以开始使用语词的语言形式。研究语言游戏，就是研究语言的原始形式或原始语言。

([8.6], 17)

这里并没有明显表明这个解释是用例子来说明的，但确实如此；另一方面，这段话比《哲学研究》第 7 节更为清楚地表达了，典型的实例就是孩子的简单的语言游戏。他引入语言游戏这个观念以及由此把我们的兴趣引向这个问题的理由，在《蓝色和棕色笔记本》中也得到了清楚的表达：

> 当我们观察这种简单的语言形式时，似乎笼罩了我们语言日常用法的精神迷雾消除了。我们观察到活动和反应，它们都是清晰透明的。另一方面，我们在这个简单过程中也看到，这些语言形式并没有与我们更为复杂的语言形式由于断裂而分割开来。
>
> （［8.6］，17）

我只是提到几个这样的"简单的语言形式"。对"什么是语言游戏"这个问题的更为完整的回答，需要考虑其他更多的东西。维特根斯坦的一个基本信条是，语言游戏是复杂多样的。

维特根斯坦对"用法"的使用也必须通过例子才能看到，而且正如前面所说的，"用法"和"语言游戏"是相互关联的术语。作为声音的某些语词是通过使用而获得"意义"的，就是说通过对某个语言游戏的贡献而获得"意义"。维特根斯坦对"用法"的使用是他特有的，依赖于他对语言游戏的独特看法。

功能

这个词的使用最初是与制造物和机器有关的，生物学根据类比把它扩展运用到了动物和植物，维特根斯坦进一步把它扩展运用到了在语言游戏中起作用的语词的情况（see ［8.9］，§555）。

在最初的用法中，"功能"被用在三个不同的地方。制造物的部分有功能，是因为它们对整体的运作有所贡献。制造物本身有一个功能。我们也可以谈论一个功能的功能，即一个有具体工作的制造物在运用它的人们的生活中所起的作用。石器时代的工具是在岩石上钻洞，但这样做的人们又是为了什么而钻洞呢？

不同的语词就像制造物的各种不同部分一样，在具体的话语中起着不同的作用。一个句子里的一个词可以指某件事情什么时候可以做完，另一个词可以指那个事情是什么。或者比较一下维特根斯坦给出的例子里这些语词所做的各种不同的事情：提出一个请求"五个红苹果"（[8.9]，§1）。各种语言游戏本身就有功能——譬如，表达意向或请求。一个语言游戏具有这样一个功能，对人们来说在许多方面都是有用的。

对维特根斯坦关于"用法"论述的某些描述，瓦解了对部分的功能、整体的功能和功能之功能的三重区分（Kripke [8.68]，294）。

家族相似

如上所述，后期维特根斯坦抛弃了他早期对语言本质的追求，就是说反对把某一个或某一组特征看作把某些东西算作言语的充分必要条件。他把语言概念与游戏概念做了比较。那么，什么是所有的游戏且只有游戏所共有的东西呢？人们无法给出一个非循环的回答。考察各种游戏与观察一个家庭的肖像有某种相同的东西。祖父和朱丽叶可能鼻子形状相同；朱丽叶和萨丽可能鼻子形状十分不同，但眼睛很相似；如此等等。在游戏的情况中，这是指，某个东西被看作属于一个家族的，并不是因为它具有这个游戏共同的和确定的特征，没有这样的特征；相反，这是由于它具有标准的游戏例子的某些特征。维特根斯坦并不是在说我们无法把游戏和其他东西区分开来。战争就不是游戏，点一份比萨也不是游戏，等等。我们可以把游戏与非游戏区分开来，但不是基于充分必要的属性。当我们可以清楚明白地看到和注意到某个新近发明的活动的所有特征，把这个东西叫作一个游戏，就不再是做出一个假定，而是隐含地决定了把它算作这一类的游戏。维特根斯坦认为，除了"语言"和"游戏"之外，许多日常概念都是具有家族相似类型的，例如"规则"和"期望"就是如此。

标准

正如通常所使用的那样，一个"标准"可以是明显的或者更强的某个东西。在《蓝色和棕色笔记本》中，维特根斯坦说，他是在第二种意义上使用

"标准"的。因此，他区分了咽喉炎的征兆和由于语言规则而确定出现了咽喉炎的现象。假定咽喉炎在医学上被定义为"一种由特殊的杆菌引起的炎症"（[8.6]，25），那么，

> 我把这样一种现象称作"征兆"，即经验已经告诉我们，它符合……作为我们确定标准的现象。那么，说"如果在某人的身上发现了这种杆菌，他就得了咽喉炎"就等于是"咽喉炎"定义的重言式或者是对这种定义的不精确的表述；但是说"每当某人嗓子发炎，他就是得了咽喉炎"，这就是在做出一个假定。
>
> （ibid.）

二手文献中对标准的许多讨论都是为了更为清楚地确定维特根斯坦的看法。这样做时它们主要关注于疼痛的例子，但这并不太适合以上表明的征兆定义。人们普遍相信，维特根斯坦接受了这样两个说法：（1）某人处于疼痛的标准是行为上的；但（2）即使这个人并不疼痛，这个行为也可能是当下的（譬如，这可能是假装的）。面对假装的现象时，某人以通常表现疼痛的方式行为实际上就是处于疼痛之中，这怎么可能是"重言式"呢？要解决这个难题，人们通常就会说，维特根斯坦对心理学谓词采纳了行为标准，但是对标准与内在状态之间关系的性质则持有某种幻想的看法。他被某些人，比如贝克（Gordon Baker [8.53]），说成发现了在经验支持与经验蕴涵之间（就像是在半途中）有一种新的逻辑关系。有人把这个关系称作"必然证据"的关系：如此这般的行为就成为说某人处于疼痛之中的证据，这本身就成为必然真理或概念真理（Hacker [8.25]）。而且，对标准的这种"必然证据"解释的所谓优点是，它不会使我们在类似声称疼痛的情况中错误地承诺定义性标准。

然而，维特根斯坦对归属疼痛的现象给出了不同的说明，这反映了他思想的谱系学方面的发展。例如，他写道：

> 如果假装不是一个复杂模式，那么我们就可以想象一个新生儿

会假装。

　　因此，我想说，存在一种疼痛的最初的真正表达，这种疼痛的表达因而不是同等地与这个疼痛和这个假装相关联。

([8.15], 56)

允许疼痛判断的语言游戏先在于——逻辑上先于——允许假装判断的语言游戏。当维特根斯坦说行为表达不是同等地与这个疼痛和假装相关联时，他是指根本的联系是与疼痛的；这个行为只能被看作对条件的更为复杂背景的假装，这些条件妨碍了通常对疼痛的归属。

运用一个标准的某人这样做，且恰好处于某种生活环境之中，正如钓鱼者站在小溪边上就会挥出一条线一样。这并不需要这个人能够描述这个环境，甚至不需要他意识到它们的存在。它们就是他由以运作的地方。要满足一个标准，那些环境——通常的日常生活——也许是必要的。母亲判断她的孩子处于疼痛之中，她这样做是以这种通常的环境为背景。她做出这个判断，并没有先去确认是否获得了这些环境。这是一条语言规则——隐含定义的真理——即在这些环境中，这个行为就确认了这个孩子处于疼痛之中。这里并不需要诉诸"必然证据"这样的特殊关系。即使我们可以想象出一种同等行为出现而疼痛并不存在的情形（火星人偷偷地把这个小孩换成了一个机器人，等等），情况也是如此。在另一种更为复杂的情况中，用于支配心理学谓词应用的规则被构造成了非决定性的。在这样一些情况中，这个规则就规定了不存在任何东西能够告诉我们一个人是诚实的还是在假装（[8.15], 59）。

环境问题以另一种方式进入了对标准的哲学讨论。哲学家们对"身份认同"的争论常常讨论的是这样的问题：如果琼斯进入一个运输中的小隔间，然后不见了，在接收站那里出现了同一个人，那还是琼斯吗？如果两个相同的人出现在两个接收站，他们还是琼斯吗？两个都是琼斯吗？在这里，哲学家诉诸我们的直觉对这种情况做出判断，于是哲学家试图发现能够把握这些直觉的身份同一性标准。如果正像维特根斯坦所相信的那样（[8.9], §80），标准规则只是在通常的应用情况中才支配判断，那么对直觉的诉求就是伪造的。在判断那些超出常规的情况时，人们通过隐含的规定，把这个规则扩展到了包括这些情况。在做出这种扩展之前，这个问题没有正确或错误的回答，因为我们的概念适于在这个如其所是的世界中发挥作用，并非对每个可能的情况都有一个完整的决定程序。所以，有趣的问题不是我们的直觉在这种情况中是什么，而是这些直觉预设了哪些对常规概念的规定性扩展。

Äusserungen（状态）

这是后期维特根斯坦哲学中最为重要的专门术语之一，它相对于某些密切相关的描述使用。作者们在"宣称"（avowals）的名下来讨论 Äusserungen。我发现这个词易引起误解，且因为我无法找到合适的单个英文词来表达它，所以我就用这个德文词。大致地说（但请看下面的提醒），Äusserungen 可以被定义为第一人称现在时的心理断定。"我正疼痛"和"我想走"就是 Äusserungen；"我曾疼痛"、"他正疼痛"、"我曾想走"和"她想走"就是描述。Äusserungen 和描述的区别正是维特根斯坦心理学哲学的核心。

某个东西究竟是否是一个 Äusserung，不仅仅是一个句法的功能。诸如"我担心"这样的句子有时可能表达了 Äusserung，但有时又不是。如果我的话只是对担心的一种呻吟，那就是 Äusserung；相反，如果这些话报告了我反思我这一天所作所为的结果，它们就构成了描述（[8.11]，Ⅰ：§832；Ⅱ：§156）。在后一种情况中，我的话是一种描述，因为它们基于我对自己已然做出的行为的观察或记忆。

Äusserung 以其原始的单个词形式代替了某个原型语言游戏中的姿态。一种夸张的或有意拖长的担心呻吟，在后一种情况中也可以被替换为一个词，比如"担心！"或者是把我曾讨论过的观看姿态替换为一个词"上楼！"这两种情况中的词都不是描述，正像它所替换的姿态不是描述一样。第一个姿态实际是说，"就拿对我表达担心行为的反应来说"，这并不是对一种内在状态的描述。另一个情况同样如此。如果"我担心"与上例中的"担心！"起相同的作用，那么它也是一个 Äusserung。对第三人称的心理谓词的断定起着完全不同的作用，原因之一是，它们属于不同的真理标准。因此，我判断她想上楼,这样做通常根据的是对她行为的观察。或许她告诉了我她想去哪里,或许我看见了她起身朝楼梯走去,显然是想上楼。我的第一人称意向话语——至少在标准的情况中类似于孩子一个词的意向话语——并不是基于观察。说出"我想上楼",不是基于我看到我的行动,也不是基于内在的观看以及逐渐意识到某种内在的意向状态。

认为像"我想走!"这样的话仍然确实描述了内在的东西,一个理由在于,说出这种话的人肯定它们是真的;而类似"她想走"这样的第三人称说法则是不确定的:或许就我所知,她并不是真的想那样。对这种不对称情况的所谓解释就是,这个说话者直接意识到了他的内在意向状态,而他无法意识到其他人的内在状态。维特根斯坦的 Äusserung 概念提供了对这种不对称情况的另一种解释。这个想法就是,第一人称情况中的确定性正是说出这句话的语言游戏的一个特征。特别地,Äusserungen 受到了他所谓的真理性标准(a criterion of truthfulness)的支配:除非说话者是在撒谎或者太糊涂,他说的话就应当是真的([8.9],222)。语言游戏本身不允许诚实的错误。这个特征来自在怀疑和不确定之前语言的呈现阶段。这是一个早期阶段,出现在孩子的简单的语言游戏之中,那里还完全没有不确定和怀疑的问题。对前面的例子里那个用抓握手势指向一个玩具的孩子来说,提出"他真的想要那个吗?"这个问题是毫无意义的。当这个孩子学会了用事物的名称提出要求时,仍然不会有怀疑和不确定。当孩子提出请求"球!"在这个语境中,对他的要求并没有什么不确定的。请求和反应的早期模式后来可以变为适合怀疑的模式。一个心理分析学家可能怀疑他的病人所说的欲望的真实性,即使他承认这样说的诚实性。但这给语言游戏增加了新的麻烦,引入了新的标准。原始阶段——最初的语言游戏——并没有被超越。最初对请求词的用法得到了保留,并存在于说话者的整个生活之中,这正是心理分析模式作为一个分支的主干。类似地,我们在任何阶段都可以回复到姿态语言,以便相互交流我们所希望的东西,就像我们在孩提时所做的那样。以往的语言游戏可能再次发挥作用,正如简单的语言游戏因其诚实性标准常常在成人说话者之间发挥作用。当孩子掌握了相关的语言,当他诚实地说出他担心的时候,就不会有任何可能去怀疑他是否真的担心——假定他说的"我担心"可以看作对之前原始的 Äusserung "担心！"的替代。但在"我担心"这个描述中，由于它根据的是自我观察和记忆，所以就有可能出现诚实的错误。

　　Äusserungen 并没有描述内在的东西。这个特征我在前面讨论意向话语的时候就注意到了。意向 Äusserungen 的作用并不是指说话者某种内在的东西，这是因为听话者对说话者的内心活动并无兴趣，无论它们是什么。正因为这样，对听话者来说重要的是说话者要做什么。这才是说话者希望交流的东西，也才是听话者以某种恰当的方式做出的反应。如果我们考虑一下前面讨论过的那种简单的语言游戏，我们就可以非常清楚地看到这个特征。维特根斯坦用生动的方式指出了这一点：

> 当我……想要这个或那个的时候有什么事情发生了吗？——没有什么事情发生吗？——这并不重要；重要的是：为什么你心中所发生的事情应当使我感兴趣？（他的灵魂可以沸腾或凝固，变红或变蓝：我究竟要关心什么？）
>
> 　　　　　　　　　　　　　　　　　　　　（[8.11]，Ⅰ：§215）

　　第一人称心理学话语的独特性对维特根斯坦很重要，因为错误地认为 Äusserungen 是描述，这会导致哲学上的混淆。例如，如果"我正处于疼痛中"描述了某件事情，显然，它一定是某件内在的事情，由此就产生了把疼痛看作一个内在对象的看法。对于那些与哲学有关的心理学术语也是如此，包括意向和信念。总之，"逻辑地"观察到意向话语及类似的东西不是描述，这有助于消除关于这些话语的错误图像，这是心灵的形而上学实体化的基础。

语言的基石

《哲学研究》第 201 节中这样写道：

> 有一种掌握规则的方式，它不是解释，而是展现在实际情况中我们所说的"服从规则"和"违背规则"中。
>
> 　　因此人们有一种倾向说，认为每个依据这个规则的行动都是一

个解释，但我们应当把"解释"一词限定为把这个规则的一个表达替换为另一个表达。

维特根斯坦的观点是，我们用来解释某个东西（无论是规则还是评论）的例子，是由这样一些情况得到保证的，即我们只是根据规则做出行动，或只是对一个评论做出反应。

在通常的情况下，母亲并不会解释她的孩子伸手和指向的姿态，她只是做出反应，或许是给孩子他要的对象。她的反应类似于这个孩子的单个词的请求话语。语言游戏就是一种语词行为和反应：遵从、拒绝、明显地忽视、提出另一种选择，如此等等。一个投球，另一个就接球。这就像是狒狒群中领袖做出的一个手势，要带一只雌性的狒狒过一个危险点。做一个手势，立即就有了反应。

简单语言游戏的一个规则就是，母亲的反应集中于孩子所命名的对象：那就是她给孩子的东西或她所拒绝的东西，如此等等。一旦确立了语言游戏，母亲的行为就构成了一种"掌握规则的方式，它不是解释，而是展现在我们所谓的'服从规则'中"。

语言的基石就是这种构成了简单语言游戏及其更复杂形式的行动和反应模式。一个词是否应当被解释为这样或那样，或者某个行动是否符合给定的规则，这些问题就预设了那些更早的形式，在那里还没有提出解释的问题。

那些基本的相互作用形式就相当于习惯：

> 服从一个规则，做出一个报告，发布一条命令，下一盘棋，都是一种习俗（用法、制度）。
>
> （[8.9]，§199）

如果我们加上"提出一个请求"和"陈述一个意向"，我们就可以更清楚地看到这种说法的真实性。简单的语言游戏就是习俗，因为它们是对自然存在的相互作用模式的阐发。在这些阐发中，某些随意的成分（语词）发挥了作用。这些语词如此发挥作用并不仅仅是所完成的某些行为的自然或本能；相反，这是习俗性用法的问题，是由文化所决定的问题。另一种文化的人可能就会运用另一个词，但各种不同的语词都在其中发挥作用的语言原型却是不同文化的人所共同的：

> 人类的共同行为是我们借以解释某种未知语言的参照系统。
> ([8.9]，§206)①

要插入被看作调停了听到一个请求和对它做出反应的某种意义评价的内在活动，就是要在我们已有的头脑中增加一个头脑（借用一个表达）。这种插入的错误明显表现在下面的例子里。要解释孩子在妈妈出现时的微笑，人们可能会认为——某些社会科学家的确这样假设——孩子内在地参考了他所喜欢的一系列储存的图像，把这些图像与他看到的视觉相比较，当这个视觉与它们相吻合的时候，他就会微笑（Sroufe and Waters [8.80]）。但他怎么知道知觉与图像相吻合呢？他这样做是通过在看到的图像和看到的知觉之间插入一系列吻合的图像吗？这种方式存在着无限后退。但如果某人假定这个孩子的确知道图像与知觉是相吻合的，那么他为什么不认为这个孩子知道他母亲呢？这个孩子对他母亲的这种反应，也就是对自他出生以来一直保护和喂养他的人的反应，是人类生物学的基本特征。被用来解释这种反应的那种内在机制并没有真正起作用。自然地、简单明显地认出母亲，在这种情况中的明显的微笑，不得益于任何假设的内在中介，在维特根斯坦看来，这些就是语言反应的模式。例如，在某个通常的社会情境中，我们用发出某个声音来表示我们要去什么地方，我们的这种能力正是我们的一种自然天赋；我们或其他任何动物这样做，常常是基于我们所见之物预见到会出现其他的东西。这里并不需要把预见看作某种心理的、内在的东西。

私人语言

《哲学研究》中最著名的连续段落——大致是从第243节到第315节——

---

① 原书误为§205。——译者注

提出了反对私人语言的可能性。这个话题引出了大量注释性文献。在考虑这个问题时，首先要提出的问题是：私人语言论证要反对的究竟是什么？直观上说，这个观念应当是这样。我们自然会认为疼痛、思想、情绪以及类似的东西都是某种内在的东西。这样，它们在某个具体方面就是私人的。某人可能具有和我完全一样的一种疼痛，但不可能就是这个疼痛。我也许会让某人编造一个词或标记去代表那个私人对象，这个词实际上就是说"有一个这个！"现在，由于这个是永远无法为其他人所掌握的，它必然就是在我身体中的东西。我用来说它的词就属于维特根斯坦所要反对的那种私人语言。这个话题的重要性在于，可能存在这种私人语言就是维特根斯坦一再反对的这样一种假定的自然后果，即认为存在一种特殊的心理实体领域。

在我以上谈到直觉的地方，维特根斯坦会谈到"图像"。我们每天使用的日常语言，即我们说出的基础陈述和元级陈述，是与形而上学的说法相对的，我们在形而上学中使用的是日常语言，但却是以某种错误的图像去理解它们，因此是与它们实际的深层语法相对立的方式。"私人语言"首先是我们描绘的某个东西。

在《哲学研究》以下的著名段落中，日常语言与形而上学图像之间的区别至关重要：

> §256 ……①那么，那种用于描述我们内心体验并且只有我自己才能理解的语言，是怎样的呢？我怎样用词表示我的感觉？——像我们通常所做的那样？我用以表示感觉的词是否与我的感觉的自然表达连接在一起？在那种情况下，我的语言就不是"私人的"了。其他人也可以和我一样去理解这种语言。——可是，假设我对感觉没有任何自然表达，而只有感觉，那会怎么样？此时，我只是把名称与感觉简单地连在一起，并在描述中使用这些名称。

如果我们像通常那样使用"疼痛"或"担心"，那么我们就可以在简单

---

① 原文如此。《哲学研究》中这段话的前面并没有文字。——译者注

的语言游戏中研究它的使用方式。疼痛的自然表达得到了像故意强调的鬼脸之类的自然姿态那样的回应。孩子学会了用通常词汇中的语词代替自然的表达或姿态。私人语言论证并没有否定这种疼痛的说法。的确,这怎么可能?每个人都会理解孩子所说的"我疼!"就像这个孩子自己所理解的那样,并且会承认它是真的:在一种通常而重要的语言游戏中所做的变化,引起了一个通常的反应。这并不是说,维特根斯坦提出或要求一种对疼痛说法的行为主义说明。如果后者被用来表达某种行为事实,那么某人说"我疼!"就会是指这样的东西:"我是以处于疼痛中的方式在行动"。但说话者谈的是他的疼痛,而不是他的行为:"§244……疼痛的语词表达代替了哭喊,而没有描述它。"

元级陈述的情况如何呢?听到乔伊说"我手指上疼",我会说他指的是某个内在的私人的东西。如果这种解释遵循的是通常的用法,那么自然地,维特根斯坦不会否定它。例如,我的评论针对的是某个正在学习我们语言的人,它告诉他,乔伊的话绝对不同于这样的陈述:"我手指上有一根刺"——它们并不关于任何在时空上可以察觉的东西。把疼痛说成内在的私人状态,实际上就是说"不要要求任何人向你展示他们的疼痛或者让疼痛可以得到观察"。这里马上就会提出反对意见:"你在后退!人们不可能让疼痛可以得到观察,因为它是内在的!"这至少是人们的一种直觉,人们的一种强烈信念;但信念可以是错的。或许事情正如维特根斯坦所说:

§248."感觉是私人的"这个命题相当于:"单人纸牌是一个人玩的"。

一个人玩单人纸牌是真的,因为这正是这个游戏的规则。类似地,"感觉是私人的"只是描述了我们带有感觉词的语言游戏的一个特征,它并没有表达一个深刻的形而上学真理,尽管我们强烈倾向于认为它表达了。这是一个元语言的或语法的表达,而不是一个哲学的表达。

在256节中,这种可能性针对的是这样一种语言,它指称了疼痛但不依赖于对疼痛的自然表达。正是在我们确认了这种不依赖的可能性时,我们进入了形而上学领域。我们必须要确认这种可能性，这似乎显而易见。假定我们得到了私人对象的形而上学图像，我们就应当有可能引入指称了这种对象的语词，无论我是否对它们给出了自然的表达。这样，形而上学图像就可以类似于"一根刺"那样去理解"疼痛"，这使它去指称，但当然不是指称公共的东西。

由此，私人语言论证的目的并不是否定人们有疼痛和类似的东西，也不是坚持对世俗事物的行为主义表现。维特根斯坦也没有反对这样的说法，即在自然语言中，类似疼痛这样的感觉是内在的或私人的。维特根斯坦的工作只是让隐藏的胡说变得明显起来。

这个任务的困难直接相关于人们这种信念的力量，例如，这——我现在正经受的头痛——就是我直接体验到的东西，是正在我眼前的东西。还有什么比这种直接认识的断定更为合理呢？"私人语言论证"的工作正是要消除这个信念。

第258节给出了一直被看作私人语言论证核心的说法。在这里，维特根斯坦考虑的是这样一个假定，即在人们成功地用私人确立的实指定义去指称心理的东西时，心理语词的日常用法就被废除了。他以另一个自我的声音说：

——但我还可以给我自己一种实指定义……

假定人们无法用日常方式指向这个感觉，而是相反，这另一个自我继续说：

我说出或写下了这个记号，同时，我专注于这个感觉——由此就仿佛是内在地指向了它。

用他自己的话说，维特根斯坦现在看到了，前述的过程不过只是空洞的仪式。它被看作要完成什么呢？另一个自我的回答是，内在地指向"是要确立这个记号的意义"（在维特根斯坦的例子里，指区分了内在感觉的记号或标记"S"）。这个内在指向做到了这一点，是因为借助于这个手段，"我对这个记号与感觉之间的联系产生了深刻的印象"。接下来就是著名的还原论证（reductio），这一直被看作表达了"私人语言论证"的核心，也一直是大量文献争论的主题：

> §258 ……——但是"我对它印象深刻"只能是指：这个过程产生了这样的情况：我在未来正确地记得这个联系。但在现在的情况中，我没有正确性的标准。人们会说：无论什么，在我看来是正确的，就一定是正确的。这只是指，我们在这里无法谈论"正确"。

根据对这些话的一种解读，它们表达了一种证实主义的论证。我无法证实我把目前这种感觉称作"S"是正确的，因为用于定义"S"的感觉，根据假设就不再是当下的了。我无法证实的东西就是无意义的，因此，私人语言的观念就是无意义的。汤普森（Judith Jarvis Thompson）[8.81]把对维特根斯坦的这种证实主义解读归于马尔康姆，而且反对这种观点，理由预设的对有意义性的证实主义检验是无法接受的。

在一篇著名的文章中，克里普克提出了另一种对私人语言论证的内在机制的非认知说明。克里普克试图不再关注对私人语言讨论的注释性工作，而是认为，这个真正的论证已经在第 202 节中得到了表达：

> ［维特根斯坦在第 202 节中］所真正否定的东西是所谓的遵守规则的"私人模式"，即这样一个观念，一个遵守特定规则的人可以被简单地分析为关于这个而且只有这个规则遵守者的事实，而无须涉及他在更大的共同体中的身份。
>
> （Kripke [8.68], 206)

因此，克里普克把私人语言论证看作遵守规则的观念的一个直接推论：私人语言的概念是不一致的，因为使用语言就包含了遵守规则，而遵守规则又包含了一个共同体的身份。这条解释线索引起了二手资料对所谓"共同体观念"的讨论。争论中的这个问题大致地说就是："维特根斯坦相信永远坚定的规则遵守者的观念在概念上是不可能的吗?"正如关于私人语言论证的确切性质这样一个更为广泛的问题一样,上述问题还没有得到解决。

证实主义者的解释和不坚定的规则遵守者的解释,两者都提出了一种在我看来与维特根斯坦的总体哲学方法相对立的论证,这种总体方法寻求的不是迅速击败反驳意见,而是逐渐消除哲学困惑。根据肯尼(Anthony Kenny [8.67])提出的一种更为有效的解释,维特根斯坦据说对可能的私人日记记录者已经成功地对他的记号"S"赋予了意义表示了否定。这并不是证实主义者的问题,即用于定义 S 的最初感觉在过去就无法恢复地失去了。可以这样说:即使上帝可以透视日记者的内心世界,即使与这个日记者不同,上帝可以在"S"的所谓实指定义中成功地接触现在已经逝去的感觉,这个上帝仍然无法知道是否可以把现在的感觉称作"S",因为这个词并没有得到恰当的限定——并没有被赋予一个意义。

但维特根斯坦否认能够得到所谓的私人实指定义的理由又是什么呢?人们一定会想到《哲学研究》中对实指定义的讨论,正如肯尼所指出的那样。维特根斯坦认为,要获得一个实指定义,就必定已然存在某个语言游戏,被定义的词在其中发挥作用。维特根斯坦曾说:"实指定义解释了一个词的用法,仅当它使人们得到了最后的确定,排除了人们最终的不确定"([8.7],447,448)。最终的不确定是指,在某个预设的语言游戏中,被定义的词会有一个用法。例如,人们可能直到最后才知道关于下棋的所有东西:"叫作'国王'的是什么形状?"接下来的一步就是要去证实维特根斯坦对"私人"语言游戏观念的抛弃。这种建议的意见的要点是澄清维特根斯坦关于公共语言性质的观点。对私人语言的否定由此也就包含了指出公共情况与私人情况之间的区别,这些区别就为拒绝把"语言"一词运用于后一种情况提供了辩护。

方法和范围

"哲学的正确方法"

我要复述一下在本文开端所做的一般方法论要点,经过前面的讨论,它们可能就变得更为可信了。形而上学问题的提出就是我们以错误的类比来看待我们某些语言部分的结果。这种错误的结果就是形而上学图像，通过这个图像所形成的实体就是一种语法虚构。如果这个图像与真实的东西相比对，那么形而上学问题就会消失了。人们被形而上学图像所控制，或者相应地，人们被语法虚构所吸引，通过仔细检查误导人们的这种语言，这一点将变得很明显。所以，哲学的正确方法就是要仔细考察这些"图像"——沿着维特根斯坦的思路，考察隐藏的、带来困惑的那些语词的用法（[8.9]，§116）。在这种治疗事业中，考察语言的逻辑学家和为语言所困惑的形而上学家是同一个人。《哲学研究》就是作者与他的另一个自我之间的"对话"。维特根斯坦说："我的绝大多数作品都是与我自己的私人对话，是我私下对自己说的事情"（[8.12]，77）。维特根斯坦所讨论的形而上学倾向就是他所屈从的或感觉到强烈拉力的倾向。他所提倡的"治疗"需由读者运用到他或她本人，这里的假定是认为，相同的语言学陷阱在等着每个人。第一步是要感受形而上学图像的全部力量，这个图像的强度或心理学力量赋予了治疗以意义。

维特根斯坦与学院派哲学

维特根斯坦很少直接谈论学院派哲学家讨论的问题和话题。那些问题和话题被提到过于复杂的程度，不会直接引起他的兴趣。他认为，在愚蠢的峡谷里需要学习的东西比在"聪明的荒芜高地"上更多（[8.12]，80）。他的工作与职业哲学家没有什么关系，因为这些哲学家的复杂问题植根于对语言幼稚的误解之中。

在目前的一个争论中，人们认为，一个普通人在谈到他的信念、欲望、意向、理由等等时，是在运用一个多余的心理学理论，即所谓的大众心理学（Fodor [8.63]）。对此的另一个说法是，大众心理学家——即每个人——都在运用一种幼稚的"心灵理论"。这就是说，当我们说某人所相信的东西时，人们就利用了一种赋予说话者或其他人某种心理状态的理论，这些状态在这里被看作原因。因此，如果我说我在下午3点去机场，你就会认为我是在描述一种内在的事态，一种作为心理状态的意向，它会使我在下午3点出现在机场。文献中争论的一个议题是，这样理解的大众心理学是否在实质上是真的。

维特根斯坦的工作清除了这种关于大众心理学的正反面讨论,他表明,我们每天关于意向等东西的陈述并不是关于心理实体之间存在的因果联系的陈述。它们不可能是这样,因为它们并不是关于心理实体的陈述。受到形而上学图像支配的哲学家普遍误会了他对普通人陈述的解读。如果普通人被提出这样的问题,他像哲学家那样说,在他说出他的意向的时候,他是在描述一种内在的原因,这也无济于事。他会这样做被哲学家看作一种支持了他的解释的"直觉"。这不会被维特根斯坦看作材料,而是看作一幅图像的表达;这可能仅仅表明了这个图像深深地植根于我们的语言,植根于强烈恳求某人开始在哲学上反思诸如意向和信念之类的东西。

具有科学倾向的哲学家们讨论心灵及其对象——因而把17世纪形而上学的词汇运用在了所谓的作为科学的哲学语境中——避免了被看作非科学的,因为他们坚持认为总有一天我们对心灵的谈论完全有可能会被替换为对大脑的谈论。但如果维特根斯坦是对的,那么他们趋向谈论大脑所采取的路线则是一种语法的虚构。例如,意向就被误读为心理实体,而那些心理的东西则被反过来投射到大脑。把作为心理状态的意向等同于大脑,这就是曾被抛弃的语法虚构。

维特根斯坦批评的范围

不仅是哲学家在做哲学,科学,特别是社会科学也包含了在核心上具有哲学意味的思想主张和预设。例如,神经生物学家就明确强调了"身心问题",试图寻找对"意识"的解释(Horgan [8.66])。同样,科学家也试图发现黑犬尾猴是否有"心灵理论"——这个概念直接来源于"大众心理学"理论(Cheney and Seyfarth [8.60], 205)。

人们可以设想,对我刚才讨论过的意向情况做出一个全面的概括就会得到:被理解为心理的东西或其他东西的信念、欲望和理由,经过考察,最后会被证明为语法虚构。于是就产生了维特根斯坦这样一个著名的评论:

> 心理学中存在着试验的方法和概念上的混淆。
>
> ([8.9], 232)

同样一种激进的结论对神经生物学和动物研究中的例子也会有效。一方面是试验或经验观察，另一方面则是隐藏的无意义。但思考在这里却没有什么价值，这里更需要的是检验我们关于这样一些东西的深刻感觉到的形而上学"直觉"：理由、希望、意向、意识和心灵，要对相关的语词用法做出持续的考察。这不是支持仅处理语言，因为正如我在前面对疼痛所做的阐明，我们对语言的使用是基于行动的。"语言游戏的本质是一种实践方法（一种行动方式）——不是思考，不是论辩"（[8.8]，421）。考察用法并不是去从事 1950 年代的日常语言哲学，而是去从事更适合被描述为哲学人类学的工作。根据这种研究，就可能产生一种新的探究分支，一种经验的但是纯粹描述的关于语言习俗的文化人类学，这是一种发展的或谱系学的方法，但清除了心理主义的假定。维特根斯坦似乎肯定了这种研究的可能性，他写道："我们所应用的实际上是对人类自然史的评论，我们并不是在提供某种奇谈怪论，而是提供不会有人产生怀疑的观察，它们之所以没有得到评论，仅仅因为它们总是在我们眼前"（[8.9]，§415）。

参考书目

维特根斯坦著作书目以及关于维特根斯坦的书目，请参见 Virgina A. and Stuart S. Shanker, *A Wittgenstein Bibliography*, London: Croom Helm, 1981。

维特根斯坦的著作（以写作时间为序）

8.1 ——*Notebooks*, 1914—1916, ed. G. H. Von Wright and G. E. M. Anscombe, trans. G. E. M. Anscombe, Oxford: Blackwell, 1961.

8.2 ——*Tractatus Logico-Philosophicus*, trans. C. K. Ogden, London: Kegan Paul, 1922.

8.3 ——"Some Remarks on Logical Form", *Proceedings of the Aristotelian Society*, suppl. vol. 9 (1929): 162–171.

8.4 ——*Philosophical Remarks*, ed. Rush Rhees, trans. Raymond Hargreaves and Roger White, Oxford: Blackwell, 1975.

8.5 ——*Philosophical Grammar*, ed. Rush Rhees, trans. Anthony Kenny, Oxford: Blackwell, 1974.

8.6 ——*The Blue and Brown Books*, New York: Harper, 1958.

8.7 —— "Notes for the Philosophical Lecture", in *Philosophical Occasions 1912—1951*, ed. James Klagge and Alfred Nordmann, Indianapolis: Hackett, 1993.

8.8 —— "Cause and Effect: Intuitive Awareness", ed. Rush Rhees, trans. Peter Winch, *Philosophia* (Israel) 6 (1976): 409-425.

8.9 ——*Philosophical Investigations*, trans. G. E. M. Anscombe, Oxford: Blackwell, 1958.

8.10 ——*Remarks on the Foundations of Mathematics*, ed. G. H. von Wright, R. Rhees and G. E. M. Anscombe, trans. G. E. M. Anscombe, Cambridge, Mass.: MIT Press, 1978.

8.11 ——*Remarks on the Philosophy of Psychology*, vol. I, ed. G. E. M. Amscombe and G. H. von Wright, trans. G. E. M. Anscombe; vol. II, ed. G. H. von Wright and Heikki Nyman, trans. C. G. Luckhardt and M. A. E. Aue, Chicago: University of Chicago Press, 1980.

8.12 ——*Culture and Value*, ed. G. H. von Wright, trans. Peter Winch. Oxford: Blackwell, 1980.

8.13 ——*On Certainty*, ed. G. E. M. Anscombe and G. H. von Wright, trans. Denis Paul and G. E. M. Anscombe, Oxford: Blackwell, 1969.

8.14 ——*Last Writings on the Philosophy of Psychology*, vol. I, ed. G. H. von Wright and Heikki Nyman, trans. C. G. Luckhardt and M. A. E. Aue, Oxford: Blackwell, 1982.

8.15 ——*Last Writings on the Philosophy of Psychology*, vol. II, ed. G. H. von Wright and Heikki Nyman, trans. C. G. Luckhardt and M. A. E. Aue, Oxford: Blackwell, 1992.

维特根斯坦生平传记

8.16 McGuiness, Brain *Wittgenstein: A Life*, Berkeley: University of California Press, 1988.

8.17 Malcolm, Norman *Ludwig Wittgenstein: A Memoir*, Oxford: Oxford University Press, 1984.

8.18 Monk, Ray *Ludwig Wittgenstein: The Duty of Genius*, London: Vintage, 1990.

关于维特根斯坦的著作

8.19 Anscombe, G. E. M. *Metaphysics and the Philosophy of Mind*, Oxford: Blackwell, 1981.

8.20 Baker, G. P. and P. M. S. Hacker *Wittgenstein: Meaning and Understanding*, Oxford: Blackwell, 1983.

8.21 —— *Wittgenstein: Rules, Grammar and Necessity*, Oxford: Blackwell, 1985.

8.22 Canfield, John V. *Wittgenstein: Language and World*, Amherst: University of Massachusetts Press, 1981.

8.23 —— *The Looking-Glass Self*, New York: Praeger, 1990.

8.24 Diamond, Cora *The Realistic Spirit*, Cambridge: University of Massachusetts Press, 1995.

8.25 Hacker, P. M. S. *Insight and Illusion*, Oxford: Clarendon Press, 1972.

8.26 —— *Wittgenstein: Meaning and Mind*, Oxford: Blackwell, 1990.

8.27 Hilmy, S. Stephen *The Later Wittgenstein: The Emergence of a New Philosophical Method*, Oxford: Blackwell, 1987.

8.28 Hunter, J. F. M. *Essays after Wittgenstein*, Toronto: University of Toronto Press, 1973.

8.29 —— *Understanding Wittgenstein*, Edinburgh: Edinburgh University Press, 1985.

8.30 Kenny, Anthony *Wittgenstein*, London: Penguin, 1973.

8.31 Malcolm, Norman *Dreaming*, London: Routledge & Kegan Paul, 1959.

8.32 —— *Knowledge and Certainty*, Ithaca, NY: Cornell University Press, 1963.

8.33 —— *Memory and Mind*, Ithaca, NY: Cornell University Press, 1977.

8.34 —— *Wittgenstein: Nothing Is Hidden*, Oxford: Blackwell, 1986.

8.35 —— *Wittgenstein: A Religious Point of View*? Ithaca, NY: Cornell University Press, 1994.

8.36 ——and D. M. Armstrong *Consciousness and Causality*, Oxford: Blackwell, 1984.

8.37 Pears, David *The False Prison*, Oxford: Clarendon Press, 1990.

8.38 Rhees, Rush *Without Answers*, London: Routledge & Kegan Paul, 1969.

8.39 ——*Discussions of Wittgenstein*, London: Routledge & Kegan Paul, 1970.

8.40 Schulte, Joachim *Wittgenstein: An Introduction*, trans. William H. Brenner and John F. Holley, Albany: State University of New York Press, 1992.

8.41 Stroll, Avrum *Moore and Wittgenstein on Certainty*, Oxford: Oxford University Press, 1994.

8.42 Wright, G. H. von *Wittgenstein*, Oxford: Blackwell, 1982.

关于维特根斯坦的文集

8.43 Arrington, Robert L. and Hans-Johann Glock, eds *Wittgenstein's Philosophical Investigations: Text and Context*, London: Routledge, 1991.

8.44 Block, Irving *Perspectives on the Philosophy of Wittgenstein*, Oxford: Blackwell, 1981.

8.45 Canfield, John V., ed. *The Philosophy of Wittgenstein*, vols I-XV, New York: Garland, 1986.

8.46 ——and Stuart Shanker, eds *Wittgenstein's Intentions*, New York: Garland, 1993.

8.47 Pitcher, George *Wittgenstein: The Philosophical Investigations*, New York: Anchor Books, 1966.

8.48 Shanker, Stuart *Ludwig Wittgenstein: Critical Assessment*, vols I-IV, London: Croom Helm, 1986.

8.49 Teghrarian, Souren *Wittgenstein and Contemporary Philosophy*, Bristol, England: Thoemmes Press, 1994.

8.50 Albritton, Rogers "On Wittgenstein's Use of the Term 'Criterion'", *Journal of Philosophy*, 56 (1959): 845-857.

8.51 Anderson, A. R. "Mathematics and the Language-Game", *Review of Metaphysics*, 11 (1958): 446-458.

8.52 Austin, J. L. *Philosophical Papers*, ed. J. O. Urmson and G. J. Warnock, Oxford: Oxford University Press, 1961.

8.53 Baker, Gordon "Criteria: A New Foundation for Semantics", *Ratio*, 16 (1974):

156-189.

8.54 Candlish, Stewart "The Real Private Language Argument", *Philosophy* 55 (1980): 85-94.

8.55 —— "*Das Wollen ist auch eine Erfahrung*", in Robert L. Arrington and Hans-Johann Glock, eds, *Wittgenstein's Philosophical Investigations: Text and Context*, London: Routledge, 1991: 203-226.

8.56 Canfield, John V. "The Living Language: Wittgenstein and the Empirical Study of Communication", *Language Sciences*, 15 (3) (1993): 165-193.

8.57 —— "The Concept of Function in Biology", *Philosophical Topics*, 18 (1990): 29-54.

8.58 —— "The Rudiments of Language", *Language and Communication*, 15 (1995): 195-211.

8.59 —— "The Passage into Language: Wittgenstein and Quine", in Robert Arrington and Hans-Johann Glock, eds, *Wittgenstein and Quine*, London: Routledge, 1996.

8.60 Cheney, Dorothy L. and Robert M. Seyfarth *How Monkeys See the World*, Chicago: University of Chicago Press, 1990.

8.61 Davidson, Donald, "Actions, Reasons, and Causes", in Davidson, *Essays on Actions and Events*, Oxford: Clarendon Press, 1985: 3-20.

8.62 Fodor, Jerry A. *The Language of Thought*, Cambridge, Mass.: Harvard University Press, 1979.

8.63 ——*Psychosemantics*, Cambridge, Mass.: MIT Press, 1988.

8.64 Grice, Paul "The Causal Theory of Perception", *Aristotelian Society*, suppl. vol. 70 (1961): 121-134.

8.65 Hacking, Ian *Why Does Language Matter to Philosophy?* Cambridge: Cambridge University Press, 1975.

8.66 Horgan, John "Can Science Explain Consciousness?" *Scientific American*, 271 (1) (1994): 88-94.

8.67 Kenny, Anthony "The Verification Principle and the Private Language Argument", in O. R. Jones, ed., *The Private Language Argument*, London: Macmillan, 1971: 204-228.

8.68 Kripke, Saul "Wittgenstein on Rules and Private Language", in Irving Block,

Perspectives on the Philosophy of Wittgenstein, Oxford: Blackwell, 1981: 238-312.

8.69　Malcolm, Norman "Anselm's Ontological Arguments", in Malcolm, *Knowledge and Uncertainty*, Ithaca, NY: Cornell University Press, 1963: 141-162.

8.70　——— "The Groundlessness of Belief", in Malcolm, *Thought and Knowledge*, Ithaca, NY: Cornell University Press, 1977: 199-216.

8.71　——— "Wittgenstein's *Philosophical Investigations*", *Philosophical Review*, 62 (1954): 530-559.

8.72　Nielson, Kai *Contemporary Critiques of Religion*, London: Macmillan, 1971.

8.73　Phillips, D. Z. *The Concept of Prayer*, London: Routledge & Kegan Paul, 1965.

8.74　——— ed. *Religion and Understanding*, Oxford: Blackwell, 1967.

8.75　Plooij, Frans "Some Basic Traits in Wild Chimpanzees", in Andrew Lock, ed., *Action, Gesture and Symbol*, London: Academic Press, 1978.

8.76　Ryle, Gilbert *The Concept of Mind*, London: Hutchinson's University Library, 1949.

8.77　Savigny, Eike von "Common Behaviour of Many a Kind: *Philosophical Investigations* § 206", in Robert L. Arrington and Hans-Johann Glock, eds, *Wittgenstein's Philosophical Investigations: Text and Context*, London: Routledge, 1991.

8.78　Searle, John "Proper Names", *Mind*, 67 (1958): 166-173.

8.79　Shoemaker, Sydney S. *Self Knowledge and Self Identity*, Ithaca, NY: Cornell University Press, 1963.

8.80　Sroufe, L. Alan and Everett Waters "The Ontogenesis of Smiling and Laughter", *Psychological Review*, 83 (3) (1976): 173-189.

8.81　Thompson, Judith Jarvis "Private Languages", *American Philosophical Quarterly*, 1 (1964): 20-31.

第九章
政治哲学

亚瑟·利普斯坦（Arthur Ripstein）

对20世纪前半叶而言，政治哲学被哲学其他领域的几种趋势所塑造。概念分析和澄清是其核心，而哲学家的任务就是对现实的政治争论做出澄清而不是参与其中。其他几个特征也值得注意：功利主义作为政治德性的充分说明被普遍接受；实用主义在总体上，尤其是政治学领域，作为另一种哲学观点的兴起，及对不同观点的解释与回应。20世纪后半叶以政治哲学的重生为标志。正义成为中心话题，争论也围绕着它的本质及其作为政治生活的中心而展开。

元伦理学和概念分析

语言哲学和概念分析的兴起为更为普遍的哲学研究奠定了基石，结果之一就是道德和政治哲学聚焦于像道德真理的本质这样的元伦理学问题，而不是聚焦于政治德性的实质性问题。元伦理学中的两个主要立场使得实质性研究似乎更没什么前途。直觉主义者认为道德真理就像数学真理或感觉判断一样显而易见，对任何正常思维的人而言都是显而易见的。具有持久性知觉缺陷的人（普里查德用色盲做类比）超出了理性论证的范围，因此也没什么政治哲学可以探讨的。在另一个极端，情绪主义者主张道德和政治话语是非认知性的——是对情绪和偏好的表达,是向其他人分享它们的努力——因而也不能做出理性的判断(Ayer [9.3])。换句话说,像正义或平等这类主题不是那些体面的哲学家们愿意进行理论探讨的那一类东西。

功利主义

尽管官方哲学远离政治话题,但是更普遍的政治文化中的主要观点还是与各式各样的功利主义联系在一起的,即与这样一种观点联系在一起:将基于社会制度在推进人类幸福方面的结果而对它们进行评估。功利主义于19世纪由杰里米·边沁(1821,[9.6])和约翰·斯图亚特·密尔(1864,[9.35])发展起来。它的吸引力来自如下三个观点的结合:首先,归根结底,对政治问题而言唯一真正重要的事情是人类生活得多好或多坏;其次,在政治德性中,每个人的利益都应当得到平等的对待;最后,只要信息足够多,再难的道德和政治问题也能得到理性的解决。功利主义结合这三个主张,基于社会制度对人类幸福的效果而对社会制度进行评估。从审判官和刑法制度、代议制民主,到贸易和税收制度,一切社会制度都可以而且应当提供一个框架,使得其中主要依赖个人优势的个体都能获得总体上的最好结果。至少与功利主义对结果的强调同样重要的是,它不愿意诉诸自然权利之类的概念。

霍布豪斯(L. T. Hobhouse)的《自由主义》(*Liberalism*,1911,[9.24])举例说明了这一政治观点的模式。霍布豪斯所倡导的改革在当时似乎有点激进,但后来一直为工业化的世界所接受:国家在教育、卫生、福利,以及通过不断增长的收入税、遗产税及投资税调节财富再分配中扮演活跃的角色。霍布豪斯的论调既是自信的,同时也是试验性的。他的所有政策建议都是作为如何最大限度地实现共同的善的试验而提供的。尽管他承认在每个人之间平衡财富的困难(如少数人的良知与多数人的便利之间的对立),但是他认为这一主张的唯一麻烦在于要建立起经验性的主张:他提出的政策确实促进了总体的社会的善。任何其他在他看来毫无益处的蒙昧主义的主张——主张抽象权利，尤其是财产权——都不值得做出回应。

1920年代，关于相对于市场经济的计划经济的可能性的争论也采用了功利主义的形式，甚至弗里德里希·哈耶克（Friedrich Hayek，1941，[9.21]）这位该时代最猛力也最有影响的经济和社会计划的批评家也主要诉诸计划的结果。哈耶克认为大规模的社会计划注定会失败，任何社会计划的增加必然阻碍个体对他们自己的计划的执行，因此他质疑除了制定大范围的法律框架——个人能在其中从事个人事务——外国家所能扮演的任何其他角色。尽管这是明显的反功利主义定位，但是哈耶克的论证实际上诉诸了如下观点，即每个个体都比任何其他代理能够更好地了解和实现他自己的个人福利，因此他认为社会计划的总体后果是达不到预期目标的。

马克思主义

1930年代的经济衰退和随之而来的政治混乱引起了人们对马克思主义的广泛兴趣。与功利主义一样，马克思主义也发展于19世纪。马克思（Marx）从1840年代起直到他1883年逝世，一直在倡导和预测世界范围的社会主义革命，他认为这是解决困扰资本主义经济的周期性经济危机的唯一途径，也是在他看来贯穿人类历史的人对人的统治的终结。资本主义与在它之前的古代奴隶主义和封建主义一样，必然会让路于更加先进的生产方式。马克思认为他的社会主义是"科学的"，因为它在人类适应自然能力的独立发展的基础上解释了所有制形式的发展。社会主义被看作资本主义所释放的生产力巨大发展的必然结果，而物质匮乏的终结也将导致人类事务的集体管理。

随着马克思主义引起广泛的兴趣，它也引起了哲学的关注。许多哲学家赞同马克思主义广阔的政治目标，但是1930年代对马克思主义哲学的反思总体上仍然是批判性的。多数评论聚焦于认识论主题，尤其是社会主义历史必然性的观点。受到批评的原因是它的不科学性，因为它否认人类的选择在历史中的作用，因为它在概念上混淆了个体和社会之间的关系。例如，卡尔·波普尔认为，不存在任何历史规律，因为个体能够选择相反的行动（Popper [9.43]；Acton [9.1]）；其他人认为马克思主义的平等观念也是站不住脚的；还有人认为马克思主义是自反的，因为它试图根据生产的物质条件来解释观念，因而削弱了它自己的真理主张。

实用主义

与此同时，在大西洋对岸的美国，实用主义也作为一种哲学和政治学主张开始流行起来。实用主义是美国思想中广泛的反形式主义运动的一部分。在诸如法律（Llewellyn [9.30]；Cardozo [9.8]）和建筑学等不同领域，实验和实践的主题占据主导地位，而方法论观念则不受重视。实用主义哲学作为这一运动的一部分，对这类概念上的难题也充满疑虑，英国哲学对此倒是乐此不疲。

约翰·杜威 [9.13] 是这一实用主义运动在社会和政治哲学中的领导者。杜威没有研究诸如个体、国家、财产和家庭等此类概念的一般关系；相反，他认为社会哲学的角色必须是"帮助人们解决具体问题，为他们提供在改革方案中能够使用和检验的假设"[9.14]。像传统政治哲学那样专注于抽象概念，就是帮助"聪明的政治家""掩盖他们的设计，使得糟糕的事业看上去更好"。相反，制度应当"从它们的教育效果上来看待——从它们所培养出的个体的类型来看待"。

杜威也呼吁美国生活不断增长的民主化。财富平等和特权的消除是所有美国人都能够拥有的目标，而哲学的任务就是清除哲学上继承下来的对分享这些目标的障碍。被杜威称为心与身、事实与价值、主体与客体之间的"二元论"的东西将被消除，以期为所有人在其中都能兴旺繁荣的社会实验提供空间。杜威提倡用"解决问题的智力应用"代替传统和任何发展科学方法的努力，即提倡让尽可能多的人参与其中的自由而开放的讨论。在杜威看来，所需要的唯一正当的民主制就是表明它提供了最有效的方法来扩大智库以应用于对社会问题的解决，任何其他形式都使社会无法享有其所有成员的贡献。杜威的中心观点是，社会生活的问题没有一般性的答案，而只有具体的解决方案，是对它们产生于其中的特定问题的回应。关于幸福、自由或正义的任何一般性理论都不会有什么帮助——只有对具体问题的民主讨论才是可能的。

或许贯穿整个20世纪上半叶的政治哲学最显著的特征就是它在多大程度上认为政治讨论本身不是哲学的任务。不管哲学是被看作只局限于概念的问题，还是要承担清除民主讨论障碍的问题，没有几个人认为它对政治学有什么直接的贡献。深层的分歧贯穿政治生活始终，但是这些要么被看成概念混淆的结果，要么被简单地看成错误的信念。结果之一就是哲学在如今看来似乎是政治学基本问题的那些主题上几乎都是沉默的。

到1950年代，政治哲学看起来似乎已经失去了它的主题。在社会科学中，"意识形态的终结"被正式提出（Waxman [9.54]），服务于那些曾被认为广泛共享的目标的零星社会工程取代了对社会生活基本术语充满激情的争论。

1960年代

所有一切都在1960年代发生了变化。哲学的气质开始转变，而对大的规范主题进行评论的顾虑也开始消退。概念分析失去了对哲学的掌控，对元伦理学的兴趣开始动摇。同样重要的是大量的社会变化。随着美国州立大学以及英国"新"大学的增长，纯理论哲学的受众也有了显著的增加。同时，受众的多样性也在增加。1954年，美国联邦法庭规定种族隔离是违背宪法的。在随后的几年，民权运动要求抽象的宪法条款被付诸实施。由此，只有社会生活的细节需要处理的理念走到了尽头；同时，核战争的威胁导致了世界范围内政府之间不信任的增长，越南战争将这两个话题凸显出来。许多黑人被不成比例地应征入伍，而许多人将这场战争视为帝国主义的行为。

对此的回应之一是又一波对马克思主义的兴趣。马克思的早期著作于1960年被翻译成英语。它们的主题不再是历史必然性和经济危机，而是资本主义社会特有的深刻的异化现象。另外，马克思主义思想在欧洲的持续发展贯穿整个 20 世纪，而且影响也在不断加大。于 1920 年代在德国发展起来的"社会批判理论"（Adorno [9.2]；Jay [9.26]）为 1960 年代的学生激进分子提供了大量用语（Marcuse [9.33]）。当然，这些在学术界还处于非常边缘化的地位。

对这一时期的大量不满以攻击自由主义的形式表现出来。批判多种多样，但有两个尤其突出。其中一个批评是自由主义以在平等上不可接受的代价强调个人的自由；另一个批评是它缺乏内在一贯的政治德性，与一系列狡猾的政治同盟和折中主义的结果别无二致。自由主义对福利国家的承诺被看成只是对变化的政治诉求的回应。

功利主义也受到同样的攻击。例如，有人提出，越南战争的野蛮破坏有其理论基础，即所有价值都是可以度量的。如果所有价值都能还原为一种共同的尺度，那么政策制定者就能出于他们的长期利益而理性地决定采取暴行。这一主张在和平主义者和学界中广为流行，它深刻地反驳了功利主义声称其是为了公众正义的一种切实可行的哲学的主张（Griffin [9.19]；Williams [9.56]；Berlin [9.7]）。

罗尔斯

正是在这一背景下，约翰·罗尔斯的《正义论》[9.44] 为自由主义——以及由此为政治哲学——提供了新的活力。罗尔斯试图提供一种功利主义的替代者来协调自由与平等。该书从一句大胆的声明开始："正义是社会制度的首要价值"，并提出了正义作为公平的观念。罗尔斯吸收了洛克、卢梭（Rousseau）和康德的社会契约传统来描述一个强大的思想试验。直观的理念非常简单：假设你不得不对管理社会的基本结构做出选择，那么为了选择，获得许多东西——比如经济、人的心理等——的相关信息是有益的。现在假设这个选择要在罗尔斯所谓"无知之幕"——你有所有你需要的一般性的事实信息，但是你不知道你是谁，也不知道什么在你的生活中最重要——

背后来进行。在这种情况下,谨慎地选择是理性的,因此不管事情会有多糟糕,你至少还能过得去。例如,你决不会同意让某些人拥有奴隶的体制,因为你担心,当幕布被揭去后,你可能发现自己就是奴隶中的一个。你也不会同意一个宗教国家,因为你担心自己会成为被迫害的少数人之一。为此,你也绝不会接受社会组织的功利原则,因为你担心你所拥有的最重要的利益会为了不那么重要但数量更多的他人利益而被牺牲掉。即使某些实践比如奴隶制会产生总体上最好的结果,如果它带有使自己成为奴隶的危险,也没有任何理性的人会同意它。

罗尔斯认为这种推理带来了两种高度具体的正义原则。第一个推广了宗教的自由,并要求自由的最大化与他人的同等自由相容。第二个罗尔斯称为"差异原则",它要求物质资源和权力的平等分配,除非不平等分配将使那些比平等分配所得更少的人受益。第一原则应该优先于第二原则:自由永远不能因物质利益而牺牲。

罗尔斯将这两个正义原则用于说明大量更深层次的话题,包括代际间的正义、不合作主义、有良知的拒绝和道德教育等。在每个主题中,总的焦点是一致的:社会被看成罗尔斯所说的"一种为了彼此的利益而进行的合作冒险"。在其中,所有人都有共同的命运,该命运根据公开接受的正义原则而构成和裁决。

为了从这一简单的思想实验中获得如此确切的结果,罗尔斯假定处于原初状况的政党需要一定的"基本的善"(primary goods)——在追求它们可能的善的观念时可能会有用。基本的善包括自由、物质资源和罗尔斯所谓的"自我尊重的社会基础"。监督这些种类的善分配是自由国家的职责。罗尔斯的关键之处不是每个人都必然需要这些东西,而是通过设想它们是要被分配的善,我们就能够拥有如下观念,即每个人都对自己的目的负有责任(因此有自由的重要性)而无须假设他们对自己所处的物质环境负有责任(因此有物质财富的重要性)。

自由主义的批评家们长期将自由和平等置于不稳定的平衡上,两者之间也没有任何原则性的关系。而为了根据其中的一个来解释另一个的重要性,罗尔斯的自由主义提供了两个正义原则。平等给予每个人对基本的善的同等要求，自由是重要的以便每个人都能用他/她公平享有的资源来执行他/她个人的生活计划。没有平等，个体自由就失去了它的要求。对物质资源的合法的分享设定了自由的范围，因为它们确保一个人对善的观念的追求不是把不合理的成本强加于他人。

如果说罗尔斯复兴了自由主义，那它也是个不一样的自由主义。个体的政治和个人的自由仍然处于其中心地位，但是洛克的传统自由主义（或美国宪法）特有的对财产和市场自由的强调消失了。对罗尔斯而言，财产权不再是自由政治的中心，所有制形式至多被认为有助于平等和个人自由。

当然，罗尔斯的自由主义也留下了许多尚未解答的重要问题。多大程度的物质不平等对情况最糟糕的人才是有利的？自由怎样在一个人和另一个人之间做出权衡？但是，如果罗尔斯不回答这些问题，他至少提供了一个词汇表，使得自由主义者能够系统地表达它们。这个词汇表的力量在一定程度上已经显示出来，许多引起分歧的话题根据这些术语得到富有成效的辩论。通过使平等处于正义的中心位置，罗尔斯提供了一种方法以避免关于自由和平等、公平和期望的结果之间的关系的毫无成果的辩论。在罗尔斯看来，每个人只能根据与他人的关系来理解。例如，关于平权行动计划的合法性的争论（为那些历史上被歧视的社会群体的成员预留就业或教育机会）典型地表现了公平和期待的结果之间的斗争。根据罗尔斯的工作，罗纳德·德沃金（Ronald Dworkin）[9.15] 证明了公平和价值的观念是如何总是与社会目标的观念联系在一起的。

罗尔斯的批评者们

罗尔斯的主张引起了来自不同立场的广泛批评。当然，它们提供了政治哲学家们能够得出这些反对意见的背景。有四个批评的方向尤其值得关注。一种批评认为罗尔斯没有认真考虑个人的差异性和财产的重要性；另一种批评指责罗尔斯在平等问题上走得还不够远；第三种批评认为罗尔斯的自由主义强调了正义，但是没有给道德共同体留有任何余地，而它是政治生活的基础；第四种批评也许从长远来看是最重要的，它从发展女性主义知识出发，指出自由主义没有严肃地考虑私人生活的政治学。

自由主义

在罗尔斯吸收了卢梭和康德的传统的地方，罗伯特·诺齐克（Robert Nozick）的《无政府、国家与乌托邦》（*Anarchy, State and Utopia*）[9.38]试图振兴洛克政治思想中突出的所有权和个人自由的观念。诺齐克深深地怀疑分配正义的观念，认为"收入税基于一个强迫劳动的标准"。他提出平等观念只是对那些拥有较少者的嫉妒的反思，不论他们是由于懒惰、愚蠢，还是坏运气。不同于对如何尽可能公平和有效地创造和分配资源的关注，诺齐克认为，关于财物分配的重要问题必然都被视为权利（entitlement）问题。权利能够通过获取无主物、通过自愿的交换或礼物馈赠或作为遭受错误对待的补偿而产生。它们不可能以其他任何方式获得——尤其不可能在需要或与他人的彼此共享基础上获得。

诺齐克这一主张的基础观念是自由必须被赋予高于任何分配目标的优先权。他并没有为这一主张提供多少论证，只是对个人的生活如何才是他/她所要发展或挥霍的生活这一问题进行了一些一般性的反思。他还提出，任何自由主义的替代者都将违背康德关于不要把他人仅仅当作达到不同目的的手段的禁令。诺齐克对其立场的发展更多地依赖于一系列例证的直观力量。

例如，诺齐克让我们假设，收入是根据我们所认为最好的分配原则分配的。每个人都必须有权消费他们的合法所得而不管他们认为适合的程度如何。那么现在假定有一百万这样的人，每个人都愿意花 25 美分的额外费用去看他们最喜欢的篮球明星张伯伦（Wilt Chamberlain）的比赛。如果没有这个费用，张伯伦就拒绝出场，那么他因此就将自己置于一个拥有额外的 25 万美元收入的位置上。这将扰乱最初的分配方式。然而可以确定的是，每个人都能够处置自己所持有的东西，因为他们觉得合适。诺齐克认为，这个事例可以推而广之：自由总会扰乱任何分配方式。

同样，为了回应财产权必须让位于每个人对影响他们的东西有处置权主张的要求，诺齐克建议我们考虑一下同样的原则是否适用于女人对追求者的选择——一个被拒绝的追求者对这件事是否应当有处置权,因为那明显影响了他?再者,如果我足够好到借给你东西,那么你就因此获得了处置权来决定我将来对它的使用吗?诺齐克的观点当然是否定的。

诺齐克对这些直观事例的依赖让许多人怀疑这本书机智的外衣下是否还有深层次的根基。托马斯·内格尔(Thomas Nagel)[9.36]就把它描述为"无根基的自由主义"。问题在于,这本书的理论方面是如此薄弱以致让人很难了解是什么构成了这些事例。比如,很难想象一个分配方案是诺齐克意义上的"方式"。再比如,罗尔斯的差异原则(可能就是诺齐克的攻击对象)详细制定的是人们从中获取和处置财产的结构,而不是要求始终干涉每次转让的方式;因此,该事例似乎并没有削弱任何人现实持有的任何立场。诺齐克关于干涉的其他论证同样是比较模棱两可的:一个女人决定接受哪位追求者的独立权与控制个人感情生活的重要性密不可分,而不是与任何拒绝工人对其工作条件具有控制权的普遍原则相联系。

诺齐克的方案从如下观念中获得了很大动力,即人们应当有能力决定如何用自己拥有的无论何种能力和资产来处理他们的生活。表面上看,这有其吸引力,甚至是激动人心的观念;然而,诺齐克恰恰是在这里出现了混乱,因为我们不能当真认为政治是一件能够让人们想干什么就干什么的事情,不受限制。事实上,政治哲学家努力为竞争性的社会分配说明原则性的基础是出于明确的解释需要,即为什么有些人需要被考虑进去,而有些人不需要。就此而言,暴力禁令与选举金捐赠的限制同等重要——都是为了阻止人们做他们否则可能会做的事情。没有任何对自由的诉求——理解为让人们做他们想做的事——能够解决这些问题。诺齐克也不能认为,人们应当被允许做他们愿意做的事,只要他们没有伤害到其他人。如果要同意这一主张,那么他需要一些鉴别方法以决定哪些伤害是被考虑的——就像罗尔斯的基本的善的清单那样。否则他就不能排除任何政府职能,因为那些诉诸政府行动的人会认为,他们被不适用他们的方式伤害到了(Leiberman [9.29])。实际上,诺齐克在解决这些问题上没什么建树。

其他自由主义的方案也试图对罗尔斯提出挑战,其中最突出的就是对他的契约机制提出了更加激进的解释。通过修改契约达成的条件,有些人试图得出更加强调自由而更少强调平等的正义原则。在罗尔斯看向康德，而诺齐克看向洛克以寻求历史先例的地方，霍布斯为激进的契约主义提供了激动人心的说明。在《协议道德》（*Morals by Agreement*）[9.17] 中，戴维·高契尔为此立场提供了最精致的版本。高契尔从指出在政治论证中诉诸直觉合理性的困难开始。直觉经常反映了过去的社会化，并且太善变以致很难尽到论证的责任。高契尔在某种程度上考虑到了使诺齐克陷入困境的问题，所以试图将自由主义建立在随经济学和博弈论的发展而建立起来的理性选择理论上。对理性选择的强调基于在学术界和大众文化中得到广泛接受的如下观念，即评估的价值和标准实际上根源于个人的偏好，因此任何关于善的功利主义理论以及罗尔斯的基本的善都无法为正义提供坚实的基础；相反，我们必须求助于清晰定义了的选择问题：那些充分了解信息的、只关心个人目的的理性人会同意什么样的原则——不管他们的那些目的是什么。这个理论的总体轮廓足够清晰。每个人都愿意接受一些限制，比如保护他们自己的选择，让他们免于帮助他人的义务。各种具体的财产权的捆绑，以及分配合作利润的方法也都已经被提出（Gauthier [9.17]；Narveson [9.37]）。

激进的契约主义者毫无疑问已经对政治哲学做出了最漂亮的贡献，然而他们的数学解释还是太理想化以致很难看出它们该如何与追求各种个人目的的现实的人达成一致。更糟的是，许多简单化的设定对于使它们的形式机制产生确定结果而言是必需的，但似乎也回避了重要的政治问题。如果理性选择的模型应该描述现实的人类行为，那么它似乎与作为人类互动结果的各种制度安排相一致，因为它们也是个人追求各种目的的产物。为了实现高契尔的契约的高度确定的结果，以及获得对理性协议问题独特的解决办法，制定协议的主体必须是理想化的；但如果这样，就难以发现激进的契约主义方案如何比其他竞争性观点更少依赖于直觉合理性（Ripstein [9.45]）。

分析的马克思主义

或许对自由主义最有趣的批评来自一群自称为"分析的马克思主义者"的人。自由主义者认为自由主义为平等牺牲了自由，而分析的马克思主义者认为自由主义对平等重视得还不够。作为一个群体，他们对马克思思想的吸收是高度选择性的（Elster [9.16]；Roemer [9.47]）。他们的工作之所以在此值得提及是因为他们使用了和自由思想甚至自由主义者的思想相同的概念工具和术语。早一代的马克思主义者质疑像"布尔乔亚"这类工具，如今他们因其中立而有效接受了它们。这已经足以表明技术工具不能左右政治理想，充其量只能使竞争性观点的预设和承诺更加明晰（Roemer [9.46]；Cohen [9.10]，[9.9]）。

共产主义

对罗尔斯自由主义的第三种批评也将矛头指向了自由意志主义。对它们的指控都是，对个人权利的破坏性痴迷，以及对社群——无论是之于令人愉悦的政治生活，还是之于提供能在其中提出和讨论规范主张的环境——重要性的冷漠。

共产主义主张有几种不同的形式。在《自由主义和正义的局限》(*Liberalism and the Limits of Justice*) [9.49] 中，麦克尔·桑德尔（Michael Sandel）集中关注了罗尔斯的观点，并认为无论是罗尔斯的主张还是更一般的自由主义政治学，都反映了许多站不住脚的形而上学预设。罗尔斯的无知之幕背后的每一个政党都在不知道自己的善的概念的情况下做出选择。桑德尔认为，这根本算不上一种选择。首先，这些政党被提供了一个明确定义了的选择问题和它的理性解决的运算法则，他们达成的一致更像许多学生在解答数学问题时达成的一致，而不是许多人关于如何管理他们的事务达成的协议。但是对桑德尔而言，这里还潜伏着一个更深层的问题。由于是在没有任何共同的善的观念下进行的选择，罗尔斯的契约人是在做肤浅的选择而缺乏道德意义，只有根据一个人对于什么在生活中最重要的观念而进行的选择才能充分包含一个人的道德能力。然而桑德尔认为，自由社会不可能允许这种选择影响政治生活。因为自由社会对好生活的问题持有官方的中立立场，所以它充其量诉诸所有人都能接受的中立程序，而不会以一种共同的声音认为所有人都能认可他们自己的观念。因此，这在要求政治生活所需要的某种牺牲时会陷入困难；相反，任何它所要求的牺牲都将被看成有利于其他人的善。例如，罗尔斯的第二正义原则要求具有市场适应能力的那些人为了不如他们的人接受少于他们可能得到的收益。他们可以做出这种必要的牺牲，但是他们这样做是出于妥协而不是出于原则。桑德尔认为这就是当代自由民主制的命运：利益集团竞相控制国家机器，而没有好生活的共识来限制它们对利益的追逐。

在《德性之后：道德理论研究》[9.31] 中，阿拉斯代尔·麦金太尔视野更加开阔，他认为罗尔斯和诺齐克的自由主义都只是正在衰落的道德文化的垂死挣扎。麦金太尔认为，两人所依赖的权利概念缺少一种背景从而无法有一个前后一致的使用。诺齐克在解释他所关注的权利问题时的困难，只是更加普遍的文化潮流中的一个特殊案例，因此对权利的讨论变成了只是对某种主张不容置疑的强调。麦金太尔担心的是，无论20世纪上半叶的情绪主义元伦理学对道德语言的意义的说明如何不充分，它都已经很接近20世纪后半叶道德语言使用的真相。没有与社群和传统的牢固联系，道德语言只会变成另一种修辞学，影响行为而不提供理性。

麦金太尔把自由主义的失败看成启蒙方案的更一般性失败的特例，该方案为道德和政治提供普遍性的基础。这一主题并不是新的。在1940年代，迈克尔·欧克肖特（Michael Oakeshott）就已经批评了他所描述的"政治学中的理性主义"，一种认为人类理性有力量解决所有社会问题的观点（Oakeshott [9.39]）。麦金太尔的注意点与之相关，尽管在普遍性的理念上并不相同。他认为普遍性理念丧失了在使我们成为我们所是的人民这一具体承诺中的重要性。提供一个普遍立场，使其有能力从外部评估特定的文化和实践的启蒙方案失败了。它的失败在于方法或道路上的迷失，通过这种方法，不断发展的生活方式为人民提供文化空间以使人们在其中能够认为他们的特定社会角色是合适的。只要我们要求从我们的实践之外来获得正当性，我们就注定会以失望结局。

对麦金太尔而言，传统的重要性在于赋予道德讨论以意义，因为它为共享同样命运的理念提供了具体内容。道德思考和讨论本质上是解释性的。传统为解释提供了原料，没有它们，政治论证只会堕落成遮遮掩掩的讨价还价。

与桑德尔在何种具体的善的概念才适合任何当代社会的问题上保持沉默

不同，麦金太尔在这一点上更为明确。他认为，恰当的伦理前景将在基督教传统，尤其是罗马天主教中被找到。《德性之后》的最后一章认为，留给我们的只剩下两种道德选项，圣本尼迪克（S. Benedict）的虔诚和尼采的虚无主义。

其他共产主义者也有相似的观点。在《心之习性》（*Habits of the Heart*）中，一群社会科学家试图证明麦金太尔所指出的道德用语的衰落，他们发现，他们采访的对象经常感到与社会和他们的道德关系的疏离（Bellah *et al.* [9.5]）。他们也发现，他们很难清晰地表达出他们所基于的道德立场。

共产主义者对自由主义的批评还很难评价，这部分是因为这些批评是在许多不同的层次上提出来的。比如桑德尔认为罗尔斯以糟糕的形而上学开始，因此也以一种肤浅的政治观点告终，所以他错过了"我们能够共同认识的善我们不能孤立地认识"。桑德尔没有告诉我们这个善是什么，同样也很难看出他如何才能如此：因为他关注形而上学话题，因此他的论证会否以及如何导致某种特定政治学也是不清晰的。在另一个层次上，他明确了对社群的需要，而不只是与孤立的个人的联合。但是正如威尔·金里卡（Will Kymlicka）指出的，他从未解释为什么国家应当是促进社群意识的合适场所，为什么不是在次级的联合如教会、工会、俱乐部和社区？如果这些是社群的场所，国家可能需要改变培养这些社群的方式，但那与作为一个基本的社群本身是相当不同的（Kymlicka [9.27]; Guttman [9.20]）。

不过共产主义者对自由主义所疏漏的重要之处反应敏锐。自由主义没有看到国家对成为社群的任何需要，除了在认同某种东西的最微弱意义上，也没有看到对正当性的共同讨论的需要。但是一个挥之不去的问题是，一个自由国家能否提供这么多。因为强调个人对好生活的追求（甚至在包括次级联合的地方）也许无助于对国家的必要承诺的培养，以便做出它所需要的牺牲。通常这些牺牲只会让那些作为成员与之联系的人获益。查尔斯·泰勒（Charles Taylor）认为，自由国家在共同利益问题上不可能提出任何合理的主张，因为每个个体的贡献对于这个国家的长期存续而言没有多大影响；因此，它似乎反而依赖于道德高尚性和正义的主张，这是否足以唤起公民的牺牲并非显而易见（Taylor [9.52]）。但是如果泰勒对这个问题的诊断是正确的,那么就难以看出一个强调共同传统和生活方式的共产主义国家如何才能更好地在一个每个个体都有自己的生活的世界中维持下去。所有共产主义者偏爱的成功社会典范——民主制的雅典、18 世纪的日内瓦——都把大部分平民排除在政治参与之外而又将政治参与视为好的生活(Herzog [9.23])。麦金太尔给出了略有不同的例子,但是它们包括的群体因为宗教原因而共享同一个善的理念。不过他们对待不同意见者的方式是不可接受的,而且难以想象这样的模型如何能够被推广到宗教分离的社会。除非能发现某种方式,把每个人都包括进政治生活中,因此这是赋予每个人身份认同的生活规划中最核心的部分,否则同样的问题仍然会发生。多数人都不愿意做出牺牲,除非使他们认为这是正义的要求。

女性主义

299　　自由主义、自由意志主义、马克思主义和共产主义在最近的女性主义批判主义中都受到了质疑。自由主义和自由意志主义受到指责是因为它们关注成年人之间——没有先期联系,有着大致相当的权力——自愿关系的方式,而较少关注更普遍的,描述了父母和子女、男人和女人之间关系特点的依附关系和支配关系。共产主义者更多地关注包含了先期联系的关系,但是他们太过重视社群的建立和它们的传统,结果是,他们无法承认所有社群都事实上压迫女性并将她们排除出公共生活的方式。马克思主义者则因对生产的关注和对再生产的忽视而受到批评(Pateman and Shanley [9.42];Sunstein [9.51];Jaggar [9.25])。

　　在某个层次上,女性主义者能够被认为在之前政治的系谱中占据着不同的位置,有保守主义的女性主义者、自由主义的女性主义者和社会主义的女性主义者。谁有声称自己是"女性主义者"的合法性,这本身在女性主义内部就是个有争议的问题。但是聚焦于那些不同之处,就是要忽略女性主义作为哲学立场的原创性和理智的力量。

　　女性主义是一个相对较新的社会运动。在罗尔斯和诺齐克能够通过发展康德或洛克已经表达出的立场来进行辩论的地方，许多女性主义者对轻率地诉诸哲学家的论证和主张来帮助自己感到不安，因为不管这些哲学家有什么其他分歧，他们在将女性驱逐到次等地位方面是接近于一致的。从柏拉图到中世纪，女性被认为是理想男性形式的不完整实现；从 17 世纪到 19 世纪，她们被看成另一种不同的东西，屈从于感觉而不是理性，并且没有参与公共生活的能力。在传统模型中运作的一个策略就是简单地忽视它公开的男性至上主义，转而依赖某些思想家已经描述的普遍角色，并努力寻找一种方法使女性能够更充分地参与到那些社会角色中。苏珊·莫勒·奥金（Susan Moller Okin）把这种策略命名为"加入女人并搅动"。许多女性主义者都加入了抵制它的行列，因为它想当然地认为男性在男性至上社会的立场就是女性所渴望的恰当目标（Okin [9.40]；[9.41]）。

女性主义促使人们对传统政治辩论的方式产生关注，这些方式的政治辩论忽视了重要的权力关系和非正义。尤其重要的是对公共生活和私人生活的划分，以及对家庭处在正义领域之外的判断。女性主义对如下判断提出了批评：男性的经验提供了合适的透镜，应该通过它审视总的社会关系，尤其是女性地位。

公共的和私人的

现代政治思想家已经在公共领域和私人领域之间做出了划分，即在公共领域制定和执行决议，而在私人领域，个体追求他们自己的私人目标。在诺齐克看来（用一个极端的事例），仅有相互保护和财产权的强制是公共的，其他一切都是私人的，即个体的契约和协议的领域，在此领域，公众没有任何发言权和正当利益。而在罗尔斯看来，公众扮演了一个更大的角色，即确保资源的共享和保证机会的平等。共产主义者则在公共和私人之间做出了不同的划分，认为这个界限取决于不断发展的生活方式中所共享的实践。他们也倾向于赋予公众更大的重要性。在自由主义者和自由意志主义者把私人的等同于自由的范围的地方，共产主义者认为自由在参与对公共生活的集体决定中也有其合适的位置，但是他们都强调了这一划分。

女性主义最近对这些划分提出了挑战。如果我们聚焦于与这种区分相关的家庭地位，那么这个挑战的原因就会变得一目了然。家庭是公共的还是私人的？传统而言，无论是在政治哲学还是在法律决议中，答案似乎都是显而易见的：它是私人的。美国基于家庭的隐私权已经做出了重要的宪法决议。罗尔斯试图确定一个正义社会中的适当的储蓄率，其途径就是向我们假定原初状态的契约人是"一家之主"。我们注意到，甚至没有哪个杰出政治哲学家考虑过抚养孩子的社会责任问题。而且尽管在传统家庭中我们会发现地位和权力存在显而易见的不平等，这些也似乎超出了正义的范围，取而代之地被认为是个人之间的私人协议。

女性主义指出了这些疏漏的两个显著特征。一是渴望研究"社会制度的首要价值"的政治哲学对社会生活的许多方面保持了沉默，二是那些保持沉默的方面传统上都与女性有关。

她们的回应之一是，公共和私人区分必须直接被取消，因为它很明显是草率地得出的结论而且是有害的。另一种方法是保持这种区分但要重新划定边界。尤其对那些发现自己处于主流公众文化之外的人，比如同性恋女子和同性恋男子而言，保留私人领域免受政府干涉是重要的。女性主义支持生育权的主张也支持私人领域的合法性。但是，如果保留私人领域，则它不能围绕先前家庭领域的边界来组织。家庭内的不平等，不论是家务、获取资源，还是招致身体暴力的危险，都应当接受正义的评估。长期被自由主义者认为属于私人事务的色情表演也被看成产生和强化了女性压迫的条件。

女性主义对色情表演的批评为质疑公共和私人划分提供了一个清晰的案例。论辩由两部分组成：一是主张色情表演对女性有害，因此不应该被视为受保护的表达；二是从更深层次上质疑传统自由主义关于政治表达的角色和本质的理解。在《论自由》中，约翰·斯图亚特·密尔［9.34］捍卫自由表达的根据是必须鼓励对真理的追求和为知情而有责任的市民提供空间。最近的女性主义学者认为这一观点误解了一般性表达尤其是色情表达的本质。色情表演并没有对可能根据其优点而做出检查的真理做出声明；相反，它建构了一种个体别无选择而不得不去照做的社会角色。凯瑟琳·麦金农（Catherine MacKinnon）［9.32］指出，如果直言不讳的话，没有人会认真看待色情表演关于女性角色和益处的含蓄主张，但色情表演不是这样运作的。

对公共和私人传统划分的批评也出现在这里：自由主义思想把色情表演看作某种私下享受的东西，而女性主义把它看作本质上是公共性的活动，因为它在塑造社会角色中发挥了作用。这意味着，人们不可能观看色情表演（或生活在一个色情被广泛消费的社会）而不以某种特定的方式思考女性。

对公共和私人之间这种撕裂的政治本质的强调也解释了女性主义对传统哲学关于普遍性主张的态度。通过将真正人性的东西与参与市场和政治的公共生活以及平等之间的相互作用相等同，传统哲学将女性参与的许多活动都降低到了次级地位。过去几十年女性进入劳动力市场的数量在不断增长，但是收入和晋升机会仍然是以不利于女性的方式搭建起来的。它们典型地与养家糊口模式联系在一起——他有一个妻子在家，能够照顾他的需要，能够为他第二天的工作做好准备，并通过提供营养和情感上的放松来缓解工作上的压力。这些实践问题有一个哲学的维度，因为像程序公平、优秀、自由和机会平等等概念是基于对私人生活未经检视的假定来理解的。

女性主义也从另一条路径对传统政治哲学提出了不同的挑战。正义的首要地位已经遭到挑战，因为涉及依赖性的关系，如对儿童或老人的看护，不可能等同于正义问题。但是与认为它们超出政治哲学范围之外或简单地认为它们有别于政治哲学不同，一些女性主义者认为，看护和抚养关系应当被认为是基本的，是由正义派生出来的关系。这种对非契约性关系的强调已经导致了对诸如自治之类的概念进行彻底再思考的建议（Baier [9.4]；Gilligan [9.18]；Held [9.22]；Ruddick [9.48]）。其他的女性主义学者已经督促从完全不同于英语世界政治哲学主流所采取的方向对身体化和权力等概念的政治含义进行重新思考了（Scott [9.50]）。

政治哲学中最近另一个值得一提的发展是对激进的民主制兴趣的复兴。杜威的影响在这几十年逐渐衰弱，但他所强调的几个主题再次成为讨论的焦点，其原因部分是与女性主义对普遍性虚幻模型的关注以及听取曾被排除在外的不同声音的需要相联系的。代议制民主做出了许多与古典自由理论相同的普遍性承诺，但两者都没有严肃地对待那些不适应它们的平常生活模式的人的主张。代议制民主制度是围绕着典型需要和要求的假设组织起来的。随着选举的公民权已经延续到这个世纪，越来越多的人获得了合法的投票权，但仍然有许多人对政治没有任何进一步的关心，而只是周期性地投票而已。普通公民——尤其是，但绝不仅限于，女人和少数民族成员——在民主制中已经被排除在具有实质的政治发言权之外。激进民主制的方案将重新思考民主制，以为所有人的全面参与提供空间。激进民主主义者像杜威一样强调参与是为了使参与的人获益，为了实现解决问题的承诺。

民主理论的主要推动力来自英语世界以外，但它的影响在不断上升。主要的力量是巴西社会理论家罗伯托·昂格尔（Roberto Unger）。他起先是作为对自由主义的共产主义批评家而享有杰出声誉。在《知识与政治》（*Knowledge and Politics*）[9.53] 中，他主张，自由主义依赖于一种站不住脚的形而上学和心理学，以及道德上的怀疑主义。他最近的工作已经放弃了共产主义而支持他所谓的"超自由主义"，即如下理念："社会生活的基本术语"永远应当待价而沽，所有制度都受制于自下而上的颠覆。

激进民主制的政治学的代表是美国政治学中的"彩虹联盟"（Rainbow coalition）。它由许多女性群体、更加传统的左派运动成员、有色人群、环境主义者和部分和平运动主义者构成。（迄今为止）它更多地是在面对感觉到的排斥而从事共同事业的意义上被定义的，而不是基于具体的政治主张。从哲学上而言，它分享了杜威1930年代的实用主义对消除特权的承诺，以及对使制度更加公开和可参与因而也使它们更加有效的坚持（Laclau and Mouffe [9.28]；Cohen and Rogers [9.11]；Cunningham [9.12]；Young [9.57]）。激进民主制也分享了杜威对传统政治学的哲学根据如理性和想象或理性和激情的二元论的怀疑。表达抵制的术语已经发生了改变，但是它们的结果仍然没有变。放弃这些二元论会有一定的风险，允许每个社会语境都可颠覆也许会使许多自由主义者认为后患无穷。实用主义者或激进的民主主义者对这一顾虑的反应是一致的：没有任何哲学解释能把野蛮人拒之门外——只有参与其中的反思的公众能够做到。最终，他们最深层次的承诺就是用哲学代替政治学。

参考书目

9.1　Acton, H. B. *The Illusion of the Epoch: Marxism as a Philosophical Creed*, London: Cohen & West, 1955.

9.2　Adorno, Theodor W. *Minima Moralia: Reflections from Damaged Life*, trans. E. F. N. Jephcott, London: NLB Verso, 1978.

9.3　Ayer, A. J. *Language, Truth, and Logic*, New York: Dover, 1936.

9.4　Baier, Annette C. "The Need for More than Justice", in Kain Nielsen and Marsha Hanen, eds, *Science, Morality, and Feminist Theory*, Calgary: Canadian Journal of Philosophy, 1987 (suppl. vol.).

9.5　Bellah, Robert N., Richard Madsen, William M. Sullivan, Ann Swidler and Steven M. Tipton *Habits of the Heart: Individualism and Commitment in American Life*, New York: Harper & Row, 1985.

9.6　Bentham, Jeremy *Principles of Morals and Legislation*, London, 1815.

9.7　Berlin, Isaiah, *Fathers and Children*, The Romanes Lecture, Oxford: Clarendon Press, 1972.

9.8　Cardozo, Benjamin R. *The Nature of the Judicial Process*, Storrs Lectures at Yale Law School, New Haven, Conn.: Yale University Press, 1949.

9.9　Cohen, G. A. *History, Labour, and Freedom*, Oxford: Clarendon Press, 1988.

9.10　——*Karl Marx's Theory of History: A Defence*, Oxford: Clarendon Press, 1978.

9.11　Cohen, Joshua and Joel Rogers *On Democracy*, Harmondsworth: Penguin, 1984.

9.12　Cunningham, Frank *Democratic Theory and Socialism*, Cambridge: Cambridge University Press, 1987.

9.13　Dewey, John [1922] *Human Nature and Conduct: An Introduction to Social Psychology*, New York: Modern Library, 1930.

9.14　—— [1948] *Reconstruction in Philosophy*, enlarged edn, Boston: Beacon Press, 1957.

9.15　Dworkin, Ronald "Why Bakke Has No Case", *New York Review of Books*, 10 Nov. 1977: 11-15.

9.16　Elster, Jon *Making Sense of Marx*, Studies in Marxism and Social Theory, Cambridge: Cambridge University Press, 1985.

9.17　Gauthier, David P. *Morals by Agreement*, Oxford: Clarendon Press, 1986.

9.18　Gilligan, Carol *In a Different Voice*, Cambridge, Mass.: Harvard University Press, 1982.

9.19　Griffin, James "Are There Incommensurable Values?", *Philosophy and Public Affairs*, 7 (1977): 39-59.

9.20　Guttman, Amy "Communitarian Critics of Liberalism", *Philosophy and Public Affairs*, 14 (1985): 308-322.

9.21　Hayek, Friedrich, *The Road to Serfdom*, Chicago: University of Chicago Press, 1941.

9.22　Held, Virginia "Non-Contractual Society", in Kain Nielsen and Marsha Hanen, eds, *Science, Morality, and Feminist Theory*, Calgary: Canadian Journal of Philosophy, 1987 (suppl. vol.).

9.23　Herzog, Don "Some Questions for Republicans", *Political Theory*, 14: 3 (1986): 473-494.

9.24　Hobhouse, L. T. *Liberalism*, London: Oxford University Press, 1964.

9.25　Jaggar, Allison *Feminist Politics and Human Nature*, Totowa, NJ: Rowman & Allenheld, 1983.

9.26　Jay, Martin *The Dialectical Imagination: A History of the Frankfurt School and the Institute of Social Research 1923—1950*, Boston: Little, Brown, 1973.

9.27　Kymlicka, Will *Liberalism, Community, and Culture*, Oxford: Clarendon Press, 1989.

9.28　Laclau, Ernesto and Chantal Mouffe *Hegemony and Socialist Strategy*, London: Verso, 1985.

9.29　Leiberman, Jethro "The Relativity of Injury", *Philosophy and Public Affairs*, 2 (1977): 60-63.

9.30　Llewellyn, Karl [1932] *The Bramble Bush*, Chicago: University of Chicago Press, 1951.

9.31　MacIntyre, Alasdair *After Virtue: A Study in Moral Theory*, Notre Dame, Ind.: University of Notre Dame Press, 1981.

9.32　MacKinnon, Catherine *Feminism Unmodified: Discourses on Life and Law*, Cambridge, Mass.: Harvard University Press, 1987.

9.33　Marcuse, Herbert *Studies in Critical Philosophy*, trans. Joris de Bres, Boston: Beacon Press, 1972.

9.34　Mill, John Stuart *On Liberty*, London: Longmans, Green, 1865.

9.35　—— [1864] *Utilitarianism*, Indianapolis: Hackett, 1979.

9.36　Nagel, Thomas "Libertarianism Without Foundations", *University of Pennsylvania Law Review*, 25 (1975): 325–360.

9.37　Narveson, Jan, *The Libertarian Idea*, Philadelphia: Temple University Press, 1989.

9.38　Nozick, Robert *Anarchy, State, and Utopia*, New York: Basic Books, 1974.

9.39　Oakeshott, Michael *Rationalism in Politics*, London: Methuen, 1962.

9.40　Okin, Susan Moller *Women in Western Political Thought*, Princeton, NJ: Princeton University Press, 1979.

9.41　——*Justice, Gender and the Family*, New York: Basic Books, 1989.

9.42　Pateman, Carole and Mary Lyndon Shanley *Feminist Interpretations and Political Theory*, University Park: Pennsylvania State University Press, 1990.

9.43　Popper, K[arl] R. *The High Tide of Prophecy: Hegel, Marx, and the Aftermath*, vol. 2 of *The Open Society and Its Enemies*, New York: Harper & Row, Harper Torchbooks/The Academy Library, 1963.

9.44　Rawls, John *A Theory of Justice*, Cambridge, Mass.: Harvard University Press, 1971.

9.45　Ripstein, Arthur "Foundationalism in Political Theory", *Philosophy and Public Affairs*, 16 (1987) 115–137.

9.46　Roemer, John *Free to Lose*, Cambridge, Mass.: Harvard University Press, 1989.

9.47　Roemer, John, ed *Analytical Marxism*, Cambridge: Cambridge University Press, 1987.

9.48　Ruddick, Sara "Maternal Thinking", in J. Treblicot, ed., *Mothering: Essays in Feminist Theory*, Totowa, NJ: Rowman & Allenheld, 1984.

9.49　Sandel, Michael *Liberalism and the Limits of Justice*, Cambridge: Cambridge University Press, 1982.

9.50　Scott, Joan W., ed. *Feminists Theorize the Political*, London: Routledge, 1992.

9.51　Sunstein, Cass, ed. *Feminism and Political Theory*, Chicago: University of Chicago Press, 1990.

9.52　Taylor, Charles "Cross Purposes: The Liberal Communitarian Debate", in N. Rosenblum, ed., *Liberalism and the Moral Life*, Cambridge, Mass.: Harvard University Press, 1990: 159−182.

9.53　Unger, Roberto *Knowledge and Politics*, London: Macmillan, 1975.

9.54　Waxman, Chaim, ed. *The End of Ideology Debate*, New York: Simon & Schuster, 1968.

9.55　Weldon, T. D. *The Vocabulary of Politics*, Harmondsworth: Penguin, 1963.

9.56　Williams, Bernard "Morality and Pessimism", The Leslie Steven Lecture, Cambridge: Cambridge University Press, 1972.

9.57　Young, Iris M. *Justice and the Politics of Difference*, Princeton, NJ: Princeton University Press, 1991.

第十章
女性主义哲学[1]

萨拉·露西亚·霍格兰（Sarah Lucia Hoagland）

玛里琳·弗赖伊（Marilyn Frye）

女性主义再次出现是在动荡的 1960 年代，那是一个充满着愤怒和抵抗、承诺要革命、要变化的时代。西蒙·德·波伏娃（Simone de Beauvoir）1947 年写道："女人不是天生的，而是被塑造成的"，它预示了第二波女性主义浪潮的开始，并继续着 19 世纪的主题。解剖学意义上的女人和社会认可的女人之间存在着差异，虽然事实是存在的，但事实只有在社会情境下才具有意义。作为妇女我们是不同的，压迫造就了我们，我们作为男性的他者在与男人的关系中得到定义。

不管是在欧洲、斯堪的纳维亚半岛、澳大利亚/新西兰、大不列颠或是美国——在南方、中部和北方，妇女解放运动认定西方社会是男性占支配地位的社会，男人定义并立法规定女人在社会中的位置。刻板化概念只是在与男人的关系中来定义女人，认为女人是（男人的）帮手或妖妇，是女性化的（被动的、情绪化的、依赖的、非男性的）。男性创造的妇女概念通过生理学或心理学差异的理论，错误地呈现为妇女的本性。这个概念既合法化，也隐藏了个体和制度层面上男性针对女性的暴力，排除了有关妇女权力、集体或个体女性的抵抗，以及女性之间的紧密联系等积极的概念。女性主义者抗议这一定义中的暴力、抹除和强迫。

比起大多数其他压迫和剥削体制，妇女的压迫很难被察觉到，因为这种压迫机制包含了广泛的束缚心灵的话语——妇女在学习母语时，接受学校教育的过程中，被引导进行宗教实践时，进入社区时，作为销售、广告、商业和娱乐的终端接受方时，内化了这种内容丰富、前后不一的神话。在男性占支配地位的社会里，妇女所处的环境加剧了这种困惑、迷惘和错误意识：比如，关于爱情的神话、性的双重标准、生活分割为公共领域和私人领域（Firestone；Atkinson；in R. Morgan；in Gornick and Moran；in Koedt；Daly）。把妇女置于隐私、亲密和维持生计诸如此类的生活领域，把妇女置于让心灵麻木的个人服务中，让妇女从事办公室和工厂的工作，这些实践鼓励了一种宏观的非政治的经验模式——封闭的、碎片化的，以及对世界的非系统的知觉与阐释。

女性主义者开始组织提高觉悟的团体，妇女们在一起谈论自己的私人生活。她们在讨论性、工作、婚姻、母职、育儿经验、性角色和健康这样的问题时，意识到妇女的生活中充满了性别歧视（in R. Morgan；in Gornick and Moran；in Koedt）。提高觉悟是一种挪用我们经验的方式。先前妇女只是把这些当成无关政治的日常生活忍受着，而后又通过它理解了社会权力的模式。对于那些认为解放的第一要义是厘清问题的人来说，提高觉悟是一种策略（Hartsock）。

社会权力模式的组织方式让人很难以多种方式认识它们。在不同妇女的生活中，全球的模式也表现得非常不同。比如，在不同伦理规范以及不同种族的团体中，认为具有男性气质的妇女是危险的迷思就有不同的含义，在此文化中被认为是"荡妇"，在彼文化中可能被认为是"受阉割的人"。男性接近妇女身体的模式也非常不同，在有些文化中，男性强制妇女暴露她们的身体，而另一些文化则要求妇女将身体隐藏起来，戴上面纱。双重束缚在实践中的矛盾让人们很难察觉到我们行为的政治含义。比如，一个女人可能会全力捍卫妇女的权利，但采用的方式与现实中性别歧视的价值观是一致的，结果却使妇女的权利而不是男性的权利成为有争议的了。社会权力的模式也会由于语词的缺乏以及历史的抹除而模糊起来，也会由于受到审查或操纵而陷入沉默。中产阶级白人妇女在面对"无名的烦恼"时，发现她们那没有缺憾的生活令人难以忍受，并开始定义这种处境（Friedan）。黑人妇女发现作为女人和黑人她们都是被擦去的，于是开始重新展示自己能动和抵抗的历史（Shange；Parker；Wallace；in Hull；Lorde）。女同性恋在意识到对我们生活的审查后，公开颂扬我们对女人的爱（Wittig；in Birkby；Johnston；in Myron and Bunch；in Penelope and Wolfe；in Beck；in Ramos）。进步的白人男性发现他们的中心地位受到威胁，宣称处理妇女议题就是种族主义者，因为它转移了对反种族主义斗争的关注，这让白人妇女深感内疚。黑人男性通常很欢迎这种观点，因为他们曾受到黑人妇女的挑战，认为是他们使黑人妇女成了"奴隶的奴隶"（in Cade）。

在女性主义者克服这些认知障碍的过程中，我们发现那些看起来非常不同且相互矛盾的现象之间存在联系。比如，有些攻击堕胎的美国政治家会支持对贫穷妇女和有色人种妇女实施强制性节育，在关心子宫里的胎儿时却不去支持子宫外的孩子。女性主义者开始意识到，充斥在这些矛盾行为中的不变模式是对妇女身体实施的一种制度性控制，是对妇女具有生物和社会意义的生殖劳动（儿童的社会化以及照顾）实施的制度性控制。系统化且相互关联的障碍形式主要是为了主流群体的利益，用来维持男性统治、政治阶层的分化以及确保白人的至上地位（Frye）。

女性主义理论的发展是个集体创造的过程，它借助于经验，建立在经验基础上，并接受经验的检验。在提高觉悟时，不同处境的妇女对这些经验进行命名和重新理解，最终将其作为行动和思想的权威的基础。所有的创造都是一种在经验与理论间进行的舞蹈，它令人着迷而且复杂：经验是个检验的场所，我们对经验的分析影响了经验的意义，并扩大了经验的范围。这个过程既需要我们在女性主义内部进行斗争，也要与其他人进行斗争，虽然有时候这些斗争让我们痛苦，但它们点亮了我们想象的火花。

女性主义扩展了政治学的概念，把性政治也包括进来，权力关系是男人与女人个体之间的关系，但更是阶级之间的关系（Millett）。在获得选举权后，有些女性主义者呼吁平等的权利，以助共和国实现其民主社会的意识形态。他们认为，性别差异并不能合理化歧视，因此坚持妇女应该获得同等的机会，应该从法律中获益，并受到法律的保护。这种自由主义的女性主义诉求，揭示出妇女的屈从地位是特权男性订立社会契约时的必要条件。随着欧洲君主制被推翻，父权制国家对男性来说已经结束了，但对妇女来说，却并没有结束；男性之间的社会契约也包括把社会分为公共领域和私人领域，把男性的政治权利凌驾于女性之上，允许男性在私人领域接近并使用女性的身体和劳动（Patemen）。

其他女性主义者指出，要求与男性享有平等的权利，意味着把男性的状况作为人类和公民的标准或规范，这实在是一种悖论。而且，这种做法实际上不是以一些男性或所有男性为标准，而是只有那些特权的男性（中上阶层的、四肢健全的、异性恋的、基督教的、白人的）才是标准，它使西方自由工业资本主义的结构和分层变得合法化了。这种体制滋生了殖民主义、种族大屠杀和奴隶制，它通过从工人劳动中抽取"剩余价值"来运作。一方面，将妇女置于较低的社会地位和较低的收入中；另一方面，妇女在家庭、生活资料的生产以及儿童抚养这些"私人"领域中的劳动是不计报酬的，从而助长了对工人的剥削。这种体制要求妇女无论是什么种族，无论在什么地方都处于屈从地位；甚至那些贵族妇女和有产阶层的妇女，在家庭领域和社会管理层面，也要向特权男性扮演一种具有公认的经济价值的角色。这种体制也要求特权男性控制人口再生产，提供适量的工人与消费者，要做到这一点，部分就要通过控制妇女的性、生育和儿童抚养来实现（Eisenstein；Hartsock；Ferguson）。资本主义是一种阶级分层、不平等、剥削和压迫的体制。对所有妇女来说，想要获得这种体制顶端阶层所具有的权利和特权，从结构上来说不可能，从道德上来说也是站不住脚的。要结束对妇女的压迫，就必须建立一种完全不同的制度。

许多女性主义者已经注意到，男性针对妇女的暴力不只反映了资本主义物质或经济上的追求，它本身似乎就是以维持男性统治为终极目的的。他们认为，针对妇女的攻击和谋杀、强奸、儿童性虐待、性骚扰和医疗手段的滥用等情形，就是公开发动的针对妇女的战争。有些女性主义者认为，强奸是一种恐怖主义机制（Card），它使妇女相信她们真的需要男人的保护，从而使所有的男性受益（Griffin；Brownmiller）。其他女性主义者关注充斥着男性娱乐的厌女传统，认为色情产品情色化了强奸和虐待，强化了性与大男子主义生活的暴力特征的联系（MacKinnon）。还有女性主义者注意到，色情男对身体的蔑视，与他们所反叛的神父如出一辙（Griffin）。色情作品在表达对身体的蔑视时就是奸尸行为，它强调没有情感的感官刺激，强化了心/身的分离，使妇女不能再把性的欲望作为知识的来源，作为某种权力（Lorde）。抵制厌女行为的活动也会让部分妇女反对我们自己，有些女性主义者主张发现/创造女性的自我，它强调姐妹情谊和统一性（Daly；Dworkin；R. Morgan）。

许多女性主义者并不认为女性的异性恋是生物学上的命定，而是一种社会建构，是人为因素让它看起来是自然的。异性恋机制是对妇女的系统性压迫的核心，它支持二元论的、等级制的差异概念，这是其他压迫性结构的基础，比如种族主义（Daly；Frye；Wittig）。女性主义者认为，女性的异性恋制度是妇女交易的必要条件，因为交易妇女构成了父权制的血亲关系，协调了男性的个人关系与经济关系（Robin in Reiter；Sedgwick）。有些人认为，异性恋制度确保个体男性获得个体女性提供的不计报酬的服务，这是支配机制（比如，资本主义、殖民主义等）的本质所在。有些人觉得，这种机制是建立在男性所定义的"妇女"概念基础上的："妇女"被界定为可以激发男性的性欲，是男性在（异性的）性上可以利用的人（MacKinnon），妇女是被"男性挪用的人"。按这些定义，女同性恋就不是女人了："妇女"不仅在性上指向男人，而且在经济、政治和社会上都要指向男人（Wittig）。其他人注意到，女性的异性恋从政治上导致了妇女间的分离，妨碍了我们在抵抗活动中的团结与联系。制度化的女性异性恋被呈现为自然的，这一点使女同性恋的经验变得不可见；或者即便可见，也是怪异的、令人憎恶的。有些人注意到，即使在妇女运动和学术的女性主义研究中，女同性恋的存在也被隐去了（Rich）。有些女性主义者主张女同性恋的连续体（Rich；in B. Smith；Card），强调妇女之间广泛的纽带关系（抵制婚姻、女修道院、女同性恋等方面的纽带关系），认为女性间的友谊既是伦理学的模式，也是抵制的模式（Raymond）。有些人认为，要冲破种族和阶级的壁垒，保证妇女之间的团结，仅仅忠于政治原则是不够的，只有友谊、亲密关系才能达到这一目标（Lugones and Spelman in Pearsall；Anzaldúa；Hoagland）。

如果集中考察妇女的另一种现实处境，即种族主义，就会发现有色妇女一直在挑战白人女性主义者。研究者认为黑人女性主义有着不同的起源，他们明确表述了压迫的相互关联性以及时间上的同步性（in B. Smith；Moraga）。女性主义者提出一种不同的、白人妇女占支配地位的经济参与历史，以及从女性气质那可疑的特权中获得的"自由"，他们认为，黑人妇女在抵制资本主义男性统治时面临不同的问题，而且拥有不同的文化抵抗资源（in B. Smith；A. Davis；Lorde；Kingston）。女性主义者反对别人的话语或故事中呈现出的自己的形象，这些形象要么因隐藏的文化预设扭曲了她们的生活，要么因为她们不再试着适应主流的社会价值观而处于沉默中（Lugones and Spelman in Pearsall）。女性主义者注意到无知和忽视行为之间的关系后（Frye），明确指出，有些妇女在父权制里享受着特权，这允许她们扭曲、征用和排除对其他较少特权女性的关注。意识到不能只是简单地容忍种族和阶级差异后，女性主义者表明，他们提供"各种必然的对立，但我们的创造性能在这些对立中发现灵感，可以辩证地利用这些对立"（Lorde）。女性主义者因此分析了从边缘转向中心的有色妇女理论的重要性（Hooks）。

有些女性主义者聚焦于将女性从男性和男性话语中分离出来，将其作为破坏异性恋模式和男性寄生主义，成为被女人认同的女人的一种方式（Radicalesbians in R. Morgan）。绝对的权力意味着不受限制的接近，转移权力的第一个行动就是控制男性对妇女的接近（Frye）。而且，有些人认为，当白人女性主义者说妇女必须和男性一起工作时，她们实际上是把自己和白人男性放在了一起，她们和有色妇女的联系反倒疏离了，双方缺乏亲密的革命友谊。因此，白人女性主义者的分析就显得非常简化，没能认识到有色妇女处境的差异，也没能认识到团结可能产生的丰硕成果（Lee in Hoagland and Penelope）。比如，因为没有考虑到有色人种妇女，他们就默许了黑人男性有权定义黑人文化的假设。其他人认为分离主义是一面透镜，通过它我们感知这个世界；对我们的许多伦理选择来说，分离主义也是一面棱镜，它让我们关心以女同性恋和其他妇女为核心的议题（Anderson in *Signs*, 19.2）。如此看来，分离主义也是一种反抗的形式。实际上，大多数女性主义者都在以林林总总的方式与父权制价值观（诸如人道主义、男性化的理性观念、性别角色、个人主义）保持着分离主义的立场，他们努力将女性主义的想象从捍卫与男性有关的价值中解放出来,并在新的框架中建构新的价值观。

随着女性主义哲学的发展,每次获得的清晰性都会显示出更多的复杂性。一个早期的问题及其变体对女性主义哲学发展做出了重要贡献,那就是探索妇女的能动性是如何起作用的。我们既不能完全控制自己的处境,也不是完全的受害者,那么我们如何既作为主体(能动者),又作为从属角色而存在呢(de Lauretis)?实际上,能动性与主体性的相关问题或隐或显地造就了大多数女性主义哲学。

很多女性主义理论都是从把我们自己理解成受害者开始的,因而认定我们与西方主流哲学中具有自由意志、能自我定义的男性是不同的。在女性行动主义出现之前,强奸、虐妻、乱伦和性骚扰都被看成私人的、个人的事情,是妇女的过错,反讽的是,这却是事关男孩之为男孩的事情。很多女性主义者的工作是要明确揭示出男性让女性受害,然后再谴责妇女的方式。不过,直到1970年代中期,女性主义者才意识到,我们必须避免责备受害者和牺牲主义——这种倾向认为妇女只是受害者而不同时是抵抗者(Barry)。事实上,把妇女只看成受害者,就不会承认妇女在父权制中采取的行动。妇女采取各种方式,既抵制男性统治,也与男性统治进行合作。要完全理解妇女的处境和能动性,就必须承认这些事实。即便是直接胁迫,一般也涉及处境和选择的安排,受害者再从中选择坏处最小的可行选择。当我们选择性交而不是威胁生命的身体伤害时,我们是能动者,但不是自由的能动者(Frye)。我们以比女性要低的标准让男性成为我们的同事、朋友和爱人时,我们是在合作。另一方面,许多女性的刻板印象,正如奴隶的刻板印象一样,妨碍了我们对统治的抵抗,比如,破坏性的行为往往被阐释成能力不够或是精神错乱(Hoagland)。

把妇女只看成受害者,也使我们无法意识到妇女是如何参与到其他压迫结构中的,比如,女性主义组织中白人妇女忽视非裔美国妇女或拉丁妇女的方式;中产阶级妇女使用中产阶级标准反对工人阶级妇女的方式;异性恋妇女使同性恋妇女处于沉默中的方式;四肢健全的同性恋妇女忽视失能妇女需求的方式;基督教文化环境中长大的妇女(白人、黑人或是拉丁裔)向价值观不同的犹太妇女和美国土著妇女推广基督教价值观的方式；中年妇女在对待老年妇女时所支持的年龄歧视价值观，而忽视年轻姑娘（in Moraga and Anzaldúa; in Anzaldúa; in B. Smith; Macdonald in Macdonald and Rich; in Bunch and Myron）。

一个历史的例子表明了这些方式是多么巧妙地在起作用。美国早期一本从跨文化视角讨论权力对身体规训式的刻蚀的著作中，玛丽·戴利（Mary Daly）考察了男人折磨女人的方式，如欧洲的烧死女巫、中国的裹小脚、印度的寡妇殉夫、非洲的阴蒂割除手术，以及美国的妇科学。戴利在研究男人的行为后表明，妇科学的历史就是一部持续质疑女性身体的历史。可是，奥德烈·罗尔蒂（Audre Lorde）指出，戴利虽然考察了所有这些暴行，却只提供了欧洲的反抗图景，其他文化中的妇女在自己传统内建构起来的抵抗方式被抹去了，戴利也因此伤害了这些妇女。比如，中国妇女除了受害者的身份外还有其他身份吗（Chow in Mohanty）？即使积极采取行动进行反抗，也不能确保我们没有参与到压迫中去。

妇女的能动性，也就是行动能力，表面上受到男性施加给女性的暴力以及强加给妇女的行动障碍的损害，隐蔽地受到女性美德和自我这些具有男性气质概念的损害。早期的女性主义者在思考道德问题时，既认为男性的政治活动是不道德的，也要求获得诸如掌控自己的身体等权利。其他女性主义者挑战了社会规定的女性美德，比如照顾和志愿精神，他们认为，女人气质的标准所要求的自我牺牲，已经到了不道德的程度（in R. Morgan; in Gornick and Moran）。

一些人注意到，男性话语定义的妇女的善的特征，意味着她们在道德上是有缺陷的，因此主张重估刻板化的女性特征。比如，妇女"脆弱的自我边界"实际上表达的是妇女共情的能力，妇女的"顺从"实际上是对他人需求的敏感性（Gilligan）。其他人挑战了这种重估女性"美德"的行为。照顾并没有消除妇女生活中的暴力；妇女为男性没能充分占自己便宜对男性表达的错误的感激，可能被误解成关心，而这种错误的感激是一种道德伤害的形式。妇女已经发展出这些技巧和能力，并得以在父权制统治下生存下来，但这并不意味着它们是一种永恒的美德（Card）。

可是，对权利、正义和责任的关注导致对伦理关系的看法不再一致，许多女性主义者对此的回应是转向关怀伦理（Held；Noddings；Manning；Tronto）。道德主体男性化的迷思认为，主体是自治的，具有侵略性和竞争性（从社会意义上看，这是很不适当的），比如在自由的功利主义理论中的契约人就是如此，比较起来看，关怀伦理更准确表达了人们之间的关系。男性化的伦理模式对大多数社会安排来说并不合适，像母亲/孩子的关系既不是自愿的，也不是契约性的。使用这种母亲模式的伦理学承认关系中的依赖与分享（Held）。进一步说，一种不涉及公正（忽视制度化的社会压迫）而只涉及偏见的伦理学（在这种伦理学中，一个人可以与相关的个体产生共情）揭示出一个基础，在其上显示出不同类型的解决道德问题的方案（Friedman）。

思想产生于社会实践，对儿童保护、成长和可接受性的关注等支配了母职的实践。由于产生思想的实践对妇女和儿童来说具有压迫性，因此它可能并没有反映真正的实在，从而需要女性主义的分析。不过，母职的实践也能导致不同的概念化、排序以及评价的方式，并形成女性主义的和平政治学，它能够暴露出男性化的军事思维以及男性化的和平概念的缺点（Ruddick）。其他女性主义者质疑了异性恋美德的意识形态，在这种意识形态中，妇女因为具有所谓的养育与非暴力特征，而被认为优于男性。考虑到这种意识形态忽视了养育的唯物主义历史（妇女在养育中无偿付出，不期望得到任何回报，而且在没有适当权力和资源的情况下，还要负责去纠正男性的破坏性行为），女性主义认为这种框架排除了拒绝接受这些价值观的妇女，以及积极反对男性占有女性劳动的妇女（Allen）。

其他女性主义者注意到，西方主导的有关妇女的概念，已经从妇女和女性气质的定义中排除了黑人妇女（A. Davis；Cannon；Carby）。有人认为，许多妇女和父权制想象中浪漫化了的母职没有任何关系。对那种应用于南方种植园情妇的妇女性的热衷，颂扬了妻性和母性，但黑人女奴则不具备这种妇女性。白人男性通过控制白人女性获得继承人和公民，而控制黑人妇女带来的是财产和资本（Carby）。因此，应用于白人女性的一些概念并不适用于黑人妇女那里。比如，对于那些身处奴隶状态做出牺牲的人来说，自我牺牲不是一种道德命令（Cannon）。其他人认为，有色妇女的母职实践会产生不同的价值，即生存、身份和赋权。简单将关怀伦理和正义伦理进行对比可能会忽视生存的价值，认为它们是前道德的。生存问题才是中心问题，不能被想当然地对待；黑人母亲对压迫性意识形态的抵抗，既体现在她们自己做母亲的能力方面，也体现在孩子形成有意义的种族身份的能力方面（Collins）。

一些人质疑了对正义伦理的拒绝。如果把饥饿的陌生人置于道德领域之外，正如关怀伦理似乎要做的那样，这样的伦理学是不合适的，尤其是当我们参与创造了这样的环境，而且/或者还从中受益时更是如此（Card）。其他人在讨论关怀者圈子之外的那些人时，注意到了关怀伦理的不足，他们对正义和关怀之间的对立提出了质疑（Friedman；Okin；Young）。在发展女性主义的正义概念时，他们继续挑战了没有偏见的男性道德家，支持一种清楚表达差异而不是同质化差异的身体政治（Young）。

值得注意的是，抵抗通常既不是从关怀框架也不是从正义框架中产生的（in Anzaldúa）。一方面，如果我们关注妇女在抵抗强暴时的选择，我们可能会发现其中的价值和与关怀伦理相关的价值是不同的（Moody-Adams in Card）。另一方面，有些人提出了生存和抵抗的问题，认为黑人妇女的道德首先在于生存下来反对压迫的暴君体制。因此，道德主体就需要在不同条件下发展出相应的美德。黑人精力充沛的美德让他们可以反抗白人。虚情假意、曲意奉承能帮助妇女创造各种可能性，这些可能性以前根本不会存在。研究者在使用关怀概念时，不会把它与生存和抵抗的伦理联系在一起，这些伦理是从过去 250 年的奴隶制和 100 年的隔离制度下的黑人妇女的生活中产生的。在如此生存环境中产生的道德智慧不只事关如何生存，而且也关乎如何从整体上获得优势（Cannon）。

处于压迫下的道德主体的核心是意识到，一个人既不是处于完全的控制下，也不是完全的受害者。不是因为我们是自由的和能动的道德主体，所以能做出道德选择；相反，是通过做出选择，在各种约束下行动，我们才认为自己是道德的存在。有些人认为，女同性恋伦理学的作用就在于发展了女同性恋统一体、能动性和共同体。他们建议，女同性恋伦理学不要看重自治，也不要把我们看成与其他人处于对抗中（这种对抗会出现在父权制伦理中，其主要作用在于社会控制），我们要看重的是"autokoenony"，即共同体中的自我。因此我们要把自己看成众人中的一个，并意识到我们的各种可能性只能出现在共同体内部和共同体之间（Hoagland）。

不同共同体之间具有革命性的互动也包括游戏性的旅行世界（playful world-travel）。它不是指男性意义上的游戏，诸如征服和屠杀、殖民化和去道德化，我们必须不与征服者同流；相反，旅行世界具有灵活性、娱乐性和认知上的不确定性（Lugones）。在这里，我们遇到了恶作剧中的精灵，它打破了我们的僵化、严肃，我们的天真，我们的傲慢（Cameron）。对具有规训性的责任与正义概念来说，精灵和游戏（它们可能会威胁生命，可是无知也会威胁生命）成为道德的选择，它们拆解了特权才有的解散的权力，消除了无知的支配权。在这里，我们也成为彼此的资源，通过在彼此的世界中漫游，我们了解了自己和对方。旅行世界提供了一条通道，我们可以远离任何一种文化的伦理建构的限制；要意识到女性主义思想具有解放潜能；旅行世界的观念也是必需的（Lugones）。

在认识论和科学哲学领域，妇女作为能动者的主题转换成妇女作为认知者的主题。女性主义者一直以来关注科学家或认知者是谁的问题，他们也不接受认知者的知识具有抽象性的观点。正如他们谴责"无偏见"的道德家一样，他们同样谴责了"无偏见"的认知者。

当代女性主义者对科学的挑战延续了19世纪女性主义者的批判，即从暴露（男性）科学家中的性别偏见开始。比如，在科学家认为额叶是思维中心的时代，男性从事的研究"证明"了妇女的额叶要比男性的额叶小那么一点点。中上层的妇女穿着紧身胸衣时很容易晕倒，男性把这作为女性脆弱的"证据"。有些女性主义者认为，男性气质理性与有序的建构是建立在女性气质的感性与混乱上的，他们挑战了所有具有分裂性的建构（Griffin）。相关的女性主义研究挑战了实验室里建构的知识，认为这只是从自然中抽取了一部分，怀疑有些知识因此而丢失了（Merchant；Keller）。还有另外一些人对研究方法意味着获得客观性的看法提出了质疑，并因此怀疑知识的分类也是建构出来的（in Tuana）。

在比较了早期自然作为有机体的隐喻与现代科学意义下自然作为机械体的隐喻后，女性主义者认为，科学作为一种（男性）对（女性）自然控制的意识形态的出现，导致了对地球任性的漠视和开采，因而带来了生态灾难。女性主义者在揭示了科学家使用的性与性别歧视的隐喻后，认为性的政治学建构了科学的经验主义方法的本质，这种方法假装自己不受文化与政治假设的影响。科学家们也把自己的价值注入了对研究对象的描述中。性别歧视已经内化在科学的话语中了（Merchant；Keller；Irigaray in Tuana）。许多女性主义者探索科学权威和意识形态的使用如何把妇女限定"在她们的位置上"，即经济上依赖的、智力上被剥夺的。

其他人集中讨论了专业领域中的精英意识与阶层意识是如何确保科学成为特权男性的保留地的。他们考察了妇女的知识/实践是如何被挪用的，有知识的妇女是如何受到压制的，比如在妇科学的发展过程中，接生婆成了非法的。他们要求重新改良科学，让经验的、常识的知识（比如，欧洲巫师们关于草药的知识）和精密的技术一样为人们提供服务和便利，那些人可不会成为被动的精英神话的消费者。他们也认为，科学的专业化和进步的意识形态一起，发展出的知识主要只有利于某些特定的阶层（Ehrenreich and English）。

女性主义者也揭露了一些令人惊讶的坏科学，它推动了性别歧视以及和性别歧视有关的事件（Bleier）。科学实践是否本来就是性别歧视的和种族主义的，性别歧视和种族主义是否扭曲了本质上是一种健康实践的科学，女性主义虽然在这些问题上还有争论，但他们一致同意科学并不是价值中立的（Harding）。有些人认为，女性主义揭露具有自我选择性的男性思想家团体表现出的任性和无知，可以让科学与它的目标更加保持一致；其他人则认为，科学目标本身就令人绝望地身陷男性想象的泥淖中。这些批判性的讨论产生了对科学的各种理解。许多女性主义者开始探索妇女对科学的贡献，她们的工作被男人所利用并获得回报。其他人继续揭露支撑着科学事业的性别歧视和种族主义，还有一些人则发展了女性主义方法论和认识论或知识理论。

被标榜为范式的、最有威信的，当然也是最具男性气质的、最"硬"的科学就是物理学。女性主义者挑战了物理学是典范的假设，这个假设建立在以下基础上：(1) 物理学的对象并不复杂；(2) 物理学提供了非解释的描述性公式，以及具有模糊隐喻的解释，比如"大爆炸"、"黑洞"；(3) 它排除了那些有意的、习得的和"非理性的"行为。但女性主义者指出，现实是复杂的；科学应该解释；智能动物的现象和亚原子粒子具有同样的权利，也应被提上关注日程（Harding）。规范的科学概念把对无生命对象的视觉认知当成认知的典范；然而，有些女性主义者在发展了相互依赖的思想后提出：对人的认知才是典范（Code），因为对人的认知包含了对非常复杂的对象的认知。在对人进行认知时，我们通常会把自己也带到解释中，那样获得的知识就是互动的。把认知者或研究者设想成并不需要互动的观念使"他"处于一种透明的状态中；而科学家作为中立的、客观的、不相干的观察者的观念允许特殊的政治议程（现状）不受质疑（无偏见的道德学家就是个例子），把知识提升成统治的工具，这也使他研究的对象，也就是他的研究主体处于沉默中。承认并欢迎认知者与认知对象处于互动中使认知者成为世界中互动的、能动的主体。

在探讨科学和知识中的偏见问题时，一些女性主义者明确表达了各种版本的"立场"理论（Hartsock；Frye；Gilligan；Collins；Harding）。立场理论的核心观点是，处于不同的历史和社会结构中的认知者，获得了不同的关于人类社会和非人类社会的知识。比如，男性在研究狮子时，借助丛林之王的神话，把雄狮子描述为占统治地位的。事实上，狮子是社会消耗的，它们并不能团结起来进行合作和互相保护，"狮子"引为骄傲的只是以成年母狮子的活动为中心（Reed）。在研究各种动物行为时，女性观察者发现了非常不同于男性观察者所记录的东西（Haraway）。在直接观察不可能有如此大的差异的情境下，研究的议程与设计受到研究者的位置和利益的影响。往最小处说，这意味着真正意义上的科学要求不同处境的人做出贡献。进一步，不同的生活也可能产生相当不同的，甚至无法沟通的概念框架、价值和意义，因此，不同的知识可能不太容易同化成一种集体的、统一的知识，来反映一个统一的世界。

许多女性主义者也认为，理性的概念非常多样。男性理性的建构是通过排除妇女和低等阶层的特征和经验来完成的。有些人观察到，诉诸"真理"的理性（强制性的）统一体并不必然导致人们采取行动；没有证据表明，借助于理性，知识或真理就一定是有效的。政治行动和变革需要很多能力，除了理性外，还包括共情、发怒和厌恶的能力（Flax）。

女性主义者对认知者的重新思考也得出这样的结论，即个体的认知源于共同体的认知。某种意义上，原初的认知者就是一个共同体，因为哪些可以作为证据是共同体决定的，知识的建构与习得也是一个共同完成的过程（Nelson）。

女性主义把认识论理解成知识、认知者与真理之间的各种关系，有些女性主义者质疑了这种认识论上的先入之见，知识、欲望、幻想、激情和各种权力之间的关系也应该包含在这些有趣的关系中（Daly；Flax；Jagger）。认为女性主义的这种修正有助于提高科学的客观性和真理的宣称，可能是当我们欲求权力时让女性主义不受牵连的一种努力。在我们没有注意到欲望、幻想和权力时，我们更容易使认识论成为安全的场所，远离各种冲突而复杂的人际的、政治的议题（Flax）。比如，当拥有特权的白人女性主义者自己的知识论受到其他妇女、有色妇女和/或较少特权阶层的人批判，认为这些知识论伤害了他们时，白人女性主义者的回应经常不是去注意受到伤害的妇女，而是转向与知识和理论有关的理论问题（Lugones）。

作为这种思考结果的一部分，女性主义者开始意识到立场的概念并不足够复杂，它倾向于指在物化的"世界"里的固定的场所。在这一背景下，是这样一幅景象，两个人面对面站在雕像的两侧，因而看到了不同的事物，其中的一个观察者是丈夫，另一个观察者是妻子。因此，立场论发展出一个更为复杂的概念即"情境化知识"（Haraway）。这种观点向背景图景增加了新的内容，它承认观察者之间存在忠诚的差异（比如，他们可能是相互冲突的两种文化里的成员）；这种观点把观察者置于与雕像进行三方会话的情境下，雕像现在有了生命力，可以进行对话。有些生态女性主义者可能最为坚持世界是积极的主体的看法（Griffin；Adams；in Gaard；in *Hypatia*, 6.1; in Warren），并为世界独立的幽默感留出了空间（Bigwood）。我们能够承认小精灵"放弃了主宰，但寻求忠诚，了解到无论如何我们都会受到蒙蔽"（Haraway）。

关于探索妇女能动性的事业，女性主义之所以强调认识论，一个原因在于它把妇女从男性关于妇女的"知识"/建构中解救了出来。关注心理学的女性主义者注意到心理学是如何建构女性的（Weisstin in R. Morgan）。比如，精神病学家界定的精神健康的妇女就是女性化的、异性恋的、在性方面容易受治疗师影响的（Chesler），成人的标准复制的是男性的标准，而女性的标准则相当不同。早期对心理学的挑战注意到心理分析的循环论证：在幻想或现实中否认阳具导向的妇女只是"证明"她们具有自己否认的那种导向，报告乱伦的妇女只是"确认"了强奸幻想的理论等等。女性主义揭示出，妇女幻想强奸的理论只是一种男性对父亲原罪的专业性掩盖（Rush）。

其他女性主义者挑战了诸如歇斯底里和脆弱性的概念，同时也认为人们应该考察测试对象的情况（冷静、有效、不动声色地实施屠杀、折磨和种族灭绝的能力，以及各种全球性的灾难，比如战争、资本主义以及极权主义）（in R. Morgan; in Gornick and Moran; Loesch in Kramarae and Treichler）。女性主义注意到，通常会被送入医院的那些行为总是令人不安地与种族、种姓和性互相关联（in Gornick and Moran; in R. Morgan）。其他人注意到，心理学，包括一些女性主义心理学，把政治现象阐释为个人问题和各种病状，颠覆了女性行动主义者的发现：个人的就是政治的（Kitzinger and Perkins）。女性主义对精神分析学的"采纳"将之解释为一种对家长制社会的不经意的揭示性描述，以及当社会个体被接纳时对这些个体的伤害（Mitchell; Rubin in Reiter）。

有些女性主义者集中关注男性与权力的关系，关注物质生活对意识产生的影响，他们认为之所以如此，是因为妇女在西方工业社会的核心家庭中有抚养孩子的责任，婴儿最初的亲密关系仅与一个人联系在一起，这个人是女性，而且她处于从属的社会地位。因此，对男孩和女孩来说，身份的形成过程是不同的。这表明，在这样的社会里，男性倾向于分离和攻击，而女性倾向于联结和共同体，这是抚养过程中性别分化的结果。行使双亲责任的社会组织过程使妇女善于处理非敌对的关系，但它也通过母亲的生殖，维持了父权制（Chodorow; Hartsock）。

在西方父权制的传统中，"认知者"是单一的，也就是说，所有的认知者原则上都是一样的，即理性的男性。女性主义者引入了多元性和复杂性，承认具有不同知识的多元认知者的存在。女性主义者首先革命性地将妇女加进认知者的行列，然后探讨了男性和女性作为认知者和能动主体的差异。此外，自我概念（不管是男性还是女性）的统一性和稳定性也受到了挑战。女性主义图景中出现了欲望和幻想的世界中带有偏见的自治，它表明，主体就是复杂、矛盾与未完成的过程的一个转换的、不断变化的交集（Flax）。统一的自我只有通过支配的实践才会存在，只有通过压制自己和其他人的其余主体性，才能维持它的统一性（Flax；Lugones）。尤其是在有色妇女的著作中，我们发现，复数的主体是流动的，而不是固定的；是情境化的，而不是普遍的（Lugones；Anzaldúa）。

有些女性主义者挑战了菲勒斯对意义与知识的挪用，拒绝进入那种让女性的性呈现为否定的或是无名的男性象征领域。她们着手建构一种积极的女性差异，这种差异是难以捉摸的、流动的和模糊的（Irigaray），是野性的、杂乱的和无序的（Daly）。通过让哲学经典中受到压制者发出自己的声音，女性主义者迫使那些经典著作的作者抛弃虚假的中立性，表明他们其实是性别化的，更精确地说，是性化的。

理想的理性道德学家、科学家和自由国家的公民远说不上是中立的，他通过分离自我中与那些权利被剥夺的人的生活有关的方面，建构并统一了自己，也因此让自己陷于偏执狂的逻辑中（Scheman）。他受到受虐妇女越来越逼近的指控的威胁（Nye）。结果，现代哲学的问题（心/身、指称与真理、他人的心灵、怀疑主义）就是特权的神经功能病，而且，只要主体的身份构成受那些疏离事物的影响，这些问题就无法得到解决（Scheman；Bordo）。后现代对心/身分离所进行的男性化解读同样是抽象的、形而上学的、精神病的、厌女的（Brodribb）。

白人身份同样依赖差异的边缘化（Spellamn），因为只有在将妇女和东方定义为边缘时，西方的男性/人文主义才能把自己呈现为中心的（Spivak）。女性主义哲学早期所理解的压迫理论，大多关注最有权势阶层造成的那种压迫，他们的压迫地位也是最简单的（即有特权的白人男性）。女性主义理论对压迫的本质与机制的讨论越来越复杂，也越来越微妙，原因在于女性主义把注意力转向理解压迫的方式，认为压迫是由处于多重处境的人实施的，比如他们关注西方社会中白人妇女以及其他社会中特权阶层的妇女实施压迫的方式；他们也关注可能想从她们那里获得姐妹情谊，并与她们组成联盟的其他妇女是如何经验压迫的。

西方女性主义者对妇女压迫的假设建立在西方的经验上，在他们关于第三世界妇女的写作中，西方女性主义成了非历史的唯一真正主体。这强化了对第三世界妇女的殖民化，或者从历史中抹去了第三世界的妇女，从而剥夺了他们的历史和政治能动性（Mohanty；Chow in Mohanty）。当白人女性主义者把妇女建构成统一的和普遍的概念时，他们复制了父权制中虚伪的中立性——这里指文化和种族中立性。他们引入了自己文化经验和意义中的妇女概念，剥离并边缘化了其他文化中的妇女，以此获得关于妇女的统一性。这种人种中心的倾向使得白人西方妇女在关于第三世界妇女的写作中，把白人西方妇女理解的意义和行动议程强加在第三世界的妇女身上，并以这样的方式抹掉了第三世界妇女的历史、能动性以及她们对白人西方妇女的认识。西方女性主义者也能向他们研究的第三世界妇女学习，她们在政治和性的领域表现为自治的、权威的。与此相关的问题是："谁是他者的妇女？我正在如何命名她？她如何来命名我？"（Spivak）对她来说，我是谁？

女性主义事业还包括对我们如何理解自己进行进步性的修正，当我们彼此会话时，当我们发现早期理论中的问题时，当我们探索利用我们经验的新方式时，当我们探索通过提高觉悟、游戏性的旅行世界以及创造理论来扩大这些经验的范围时，我们都在从事修正。我们关注我们主体性中的多元化，这些多元化从我们的经验中产生，成为不同的情境化的自我，在这个过程中，自我提供并发现各种创造/发现女性主义抵抗和革命性地建构女性能动性的贡献。

西蒙·德·波伏娃认为，男人反对女人，相互反对，使其成为男人的他者，妇女因此要充满敌意地反对男性，这样才会有足够的意识。许多女性主义者既拒绝德·波伏娃的个人主义，也拒绝这种解放图景；但这种解放图景的确提供了一种命定的结局，如果你认为抵抗就是全部，这种命运就会降临到你身上，即你最终会陷入男性自我的世界中，忙着努力消灭对方。女性主义认为，当下重要的是要为妇女（以及其他受压迫的阶层）创造新的自我，它不再被理解为要么抵抗男性的法律秩序和语言，要么同化到它们中。更有意思的是，许多人认为，部分妇女为所有妇女创造出具有持续性的另一种自我，就像露营地为所有露营的人提供条件那样，是不可能的，它们只能通过共同体中的自我——其身份的确立不依赖于压迫者，其行动也不必等待占支配地位的个人或机构来确认有效性和合法性——不断被创造出来（Daly；Hooks）。

虽然德·波伏娃的许多观点已经遭到排斥，但是她提出的很多看法仍然有效：比如自我是持续被创造的看法；自我的生成非常危险，因此需要存在主义的勇气这样的观点；承认如果你不能创造自己，你就会塌缩到他人创造的自我中；以及一个人在创造自我（多重自我）时，也在创造着价值的观点。女性主义者对自我的描述非常不同，包括野性的、激进的、创造性的、活跃的、多元的、女同性恋的、自我批判的、愤怒的。许多研究者也强调了女性自我的持续创造和不稳定性（Daly；Anzaldúa；Lugones）。意识永远不会是固定不变的，因为话语会改变；因为历史和物质条件会改变；因为和他人的关系会改变，而身份是有赖于他人的；因为我们都是活着的人。这样来看的话，主体性就不是一个固定的起点或终点，而是一种持续的建构（de Lauretis）。妇女自我建构的困难让一些女性主义者致力于恢复真正的情感，比如生气和欲望（Daly；Lorde；Parker），有些人则集中在尊重上（Addelson；Card）；有些人集中在它对抵抗胁迫、操控以及去道德化来说必要的统一前提上（Cannon；Hoagland）。

认为女性自我的生成非常危险，而且需要较大勇气的观点可能在一些多族裔妇女（多国籍或多种族混血的妇女）身上表现更为明显（Anzaldúa；Lugones）。不去管那些熟悉的、可预测的边界和框架，女性的、激进的自我已经在其中建构起来了；如果在一种预先准备好的身份中放弃统一的希望，就有一无所有的可能，就好比到了某个无法想象的地方，到了以后也不能找到你自己。除去各种掩饰，即中心位置没有任何人的可能性（in Anzaldúa）。这是一项具有创造性的自由事业，我们承认在不同情境下自我是变化的；我们承认即使自我的能动性受到剥夺，但想象仍然存在；我们承认受压迫自我的另一面是抵抗的自我；我们掌握了你在一个地方的自我形成的意图不可能被在另一个地方形成的、同样被认作你的自我实现（Lugones；Anzaldúa）。

有些人在面临严重的童年创伤和/或虐待时，会发展出多重人格作为一种创造性的生存技巧，多族裔的多元性/多重性与这种多重性是不同的。多族裔的多元性通常被描述为存在的多元模式，在多元或意义不明确的外部环境中，这些多元模式是可以形成的，而且处于发展过程中。由于多重人格并没有统一的经验，它的多元模式在与当前外部情境的关系中是变化的；而且，根据过去情境的逻辑不再具有外在真实性，以及多重自我所具有的内在逻辑来看，多元模式也是变化的。这些经验对与自我有关的概念群造成了很大的破坏，包括统一的自我、核心人格、选择、真实/非真实、意识/无意识、记忆、认知共同体、合作、一致、差异、共同体以及"我"（Leighton）。

人类多重人格的可能性与多族裔所体现的多元性是不一样的，这揭示出，通过暴力和支配形成的自我、主体性及其表现形式要比女性主义所理解的多得多。对具有多重人格的人来说，能成为问题的并不是多重性，而是失忆症和蓄意的破坏；所需要的也不是乏味的单一性，而是记忆、亲近和稳定性——这表明多重人格可以类比成压迫状态下创造出的共同体（Card；Cuomo in Card；Leighton）。通过对同时发生的多样视角不可避免的和直接的了解，有些多样性能够最决定性地证明，对同一个东西——女权主义者抵制宗法制科学、伦理学和政治学所需要的东西反复证明了的——的完整性存在不同方式的同时思考和感知。抵制父权制科学、伦理学和政治学的女性主义可能需要不断来进行证明（Leighton）。

多族裔意识也提供了新的理解方式。它塑造了一种对模糊性的容忍，从而可以超越僵化的边界——主流群体在区分"我们"和"他们"时建立起来的界限（Anzaldúa）。这是一种生活在边界上的意识，即既不居于任何一方，又同时居于两地。多族裔意识提出了问题，并对社会位置及其与身份的关系提出了新的思考。

统一的父权制意识坚持要有严肃认真的态度，坚持一种统一的世界，以此来保存自身；但多族裔意识跟它不一样，多族裔意识对所有的女性主义者表明了游戏性的旅行世界的可能性，这种可能性破坏了孕育专制的严肃认真，表明解放的可能性是如何只在与他人有关的共同体中出现的。在旅行到别人的世界时，我们会看到，在他们的世界里，什么会成为他们。我们也会在他们的世界里，看到被建构的我们自己（Lugones）。在彼此的世界里旅行，我们获得了我们需要改变的知识，我们开始弄清楚一些专门束缚我们心灵的男性权威，我们也因此开始解构主流的意识形态。我们是彼此知识的源头。

世界旅行者参与交谈，把世界的中心移到其他地方。如果他们以前从没这样做过，他们就开始代表自己说话，他们在他人那里意识到藏在自己内心的是什么，他们同自己的姐妹说话，抗议征服者的凝视。如果他们以前这样做过，他们就不再试着代表其他人说话，不再试着实践那种帝国主义的道德凝视，不再试着指责；相反，他们以这样一种方式倾听，发现其他人的回应不仅挑战了他们对她的理解，而且挑战了他们对他们自己的理解。他们看妇女的生活，同时也在其中被看。通过这种方式，他们就把自己置于妇女的历史中了。

女性主义哲学家通常拒绝任何生物决定论，这种观点认为，妇女的压迫可能会被解释为或证明为男性和女性身体的功能和解剖学构造的自然后果 (de Beauvoir；Daly；Wittig；Butler)。许多女性主义哲学可能想要避免任何与生物决定论的关联，结果却忽视了我们身体的女性的"性"，让它处于不受注意的状态，除了在批判或重新评价母职时，也不会把它整合进理论中。但是，有些女性主义者非常关注女性的身体、感官的愉悦、身体上的快感和性，且是在独立于生殖的意义上说的 (Irigaray；Frye；Wittig；J. Allen；Spivak；Zita；Bartky)。这种观点认为，妇女压迫的根本过程在于压制——实际上是消除——女性的自主的性，因为快感本质上既与男性、男人、男性气质无关，也与生殖无关。许多女性主义者进而认为，在消除掉女性自主的性时，女性自治的自我或是主体性也消除了，它显示了自我建构过程中的残暴与风险 (Irigaray；Cixous；Daly；J. Allen；Spivak)。

女性自主的性欲的压制也体现在清除女同性恋的选择，或其在色情作品的出现中。许多女性主义者因此认为，使女同性恋的性的愉悦成为所有妇女的一种真实的、现实的选择，本质上是解放策略的一部分 (Hoagland；Frye；Card；J. Allen；Trebilcott；Wittig；Wittig and Zeig)。

有些人声称，女性主义者就是关注生殖自由或是父权制对子宫的挪用，这是一种误解，这样容易误把妇女形象当作母亲。从跨文化和跨历史的视角看，身体上的、象征的和/或心理意义上的阴蒂割除术是先于婚配和做母亲的。对阴蒂的压制是父权制和家庭的预设。也可能父权制对阴蒂的性（不依靠男人的、非生殖性的）的压制与女性主义对它的复兴构成了一种文化上的交叉，同时也是身体与身份的交叉。在这里，不同的妇女和我们的需要、理解、创造和理论能够交流并得到清楚的表述 (Spivak)。

每一种女性主义的努力都告诉了我们各种可能性中的一面。它们中都存在着真理。政治讨论以及建构女性自我和能动性的过程有多种声音（Lugones）。许多女性主义者认为，只有多元化的主体能找到与支配进行斗争的方式，而不只是重新创造了支配，在这种情况下，主体可以被想象成是他们对多元性的欲望促使他们采取解放的行动（Lugones；Flax）。

野性的妇女（Daly）、意志坚定的处女（Frye）、妇女主义者（A. Walker）、女同性恋者、亚马逊女战士、居家女孩（in B. Smith）、女巫、老处女、多族裔人（Anzaldúa）、又老又丑的女人（Macdonald in Macdonald and Rich；B. Walker）、爱上她的人（Brossard）、碎嘴的女人、女战士（Kingston），《女游击队员》（Les guérillères）中写道：

> 曾经你不是奴隶，记住这点。
> 你孤独而行，笑声不断，你浴着你裸露的肚皮
> 你说你已经失去了所有关于它的记忆，记住……
> 你说，没有言语可以描述这一刻
> 你说，它根本就不存在。
> 但是请记住，要努力记住
> 否则，不能记住，就去发明。
>
> （Monique Wittig）

【注释】

[1] 女性主义哲学中的不同观点总是处于碰撞中，很多妇女在讨论时都会受到启发，因此如果只是把这些观点归于某个人，即使不是不可能的，也是很困难的。通常，核心观点差不多会在同一时期在不同作者的著作里出现，而那些最有影响的观点也可能源于别的地方，尤其是从事政治活动和斗争的女性主义行动者和艺术家那里。此外，把一种观点归结到某个人身上也会产生误导作用。有可能她五年前认可这种观点，但现在却不同了，因此这样可能会限定她的思想，否认这一领域所具有的鲜活生命力。女性主义观点的发展也不是个人发展的历史。因此，我们要避免把观点归结于个人的做法，但仍然要指出这个领域都有谁，以及可以在谁的著作中找到这些材料。在描述立场时，我们也并不打算在文本上忠实于特定作品，我们融合了对所论观念的多种女性主义解释。我们的写作展现了北美思想家的观点，尤其是他们在差异问题上的争论，我们认为这个

主题是女性行动主义和哲学思考的关键所在。最后，我们也不要假定，这里谈到的"女性主义者"或"有些女性主义者"的观点是所有女性主义者所共享的。在这个意义上，没有谁或什么可以作为"女性主义者"的标准。

关于参考书的格式：文章中提到的作者以及圆括号内的作者都可以从参考书目中找到。如果只给出了名字，那么参考的就是这个作者的著作；如果名字前面有"in"，那么参考的就是这位作者编的文集；如果采取的是"Smith in Jones"的形式，那么参考的就是Jones编纂的文集中Smith的一篇或多篇文章。

参考书目

专著

10.1　Adams, Carol *The Sexual Politics of Meat*, New York: Continuum, 1990.

10.2　Addelson, Kathryn Pyne *Impure Thoughts*, Philadelphia: Temple, 1991.

10.3　Albrecht, Lisa and Rose Brewer *Bridges of Power: Women's Multicultural Alliances*, Philadelphia: New Society, 1990.

10.4　Alcoff, Linda and Elizabeth Potter *Feminist Epistemologies*, New York: Routledge, 1993.

10.5　al-Hibri, Azizah and Margaret Simmons, eds *Hypatia Reborn*, Bloomington: Indiana University Press, 1990.

10.6　Allen, Jeffner *Lesbian Philosophy*, Chicago: Institute of Lesbian Studies, 1986.

10.7　——*Reverberations: Across the Shimmering*, Albany: State University of New York Press, 1994.

10.8　——ed. *Lesbian Philosophies and Cultures*, Albany: State University of New York Press, 1990.

10.9　——and Iris Young, eds *The Thinking Muse: Feminism and Modern French Philosophy*, Bloomington: Indiana University Press, 1989.

10.10　Allen, Paula Gunn *The Sacred Hoop: Recovering the Feminine in American Indian Traditions*, Boston: Beacon Press, 1986.

10.11　Altbach, Edith Hoshino *et al.*, eds *German Feminism*, Albany: State University of New York Press, 1984.

10.12　Anderson, Margaret and Patricia Hill Collins, eds *Race, Class, and Gender*, Belmont, Cal.: Wadsworth, 1991.

10.13　Andolsen, Barbara Hilkert *et al.*, eds *Women's Consciousness, Women's Conscience*, New York: Winston, 1985.

10.14　Anthias, Floya and Nira Yuval-Davis *Racialized Boundaries: Race, Nation, Gender, Colour and Class and the Anti-Racist Struggle*, New York: Routledge, 1992.

10.15　Anthony, Louise and Charlotte Witt *A Mind of One's Own*, San Francisco: Westview, 1993.

10.16　Anzaldúa, Gloria *Borderlands/La Frontera*, San Francisco: Spinsters/Aunt Lute, 1987.

10.17　——ed. *Making Face, Making Soul: Haciendo Caras: Creative and Critical Perspectives of Women of Color*, San Francisco: Aunt Lute Foundation Books, 1990.

10.18　Aptheker, Bettina *Tapestries of Life*, Amherst: University of Massachusetts Press, 1989.

10.19　Arditi, Rita *et al.*, eds *Science and Liberation*, Boston: South End, 1980.

10.20　Asian Women United of California, eds *Making Waves: An Anthology of Writings by and about Asian American Women*, Boston: Beacon Press, 1989.

10.21　Atkinson, Ti-Grace *Amazon Odyssey*, New York: Link Books, 1984.

10.22　Bar On, Bat-Ami, ed. *Engendering Origins: Critical Feminist Readings in Plato and Aristotle*, Albany: State University of New York Press, 1994.

10.23　——ed. *Modern Engendering: Critical Feminist Readings in Modern Western Philosophy*, Albany: State University of New York Press, 1994.

10.24　Barrett, Michèle *The Politics of Truth: From Marx to Foucault*, London: Polity Press, 1992.

10.25　Barry, Kathleen *Female Sexual Slavery*, Englewood Cliffs, NJ: Prentice Hall.

10.26　Bartky, Sandra *Femininity and Domination: Studies in the Phenomenology of Oppression*, New York: Routledge, 1990.

10.27　Battersby, Christine *Gender and Genius: Towards a Feminist Aesthetics*, Bloomington: Indiana University Press, 1989.

10.28　Beck, Evelyn Torton, ed. *Nice Jewish Girls: A Lesbian Anthology*, Boston: Beacon Press, 1989.

10.29　Belenky, Mary *et al.*, *Women's Ways of Knowing*, New York: Basic Books, 1986.

10.30　Bell, Linda *Rethinking Ethics in the Midst of Violence*, Lanham, Md.: Rowman & Littlefield, 1993.

10.31　Bell, Rosann *et al.*, eds *Sturdy Black Bridges*, New York: Anchor, 1979.

10.32　Benhabib, Seyla *Situating the Self : Gender, Community and Postmodernism in Contemporary Ethics*, New York: Routledge, 1992.

10.33　——and Drucilla Cornell, eds *Feminism as Critique*, Minneapolis: University of Minnesota Press, 1987.

10.34　Bigwood, Carol *Earth Muse*, Philadelphia: Temple, 1993.

10.35　Birkby, Phyllis *et al.*, eds *Amazon Expedition : A Lesbianfeminist Anthology*, New York: Times Change, 1973.

10.36　Bishop, Sharon and Marjorie Weinzweig, eds *Philosophy and Women*, Belmont, Cal.: Wadsworth, 1979.

10.37　Blackbridge, Persimmon and Sheila Gihooly, eds *Still Sane*, Vancouver: Press Gang, 1985.

10.38　Bleier, Ruth *Science and Gender*, New York: Pergamon, 1984.

10.39　——ed. *Feminist Approaches to Science*, New York: Pergamon, 1986.

10.40　Bono, Paola and Sandra Kemp, eds *Italian Feminist Thought*, Cambridge: Blackwell, 1991.

10.41　Bordo, Susan *The Flight to Objectivity : Essays on Cartesianism and Culture*, Albany: State University of New York Press, 1987.

10.42　——*Unbearable Weight : Feminism, Western Culture, and the Body*, Berkeley: University of California Press, 1993.

10.43　Boston Women's Health Collective *The New Our Bodies Ourselves*, New York: Simon & Schuster, 1984.

10.44　Braidotti, Rosi *Patterns of Dissonance*, Cambridge: Polity Press, 1991.

10.45　Brant, Beth, ed. *A Gathering of Spirit : North American Indian Women's Issues*, Amherst, Mass.: Sinister Wisdom, 1983.

10.46　Brennan, Teresa *Between Feminism and Psychoanalysis*, New York: Routledge, 1989.

10.47　Brighton Women and Science Group *Alice Through the Microscope*, London: Virago, 1980.

10.48　Brodribb, Somer *Nothing Mat (t) ers: A Feminist Critique of Postmodernism*, Melbourne, Australia: Spinaflex, 1992.

10.49　Brossard, Nicole *Lovhers*, Montréal, Quebec: Guernica Editions, 1986.

10.50　——*The Ariel Letter*, Toronto: Women's Press, 1988.

10.51　——*Picture Theory*, New York: Roof Books, 1990.

10.52　Browne, Susan *et al.*, eds *With the Power of Each Breath: A Disabled Women's Anthology*, Pittsburgh: Cleis, 1985.

10.53　Brownmiller, Susan *Against Our Will : Men, Women, and Rape*, New York: Simon & Schuster, 1975.

10.54　Bulkin, Elly *et al.*, eds *Yours in Struggle : Three Feminist Perspectives on Anti-Semitism and Racism*, Ithaca, NY: Firebrand, 1984.

10.55　Bunch, Charlotte *Passionate Politics*, New York: St Martin's Press, 1987.

10.56　——and Nancy Myron, eds *Class and Feminism*, Baltimore: Diana, 1974.

10.57　Butler, Judith *Gender Trouble*, New York: Routledge, 1989.

10.58　——*Bodies that Matter : On the Discursive Limits of "Sex"*, New York: Routledge, 1993.

10.59　——and Joan Scott, eds *Feminists Theorize the Political*, New York: Routledge, 1992.

10.60　Cade, Toni, ed. *The Black Woman*, New York: New American Library, 1970.

10.61　Caldecott, Leonie and Stephanie Leland *Reclaim the Earth*, London: Women's Press, 1983.

10.62　Cameron, Anne *Daughters of Copper Woman*, Vancouver: Press Gang, 1981.

10.63　Cannon, Katie *Black Womanist Ethics*, Atlanta: Scholars, 1988.

10.64　Caputi, Jane *The Age of the Sex Crime*, Ohio: Bowling Green State University Popular Press, 1987.

10.65　——*Gossips, Gorgons & Crones*, NM: Bear Books, 1994.

10.66　Carby, Hazel *Reconstructing Womanhood : The Emergence of the Afro-*

American Woman Novelist, New York: Oxford University Press, 1987.

10.67　Card, Claudia Feminist Ethics, Lawrence: University Press of Kansas, 1991.

10.68　——Lesbian Choices, New York: Columbia University Press, 1994.

10.69　——ed. Adventures in Lesbian Philosophy, Bloomington: Indiana University Press, 1994.

10.70　Castle, Terry The Apparitional Lesbian, New York: Columbia University Press, 1993.

10.71　Chamberlin, Judy On Our Own, London: MIND Publications, 1977.

10.72　Chaudhuri, Nupur and Margaret Strobel, eds Western Women and Imperialism, Bloomington: Indiana University Press, 1992.

10.73　Chesler, Phyllis Women and Madness, New York: Vintage, 1972.

10.74　Christian, Barbara Black Feminist Criticism, New York: Pergamon, 1985.

10.75　Chodorow, Nancy The Reproduction of Mothering, Berkeley: University of California Press, 1978.

10.76　Chrystos Not Vanishing, Vancouver: Press Gang, 1988.

10.77　——Dream On, Vancouver: Press Gang, 1991.

10.78　——In Her I Am, Vancouver: Press Gang, 1993.

10.79　Cixous, Hélène Newly Born Woman, Minneapolis: University of Minnesota Press, 1986.

10.80　Code, Lorraine What Can She Know, Ithaca, NY: Cornell University Press, 1991.

10.81　Cole, Eve Browning Philosophy and Feminist Criticism, New York: Paragon House, 1993.

10.82　——and Susan Coultrap-McQuin, eds Explorations in Feminist Ethics, Bloomington: Indiana University Press, 1992.

10.83　Collard, Andrée and Joyce Contrucci Rape of the Wild, Bloomington: Indiana University Press, 1989.

10.84　Collins, Patricia Hill Black Feminist Thought, London: Harper Collins, 1990.

10.85　Copper, Baba Over the Hill: Reflections on Ageism Between Women, Freedom, Cal.: Crossing, 1988.

10.86　Corea, Gena The Hidden Malpractice, New York: William Morrow, 1977.

10.87　Cornell, Drucilla *Beyond Accommodation*, New York: Routledge, 1991.

10.88　——*Transformations*, New York: Routledge, 1993.

10.89　Covina, Gina and Laurel Galana, eds *The Lesbian Reader*, Oakland, Cal.: Amazon, 1975.

10.90　Daly, Mary *Beyond God the Father*, Boston: Beacon Press, 1973.

10.91　——*Gyn/Ecology*, Boston: Beacon Press, 1978.

10.92　——*Pure Lust*, Boston: Beacon Press, 1984.

10.93　——*Websters' First New Intergalactic Wickedary of the English Language*, Boston: Beacon Press, 1987.

10.94　——*Outercourse*, San Francisco: HarperCollins, 1992.

10.95　Davis, Angela *Women, Race, and Class*, London: Women's Press, 1982.

10.96　——*Women, Culture and Politics*, London: Women's Press, 1984.

10.97　Davis, Elizabeth Gould *The First Sex*, New York: Putnam's Sons, 1971.

10.98　de Beauvoir, Simone *The Second Sex*, New York: Bantam, 1970.

10.99　——*The Ethics of Ambiguity*, New York: Citadel, 1948.

10.100　de Lauretis, Teresa *Alice Doesn't: Feminism, Semiotics, Cinema*, Bloomington: Indiana University Press, 1984.

10.101　——ed. *Feminist Studies/Critical Studies*, Bloomington: Indiana University Press, 1986.

10.102　——*The Technologies of Gender*, Bloomington: Indiana University Press, 1987.

10.103　Delphy, Christine *Close to Home: A Materialist Analysis of Women's Oppression*, Amherst: University of Massachusetts Press, 1984.

10.104　Demming, Barbara *We Are All Part of One Another: A Barbara Demming Reader*, ed. Jane Meyerding, Philadelphia: New Society Educational Foundation, 1984.

10.105　Diamond, Irene and Lee Quinby, eds *Feminism and Foucault*, Boston: Northeastern University Press, 1988.

10.106　Dinnerstein, Dorothy *The Mermaid and the Minotaur*, New York: Harper & Row, 1977.

10.107　Di Stefano, Christine *Configurations of Masculinity*, Ithaca, NY: Cornell University Press, 1991.

10.108　Dreifus, Claudia, ed. *Seizing Our Bodies: The Politics of Women's Health Care*, New York: Vintage, 1978.

10.109　duBois, Page *Sowing the Body: Psychoanalysis and Ancient Representations of Women*, Chicago: University of Chicago Press, 1988.

10.110　Duchen, Claire *Feminism in France: From May'68 to Mitterrand*, New York: Routledge, 1986.

10.111　——ed. *French Connections*, Amherst: University of Massachusetts Press, 1987.

10.112　Duran, Jane *Toward a Feminist Epistemology*, Savage, Md.: Rowman & Littlefield, 1991.

10.113　Dworkin, Andrea *Woman Hating*, New York: E. P. Dutton, 1974.

10.114　——*Pornography*, London: Women's Press, 1981.

10.115　——*Right Wing Women*, London: Women's Press, 1983.

10.116　——and Catherine MacKinnon *Pornography and Civil Rights*, Minneapolis: Organizing Against Pornography, 1988.

10.117　Ecker, Gisela, ed. *Feminist Aesthetics*, Boston: Beacon Press, 1985.

10.118　Ehrenreich, Barbara and Deirdre English *Witches, Midwives, and Nurses*, Old Westbury, NY: Feminist Press, 1973.

10.119　——*Complaints and Disorders*, Old Westbury, NY: Feminist Press, 1974.

10.120　——*For Her Own Good*, Garden City, NY: Anchor, 1979.

10.121　Eisenstein, Zillah *Capitalist Patriarchy and the Case for Socialist Feminism*, New York: Monthly Review Press, 1979.

10.122　——*The Radical Future of Liberal Feminism*, New York: Longman, 1981.

10.123　Eisler, Riane *The Chalice and the Blade*, New York: Harper & Row, 1987.

10.124　el Saadawi, Nawal *The Hidden Face of Eve: Women in the Arab World*, Boston: Beacon Press, 1980.

10.125　——*Woman at Point Zero*, London: Zed Books, 1983.

10.126　Elshtain, Jean Bethke *Public Man, Private Woman*, Princeton, NJ: Princeton University Press, 1981.

10.127　——*The Family in Political Thought*, Amherst: University of Massachusetts Press, 1982.

10. 128   English, Jane, ed. *Sex Equality*, Englewood Cliffs, NJ: Prentice Hall, 1977.

10. 129   Ezorsky, Gertrude *Racism and Justice*, Ithaca, NY: Cornell University Press, 1991.

10. 130   Fausto-Sterling, Anne *Myths of Gender*, New York: Basic Books, 1985.

10. 131   Ferguson, Ann *Blood at the Root : Motherhood, Sexuality and Male Domination*, London: Pandora, 1989.

10. 132   ——*Sexual Democracy*, Boulder, Col. : Westview, 1991.

10. 133   Figes, Eva *Patriarchal Attitudes*, London: Panther Books, 1972.

10. 134   Firestone, Shulamith *The Dialectic of Sex*, London: Women's Press, 1979.

10. 135   Fisher, Elizabeth *Woman's Creation : Sexual Evolution and the Shaping of Society*, New York: McGraw-Hill, 1979.

10. 136   Flax, Jane *Thinking Fragments : Psychoanalysis, Feminism, and Postmodernism in the Contemporary West*, Berkeley: University of California Press, 1990.

10. 137   ——*Disputed Subjects : Essays on Psychoanalysis, Politics and Philosophy*, New York: Routledge, 1991.

10. 138   Forman, Frieda Johles and Caoron Swoton, eds *Taking Our Time : Feminist Perspectives on Temporality*, New York: Pergamon, 1989.

10. 139   Fraser, Nancy *Unruly Practices*, Minneapolis: University of Minnesota Press, 1989.

10. 140   ——and Sandra Bartky, eds *Revaluing French Feminism*, Bloomington: Indiana University Press, 1992.

10. 141   Frazer, Elizabeth *et al*, eds *Ethics : A Feminist Reader*, Cambridge: Blackwell, 1992.

10. 142   French, Marilyn *Beyond Power*, New York: Ballantine, 1985.

10. 143   ——*The War Against Women*, New York: Summit Books, 1992.

10. 144   Friedan, Betty *The Feminine Mystique*, Harmondsworth: Penguin, 1963.

10. 145   Friedman, Marilyn *What Are Friends for?*, Ithaca, NY: Cornell University Press, 1993.

10. 146   Frye, Marilyn *The Politics of Reality*, Freedom, Cal. : Crossing, 1983.

10. 147   ——*Willful Virgin*, Freedom, Cal. : Crossing, 1992.

10. 148   Funk, Nanette and Magda Mueller, eds *Gender Politics and Post-Commu-

nism: *Reflections from Eastern Europe and the Former Soviet Union*, New York: Routledge, 1993.

10.149 Fuss, Diana *Essentially Speaking: Feminism, Nature and Difference*, New York: Routledge, 1989.

10.150 Gaard, Greta *Ecofeminism*, Philadelphia: Temple, 1993.

10.151 Gallop, Jane *The Daughter's Seduction: Feminism and Psychoanalysis*, New York: Macmillian, 1982.

10.152 ——*Thinking Through the Body*, New York: Columbia University Press, 1988.

10.153 Garry, Anne and Marilyn Pearsall, eds *Women, Knowledge, and Reality*, Boston: Unwin Hyman, 1989.

10.154 Gatens, Moira *Feminism and Philosophy*, Bloomington: Indiana University Press, 1991.

10.155 Geneva, Judith *Power, Gender, Value*, Edmonton: Academic Printing and Publication, 1987.

10.156 Giddings, Paula *When and Where I Enter: The Impact of Black Women on Race and Sex in America*, Toronto: Bantam, 1985.

10.157 Gilligan, Carol *In a Different Voice: Psychological Theory and Women's Development*, Cambridge, Mass.: Harvard University Press, 1982.

10.158 Golden, Catherine, ed. *The Captive Imagination: A Casebook on "The Yellow Wallpaper"*, New York: Feminist Press, 1992.

10.159 Gordon, Linda *Woman's Body, Woman's Right: A Social History of Birth Control in America*, New York: Viking, 1976.

10.160 Gornick, Vivian and Barbara Moran *Woman in Sexist Society*, New York: New American Library, 1971.

10.161 Gould, Carol, ed. *Beyond Domination*, Totowa, NJ: Rowman & Allanheld, 1984.

10.162 ——and Max Wartofsky *Women and Philosophy*, New York: Putnam's Sons, 1976.

10.163 Grahn, Judy *Another Mother Tongue*, Boston: Beacon Press, 1984.

10.164 Grant, Judith *Fundamental Feminism: Contesting the Core*, New York:

Routledge, 1994.

10.165　Greer, Germaine *The Female Eunuch*, London: Paladin, 1971.

10.166　Griffin, Susan *Women and Nature*, New York: Macmillan, 1978.

10.167　——*Rape: The Power of Consciousness*, San Francisco: Harper & Row, 1979.

10.168　——*Pornography and Silence*, New York: Harper & Row, 1981.

10.169　Griffiths, Morwenna and Margaret Whitford, eds *Feminist Perspectives in Philosophy*, Bloomington: Indiana University Press, 1988.

10.170　Grimshaw, Jean *Philosophy and Feminist Thinking*, Minneapolis: University of Minnesota Press, 1986.

10.171　Grosz, Elizabeth *Crossing Boundaries*, Boston: Allen & Unwin, 1987.

10.172　——*Sexual Subversions: Three French Feminists*, Sydney: Allen & Unwin, 1989.

10.173　——*Jacques Lacan: A Feminist Introduction*, New York: Routledge, 1990.

10.174　Gunew, Sneja, ed. *Feminist Knowledge: Critique and Construct*, New York: Routledge, 1990.

10.175　——ed. *A Reader in Feminist Knowledge*, New York: Routledge, 1991.

10.176　Hall, Kim *Writing with a Woman in Mind*, Albany: State University of New York Press, 1994.

10.177　Hanen, Marsha and Kai Nielson, eds *Science, Morality, and Feminist Theory*, Calgary, Alberta: University of Calgary Press, 1987.

10.178　Haraway, Donna *Primate Visions: Gender, Race and Nature in the World of Modern Science*, New York: Routledge, 1989.

10.179　——*Simians, Cyborgs, and Women*, New York: Routledge, 1991.

10.180　Harding, Sandra *The Science Question in Feminism*, Ithaca, NY: Cornell University Press, 1986.

10.181　——ed. *Feminism and Methodology*, Bloomington: Indiana University Press, 1987.

10.182　——*Whose Science, Whose Knowledge?*, Ithaca, NY: Cornell University Press, 1991.

10.183　——and Hintikka Merrill, eds *Discovering Reality*, Dordrecht: D. Reidel, 1983.

10.184 ——and Jean O'Barr *Sex and Scientific Inquiry*, Chicago: University of Chicago Press, 1975.

10.185 Harley, Sharon and Rosalyn Terborg-Penn *The Afro-American Woman*, New York: Kennikat, 1978.

10.186 Harth, Erica *Cartesian Women*, Ithaca, NY: Cornell University Press, 1992.

10.187 Hartman, Joan and Ellen Messer-Davidow, eds (*En*) *Gendering Knowledge*, Knoxville: University of Tennessee Press, 1991.

10.188 Hartsock, Nancy *Money, Sex, and Power: Toward a Feminist Materialism*, Boston: Northeastern University Press, 1985.

10.189 Haug, Frigga, ed. *Female Sexualization*, London: Verso, 1987.

10.190 Hawksworth, Mary *Beyond Oppression*, New York: Continuum, 1990.

10.191 Heckman, Susan *Gender and Knowledge: Elements of a Postmodern Feminism*, Boston: Northeastern University Press, 1990.

10.192 Hein, Hilde and Carolyn Korsmeyer, eds *Aesthetics in Feminist Perspective*, Bloomington: Indiana University Press, 1993.

10.193 Held, Virginia *Feminist Morality*, Chicago: University of Chicago Press, 1993.

10.194 Hennessy, Rosemary *Materialist Feminism and the Politics of Discourse*, New York: Routledge, 1993.

10.195 Hermsen, Joke and Alkeline Van Lenning, eds *Sharing the Difference: Feminist Debates in Holland*, New York: Routledge, 1991.

10.196 Herschberger, Ruth [1948] *Adam's Rib*, New York: Harper & Row, 1970.

10.197 Hoagland, Sarah Lucia *Lesbian Ethics*, Chicago: Institute of Lesbian Studies, 1988.

10.198 ——and Julia Penelope, eds *For Lesbians Only*, London: Onlywomen, 1988.

10.199 Hole, Judith and Ellen Levine *Rebirth of Feminism*, New York: New York Times Books, 1971.

10.200 Holmes, Helen Bequaert and Laura Purdy, eds *Feminist Perspectives in Medical Ethics*, Bloomington: Indiana University Press, 1992.

10.201 Hooks, Bell *Ain't I a Woman: Black Women and Feminism*, Boston: South End, 1981.

10.202 ——*Feminist Theory: From Margin to Center*, Boston: South End, 1984.

10.203 —— *Talking Back: Thinking Feminist, Thinking Black*, Boston: South End, 1989.

10.204 ——*Yearning: Race, Gender, and Cultural Politics*, Boston: South End, 1990.

10.205 ——*Black Looks: Race and Representation*, Boston: South End, 1992.

10.206 Hull, Gloria *et al.*, eds *All the Women Are White, All the Men Are Black, But Some of Us Are Brave*, Old Westbury, NY: Feminist Press, 1982.

10.207 Hunt, Mary E. *Fierce Tenderness: A Feminist Theology of Friendship*, New York: Crossroad, 1992.

10.208 Hynes, Patricia *The Recurring Silent Spring*, New York: Pergamon, 1989.

10.209 Irigaray, Luce *Speculum of the Other Woman*, Ithaca, NY: Cornell University Press, 1974.

10.210 ——*This Sex Which Is Not One*, Ithaca, NY: Cornell University Press, 1977.

10.211 ——*The Irigaray Reader*, ed. Margaret Whitford, Oxford: Blackwell, 1991.

10.212 ——*Elemental Passions*, ed. Joan Collie and Judity Still, New York: Routledge, 1992.

10.213 ——*Ethics of Sexual Difference*, Ithaca, NY: Cornell University Press, 1993.

10.214 ——*Je, Tu, Nous: Toward a Culture of Difference*, New York: Routledge, 1993.

10.215 ——*Sexes and Genealogies*, New York: Columbia University Press, 1993.

10.216 Jaggar, Alison *Feminist Politics and Human Nature*, Totowa, NJ: Rowman & Allanheld, 1983.

10.217 ——ed. *Living with Contradictions: Controversies in Feminist Social Ethics*, Boulder, Col: Westview, 1994.

10.218 ——and Paula Rothenberg, eds *Feminist Frameworks*, 2nd and 3rd edns., New York: McGraw Hill, 1978 and 1993.

10.219 ——and Susan Bordo *Gender/Body/Knowledge*, New Brunswick, NJ: Rutgers University Press, 1989.

10.220 James, Stanlie and Abena Busia, eds *Theorizing Black Feminisms*, New York: Routledge, 1993.

10.221　Janiewski, Dolores *Sisterhood Denied*, Philadelphia: Temple, 1985.

10.222　Jardine, Alice *Gynesis: Configurations of Woman and Modernity*, Ithaca, NY: Cornell University Press, 1985.

10.223　Jayawardena, Kumari *Feminism and Nationalism in the Third World*, London: Zed Books, 1986.

10.224　Jeffries, Sheila *The Spinster and Her Enemies: Feminism and Sexuality (1830—1930)*, London: Pandora, 1985.

10.225　——*Anticlimax: A Feminist Perspective on the Sexual Revolution*, London: Women's Press, 1990.

10.226　Johnston, Jill *Lesbian Nation*, New York: Simon & Schuster, 1973.

10.227　Joseph, Gloria and Jill Lewis *Common Differences: Conflicts in Black and White Feminist Perspectives*, Boston: South End, 1981.

10.228　Kaye/Kantrowitz, Melanie and Irena Klepfisz, eds *The Tribe of Dina: A Jewish Women's Anthology*, Montpelier, Vt.: Sinister Wisdom, 1986.

10.229　Keller, Evelyn Fox *Reflections on Gender and Science*, New Haven Conn.: Yale University Press, 1985.

10.230　——*Secrets of Life, Secrets of Death: Essays on Language, Gender and Science*, New York: Routledge, 1992.

10.231　——and Marianne Hirsch, eds *Conflicts in Feminism*, New York: Routledge, 1990.

10.232　Kennedy, Ellen and Susan Mendus, eds *Women in Western Political Philosophy*, New York: St Martin's Press, 1987.

10.233　Keuls, Eva *The Reign of the Phallus: Sexual Politics in Ancient Athens*, New York: Harper & Row, 1985.

10.234　Kingston, Maxine Hong *The Woman Warrior*, New York: Vintage, 1977.

10.235　Kittay, Eva Feder and Diana Meyers, eds *Women and Moral Theory*, Totowa, NJ: Rowman & Littlefield, 1987.

10.236　Kitzinger, Celia *The Social Construction of Lesbianism*, London: Sage, 1987.

10.237　——and Rachel Perkins *Changing Our Minds*, New York: New York University Press, 1993.

10.238　Klein, Renate and Deborah Steinberg, eds *Radical Voices*, New York: Pergamon, 1989.

10.239 Klepfisz, Irena *Dreams of an Insomniac : Jewish Feminist Essays, Speeches and Diatribes*, Portland, Oregon: Eighth Mountain, 1990.

10.240 Koedt, Anne et al. *Radical Feminism*, New York: Quadrangle, 1973.

10.241 Kournay, Janet A. et al, eds *Feminist Philosophies*, Englewood Cliffs, NJ: Prentice Hall, 1992.

10.242 Kramarae, Cheris, ed. *Technology and Women's Voices*, New York: Routledge, 1988.

10.243 ——and Paula Treichler, eds *A Feminist Dictionary*, Boston: Pandora, 1985.

10.243 Krol, Sandera and Selma Sevenhuijsen, eds *Ethics and Morality in Feminism : An Interdisciplinary Bibliography*, Utrecht: Anna Maria van Schuurman Centrum, University of Utrecht, 1992.

10.244 Kuhn, Annette and AnnMarie Wolpe *Feminism and Materialism*, Boston: Routledge, 1978.

10.245 Ladner, Joyce *Tomorrow's Tomorrow*, New York: Doubleday, 1972.

10.246 Larrabee, Mary Jeanne *An Ethic of Care*, New York: Routledge, 1992.

10.247 Lather, Patti *Getting Smart : Feminist Research and Pedagogy with/in the Postmodern*, New York: Routledge, 1991.

10.248 Lederer, Laura, ed. *Take Back the Night*, New York: William Morrow, 1980.

10.249 Le Doeuff, Michèle *Hipparchia's Choice : An Essay Concerning Women, Philosophy, Etc.*, Oxford: Blackwell, 1991.

10.250 Leidholdt, Dorchen and Janice Raymond, eds *The Sexual Liberals and the Attack on Feminism*, New York: Pergamon, 1990.

10.251 Leighton, Anne T. *Scrapp*, Faultline, Cal. : Invent Books, 1994.

10.252 Lennon, Kathleen and Margaret Whitford, eds *Knowing the Difference : Feminist Perspectives in Epistemology*, New York: Routledge, 1994.

10.253 Lerner, Gerda *The Creation of Patriarchy*, New York: Oxford University Press, 1986.

10.254 Linden, Robin Ruth et al., eds *Against Sadomasochism*, East Palo Alto, Cal. : Frog in the Well, 1982.

10.255 Lloyd, Genevieve *The Man of Reason*, Minneapolis: University of Minnesota Press, 1984.

10.256　Longino, Helen *Science as Social Knowledge*, Princeton, NJ: Princeton University Press, 1996.

10.257　Lorde, Audre *Zami*, Trumansburg, NY: Crossing, 1982.

10.258　——*The Cancer Journals*, Iowa City: Aunt Lute, 1980.

10.259　——*Sister Outsider*, Freedom, Cal. : Crossing, 1984.

10.260　——*A Burst of Light*, Ithaca, NY: Firebrand, 1988.

10.261　Lowe, Marianne and Ruth Hubbard, eds *Woman's Nature : Rationalizations of Inequality*, New York: Pergamon, 1983.

10.262　Lugones, Maria *Pilgrimages/Peregrinajes : Essays in Pluralist Feminism*, Albany: State University of New York Press, 1994.

10.263　——*Intimate Interdependences*, Boulder Col. : Westview, 1994.

10.264　Macdonald, Barbara and Cynthia Rich *Look Me in the Eye : Old Women and Aging and Ageism*, Minneapolis: Spinsters Ink, 1991.

10.265　MacKinnon, Catherine *Sexual Harassment of Working Women*, New Haven, Conn. : Yale University Press, 1979.

10.266　——*Feminism Unmodified*, Cambridge, Mass. : Harvard University Press, 1987.

10.267　——*Toward a Feminist Theory of the State*, Cambridge, Mass. : Harvard University Press, 1989.

10.268　——*Only Words*, Cambridge, Mass. : Harvard University Press, 1993.

10.269　McMillan, Carol *Woman, Reason and Nature*, Oxford: Blackwell, 1982.

10.270　McNaron, Toni, ed. *The Sister Bond*, New York: Pergamon, 1985.

10.271　Mahowald, Mary, ed. *Philosophy of Woman*, Indianapolis, Ind. : Hackett, 1978.

10.272　Mamonova, Tatyana *Russian Women's Studies*, New York: Pergamon, 1988.

10.273　Manning, Rita *Speaking from the Heart : A Feminist Perspective on Ethics*, Lanham, Md. : Rowman & Littlefield, 1992.

10.274　Marks, Elaine and Isabelle de Courtivron, eds *New French Feminisms*, Amherst: University of Massachusetts Press, 1980.

10.275　Martin, Jane Roland *Changing the Educational Landscape*, New York:

Routledge, 1994.

10.276　Merchant, Carolyn *The Death of Nature*, New York: Harper & Row, 1980.

10.277　Meyers, Diana *Self, Society, and Personal Choice*, New York: Columbia University Press, 1989.

10.278　Midgley, Mary and Judith Hughes *Women's Choices*, London: Weidenfeld & Nicholson, 1983.

10.279　Milan Women's Bookstore Collective, *The Sexual Difference*, Bloomington: Indiana University Press, 1990.

10.280　Millett, Kate *Sexual Politics*, New York: Avon, 1969.

10.281　Minas, Anne *Gender Basics*, Belmont, Cal.: Wadsworth, 1993.

10.282　Minnich, Elizabeth Kamarck *Transforming Knowledge*, Philadelphia: Temple, 1990.

10.283　Mitchell, Juliet *Women's Estate*, New York: Pantheon, 1971.

10.284　——*Psychoanalysis and Feminism*, London: Allen Lane, 1974.

10.285　Modeleski, Tania *Feminism Without Women : Culture and Criticism in a Postfeminist Age*, New York: Routledge, 1991.

10.286　Mohanty, Chandra Talpade *et al. Third World Women and the Politics of Feminism*, Bloomington: Indiana University Press, 1991.

10.287　Moi, Torril *Sexual/Textual Politics*, New York: Methuen, 1985.

10.288　——ed. *French Feminist Thought*, New York: Blackwell, 1987.

10.289　Moraga, Cherrie *Loving in the War Years*, Boston: South End, 1983.

10.290　——*The Last Generation*, Boston: South End, 1993.

10.291　——and Gloria Anzaldúa, eds *This Bridge Called My Back : Writings by Radical Women of Color*, New York: Kitchen Table, Women of Color, 1981.

10.292　Morgan, Elaine *The Descent of Woman*, New York: Stein & Day, 1972.

10.293　Morgan, Robin, ed. *Sisterhood is Powerful*, New York: Vintage, 1970.

10.294　——*Anatomy of Freedom*, Garden City, NY: Anchor, 1992.

10.295　——ed. *Sisterhood Is Global*, Garden City, NY: Anchor, 1984.

10.296　Morrison, Toni, ed. *Race-ing Justice, En-Gendering Power : Essays on Anita Hill, Clarence Thomas, and the Construction of Social Reality*, New York: Pantheon, 1992.

10.297　Myron, Nancy and Charlotte Bunch, eds *Lesbianism and the Women's Movement*, Baltimore: Diana, 1975.

10.298　Nelson, Lynn Hankinson *Who Knows : From Quine to a Feminist Empiricism*, Philadelphia: Temple, 1990.

10.299　Nicholson, Linda *Gender and History*, New York: Columbia University Press, 1986.

10.300　——ed. *Feminism/Postmodernism*, New York: Routledge, 1990.

10.301　Noddings, Nel *Caring*, Berkeley: University of California Press, 1984.

10.302　Nye, Andrea *Feminist Theory and the Philosophies of Man*, New York: Routledge, 1988.

10.303　——*Philosophia : The Thought of Rosa Luxemburg, Simone Weil, and Hannah Arendt*, New York: Routledge, 1993.

10.304　——*Words of Power : A Feminist Reading of the History of Logic*, New York: Routledge, 1990.

10.305　Okin, Susan Moller *Women in Western Political Thought*, Princeton, NJ: Princeton University Press, 1979.

10.306　——*Justice, Gender, and the Family*, New York: Basic Books, 1989.

10.307　Oliver, Kelly, ed. *Ethics, Politics, and Difference in Julia Kristeva's Writing*, New York: Routledge, 1993.

10.308　Olsen, Tillie *Silences*, New York: Delacorte, 1979.

10.309　Osborne, Martha Lee *Woman in Western Thought*, New York: Random House, 1979.

10.310　Parker, Pat *Movement in Black*, Ithaca, NY: Firebrand, 1989.

10.311　Patai, Daphne *The Orwell Mystique*, Amherst: University of Massachusetts Press, 1984.

10.312　Pateman, Carole *The Sexual Contract*, Stanford, Cal. : Stanford University Press, 1988.

10.313　——*The Disorder of Women*, Oxford: Polity Press, 1989.

10.314　——and Elizabeth Gross, eds *Feminist Challenges*, Boston: Northeastern University Press, 1986.

10.315　Pearsall, Marilyn, ed. *Women and Values*, 1st and 2nd edns, Belmont,

Cal. ; Wadsworth, 1986 and 1993.

10. 316　Penelope, Julia *Speaking Freely : Unlearning the Lies of the Fathers' Tongues* , New York: Pergamon, Athene Series, 1990.

10. 317　——and Susan Wolfe, eds *The Coming Out Stories*, Watertown, Mass. ; Persephone, 1980.

10. 318　Pierce, Christine *How to Solve the Lockheed Case*, New Brunswick, NJ: Transaction, 1986.

10. 319　Piercy, Marge *Woman on the Edge of Time*, New York: Fawcett Crest, 1976.

10. 320　Pitkin, Hanna Fenichel *Fortune Is a Woman : Gender and Politics in the Thought of Niccolò Machiavelli*, Berkeley: University of California, Press, 1984.

10. 321　Plant, Judith, ed. *Healing the Wounds : The Promise of Ecofeminism*, Philadelphia: New Society, 1989.

10. 322　Plaskow, Judith and Joan Arnold, eds *Women and Religion*, Missoula, Mont. ; Scholars, 1974.

10. 323　——and Carol Christ, eds *The Weaving Visions : New Patterns in Feminist Spirituality*, New York: Harper & Row, 1989.

10. 324　Pratt, Minnie Bruce *Rebellion*, Ithaca, NY: Firebrand, 1991.

10. 325　Rabinowitz, Nancy Sorkin and Amy Richlin, eds *Feminist Theory and the Classics*, New York: Routledge, 1993.

10. 326　Ramos, Juanita, ed. *Compañeras : Latina Lesbians*, New York: Latina Lesbian History Project, 1987.

10. 327　Raymond, Janice *A Passion for Friends : Toward a Philosophy of Female Affection*, Boston: Beacon, Press, 1986.

10. 328　Redstockings *Feminist Revolution*, New York: Random House, 1978.

10. 329　Reed, Evelyn *Women's Evolution : From Matriarchal Clan to Patriarchal Family*, New York: Pathfinder, 1975.

10. 330　Reiter, Rayna, ed. *Toward an Anthropology of Women*, New York: Monthly Review Press, 1975.

10. 331　Rich, Adrienne *of Woman Born*, New York: Norton, 1976.

10. 332　——*On Lies, Secrets, and Silence*, New York: Norton, 1979.

10. 333　——*Blood, Bread, and Poetry*, New York: Norton, 1986.

10.334 Rosser, Sue *Feminism within the Science and Health Care Professions*, New York: Pergamon, 1986.

10.335 Rothschild, Joan, ed. *Machina Ex Dea : Feminist Perspectives on Technology*, New York: Pergamon, 1986.

10.336 Rowbotham, Sheila *Women, Resistance, and Revolution*, New York: Pantheon, 1972.

10.337 ——*Women in the Movement*, New York: Routledge, 1992.

10.338 Ruddick, Sara *Maternal Thinking : Toward a Politics of Peace*, Boston: Beacon Press, 1989.

10.339 Rush, Florence *The Best Kept Secret : Sexual Abuse of Children*, Englewood Cliffs, NJ: Prentice Hall, 1980.

10.340 Russell, Diana, ed. *Exposing Nuclear Phallacies*, New York: Pergamon, 1980.

10.341 ——and Nicole Van de Ven, eds *The Proceedings of the International Tribunal on Crimes Against Women*, Millbrae, Cal: Les Femmes, 1976.

10.342 Ruth, Sheila *Take Back the Light : A Feminist Reclamation of Spirituality and Religion*, Lanham, Md. : Rowman & Littlefield, 1993.

10.343 Sabbah, Fatna *Woman in the Muslem Unconscious*, New York: Pergamon, 1984.

10.344 Sargent, Lydia, ed. *Women and Revolution*, Boston: South End, 1981.

10.345 Sawicki, Jana *Disciplining Foucault*, New York: Routledge, 1991.

10.346 Saxton, Marsha and Florence Howe, eds *With Wings : An Anthology of Literature by and about Women with Disabilities*, New York: Feminist Press, 1987.

10.347 Sayers, Janet *Biological Politics*, London: Tavistock, 1982.

10.348 Scheman, Naomi *Engenderings : Constructions of Knowledge, Authority, and Privilege*, New York: Routledge, 1993.

10.349 Schoenfielder, Lisa and Barb Weiser, eds *Shadow on a Tightrope : Writings by Women on Fat Oppression*, Iowa City: Aunt Lute, 1983.

10.350 Sedgwick, Eve Kosofsky *Between Men : English Literature and Male Homosocial Desire*, New York: Columbia University Press, 1985.

10.351 Shange, Ntozake *For Colored Girls Who Have Considered Suicide/When the Rainbow is Enuf*, New York: Macmillan, 1975.

10.352 Sherwin, Susan *No Longer Patient : Feminist Ethics and Health Care*, Philadelphia: Temple, 1991.

10.353 Shiva, Vandana *Staying Alive : Women, Ecology, and Development*, London: Zed Books, 1988.

10.354 Shogan, Debra, ed. *A Reader in Feminist Ethics*, Toronto: Canadian Scholar's, 1992.

10.355 Shrage, Laurie *Moral Dilemmas of Feminism : Prostitution, Adultery and Abortion*, New York: Routledge, 1994.

10.356 Silvera, Makeda, ed. *Piece of My Heart : A Lesbian of Color Anthology*, Toronto: Sister Vision, 1991.

10.357 Simons, Margaret, ed. *Rereading the Cannon : Feminist Interpretations of Simone de Beauvoir*, University Park: Pennsylvania State University Press, 1994.

10.358 Singer, Linda *Erotic Welfare : Sexual Theory and Politics in the Age of Epidemic*, New York: Routledge, 1993.

10.359 Smith, Barbara, ed. *Home Girls : A Black Feminist Anthology*, New York: Kitchen Table, Women of Color Press, 1983.

10.360 Smith, Dorothy *The Everyday World as Problematic*, Boston: Northeastern University Press, 1987.

10.361 ——and Sarah David, eds *Women Look at Psychiatry*, Vancouver: Press Gang, 1975.

10.362 Snitow, Ann *et al.*, eds *Powers of Desire : The Politics of Sexuality*, New York: Monthly Review Press, 1983.

10.363 Solanas, Valerie *SCUM Manifesto*, London: Matriarchy Study Group, 1968, 1983.

10.364 Spallone, Patricia and Deborah Steinberg, eds *Made to Order : The Myth of Reproductive Progress*, New York: Pergamon, 1987.

10.365 Spellman, Elizabeth *Inessential Woman : Problems of Exclusion in Feminist Thought*, Boston: Beacon Press, 1988.

10.366 Spender, Dale *Man Made Language*, New York: Routledge, 1980.

10.367 ——*Women of Ideas and What Men Have Done to Them*, London: Ark Paperbacks, 1983.

10.368　Spivak, Gayatri Chakravorty *In Other Worlds : Essays in Cultural Politics*, New York: Methuen, 1987.

10.369　Spretnak, Charlene, ed. *The Politics of Women's Spirituality*, New York: Doubleday, 1982.

10.370　Stambler, Sookie, ed. *Women's Liberation*, New York: Ace Books, 1970.

10.371　Stanley, Liz and Sue Wise *Breaking Out Again : Feminist Ontology and Epistemology*, New York: Routledge, 1983, 1993.

10.372　Steady, Filomina Chioma, ed. *The Black Woman Cross-Culturally*, Cambridge, Mass. : Schenkman, 1981.

10.373　Stone, Merlin *When God Was a Woman*, New York: Harcourt Brace Jovanovich, 1976.

10.374　Swirski, Barbara and Marilyn Safir, eds *Calling the Equality Bluff : Women in Israel*, New York: Pergamon, 1991.

10.375　Tanner, Leslie, ed. *Voices from Women's Liberation*, New York: New American Library, 1970.

10.376　Terborg-Penn, Sharon Harley and Andrea Benton Rushing, eds *Women in Africa and the African Diaspora*, Washington, DC: Howard University Press, 1978.

10.377　Thürmer-Rohr, Christina *Vagabonding*, Boston: Beacon Press, 1987.

10.378　Tong, Rosemary *Women, Sex, and the Law*, Totowa, NJ: Rowman & Allanheld, 1984.

10.379　——*Feminist Thought*, Boulder, Col. : Westview, 1989.

10.380　——*Feminine and Feminist Ethics*, Belmont, Cal. : Wadsworth, 1993.

10.381　Trebilcott, Joyce, ed. *Mothering*, Totowa, NJ: Rowman & Allanheld, 1984.

10.382　——*Dyke Ideas*, Albany: State University of New York Press, 1993.

10.383　Trinh T. Minh-ha *Woman, Native, Other : Writing Postcoloniality and Feminism*, Bloomington: Indiana University Press, 1989.

10.384　——*When the Moon Waxes Red : Representation, Gender and Cultural Politics*, New York: Routledge, 1991.

10.385　——*Framer Framed*, New York: Routledge, 1992.

10.386　Tronto, Joan *Moral Boundaries : A Political Argument for an Ethics of*

Care, New York: Routledge, 1993.

10.387　Tuana, Nancy, ed. *Feminism and Science*, Bloomington: Indiana University Press, 1989.

10.388　——*Woman and the History of Philosophy*, New York: Paragon House, 1991.

10.389　——*The Less Noble Sex : Scientific, Religious and Philosophical Conceptions of Woman's Nature*, Bloomington: Indiana University Press, 1993.

10.390　Vance, Carol, ed. *Pleasure and Danger*, New York: Routledge, 1989.

10.391　Vetterling-Braggin, Mary, ed. *Sexist Language*, Totowa, NJ: Littlefield, Adams, 1981.

10.392　——ed. *"Femininity," "Masculinity," and "Androgyny"*, Totowa, NJ: Littlefield, Adams, 1982.

10.393　——*et al.* , eds *Feminism and Philosophy*, Totowa, NJ: Littlefield, Adams, 1977.

10.394　Waithe, Mary Ellen, ed. *A History of Women Philosophers*, vols 1-5, Boston: Martinus Nijhoff, 1987—1894.

10.395　Walby, Sylvia *Theorizing Patriarchy*, Cambridge: Blackwell, 1990.

10.396　Walker, Alice *In Love and Trouble*, New York: Harcourt Brace Jovanovich, 1973.

10.397　——*You Can't Keep a Good Woman Down*, New York: Harcourt Brace Jovanovich, 1981.

10.398　——*The Color Purple*, New York: Harcourt Brace Jovanovich, 1982.

10.399　——*In Search of Our Mother's Gardens*, New York: Harcourt Brace Jovanovich, 1983.

10.400　——and Pratibha Parmar *Warrior Marks : Female Genital Mutilation and the Sexual Blinding of Women*, New York: Harcourt Brace, 1993.

10.401　Walker, Barbara *The Crone*, San Francisco: Harper & Row, 1985.

10.402　Wallace, Michele *Black Macho and the Myth of the Superwoman*, New York: Dial, 1978.

10.403　Warhol, Robyn and Diane Price Herndl *Feminisms*, New Brunswick, NJ: Rutgers University Press, 1991.

10.404　Waring, Marilyn *If Women Counted： A New Feminist Economics*, New York： Harper & Row, 1988.

10.405　Warland, Betsy *In Versions： Writings by Dykes, Queers, and Lesbians*, Vancouver： Press Gang, 1991.

10.406　Warren, Karen, ed. *Ecological Feminist Philosophies*, New York： Routledge, 1994.

10.407　Weed, Elizabeth, ed. *Coming to Terms： Feminism, Theory, Politics*, New York： Routledge, 1989.

10.408　Weedon, Chris *Feminist Practice & Poststructuralist Theory*, New York： Blackwell, 1987.

10.409　White, Evelyn, ed. *The Black Women's Health Book*, Seattle, Wash.： Seal Press, 1990, 1994.

10.410　Whitford, Margaret *Luce Irigaray*, New York： Routledge, 1991.

10.411　Williams, Patricia J. *The Alchemy of Race and Rights*, Cambridge, Mass： Harvard University Press, 1991.

10.412　Wittig, Monique *Les Guérillères*, Boston： Beacon Press, 1969, 1985.

10.413　——*The Lesbian Body*, New York： Avon, 1976.

10.414　——*The Straight Mind*, Boston： Beacon Press, 1992.

10.415　——and Sande Zeig *Lesbian Peoples： Material for a Dictionary*, New York： Avon, 1979.

10.416　Wolf, Margery and Roxane Witke, eds *Women in Chinese Society*, Stanford, Cal. ： Stanford University Press, 1975.

10.417　Wolfe, Susan and Julia Penelope, eds *Sexual Practice, Textual Theory： Lesbian Cultural Criticism*, Cambridge： Blackwell, 1993.

10.418　Wright, Elizabeth, ed. *Feminism and Psychoanalysis： A Critical Dictionary*, Oxford： Blackwell, 1992.

10.419　Yeatman, Anna *Postmodern Revisionings of the Political*, New York： Routledge, 1993.

10.420　Young, Iris *Justice and the Politics of Difference*, Princeton, NJ： Princeton University Press, 1990.

10.421　——*Throwing Like a Girl and Other Essays in Feminist Philosophy and*

Social Theory, Bloomington: Indiana University Press, 1990.

10.422　Zita, Jacquelyn *Fleshing Out the Body*, Albany: State University of New York Press, 1994.

期刊

10.423　*APA Newsletter on Feminism*

10.424　*Differences: A Journal of Feminist Cultural Studies*

10.425　*Feminist Studies*

10.426　*Hypatia: A Journal of Feminist Philosophy*

10.427　*Lesbian Ethics*

10.428　*Sage: A Scholarly Journal on Black Women*

10.429　*Signs: A Journal of Women in Culture and Society*

10.430　*Sinister Wisdom*

第十一章
法哲学

加尔文·G·诺姆（Calvin G. Normore）

过去 40 年间，法学和哲学之间的相互渗透非常突出。法学家们对像罗尔斯《正义论》（1971）这样的哲学文本的研究已经与哲学家同样多了，而从哲学上对待同样知名的法学理论如哈特（H. L. A. Hart）和托尼·奥诺尔（Tony Honoré）的《法律中的因果关系》（*Causation in the Law*，1959）也已经在与法学几乎没有任何直接联系的哲学领域有了影响。两者之间的关联紧密到如此程度，以致再不可能说哪里是法哲学的终结，是其他哲学或其他法学的起点。本文就将讨论这些领域的近期工作，它们通常被看成法哲学专著和课程的中心话题——基础法理学、犯罪和惩罚理论，以及责任和侵权议题。

基础法理学

当代英美法理学著作从哈特的《法的概念》（*The Concept of Law*，1961）开始。在该书中，哈特支持一种精致的法律实证主义。它从社群对规则体系的认可中发现法律的权威。该体系建立在认可的基本规则之上，它确定了什么将被包含在一般法律规则之中（[11.9]，97 ff.）。这一描述有两个基本方面。一是认可的作用。与自然法理论不同，哈特发现法律约束力的一个关键方面存在于约束社群的认可中。二是规则的概念。早期实证主义理论，最明显的就是约翰·奥斯汀的理论，聚焦于如下理念，即法律是由君主颁布及以暴力为后盾的命令（以威胁为代表性特征）。与此不同，哈特的理论认为法律是规则，是指导行为的标准。背离这些标准就会受到惩罚，而许多人或许只是因为担心受到这样的惩罚而遵守这些标准。但这并不是说因为它们是标准因而产生了义务去遵守；相反，该观点把法律视为行动的指导，并认为存在着某种遵守法律的理由。那些发现或使自己成为法律圈外人的人尽管根据法律行动（比如担心被制裁或不想成为出头鸟），但是他们并没有接受它。哈特通过反思对法律的典型态度及对持枪歹徒的威胁的态度之间的差异，阐明了这两种观点之间的不同。前者把责任或义务看作并用作行动的指导，后者可以迫使我们做但是并没有使我们负担起义务，而且如果我们不担心不遵守的后果，那么我们可能就不会遵守它（[11.9]，80 ff.）。哈特认识到，即使没有任何官方的认可，指导行为的规则系统也可能存在；但他认为这种规则系统将存在明显的缺陷，而通过提供次级规则控制对指导行为的基本规则的认可、改变和执行，可以克服这些缺陷。一个完全成熟的法律体系就将由这两种规则组成。

我将从描述哈特的精致的法律实证主义开始。毫无疑问，他在道德和法律义务之间做出了明确区分，而且否认一个是另一个的基础。不过，他承认两者之间存在着紧密联系，这一联系本身以他接受的如下事实为基础，即这两个规则系统都紧密关系到人类的生存。对他而言，这一事实确保了在任何合理的法律或道德系统中都存在着"天然地"表现的最小成分。因此，一方面他否认规则的不道德性会自动将其排除出法律之外，另一方面他又认为，一些法律特征作为任何组织完善的法律系统的一部分是天然的，这种法律系统在我们自己这样的世界上控制着人类行为。"不许杀人"这样的禁令及批准禁令这种附属物的结构性特征就是他用来说明的实例。

哈特对法律的描述打开了在法律理论和哲学之间进行交流的新的广阔途径。他的规则观念、遵守规则的观念以及规则系统之间关系的观念都与由维特根斯坦和奥斯汀所提出并由像彼得·温奇（Peter Winch）这样的作家大力提倡的理念有着紧密联系。他坚持法律如何才能是规范的这一思想的必要性,这使他既与那些作家相联系,也与一部分哲学家相联系。这些哲学家关心规范如何才能成为严肃对待现代科学的那种哲学的一部分。

344　　最能将哈特与传统实证主义的法律理论区分开来的是他的如下认识,即法律的规范方面不能被还原为任何预言或威胁之类的东西。法律"主张"我们应该遵守它。而最能将哈特与传统自然法理论家区分开来的是他的如下坚持,即法律中的规范是具体的法律准则,它们产生于社群对法律系统的认可。

规范如何才能从实践的存在与对它的认可的联合中产生,这一问题已经被视为当代哲学中最深层次的问题之一,它对法学理论的重要性也已经为凯尔森(H. Kelsen)所揭示。他在其《法律和国家的一般理论》(General Theory of Law and the State,1961)一书中提出的观点值得关注,即每一个法律体系都依赖于一条在其运行及对其进行法学研究(相对于社会学研究)中设定的单一准则(大致以如下形式:"应该被遵守的系统的法律")。事实上,凯尔森认为法律的规范性都是由法律设定的;而哈特认为,法律是规范性的,但完全是由特定实践的存在和被认可构成的。既然认可规则至少被看作一个行动的理由,那么个人对法律系统的认可也就给出了遵守它的理由,这就并非难以理解了;但是为什么在你的社群中对这样的系统的认可就应当给你遵守它的理由而不管你自己是否接受它,这就难以理解得多。最终,至少一位哈特最著名的学生——约瑟夫·拉兹(Joseph Raz),在其《法律的权威性》(The Authority of Law,1979)中不得不承认,没有任何遵守法律的普遍责任(在"责任"的意义上,即服从责任需要有一个按责任行动的理由)。

当代法理学以对哈特的回应为主导,最有影响的可能是罗纳德·德沃金的回应。在收于《认真对待权利》(Taking Rights Seriously,1977)的一系列论文中,德沃金对哈特图景中的关键方面提出了挑战。首先,他认为哈特过度强调了规则在法律中的作用。德沃金用他所说的"原则"与规则相对比。它们的不同在于,当规则明确应用于一个案例时,它规定了该案例将如何被对待。规则也许是相互冲突的,但是这些冲突必须通过决定应用哪个规则来解决;规则也许是模糊的,但是这种模糊必须通过决定是否应用该规则来解决。哈特建议，当这些决定本身不是由其他规则决定时，制定它们的法官只是在立法而已。既然冲突和模糊性在法律中貌似不可避免，那么哈特由此承认了一个在实践上与立法无从区分的司法裁量领域。另一方面，原则对德沃金而言亦有其重要性。在《原则问题》（*A Matter of Principle*，1985）一书中，他提出了自己的早期主张：不同的原则可以明确应用于一个情境，并且可以指向不同的方向。在这种案例中，决定应该考虑所有原则。原则是（或提供）行动的理由，而且与理由一样可能会产生冲突、否决和被否决，并作为法令和判例的解释指南。

德沃金用了两个引人注目的方法为原则范畴进行辩护：一是提供了一种新的判决模式，二是赞成法律和道德之间的密切联系。

德沃金以赫拉克勒斯（Hercules）这一人物形象来阐明自己的判决模式。赫拉克勒斯是一位法官，知道每一条法规、每一个案例，不受记忆力或认知能力的限制。德沃金提出，赫拉克勒斯在处理他面临的案件时所需要做的就是提出一个整体的法学理论并应用它。为了形成这一法学理论，赫拉克勒斯会把先前的案例和存在的法律作为数据并以他当时的原则为指导。他的目标是一个能解释尽可能多的数据的理论并给出每条原则适当的范围和权重。在建构这一理论的过程中，赫拉克勒斯可能会得出，在先前没有注意的法律原则中存在一些暗示。为了建构一个足够普遍和内在一致的理论，他也会被迫得出早先的一些案例（无法被整合进一个满意的理论）被错判了。一旦有了这样一个整体性的法律理论，赫拉克勒斯会将之应用于他面临的案例。这一案例继而充当进一步的数据。德沃金认为，一个完全成熟的法律系统会有足够多的案例、法令和已经被认可的原则，以便使这样一个整体理论的建构成为可能。因此他认为哈特意义上的司法判决至少不太可能需要。

在德沃金的权威著作《法律帝国》（*Law's Empire*，1986）中，他再次描述了这一方案。赫拉克勒斯被作为一个提供法律解释的方案，就像一个导演解释莎士比亚戏剧的方式一样。德沃金把这个解释方案看作发现某种东西背后的意图的方案——甚至在那些我们不能假定正在被解释的东西是某个人的实际意图的产物的案例中。这样，我们就能够解释社会行为（德沃金的例子是在特定他人面前脱掉某人的帽子），即把它"视为追求一系列主旨，或使命，或目的的决定的产物，是这一'指向'而不是别的"（[11.7]，58-59）。这一行动解释了德沃金的方案，但也使它更具争议。因为通过诉诸解释概念以及所使用的文学和戏剧的事例，德沃金将法理学向关于解释的争论——20世纪的大部分时间里关于解释的争论一直在文学批评家和文学评论的哲学家中间激烈地进行——敞开了。把文学批评活动引进法学院已经产生了社会学影响，而把法学理论放进关于解构的争论中也产生了理论后果。

在《法律帝国》及其更晚近的论文中，德沃金发展了他关于案例、法令、规则、原则和其他成分将如何围绕"法律即整全性"的口号进行解释的说明。法律的整全性就是它的内在一致性和它的基本原则的系统性运用。把法律设想为具有整全性首先就包含了把它看作一种理想的政治实践，即立法者努力实现法律在道德上和政治上的一致性；其次包含了把它看作法律判决的要件，以便把法律解释为道德和政治上内在一致的。德沃金把内在一致性的要求看成法律正义以及实质公平和程序公平等要件的一部分。他认为判决的解释性实践必须努力把法律看作来自正义、公平和程序诉讼过程的原则。这将产生把政治实践理论（一个相当有希望的政治实践的自由主义理论）置于判决理论之中心的后果，因此这存在高度的争议性也就毫不奇怪了。

德沃金主张，法律和道德之间存在着比哈特所接受的更为紧密的关系。例如，他认为美国宪法直接诉诸道德原则和道德权利，它们因此成为法律的一部分并在判决案件中具有必须受到尊重的法律分量。他认为基本的道德价值——比如公平——具有法律约束力并且能够既被用来决定法律是什么，也被用来确定它将如何被运用。他认为，对公民而言，在一条法律违背了道德正当性——大量案件可能因为它的法律立场而发生——的情况下，公民没有义务遵守这种法令，政府应当特殊对待这种公民不遵守法律的案件，并且不应当起诉他们。

德沃金与自然法传统的关系是复杂而微妙的。他对道德原则和权利的法律效力的解释是作为关于北美和欧洲民主制的现实宪法和法律系统的最佳解释的论断提出的。他否认在任何社会任何时候被正当地称为"法律"的东西都必须尊重我们所认为的——甚至是社会在当时所认为的——道德的基本方面，比如他反对纳粹主义的法律根本不是法律的思想。不过他也赞同，"法律"是那些维特根斯坦称为"家族相似"概念的东西，以及纳粹主义的法律作为法律在许多重要方面——那些方面可能使它很难为其强迫性辩护——不同于英美法律。因此，他似乎承认了存在不给任何人提供行动理由的有效法律的可能性。

不管我们是否把德沃金算作自然法理论家，自然法理论在诸如阿兰·多纳根（Alan Donagan）、约翰·菲尼斯（John Finnis）以及杰曼·格瑞塞斯（Germain Grisez）等哲学家和法理学家那里已经复活了。菲尼斯的《自然法与自然权利》（*Natural Law and Natural Rights*，1980）处于该运动的中心地位。菲尼斯的出发点是认为法律必须保护对人类繁荣必不可少的特定的善。他所说的这些善包括生命与健康、知识、运动、审美活动、友情与其他形式的社会性、实践理性以及与他所称为宗教的事物之更高秩序的联系。菲尼斯认为，恰当地说，这是一个完全的列表，上面所列的善是基本的，每一个都不能约减为其他的善，也不能对它们相互进行排序。它们对于整个人类的繁荣而言具有不可比拟的必要性。菲尼斯称为社群"共同的善"的东西就是所有这些善的复合物及其适应于该社群成员的特定形式的派生物，因此它本身就非常复杂。菲尼斯从这一事实以及对实践理性本身的善的本质的反思得出结论认为，权威必不可少。权威也并非只对于处理那些把个人利益置于"共同的善"之上的那些人而言才是必要的。在努力获得共同的善的社群中，对调和问题的权威解决方法是必需的。这种解决方法在习俗中就能找到，但因为习俗是一种难以控制的制度，所以这种解决方法更有可能是由规则制定者和社群所创造的法律系统提供的。对菲尼斯而言，特定法律系统的权威依赖于如下事实，即多数社群事实上确实遵守法律系统所制定的要求。这一事实以及对某些法律系统的需要赋予了这些特定的系统以合法的地位，这从而也就提供了遵守法律系统要求的理由。

与德沃金将法律设想为正义的工具而菲尼斯将法律设想为善的工具不同，理查德·波斯纳（Richard Posner）和"法律经济学"运动——前者是这一运动的核心人物——将法律设想为经济效率的工具。

法律经济学运动开始于罗纳德·哈里·科斯（Ronald H. Coase）的论文《社会成本问题》（"The Problem of Social Cost"，1960）。它从圭多·卡拉布雷西（Guido Calabresi）的《意外的成本》(*The Costs of Accidents*，1970，[11.30]）对断层系统所做的分析以及卡拉布雷西和梅拉梅德（A. D. Melamed）的《财产规则、责任规则及不可让渡性：对总教堂的一种看法》("Property Rules, Liability Rules and Inalienability: One View of the Cathedral"，1972，[11.31]）对授权的分析中获得动力。在波斯纳的《法律经济学分析》(*Economic Analysis of Law*，1973）之后，法律经济学达到了运动的态势。波斯纳认为，法律的基本目标是改变动机。例如法律通过提高活动的预期成本使它超过从中获得的预期收益来制止活动。波斯纳认为，法律的基本形式结构——如服从必须是可能的、相似的案例会被同样地处理，以及法律必须是公开的等诸如此类的特征——能够被解释的条件是：假设法律的目的是要为人们提供做有经济效益的行动的动机以及假设法官们毫无保留地努力确定促进这一目标的行动。他还进一步认为，描述上最合适的习惯法理论就是把它视为在相互作用的代理人之间分配责任的方法，以便最大化活动的价值——产生经济效益。科斯在其对后来者有重大影响的论文中表示，标准的经济理论要求，如果在相互影响的政党之间交易没有任何成本，并且如果各政党愿意讨价还价和进行贸易，那么在他们之间对授权的任何分配都将是高效的。如果效率需要政党具有一个它还没有的资格，那么它从拥有这个资格的人那里买到它，会使每个人都变得更好。如果这种买卖是没有成本的，而且每个人都愿意在他们有兴趣的时候买卖，那么这个资格即使在它们本来最有效的地方也将终结。但是这些条件经常得不到满足，尤其是某些特定交易的成本经常相当高。在这些情况下，波斯纳认为法律应当"模仿市场"。他指出："当法律（1）将权利分配给要买它的政党……如果它本来被分配给其他政党并且交易成本为零，或者（2）将义务赋予想卖它的政党，如果他有权并且交易成本为零，此时交易成本将降到最低"（[11.12]，18）。

尽管波斯纳认为他的理论已经对习惯法做出了很好的解释，但他也承认它对成文法的解释相对较差。他认为这从他的方法上也是可以解释的，因为一个立法的经济理论将证明，它们预期的对效益的关注比市场或上诉法官要少得多。市场直接产生效益并且只偶然地重新分配财富，而立法机关有强大的经济动机主要干涉财富分配，而只偶然涉及效益。

波斯纳以留给读者一个问题作为练习结束了《法律经济学分析》："像法律、法律规则及制度中所讨论的那种'正义'理念能够从经济学家的效益理念中推导出来吗？如果不能，正义和效益是兼容的吗？"（[11.12]，395）几乎所有对法律经济学运动的关键批评都聚焦于这一问题（cf. Coleman [11.2]）。

迄今为止我们所关注的所有运动都赞同这一观点，即很多——即使不是全部——英美法律在某种相当纯血统的意义上是正当的，但这一立场遭到了批判法学的抵制。

批判法学的声音并不一致，而且无论它的支持者还是批评者有时都把它当作政治运动——一个人要么属于它要么不属于它，而不是作为一个立场——一个人可以同意它也可以不同意它。这一运动中最核心的人物之一就是罗伯托·昂格尔，我将聚焦于他的目的和方法的构想。在《批判法学研究运动》（*The Critical Legal Studies Movement*，1986）中，昂格尔将这一运动描述为源自一个致力于对他所谓的形式主义和客观主义进行批评的传统。形式主义认为，法律决定不是政治决定，而是能够根据法律理性的方法——能根据法律立场认为自己是正当的——加以证明的。客观主义认为，法律体系作为一个整体不只是社会中竞争的派系之间权力斗争的产物，而且可以作为某种客观秩序的体现证明其正当性——经常被设想为一种道德或理性秩序。昂格尔认为这两种主张相互支持，并认为一旦法律体现客观道德或理性的观念被抵制，人们就能清楚地明白，通过没有争议的方法来证明特定法律决定的方案本身必须被抵制。

批判法学将自己视为弗兰克（Frank）、霍姆斯（Holmes）及卢埃林（Llewellyn）等人的法律实在论的继承人，以及德沃金代表的法律观点（昂格尔称为"权利和原则学派"）和法律经济学运动的反对者。昂格尔将它们称为主要受如下考虑驱动的19世纪法理学的淡化版本，即如果人们接受形式主义和客观主义的批评，那么法律学说，甚至规范论证的可能性都将被削弱。不难理解，批判法学和它的对手之间的言语（以及制度上的）冲突历来是无比尖锐的。

重要的是，昂格尔认为批判法学并没有削弱法律学说或规范论证。他认为批判法学所做的就是延续法律实在论者扩大法律学说的方案，即通过提出经验的社会理论以及引起关于权利和可行的社会结构的争论对法律及其正当性产生影响。他认为，这样的结果之一就是将政治和法律理想——如平等或市场合理性——与当前的这些理想的观念，即把偶然的制度安排看作理想本身的一部分的观念区分开来。这部分是通过具体的历史研究说明法律如何典型地包含相反的观念（原则和"反原则"），并详细说明它们如何通过政治斗争和政治交易让两者都存在实现的。这个过程在契约法中得到体现。在那里，两个观念都非常突出——一个强调与谁交易和接受什么条款的选择自由，另一个强调不公平的契约不管自愿的程度多大也不应该被执行。每个观念都能被推广为一个完整的契约理论，也都将另一个观念的核心示例看成孤立的限制样本；但是没有哪个观念本身能够对现存的契约法给出充分说明，而且一旦认识到这一点，我们也就认识到契约概念与这两个观念并不是联系在一起的。

批判法学把法律看成本质上是竞争性的，并认为德沃金所提出的那种解释方案——将产生出一种内在一贯的整体性的法律理论——即使对于法学中一个非常小的分支而言也绝不可能被贯彻。基本原因是，一个社会的法律反映了这个社会的历史。既然所有更大的社会历史都是政治和社会冲突的历史，那么很有可能，这些社会的法律本身在以往案例的历史和法令史中也将再生产出这些冲突。在更为抽象的层次上昂格尔想主张的是（尤其是反对传统马克思主义），历史不是一个确定过程的产物，而是对有其他选项的重大选择的反映。法律将反映这种非决定论并试图回溯地赋予这些法律选择一个解释性结构，即把法律的进步看成一个被深深误导了的单一理论的演变。

正是在这一点上，批判法学与当代文学理论和当代一般哲学的主流交汇在了一起。为了提出对法律解释的说明，德沃金诉诸伽达默尔（H. G. Gadamer）的解释学著作。为了回应对他的批评，他诉诸其他19、20世纪德国和法国哲学——诉诸黑格尔、马克思和尼采，诉诸福柯（Foucault）、德里达（Derrida），有时候还有海德格尔。德沃金在法学和文学解释之间的类比已经为解构主义批评家、律师和哲学家所接受，他们认为对文本的最好描绘不是把它们看作好像一个单一的内在一贯的作者意图的产品,而是把它们看作更像各种不同的力量和目的在其中自我表演的场域。如果这就是它与文本的关系,那么如果德沃金的类比也是如此与法律相联系,而不是寻求一个内在一贯的法律理论的话,那么法理学应当接受它的不一致性及其直白的政治特征。为了某种更像昂格尔所扩展了的法定主义的东西,这将放弃像德沃金之类的人所设想的法律科学。哲学对这些变化的支持也出现在黑格尔对矛盾的解释中,出现在尼采对道德的谱系学解释中,也同样出现在福柯的概念考古学和德里达的文本解构中(cf. Cornell, Rosenfeld and Gray [11.3])。

道德的强制

除了法律经济学以外,上面所讨论的所有法理学学派都认为德性和法律来源之间有着深厚的关联。[1]他们对这种关联是什么存在着严重的分歧。但是德性也以完全不同的方式进入了法律领域。法律能够被要求将合法制裁应用于被认为不道德的活动,甚至是在正义或公平的议题没有任何危险的时候。这里所提到的议题并不完全不同于前面提到的基本法理学上的争论,但是它们产生了另一种文献和另一种法律与哲学的关联。

当代法律中关于道德强制的争论开始于帕特里克·德弗林勋爵(Patrick Lord Devlin)于1958年在英国科学院所做的马克比演讲,该演讲批评了1957年沃芬敦委员会报告(Wolfenden Committee Report)关于双方同意的成年人之间的同性恋关系不应负刑事责任的建议。沃芬敦委员会提供的理由是,成年人之间的性关系是私人道德的事情,而政府无权管理私人道德。这个建议附和了两年前美国出版的模范刑法典的起草者的观点,也暗示了英美法理学的发展趋势。与这一思想路线相反,德弗林认为其中所预设的私人道德和公共道德的区分是不可能持久的。1963年哈特以其出版后名为《法律、自由及道德》(*Law, Liberty and Morality*)的演讲介入这一争论。德弗林于1965年以其《道德的强制》(*The Enforcement of Morals*)做出回应。

哈特对沃芬敦报告的捍卫依赖于他对如下原则的诉求和捍卫，该原则在密尔的《论自由》中被发现而后来以"伤害原则"闻名。用密尔的表述，即"权力能够被合理地用来制约文明群体中的任何成员的唯一目的是为了阻止对其他成员的伤害"（Mill [11.21]）。密尔把这一原则理解为既是良知和表达的自由的基础，也是品位和追求的自由的基础。哈特赞成并认为像伤害原则这样的东西应该置于自由民主的法律观念的核心位置。而另一方面，德弗林认为，这种原则既不可能在法律中如它所表明的那样（不仅同性恋要负刑事责任而且自杀也应当负刑事责任，而其他明确的自我防卫行为会被此原则排除在外）被找到，也不应当将其置于其中。德弗林的核心观点是，不管法律可以另外是其他什么东西，它都是一个手段，社群借此展现其共享的价值。德弗林认为，社会在确保其自己的持久性方面是正当的（正因此叛国才是犯罪行为）。因此，如果不道德的或非攻击性活动的传播威胁到了社会的持续存在，那么社会也可以禁止它，即使没有任何成员因为这种行为受到伤害。威胁到社会存在的活动可以有多种方式。比如它能使社会敞开被征服的大门或者将其引向内战的边缘。它也能威胁改变社会，使它成为一个分享和体现完全不同价值的另一种社会。社会有权保护自身免受这些破坏。哈特的回应是，社会自我保护以避免被改变为不同社会的权利比德弗林所承认的要有限得多。一个社会有权阻止受到暴力破坏，但无权通过说服而阻止其发展。

德弗林和哈特的争论不仅重演了密尔和斯蒂芬之间的争论（如哈特自己所表明的）而且更加聚焦于（密尔和哈特所接受的）国家的自由观念和黑格尔在《法哲学原理》（*Philosophy of Right*）中所拥护的国家观念之间的尖锐对立。德弗林和后来的保守主义作家如罗杰·斯克鲁顿（Roger Scruton，在《保守主义的意义》[*The Meaning of Conservatism*] 中）都接受后一种观念。

这个争论随后转移到了美国。美国最高法院在从格里斯沃尔德诉康涅狄格州案（*Griswold vs. Connecticut*，1965，推翻了将康涅狄格州避孕禁令推广到已婚夫妇的一个案件）到罗诉韦德案（*Roe vs. Wade*，1973，它确立妇女有在妊娠中期堕胎的权利）的一系列决议中确立了一条美国宪法中过去未被承认的隐私权。哈特认为这是自由民主制的核心。尽管有这些案例在前，但是美国法院（以及其他地方）坚持认为国家没有任何义务承认同性恋者之间的婚姻（普遍认为这确实应当被禁止，因为大部分人认为它们是不道德的和具有攻击性的）。与此同时，关于严禁淫秽或色情材料的争论也在继续发酵并吸引了最高法院的注意。而在某些司法裁判权内（尤其是在美国）有关能否禁止个人表达观点的某种手段——深深地刺激了某些人或群体（如纳粹群体游行穿过犹太人社区的公共街道）——的争论以及在另一些司法裁判权内（尤其是在加拿大）有关散布被合理地认为不正确的和激起仇恨的观点能否被禁止的争论也愈演愈烈。在所有这些议题中，伤害原则的正当性直接受到威胁。

  理论层面的发展也相当显著。尤金·罗斯托（Eugene Rostow）在他的《至高无上的特权》（*The Sovereign Prerogative*，1962）中捍卫了德弗林。在1966年，德沃金卷入这一争论，他认为社会没有任何权利强迫观点的一致，不管支持它的程度有多深，除非这种一致能够被作为一种道德一致来捍卫；而如果要被如此捍卫，除非它被社会及其法院在其他地方运用的理性和合理性的标准表明是合理的。他认为只是感觉上的一致不足以解释道德论争。关于这一主题最细致的工作是范伯格（Feinberg）做出的，这系统地体现在他的四卷本著作《刑法的道德界限》（*The Moral Limits of the Criminal Law*，1984—1988）中。范伯格聚焦于四个有望为犯罪行为提供理由的原则：第一个原则是伤害原则，第二个原则范伯格称为冒犯原则——一个行为对他人的严重冒犯能够成为禁止它的原因，第三个原则是法律家长主义——一个行为对能动者的伤害能够成为禁止它的原因，第四个原则是法律道德主义——一个行为深层的不道德性（本身）就能够成为禁止它的原因。范伯格接受伤害原则和冒犯原则而拒绝法律家长主义和法律道德主义。在法律道德主义中，他认为，某事的道德地位和某人的福利甚至在最广泛的意义上也没有任何本质性的关联，因此仅仅行为在道德上应受谴责的事实不构成禁止的原因。范伯格想抵制法律家长主义，但是承认一个人能够削弱他自己的利益，甚至是自愿的。这个考虑是先于一切的，他主张对个人的自主权的干扰就需要禁止这种行为。由于接受冒犯原则，范伯格使自己和密尔拉开了距离。他通过让我们想象一辆"行驶中的巴士"来促进与密尔的这一距离。在此过程中发生了一系列非常不愉快的意外，而所有这些意外都是由其他人毫不在乎你的明显不愉快而完全故意做出的。范伯格认为这些行为对你来说显然是恶的，尽管这种恶不同于伤害，而且他认为你由于它们被影响了，因此国家可以禁止它们。

德沃金、范伯格和哈特都认为自己正在表达一种自由主义应当采取的道德强制的态度，但是要找到一条将他们与德弗林区分开来的原则并不容易。德沃金与德弗林的分歧不在于是否考虑社群的道德，而在于把什么视为社群的道德。哈特与德弗林的分歧在于，是否正是不同于"像个人自由、人身安全和免受故意强加的伤害这样的普遍价值"（Hart [11.19]，70）的社群道德为禁止提供了许可。范伯格和德弗林的分歧是，是否任何不被看作对他人构成伤害或冒犯的行为都能为禁止提供理由。这些理由如此不同，以致有人怀疑除了特定的性行为不应当是犯罪这一结论之外，他们是否还是统一的。

最近几年道德强制的讨论在美国已经聚焦于色情是否应当被禁止，相关的理论话题则是伤害原则是否为这一禁止提供了正当性。部分讨论关注色情是伤害了个别妇女还是由于提高了性暴力犯罪的发生率而伤害了作为一个阶级的女性，但是也有些讨论试图说明对这种错误的新分类并努力将"传统的"伤害原则扩展到这里。例如安德里亚·德沃金和凯瑟琳·麦金农 [11.17] 认为，色情对妇女伤害的方式不是（至少不是简单地）引起性暴力而是创造了一种价值氛围，在这种氛围中比在应然状态下更难认为这类行为具有其应有的尺度和吸引力。麦金农在最近的著作 [11.20] 中认为，色情描写不应当只看作符号工具而应当看作具有伤害力量的行动。

惩　罚

或许刑法中最基本的问题就是什么为惩罚提供了正当性。这个问题可以理解为，寻求一个刑法系统的正当性，或者是追问，什么为社会如何对待一个与民事侵权者或非故意引起伤害的人有很大不同的刑事罪犯才是正当的提供了解释。

当代对这一问题第一种解读的讨论开始于卡拉布雷西和梅拉梅德的《财产规则、责任规则及不可让渡性》[11.31]。卡拉布雷西和梅拉梅德在财产规则系统和责任规则系统之间做出了区分。前者承认权利或授权，其持有者能够随意转让它们，但没有他们的同意不能剥夺它们；后者承认只要持有者得到完全补偿，则权力或授权可以从持有者那里取走。卡拉布雷西和梅拉梅德指出，当获得持有者同意的成本很高的时候，责任规则系统比财产规则系统更有效。考虑这个话题，诺齐克（在《无政府、国家与乌托邦》[11.28]中）提出问题：为什么不是只有责任规则系统呢？既然如果不改善他们自己的处境就没有人愿意取得授权或完全补偿持有者，并且既然这个补偿保证了持有者不会变得更糟，那么任何这种授权的取得都将是帕累托效率的变动。为什么不鼓励这样的获取呢？

诺齐克指出，用经济学术语来说，这样一个系统是把每个授权的价格设定在持有者愿意承担的最小值的系统，因此它以一种对买者而言系统性地有利的方式解决了设定一个"公平价格"的问题。他认为，这对商品的持有者而言是不公平的——如果他们的同意是必需的，他们能够合理地希望得到更高的价格，而且如果没有他们的同意，他们具有其商品不被剥夺的自然权利（除非在特殊情况下：当交易成本确实非常高时诺齐克对持有者的权利似乎也不确定）。诺齐克的结论是，财产权利系统是必需的，不是因为效率的缘故，而是为了保护持有者的自然权利。如果"小偷"只被要求补偿他们的受害者，那么他们将没有任何动机不去先"偷"后补偿。如果没有补偿以外的惩罚，财产权利系统将会崩溃而成为责任规则系统，因此一个赞同财产权的社会有动力既要有惩罚也要有补偿。

这一巧妙的论证在这个问题的第二种理解的意义上并没有为惩罚提供直接的正当性。即使惩罚系统是财产系统的必要条件，它也需要另一个论证来表明这不是财产权自身正当这一观点的引申物。要提出这个论证异乎寻常地困难。这个论证之所以被要求是因为惩罚包含做了对无辜之人而言是不允许的有罪之事——剥夺他们的生命或自由或其他能够用来追求幸福的东西，但是如何仅凭某人有罪这一事实就证明这种剥夺的正当性，显然还远不够清楚。

当代对惩罚的正当性辩护通常分为结果主义的、报应性的或商谈性的——尽管这些标签都不太合适。结果主义理论中讨论得最多的是把惩罚用作对犯罪的威慑，或改造罪犯的一种方式，同时也有人聚焦于惩罚给无辜者带来更大的安全诸如此类的效果。报应论认为惩罚是罪犯该受的，而商谈或教育理论则认为犯罪行为使得有必要给犯罪者提供一个道德信息，而这就是惩罚要做的事。

20世纪上半叶的理论工作主要是结果主义的，并强调犯罪改造的好处。到1970年代早期，这个路径的影响开始衰落。一方面，行为心理学家认为，作为一种行为修正的方式，惩罚比奖励的效率更低；另一方面，不断增长的犯罪率和统计数据表明，现有的惩罚方案是失败的，意味着改造不能为现存的刑罚系统提供正当性。更加理论的层面越来越担心，改造中的某些实践，尤其是不明确地宣判的那些实践，是非正义的。

最近关于结果主义理论的讨论聚焦于威慑和让罪犯远离街道的好处。此外，没有明显的证据表明英美司法权所使用的惩罚能威慑犯罪（尤其是谋杀和其他非常严重的犯罪），而越来越多的证据表明，社会负担不起监禁（或合法处决）足够多的其政策视为罪犯的那些人，以便在他们的城市中产生出安全感。而且，惩罚的威慑理论与康复理论同样糟糕地与如下强烈直觉相冲突，即犯罪和对它的惩罚应该存在某种比例关系。如果威慑要求犯罪的预期价值低于不做它的预期价值，那么人们就能预测威慑所要求的惩罚将随着罪犯被抓到的可能性反向变化。既然这种可能性好像与犯罪的严重性没有任何必然联系，那么威慑所要求的惩罚与犯罪的严重性同样也没有任何这样的联系。

或许最近关于惩罚的威慑理论最有趣的理论工作源于对威慑的普遍结构的反思。一个人通过向一个行动者灌输对他这种行为的结果的畏惧而威慑他。达到这一目的的一种方式是用伤害来恐吓他。那么什么时候用伤害来恐吓一个行动者是正当的呢？有几位作者（尤其是沃伦·奎因［Warren Quinn］和丹·法雷尔［Dan Farrell］）已经看到了这种案件和自我防卫案件之间的关联。法雷尔表明，自我防卫的权利本身就以这样的道德许可为基础：向不正当行为的行动者而不是无辜的牺牲者施加伤害。他进一步认为，一个人有道德上的许可来执行一个行动计划以重新施加伤害，并因而也有道德上的许可来执行一个行动计划以威吓对这种伤害的重新施加；但是包含这种威吓而不包含对它们的执行的这种行动计划不会是一个可靠的计划，因此也不会重新施加伤害。因此，一个人具有包含对重新散布伤害——该伤害本来会被错误地执行——进行威吓的行动计划的道德许可，以致这种伤害落在了犯错者的头上并包含了对这种威吓的执行。正如我可以打倒企图偷我钱包的小偷，因此如果他确实偷我的钱包，我就可以威吓将他打倒而且我可以执行这一威吓。这一理论比其他威慑理论更有优势，它提供了一种在惩罚上设定限制的自然方法——派生于对一个人在自我防卫中可以使用的力量的可接受的限制。这一惩罚路径建立在最近由格里高利·科夫卡（Gregory Kavka）的著作引起的一场关于威慑的激烈争论上。

最近四分之一个世纪关于惩罚理论的大多数理论工作都是在报应理论的基本框架下进行的。报应理论认为，由于进行了犯罪，犯罪者就应该受到惩罚。绝大多数近期相关研究都是在基于正义的伦理框架下进行的，因此不得不处理如下问题，即如何才能使一个不再拥有财产规则系统内正常情况下应拥有那些权利的罪犯，只要没有他的同意，就不会被处决、监禁或剥夺财产。道德契约论者倾向于认为，罪犯因其犯罪行为使他与社会的契约失效了，因此也免除了其他人对他通常具有的道德和法律责任。这一路径似乎同样具有传统结果主义者在解释惩罚为什么应当与罪行的分量相当的问题上所具有的困难。如果没有道德或法律的立场，那么分量相当的问题也就不会出现；但是很显然，对罪犯而言，分量相当的问题仍然出现了。在主张自然权利的报应论者中，有些人已经不再认为罪犯丧失了权利，而更倾向于认为有其他更为重要的考虑。这里的困难在于，很难将这种观念与权利在某种意义上是绝对的并且不能由其他考量平衡的理念相协调。

近期关于惩罚理论最有趣的工作之一是由达夫（R. A. Duff）和汉普顿（J. Hampton）提出的商谈理论。这些理论可以追溯到柏拉图和黑格尔，也包括诺齐克的某些观点。汉普顿［11.26］认为惩罚是正义的，因为社会有道德权利，或许甚至是道德责任，将基本的道德和法律原则告知其成员。有时候这只能借助或最好借助某种手段来实现，这种手段比纯粹的说辞给人更加深刻的印象，或许特别是告诉了他们罪行的受害者的状况。因此惩罚是一种"言语行为"，它以一种突出的方式传递了价值。而且，汉普顿认为，只有这种沟通方式才与道德教育的目标存在必然联系，因为只有这种沟通方式才向罪犯表明了不仅她的行为是错误的，而且它错在哪里。汉普顿的观点是，国家不可以用这种方法对待所有的公民，因为自主权是轻易不能逾越的价值。前提是公民理解了道德和法律的这一基础并且有能力运用它们，除非她通过行为以其他方式表明了这一点。后者正是罪犯所做的事情。汉普顿主张，这一理论将惩罚置于教育的位置上而不是条件的位置上，而且必须尊重罪犯的自主权，某种程度上这与交流信息是相通的。因此她认为这个理论能够解释惩罚的直观局限性（大概与罪犯证明自己在道德上有多盲目和无能——如其罪行所表明——有关）。汉普顿的理论是一个惩罚的一般理论，她的说明聚焦于父母通过惩罚在道德上教育他们的孩子的方式。

激发惩罚的经典报应论和商谈理论的部分原因是他们确信，结果主义理论不能把罪犯看作自愿犯错的人，而不是更像发生故障的机器。因此无论是报应论还是商谈理论都主张，罪犯在犯罪行为中的自由选择必须在惩罚的考量中起作用。比如，商谈理论家把罪犯看作交往情境中的参与者，她自己说话，并被要求听取一个回应——这个回应她可以接受，也可以不接受。这种对罪犯的自由选择的强调在另一种惩罚理论中也扮演着必不可少的角色，该理论似乎回避了上面提到的分类。约翰·菲尼斯（在其《自然法与自然权利》[11.8]中）认为，我们能够为惩罚的正当性提供满意的说明，方法是将它们视为保持罪犯和守法者之间利益平衡的手段，而罪犯通过他们的罪行打破了这种平衡。这种平衡部分是通过补偿和恢复的一般方法保持，但是菲尼斯认为，罪犯偷取了别人的利益，这明显是其不顾对他人的后果而自由选择的行为。为了剥夺罪犯的这一利益，他的自由选择必须被（至少暂时地）限制而且超过守法者所接受的范围。菲尼斯认为，正是惩罚的这一点和这样做才解释了它为什么通常采取监禁和剥夺进行选择所需要的资源的形式。

因果关系、责任和民事侵权行为

当代法学中关于因果关系和责任的经典著作是哈特和托尼·奥诺尔的《法律中的因果关系》(1959)。哈特和奥诺尔煞费苦心地将因果概念分析为哲学家和法学家都使用的概念，并将他们的分析应用于法律责任的议题。哈特和奥诺尔致力于在他们称为"因果极简主义者"和"因果最大主义者"之间绘制出一幅细致的路线图，前者极端地完全否认谁造成伤害或损失的问题与谁应当负法律责任之间有任何关系，而后者极端地认为法律责任问题应当完全根据因果标准来处理。哈特和奥诺尔自己的观点是，责任的典范案例是法律责任由引起伤害或损失的一方负责，但是这些案例绝没有穷尽这一主题。他们指出，明显有些案例中，有一方需要负法律责任，尽管没有任何因果关系，也不管被要求负责任的行为是什么——比如对由投保人引起的行为负责的承险人或担保人。还有一些案例，有一方需要负责任，尽管他们的行为按原因的通常意义而言不是引起伤害的原因，而至多是一种偶因或者如律师和中世纪神学家所谓必要条件（sine qua non）的原因。也有些案例，尤其在过失法律中，行为者只是一个偶然行为，但也要负责任。

责任和因果关系的联系是一个道德议题，也是一个法律的理论和实践问题，并且在《法律中的因果关系》出版后的半个世纪里受到了大量的关注。当代的全部争论都建立在难以给出充分的因果分析这一条件之上。有两个最近的哲学分析受到了特别的关注。一个是麦基（J. L. Mackie）对原因的处理（在其《共相的黏合》[The Cement of the Universe, [11.37]] 中），即将原因看作最小条件系列中必要但不充分的条件之一，并与充分的（但不必要的）条件共同产生结果。另一个是大卫·刘易斯对"A 是 B 的原因"的分析，即"存在 A 和 B，且如果非 A 则非 B"[11.36]。这两个解释都没有区分哈特和奥诺尔所谓的原因和他们所谓的偶因或必要条件。如果对因果关系最有影响的哲学解释都没有做出这个区分,那么大部分法律理论拒绝这样做也就毫不奇怪了。既然在典型的民事侵权案件中,当事双方都是伤害的必要条件,而在典型的刑事犯罪中,罪犯和受害者的行为都是犯罪的必要条件,那么如果最好的因果分析无法将必要条件与其他原因区分开来,也就没有任何因果原则能区分出当事双方的角色,这样,法律将不得不一般性地诉诸因果关系以外的某种东西以解决法律责任的问题。这一立场早就由利昂·格林(Leon Green)提出,只是它最近才受到两方面的重要推动:一方面来自最近将"事实性"议题(类似谁引起了什么之类的问题)描述成本身部分为规范性议题的总的倾向;另一方面来自法律经济学运动的兴起,它主张民事侵权法(以及更广义的习惯法)都能够被恰当地解释为追逐经济效率这一目标,即一个不需要确定当事双方因果关系的目标。由此我们可以重构哈特和奥诺尔因果最小主义的推理如下:"几乎在每一个发生伤害的情况下,该伤害都本可以由当事双方的一方采取某种不同的行为得以避免。因此,当事双方的每一方的行为都是构成伤害的原因。这样,我们就应当将伤害视为当事双方活动的联合产物,并把我们所面对的问题视为对他们的这一联合产物进行划分的问题。既然我们最好的因果关系理论没有为我们提供区分当事双方各自对联合产物的作用的任何基础,那么我们就必须寻找一个为我们提供这种区分的非因果关系的(法律的或道德的)原则。"在这一点上,我们可以期待因果最小主义者会出现不一致,因为他们提出不同的标准来对责任进行划分,而且他们也是这么做的。

尽管最近关于因果关系的工作很少让人对从法律和道德之外使用因果原则来处理义务或责任问题表示乐观,但是强调个体自主权和代理关系的道德和法律理论还是从不同方向复兴起来。例如阿兰·多纳根的《道德理论》(*The Theory of Morality*,1973)就将一个人对确切的因果责任也负有道德责任作为标准,继而再讨论对这一标准情况的偏离。爱泼斯坦(R. A. Epstein)认为一个人应当对根据大量范例性的因果假设得出的因其之故的行为负有确切的责任。这些理论预设了因果解释足以满足他们的需要。

其他主题

上面所讨论的领域是近年来法哲学最中心和最活跃的部分,但它们并不是全部主题,尤其是还有关于群体或集体权利这一主题的讨论。在几个习惯法国家(尤其是加拿大和新西兰),集体道德和法律权利存在的问题具有直接的法律和政治重要性,而且,如果在习惯法国家跨文化和跨语言社会的明显趋势仍然继续的话,这些话题将变得越来越紧迫。在理论层面上,相关的哲学论题最近由威尔·金里卡在其《自由主义、社群和文化》(*Liberalism, Community and Culture*,1994)中探讨,而相关的部分法律论题在《加拿大法学和法理学杂志》(*The Canadian Journal of Law and Jurisprudence*,1991,[11.38])专门探讨集体权利的专刊中讨论过。多种迹象表明,在不久的将来,这将是越来越重要的法哲学领域。

【注释】

[1] 人们也会同意不应当对法律经济学有所期待,因为经济效率不可能被理解成道德理想。

参考书目

法理学

11.1 Coase, Ronald H. "The Problem of Social Cost", *Journal of Law and Economics*, 3 (1960): 1-44.

11.2 Coleman, Jules L. *Markets, Morals, and the Law*, New York: Cambridge University Press, 1988.

11.3 Cornell, Drucilla *Beyond Accommodation: Ethical Feminism, Deconstruction and the Law*, New York: Routledge, 1991.

11.4 ——M. Rosenfeld, and D. Gray *Deconstruction and the Possibility of Justice*,

New York: Routledge, 1992.

11.5　Dworkin, Ronald *Taking Rights Seriously*, Cambridge, Mass: Harvard University Press, 1977.

11.6　——*A Matter of Principle*, Oxford: Oxford University Press, 1985.

11.7　——*Law's Empire*, Cambridge, Mass: Harvard University Press, 1986.

11.8　Finnis, John *Natural Law and Natural Rights*, Oxford: Oxford University Press, 1980.

11.9　Hart, H. L. A. *The Concept of Law*, Oxford: Oxford University Press, 1961.

11.10　Hegel, Georg W. F. *Philosophy of Right*, trans. with notes by T. M. Knox, Oxford: Clarendon Press, 1962.

11.11　Kelsen, H. *General Theory of Law and State*, New York: Russell & Russell, 1961.

11.12　Posner, Richard *Economic Analysis of Law*, Boston: Little, Brown, 1972.

11.13　Rawls, John *A Theory of Justice*, Cambridge, Mass: Harvard University Press, 1971.

11.14　Raz, Joseph *The Authority of Law*, Oxford: Clarendon Press, 1979.

11.15　Unger, Roberto M. *The Critical Legal Studies Movement*, Cambridge, Mass: Harvard University Press, 1986.

道德的强制

11.16　Devlin, Patrick *The Enforcement of Morals*, Oxford: Oxford University Press, 1965.

11.17　Dworkin, A. and C. A. MacKinnon *Pornography and Civil Rights : A New Day for Women's Equality*, Minneapolis, Minn. (734 E. Lake St, Minneapolis 55407): Organizing Against Pornography, 1988.

11.18　Feinberg, Joel *The Moral Limits of the Criminal Law*, 4 vols, New York: Oxford University Press, 1984—1988.

11.19　Hart, H. L. A. *Law, Liberty and Morality*, Stanford: Stanford University Press, 1963.

11.20　MacKinnon, Catherine A. *Only Words*, Cambridge, Mass. : Harvard University Press, 1993.

11.21　Mill, John S. *On Liberty*; with *The Subjection of Women*; and *Chapters on Socialism*, Cambridge: Cambridge University Press, 1989.

11.22　Rostow, Eugene V. *The Sovereign Prerogative : The Supreme Court and the Quest for Law*, New Haven, Conn. : Yale University Press, 1962.

11.23　Scruton, Roger *The Meaning of Conservatism*, Harmondsworth: Penguin, 1980.

惩罚

11.24　Duff, R. A. *Trials and Punishments*, Cambridge: Cambridge University Press, 1986.

11.25　Farrell, D. "Deterrence and the Just Distribution of Harm", *Philosophy and Public Affairs*, 24 (1995): 220-240.

11.26　Hampton, Jean "The Moral Education Theory of Punishment", *Philosophy and Public Affairs*, 18 (1989): 53-67.

11.27　Kavka, G. S. *Moral Paradoxes of Nuclear Deterrence*, New York: Cambridge University Press, 1987.

11.28　Nozick, R. *Anarchy, State and Utopia*, New York: Basic Books, 1973.

11.29　Quinn, W. "The Right to Threaten and the Right to Punish", *Philosophy and Public Affairs*, 14 (1985): 327-373.

因果关系、责任和民事侵权行为

11.30　Calabresi, Guido *The Costs of Accidents*, New Haven, Conn. : Yale University Press, 1970.

11.31　——and A. D. Melamed "Property Rules, Liability Rules and Inalienability: One View of the Cathedral", *Harvard Law Review*, 85 (April 1972): 1089-1128.

11.32　Donagan, Alan *The Theory of Morality*, Chicago: University of Chicago Press, 1973.

11.33　Epstein, R. A. "A Theory of Strict Liability", *Journal of Legal Studies*, 2 (1973): 151-221.

11.34　Green, Leon *Rationale of Proximate Cause*, Kansas City: Vernon Law Book Co. , 1927.

11.35　Hart, H. L. A. and Tony Honoré *Causation in the Law*, Oxford: Oxford University Press, 1959 (2nd edn, 1985).

11.36 Lewis, D. K. "Causation", in D. K. Lewis, *Philosophical Papers*, vol. 2, Oxford: Oxford University Press, 1986: 159-213.

11.37 Mackie, John L. *The Cement of the Universe*, Oxford: Clarendon Press, 1974.

跨文化主义

11.38 *Canadian Journal of Law and Jurisprudence*, 4 (2) (1991).

11.39 Kymlicka, Will *Liberalism, Community and Culture*, Oxford: Clarendon Press, 1994.

第十二章
应用伦理学

贾斯汀·奥克雷（Justin Oakley）

导 言

应用伦理学是哲学的一个分支，它采用伦理理论和哲学推理的方法来阐明和解决重大现实问题。在此过程中，应用伦理学处理的议题超出了通过规范伦理学进行道德判断的系统性证明的纯理论伦理学关注的范围，也超出了元伦理学范围内的有关道德陈述性质的问题。与学理问题的研究不同，应用伦理学将更迫切的现实问题作为研究主题，比如人类生命以及我们与之共享世界的生命中所面临的诸多问题。它充分利用哲学分析和论证的独特优势，解决诸如堕胎、安乐死、战争和环境污染等各种实际问题。这些都是大众传播中的热点问题，但媒体对这些深刻的伦理问题缺乏关注。

在被冷落了几十年之后，应用伦理学在 20 世纪后半期得以蓬勃发展。事实上，在此期间，它经历了同一时期任何其他哲学领域都难以比拟的显著成长。然而，如果将应用伦理学领域的哲学活动仅仅视为一种新现象，那将是错误的，因为历史上许多哲学家都曾在其著作中对实际伦理问题进行过深入研究。事实上，元伦理学、规范伦理学和应用伦理学的区别反映了最近专业化的趋势，而早期的伦理学家将这三个领域的问题都作为自己的研究对象。许多古希腊哲学家都支持亚里士多德的看法，他们认为伦理学是一种实践哲学，这从他们对公共生活中友谊、死亡和正义的伦理讨论中清晰地体现出来。中世纪的经院哲学家如圣托马斯·阿奎那，在论文中对战争与人类性欲做了研究。几个世纪之后，大卫·休谟、伊曼努尔·康德和伏尔泰（Voltaire）也都对自杀和世界和平展开了研究。在18世纪后期，边沁将其修正后的功利主义应用于死刑的伦理问题研究。19世纪，约翰·斯图亚特·密尔对自由主义和男女平等问题进行了深入研究，形成了有影响力的观点。可见，规范伦理学的三种主要传统——亚里士多德美德伦理学、康德义务论和功利主义——都认同为我们的生活方式考虑他们的理论分支是极其重要的。这让我们了解到应用伦理学所考察问题的差异性，表明了研究伦理学路径的多样性。哲学家们通过伦理学努力阐明各种重要的实践问题。

　　基于这一历史背景，有些奇怪的是，20世纪上半叶的伦理学研究著作对其实践的重要性和价值并不认同。受主流的实证主义学派（调查研究都应以科学的经验主义方法为蓝本）的影响，规范伦理学被哲学家视为推测性的、不科学的，因为伦理学被认为没有立足于事实，进而是非哲学的。有人主张，哲学正确的任务是研究关于道德判断性质，以及如何对这些判断进行归类的元伦理问题。1936年，艾耶尔提出，"一篇关于伦理学的严格的哲学论文，应……不做任何伦理的声明"，而"伦理学，作为知识的一个分支，无非是心理学和社会学的一部分"（Ayer [12.1], 103, 112）。因此，规范伦理学被排除在哲学之外，而应用伦理学和规范伦理学具有相似的命运。

　　1960年代末，规范伦理学和应用伦理学开始复兴，元伦理学的统治正式结束。应用伦理学的复兴是规范伦理学在1950年代末重新活跃起来的一个自然结果，后者本身源于对元伦理学所研究的主要问题的贫乏和僵化日益增长的不满。对内向的元伦理不再抱幻想，以及哲学家对规范伦理中的本质问题研究的回归，基本上都受到1960年代西方广泛而深刻的社会变革的刺激。对于主流的道德行为准则有大量质疑，而实质伦理问题的研究开始被视为与如下更广阔的关切直接相关，即美国民权运动中所提出的关于平等和种族歧视、公民抗命、和平，以及学生普遍地反对美国参与越南战争所提出的国际正义问题。哲学家所遵循的伦理规范开始被认为对社会的发展提供了重要和独特的视角,哲学家的研究也开始由元伦理学转向公众关注的实质性问题。应用伦理学哲学研究的学术机构被建立起来,其中打头阵的就是1969年纽约州哈斯汀斯中心(Hastings Center)的成立,它的成立具有开创意义。应用伦理学复兴的动因主要源于对伦理学在以下方面价值的承认:一是识别当前的关键问题,二是将哲学论证的严谨性注入对这些问题的讨论之中。

在这一时期,主流的社会价值观最早受到普遍质疑的地方是性欲与个人关系问题,哲学家激烈探讨避孕、一夫一妻制和同性恋的伦理问题,挑战已被接受的观点。这些争论影响到其他相关领域,诸如法律、惩罚和公民抗命。例如,在1950年代后期的英国,沃芬敦委员会建议同性恋合法化的报告产生了广泛影响,激起了德弗林和牛津大学哲学家哈特对法律是否应维护共同的道德信念或防止伤害他人的热烈争论。此外,在早前教皇委员会表示了对婚内避孕的支持之后,1968年,教皇保罗六世谴责避孕,这引起了道德神学家的巨大争议。与此同时,伦理学家开始探讨在寻求确切报复与阻止未来罪犯这两者之间应如何选择,这个问题已经被边沁以来的哲学家们所研究,许多国家开始重新研究是否要保留死刑。公民抗命作为1960年代初公民权利辩论的主要问题,伴随1961年美国参加越战而备受关注。虽然在1964年美国颁布民权法案后,民权运动取得了一些进展,但是广泛存在的歧视,以及越南战争期间生效的征兵立法规定,使得许多公民始终关心"道义上是否允许违背法律"的问题,哲学家也在他们的著作中着手对这些关注的研究。

越南战争和因此施行的大规模轰炸突袭促使人们思考环境问题,这一问题在1945年的广岛和长崎原子弹爆炸之后就一直存在,并在1962年通过蕾切尔·卡逊(Rachel Carson)的著作《寂静的春天》(*Silent Spring*)延伸到新的领域,该书指出了诸如DDT杀虫剂的广泛使用对生态系统造成的影响。在1960年代末和1970年代初,伦理学家与生物学家、人类学家都针对人类对自然资源毫无节制的污染与消耗进行了批评,他们指出,地球被当作人类为了达到自身目的所进行掠夺的对象,而不是作为本身值得尊重的对象。这导致了由过度污染和第三世界贫困所引发的对国际正义问题的讨论,哲学家开始提问:我们对饥荒的受害者承担什么道德责任?我们对这些灾难负有何种程度的道德责任？

一些哲学家和政治科学家认为，这些悲剧发生的主要原因是西方跨国公司对利润的追逐，并不惜以东道国公民的福利为代价，这导致对商业道德领域的普遍关注。正如经济学家米尔顿·弗里德曼（Milton Friedman）在1962年所述，哲学家开始讨论企业公司的全部社会责任就是追逐利润最大化，或者说，私营机构也须为自己的行为负有一定的社会和环境责任。由此，伦理学家开始反思职业道德的性质及其与普通道德标准之间的关系。

随着现代医疗技术的发展，行为的普通道德标准与职业道德的关系引发了对医学伦理的思考，医生开始面对这些新的、棘手的伦理问题。在此情况下，伦理学家开始研究死亡和垂死问题，以及医生和其他健康职业人员是否有权拒绝病人停止治疗的请求等问题。这些讨论重拾起了关于死亡的性质和道德意义，以及自杀道德性的古老争论。

支持妇女平等权利的运动引起了就业机会平等和优惠雇佣政策正当性的争论。妇女运动还使堕胎的道德性从教堂进入公众意识，成为一个被公开议论的话题。

从以上简要介绍可以看出，"应用伦理学"这一术语包括公共和私人生活中的广泛领域，诸如国家和国际正义伦理、环境伦理、健康保健伦理、生殖和遗传、公共政策伦理、商业伦理、警察职业道德、工程伦理、媒体伦理和法律界的伦理道德。其中，应用伦理学中的三个领域一直备受关注：生命伦理学、环境伦理学和商业伦理学，下文将对这些领域的发展详情逐一进行介绍。随着应用伦理学研究的蓬勃发展，这些领域已逐渐变得独立；然而，在最初的分化之后，许多子学科已经融合在"职业道德"这一标题之下，这是由于每个领域都需要解决一些共同的问题，如"揭发"、"自觉反对"和"职业责任的限度"等。

生命伦理学

应用伦理学中最早复兴的领域是生命伦理学。生命伦理学这一术语最初被构造来描述人群与环境的伦理，而今指的是医疗、繁殖、生物学和遗传学方面伦理问题的研究。它包括医疗伦理、护理伦理和其他辅助医疗和健康行业，如心理治疗和社会工作所涉及的伦理问题。生命伦理学走在应用伦理学复兴的前列有几个原因，首先是科学和技术因素的结果，疾病控制的进步和新的医疗技术的发展，如人工呼吸器——它几乎可以无限期延长昏迷病人的生命——使得人们对死亡、撤出生命保障器械、昂贵医疗资源的分配等问题的固有观点进行重新审视。其次，生命伦理学的兴起也是社会因素的结果，在1960年代，就已经有不断增长的倾向承认病人适当治疗和充分知情同意的权利。而且，这个趋势逐渐扩大，从最初对关于人的实验的关注（自1947年纽伦堡审判以来成为一个问题，随后的道德行为守则发布于1949年。）向更一般性的消费主义事务扩展，诸如知情同意权、病人得到无歧视对待的权利等。

在允许堕胎这一问题上，更多承认病人权利的消费主义运动和1960年代末日益壮大的妇女运动交织在一起。1967年英国堕胎合法化，纽约州于1970年紧随其后。1973年美国最高法院在"罗诉韦德案"中的决定被视作堕胎合法化运动中最具历史意义的事件，它认为妇女在怀孕之初六个月的堕胎权利受到宪法保护。在这种社会和立法背景下，哲学家再次关注堕胎的道德性，使其成为应用伦理学研究中最早取得突破性进展的问题之一。1970年以前，20世纪关于堕胎的道德性的讨论主要集中于胎儿是否具有生存权利。[1]有人认为，如果可以确立这项权利，则堕胎是不道德的。然而，1971年9月出版的先锋杂志《哲学与公共事务》(Philosophy and Public Affairs) 第一期刊登了由美国哲学家朱蒂·汤普森撰写的关于堕胎的文章。该文极具开创性，它不仅改变了堕胎争论纷杂的局面，同时成为应用伦理学中具有最广泛知名度和影响力的文章之一。

汤普森拒绝了通过胎儿的生命权来判断堕胎的道德属性的前提。她有力地证明了：赋予胎儿生命的权利并不意味着堕胎是不道德的。她用了一个巧妙的比喻：假设音乐爱好者在我们不清醒的时候绑架了我们，并将我们的循环系统连接到著名的小提琴演奏家身上，以使他有缺陷的肾脏能够维持九个月的生命，汤普森坚信，当我们清醒后，就一定会拒绝这种做法，因为小提琴家对我们的肾脏不具有使用权，我们有理由立即与他断开这种连接，即使我们知道这将导致其死亡。得到我们对此论断的认可后，汤普森进一步指出：这种情况在相关方面与怀孕类似（至少在怀孕并非主体自主选择的情况下）。也就是说，胎儿和小提琴家一样，尽管具有生命权，但孕妇仍然可以放弃胎儿，正如我们可以断开与小提琴家的连接一样（Thomson [12.28]）。[2] 汤普森的文章使堕胎辩论的焦点从胎儿的道德地位，转向她所提出的根本问题——孕妇对于自己身体的控制权的范围。

汤普森的文章为由此所产生的支持按需要堕胎的自由选择运动（pro-choice movement）提供了坚实的哲学基础，并催生了整个有关书籍和论文产业，以评估其关于堕胎道德性的论证及其影响。其中，汤普森论证所提出的一个问题备受关注，即一个女人对自己身体的自主权是否也赋予了她毁灭胎儿的权利。在生命保障（life-supporting）技术的不断发展下，极早产儿得以存活，这导致一个重大问题：越来越多的怀孕早期的人工流产，不一定必须造成胎儿的死亡。同时，堕胎合法化本身也催生了流产胎儿研究的新的伦理问题。

另一个备受关注的问题是杀婴，特别是对严重残疾的新生婴儿。关于杀婴的道德性，最激进的是迈克尔·图利（Michael Tooley）提出的观点。1972 年，他在《哲学与公共事务》上发表了极具争议的论文。该文指出，不仅胎儿不具备生存的权利，新出生的婴儿也无此权利，因而，杀死刚出生不久婴儿在道德上是被允许的。图利的这种极端立场基于一个基础论点，即只有"人"（persons），而不是"人体"（human beings），才具有生命权利。他的中心论点是：真正意义上的人需要自我意识，这是新出生的婴儿所缺乏的。这一论点的论证以权利本质的特定认识为前提。图利首先论证，对"生命体"（being）赋予权利意味着我们有义务通过一些特定的方式来对待这个生命体。接下来（也是最受质疑）的论证步骤是，只有生命体能够欲求某些属性时——这反过来就要求它必须能对这些属性形成确切的概念，我们关于这个属性才对生命体有义务。图利接着认为，除非生命体认识到自己现在是一个经验和精神状态的主体，否则，它无法欲求自己继续现有的形式。然而，由于婴儿至少在出生后的前三个月，不能认识到自己是持续存在的经验主体，因而图利认为，在婴儿获得自我意识之前，杀死它们并没有错（Tooley [12.29]）。由于各种原因，许多人拒绝图利关于杀婴问题的具体结论；尽管许多哲学家发现图利对人体（humans）与人（persons）的道德身份的区分具有一定的说服力，并进而将它应用到关于严重伤残的新生婴儿、老人和对待动物的伦理问题中。如功利主义哲学家彼得·辛格（Peter Singer）和海尔格·库瑟（Helga Kuhse）就认为，图利将人的观念作为道德上重要的界限，这一观点可能导致对严重伤残新生婴儿的放弃治疗（Kuhse and Singer [12.19]）。还有一些观点认为，道德意义的潜在性和家长对其后代的义务排除了杀婴的可能性，并将此视为不道德的。

现在将视线从人之生命的开始转向结束，即看看关于死亡和垂死的伦理问题。自1960年代末生命伦理学开始复兴以来，死亡和垂死的伦理问题就一直备受关注。传染病应对、器官移植和生命支持系统这几方面的进步，促使哲学家和其他人开始重新审思死亡的意义和道德重要性，以及对晚期病患者的伦理关怀。引起广泛争议的一个问题是：出于人道主义的理由，按照病人自己的要求，通过行动或不作为造成病人的死亡，是否在道德上是正当的。提倡安乐死的学者支持在此情况下引起病人的死亡具有道德的正当性，只要病人在提出请求时是自主的。事实上，很多人认为，持有不同观点就是在否定一个人所拥有的"有尊严地死去"的权利。该观点由功利主义者（see Rachels [12.24]）（追求最大限度的偏好满足）和一些康德主义者（捍卫尊重病人自主权的重要性）共同提出。而反对自愿安乐死的学者认为，要求引起死亡是对失败的认同，而且，这涉及篡夺决定人之生死的上帝之意志。

关于自杀伦理的论争曾是20世纪以前一些哲学家著作的突出内容，但现代医学在维持生命方面前所未有的能力为这个辩论场带来了未预料到的问题。当代论争集中的主要事件之一是1976年新泽西州最高法院对卡伦·安·昆兰（Karen Ann Quinlan）进行的裁决，自1975年4月以来，昆兰一直处于昏迷状态，靠人工呼吸器维持生命。法院支持昆兰的父母有权撤走人工生命支持，这样昆兰就可以平静地死去。而事实上，在人工呼吸器被撤走之后，昆兰成了植物人，直到1985年。法院的这一判决引起了人们对有关医疗保健专业人士所应具有的维持生命的义务（特别是在病人治疗效果极其微小的情况下）的辩论。一些伦理学家认为，自愿安乐死是否具有正当性，核心问题在于死亡是主动的，还是由于提供治疗的不作为导致的。他们认为在后一种情况下，安乐死有时是正当的，特别是在治疗被视为"非常手段"时。另有伦理学家认为，当行为导致死亡是可预见的但并非有意的结果时，该行为被视为道德上允许的（see Steinbeck [12.27]）。尽管一些伦理学家（如 Beauchamp [12.7]）从功利主义视角对主动/被动安乐死的区分的道德相关性进行了论证，但许多功利主义者认为，这些论证依赖于道德上无关的区分，而真正的问题在于，死亡是否总体来说是有益的，而不是有害的（see Glover [12.15]; Kuhse [12.18]）。

自愿安乐死合法化运动起源于 1930 年代的英国，它迫使法律承认有决定权的病人拒绝医药治疗的合法性。昆兰案和其他涉及有意识病人的临终关怀的例子，为这一运动注入新的动力。实际上，1973 年荷兰法庭宣布不起诉提供自愿安乐死的医生之后，这种自由化得到伦理学家的普遍反对。他们认为，安乐死的合法化将不可避免地滑向纳粹式系统化地铲除"社会不良"。持这种观点的人还指出，最近出现的自我管理的"自杀机器"和操作手册——受到传媒的广泛传播——就是对他们论断的进一步证明。昆兰案还重启了人们对死亡定义的探讨，促使死亡标准逐步从传统的心肺死亡观点转向如今被普遍接受的脑死亡标准。

堕胎和安乐死是 1970 年代迅速崛起的生命伦理学领域的前沿问题，1970 年代末和 1980 年代初，新的生殖技术的重大进步引发了第二波生命伦理学活动，涉及这些发展产生的新的和基础伦理问题。其中最重要的事件是 1978 年第一个体外受精儿（试管婴儿）的诞生。试管婴儿在试管中，而不是在女人的身体中受孕。以这种方式"违背自然"或篡夺上帝创造人类生命的权力（如在关于安乐死的辩论中关于取走人的生命的讨论）是否合乎道德，成为最初对试管婴儿的主要分歧所在。然而，随着试管婴儿方案在许多国家的推进，之后的问题主要集中于新项目所导致的庞大公共开支是否合理，与此相对的观点认为预防性医疗保健才是更加符合成本效益的项目（see Singer and Wells [12.26]）。

1970年，以舒拉米斯·费尔斯通（Shulamith Firestone）为代表的早期女性主义者曾宣称"怀孕是野蛮的"，因而热切期待新的生殖技术——如体外受精——能够将女性从繁殖负担下解放出来（Firestone [12.13]，198）。但这些新技术的出现却遭遇了许多女性主义伦理学家的反对，他们认为新技术主要由男性执行，这反而加强了现有的对妇女的压迫结构，并带来了一系列严重风险，而这些风险通常对参与其中的妇女是不公开的。然而，一些女性主义伦理学家最近表示支持适当地采取这些技术，因为它们实际上加强（而非削弱）了妇女的自主权（see Birke et al. [12.9]）。

生殖技术研究取得的显著成功，推动了胚胎发育的生物和基因研究，澳大利亚、英国和美国的政府机构呼吁生命伦理学专家帮助草拟相关法律，以规范这类研究。这一研究及其显而易见的益处提出了胚胎实验的许可限度的新问题，生命伦理学家开始研究早期胚胎的道德地位。

胚胎研究和我们对基因序列知识的增进为产前胚胎筛查提供了新机遇，如检测遗传疾病和性别等其他信息。这与人类基因组计划（Human Genome Project）绘制整个人类基因组图谱的尝试相结合，使得通过基因治疗和基因工程来操纵人类特征从幻想成为现实。这些发展为应用伦理学提出了新的前沿问题，生命伦理学家才刚刚开始回应进一步讨论这些前所未有的伦理问题的呼吁。例如，生命伦理学家质疑用于治疗目的的基因操控何时具有正当性，用于优生的基因工程是否在道德上被允许。此外，人类基因组计划建立的大量基因资料库也导致新的问题，即关于基因序列和生命形式的专利和所有权，以及有关人类遗传信息的机密性。

以上简短介绍充分展示了生命伦理问题的多样性，并且指出了正如应用伦理学的许多领域一样，对生命伦理学的研究需要汲取伦理和哲学学科范围之外的知识。然而，在生命伦理的各种分支主题之下，有一些共同的基本问题亟待解决。例如，关于堕胎、杀婴和安乐死的辩论都处于传统基督教的观点中，即严格审查下人类生命的神圣性，但是这一观点的支持者也受到挑战，他们被要求说明，在何种程度内——如果存在的话——生命质量的考虑被获准影响造成一个人死亡的决定。提出该问题的学者认为，与生命神圣的看法不同，不同的人类生命价值可能千差万别，正如我们所感到的，在人生某些阶段的死亡可能比其他阶段的死亡更为悲惨。例如，相较于一个人的生命"旅程"开始之前或完成之后的死亡，在人生的主要目标实现之前的死亡可以证明更为悲惨（see Singer [12.25]）。由于用以维持人类生命的技术往往需要极高的费用，对医疗资源的分配正义问题登上舞台中心，在经济理性主义广泛影响的 20 世纪末尤是如此。一系列生命伦理学家关于医疗正义的著作利用了政治哲学家的成果，如康德传统下的约翰·罗尔斯（see Veatch [12.30]；Daniels [12.11]）和自由主义传统下的罗伯特·诺齐克（see Engelhardt [12.12]），以此为医疗资源分配体系提供道德基础，这个领域未来还有很多工作要做。在其他不同背景下产生的一些尚未解决的问题还有隐私价值的问题及其对艾滋病和其他传染病患者的机密性何时可以被合理打破的影响。此外，医疗中不断增长的前期指导的使用也提出随时间变化的个人身份问题，以及病人治疗中家长制干预在何种条件下合理的问题，这一领域还有待进一步研究。

　　生命伦理学运动中突出的一个特征是其达成某些基本共识的能力。其中，最值得注意的是，在个人自治对病人护理决策的重要性上具有普遍认同。知情同意从医学实验中的一个具体原则，成为病人护理中一个普遍的、不可违背的原则。这个概念被广为应用于生育决定、医疗实验、安乐死等伦理问题的论述中。自治价值是知情同意原则的基础，这证明了生命伦理学家对自治价值的重视。事实上，知情同意原则已得到传统功利主义和康德主义（see Beauchamp and Childress [12.8]）生命伦理学家的认同。另外，还有一个共识也具有特别的意义，即一个正义国家的公民有拥有一定最低限度的医疗保健的权利，而且，这种关怀至少应该部分根据潜在受助人的需要进行分配。

　　可见，生命伦理学在鉴定、审查，甚至在某些情况下解决一系列实际问题上已经十分成功；然而，生命伦理学不是简单地将伦理学理论机械地应用于医疗保健的实际问题。对这些实际问题的讨论反过来一定程度上影响着伦理学理论本身的许多方面。这种理论反思有两种不同的形式。一种形式是对道德实践所检验的伦理理论的范式问题进行调整。例如，个人自主的概念对医疗保健决策极具重要性，因而任何旨在于生命伦理学中指导行动的道德理论都必须能够说明个人自主的重要性。自主的价值在康德伦理学中已经被阐释，它强调正确的行动是由作为自我立法的道德主体的人类所决定的。对功利主义而言，尽管如今的功利主义者已经尝试给予自主足够的肯定，但是，由于专注于整体福利最大化，它传统上难以正确把握个人自主的道德价值。实践问题重新定向道德理论焦点的另一个例子是脑死亡争论中对个人身份的本质和道德意义的再度关注。

对生命伦理学问题的关注影响伦理理论的第二种方式更为基础。由于难以应用到实际中，在某些情况下，定义和阐述这些理论的概念都做了一定程度的改变。例如，边沁和密尔的古典功利主义被描述为快乐和幸福等主观体验的最大化，而在许多现代功利主义者看来，这些都被认为是模糊不清的，后来的学者则根据最大化的利益或偏好来表述功利主义理论（e.g. see Hare [12.16]，[12.17]）。采取这一改变的部分原因是通过扩大道德领域来考虑当时没有经历任何经验的人的利益，如下一代和昏迷者，而且，它也受到应用经济理论的影响。这种理论调整的另一个例子是现代康德主义者如奥诺拉·奥尼尔（Onora O'Neill）的方式，她将研究聚焦在欺骗和强制机构的不道德性上，而非直接应用康德的绝对命令本身（see O'Neill [12.21–12.23]）。最后，将职业伦理学归入有更广泛基础的、具有普遍性的道德理论的最初行动，反而激起了相反的趋势，使单独的医疗伦理得以重兴，这源于医患关系的特殊性，医患关系被现代美德伦理学和女性主义伦理学认为是特别容易理解的问题。

因此，在一定程度上，应用伦理学和道德理论是一种辩证的关系，相互挑战又互相修正，以对上述各种实践问题做出反馈。此外，生命伦理学解决的基础问题与环境伦理学和商业伦理学又有一些重叠，如下文将看到的。

环境伦理学

生命伦理学与环境伦理学是应用伦理学中存在巨大差异的两个领域，从生命伦理学的探讨直接步入对环境伦理学的论述似乎略显突兀。然而，在

1960 年代对大众意识的普遍质疑中,二者拥有共同根源,并且都提出一些共同的基础伦理难题。概括地说,环境伦理学旨在处理我们与自然世界的关系中所存在的正确性和价值方面的问题。因此,环境伦理学家讨论的有关问题包括:污染、自然资源开采、人口过剩、人类对待动物的态度和方式,以及生态系统本身的价值。关于环境伦理的讨论通常先确认问题的价值或特性,然后试图据此来决定各种伦理学理论或原则对我们的行为有何具体的要求。

20 世纪的环境伦理学最早可以追溯至 1915 年。阿尔伯特·施韦泽(Albert Schweitzer)提出一种基于"敬畏生命"的伦理学,认为不仅对人,而且对动物、昆虫和植物的生命都应保持敬畏的态度。1930 年代至 1940 年代,美国生态学家奥尔多·利奥波德(Aldo Leopold)将这种拓展伦理价值的范围的做法明确推进了一步。他的著作《沙乡年鉴》(*A Sand County Almanac*,1949)宣扬了整体的"土地伦理学",即价值不是仅属于个体生命形式,而是属于全部整合的生物圈和生态系统(Leopold [12.37])。这是之后几十年出现的"深生态学"的前奏,如我们将看到的,"深生态学"发展了一种生物圈内在价值的准精神观点。

然而,在 1960 年代,随着对环境污染、资源枯竭和人口过剩的大量关注,环境伦理经历了一个飞跃。环保主义运动的分水岭是蕾切尔·卡逊在其著作《寂静的春天》中揭露,化学杀虫剂如 DDT 的使用导致大量的土地退化(Carson [12.32])。卡逊对毒害和破坏脆弱生态系统的问题的曝光,使公众更加关注食品安全问题和核辐射尘埃对环境的影响。卡逊这本献给施韦泽的书具有高度影响力,也使许多人重新审思其对自然世界的工具主义态度——自然被视为取之不尽、用之不竭的"资源",可以为了人类的教化而被不假思索地使用。

人类这种对自然的重审催生了广泛的环保运动,它们通过各种公共活动获得了大量曝光,如 1970 年的"地球日",美国参议员盖洛德·尼尔森(Gaylord Nelson)呼吁将每一个美国人"对良好环境不可剥夺的权利"载入宪法。[3] "绿色"一词被作为环境保护发展的代名词。关于环境污染和土地过度使用是否侵犯了子孙后代继承一个仍然可居住的世界的权利和利益的问题，一些伦理学家认为，正如空间距离一样，群体间的时间距离也与我们对道德义务的设定无关，因而对不可再生资源的利用必须符合我们对未来的地球居民所持有的责任。这种观点引用了很多人共有的直觉，即我们对不太远的将来（如我们的孩子）负有责任；但有些哲学家对此进行反驳，因为这种观点在预见遥远未来的地球人的利益方面，存在认知困难。

在1970年代，许多人开始意识到决定世界经济发展的石油和其他化石燃料的储量正在以惊人的速度减少，"能源危机"引起人们对环境恶化新一轮的普遍关注。人们认识到这些常规能源的有限性，这激发了替代能源的发展，例如核能，但替代能源本身也存在环境问题。对资源枯竭的担忧促进了各种试图解释这些现象的理论的产生。其中，1968年保罗·埃利希（Paul Ehrlich）出版了《人口爆炸》（*The Population Bomb*）一书，从人口学出发提出了一个有争议的解释（Ehrlich [12.33]）。埃利希赞同18世纪马尔萨斯（Malthus）的看法，认为环境危机由两个原因造成，一是世界人口的迅速增长（几乎每40年翻一番），二是不可再生资源的消耗指数增加。埃利希指出，人们对更高生活水平的愿望促使消费不断增长，日益狡猾的广告引领了公众的需求，使得私人公司通过迎合公众需求而攫取利润，产生了新的伦理问题，这些将在后文的商业伦理部分做详细论述。同时，埃利希的观点深化了前一节有关避孕伦理的讨论。支持避孕的广泛使用，被作为应对人口过剩危机的良好方案。人口过剩论也引发了对一些基础问题的思考，如对拥有大量人口却处于饥饿和贫穷之中的第三世界国家，西方世界应负有什么样的道义上的责任和义务。

道德责任的问题也存在于其研究可能应用于存在环境恶化和污染问题的领域——如农业、遗传学和武器——的科学家身上。伦理学家谴责忽视后果、企图模糊责任给研究机构的做法——科学家为免于承担责任，往往以这种办法为其研究中有害环境的应用寻找借口。这使得可预见性、可责罚性和集体责任等问题受到重视。

然而，1970年代，早期关于人对环境的破坏性影响的研究被视为过于狭隘和"人类中心主义"，并逐步由不断扩大的伦理领域（包括动物、植物，最终包括一切生命形式）所取代。此举很大程度上由哲学家驱动。对环境问题的思考促使他们重新审视关于道德价值和道德认识界线的传统假设。正是由于他们对这些问题深入、系统的思考，一个独特的、公认的环境伦理运动才初具规模。1979 年国际期刊《环境伦理》（Environmental Ethics）杂志第一期的出版是这些关注汇集的象征。

这个旨在厘清道德理论的哲学根源的扩张主义运动，最早提出的问题是呼吁将动物纳入道德领域。于是，根据民权运动的基本原理，把适当的道德关怀拓展到黑人和妇女，澳大利亚哲学家彼得·辛格 1975 年出版的《动物解放》（Animal Liberation）一书，为充分肯定动物的道德地位提供了有力论证。通过谴责动物养殖和实验，辛格从功利主义的角度支持素食主义，如此，他将应用伦理学带上了餐桌，使我们的饮食习惯不再是简单的礼仪，而成了道德行为。辛格认为，利益平等考虑原则隐含了对种族主义和性别歧视的反对，这一原则使得基于生物物种或物种主义的歧视，同样是不合理的。所有反对种族主义和性别主义的人都会承认：有能力体验痛苦的生物因此就有了应被给予同等考虑的利益。因此，由于所有的动物（也许除了软体动物及其他一些无脊椎动物）都有能力体验痛苦，并在很大程度上与人类体验痛苦的方式相同（生理的相似性以及各自神经系统共同的进化起源），所有这些动物都应当享有同等的道德考虑。如果我们承认造成这种痛苦是不道德的，那么我们就应当改变对待动物的态度和方式（Singer [12.46]）。《动物解放》触及了许多人的生命，也点亮了动物解放运动之火。一些伦理学家在其著作中将辛格的论述推广到对动物园和血腥动物运动的反对，并开始研究不同的方式来确立为什么以及在什么程度上，动物可以被名正言顺地包含在道德领域之内。

1970 年代，由于工业、交通和城市土地开发，植物物种经历了与动物物种一样的迅速减少和灭绝，环境运动成功地推动了保护濒危物种的立法改革，并于 1973 年在美国通过了《濒危物种法案》。这些民众和立法行动使一些伦理学家将目光投向更为广泛的领域，他们开始关注"为什么我们应该保护物种多样性"这一难题，这以两种方式开启了应用伦理学的新领域。首先，物种多样性问题并没有授予人类过多的优先权，而是采取了一个普遍的方式，它将保护兰花和其他植物物种作为一个道德问题。其次，也是更为基础地,环境伦理学家说明,保持物种多样性的重要性的理由超出了物种对我们作为人类的价值这一范围。虽然一些伦理学家主张保护生物多样性是基于自然多样性对我们理解和欣赏自然所具有的价值,但是,其他伦理学家则认为,整个生态系统具有其自身的内在价值,某一物种的价值可以被视为它在维持生态系统的完整性方面的重要性(see Norton [12.42])。

将自然本身纳入伦理价值这一思想的灵感来自施韦泽和利奥波德早期的伦理思想,并通过"深生态学"运动得以发展。"深生态学"运动发端于1972年挪威哲学家阿恩·纳斯(Arne Naess)具有里程碑意义的一篇文章,这篇文章对生态伦理学的浅层和深层方法进行了区分。纳斯认为,由"浅"生态关怀驱动的环保运动是不够的,因为这种运动是在传统的人类中心主义框架下产生的,认为环境因其对人类的贡献才具有价值。而"深"生态环保运动,不是简单地为了人类的教化,而是为了整个生物圈本身而致力于维护其内在价值(Naess [12.39])。不同的深生态学理论有其各不相同的形而上学基础。一些深生态学家将自然视为人自身的延伸,这种观点被一些哲学家批评为沙文主义,如理查德·西尔万(Richard Sylvan)就认为,这种观点没能认识到自然的他性及其深刻的非人特性(Sylvan [12.48])。

这种将环境伦理基于所有环境内在价值的观点,促使许多学者继续深入发展多样的生命中心或生物中心伦理,有些人甚至认为,即使无生命的自然也有其自身独立的身份或者本身内在的价值。例如,在1972年,法哲学家克里斯托弗·斯通(Christopher Stone)发表了一篇很有影响力的论文,该文指出,树木、森林、河流和海洋的法律权利都应该被承认。斯通的论述始于明确实体拥有法律权利的标准。这个标准包括提供以自己的名义实行的法律行为、因对它构成损伤而被法院考虑采取法律援助、对其自身利益(而不仅仅是监护人)进行赔偿。斯通接下来对流行的环境法律地位提出了系统的批判,认为没有可靠的理由证明自然物体不能满足这些标准。他认为自然物体的法律问题可以通过委托监护人来代表自己的需求和利益而解决,就像对不具备法律行为能力的人所采取的措施一样。同时,对于赔偿数额的确定,他认为可以采取"让环境完整"(如通过追播一片已被砍伐的森林、修复其分水岭和放养野生鸟兽等)作为赔偿的指导原则(Stone [12.47])。1980年代初，康德主义哲学家保罗·泰勒（Paul Taylor）使这种方法的哲学基础得到进一步发展，他主张一种平等的环境伦理，认为每一个有生命的事物都有权作为"生命社区"的一员得到平等的尊重（Taylor [12.49], [12.50]）。

但是，其他伦理学家，诸如克利考特（J. Baird Callicott）和霍尔莫斯·罗尔斯顿（Holmes Rolston Ⅲ），对许多环境伦理理论中普遍存在的个人主义或原子论持有反对意见。与这些强调物种个体繁荣的理论相反，克利考特和罗尔斯顿从更早的利奥波德伦理学中吸取灵感，将价值赋予作为综合性整体的生命形式、土地形式和生态系统的完整社区，它比其任何组成部分都有更高权重。因此，在克利考特的伦理学理论中，海洋、湖泊、山脉、森林和湿地都被分配有比个体动物更大的价值，甚至病毒和细菌都被包括在价值领域中（see Callicott [12.31]）。事实上，罗尔斯顿认为，如钟乳石、水晶，甚至整个行星系统这样的实体都具有其内在的价值（Rolston [12.45]）。然而，一些哲学家，如动物权利倡导者汤姆·雷根认为，这种全面的生态中心主义实际上只是一种形式的"环境法西斯主义"，在这种站不住脚的理论中，个人权利有时必须为作为一个整体的生态系统的利益做出牺牲。

某些学者近来在为这个环境伦理的整体方法寻找形而上学的基础。例如，澳大利亚哲学家弗雷娅·马修斯（Freya Mathews）就支持斯宾诺莎的"相互关联性伦理"，即把自然世界的明显不同的特点都视为同一基本物质的属性。马修斯赞同英国生物化学家詹姆斯·洛夫洛克（James Lovelock）的观点。在洛夫洛克有影响的著作《盖亚：关于地球生命的新看法》（*Gaia: A New Look at Life on Earth*）中，他认为生物圈存在于自我实现的生命系统中。回顾了斯宾诺莎"努力"（conatus）（或自我实现的驱动）的概念，马修斯接着说，这些自我实现的生物都具有平等的内在价值，尽管她确实认可某些程度的物种忠诚在道德上是允许的。此外，在发展我们的自我实现承诺过程中，马修斯认为，我们开始认同其他生物的"努力"，因而在情感上和实践上都倾向于维护大自然的一切表现形式（Mathews [12.38]）。

1980年代，随着臭氧层损耗、"温室效应"及由此产生的全球变暖问题的出现，环保运动从对保存某一物种这种局部的狭窄问题的关注逐步转向一种更国际性的视野,伦理学家的研究也受此潮流的影响。这种更广阔的视角提出了关于国际环境正义的新的挑战性伦理问题,并由此产生了环境价值和社会正义之间有趣的紧张关系。这种正在受到关注的竞争价值之间紧张关系的例子是:在那些第三世界贫困国家的经济还极大地依赖于开垦土地用以耕作和其他活动的情况下,富裕的西方国家要求这些贫困国家保护野生地区,这种要求在多大程度上是正当的。这一潜在冲突的道德责任问题随即出现,因为有些学者认为,西方国家帮助促成了第三世界依赖的情形,以至于这些国家的野生地区正在受到威胁。

总之,在环境伦理思想领域的各种演变,可以被描述为我们对不同生命形式的关注的逐步扩展,对什么有价值这一问题的逐步深化。但是,我们在这些方面的伦理关怀究竟必须扩展到什么程度,一直以来是得到激烈争论的问题,按照他们对这个问题所给出的不同答案,大致上可以看出环境伦理学不同阵营之间的区别。

但是,我们不应认为,仅仅通过严格运用人们所致力于的伦理学理论,就能找到延伸道德领域的恰当界限。因为正如我们在生命伦理学中所见到的,环境伦理也有一个反身的方面,即伦理理论应用到实践,也给道德理论本身带来新问题。例如,采纳权利话语的伦理学家,在用这些术语解释动物、植物和景观的道德地位方面存在困难,因而,一些伦理学家后来放弃使用权利的话语,而采用更广泛的概念——利益,他们认为利益能够更好地适用于环境的价值(关于权利和利益,见 Feinberg [12.36])。还有一些伦理学家,如约翰·罗德曼(John Rodman [12.44]),重述了康德著名的绝对命令,要求我们对待人应以人自身为目的,而不是仅仅将其作为手段,并认为这一原则适用于有其自身目的的所有生物和自然系统。更为重要的是,伦理理论在环境问题中的应用,产生了新的关于内在价值和工具价值的重要性及性质的辩论,以及对一些内在有价值的实体,如生态系统等,与我们对其价值的认识的关系的说明。这些辩论与其他更广泛的元伦理学中的辩论相关,如与休谟的投射论(projectivism)和道德现实主义(moral realism)之间的辩论。

环境伦理讨论提出深入问题的另一个方式是生态女性主义对环境伦理完全基于"理论"的批评。生态女性主义排斥理论需求,认为这是漠视现实和经验多元化（特别是女性的经验）的男性主义偏见。为了声援这种观点，有些学者指出，男人对统治自然的追求与其征服女性、使女性沦为附属的企图，两者极为相似（see Warren [12.52]）。其他学者则认为，从历史上看，妇女经历了与大自然之间的亲密情感认同（see Ortner [12.43]），而与男人相比较，妇女对特殊性和情境属性更为敏感。虽然这样宏大的论述在此无法评判，我们仍然可以看到，这些问题与那些对新生殖技术和抽象道德的女性主义批判所提出来的问题相类似，这些问题曾在我们讨论过的生命伦理学中提出，并且在环境伦理中也备受重视。

商业伦理学

应用伦理学学科产生的第三个独特且活跃的子学科是商业伦理学。一般而言，商业伦理学是关于民营企业和商业事务的伦理问题的研究。这一领域出现了各种各样的伦理问题，但是伦理学家的研究重点主要集中在涉及私营机构的社会责任、环境污染和其他危害的集体责任、贿赂和勒索的道德性，以及揭发的正当性等问题上。商业伦理学的取向在几个方面不同于生命伦理学与环境伦理学。首先，由于商业伦理学是职业伦理学的一个分支，它相当于医疗伦理学和法律职业道德领域。与生命伦理学和环境伦理学相比，商业伦理学处理的问题的涉及面更窄，而不是像前者一样，研究关于人类的道德地位和生命本身的价值等的基本问题。此外，与从事生物伦理学和环境伦理学研究的哲学家不同，在商业伦理学领域耕耘的哲学家基本上不会试图制定统一的理论体系，也从未企图建立用以解释和解决在私人公司活动中产生的特殊问题的统一世界观。当然，商业伦理学的讨论也会涉及对传统功利主义、康德主义和亚里士多德的伦理理论的具体应用，也涉及对一些广泛的政治和经济理论，如自由主义、资本主义和社会主义的审查；但是，哲学家们并没有花大力气来试图建立一个独特的"商业伦理学"，在某种意义上类似于哲学医学伦理，或环境伦理，如深生态学。事实上，不试图阐明整体的商业伦理全貌并不足为奇，因为伦理学以各种不同的商业企业作为自己的研究对象，而且商业中也同样缺乏任何类似医学界的希波克拉底誓言的传统职业伦理。

自古希腊和罗马以来，哲学家对商业伦理和贸易伦理的讨论一直不断，这在道德神学的基督教传统中也尤为突出。但是直到18世纪，苏格兰经济哲学家亚当·斯密（Adam Smith）通过其政治经济学的经典文本《国富论》（*The Wealth of Nations*，1776），才奠定了现代商业伦理学讨论的基础。他在该书中指出，国家财富的最大化是通过允许个人追求自己的利益实现的，而不是通过政治干预来确保一些共同利益。尽管有这些研究作为理论基础，但直到1970年代后期，商业伦理学所关注的不相干范围的问题才被整合成为一个统一的研究领域。1950年代末和1960年代初，随着当时私人公司的行为受到公众和政府的严密审查，商业伦理这一新兴领域开始在美国萌芽。对这一领域的日益重视源于一些因素，如不断增长的消费主义和在此期间的民权运动；但也有某些公司为了在日本和德国的经济复苏中保持自身的竞争力，在企业内部实施了重大举措以考察传统的商业实践。这些活动导致对许多问题的关注，如工业污染、不公正的歧视、商业腐败行为，以及在何种程度上武器制造商推动了美国参与越南战争等。

常见的是在商业伦理的三个层次的分析间做出区分。第一个也是最基础的层次是正视公司所处的更大的社会、文化、政治和经济环境所产生的价值，并解决潜在的问题，如自由市场与正义和普遍福利的兼容问题；第二个层次是根据对私营公司独特的制度规范的某些背景假设，直接分析考察企业行为的道德性；第三个层次则关注某一特定商业组织中个人的权利和义务。

在1960年代初环境和民权运动提出相关考虑之后，商业伦理最先的争论就是私营公司是否应该承担更广泛的社会责任，如维护生态环境、减轻贫困和痛苦，以及在道义上是否容许企业只关注最大化股东回报等基础问题。后一种观点的主要拥护者之一是美国著名经济学家米尔顿·弗里德曼，其主要观点体现在1962年出版的《资本主义和自由》（*Capitalism and Freedom*）一书中。弗里德曼反对私人企业承担更多的社会责任——他认为有这种逐渐增长的趋势，弗里德曼指出，企业仅仅是其拥有者——股东的工具，因而企业的义务仅限于股东，而不是更广意义上的、对其没有合法权益的社会成员。在弗里德曼看来，私人公司通过对政府交纳税费已履行了社会责任，处理更广泛的社会问题的责任属于政府自身。弗里德曼援引了亚当·斯密的观点，即社会福利往往是通过允许私营公司追求自身利益而得到最好推动的，因为这种活动将间接地由一只"看不见的手"指引来推动社会福利，事实上，它比更直接地追求这一目标的企业活动更为有效（see Friedman [12.61]）。

然而，这种弗里德曼式的、对放任资本主义和自由市场的企业行为的辩解备受质疑。许多人认为，这种做法对私营公司的看法过于狭隘和原子化，因为它们的活动不仅影响到公司股东，也影响到通常所称的"利益相关者"，如公司的员工、客户、消费者以及在其附近的更大的社区（see Solomon [12.68]）。那么，能否以此种方式合理地扩大商业活动评估中必须考虑的利益范围，这已成为商业道德的核心问题之一。还有一些人对弗里德曼关于社会福利的看不见的手的实证论述表示怀疑，认为一个不受管制的自由放任的市场经常会对社会福利造成重大不良后果。

另一种对弗里德曼的反对不太关心公司在专注于利润最大化过程中忽视更加广泛的社会责任本身是否错误这一普遍问题，而是在公司的活动与更大范围的负面效应之间存在明确因果关联的案例中，对有关环境和其他危害的观点的具体含义提出了挑战。这种批评主要是为了回应关于工业污染对环境的影响、食品添加剂和药品的安全，特别是某些会产生破坏性副作用的药物，如沙利度胺（Thalidomide）等的广泛公众担忧。哲学家开始研究公众关注的这些问题，并讨论企业道德责任，以及在何种范围内由人组成的机构（企业）应对错误行为承担责任的概念和伦理问题。许多人认为，当可以证明社会和环境的危害是商业活动——如工业污染和有害产品的制造——的直接结果时，则显而易见企业就应为这些后果承担责任（see Arrow [12.55]）。但是，受到组织性质和有限责任的社会学和法律观点的影响，其他一些哲学家则认为，一个公司对有害结果承担道德上的责任是一种不合逻辑的观点，并强调说，道德责任的观念只适用于个人。

这个争论致使商业伦理学家和哲学家开始就道德责任可以合理适用于何种实体进行了讨论，他们研究包括企业因素的行动的组织决策结构是否足够类似于人类个体，从而将公司视为可负责任的道德主体（see French [12.60]）。有些人承认，公司能够对过错承担集体道德责任，并因此有承担制裁的法律义务；但他们坚持认为，对于这种结果，公司不能承担分配的道义责任，因而，这样的责任与指责不能转嫁到职工身上。然而，其他人认为，在将个别员工的不同的行为协调和整合为一个有权力和责任的结构的过程中，企业本身往往对责任如何在组织内分配有比较清晰的概念。事实上，有人已经指出，拒绝使这种结构明晰化，导致企业中犯错的部分成员能够规避其因造成重大人类和环境灾害所应承担的法律和道德制裁（see Wells [12.70]）。在这种情况下，有一项建议得到广泛支持：企业应制定更明确的组织结构，使员工个体能够明确他们是谁及其所承担的责任。这个建议对于商业伦理职业教育也具有一定影响，许多公司都开始采取这一措施。但是问题依然存在，当不良的社会和环境影响明显是由职员所在的企业的活动造成的时，道德责任应如何合理地分配给个体职员？同时，这也提出了自觉反对、双重效忠和揭发等我们之后将谈到的问题。

  对某些企业活动所产生的有害社会和环境的后果的宣传，也带来了一个普通和专业道德标准之间关系的更深层次的问题，这在医学伦理一节已讨论过。在弗里德曼看来，在恰当的商业指导规范中，其内容完全以"最大化股东利润"这一单一目标为参照系。为了回应那些试图证明"民主多元社会中商业有更广泛的道德责任"的抗议，弗里德曼的拥护者引用了企业与体育的常见类比，它们都有自己内部的规则系统，并且使得普通道德标准作用弱化。但是，反对此种论调的学者指出，即使在那些看似超出道德的飞地，也受到普通道德和法律要求的约束。举例来说，一个足球运动员在比赛中过度使用暴力仍然可以被控殴打。可见，无论是运动员，还是商人，都不能"自行其是"。事实上，一些学者，如环境律师和伦理学家克里斯托弗·斯通（上一节他指出树应当具有法律权利）针对弗里德曼的问题提出：在我们的社会中，所有的社会成员都应遵守扬善去恶的普遍道德义务，那么，企业有什么理由免除这种义务？企业的执行官又怎么能够仅仅基于个人的职业角色而认为其可以免除在这个角色上行为的普遍的道德义务（Stone [12.69]）？这种观点激起了关于道德角色及其随之而来的义务的有趣争论，一些哲学家认为，相较于将个体和企业责任两分的方法，提供一个框架能够更好地把握公司职员独特的道德立场。因为，正如唐尼（R. S. Downie）所说："个人可以扮演具有公共或官方身份的角色……在接受这个角色的同时，他也承担了该角色所赋予的权利和义务"（Downie [12.59]）。这也产生了一些问题，包括职业行为的概念和道德的基础，以及职业自主的界限，这些问题在医疗、法律和其他职业伦理领域也会出现。

1950 年代，随着大规模的电视普及及其市场的巨大发展，广告伦理成为商业伦理学家重视的另一个问题。1960 年代初，美国有影响力的经济学家约·肯·加尔布雷思（J. K. Galbraith）和弗里德里希·哈耶克之间，针对广告与消费者需求之间的关系问题进行了激烈的论战，辩论指出了一个关键问题。加尔布雷思认为，因为他所说的"依赖效应"，电视广告扰乱了自由市场基于有效满足消费者需求而获得的传统正当性。通过这种现象，一个人需求的增加是生产和消费水平增加的直接回应，因为满足消费者需求的产品本身又常常创造了新的需求（see Galbraith [12.62]）。换句话说，当一个社会变得更好，物资更丰富，企业有更多的机会发布广告，则通过广告的影响力和对他人更好生活的效仿，个人就会产生新的物质欲望。詹姆斯·乔伊斯早有先见之明："大众似乎消失了。一切都回荡在它之中。为我们祈祷。为我们祈祷。为我们祈祷。重复是个好主意。广告也是这样。来我们这里购买。来我们这里购买。"[4] 加尔布雷思认为，为了满足这些人工创造的需求，只能通过获得更多的物品实现，而这会导致螺旋上升的消费。相反，他认为，我们应该专注于满足不存在这种引诱性影响时，个体所体验到的需求。广告所创造的需求从另一个层面说明了公司所承担的社会责任，并引起了有关不同类型偏好的道德状况的重要道德理论研讨。

哈耶克反对加尔布雷思所强调的原始欲求不受社会创造的产品的影响，认为这是一种对幻想的苦寻未果，因为我们许多的欲求，包括对文学、音乐和其他文化的欲求，都以某种方式受到社会化的影响。同时，哈耶克也认为，因为人们可以自由地做出自己的决定，产品本身无法决定消费者的需求（Hayek [12.64]），而广告能够告知消费者什么产品可供选择。然而，正如其他人所言，只有广告中的产品信息是真实的，广告才能恰当地发挥这种告知功能；但很多情况并非如此，因为撒谎或隐瞒真相可能更符合企业追求产品销售和利润最大化的需求。这引发了一些理论的讨论：广告商什么样的诚实水平是道义上必需的？为了保护消费者的权利，是否应该针对虚假广告制定相关的法律规定（see Goldman [12.63]）？

自 1960 年代初以来，许多人都曾讨论过这些问题，其中不乏经济学家、政治理论家、企业管理人员和广大市民。但直到 1970 年代后期，哲学家才真正开始研究商业伦理问题。这个高潮十分明显，许多商业伦理的文集都在此时出现（see Bibliography, p.396）。随着 1982 年《商业伦理杂志》（*Journal of Business Ethics*）创刊号的出版，商业道德成为应用伦理学三个主要领域中最新的、独具特色的领域。

自从进入商业伦理研究，哲学家对早期宽泛问题的研究做了进一步拓展，他们还对职员与其所在企业的关系中存在的具体问题做了广泛的研究。最近已有许多研究涉及多种形式腐败的道德性问题，如贿赂、敲诈勒索和内幕交易，以及员工个人在意识到他们所在组织的这类行动之后的道德责任。

商业伦理学家采取了一种有趣的方法来论述贿赂和敲诈的道德性质。商业伦理学家并没有简单地全盘否定这些做法，而是指出，在不同情况下，这些做法有可能是合理的。例如，由于贿赂的目的在于使人违背他或她的机构职责或预期角色，那么贿赂被认为道德上正当的一个情形就是，受贿人的机构职责和角色本身就是不正当的。一些学者认为贿赂和敲诈的区别在道义上是非常重要的，贿赂的形式是诱使他人提供特别的好处，而敲诈（或通常所称的勒索）涉及的是某人本应做某事，却以一些利益为威胁，否则不予受理（see Philips [12.67]）。由于贿赂涉及引诱违反公正，它被视为比敲诈更难以正当化，因为敲诈不涉及此类违反公正性的行为，并且功利主义者认为，在敲诈可能防止了更严重的伤害的情况下，它可以是正当的。贿赂和敲诈被辩护的另一种情况是，这种行为在做客的国家是其习俗的内在组成部分。这引起了文化相对主义有效性的有趣的元伦理问题，但是许多伦理学家反对相对主义，并认为不能据此确立贿赂和敲诈的正当性。

在 1980 年代，股市的繁荣创造了巨大的利润，但 1987 年股市的崩盘也同样产生了巨大的损失，商业伦理学家开始重视诸如公司"内幕交易"在道德上的合理性问题。内幕交易是指通过"内部"消息得知某公司将被收购，大量买进该公司股票，然后以高价卖给收购方。内幕交易引发了伦理思考是因为受到公司信任和委托的员工通过机密信息来实现个人利益。也有观点认为，内幕交易具有伦理上的合理性，理由是它只是商业世界得以建立的企业精神的另一种形式。不过，伦理学家用了许多理由来证明内幕交易是不道德的。例如，罗森（Gary Lawson）认为，如果目标公司的股东是在对即将发生的接管缺乏认识因而对自己的股份的实际价值也缺乏认识的基础上卖掉了自己的股份，那么他们就被认为是受欺骗进行了不公正的交易。罗森认为，由于员工利用自己的职位来获取个人私利，这不仅违背了对雇主的承诺，更相当于窃取了本属于雇主的资料，因而，内幕交易是不正当的（see Lawson [12.66]）。

这些现象显然存在于现代企业中，当员工意识到这类情况的发生，或被要求加入这种不道德的活动时，商业伦理学家有哪些建议和忠告？这种情况对于个人来说显然极为两难，特别是在失业率迅速增长的社会环境下，很多人都不愿意对此采取行动。对于一个员工来说，如果被要求参加公司的一项非道德活动，以良心为理由拒绝履行工作职责是一个可选的方案。这种情况同样发生在看护和病人护理方面，它关乎个人诚信的道德重要性，这是伦理理论中越来越受到重视的问题。然而，若员工意识到其组织机构所犯的错误，但他并未加入其中，那么在何种情况下，他有"揭发"同事的道德义务？这个"揭发"的正当性问题在职业伦理的许多领域都有涉及，伦理学家给出了不同的理由来支持这一做法。康德主义认为，揭发是合理的，因为一个人所具有的防止伤害和对他人的不公的职责超过了一个人的机构职责；而功利主义则认为，当错误行为导致的伤害比揭发带来的伤害要严重得多时，揭发就是合理的（see James [12.65]）。这类情况通常提出了"双重效忠"的困难，而它们的解决也可能对进行揭发的个人产生巨大压力（see Wren [12.71]）。

我们可以看到，商业伦理常常带来一些令人困扰的问题，要解决这些问题，就需要对伦理理论进行更深入的分析。然而，商业伦理一般不涉及自然和生命本身价值的终极问题，它对于伦理理论的反身性影响也不如生命伦理学和环境伦理学那么明显。尽管如此，国际贸易的增加，以及关于礼物馈赠习俗、支付和贿赂等的多样，也导致了被许多早期哲学家抛弃的文化相对主义有所复苏。更为重要的是，在商业事务中，对利润动机发挥作用的认同，致使一些商业伦理学家对道德动机，及其对商业道德教育的影响产生了更浓厚的兴趣。

结 论

在概述应用伦理学的过程中，我既试图呈现出各子学科中讨论问题的多样性，也试图表明不同伦理理论的应用是如何使这些问题的解决取得进步的。还有许多应用伦理学中的更小领域在我们所探讨的这一时期也取得了重大发展，但它们超出了本章讨论的范围，因而少有笔墨。其中，如法律伦理、计算机伦理，因其自身的重要性，或许将成为高度活跃的领域。身处20世纪末，从这简短的概述可以看到的是，应用伦理学领域已经大大超越了其在1950年代末和1960年代初民众运动中的起源，并且可能成为哲学所有分支中最为活跃和繁荣的领域。在此过程中，它加强了对生活中最迫切问题的研究的深度和严谨性，并对伦理理论提出了新的挑战。它也促进了伦理学跨学科方面的发展，这一直是哲学的一大优势。最后，让我对应用伦理学未来发展的方向和问题谈一些自己的看法。

在环境伦理学中，全球化的趋势和1990年代世界新秩序的转向，似乎都导致了联合国对环境保护的干预。由于在发展中国家的生存问题方面，环境价值可能偏离了社会正义的需求，可以预见的是，应用伦理学未来的讨论将涉及正义与环境价值应如何权衡才最为合理。这个问题同样可能在跨国公司的国际行为中出现。在生命伦理学中，生殖技术的新发展可能导致关于妇女生育责任的质疑，关于病人权利的持续重视也将强化自愿安乐死的道德及其合法性的讨论。医疗保健资源的分配正义及其对病人获得足够护理机会及护理投入的影响将是另一个继续争论和研究的主题，尤其是在人口进入老龄化而许多政府力图提高卫生保健的支出比例的情况下。此外，基因定位的发展，以及潜伏症状的基因筛查技术中复杂性的增加，将产生在生殖和工作中采取这种技术的新问题。在商业伦理中，用以推动妇女参与劳动的平权法案将引起关于雇佣政策的公正和公平的进一步讨论,未来对于员工个人以官方身份行事所承担的道德责任也将有更多讨论。

从更深的层面来看,已有迹象表明,应用伦理学的复兴,正在哲学家和其他投身于对应用伦理学事业本身,它的影响、方法,以及它与伦理学理论的关系进行反思批判的学者中间酝酿一场革命。[5]例如,一些学者最近指出,生命伦理学被一种个人主义意识形态过度支配,个人自主价值常常被允许凌驾于慈善和社会之上(see Callahan [12.10])。此外,对于职业道德和普通道德的区别,以及关于员工被赋予的特殊权利和义务,都有望被进一步探讨。这有可能对伦理学理论产生影响,因为这可能意味着在把握基于角色的价值和义务方面,传统的公正/不公正分析框架有重大的局限性(see Blum [12.2])。对职业角色的重视有可能增强应用伦理学和道德心理学之间的联系,在研究专业概念——如"职业"——时,相关心理学概念如"认同"的重要性问题就会浮现出来,因此,我们可以预见到应用道德心理学等领域的发展。

在职业伦理教育中,心理学对应用伦理学的重要性也十分明显,这些课程的教学已逾十年,哲学家不禁开始要问一个更深层的问题:这些课程的目的究竟是什么?比如,教育医生和商人是否只是为了使他们成为更好的理性人?我们是否应该培养塑造他们的良知?教育他们的目标是否是为了根本地转变他们的性格?离开了伦理理论本身,以及不同的理论对于正确行为的性格发展重要性所赋予的角色,这些问题将无法得到合理的解释。这也提出了另一个问题:是否存在"道德专家"?有些学者认为这是一个矛盾的问题,我们期待这一问题在未来能够得到更多更深入的探讨。

杜威曾经说过,哲学应该根据其应对所处条件下的挑战的能力来进行判断。应用伦理学帮助哲学走出了20世纪早期的低迷,它也对这一学科的未来至关重要,因为哲学远离实践只会遭到人们的控诉。[6]

【注释】

[1] 堕胎的非道德性来自胎儿道德地位的观点主要是20世纪的现象。在此之前,许多目的都被广泛认为是道德上被许可的,除非出于某种特定目的,如出于便利或性别选择(see Luker [12.20])。

[2] 这篇文章被收入应用伦理学论文集的次数可能超过了其他任何单篇论文，这本身也表明了它的影响程度。

[3] see *Newsweek*, 4 May 1970: 76.

[4] James Joyce, *Ulysses*, (London: Bodley Head, 1960), p. 492. (Originally published in 1922.)

[5] 例如，应用伦理学对伦理理论的意义，见 Rosenthal and Shehadi [12.4]，Winkler and Coombs [12.6]；以及对美国生命伦理学的主要影响，见 Fox [12.14]。

[6] 我要对 Lynn Gillam, Peter Singer, Chin Liew Ten, 尤其 Robert Elliot, 对本章之前的草稿进行的有益探讨和建议表示感谢。

参考书目

总论

12.1　Ayer, A. J. [1936] *Language, Truth, and Logic*, London: Gollancz, 1970.

12.2　Blum, Lawrence A. "Vocation, Friendship, and Community: Limitations of the Personal-Impersonal Framework", in Owen Flanagan and Amelie O. Rorty, eds, *Identity, Character, and Morality: Essays in Moral Psychology*, Cambridge, Mass.: MIT Press, 1990.

12.3　Rachels, James *Moral Problems*, New York: Harper & Row, 1971.

12.4　Rosenthal, David M. and Fadlou Shehadi, eds *Applied Ethics and Ethical Theory*, Salt Lake City: University of Utah Press, 1988.

12.5　Singer, Peter, ed. *Applied Ethics*, Oxford: Oxford University Press, 1987.

12.6　Winkler, Earl R. and Jerrold R. Coombs, eds *Applied Ethics: A Reader*, Oxford: Blackwell, 1993.

生命伦理学

12.7　Beauchamp, Tom L. "A Reply to Rachels on Active and Passive Euthanasia", in Tom L. Beauchamp and Seymour Perlin, eds, *Ethical Issues in Death and Dying*, Englewood Cliffs, NJ: Prentice Hall, 1978.

12.8　——and James F. Childress *Principles of Biomedical Ethics*, 3rd edn, New

York: Oxford University Press, 1989.

12.9　Birke, Lynda, Susan Himmelweit and Gail Vines *Tomorrow's Child*: *Reproductive Technologies in the 90s*, London: Virago, 1990.

12.10　Callahan, Daniel, "Autonomy: A Moral Good, Not a Moral Obsession", *Hastings Center Report*, 11 (5) (1984): 40-42.

12.11　Daniels, Norman *Just Health Care*, New York: Cambridge University Press, 1985.

12.12　Engelhardt, H. Tristram *The Foundations of Bioethics*, New York: Oxford University Press, 1986.

12.13　Firestone, Shulamith *The Dialectic of Sex*, New York: Bantam Books, 1970.

12.14　Fox, Renee C. "The Evolution of American Bioethics: A Sociological Perspective", in George Weisz, ed., *Social Science Perspectives on Medical Ethics*, Dordrecht: Kluwer, 1990.

12.15　Glover, Jonathan, *Causing Death and Saving Lives*, Harmondsworth: Penguin, 1977.

12.16　Hare, R. M. *Freedom and Reason*, Oxford: Oxford University Press, 1963.

12.17　——*Moral Thinking*, Oxford: Oxford University Press, 1981.

12.18　Kuhse, Helga *The Sanctity-of-Life Doctrine in Medicine*: *A Critique*, Oxford: Oxford University Press, 1987.

12.19　——and Peter Singer *Should the Baby Live?* Oxford: Oxford University Press, 1985.

12.20　Luker, Kristin *Abortion and the Politics of Motherhood*, Berkeley: University of California Press, 1984.

12.21　O'Neill, Onora "Paternalism and Partial Autonomy", *Journal of Medical Ethics*, 10 (1984): 173-178.

12.22　——*Faces of Hunger*, London: Allen & Unwin, 1986.

12.23　——*Constructions of Reason*: *Explorations of Kant's Practical Philosophy*, Cambridge: Cambridge University Press, 1989.

12.24　Rachels, James *The End of Life*: *Euthanasia and Morality*, Oxford: Oxford University Press, 1987.

12.25　Singer, Peter, "Life's Uncertain Voyage", in P. Pettit, R. Sylvan and J. Norman, eds, *Metaphysics and Morality*, Oxford: Blackwell, 1987.

12.26 ——and Deane Wells *The Reproduction Revolution*, Oxford: Oxford University Press, 1984.

12.27 Steinbeck, Bonnie, ed. *Killing and Letting Die*, Englewood Cliffs, NJ: Prentice Hall, 1981.

12.28 Thomson, Judith Jarvis "A Defense of Abortion", *Philosophy and Public Affairs*, 1 (1) (1971): 47–66.

12.29 Tooley, Michael "Abortion and Infanticide", *Philosophy and Public Affairs*, 2 (1) (1972): 37–65.

12.30 Veatch, Robert M. *A Theory of Medical Ethics*, New York: Basic Books, 1981.

环境伦理学

12.31 Callicott, J. Baird *In Defense of the Land Ethic : Essays in Environmental Philosophy*, Albany: State University of New York Press, 1989.

12.32 Carson, Rachel *Silent Spring*, Boston: Houghton Mifflin, 1962.

12.33 Ehrlich, Paul *The Population Bomb*, New York: Ballantine, 1968.

12.34 Elliot, Robert "Environmental Ethics", in Peter Singer, ed., *A Companion to Ethics*, Oxford: Basil Blackwell, 1991.

12.35 ——and Arran Gare, eds *Environmental Philosophy : A Collection of Readings*, St Lucia: University of Queensland Press, 1983.

12.36 Feinberg, Joel "The Rights of Animals and Unborn Generations", in William T. Blackstone, ed., *Philosophy and Environmental Crisis*, Athens: University of Georgia Press, 1974.

12.37 Leopold, Aldo *A Sand County Almanac*, New York: Oxford University Press, 1949.

12.38 Mathews, Freya *The Ecological Self*, London: Routledge, 1991.

12.39 Naess, Arne "The Shallow and the Deep, Long-range Ecology Movement: A Summary", *Inquiry*, 16 (1973): 95–100.

12.40 Nash, Roderick *Wilderness and the American Mind*, 3rd edn, New Haven, Conn. : Yale University Press, 1982.

12.41 ——*The Rights of Nature*, Sydney: Primavera Press, 1990.

12.42 Norton, Bryan G. *Why Preserve Natural Variety?* Princeton, NJ: Princeton

University Press, 1987.

12.43 Ortner, Sherry B. "Is Female to Male as Nature Is to Culture?", in Michelle Rosaldo and Louise Lamphere, eds, *Woman, Culture and Society*, Stanford, Cal.: Stanford University Press, 1974.

12.44 Rodman, John "Four Forms of Ecological Consciousness Reconsidered", in Donald Scherer and Thomas Attig, eds, *Ethics and the Environment*, Englewood Cliffs, NJ: Prentice Hall, 1983.

12.45 Rolston Ⅲ, Holmes *Environmental Ethics: Duties to and Values in the Natural World*, Philadelphia: Temple University Press, 1988.

12.46 Singer, Peter *Animal Liberation*, London: Jonathan Cape, 1975.

12.47 Stone, Christopher D. "Should Trees Have Standing? Toward Legal Rights for Natural Objects", *Southern California Law Review*, 45 (1972): 450-501.

12.48 Sylvan, Richard *A Critique of Deep Ecology*, Discussion Papers in Environmental Philosophy, no. 12, Canberra: RSSS, Australian National University, 1985.

12.49 Taylor, Paul W. "The Ethics of Respect for Nature", *Environmental Ethics*, 3 (3) (1981): 197-218.

12.50 ——*Respect for Nature: A Theory of Environmental Ethics*, Princeton, NJ: Princeton University Press, 1986.

12.51 Vandeveer, D. and C. Pierce, eds, *People, Penguins and Plastic Trees: Basic Issues in Environmental Ethics*, Belmont, Cal.: Wadsworth, 1986.

12.52 Warren, Karen J. "The Power and Promise of Ecological Feminism", *Environmental Ethics*, 12 (3) (1990): 125-146.

12.53 Zimmerman, Michael E., J. Baird Callicott, George Sessions, Karen J. Warren and John Clark, eds *Environmental Philosophy: From Animal Rights to Radical Ecology*, Englewood Cliffs, NJ: Prentice Hall, 1993.

商业伦理学

12.54 Applebaum, David and Sarah V. Lawton, eds, *Ethics and the Professions*, Englewood Cliffs, NJ: Prentice Hall, 1990.

12.55 Arrow, Kenneth "Social Responsibility and Economic Efficiency", *Public Policy*, 21 (1973): 303-318.

12.56　DeGeorge, Richard and Joseph A. Pichler *Ethics, Free Enterprise, and Public Policy*, New York: Oxford University Press, 1978.

12.57　Donaldson, Thomas *The Ethics of International Business*, New York: Oxford University Press, 1989.

12.58　——and Patricia Werhane *Ethical Issues in Business*, Englewood Cliffs, NJ: Prentice Hall, 1979.

12.59　Downie, R. S. "Responsibility and Social Roles", in Peter A. French, ed., *Individual and Collective Responsibility*, Cambridge: Schenkman, 1972.

12.60　French, Peter A. "The Corporation as a Moral Person", *American Philosophical Quarterly*, 15 (3) (1979): 207—215.

12.61　Friedman, Milton *Capitalism and Freedom*, Chicago: University of Chicago Press, 1962.

12.62　Galbraith, J. K. *The Affluent Society*, London: Hamish Hamilton, 1958.

12.63　Goldman, Alan "Ethical Issues in Advertising", in Tom Regan, ed., *Just Business*, Philadelphia: Temple University Press, 1983.

12.64　Hayek, F. A. "The Non Sequitur of the Dependence Effect", in Tom L. Beauchamp and Norman E. Bowie, eds, *Ethical Theory and Business*, Englewood Cliffs, NJ: Prentice Hall, 1979.

12.65　James, Gene G. "In Defence of Whistleblowing", in Joan C. Callahan, ed., *Ethical Issues in Professional Life*, New York: Oxford University Press, 1988.

12.66　Lawson, Gary "The Ethics of Insider Trading", *Harvard Journal of Law and Public Policy*, 11 (1988): 727—783.

12.67　Philips, Michael "Bribery", *Ethics*, 94 (1984): 621—636.

12.68　Solomon, Robert C. "Business Ethics", in Peter Singer, ed., *A Companion to Ethics*, Oxford: Basil Blackwell, 1991.

12.69　Stone, Christopher D. *Where the Law Ends: The Social Control of Corporate Behaviour*, New York: Harper & Row, 1975.

12.70　Wells, Celia "The Hydra-headed Beast", *Times Higher Education Supplement*, 11 January 1991, p. 16.

12.71　Wren, Thomas E. "Whistleblowing and Loyalty to One's Friends", in William C. Heffernan and Timothy Stroup, eds, *Police Ethics*, New York: John Jay Press, 1985.

第十三章
美　学

乔治·迪基（George Dickie）

导　言

20世纪英语国家的美学根据其核心问题可以大致分为三个不同的时期：心理学时期、分析时期和情境时期。

到1950年代，哲学家试图通过使用个人心理学的概念（作为个体的人从事或经历的事）来解决美学的中心问题：艺术经验的本质和艺术的本质。试图将"艺术"定义为情绪的表达的做法便是使用这一概念的例证。这些个人心理学的概念与作为群体的人从事或经历的事的社会概念形成鲜明对比，例如，一个人在比赛中得分或获得大学学位。

1950年代和1960年代，美学受到了两种分析哲学的影响。一种较为正式，具有约束性。这一传统的主要代表人物是门罗·比尔兹利（Monroe Beardsley）和尼尔森·古德曼，他们与心理时期的哲学家有许多共同之处。

另一种分析哲学的影响来自维特根斯坦和日常语言哲学家。秉承这一传统的哲学家否认"艺术"可以被定义，通常主张美学中的非本质主义方法。不同于比尔兹利和古德曼，这些哲学家与心理时期的方法有着巨大差别。

从1960年代初开始，一些哲学家试图用情境理论解决美学的核心问题。

在这一时期，他们主要做了三件事：一是抨击了个体心理学观念的使用；二是忽视或抨击了维特根斯坦的反本质做法；三是尝试描述艺术的经验和/或按照艺术作品的情境来定义"艺术"。

我将集中讨论少数几位哲学家，以便能更完整地呈现他们的观点。即使如此，这个说明可能也不足以给出全貌，为什么这些哲学家的理论在提出之初就具有如此的说服力和影响力。以文中的标题组织起来的参考书目列举了与所讨论的观点相关的其他著作。

心理学时期

审美经验

爱德华·布洛（Edward Bullough）

叔本华（Schopenhauer）在 19 世纪第一个提出了成熟的审美—态度理论，该理论将公正的认知和孤立的精神状态置于美学理论的中心。这种理论化的方式极具影响力。布洛有关心理距离的文章（1912，[13.1]）最早展示了 20 世纪著名的审美—态度理论。布洛紧随叔本华之后，努力减轻这样一种哲学担忧，即除非心理上受到控制，否则人们会实践地对待自然景观，或以对待现实的实践的方式对待艺术。

布洛声称，要理解审美的特质，需从心理上保持距离，使一个人处于"脱离实际需求和目的"的状态，并限制实际的想法和行动。这种状态使审美特性经验与其他经验分离。埃塞尔·普夫（Ethel Puffer）与布洛同属一个时期，理论也极为相近。他声称审美分离的描述"建构了一种理论和一种催眠术的定义"。

布洛用两个例子解释了心理距离：处于海雾中的人和看《奥赛罗》（Othello）的吃醋的丈夫。一般来说，对于岸上的人，被海雾吞噬的危险与他毫不相干，就会对其产生美感体验。若一个人从不疑心妻子不忠，在看《奥赛罗》时就能感受美感所带来的快感。布洛从这些事例中得出结论：所有对美的欣赏都需要心理上保持距离。他甚至声称保持心理距离使舞台人物对观众来说是虚构的,勇敢的、无心理距离的观众会试图拯救舞台上的女演员,以使其免受舞台上坏人之欺。

一个人在绝境中,如处于海雾中时,必须克制心理以感受美的特征,这种说法有一定的道理。大多数的审美情境,如欣赏博物馆的静物,并非是令人绝望的,也不需要心理克制。由绝望的情境来归纳非绝望情境的做法是错误的。即使在绝望的情境下,也没有理由认为心理克制会出现或需要出现。对海雾的危险或妻子可疑行为的担心仅仅是从雾或戏剧表演的审美特性分散注意力的表现形式,并非解除了心理克制的方式。若一个人的恐惧得以减轻或疑虑得以缓解,他就能深切感受审美特性或更好地欣赏戏剧表演。

对艺术的经验需要一种分离的状态,这导致了对特定艺术技巧的指责。布洛的一位追随者(Dawson [13.2])指责彼得·潘(Peter Pan)需要通过恳求掌声才能救活小仙女(Tinker Bell)的做法,因为它会破坏心理距离,并使孩子们感到不满。这些虚构的、理论的孩子们应该被严肃对待吗?多年来,很多孩子热切地响应这一恳求。顺便提一下,演员对观众讲话是一个古老且常见的手段。

审美—态度理论家认为危急情境、特定戏剧手段和(如果注意到)艺术的思想、道德和指涉内容可以破坏使审美体验成为可能的分离状态。他们认为,保持心理距离可以阻止人们关注艺术的内容,进而将它作为审美体验的对象,得到恰当的体验。

戴维·普劳尔(David Prall)

在《美学判断》(*Aesthetic Judgment*,1929)一书中,普劳尔延续了审美—态度的传统。他一开始就宣称艺术和艺术体验并不会对人们有趣的实践和社会活动有所助益[13.4]。恰当的艺术体验是体验其"美感表象":颜色、声音、空间顺序、节奏等等,这些特征是独立于与其相关的任何事物而被欣赏的。如果一个人注意到艺术的思想、道德或指涉内容,而非仅注意其美感表象,那他就"背离了审美态度"。普劳尔花了很大篇幅来详细讨论美感表象。在后期著作中,他改变了对艺术内容的看法。对于文学,他认为我们体验了"生命、人类激情和情感的巨大可能和人们相互间的千百种关系"。随后,他试着通过"增强"美感表象,将艺术思想、道德和指涉内容包含进去，进而将美感表象和内容连接起来。他首先将美感表象定义为一种感觉特质，对这种特质的体验与其他东西无关，但现在他想将其与其能表达、描述、说明和指涉的东西联系起来。普劳尔很矛盾，他试图同时赋予艺术内容和美感表象以应有的影响力。

杰罗姆·斯托尔尼茨（Jerome Stolnitz）

斯托尔尼茨在1960年（Stolnitz [13.5]）声称无利害关注将审美体验从其他体验中分离了出来，这表明了审美—态度传统的持久力量。斯托尔尼茨将无利害关注与利害关注进行了对比。他举例说明，参加音乐会并撰写评论的评论家对音乐的关注属于利害关注，而不带这类动机和目的出席音乐会的人便属于无利害关注而具有审美体验。评论家和非评论家的区别在于其动机，而非关注。动机可以影响关注——使关注分散或集中——但尽管评论家和非评论家出席音乐会的动机不同，他们关注的类型并不存在差别。为了写评论而出席并不是关注的一种形式，尽管撰写评论可能需要注意力高度集中。被斯托尔尼茨称为"利害关注"的评论家事例和其他事例并不涉及某一类型的关注，而仅仅是带有特定动机的关注。他所列举的一些"利害关注"的事例实为注意力不集中的情况。

约翰·杜威

杜威有关审美体验的理论是按时间顺序来呈现的，因为它纠正了具有高度影响力的审美—态度理论。在《作为经验的艺术》（*Art as Experience*, 1934，[13.3]）中，杜威首先对艺术经验进行了解释，关注有机体在其所处环境中的经验。就艺术作为经验来说，他强调将所谓的"艺术产品"——如画有油画的画布——和所谓的"艺术"——真实体验的艺术产品——区分开来。杜威认为艺术经验由普通经验发展而来，不能与生活脱节。

杜威将艺术经验设想为审美体验，认为前者是由对自然事物的审美体验发展而来的。他明确否定了叔本华、布洛和普劳尔审美体验的观点，认为审美体验并不是分离和静观的，而仅仅是对内在一致性的相当程度上的体验。对他来说，这就是我们称作"一个经验"的东西，其内在元素凝聚成一个完美的整体并从经验流中脱颖而出。

杜威没有对艺术的指涉方面发表太多看法。指涉对审美—态度理论家来说是很麻烦的,因为艺术从分离和独立的审美体验内部指涉到外部某物的这个特征被认为对审美体验具有破坏性。艺术的指涉特征对杜威来说不是问题,在他看来,美学体验的元素聚集在一起,但它们并不脱离与孤立于其他经验。

艺术哲学

乔治·桑塔亚纳

桑塔亚纳的《艺术中的理性》(Reason in Art,1905,[13.11])可能是20世纪最早的有关艺术哲学的英文著作,尽管如此,其哲学观点却既未得到发展也未引起争论。该书主要涉及艺术批评。

桑塔亚纳以对艺术在其哲学自然主义中的位置的讨论开篇。他所谓的"艺术"即技术。桑塔亚纳随后又转而讨论美术,将其定义为"以审美价值为主要价值或被认为以审美价值为主要价值的产品"。他指出美术"有很多非审美的功能和价值",这一论点常被反复提起以强调艺术与生活的连续性。桑塔亚纳的定义和他重复的论点从未得到辩护,持反对意见的人也未被提及。哲学话题似乎仅仅是艺术批评的序言。

克莱夫·贝尔(Clive Bell)

贝尔的《艺术》(Art,1914,[13.6])介绍了何为通常所说的视觉艺术的形式主义哲学。贝尔的理论基础是"审美情感",它有别于生活中的普通情感,如怜悯和恐惧。他认为所有有感觉的人都可以体验和识别这种情感。他随后声称,引发这种情感的对象我们称之为"艺术作品"。下一步是发现艺术作品在本质属性上有哪些共同之处。他认为只有一种东西可以带来审美情感,他的答案就是:艺术的本质属性乃是意味的形式。"形式"指的是视觉艺术中的线条和色彩关系,"意味的形式"指的是可以引发审美情感的这些形式的子集。贝尔否认艺术中这样的表达有任何艺术价值。

贝尔的观点并不是真正的艺术哲学,因为它排除了很多通常认为是艺术作品的对象。他认为大多数绘画、雕塑等作品并非艺术作品,它们无法引发审美情感。贝尔的理论并非艺术哲学的另一个原因在于,他认为艺术的本质属性——意味的形式有时也出现在自然对象中,他举了蝴蝶翅膀作例子。贝尔对艺术作品的分类将那些无人视为艺术的对象也包含在内!

贝尔的理论的确是视觉艺术评价的工具主义理论，即关于视觉艺术中的哪些内容对于产生有价值的经验（审美情感）有用的理论。艺术似乎不大可能产生审美情感，尽管它会带来有价值的经验。贝尔理论的心理学内容令人怀疑，但作为评价理论，其工具主义结构大有可为。

约翰·杜威

艺术的表现主义理论产生于19世纪，其强大的影响力一直延续到20世纪。在《作为经验的艺术》（1934，[13.8]）中，杜威提出了20世纪最早的表现主义理论之一。他提出了一种说明，认为艺术即一种情感表达，而没有做任何论证，似乎将其视为显而易见的真，就像当时的许多人所认为的一样。杜威将单纯的情感宣泄与情感表达区分开，后者需要意识的调节。这一区分使他将一些情感行为（宣泄）从艺术领域排除出去。

虽然他对表达和表现对象进行了详尽的描述，但他是否将情感表达等同于艺术或他是否认为表达仅仅是艺术的必要条件仍是不清晰的。

艺术具有表现力，但证实艺术的表现理论则完全是另一回事。近年来，表现理论遭到了有效的批评，今天很少有人会相信每件艺术作品都是其创造者的情感表达，或者艺术的每个表现特性都是对某种情感的实际表达。

杜威声称，艺术的表现性使得每种艺术形式都是某种沟通的语言。每种艺术形式是否都是一种语言和一种沟通的手段是非常值得怀疑的，而这源于艺术具有表现力就更是一个问题了。

尽管杜威的艺术理论存在问题，但他对表达和表现力的大部分观点还是很有道理。他具有渊博的艺术知识，特别是在视觉艺术方面。

柯林伍德（R. G. Collingwood）

在《艺术原理》（*Principles of Art*，1938，[13.7]）中，柯林伍德同样遵循了表现主义的传统，声称他所谓的"艺术适当"等同于情感表达。他提供了某种论证来支持他的说法：他明确了英语中的文字是如何使用的。"艺术（适当）"和"工艺"是完全不同的。工艺的对象是一个预想的产品，通过将技术应用在原材料上制成；而艺术是完全自发、未经计划的。在将艺术传达给观众的过程中可能会用到工艺，但艺术和工艺是不同的。

柯林伍德未加论证即断言"艺术跟情感有关系"，即艺术与情感有着必然联系。他假设了两种可能：可以表达情感的东西或被设计为唤起情感的东西。后者涉及一个预想目标（情感唤起），因此是一件工艺品。情感的表达是自发的。他得出结论，艺术是自发和无计划的，等同于情感表达的自发现象。尽管他的前提是有道理的，且人们也认同艺术与情感表达之间的必然联系，但这并不能表明艺术就等同于情感表达。

柯林伍德的结论似乎把愤怒之类的东西也包括进了艺术之中。他试图回避这个难题，表明这样的行为并不是艺术，因为他们是情感的背叛，而非情感的表达，情感的表达是受控制的行为。此举缩小了"情感表达"的通常意义。

柯林伍德称人们有时会将艺术适当与他所谓的"魔法艺术"和"娱乐艺术"这类工艺相混淆。魔法艺术，如爱国和宗教艺术，之所以是工艺，是因为它旨在唤起维持某种生命活动的情感；娱乐艺术是工艺，是因为它旨在唤起娱乐情感。柯林伍德认为莎士比亚的戏剧不是艺术，因为它们只是为了唤起伊丽莎白时代观众的情感！

情感表达是一种想象中的行为，因为它使一些东西进入意识。柯林伍德用此来说明，表达行为——艺术——是想象的，仅发生于内心，是纯粹精神上的。因此，对他来说，绘画、雕塑和音乐家发出的"噪声"都不是艺术，它们是使他人在其内心再创造艺术的工艺对象。这意味着人们通常看作艺术作品的东西在柯林伍德看来仅是工艺对象，人们通常认为是艺术构思和艺术欣赏的东西在柯林伍德眼中却是艺术作品。

柯林伍德的理论存在一些问题。首先，它排除了许多几乎所有人均认为艺术的东西，也就是不带情感内容的作品。对此他的回应是：严肃活动的产物通常保留情感表现元素。他将艾略特（Eliot）的《荒原》(*The Waste Land*) 拿来作为艺术的例子。这一作品是严肃活动的结果，有着情感内容；但尚不清楚严肃活动是否必须总带有情感元素，同时，也不清楚艺术的创造是否总是严肃的事情。其次，若将莎士比亚的戏剧从艺术领域排除——显然他是这样认为的——他的这一理论也是错误的。第三个问题是他将艺术等同于情感表达的做法会将很多人们并不认为是艺术的东西当作艺术。若家长用一种控制的但是愤怒的语气说"关上电视做功课"，这时家长只是在表达情感而非创造一件艺术品。

苏珊·朗格（Suzanne Langer）

在《情感与形式》（*Feeling and Form*，1953，[13.9]）中，朗格继续专注于情感，将"艺术"定义为"人类情感的符号形式的创造"。她声称每件艺术作品作为整体都是一个符号。她认为艺术以抽象手段实现符号化，例如，"音乐是情感生活的音调模拟"。艺术通过抽象的相似来符号化。她谈论的不是表现中所包含的相似，非客观的艺术和表现的艺术都经历了符号化。对于朗格来说，艺术是一种形象符号，即一个符号与它所符号化的东西类似。她的观点的主要问题在于它忽略了符号的约定论（conventional）基础。形象符号不只是因为类似而起作用，与所有的符号一样，它们必须被确立为指示了其内容。在《艺术问题》（*Problems of Art*，1957，[13.10]）中，朗格接受了这一批评，将其理论变为：艺术是类似人类情感的形式的创造。

是否每件艺术作品都与人类情感类似？有些音乐是情感生活的音调模拟，有些视觉艺术确实与人类情感类似；然而很多非客观和表现的艺术作品并不类似于人类情感，朗格对有些案例的真实情况做了太过笼统的概括。

总评

上述这些理论的核心是个体心理学的概念。心理距离和无利害关注都是个人作为个体经历的现象。美感表象、审美特性和意味的形式是或会成为感知的对象，而知觉辨认是个人作为个体运用的一种能力。杜威将审美体验视为一个完美统一体的观念是个人作为个体所经历的。情感表达是个人作为个体所做的，而审美情感则会是个人作为个体会做的。朗格的基本理念——相似——是个人作为个体所做的。这些理念中有两个属于意识范畴，两个属于影响范畴，六个属于知觉范畴。

分析时期

艺术经验

门罗·比尔兹利

比尔兹利在《美学》（*Aesthetics*，1958，[13.12]）中将其主题描述为

"元批评"，元批评就是对艺术描述、解释和评价中涉及的概念的分析。比尔兹利以试着描述批评的合适对象开始，他称之为"审美对象"（艺术作品的美学方面）。他对审美对象的关注表明他在延续之前关注艺术的审美方面的传统。具体说来，分为三个步骤：第一步是主张艺术家的意图不同于艺术作品，因此不是审美对象的某个方面。第二步是区分艺术的感知方面（可在体验艺术的正常情况下感知）和艺术的物质方面（在正常情况下不可感知）。第二步是为了消除不适合作为批评对象的艺术的某些方面——（1）物理方面：如根本无法体验到的声波和光波。（2）在正常情况下不能体验到的方面：如油画背面的颜色和看不见的舞台工作人员的活动。第二步并未消除可感知的事物，比如用来刻诗的印刷标记和油画边框的颜色；但是，比尔兹利的第三步就是要做这些。第三步是对各种感知领域属性的考量，最后提出了"视觉设计"、"音乐创作"和"文学作品"等的定义，这些有望消除余下的不恰当元素。我将考虑"视觉设计"这一概念，意指"带有异质性的有限视觉区域"。不过，油画边框的颜色没有在第三步被消除，它可以被感知且是有限异质视觉区域的一部分，其他视觉艺术案例中也有相似的问题。此外，感知/物理区分会消除一些审美对象的重要方面——例如文学作品的非感知意义。比尔兹利对审美对象的第二步和第三步解释均存在不足，但这并未影响到他在该书中对批评对象的理解。最初关于艺术家的意图是否与解释有关的问题仍然是激烈争论的话题。

比尔兹利得出结论：审美对象的功能是审美经验的产物。他对这一经验做出了一番解释，这得益于杜威、布洛等人。比尔兹利认为，审美对象的每个审美特性（优雅、精致等等）都是三个主要审美属性（统一性、强度和复杂性）中一个属性的实例。这三个主要属性在感知时可对个人的经验产生一定影响，即使个人经验统一、强烈和复杂。由此看来，审美经验由以下几个方面组成：（1）审美对象的三个主要感知属性的经验；（2）三个主要感知属性造成的影响（感觉统一、强烈和复杂）。另外，他还声称审美经验有着分离的本质，这一本质源于其统一性，意在将经验与其外部的事物绝缘和分离。比尔兹利同意杜威审美经验高度统一的说法，但他也接受布洛的审美经验是分离的观点，而这一观点是杜威明确否定的。

比尔兹利的结论是：艺术的任何指示审美经验之外事物的内容——比如其认知或道德内容——都会因审美经验的分离本质而变得无效。在他看来，只有艺术的非指示方面——统一性、强度和复杂性的审美属性——才会促成审美经验。由于比尔兹利将审美经验视为分离的，他的理论就无法说明艺术所具有的任何指示内容的功能。这表明将艺术经验视为分离的观点是错误的，比尔兹利本应更紧密地追随杜威。

尼尔森·古德曼

在《艺术语言》（*Languages of Art*，1968，[13.16]）中，古德曼同意比尔兹利关于艺术的功能是产生审美经验的说法，但他对这种经验的理解从根本上来说是不同的。古德曼声称艺术的审美经验不是对审美特性的欣赏，不是分离的，且在本质上是认知性的。因此，他在很大程度上打破了布洛、普劳尔、斯托尔尼茨和比尔兹利所遵循的传统。

古德曼认为每件艺术作品都是由描绘、表现、表达、例示或上述四个组合符号化的一个符号。他声称，符号，也就是艺术的目的是认知，艺术要通过衡量其实现认知目的的程度来评价。艺术的认知目的是通过"其微妙的辨别力……其把握、探索和了解世界的方式……其参与知识创造、管理、保留和转化的方式"来实现的。

很多艺术作品都是符号性的，但是不是所有的艺术作品都具有符号性呢？本章结尾有关艺术评估的部分（参见421~425页）将会证明，一些艺术作品（大多是非客观艺术和器乐）并不具象征性。

弗兰克·西布利（Frank Sibley）

西布利的《审美概念》（"Aesthetic Concepts"，1959，[13.17]）开始了关于审美特性的重要讨论，并由此产生了大量文献。他首先将审美术语、概念和特性与非审美术语、概念和特性做了区分。"红色的"和"方形的"属于非审美术语，红色和方形属于非审美特性。对非审美术语的应用和对非审美特性的识别仅需要"正常的眼、耳和智力"。"火热的"和"微妙的"属于审美术语，火热和微妙属于审美特性。对审美术语的应用和对审美特性的识别除了需要正常的感知力和智力外，还需"运用品位、洞察力和悟性"。西布利这样确定审美术语和审美特性：其应用需运用品位的，则为审美术语；其识别需运用品位的，则为审美特性。对西布利来说，术语并非本身就是审美的或非审美的，一些术语可能总被用为审美的，但一些术语根据上下文既可能被用为审美的也可能被用为非审美的。因此，西布利认为品位是最基本的范畴，它可以确定术语的哪种运用是审美运用，哪些特征是审美特征。

他声称，审美特性依赖于非审美特征。这一依赖关系的本质是什么呢？非审美特性——如方形——有充分必要条件，在此例中就是有四条等边和四个直角。西布利否认审美特性有充分必要条件，因为某个对象精致是由于有一套非审美特征，而另一个对象精致是由于有另一套不同的审美特征。另外，他还否认审美特性有逻辑充分条件。举个特定的例子：精美，其非审美条件足够产生精美，但在其他地方同样的非审美条件的出现并不总是足以产生精美。一些非审美特征确实可能会有助于（不会阻碍）某个特定审美特性的出现，但这种非审美特征的出现并不能保证一定会出现特定审美特性。同样，一些审美特性可能受非审美条件的消极影响，如色彩轻淡柔和的画不可能花哨。西布利的观点是：审美特性依赖于非审美特征，但没有受绝对条件的限制。因此，审美术语的应用无规则可循。

审美特性是存在的，且依赖于非审美特性，这一观点被广泛认同。很多人还接受西布利的审美特性不受条件约束的观点。西布利的观点的主要问题在于他对品位的看法和将其用来确定何为审美特性的做法。这一问题是由泰德·科恩（Ted Cohen，1973，[13.14]）提出的，科恩主要关注简单情形中审美特性的感知。就感知女芭蕾舞演员动作的优美或一个一岁小孩走路的笨拙来说，科恩问道：要注意到这两个审美特性，除了需要正常的眼睛和智力外，是否还需要其他东西？他的答案是否定的，如果是这样的话，那么品位在简单情形中并不能确定何为审美特性。也许是为了尽量避免这一说法，西布利在《审美概念》中声称，几乎每个人都能在一些领域在某种程度上运用品位。但如果正常的感官能力、智力和品位几乎总是同时出现，我们如何判断在简单情形中是正常的感知能力还是品位识别了审美特性呢？或者，在复杂情形中，有人识别了审美特性，有人却没能识别，没能识别出来的原因有可能是他的正常感知能力有限，而识别出来的人则有着较强的感知能力。无论在简单还是复杂情形下,我们都不能确定存在西布利所认为的品位,因此,我们也不能肯定西布利有办法来确定何为审美特性。

艺术哲学

保罗·齐夫(Paul Ziff)

在《界定艺术作品的任务》("The Task of Defining a Work of Art",1953,[13.25])中,齐夫率先将1950年代开始在哲学界风行的反本质主义应用于艺术哲学中。他声称"艺术品"这一称呼的使用表明,要想成为艺术,并无必要的条件,成为手工艺品就更不用说了。例如,一块看起来像雕塑,值得我们思考的自然形成的石头便可被称为艺术品,这是因为石头足够像具有艺术特征的事物。"艺术品"的多种不同用法表明其可以有多种不同的充分定义。每一定义都有一个特征实例,如伦勃朗的《夜巡》(*Night Watch*),而任何看起来足够像它的东西就是艺术作品。即使特征实例是手工艺品,它所产生的对象类的成员不需要是手工艺品,仅需与特征实例足够相似即可。齐夫认为,对于何为足够相似,无法给出任何规定。他认为小说、诗歌和音乐作品与绘画不同,它们不能被包含在与《夜巡》足够相似的对象类中;但它们仍可被称为艺术作品,因为它们与其他特征实例相似。齐夫认为,"艺术作品"这一术语有多少种不同的用法,就有多少关于"艺术作品"的不同定义。

受这一时期反本质主义的影响,莫里斯·威茨(Morris Weitz,1956,[13.24])和威廉·肯尼克(William Kennick,1958,[13.23])对"艺术"的定义得出了相似结论。这三篇文章使分析时期定义"艺术"的尝试暂告一段落。西布利的审美特性不受条件约束的观点与齐夫处于同一个反本质主义传统中。

自然形成的石头能被称为一件艺术作品,而且可以构造一个类,包含雕塑和这样的一块石头。这两个事实应该让哲学家抛弃传统所认为的人工制造是艺术的必要条件的说法吗?我认为不是。艺术哲学家不需对此类用法或由此构造的类产生任何兴趣,因为他们总是创立关于人类手工艺品类别的理论。人工制造是他们活动的内置特征,他们真正的问题在于发现这些手工艺品的其他典型特征。此外,对于哪些手工艺品属于他们所理论化的对象类别,他们的意见是一致的——绘画、诗歌、戏剧等等。

尼尔森·古德曼和门罗·比尔兹利

由于反本质主义的强大影响力,艺术理论的创立活动在分析时期的哲学家中并不流行。古德曼对所有艺术作品都是符号的看法是作为"艺术"的部分定义提出的还是仅作为一个普遍的概括,目前尚不清楚;但不管是哪种,由于他的理论无法解释非客观艺术和器乐,因此他的观点站不住脚。

比尔兹利直到1979年才将注意力转到"艺术"的定义上。他写道:"艺术作品可定义为'为提供带有明显审美特征的经验而有意进行的条件上的安排'"[13.21]。这一定义延续了比尔兹利对审美特征的强调,它的提出与1960年代后期和1970年代的情境理论形成鲜明对比。情境理论使艺术领域包含杜尚(Duchamp)的《喷泉》(*Fountain*)、一般的达达主义作品和类似的艺术世界的创作——这些作品几乎没有能力提供比尔兹利所设想的审美经验。比尔兹利将这些前卫的作品排除在外,是为了使审美方面的考虑成为必要,这是其分析哲学发展的既定特征。同样,由于比尔兹利对"艺术作品"的定义取决于其分离审美经验的概念,他的定义也具有分离的观点所具有的所有问题。

总评

分析时期的很多哲学家继续试图用个体心理学的概念解决美学问题。比尔兹利用感知性和感知场的性质来区分审美对象的做法便是使用这些概念的实例。感知是个人作为个体从事的行为。同样,他对审美经验及其审美特性和影响的内容与分离性的理解也是个人作为个体从事的行为。古德曼认为艺术审美经验是符号指示的经验,包括了人们作为个体经历的经验。齐夫的充分类似观念是个人作为个体所做的事的观念。最后,西布利以正常眼睛、耳朵和智力可识别的东西与品位可以识别的东西为基础,试图将审美从非审美特征中区分开来的做法显然使用的是人作为个体运用的能力的观念。

情境时期

绪言

情境主义理论家与前两个时期的传统大相径庭。情境时期的三个标志——对个体心理学概念的否定,对普遍流行的反本质主义的否定或忽略,对艺术作品所嵌入的情境的使用——中的一个或多个在1962—1965年被四位哲学家在五篇文章中独立阐述。在《心理学是否与审美相关?》("Is Psychology Relevant to Aesthetic?",1962,[13.27])中,我认为艺术的观众的思想和行为不是由心理距离的心理现象控制的,而是由艺术作品情境的规则控制的。在《审美本质》("Aesthetic Essence",1965,[13.26])中,马歇尔·科恩(Marshall Cohen)抨击了一些个体心理学观点,包括心理距离控制着观众行为的观点。对于行为的情境控制,科恩提到了对艺术作品如何被体验的学习。在《审美态度的奥秘》("The Myth of the Aesthetic Attitude",1964,[13.28])中,我抨击了布洛以及杰罗姆·斯托尔尼茨和埃莉西奥·维瓦斯(Eliseo Vivas)的审美—态度理论。在《艺术世界》("The Artworld",1964,[13.37])中,阿瑟·丹托(Arthur Danto)无视普遍流行的反本质主义,首次从情境主义角度来解释艺术的本质。在《关于艺术的家族相似性和泛化》("Family Resemblances and Generalization Concerning the Arts",1965,[13.48])中,莫里斯·曼德尔鲍姆(Maurice Mandelbaum)直接抨击了齐夫和威茨的反本质主义。曼德尔鲍姆还建议用情境方法来概括艺术,而不试图说明相关细节。

这五篇文章的积极见解是分两条线路呈现的:对艺术经验的情境控制的说明和对艺术的情境本质的说明。

艺术经验

马歇尔·科恩和乔治·迪基

科恩和我对包括在艺术适当经验中的个体心理学机制的批评,被纳入我早前对审美—态度理论和比尔兹利的审美对象说明的批评中，在此不再进一步评论。

审美—态度理论家认为特定的心理状态（有多种描述）控制着艺术经验者的思想和行为。若保持心理距离，吃醋的丈夫能够专注于《奥赛罗》；孩子们对彼得·潘请求掌声的行为感到不安，因为这破坏了他们的心理距离；勇敢的观众若保持心理距离，就不会攻击舞台上的坏人。但如果没有这样的心理状态，在面对艺术现象时，是什么在控制思想和行为呢？

塞缪尔·约翰逊（Samuel Johnson）在 18 世纪的回答是："事实是，那些观众总是理智的，他们从始至终都知道，舞台仅仅是舞台，演员也仅仅是演员"[13.30]。科恩[13.26]和我[13.27]提出：观众对艺术活动本质的认识控制着其思想和行为。

一个更全面——或许略显零碎——的关于艺术经验的情境控制的解释可以在我的《艺术和审美》（Art and the Aesthetic，1974，[13.29]）一书中找到。拿攻击人的观众和彼得·潘的请求来说，有一个所有人都知道的普遍规则或惯例，那就是观众不与戏剧行为互动。一个袭击舞台上坏人的勇敢的观众相当于出于对戏剧艺术的无知或精神失常而藐视这一惯例。这样的观众并没有失去审美态度，虽然他可能失去了理智。当彼得·潘请求掌声时，这表明传统惯例被搁置一旁，取而代之的是一个不同的惯例。孩子们马上意识到这里有一种惯例的转变，即使有些美学家没有意识到。惯例从定义上来说是可以通过多种方式完成的，不同的戏剧有不同的惯例制约着观众的参与。通过反思就会发现，在将艺术呈现给公众的过程中，有很多惯例。尽管看《奥赛罗》的吃醋的丈夫的例子并不比其他两个例子在获得或失去审美态度上更具代表性，但它也并未直接涉及戏剧惯例。这只是个想到妻子会使他不能专注于戏剧的丈夫。

审美—态度理论家认为审美态度的具备可以揭示艺术的哪些特征属于艺术作品的审美对象，即哪些特征应被欣赏和批评。比尔兹利对可感知性和其他标准提出了相似的观点，但均站不住脚。是什么将注意力转移到艺术作品的审美对象上来了呢？是戏剧的背景知识——其本质和惯例——将戏剧的审美对象分离出来。其他艺术中的情况也是如此，是绘画、文学等的背景知识,而不是个体心理学机制的运作,指导人们关注应被欣赏和批评的艺术特征。

肯达尔·沃尔顿(Kendall Walton)

我从什么控制着体验艺术的人的问题转向对艺术的审美内容的思考。西布利的结论是审美特性依赖于非审美特性。在《艺术范畴》("Categories of Art",1970,[13.31])中,肯达尔·沃尔顿(西布利的学生)更进一步得出,艺术作品的审美特性还取决于其历史背景。他对艺术作品的审美特性仅通过感知便可发现的观点提出了质疑。沃尔顿指出,艺术作品作为范畴——雕像、绘画、立体绘画——的成员而被感知。每一范畴都有标准特征,使艺术作品属于那一范畴的特征。平面、静止和形状的使用均属于绘画范畴的标准特征。平面、静止和多种近似方形形状的使用是立体派绘画范畴的标准特征。具有大理石的颜色,不呈现肩以下的部位是罗马大理石半身像的标准特征。每一范畴同样有变化的特征,这些特征在范畴的不同作品中有所不同,与属于这一范畴的作品无任何关系。特定的形状和颜色在绘画的范畴中是可变的,特定的颜色在立体绘画的范畴中也是可变的。若某个特征的存在使得具有该特征的作品不具备列入范畴的资质,则该特征对此范畴来说是反标准的。一个突出的、立体的对象对于绘画范畴来说便是反标准的。

范畴与视觉表现有关,标准特征通常与表现无关。绘画平面和静止的特征并不妨碍它表现运动中的立体对象,用白色大理石制成且仅呈现肩以上部位的罗马半身像并不会让人以为是一个胸部被切断的苍白的人。相反,变化的特征包含在表现中——一幅画的特定的形状和颜色,以及罗马半身像通过相似所表现的特定形状。

范畴涉及艺术作品审美特性的确定。不熟悉立体绘画范畴的人可能会觉得立体绘画有混乱的审美特性。他可能在普通具象绘画的范畴下看这幅画,将其众多近似方形的形状看作比如说一个体无完肤的人的变形或表现;而在立体派绘画范畴下看这幅画的人则会把众多近似方形的形状看作标准,认为这只是对一个人的表现,而不会觉得混乱。而且,当重复的近似方形形状被视为标准而非表现时,这些重复会赋予绘画表面以一种有序的审美特性。

一件艺术作品,若将其视为某一范畴的作品,会有一系列审美属性;若将其视为另一范畴的作品，则会有其他的审美属性。一件艺术作品的实际审美属性是那些以正确方式感知时被感知到的属性。如何确定正确性呢？沃尔顿列举了四个确定正确范畴的考虑。

1 若一件艺术作品有相对较多的一个范畴的标准特征，而很少有或没有反标准特征，则此范畴对艺术作品来说是正确的。这一条件本身并不充分。塞尚（Cézanne）的某些作品似乎适合立体派绘画范畴，但它们并不是立体派画作。

2 一件艺术作品，当在特定范畴感知时所取得的效果比在其他范畴要好，则此范畴是正确的。这个条件也不够充分。一件普通的作品明显属于某一特定范畴，但总有可能发明新的、奇异的范畴，更好地适合作品。

3 一件艺术作品适合某一完善的范畴，则此范畴是正确的。这种历史条件不会解决每一个问题，有时会出现新的、重要的作品和范畴。沃尔顿列举的勋伯格（Schoenberg）的十二音音乐便是如此。

4 一件艺术作品的创造者想要其在某一范畴下被感知，则此范畴是正确的。这种历史条件不会解决每一个问题，因为艺术家的意图通常未知或不清楚。

这些条件为很多情况确定了正确的范畴，但没有涉及不可判定的情况。沃尔顿以贾柯梅蒂（Giacometti）的雕塑为例：若将它们视为雕塑，它们的四肢看起来虚弱纤细；若将它们视为薄的金属雕塑，它们的四肢不会看起来虚弱，相反看起来会有表现力。不管用哪种方法来感知雕塑都没有错，因此没法说这件艺术作品的实际审美属性是什么。沃尔顿并不认为不可判定情况的存在是一件坏事。

艺术哲学

阿瑟·丹托

丹托在《艺术世界》[13.37]后又发表了一系列文章。在这些文章中，丹托开始构想视觉上不能区分的艺术作品和非艺术对象。杜尚的《喷泉》和与之完全一样的小便池，伦勃朗的《波兰骑士》(*The Polish Rider*)和与之相仿的随机制作的非艺术对象等等。这证明使其成为艺术的不是其展示和可感知的属性，而是其置身的情境。

20世纪美学的新颖之处在于丹托设想的情境涉及文化概念而不是个体心理学的观念。相比之下，表现理论设想的艺术作品处于情境之中则涉及情感的表达。

丹托对可使一件东西成为艺术品的文化情境给出了两个不同的说明。在《艺术世界》中，他认为盛行的艺术理论提供了可使手工艺品变成艺术作品的情境。盛行的、授权的理论曾经是"艺术模仿论"，现在则是他所谓的"艺术真实论"。在《艺术作品和真实事物》("Artworks and Real Things"，1973，[13.38])中，丹托认为具有表现力可使事物成为艺术作品，这种所谓的艺术创造情境是语言的情境，而非艺术理论的情境。在《平凡物的变形》("The Transfiguration of the Commonplace"，1974，[13.39])和其同名书（1981，[13.40]）中，丹托继续谈论语言的情境，他认为成为关于某事并因此成为阐释的对象是事物变成艺术作品的条件。

在其第三篇文章的开头 [13.39]，丹托对"相关性"（aboutness）做了一个不够普遍的论断。丹托设想了一名展示画布的艺术家，画布名为《无题》，艺术家认为它与任何事物无关。丹托随后说道：

> 我们的艺术家创作了一些东西，这些东西恰好属于关于某类事物的类型，但由于艺术许可的原因，它们恰好与任何事情无关……艺术作品可能确实拒绝阐释，但却是接受阐释的合适对象。

丹托的意思是：艺术作品通常是与某些事物有关的事物，但艺术作品也有可能与任何事物无关，因此也就无法对其进行阐释，故相关性不是艺术作品的普遍属性。但在文章的结尾，丹托写道：

> 对于我所讨论的一些空洞的作品［包括《无题》］，我要说的

是，它们与相关性有关，且它们的内容就是艺术的概念 [13.39]。

丹托最初声称，艺术家对《无题》与任何事物无关的声明使其不关乎任何事。《无题》与相关性有关吗？或者仅仅是"恰好属于关于某类事物的类型"？在任何情况下，都没有理由认为目前很多非客观绘画是关于什么的，即使有些非客观绘画，如《无题》，与某些事物相关。回到早些时候，18世纪的典型器乐作品同样不与任何东西相关。若像丹托声称的，所有艺术作品均具有相关性，则似乎有很多反例来反对这一说法。然而丹托可以采用不这么强的说法，转而说明艺术作品是那些可以具有相关性的事物。

即使所有艺术作品都具有相关性且可以被阐释，丹托的理论也不是只对艺术品类别有效，法律法规、自行车组装说明和其他许多非艺术作品都具相关性且可以被阐释。

丹托似乎在声称艺术作品具有相关性且可以被阐释。这两种谈论意义的方式指向了两个不同的方向：说一件艺术作品具有相关性实际指向的是创作了一个对象的艺术家，说艺术作品可以被阐释暗示其意义可以被艺术世界的大众所理解。尽管一些早期的艺术哲学也提到艺术的观众必不可少，但丹托的哲学第一个表明必要的观众是艺术世界的公众——一种文化现象。丹托认为艺术作品是存在于艺术家和公众之间的情境或框架中的意义的载体，这一看法是正确的；但他若认为所承载的意义总是相关性，那么这样的看法便是不正确的。

莫里斯·曼德尔鲍姆

在《关于艺术的家族相似性和泛化》[13.48] 中，曼德尔鲍姆对威茨和其他人认为"艺术"不能被定义的观点进行了批评。这些哲学家认为艺术没有共同特征，只有重叠的相似之处，他们将此类概念称为"家族相似性"。曼德尔鲍姆指出，家族相似性确实存在于有遗传关系的人中。家庭成员表现出的任何重叠的明显相似之处都不可能被所有成员共享，但所有家族成员共有一个潜在的遗传联系。他认为如果一个人不去看艺术所展现的感知特征，而是寻找潜在的关系特征，即寻找可在艺术对象、艺术家和静观者之间发现的关系，那么艺术的典型特征就有可能被发现。曼德尔鲍姆并未试图创造这样一种理论。

乔治·迪基

丹托揭示了艺术的文化情境并暗示艺术家和公众必不可少。曼德尔鲍姆建议关注艺术对象、艺术家和静观者之间的关系。受这些观点的指引，我提出了艺术制度理论两个版本中较早的一个，以《定义艺术》("Defining Art", 1969, [13.42]) 开始，以《艺术和审美》（1974, [13.29]) 结尾。两个版本的"制度"都指的是一种文化实践——创作各种艺术所涉及的实践——而非召开会议和进行群体行为的人的组织。在这个较早版本中，艺术作品指的是具有欣赏资质的手工艺品，这种资质由一些代表艺术界行事的人赋予其某些特征（审美对象）。我认为可以通过与艺术媒介合作的通常方法来实现人工制造，但我也认为它可以被赋予一个对象。我认为《喷泉》和类似作品被赋予了人工制造。根据这个早期版本的理论，要成为一件艺术作品，需在正式描述的制度结构内获得某种地位，这是某个艺术家或某些艺术家行为的结果。

十年后，为了回应比尔兹利和其他人的批评，我在《艺术圈》(*The Art Circle*, 1984, [13.43]) 中呈现了一个大幅修改且更通俗的制度理论。我放弃了形式术语——代表艺术界行事、赋予资质和人工制造——而转为谈论艺术家在艺术界的背景下运用他们的材料。同样，在《艺术圈》中，我没有仅对"艺术"下定义，而是给出了五个相互关联的定义，这提供了新版本最简洁的解释：

艺术家是参与艺术作品创作理解的人。

艺术作品是创作用来展示给艺术界公众的手工艺品。

公众是一群人，其成员做了一定程度的准备来理解呈现给他们的对象。

艺术界是所有艺术界系统的总和。

艺术界系统是艺术作品由艺术家展示给艺术界公众的框架。

注意最后一个定义利用了其他定义的主要术语。这些定义明显是循环的，但并非恶性循环。如果一个人面对的是对他所不知道的外来现象的循环解释，那么这种循环就是恶性的；然而，艺术的创作和欣赏是人们从孩提时代就接触的文化现象，这一相互关联的系统内的主要术语的意义是众所周知的。我们同时了解了这一循环定义中的若干概念。在教人们何为艺术品的同时，不可能不教他们何为艺术家、艺术界公众和艺术界系统（绘画、戏剧等等）。没有一个主要概念可以作为其他概念的基础（顺便提一下，新的艺术界系统常常被推出，比如即兴演出）。

"艺术作品"的制度定义是价值中立的，它涵盖了好的、坏的和中立的艺术。"艺术"的定义需是关于所有艺术的，而不仅仅是关于有价值的艺术或任何其他子集的。艺术作品的共同点不在于价值，而在于在艺术界的地位。顺便提一下，"艺术作品"指的是呈现给艺术界公众的基本的或原始的项目，而不是像节目单、节目简介之类的寄生于原始项目之上的项目。

理解的概念被用于"艺术家"和"公众"的定义中。艺术家和艺术界公众成员都能理解的是艺术的大意，也就是说，他们在参与特定种类的活动。除此之外，艺术家还必须理解其借以工作的特定媒介。同样，"艺术作品"的定义谈论的是某种被创作出来呈现给艺术界大众的手工艺品。限定"某种"是为了不将那些创作出来后因种种原因从未被展示的艺术作品排除在外。

制度理论没有提到艺术的某些受高度重视的特征：表现、表达、象征和审美特征。尽管这些特征非常重要，但当它们在艺术中显现时，它们并不是艺术的普遍特征，因此，不能算是固有特征。艺术是一种文化发明，它可以体现所有这些特征和其他特征，但它并不必须包含任何一个特征。

在《艺术的定义》(*Definitions of Art*, 1991, [13.41]) 中，斯蒂芬·戴维斯 (Stephen Davies) 对 1950 年代以来的艺术理论进行了回顾和分析。他区分了艺术的功能描述和程序描述。功能描述认为艺术具有特定的功能：表达情感、产生审美体验、关于某物。艺术的制度描述是程序性的，也就是说，是按照特定文化程序来定义"艺术"的。程序理论对艺术作品的功能不加限制，但它声称没有一种功能是普遍的和固有的。戴维斯还讨论了在某种程度上与制度理论类似的一些关于"艺术"的近期定义，他把这些理论描述为历史的、叙事的或有意的。有关这些理论的著作以及有关戴维斯未讨论的理论的著作在参考书目中列出：请见 T. Diffey［13.45］；J. Margolis［13.50］；T. Binkley［13.33 – 13.34］；J. Levison［13.48］；M. Eaton［13.46］；L. Krukowski［13.47］；and N. Carroll［13.35］。

解释和评估艺术

解释

门罗·比尔兹利

比尔兹利认为，解释艺术作品就是理解其意义。解释艺术作品中的词、句、表现和人物动机等与理解现实生活中的同等事物并无两样。

假设在一场关于人们来自何方的谈话中，有人说："他出生在美国新泽西州的一个小镇"，听者会很容易理解（即正确地解释）此话。同样，有些情况下可以毫无疑问地理解一个人的动机。有些言论和行为很容易解释。若某人说了一句模棱两可的话，由于它没有一个意义，听者便不能理解，尽管它暗示了两个或多个意义，此话将无从解释。若某人说了一连串混乱的话语，此话语也是不能被解释的。同样，我们有时也无从知晓是什么促使了一个人的行动。

在比尔兹利看来，对艺术作品的解释与对现实生活情境的解释相当。以"他出生在美国新泽西州的一个小镇"开始并继续以简单语言撰写的小说会很容易理解，即很容易被解释。但批评家和哲学家并不关心简单易解释的作品，而关心有关复杂情形的问题，如《睡眠封闭了我的灵魂》（"A Slumber Did My Spirit Seal"）一诗中是否有暗示泛神论？《螺丝在拧紧》（"The Turn of the Screw"）中的鬼是真实的还是虚构的？李尔王是年衰还是明智？《美国哥特式》（*American Gothic*）中的女性是农夫的妻子还是女儿？比尔兹利认为，简单和复杂事件都具有三种可能性：将一件清晰作品中的所有东西都考虑进去的正确解释，未将作品中的所有东西都考虑进去的错误解释，或者根本就没有解释。不能给予解释的原因有多种，比如诗歌可能没有明确证据表明是否与泛神论有关，戏剧可能同时呈现了某个人物明智和年衰的证据，因此是不确定的等等。比尔兹利认为，一件艺术作品可能因以下原因而被错误解释：作品中缺乏某种东西，作品中的某种东西被误读，或者有人读出了作品中不存在的一些东西。

约瑟夫·马戈利斯（Joseph Margolis）

马戈利斯和另一些人对解释的看法似乎与比尔兹利的相反。马戈利斯称，一件艺术作品的不相容的解释可以共同被确认为合理的，就是说，一个人可以将艺术作品的不相容解释视为共同合理并名正言顺地接受。

马戈利斯的说明不同于比尔兹利，是按照合理性来进行的。即便如此，似乎还是存在问题。可以同时确认李尔王的年衰且明智的合理性吗？若戏剧中证明李尔王的年衰和明智的证据相等的话，可以得出与这一结论最接近的说法。我们会说李尔王年衰就像他明智一样合理，但这一说法与说李尔王年衰且明智合理的说法完全不同。

事实上，比尔兹利和马戈利斯谈论的不是同一件事情。比尔兹利说的是艺术作品中词、句、表现、人物动机等意义的解释。比如，他关心的是，诗歌中的语序是否暗示了无神论或机械论的宇宙，李尔王的言论和行为是否是其年衰的证据。马戈利斯谈论的不是在艺术作品中发现微妙或复杂的意义，他讨论的是比尔兹利所谓的宏伟方案（如马克思主义和弗洛伊德学说）对艺术作品的"重叠"。比尔兹利同意艺术作品——以《杰克和魔豆》（"Jack and the Beanstalk"）为例——可按照马克思主义和弗洛伊德学说来解读，或视为其说明元素，但这种观点却不能揭示艺术作品中的意义，尽管它们可能会赋予艺术作品以意义。艺术作品的不相容重叠可能都被认为是合理的，进而被共同接受——如果它们对艺术作品来说是合适的话。

解构主义

要说马戈利斯的观点与比尔兹利不一致的地方，便是对解构主义的立场。这一理论并非起源于英语世界国家，但其影响力却延伸到了这些国家。解构主义者认为，由于语言和符号的本质，正确地解释艺术作品是不可能的。他们因此得出结论，由于不可能正确地解释艺术作品（甚至是日常交流），因此人们可以根据自己的意愿来对艺术作品进行解释，实际上以这种

"自由"的方式来理解是人们的唯一选择。

即使简单的交流有时也会失败,这是事实;但简单交流并不总是不可能的,否则语言就不会存在了。若交流总是不可能的话,语言的使用便不会得以发展。若交流不可能,城市、飞机和任何比泥巴高级的东西便不会存在。事实上,我们知道如何去交流,知道如何通过问问题和做出澄清等来消除歧义,避免晦涩难懂。

艺术作品当然不是简单的交流。我们常常曲解或未能理解艺术作品,是因为它们太过复杂,有些作品模棱两可或极其含糊。然而,艺术作品与简单交流一样,若不能理解或解释它们,它们便不会存在。事实上,我们知道如何去解释艺术作品并且常常给予正确的解释。

如果解构主义者是对的,对么就很难理解他们为何能成功地相互交流意见并把意见传达给他人。认为不可能获得正确理解或解释的哲学结论是一个奇怪且矛盾的断言。

评估

厄姆森(J. O. Urmson)

艺术的工具性评估是最有前途的,即根据其产生有价值的或宝贵的经验的能力来评估。厄姆森的《分级》("On Grading",1950,[13.64])是对工具性评估的早期说明,虽然艺术并非此书的重点。厄姆森对美味红苹果的分级很有启发性。公认的标准为:暗红色、无虫洞、坚硬、甜等等。最好的苹果为暗红色的、无污点的、坚硬的、非常甜的,余下的则被视为次于最好的。暗红色是审美标准,坚硬和甜是口感标准,无虫洞是口感质量的表现,也是审美的表现。所有的标准都涉及产生宝贵经验——审美或口感——的能力。

将工具主义分级应用到艺术作品涉及几个问题:是否有公认的标准以避免相对主义?有多少标准?是否有评估原则,若有的话,是如何制定的?

门罗·比尔兹利

比尔兹利认为,艺术作品的功能在于产生审美经验。由于审美经验是有价值的,他的工具主义结论是:艺术作品应根据其产生这类有价值的经验的能力来评估。

比尔兹利认为审美经验与其他经验是分离的，因此，他得出结论：艺术的指涉方面（那些将艺术与审美经验外的世界联系起来的方面）与对艺术作为艺术的评估无关。在他看来，仅有艺术的审美特征与其价值有关。

如前所述，比尔兹利认为所有审美特性都可归入统一性、强度和复杂性之下，他将这三种特性作为艺术价值的标准。在他看来，有三个相应的评估原则，每个原则将三个标准中的一项作为其主体，例如，"艺术作品中的统一性（对于产生审美经验）总是有价值的"。比尔兹利的三个原则加上有关艺术作品统一性、强度和复杂性的完整信息并不能从逻辑上带来具体、聚焦的评估，如"这件艺术作品很好"或"这件艺术作品棒极了"。事实上，他的三个原则只能带来不具体的评估，如"这件艺术作品在某种程度上有价值"。

比尔兹利没有注意到他的理论里有些原则会从逻辑上带来具体、聚焦的评估，这些原则将审美经验作为它们的主体。"极具重要性的审美经验总是好的"便是这类原则的实例。这一原则与艺术作品可以产生极具重要性的审美经验这一信息一起，使这件艺术作品能够产生好的审美经验。若一件艺术作品能产生好的审美经验，则这件艺术作品本身从工具性上来讲就是好的。

比尔兹利避免了相对主义，因为在他的理论中，艺术作品是否对一个人产生某种价值经验，对另一个人又产生另一种不同的价值经验，这是无异议的。对比尔兹利来说，一件艺术作品可以产生从工具性上来说有价值的审美经验，这种经验反过来又对心理健康极有帮助，而审美经验是否会带来心理健康是一个经验性问题。

如果比尔兹利的理论是正确的，那么就应该有评估标准和相应的评估原则。就标准达成共识的问题不会出现，因为统一性、强度和复杂性正是产生审美经验的属性。此外，每件艺术作品的价值都可与其他艺术作品比较，因为艺术作品的价值是由其产生同一种东西——审美经验的能力决定的。

不幸的是，有很好的理由认为比尔兹利关于审美经验的概念是有缺陷的，而且与艺术的工具性评估相关的宝贵经验也比他想象得更复杂。相对主义仍有可能。

弗兰克·西布利

据西布利在《美学的一般标准和原因》("General Criteria and Reasons in Aesthetics",1983,[13.63])一文中所说,比尔兹利希望艺术作品中他的任何一个标准——统一性、强度和复杂性——的呈现都必须始终对艺术作品的总体价值有积极推动作用。因此,比尔兹利认为,关键原则必须具有这样的形式:"……在艺术作品中总是有价值的",其中"有价值的"被理解为能够"推动总体价值"。西布利认为比尔兹利的希望不能得到支持,因为他的三个标准有可能相互作用,例如作品的复杂性可导致这一作品的不统一。有价值的属性 a 以某种程度存在于给定作品中可能会干扰某种程度的另一有价值的属性 b 在这一作品中的表现,并使作品的总体价值低于 a 以其他程度存在时作品的价值。

西布利还认为,有很多艺术作品的审美属性不能归于统一性、强度和复杂性之下,他表示除了统一性、强度和复杂性之外,还有其他积极的审美属性,如优雅和精致,以及很多消极的审美属性,如华而不实和枯燥等等。

在西布利看来,将有同审美属性——积极的和消极的——一样多的关键原则。由于任一审美属性都可以与艺术作品中的非审美属性或其他审美属性相互作用,从而减少(或增加)总体价值,关键原则就必须以能够反映这一事实的方式构造。西布利心中所想的那种原则必须有如下形式:"……存在于艺术作品中,与作品的其他属性分离,总有价值"。举例说,优雅是一个有价值的属性,但不是任何地方都有它存在。这些原则在艺术作品上的运用总是要求艺术作品不同属性间具有相互作用的品质。西布利的原则只能带来艺术作品的非具体评估,如"这件艺术作品在某种程度上有价值"。

西布利认为,艺术作品具有工具性价值,因为它们能产生有价值的经验;但他并没有像比尔兹利一样声称艺术作品产生的是单一种类的工具性价值经验。因此,在他看来,人们是可以从一件艺术作品中获得不同的价值经验的,相对主义并没有被排除。

尼尔森·古德曼

古德曼不同意比尔兹利(和西布利)关于拥有审美特性才使艺术有价值的看法,他认为艺术的价值是其认知方面的象征或指涉的功能。他同意根据艺术产生审美经验的能力来对其进行评估；但他表示，审美经验从本质上来说是认知性的，而非审美特性问题。

艺术的认知方面经常是有价值的。古德曼主要以非客观绘画和器乐为例。他认为这些作品有价值，因为其主要特征象征自身（通过例示），也就是说，这些特征之所以有价值是因为它们是自身的范例，就如油漆店的油漆色样。

假设一幅名为♯3的非客观绘画被均匀地涂上了鲜艳的红色，它的功能是否与油漆色样一样呢？人们可以用它作为想要的汽车颜色的样本，但我们通常不这样使用这种绘画。通常经验的非客观绘画并不能起到例示作用（因此，所有艺术作品不起象征作用）。油漆色样之所以有价值是因为它们是样本，但它们例示的颜色具有的价值是非指涉的。有价值的非客观绘画通常也以类似的非指涉方式有价值。

同样，夕阳的鲜红色是审美价值的范例，而且当然它通常不例示任何东西。假设♯3中的红色与夕阳红的明暗一样，通常这样的绘画与夕阳的颜色一样是有价值的，即使它有价值的原因是它是一个范例。

古德曼认为艺术的认知内容可以有艺术价值，这一点是正确的；比尔兹利认为拥有审美特质可以有艺术价值也是正确的，但两人都忽视了艺术的一个有价值的方面。

布鲁斯·费尔马岑（Bruce Vermazen）

比尔兹利和古德曼试图根据一种复杂属性来评估艺术作品，即艺术作品产生某种有价值的经验的能力。这会使得艺术作品的价值成为单个属性的函数，并使每一艺术作品的价值都可与其他作品相比较。不幸的是，他们的结论未能得到证实。

在《艺术作品的比较评估》（"Comparing Evaluations of Works of Art"，1975，[13.65]）中，费尔马岑令人信服地声称艺术作品的价值是多个独立且有价值的属性的函数。若两件艺术作品有着独立不同的有价值的属性，则将不能比较它们的价值，就好像不能比较苹果和橙子的价值一样。若两件艺术品有且仅有一个独立且共同的有价值的属性，则可以对它们的价值进行比较和排序。费尔马岑随后指出，若两件艺术品有两个或两个以上独立且共同的有价值的属性，同时属性的价值属于某一特定种类，便可以对这两件艺术品的价值进行比较和排序；但通常不太可能对所有此类的艺术品进行价值比较和排序。费尔马岑的文章表明，比尔兹利和古德曼的评估方案行不通。

关于艺术评估的更广泛讨论请参见我的《艺术评估》(*Evaluating Art*，1988，[13.60])一书。

参考书目

心理学时期

(ⅰ) 审美经验

13.1　Bullough, E. "'Psychical Distance' as a Factor in Art and as an Aesthetic Principle", *British Journal of Psychology*, 1912: 87-117.

13.2　Dawson, S. "'Distancing' as an Aesthetic Principle", *Australasian Journal of Philosophy*, 1961: 155-174.

13.3　Dewey, J. *Art as Experience*, New York: Capricorn Books, 1934.

13.4　Prall, D. *Aesthetic Judgment*, New York: T. Crowell, 1929.

13.5　Stolnitz, J. *Aesthetics and the Philosophy of Art*, Boston: Houghton Mifflin, 1960.

(ⅱ) 艺术哲学

13.6　Bell, C. *Art*, London: Chatto & Windus, 1914.

13.7　Collingwood, R.G. *Principles of Art*, Oxford: Clarendon, 1938.

13.8　Dewey, J. *Art as Experience*, New York: Capricorn Books, 1934.

13.9　Langer, S. *Feeling and Form*, New York: Scribner's, 1953.

13.10　——*Problems of Art*, New York: Scribner's, 1957.

13.11　Santayana, G. *Reason in Art*, New York: Scribner's, 1946.

分析时期

(ⅰ) 艺术经验

13.12　Beardsley, M. *Aesthetics: Problems in the Philosophy of Criticism*, New York:

Harcourt, Brace, 1958; 2nd edn with postscripts, Indianapolis: Hackett, 1981.

13.13 ——*The Aesthetic Point of View*, Ithaca, NY: Cornell University Press, 1982.

13.14 Cohen, T. "Aesthetic/Non-aesthetic and the Concept of Taste: A Critique of Sibley's Position", *Theoria*, 39 (1973): 113-152.

13.15 Fisher, J., ed. *Essays on Aesthetics: Perspectives on the Work of Monroe C. Beardsley*, Philadelphia: Temple University Press, 1983.

13.16 Goodman, N. *Languages of Art*, Indianapolis: Bobbs-Merrill, 1968.

13.17 Sibley, F. "Aesthetic Concepts", *Philosophical Review*, 68 (1959): 421-450.

13.18 —— "Aesthetic and Nonaesthetic", *Philosophical Review*, 74 (1965): 135-159.

(ⅱ) 艺术哲学

13.19 Aagaard-Morgensen, L., ed. *Culture and Art*, Atlantic Highlands, NJ: Humanities Press, 1976.

13.20 Beardsley, M. "The Definitions of the Arts", *Journal of Aesthetics and Art Criticism*, 20 (1961): 176-187.

13.21 —— "In Defense of Aesthetic Value", *Proceedings and Addresses of the American Philosophical Association*, 52 (1979): 723-749.

13.22 Goodman, N. *Languages of Art*, New York: Bobbs-Merrill, 1968.

13.23 ——*Ways of Worldmaking*, Indianapolis: Hackett, 1978.

13.24 Kennick, W. "Does Traditional Aesthetics Rest on a Mistake?", *Mind*, 67 (1958): 317-334.

13.25 Weitz, M. "The Role of Theory in Aesthetics", *Journal of Aesthetics and Art Criticism*, 15 (1956): 27-35.

13.26 Ziff, P. "The Task of Defining a Work of Art", *Philosophical Review*, 62 (1953): 58-78.

情境时期

(ⅰ) 艺术经验

13.27 Cohen, M. "Aesthetic Essence", in *Philosophy in America*, ed. M. Black, London: Allen & Unwin, 1965: 115-133.

13.28 Dickie, G. "Is Psychology Relevant to Aesthetics?", *Philosophical Review*, 71 (1962): 285-302.

13.29 —— "The Myth of the Aesthetic Attitude", *American Philosophical Quarterly*, 1 (1964): 56-65.

13.30 ——*Art and the Aesthetic*, Ithaca, NY: Cornell University Press, 1974.

13.31 Johnson, Samuel *Johnson on Shakespeare*, ed. Walter Raleigh, London: Oxford University Press, 1959.

13.32 Walton, K. "Categories of Art", *Philosophical Review*, 79 (1970): 334-367.

(ii) 艺术哲学

13.33 Binkley, T. "Deciding about Art", in L. Aagaard-Mogersen, ed., *Culture and Art*, Atlantic Highlands, NJ: Humanities Press, 1976.

13.34 —— "Piece: Contra Aesthetics", *Journal of Aesthetics and Art Criticism*, 35 (1977): 265-277.

13.35 Carroll, N. "Art, Practice, and Narrative", *The Monist*, 71 (1988): 140-156.

13.36 Carney, J. "Defining Art", *British Journal of Aesthetics*, 15 (1975): 191-206.

13.37 Cohen, T. "The Possibility of Art: Remarks on a Proposal by Dickie", *Philosophical Review*, 82 (1973): 69-82.

13.38 Danto, A. "The Artworld", *Journal of Philosophy*, 6 (1964): 571-584.

13.39 —— "Artworks and Real Things", *Theoria*, 39 (1973): 1-17.

13.40 —— "The Transfiguration of the Commonplace", *Journal of Aesthetics and Art Criticism*, 33 (1974): 139-148.

13.41 ——*The Transfiguration of the Commonplace*, Cambridge, Mass.: Harvard University Press, 1981.

13.42 Davies, S. *Definitions of Art*, Ithaca, NY: Cornell University Press, 1991.

13.43 Dickie, G. "Defining Art", *American Philosophical Quarterly*, 6 (1969): 252-258.

13.44 ——*The Art Circle*, New York: Haven, 1984.

13.45 Diffey, T. "The Republic of Art", *British Journal of Aesthetics*, 9 (1969):

145-156.

13.46 Eaton, M. *Art and Nonart*, Rutherford, NJ: Fairleigh Dickinson University Press, 1983.

13.47 Krukowski, L. *Art and Concept*, Amherst, Mass.: University of Massachusetts Press, 1987.

13.48 Levison, J. "Defining Art Historically", *British Journal of Aesthetics*, 19 (1979): 232-250.

13.49 Mandelbaum, M. "Family Resemblances and Generalization Concerning the Arts", *American Philosophical Quarterly*, 2 (1965): 219-228.

13.50 Margolis, J. "Works of Art as Physically Embodied and Culturally Emergent Entities", *British Journal of Aesthetics*, 14 (1974): 187-196.

13.51 Tilghman, B. *But is It Art?*, Oxford: Blackwell, 1984.

13.52 Walton, K. "Categories of Art", *Philosophical Review*, 79 (1970): 334-367.

13.53 Wollheim, R. *Art and Its Objects*, London: Cambridge University Press, 1980.

解释和评估艺术

(ⅰ) 解释

13.54 Barnes, A. "Half an Hour before Breakfast", *Journal of Aesthetic and Art Criticism*, 34 (1976): 261-271.

13.55 Beardsley, M. *The Possibility of Criticism*, Detroit: Wayne State University Press, 1970.

13.56 Eaton, M. "Good and Correct Interpretations of Literature", *Journal of Aesthetics and Art Criticism*, 29 (1970): 227-233.

13.57 Hampshire, S. "Types of Interpretation", in *Art and Philosophy*, ed. W. Kennick, 2nd edn, New York: St Martin's Press, 1966.

13.58 Margolis, J. *The Language of Art and Art Criticism*, Detroit: Wayne State University Press, 1965.

13.59 Norris, C. *Deconstruction: Theory and Practice*, London: Methuen, 1982.

(ⅱ) 评估

13.60 Beardsley, M. "On the Generality of Critical Reasons", *Journal of Philoso-

phy, 59 (1962): 477-486.

13.61 Dickie, G. *Evaluating Art*, Philadelphia: Temple University Press, 1988.

13.62 Isenberg, A. "Critical Communication", *Philosophical Review*, 58 (1949): 330-344.

13.63 Savile, A. *The Test of Time*, Oxford: Clarendon Press, 1982.

13.64 Sibley, F. "General Criteria and Reasons in Aesthetics", in *Essays on Aesthetics: Perspectives on the Work of Monroe Beardsley*, ed. J. Fisher, Philadelphia: Temple University Press, 1983: 3-20.

13.65 Urmson, J. O. "On Grading", *Mind*, 59 (1950): 145-169.

13.66 Vermazen, B. "Comparing Evaluations of Works of Art", *Journal of Aesthetic and An Criticism*, 34 (1975): 7-14.

13.67 Wolterstorff, N. *Art in Action*, Grand Rapids, Mich. : W. B. Eerdmans, 1980.

13.68 Yanal, R. "Denotation and the Aesthetic Appreciation of Literature", *Journal of Aesthetics and Art Criticism*, 36 (1978): 471-478.

13.69 Ziff, P. "Reasons in Art Criticism", in *Philosophy and Education*, ed. I. Scheffler, Boston: Allyn &. Bacon, 1958.

第十四章
宗教哲学

爱德华·维伦卡（Edward R. Wierenga）

429   宗教哲学是对宗教中出现的哲学问题的重要反映。这些问题的来源包括宗教论断（例如上帝存在，其意义何在，以及此论断是否正确或能否被合理地接受）、概念（例如全知或永恒性，如何对它们进行分析或它们是否相容）和实践（例如祈祷，将上帝已经知道人们具有的思想或欲望说出来是否合理）。尽管所有宗教都对哲学研究提出了可供审视的议题，但20世纪用英语写作的哲学家将他们的精力主要集中在有神论提出的哲学问题上，这无疑是因为基督教是大多数这些哲学家所熟悉的宗教。罗伯特·弗林特（Robert Flint）在其书［14.3］中把有神论定义为这样的学说：宇宙的存在和持续是因为自我存在的神的意愿，神具有无限的力量，智慧且善良。有关这一有无限的力量、智慧且善良的生物——也就是神——的存在和属性的哲学通常被称为哲学神学。宗教哲学家提出的其他议题包括神秘主义和宗教经验的本质、宗教和科学的关系、宗教语言、宗教和不朽的本质。此外，在20世纪最后几十年，一些宗教哲学家再一次开始探讨更具体的神学议题，如道成肉身、赎罪和原罪的基督教教义。

    似乎没有其他哲学方向如此与哲学其他领域的内容密切交织在一起。宗教哲学反映、借用其他哲学，也对其他哲学产生影响。在20世纪早些年，
430 当唯心主义和形而上学体系建构十分流行时，宗教哲学家试图将这些经得起检验的哲学主张纳入全面的形而上学框架中。20世纪中期，宗教哲学家试

图对形而上学和宗教有关的逻辑实证主义攻击做出回应。参与争论的哲学家关心的不是宗教主张是否正确或有道理,而是这些主张是否如此有意义。20世纪末,宗教哲学变得更加技术化和专业化,例如会从哲学逻辑工作中获得借鉴,并将之应用于一些支持或反对上帝存在的传统争论。

唯心主义

很多最杰出的宗教哲学家都被邀请在吉福德讲座(Gifford lectures)发表演讲,该讲座每年在苏格兰的一所大学(阿伯丁、爱丁堡和格拉斯哥)办一系列演讲,旨在促进"对自然神学最广泛意义上的研究,换句话说,即对神的知识的研究"。1900年,首次演讲由哈佛大学的乔西亚·罗伊斯发表。罗伊斯是绝对唯心主义最重要的美国倡导者,绝对唯心主义是一种思辨哲学观点,它认为有一种精神的、自我意识的存在——绝对,任何事物通过参与这一绝对而变得真实。罗伊斯得出这一观点似乎是受到了德国唯心论者的影响,特别是受到赫尔曼·洛采(Hermann Lotze)的影响。但绝对唯心主义也是20世纪初期英国哲学的主要学说,其拥护者有爱德华·开尔德(Edward Caird)、约翰·开尔德(John Caird)和格林(T. H. Green)。

罗伊斯的吉福德演讲以《世界和个人》(*The World and the Individual*)[14.7]为名出版,其中提到了罗斯在很多地方都涉及的一个观点,即可以用错误的可能性来说明绝对的存在。罗伊斯认为一个观点的"外部意义"取决于其想要表达的意义。此外,观点不符合原来的意图——观点是错误的——因此取决于存在能同时把握观点和其预期目标的智慧。最后,由于错误有无限多的可能,因此就必须有无穷的智慧——绝对——来理解它们。

安德鲁·塞斯·普林格尔-帕蒂森(Andrew Seth Pringle-Pattison)在1912—1913年的吉福德讲座中,发表了后来以《基于近代哲学的上帝的观念》(*The Idea of God in the Light of Recent Philosophy*)[14.4]为名出版的演讲,他同意罗伊斯的唯心论,认为"自我意识的生命是世界的有机部分",但他否认所有意识可被统一为一个单一体,因此上帝不等同于绝对。黑斯廷斯·拉什道尔(Hastings Rashdall)在其《哲学和宗教》(*Philosophy and Religion*)[14.5]一书中也对这一个人唯心论进行了辩护。

威廉·詹姆斯和实用主义

思辨形而上学和绝对唯心论者(和后来怀特海式的人)的宏大体系建构之外的另一种选择是威廉·詹姆斯和其他实用主义者对哲学研究所采取的方法:以问题为驱动的渐进式方法。在《信仰的意志》("The Will to Believe")[14.9]中,詹姆斯接受了克利福德(W. K. Clifford)[14.58]关于"任何基于不充分证据相信事物的做法都是不对的"观点的挑战。詹姆斯承认支持宗教信仰的证据的确不足,并试图为信仰提供适当理由。他将相信真理的知识义务和避免谬论的知识义务区分开来,指出强调后一义务会鼓励人们在某一命题的证据不具说服力时,保持对这一命题的认可。詹姆斯转而主张忠于更冒险的义务,以获取真实的信念。他认为,当人们被迫做出会改变其生活的选择,且不能基于知识来做出选择时,这为选择相信一个命题提供了理由。詹姆斯尤其指出,这一原则允许接受宗教假设,允许相信上帝存在。

1901年和1902年,詹姆斯在吉福德讲座上发表了后来以《宗教经验种种》(*The Varieties of Religious Experience*)[14.10]为名出版的演讲。他将宗教定义为"个人在独处时的感情、行为和经验,只要他们认为自己处于其所认为的神圣的立场"。詹姆斯接着讨论了忏悔、皈依和圣洁,但鉴于他将经验放在首位,自然而然地,神秘主义成了他关注的重点。根据神秘主义的相关著作,詹姆斯认为神秘经验的特点是不可言喻,也就是说,它蔑视表达,仿佛拥有纯理智的特性,即在其对象看来,是对真理的领悟状态,是短暂和被动的。詹姆斯认为这种状态对那些拥有它们的人来说是可信的,但对那些不具此状态,只表明"真理有其他秩序的可能"的人来说,不具任何证据价值。

詹姆斯开创了审查神秘经验的现象学和证据价值的传统。该传统延续了整个世纪，其中史泰思（W. T. Stace）和派克（Nelson Pike）的作品尤为值得关注。

艾尔弗雷德·诺思·怀特海与过程哲学

1927—1928年艾尔弗雷德·诺思·怀特海发表了吉福德演讲。怀特海最开始是一名数学家，1910—1913年与伯特兰·罗素共同创作了重要的《数学原理》。1920年怀特海移居美国，受科学宇宙学启发，他尝试建立一种思辨形而上学体系。怀特海的吉福特演讲以《过程与实在》（Process and Reality）[14.15]为名出版，非常晦涩难懂的语言使其难以被解释。怀特海详细说明了上帝的"两极"观点。在他的"原始性格"中，上帝是自然世界历程的一部分，而不是创造者，也缺乏意识，但他仍促成了世界秩序。相应地，上帝的"继生性格"是一种意识，这种意识随吸收因事物持续变化而产生的价值而增长。怀特海用一系列格言来总结这些明显冲突的张力，如"认为上帝创造世界是正确的，就如同认为世界创造上帝是正确的一样"。

怀特海对有关上帝的传统观念——如认为其不可改变、永恒、绝对、万能等等——的驳斥在那些发展其观点的人看来是适宜的。例如，查尔斯·哈茨霍恩为上帝的"两极"观点辩护，"过程神学家"如约翰·科布（John Cobb）试图对怀特海的思想进行明确的基督教发展。

神学语言：可证实性和意义

在逻辑实证主义的影响下，发展思辨形而上学系统的兴趣下降了。这是一个由莫里兹·石里克、鲁道夫·卡尔纳普和维也纳学派的其他成员形成的哲学流派。艾耶尔在其《语言、真理和逻辑》[14.16]一书中将这一流派介绍给以英语为母语的哲学家。逻辑实证主义的核心是意义的可证实性标准。

根据这一观点，一个句子只有当它在分析上或经验上可验证时才有意义。对于句子可证实性所需要的东西，尚未找到令人满意的答案；然而，大致说来，一个句子可证实是为了使其至少在原则上通过经验观察可以被证实或证伪。艾耶尔运用证实原则得出结论：传统形而上学、伦理学和宗教的句子都是毫无意义的。他认为这类论断从分析上来讲并不正确，也没有可想象的观察来证实或反驳它们。因此，艾耶尔认为，这些命题既不正确，也不错误，而是毫无意义，特别地，"没有一个旨在描述至高无上的上帝性质的命题有任何真正意义"。

1940 年代中期，也就是《语言、真理和逻辑》第二版出版的同时，一个著名的例子支持了艾耶尔的说法。在《上帝》（"Gods"）[14.20] 一文中，约翰·维斯道姆（John Wisdom）举了一个例子：两个人观察一个明显无人照料的花园，一个认为里面有园丁，另一个认为没有园丁。所有尝试找出园丁的努力均失败了，但其中一人仍然相信存在一个不能眼见和耳闻、只会在工作时出现的园丁。尽管维斯道姆仅认为两位观察者间的差异"已不再是试验性的"，其他哲学家得出结论：既然没有任何观察能够证伪相信者的如下主张，即存在一个不能眼见也不能耳闻的园丁，那么此主张就是毫无意义的。安东尼·傅卢（Antony Flew）认为："若假定的断言不否认任何东西，则它也不肯定任何东西，因此它并非真正的断言"[14.18]。关于他提到的维斯道姆的故事，傅卢认为，当故事中的怀疑者问相信者："你所谓的眼不见、摸不到、永远隔绝于人外的园丁，和凭想象捏造的园丁，或与根本没有园丁又有什么不同呢？"他在暗示相信者之前的说法已经被限定破坏了，以致它根本不再是一个断言。傅卢认为，由于神学言论通常不能被证伪，因此它们同样是无意义的。

宗教信仰的主要挑战不是这些信仰是错误的，而是它们甚至无意义可言，这一观点在 1950 年代的宗教哲学领域继续占据优势，且在这十年宗教哲学的主要论文集《哲学神学中的新论文》（*New Essays in Philosophical Theology*）中得到了众多撰稿人的认同。这一论文集除了傅卢的作品外，还汇集了黑尔、巴兹·米切尔（Basil Mitchell）和诺维尔 - 史密斯（P. H. Nowell-Smith）等人的文章。

证实主义者对宗教信仰意义的挑战得到了广泛接受，甚至很多有神论的哲学家和神学家都感到必须重新对传统宗教主张进行解释，以通过意义的可验证性检查。一个典型和著名的回应便是布雷思韦特（R. B. Braithwaite）的《宗教信仰本质的经验主义观点》（*An Empiricist's View of the Nature of Religious Belief*）［14.17］。在布雷思韦特看来，基督教声称上帝是爱这一说法并非在主张超自然的现实，而仅仅是信徒在表达其追寻圣爱生活方向的意图。其他宗教言论同样应被视为情感的表达或欲以某种方式行动的声明。

由于宗教言论的意义受到广泛关注，对宗教哲学其他问题的关注则相对较少。然而，对意义的可证实性标准的遵守最终有所衰弱，这主要是因为：首先，这一标准不适用于其本身——因为它似乎无法验证；其次，这一原则的形成排除了形而上学和宗教命题，但并未排除有明显意义的命题如科学命题。后一问题的历史在卡尔·亨佩尔（Carl Hempel）的《意义的经验主义标准：问题与变化》（"Problems and Changes in the Empiricist Criterion of Meaning"）［14.19］一文中有详述。

维特根斯坦式唯信论

路德维希·维特根斯坦及其追随者从另一个角度研究了宗教语言。维特根斯坦对宗教的最明确讨论出现在《讲演和谈话集》（*Lectures and Conversations*）［14.25］中，此书是学生根据他 1938 年的演讲所做的记录。他认为宗教信徒的语言使用与非信徒的语言使用完全不同，从而非信徒无法反驳信徒。然而维特根斯坦并没有给出信徒的主张无意义的结论，相反，信徒表达的意思是由一种与非信徒不同的"图景"或看待生活的方式来决定的。

借用维特根斯坦在其他地方所用的惯用语，我们可以将这一观点视为是在声称宗教术语的意义取决于其在"语言游戏"或"生活方式"中的角色。因此，如"上帝"或"审判日"这样的术语对信徒有意义取决于它们在信徒所参与的一系列实践中的使用。因此，试图为宗教主张寻找证据或理由就是没有意义的,因为宗教主张只有在宗教生活方式下才有意义,而这种找寻位于宗教生活方式之外。维特根斯坦的追随者如诺曼·马尔康姆和菲利普(D. Z. Phillips)强调了唯信论,据此,寻求宗教信仰的理性基础是误入歧途的。在他们看来,宗教信仰是无根据的,在宗教实践中,它不是一个可以寻求证据的假设,而是不存在可以评估宗教生活方式的外部视角。批评者如尼尔森反对说,一个单一的概念结构可能同时包括科学和宗教,在这种情况下,对证据的要求是自然的,且全部生活方式(如巫术)都是开放供评价的。

恶的问题

1950 年代,主要哲学环境——认为宗教主张或者是毫无意义的,或者在逻辑上与其被用于的语言游戏隔离——出现了例外,这一例外对有神论的真理发起攻击。1955 年,麦基通过对有神论发起强有力的挑战,开创了对罪恶问题产生浓厚兴趣的时期。艾肯(H. D. Aiken)、安东尼·傅卢和麦克克洛斯基(H. J. McCloskey)也对这一挑战发表了看法。麦基认为,有神论不仅是错误的,而且前后矛盾,因为其核心原则不可能全都正确。有神论者认为:(1)上帝是万能的;(2)上帝十全十美;(3)有罪恶存在。在麦基看来,这些主张是矛盾的,如果任何两个是正确的,余下的一个必然是错误的。这就是后来为世人所知的罪恶的逻辑问题。麦基指出,为了证明有神论的信仰是矛盾的,必须寻找一些必然为真的命题(他称之为"准逻辑规则")将万能、善良和邪恶的概念联系起来,从而通过与有神论信仰的关联可以产生明确的矛盾。麦基认为所需要的必然的真理是:(4)万能的人所能做的事没有限制;(5)善良的人会尽可能消除罪恶。批评者派克和阿尔文·普兰丁格指出,一个善良的人如果有好的理由的话,可能会允许罪恶,所以(5)并不是必然的真理。随后对麦基言论的支持未能揭示(4)和(5)的变体,具有必然真理和引发的两个特性,在与有神论信仰关联起来时就产生了明显的矛盾。然而,这使得有神论的信仰是前后矛盾的观点变得悬而未决,即使没有证据表明它们是矛盾的。因此，产生了大量的文献来试图证明有神论是一致的。

普兰丁格将对罪恶的辩护定义为试图证明上帝的存在和罪恶的存在在逻辑上是相互一致的。相较之下，神义论试图说明罪恶的真正原因和正确解释。因此，若能提供上帝和罪恶同时存在的逻辑方案，辩护就能成功。格雷夫（S. A. Grave）在对麦基的简短回复中表达了对自由辩护的支持，阿尔文·普兰丁格则凭借其巨大的创造力将自由辩护进行了发展。其主要思想是：上帝有可能重视创造自由的人，但即使是万能的上帝也无法创造出只做正确事情的人。因为若上帝让某人去做正确的事情，则那个人就不可能自由行事了。如果这种情况可能是真的，那么上帝和罪恶同时存在就是可能的。

自由意志辩护明确提出了所谓的道德罪恶，也就是由被创造的主体的自由行动而产生的罪恶。批评者指出还有上帝的存在与自然或物理罪恶（如地震或洪水带来的苦难）的一致性问题。普兰丁格的回应是：有可能所有的罪恶都是道德罪恶，因为明显的物理罪恶可能是由非人类主体造成的。尽管这只是在谈论可能性的问题，却一直争议不断。其他哲学家，如理查德·斯温伯恩（Richard Swinburne）和彼得·范·因瓦根（Peter van Inwagen）认为自然罪恶的产生是由于自然规律的正常运行，而拥有自然规律的价值大于所产生的罪恶。

自由辩护的一个替代选择由约翰·希克（John Hick）推动，强调罪恶对人们性格成长的价值。根据希克，罪恶为人们适应与上帝的关系所需要的"灵魂塑造"或精神发展提供了机会，罪恶因此不仅仅是具有自由意志的生物所带来的不幸后果。希克的这一观点源于爱任纽（Irenaeus，120—202），他认为该观点的长处在于避免了奥古斯丁关于衰落的教义和随之产生的解释完美上帝的完美之作为何变得邪恶的问题。希克的观点明显有神义论的倾向，但如果它有可能是正确的，它也为罪恶的逻辑问题提供了辩护。

到目前为止，讨论的重点是罪恶的逻辑问题，但随着哲学家相信可以对其做出恰当的辩护，他们的目标开始转向第二个问题：罪恶的证据问题。根据威廉·罗（William Rowe），罪恶的存在，以及其他证据，虽然在逻辑上与上帝的存在不一致，却是反对上帝存在的证据。鉴于罪恶存在于世界上，合理的结论就是：上帝不存在。阿尔斯顿（William Alston）辩护称，我们无法知道看上去无缘无故或不公正的罪恶是否真的如此，如果有上帝的话，他可能有理由允许那些人们甚至无法理解的罪恶的发生。另一个回应来自普兰丁格，他承认上帝存在是不太可能的，因为有罪恶存在；但他认为基于有神论者的证据来说，上帝存在并不是不可能的。这一问题与宗教认识论有关，将在稍后讨论。

本体论证明

437　　1960 年，诺曼·马尔康姆在《哲学评论》（*Philosophical Review*）上发表了一篇文章 [14.41]，他在文中声称发现了安瑟尔谟（Anselm）对上帝存在本体论论证的可靠版本，因此而开创了宗教哲学频繁活动的时代。安瑟尔谟（1033—1109）认为，上帝——这一可设想的无与伦比的伟大之物——一定存在，因为认为上帝不存在的假设导致了这样的谬论：可能存在比可设想的无与伦比的伟大之物更伟大的东西。同当时大多数哲学家的想法一样，马尔康姆愿意承认这种论证在某种程度上被伊曼努尔·康德（1724—1804）"存在并非谓述词"的说法驳倒；但马尔康姆认为安瑟尔谟《证据》（*Proslogion*）一书中还有第二个观点——不存在在逻辑上的不可能是完美的。因此，若上帝是可设想的无与伦比的伟大之物，那么他的存在是必然的。所以，要么上帝的存在是必然的，要么是不可能的。根据马尔康姆，只有当上帝的观念自相矛盾或无意义时，上帝的存在才不可能。马尔康姆否认上帝的观念不可能自相矛盾或无意义，因此上帝存在是必然的。

　　查尔斯·哈茨霍恩在 20 年前曾提出过类似的观点，但未引起同样的重视。相比之下，马尔康姆的文章带来一百多篇给《哲学评论》的投稿，该期刊发表了其中少数文章，随后暂停了这一话题，但对这一话题的研究工作仍在继续。大卫·刘易斯将从模态逻辑的可能世界语义学——根据逻辑可能世界对必要性和可能性论断的解释——获得的见解应用到安瑟尔谟的某种论证中，这种论证在刘易斯看来是存在缺陷的。普兰丁格提出了另一种模态样式，虽然他声称这种样式是正确的，但他也承认还不能将其视为证据。不过，普兰丁格坚持认为这种说法能证明上帝信仰的合理性，因为人们可以合理地相信其前提并理性地认同从中得出的上帝存在的结论。

宗教的分析哲学

正如本体论的讨论开创了重新重视宗教哲学的时期一样，它同样也标志着这一领域中更严谨、更专业的方法的引进。对该领域的兴趣征象包括一些专门针对宗教哲学的期刊的创立。1962 年，墨尔本大学创立了《索菲娅》(*Sophia*)，该期刊主要讨论哲学神学；《宗教研究》(*Religious Studies*) 由剑桥大学出版社发行，始创于 1965 年；《宗教哲学国际期刊》(*International Journal for Philosophy of Religion*) 始创于 1970 年，在美国编辑，荷兰出版。研究态度的日趋严谨部分是由于对论证的态度更加仔细，此外也跟宗教哲学家引用哲学其他领域的观点有关，这些观点同样也日趋专业。因此，如上所述，本体论论证的工作是以模态逻辑的工作为依据的。在哲学逻辑的其他领域，反事实条件句理论开始出现在罪恶问题的处理中，关于过去的不变性的形而上学学说被应用到预知和自由意志的相关话题中，概率论则被用来支持或反对上帝存在。

1960 年代，宗教分析哲学最有影响力的作品是普兰丁格的《上帝与他心》(*God and Other Minds*) [14.48]。书中普兰丁格将分析哲学的方法运用到支持和反对上帝存在的传统论证中，特别是罪恶问题。普兰丁格认为这些论证均不成立。但他随后检视了他心存在的相似观点，这一观点认为他人心理状态存在的前提是他们的行为与某人在某一特定心理状态下的行为类似。普兰丁格认为，此论证虽然不成功，但却是我们对他心存在之说的最好论证。他进一步指出，这一论证的缺陷同他之前揭示的设计证明上帝存在论证的缺陷一样。他的结论是：由于相信他心仍然是合理的，故相信上帝同样是合理的。

另一个引起注意的话题是上帝的属性。1970—1972 年，安东尼·肯尼在王尔德讲座（Wilde Lectures）——后来修改作为《哲学家的上帝》（*The God of the Philosophers*）[14.44]出版——中讨论了神圣、全知、全能和永恒性这类话题。根据普莱尔和克雷茨曼（Norman Kretzmann）的工作，安东尼·肯尼认为，如果上帝无所不知，那么他就不可能永恒。他进一步声称，若上帝拥有绝对无谬误的知识，那么决定论就是正确的，且上帝应为人类的罪恶负责。肯尼得出结论："不可能存在永恒的、不可改变的、无所不知的、全能的、美好存在。"相比之下，理查德·斯温伯恩在其重要的哲学神学三部曲的首卷《有神论的一致性》（*The Coherence of Theism*）[14.52]中尝试描述"声称永恒存在一个无所不在的精神、自由、宇宙的创造者、全能、全知、完美、道德义务的来源意味着什么"，他努力表明有神论的这一主要观点是"一致"的。斯温伯恩的报告在某种程度上涉及减弱某些特定的属性。例如，上帝是偶在、全知的假设不要求理解所有的真理，而要求在任何特定时间有关当时或更早时间的每一正确命题的知识，以及有关将来时间仅仅报告了早些时间物理上必然发生的事件的那些命题的知识。在斯温伯恩看来，神圣和永恒意味着永生，而非传统的波爱修（Boethian）式观点，即对无限生命的同时、永恒掌握。另一方面，如果上帝是必然的存在，那么根据斯温伯恩，有神论者需要类推地而非字面上地使用上帝的某些谓述词。

在这些产生巨大影响的著作发表后的十年，爱德华·维伦卡在《上帝的本质》（*The Nature of God*）[14.54]中尝试对几个神圣属性进行哲学的辩护说明，他声称他的说明足以满足古典有神论的需求，同时也不受肯尼提出的异议的影响。关于神圣的预知是否与人类自由行动相容的问题引起了广泛关注。像阿奎那早先所做的那样，很多哲学家感到不得不指出某个关于不相容的简单论证是错误的。该论证如下：（1）若上帝事先知道一个人将执行某一行动，那么这个人必须执行该行动。（2）若一个人必须执行某一行动，那么这个人就不是自由地执行这个行动的。（3）若上帝事先知道一个人将执行某一行动，那么这个人就不是自由地执行这个行动的。第一个前提是模糊的，它可以被视为事实（1′）。必然地，若上帝知道一个人要执行某一行动，那么这个人就会这样做，但这样的结论不是根据前提推导而来的。若理解前提（1）为（1″）：若上帝知道一个人要执行某一行动，则这个人就会执行那个行动的命题必然是正确的，此时结论便是前提的必然结果，但这一解释下的前提是错误的。

对神圣预知和人类自由行动不相容问题的激烈争论，要求过去的明显不变性或必然性。根据这一观点，上帝在过去对未来的看法现在属于过去的一部分，因此是固定的或不可改变的。同样，由于必然性，由固定事物产生的东西本身是固定的或不可改变的。但考虑到上帝（本质上）的全知，如果上帝在过去知道一个人明天会执行某一行动，那么由于必然性，这个人便会执行该行动。因此，这个人会执行该行动的命题是固定的或不可改变的。然而，这样一来，这个人是否执行这一行动就不是他或她能决定的，因此该行动不自由。这一论证的一个版本由派克在《上帝和永恒性》（*God and Timelessness*）[14.47]中给出。在《上帝、时间和知识》（*God, Time, and Knowledge*）[14.43]中，威廉·哈斯克（William Hasker）表明对神圣预知相容性的标准辩护是失败的。他特别反对俄坎主义（Ockhamist），俄坎主义认为关于上帝过去预知的命题并非严格关于过去的；他还反对认为上帝位于时间之外的永恒主义。哈斯克认为，解决此问题要求我们能掌管过去，而事实上没人能做到。扎格泽波斯基（Linda Zagzebski）在《自由和预知的困境》（*The Dilemma of Freedom and Foreknowledge*）[14.55]中同样谈到了这一话题。尽管同哈斯克一样对传统观点持怀疑态度，扎格泽波斯基认为上述观点的两个假设，即不变性是由赋予传递的和相关意义下固定的行动是不自由的，可能都不成立。

除了上述的本体论论证，宗教分析哲学家还探讨了上帝存在的其他论证。在《宇宙论论证》（*The Cosmological Argument*）[14.50]中，威廉·罗考察了该论证的几个版本。该论证从现在存在偶然的事物这一假设中得出结论，即存在物都存在第一因，也就是上帝。威廉·罗认为这一论证并不能作为有神论的证据，但它可以显示有神论信仰的合理性。理查德·斯温伯恩在《上帝的存在》（*The Existence of God*）[14.53]中考虑了多种有神论论证，他强调了有神论假设的解释力，同时认为几个论证的累积案例使上帝存在的命题更加可能。这样看来，斯温伯恩的结论虽不详细，其立场与他作为牛津大学基督教宗教诺罗斯（Nolloth）教席教授的前任巴兹·米切尔相似。

宗教认识论

克利福德认为相信证据不足的命题是错误的，正如威廉·詹姆斯在 20 世纪初对这一观点做出的回应一样，证据主义者在 20 世纪末对有神论信仰合理性的质疑再次激起了对宗教认识论的兴趣。安东尼·傅卢提到：

> 如果确定有上帝，那么我们必须有确实的证据来证实确实如此。除非提出一些这样的确实证据，否则完全没有理由相信上帝。在那种情况下，最合理的态度必定是消极无神论或不可知论。
>
> ([14.59], p.22)

可以将这种反对作为一个论证：(1) 仅在上帝存在的证据充分时，相信上帝存在才是合理的；(2) 上帝存在没有充分证据；因此，(3) 相信上帝存在是不合理的。

普兰丁格认为这一对充分证据的要求是对古典基础主义的诉求。根据后一学说，一些命题在没有其他信仰作为基础时也可以合理地被相信。根据普兰丁格对古典基础主义的解释，这种"适义基础命题"（properly basic propositions）要么是不证自明的，是人们无法相信其不为真的；要么是感觉上明显的。任何其他命题，只有在适义基础命题的证明和支持下，或关于适义基础命题是明显的时，才能对其合理地加以相信。证据主义者的反对理由因此可以重新表示为：(1′) 只有当上帝存在这一命题对适义基础命题来说是适义基础的或明显的时，相信上帝存在才是合理的；(2′a) 上帝存在这一命题不是适义基础的，(2′b) 上帝存在这一命题对适义基础命题来说不是明显的；因此，(3′) 相信上帝存在是不合理的。普兰丁格认为，首先，上帝存在不是适义基础命题的说法至少是值得怀疑的——可能古典基础主义衡量何为适义基础的标准是有误的。其次，若那些衡量适义基础的标准是正确的，则相信论证的第一个前提就是不合理的，因为 (1′) 本身对适义基础命题来说既不是适义基础的,也不是明显的。因此,这一论证存在缺陷:若第二个前提是错误的,则论证不正确;但若第二个前提是正确的,则接受第一个前提就是不合理的。

不满足于仅仅反驳证据主义者对有神论信仰提出的异议,哲学家将注意力转向为证明有神论提供认识论理论。普兰丁格自己就对这样一个命题进行了辩护:某个人对一个命题的信仰是正当的,只要这种信仰是由此人的认识能力(在其被设计发挥作用的环境下)正常发挥作用而产生的。普兰丁格所说的认识能力正常发挥作用,是指它们以上帝期望的方式来发挥作用。此外,有神论者可能认为上帝在设计人时就会让人们持有上帝存在的信念。若是这样,这种信念将是合理的。

阿尔斯顿声称信仰应根据产生信仰的认识实践来评价。他接着指出,从提供良好有利的证据这一意义上来说,证明感性认识实践是很困难的,这种感性认识实践使我们产生对世界的普通信仰。阿尔斯顿认为,我们的感性实践仅在较弱的意义上得到了证明,即没有好的反对感性认识的理由或参与感性认识并非不合理。最后,阿尔斯顿认为,他所谓的基督教神秘实践(在参与宗教经验中产生对上帝的信仰),在某些方面与感性实践有着惊人的相似。它尤其"能合理地融入,因为它是社会既定的信念实践,并未显示出明显的不可靠或不能被合理接受"。

神学话题

在20世纪即将结束时,宗教哲学领域出现了两种趋势。一种是领域的拓展以包括或至少接近任何持有明显有神论观点的哲学著作。例如,伦理学的神谕论——认为上帝的命令决定行为的道德状态的元伦理理论——开始在宗教哲学的教科书选集中被探讨。此外,宗教哲学家会关注《基督教有神论和哲学问题》(*Christian Theism and the Problems of Philosophy*)[14.62]中收集的作者的著作,这些哲学家在其有关形而上学和认识论的著作中引用了有神论的教义。

第二个趋势是宗教哲学家往往同情地将其注意力转移到神学话题上，特别是基督教有神论的教义。例如，在《上帝化身的逻辑》（*The Logic of God Incarnate*）中，托马斯·莫里斯（Thomas Morris）使用分析哲学的工具捍卫化身的教义，即相信耶稣同时是完全的上帝和完全的人类。莫里斯尤其致力于反驳像约翰·希克这样的批评家，约翰·希克对这一教义提出反对，认为其存在不一致，他声称神圣必须具备的特性和人类必须具备的特性互不兼容。其他引起注意的话题有：三位一体的基督教教义（该教义认为上帝是由三人合一而成）和赎罪的基督教教义（基督自我牺牲来重建罪恶的人和上帝的正当关系）。菲利普·奎因（Philip Quinn）写了一系列论文来详细说明和批评阿奎那、亚伯拉德（Abelard）和康德提出的赎罪理论。理查德·斯温伯恩在神学问题丛书的第一卷讨论了这一话题，第二卷与启示有关，提出了神学兴趣的另一个问题。

参考书目

主要文献

(i) 19 世纪的理论背景

14.1　Caird, Edward *The Evolution of Religion*, 2 vols, Glasgow: J. MacLehose, 1894.

14.2　Caird, John *An Introduction to the Philosophy of Religion*, Glasgow: J. MacLehose, 1880.

14.3　Flint, Robert *Theism*, New York: C. Scribner, 1876; 7th edn, rev., 1889.

(ii) 唯心主义

14.4　Pringle-Pattison, Andrew Seth *The Idea of God in the Light of Recent Philosophy*, New York and London: Oxford University Press, 1917.

14.5　Rashdall, Hastings *Philosophy and Religion*, London: Duckworth, 1909.

14.6　Royce, Josiah *The Religious Aspect of Philosophy*, Boston: Houghton, Mifflin, 1885.

14.7　——*The World and the Individual*, 2 vols, New York and London: Macmillan，1900—1901.

(iii) 威廉·詹姆斯和实用主义

14.8　Clifford, W. K. *Lectures and Essays*, London: Macmillan, 1879.

14.9　James, William, "The Will to Believe", *New World*, 5 (1896): 327–347.

14.10　——*The Varieties of Religious Experience*, New York: Longman's, Green, 1902.

14.11　Pike, Nelson *Mystic Union: An Essay in the Phenomenology of Mysticism*, Ithaca, NY: Cornell University Press, 1992.

14.12　Stace, Walter T. *Mysticism and Philosophy*, Philadelphia: Lippincott, 1960.

(iv) 艾尔弗雷德·诺思·怀特海和过程神学

14.13　Cobb, Jr, John B. *A Christian Natural Theology: Based on the Thought of Alfred North Whitehead*, Philadelphia: Westminster Press, 1965.

14.14　Hartshorne, Charles *The Divine Relativity: A Social Conception of God*, New Haven, Conn.: Yale University Press, 1948.

14.15　Whitehead, Alfred North *Process and Reality: An Essay in Cosmology*, New York: Macmillan, 1929.

(v) 可证实性和意义

14.16　Ayer, A. J. *Language, Truth, and Logic*, New York: Dover, 1936.

14.17　Braithwaite, R. B. *An Empiricist's View of the Nature of Religious Belief*, Cambridge: Cambridge University Press, 1955.

14.18　Flew, Antony and Alasdair MacIntyre, eds *New Essays in Philosophical Theology*, New York: Macmillan, 1955.

14.19　Hempel, Carl "Problems and Changes in the Empiricist Criterion of Meaning", *Revue Internationale de Philosophie*, 4 (1950): 41–63.

14.20　Wisdom, John "Gods", *Proceedings of the Aristotelian Society*, suppl. vol. 45 (1944—1945): 185–206.

(vi) 维特根斯坦式唯信论

14.21　Hudson, W. D. *Wittgenstein and Religious Belief*, London: Macmillan, 1975.

14.22　Malcolm, Norman "The Groundlessness of Religious Belief", in Stuart Brown, ed., *Reason and Religion*, Ithaca, NY: Cornell University Press, 1977.

14.23　Nielsen, Kai "Wittgensteinian Fideism", *Philosophy*, 52 (1967): 191–201.

14.24 Phillips, D. Z. *Religion Without Explanation*, Oxford: Basil Blackwell, 1976.

14.25 Wittgenstein, Ludwig *Lectures and Conversations on Aesthetics, Psychology, and Religious Belief*, ed., Cyril Barret, Berkeley: University of California Press, 1967.

(vii) 恶的问题

14.26 Aiken, H. D. "God and Evil: A Study of Some Relations Between Faith and Morals", *Ethics*, 48 (1958): 5.

14.27 Alston, William P. "The Inductive Argument from Evil and the Human Cognitive Condition", *Philosophical Perspectives*, vol. 5: *Philosophy of Religion*, ed. James Tomberlin, Atascadero, Cal.: Ridgeview, 1991: 29-67.

14.28 Grave, S. A. "On Evil and Omnipotence", *Mind*, 65 (1956): 259-262.

14.29 Hick, John *Evil and the God of Love*, New York: Harper & Row, 1966; 2nd edn, 1978.

14.30 Mackie, J. L. "Evil and Omnipotence", *Mind*, 64 (1955): 200-212.

14.31 McCloskey, H. J. "God and Evil", *Philosophical Quarterly*, 10 (1960): 97-114.

14.32 Pike, Nelson "God and Evil: A Reconsideration", *Ethics*, 48 (1958): 116-124.

14.33 Plantinga, Alvin *God and Other Minds*, Ithaca, NY: Cornell University Press, 1967.

14.34 —— *God, Freedom, and Evil*, New York: Harper & Row, 1974.

14.35 Rowe, William "The Problem of Evil and Some Varieties of Atheism", *American Philosophical Quarterly*, 16 (1979): 335-341.

14.36 Swinburne, Richard *The Existence of God*, Oxford: Oxford University Press, 1979.

14.37 van Inwagen, Peter "The Magnitude, Duration, and Distribution of Evil: A Theodicy", *Philosophical Topics*, 16 (1988): 161-181.

(viii) 本体论证明

14.38 Alston, William "The Ontological Argument Revisited", *Philosophical Review*, 69 (1960): 452-474.

14.39 Hartshorne, Charles *Man's Vision of God*, New York: Harper & Row, 1941.

14.40 Lewis, David "Anselm and Actuality", *Noûs*, 4 (1970): 175-188.

14.41 Malcolm, Norman "Anselm's Ontological Arguments", *Philosophical Re-*

view, 69 (1960): 41-62.

14.42　Plantinga, Alvin *The Nature of Necessity*, Oxford: Oxford University Press, 1974.

(ix) 宗教的分析哲学

14.43　Hasker, William *God, Time, and Knowledge*, Ithaca, NY: Cornell University Press, 1989.

14.44　Kenny, Anthony *The God of the Philosophers*, Oxford: Oxford University Press, 1979.

14.45　Kretzmann, Norman "Omniscience and Immutability", *Journal of Philosophy*, 63 (1966): 409-421.

14.46　Mitchell, Basil *The Justification of Religious Belief*, New York: Seabury, 1974.

14.47　Pike, Nelson *God and Timelessness*, London: Routledge & Kegan Paul, 1970.

14.48　Plantinga, Alvin *God and Other Minds*, Ithaca, NY: Cornell University Press, 1967.

14.49　Prior, Arthur "The Formalities of Omniscience", *Philosophy*, 32 (1960): 121-157.

14.50　Rowe, William *The Cosmological Argument*, Princeton, NJ: Princeton University Press, 1975.

14.51　Stump, Eleonore and Norman Kretzmann, "Eternity", *Journal of Philosophy*, 78 (1981): 429-458.

14.52　Swinburne, Richard *The Coherence of Theism*, Oxford: Oxford University Press, 1977.

14.53　——*The Existence of God*, Oxford: Oxford University Press, 1979.

14.54　Wierenga, Edward *The Nature of God*, Ithaca, NY: Cornell University Press, 1989.

14.55　Zagzebski, Linda *The Dilemma of Freedom and Foreknowledge*, New York: Oxford University Press, 1991.

(x) 宗教认识论

14.56　Alston, William P. "Christian Experience and Christian Belief", in A. Plantinga and N. Wolterstorff, eds, *Faith and Rationality*, Notre Dame: University of Notre

Dame Press, 1983.

14.57 ——*Perceiving God : The Epistemology of Religious Belief*, Ithaca, NY: Cornell University Press, 1991.

14.58 Clifford, W. K. "The Ethics of Belief", in W. K. Clifford, *Lectures and Essays*, ed. F. Pollock, London: Macmillan, 1879.

14.59 Flew, Antony *The Presumption of Atheism*, London: Pemberton, 1976.

14.60 Plantinga, Alvin "Is Belief in God Rational?", in *Rationality and Religious Belief*, ed. C. F. Delaney, Notre Dame: University of Notre Dame Press, 1979.

14.61 —— "Reason and Belief in God", in A. Plantinga and N. Wolterstorff, eds, *Faith and Rationality*, Notre Dame: University of Notre Dame Press, 1983.

14.62 —— *Warrant and Proper Function*, Oxford: Oxford University Press, 1992.

(xi) 神学话题

14.63 Beaty, Michael, ed. *Christian Theism and the Problems of Philosophy*, Notre Dame: University of Notre Dame Press, 1990.

14.64 Feenstra, Ronald and Cornelius Plantinga, Jr, eds, *Trinity, Incarnation, and Atonement*, Notre Dame: University of Notre Dame Press, 1989.

14.65 Hick, John "Jesus and the World Religions", in J. Hick, ed., *The Myth of God Incarnate*, London: SCM Press, 1977.

14.66 Morris, Thomas V. *The Logic of God Incarnate*, Ithaca, NY: Cornell University Press, 1986.

14.67 Quinn, Philip L. "Christian Atonement and Kantian Justification", *Faith and Philosophy*, 3 (1986): 440-462.

14.68 Stump, Eleonore "Atonement according to Aquinas", in Thomas V. Morris, ed., *Philosophy and the Christian Faith*, Notre Dame: University of Notre Dame Press, 1988.

14.69 Swinburne, Richard *Responsibility and Atonement*, Oxford: Oxford University Press, 1989.

14.70 ——*Revelation*, Oxford: Oxford University Press, 1992.

其他文献

14.71 Lewis, H. D. "The Philosophy of Religion 1945—1952", *Philosophical Quarter-*

ly, 4 (1954): 166-181, 262-274.

14.72　Sell, Alan P. F. *The Philosophy of Religion: 1875—1980*, London: Croom Helm, 1988.

14.73　Wainwright, William J. *Philosophy of Religion: An Annotated Bibliography of Twentieth-Century Writings in English*, New York and London: Garland, 1978.

14.74　Wieman, Henry Nelson and Bernard Eugene Meland, eds, *American Philosophies of Religion*, Chicago and New York: Willett, Clark, 1936.

14.75　Zagzebski, Linda "Recent Work in the Philosophy of Religion", *Philosophical Books*, 31 (1990): 1-6.

名词解释

absolute idealism（绝对唯心主义）：19 世纪晚期和 20 世纪早期流行英美的一个哲学派别，受黑格尔影响的布拉德雷是其主要代表。它强调空间、时间和物理对象的非实在性，认为实在是不可见的和精神性的。有一个精神性的、自我意识的存在，即绝对，一切实在都是由于分有绝对才成为实在的。

accident（偶然）：不必然适用于某个对象，与必然相对。

actual world（现实世界）：实现所有现实真理的可能世界。

actuality（现实性）：将可能世界与其余世界以及将实在事物与只是可能的事物区分开来的特征。

analytic（分析的）：见分析真理。

analytic truth（分析真理）：仅根据组成部分的意义确定为真的陈述。与"综合真理"相对。

anti-realism（反实在论）：一种反对实在论的形而上学立场，认为存在一个不依赖于心灵的世界，一切判断必须与之相符合才为真。

a posteriori knowledge（后天知识）：依赖于具体感官或感觉经验的知识。

a priori knowledge（先天知识）：不依赖于任何具体感官或感觉经验的知识。

argument from design（设计论证明）：一种上帝存在的论证，以宇宙中的设计为证据，认为有一个设计者。

Äusserungen（状态）：维特根斯坦用来表达某种诸如"我害怕"之类的第一人称心理表达的专门术语。它们的典型特征在于，它们不是描述，尤其不是对内心的一种描述。状态有与更原始的反应或它们所替代的表达相同的功能，例如，"我害怕"在功能上等于恐惧的呻吟。

being（有）：在迈农的理论中指对象的最大范畴，只有其中一部分具有存在的特征。

binary function（二值函项）：把两个参数与一个值联系起来的一个函项（例如，加法是把两个数作为参数，两数之和作为值的函数）。弗雷格把对象之间的关系解释为真值的二值函项，即真与假作为它们的值。

brain in a vat（缸中之脑）：由希拉里·普特南描述的一个思想实验。根据这个实验，我们可能只是被一个疯狂的科学家置于缸中靠营养素存活的一些大脑。

causal theory of names（名称的因果理论）：一个名称的指称在某些情况下是由指向某个对象的名称的前后用法间的因果链决定的。

common law（习惯法）：在英国被诺曼底人征服之后产生的一种法律体系。它由法庭在没有任何控制性法规情况下的案例判决组成。它的基本原则之一是，法庭有义务遵从判例，并以相同的方式处理相似的案例，因此早期的判决成为以后案例的依据。现今的习惯法通常分为三个分支——契约法、财产法和民事侵权行为。尽管许多地方现在有了刑法典，但是刑法的一些重要方面仍然保留着习惯法。习惯法应用于大英帝国的许多地方，也成为诸如澳大利亚、加拿大和美国等国家的法律基础。

common-sense view of the world（世界的常识观点）：摩尔在其《保卫常识》（"Defence of Common Sense"，1925）一文中拥护的观点。它拒绝任何与日常生活中某种通常的观念相冲突的哲学命题。

consequentialism（结果主义，或后果论）：最简单的正确与错误的结果主义理论将行动的道德特征置于其结果的相对好坏的基础上：行动的结果越好或者越坏，行动就越正确或越错误。在更复杂的结果主义理论中，行动与道德上重要结果的关联是间接的。行动的正确与错误不是由它们本身的直接结果的相对价值决定的，而是根据这些道德实践更一般性的结果，或者可能与这些行为相联系的道德特征的某些方面来判断的。一个本身产生出好的结果的行为因此可能是一种非常坏的行为方式。摩尔的观点，即出于认识论的原因，我们应当遵循常识规则的指引，是间接结果主义的形式之一。

cosmological argument（宇宙论证明）：上帝存在的一种证明，它源于如下假设，偶然存在物的存在是有一个第一因即上帝的结果。

counterpart（对应物）：在大卫·刘易斯的模态理论中，对象不能存在于多个可能世界。把必然特征赋予一个对象的陈述就是真正把此特征赋予该对象，而且赋予所有其他世界中的对应物，在这些世界中的对象与原始对象也最相似。

criterion（准则）：对后期维特根斯坦而言，一个标准就是一个测试，根据一个语言规则赋予一个判断的真值。因此成为一个象棋国际大师的标准就是按照一个明确规则的指令以某种方式获得某个数值的等级。

de dicto necessity（命题的必然性）：语句或命题的必然性，总体性的必然真理，与属于

对象的必然特征的东西相对应。(见事物的必然性)

449 **de re necessity**(事物的必然性)：事物(the thing)的必然性。(见命题的必然性)

definite description(限定摹状词)：以"这个"开头的名词或名词短语，例如，"这个当今的法国国王"和"这个放有利摩日花瓶的橡木桌"。

deontological ethics(义务论伦理学)：义务论把对错而不是好坏作为道德的首要概念。从词源学上讲，"义务论"来自希腊语"deon"(义务)和"logos"(科学)。伦理学的义务论是反结果主义的，它否认义务或权利问题必然寄生于善的问题上。一个人应该做什么不只是做什么会产生最好结果的问题，而主要是一个人应该或不应该做什么行为的问题。

domain(域)：在逻辑学上指量词"存在"和"所有"的解释范围。一个可能世界的域就是在这个世界中或根据这个世界的对象的类。

doxastic(信念的)：信念导向的。一种心理状态是信念的，当且仅当它包含信念作为必然成分。

Duhem, Pierre(皮埃尔·迪昂)：著名法国物理学家和科学哲学家(1861—1916)。在科学哲学家中，他因其认识论整体论而闻名。根据该理论，科学假说总是基于其他假说进行测试，因此证实和证伪取决于已被接受的假说。

emotivism(情绪主义)：一种非认知主义理论。情绪主义认为，道德主张如"撒谎是不对的"只是在发泄说话者对他/她的对象的情绪反应，也可能唤起听者类似的情绪反应。根据这种道德话语的观点，道德主张并没有做出任何陈述，甚至也没有表达说话者自己的情绪状态；相反，它们只是表达了对所声称的东西的一种情绪反应。

empiricism(经验主义)：感觉证据——如视觉、听觉、触觉或味觉经验——是一种提供真正知识的证据。(严格的经验主义：只有感觉证据才提供真正的知识。)

epistemic coherentism(认识论的融贯论)：所有正当性都是根据信念之间的一致性关系推理出来的并且是有系统性的。

epistemic contextualism(认识论的语境主义)：辩护有双重结构，其中有些信念"语境上是基本的"，即在所探讨的语境下理所应当地为真，而所有推理上得到辩护的信念依赖于这种语境上基本的信念。

epistemic foundationalism(认识论的基础主义)：辩护有双重结构，在某些情况下，辩护是非推理性的或基本的，而所有其他辩护是基于基本正当性而推理的。

epistemic holism(认识论的整体论)：见认识论的融贯论。

epistemic infinitism(认识论的无限论)：推理性的认识论辩护的倒推是无穷的或无限的。

epistemology（认识论）：知识理论，关于知识的本质、起源和范围的哲学研究。

essential property（本质特征）：一种对象在每个可能世界都必不可少的特征。

essentiality of origin（起源的本质性）：认为一个物体的本源——例如一个人造制品的本源的构成物——是它的本质特征的理论。

ethical intuitionism（伦理直觉主义）：认为人类心灵包含一种认知官能，使之能够以一种直接的方式理解道德特征的存在或缺失，正如它们现实地存在于道德思想的对象中那样。严格说来，尽管直觉主义是一种认识论理论，但经常以一种伦理客观主义表现出来。

ethical naturalism（伦理自然主义）：客观主义的一种形式，认为道德主张的真假取决于自然世界的形成方式。它不应当与自然化的伦理学相混淆，后者代表了一种基于人类心理和社会互动的某些本质方面来解释伦理思想和行为的更为当代的、实证主义的努力。不同于更早的也建立在与人类心理和社会相关的自然事实基础之上的杜威或佩里的自然主义，自然化的伦理学作为一种伦理主观主义或非认知主义明显更加先进。各自的代表例证参见 Harman [5.26] 和 Gibbard [5.21]。

ethical non-cognitivism（伦理非认知主义）：伦理非认知主义由那些认为伦理主张是非命题性的元伦理学理论组成：道德主张并不表达依赖于世界是怎样的而或对或错的陈述。不严格地说，不存在任何人类心灵可以从中获得任何认知意识的道德特征，无论是主观的还是客观的。

ethical non-naturalism（伦理非自然主义）：一种客观主义理论，认为道德主张的真假取决于世界特定的非自然方面实际被构成的方式。由摩尔于 1903 年提出的这一观点保留了一种历史的反常。

ethical objectivism（伦理客观主义）：道德的客观主义者认为，道德主张表达了命题，而使这些命题为真或为假的是不依赖于人类道德信念的世界的特征。

ethical subjectivism（伦理主观主义）：道德的主观主义者也认为道德表达了命题，但认为使这些命题为真或为假的是说话者或他/她的社区对这些主张涉及的东西的道德反应。例如，说撒谎是不对的，我就做了一个关于我自己的道德信念或我的社区的信念的陈述。

extension（外延）：使一个谓述为真的对象集是它的外延。性质也被认为有外延，即它们的实例的集合。

fallibilism about justification（辩护的可错论）：可以存在错误地被证明的信念。

family resemblance（家族相似）：维特根斯坦认为，属于一个给定术语如"游戏"的外延的术语也许不具有将它们归于这一术语的充分必要的特征；相反，这些特征可能以一种类似于一个家族中各种特征分布于不同成员身上的方式分配给了该术语的类。A和B都有家族的头发颜色特征但没有家族的鼻子特征，B和C都有家族的鼻子特征但没有家族的头发颜色特征等等。

first-order logic（一阶逻辑）：量词"所有"和"有些"只涉及个体而不涉及高阶实体如性质或谓词的逻辑。

free-will defence（自由意志辩护）：诉诸拥有自由意志的生物的价值来表明上帝的存在与恶的存在相兼容的努力。

functionalism（功能主义）：一种心灵哲学的理论，据此，精神概念如疼痛是通过它们在知觉和行动之间的因果作用或功能来定义的。

Gettier problem（盖梯尔问题）：对被证明为真的真信念的标准知识分析进行修改或寻找替代方案的问题以避免由埃德蒙德·盖梯尔于1963年提出的反例引起的困难。

grue（蓝绿色）：古德曼虚构的谓词，对那些在公元2000年前被观察并发现是绿色的或者在公元2000年后被观察并发现是蓝色的东西为真。

haecceitism（个性论）：一个物体能够在不同的可能世界存在而不需要它们有任何独特的个别本质来建立其同一性。

haecceity（个性）：一个跨越可能世界的物体同一性的非定性的理由，如与定性的本性相对的"自性"（thisness）或"此性"（suchness）。

historical theory of names（名称的历史理论）：见名称的因果理论。

idealism about something（某物的唯心主义）：某物 x，x 的存在取决于构想者的理智过程或认知过程。

immanent universals（固有共相）：共相完全置于它们的每个实例中，并且本体论地依赖于它们，因此不存在任何无例示的固有共相。

indexical（索引词）：一种诸如"我"、"现在"、"这里"、"这个"和"那个"等的表达，对它们的解释取决于表达的语境。

individual（个体）：基本本体论范畴的实体。具体的个别物，基于时空的物理对象是模态个体，尽管其他种类——包括抽象实体——可能也包含其中。在逻辑学中被定义为最低的逻辑类型。

individual essence（个别本质）：至多被一个物体拥有的本质特征。

individuation（个体化）：一个实体在某个时间并经过一段时间从其环境中分化出来的过程。

inferential justification（推理辩护）：一个信念的正当性取决于另一个或一系列信念。

inherence（内在性）：性质或共相与其例示之间的各种关系或非关系的联结。

intensionality（内涵）：表达的语义特征，有相同指称或相同外延的表达不可能互相代替，与外延性相反。

internal relations, doctrine of（内在关系学说）：由布拉德雷提出的一种形而上学原则，认为关系特征可以还原为内在特征，并且最终是非实在的。

intrinsic（内在性）：内在于一个物体且不依赖于与其他任何物体的关系的特征。

lambda-operator（λ算子）：小写希腊字母λ被用来作为一个约束变量的算子以从其他表达生成一个函数表达。丘奇在其《λ变换演算》（*The Calculi of Lambda-Conversion*）中用这种方法表达一个运算法则的概念（递归函数）并在其简单类型理论中用这种方法生成函数（包括作为从对象到真值的函数的概念）的复杂表达。鲁道夫·卡尔纳普、理查德·蒙塔古和其他人都继承了丘奇对λ算子的这种用法。

language-game（语言游戏）：维特根斯坦后期哲学中的一个术语，指由词语作为角色由习惯进行调节的相互作用模式。例如《哲学研究》§2中提到的建筑工人的语言游戏，词语"木板"就意味着助手在回应叫"木板"时拿起的建筑块。

legal positivism（法律实证主义）：认为法律是什么与道德判断无关的一种观点，通常与自然法相对。这种学说尤其与约翰·奥斯汀（1790—1859）相联系，他认为法律是统治者以威胁性的制裁为支持对统治对象的命令。现代法律实证主义讨论的是依赖于社群的认可而不是统治的命令。

logical atomism（逻辑原子主义）：伯特兰·罗素在其《逻辑原子主义哲学》中捍卫的一种哲学，认为所有有意义的命题都是基本命题或原子命题的真值函项，而这些原子命题表达的是形而上学基本事实。

logical constructionism（逻辑构造主义）：伯特兰·罗素提出的一种哲学策略，即把哲学上令人困扰的实体（如数字、物理对象）视为可根据不太麻烦的实体（如集合、感觉材料）分析的，或"逻辑地建构的"。

logical empiricism（逻辑经验主义）：见逻辑实证主义。

logical positivism（逻辑实证主义）：维也纳学派的观点，认为哲学应当利用当代逻辑学（源于弗雷格和罗素）、各种分析技术和证实原则来严格限制对"科学"知识的进步的哲学探求，由此将形而上学关注从哲学中驱逐出去。

logical type（逻辑类型）：将逻辑表达根据其逻辑范畴分成对象、谓词等等。

mass terms（总量词）：如"水"或"食物"等代表材料的多少而不是区别性的个体的

术语。

Meinongian（迈农的）：具有迈农式特征的观点，主要指在有什么和存在什么（"being"）之间存在差异的观点。

mereological sum（分体整体）：以任意其他对象作为其部分的物体，正式的定义是完全重叠其他物体的物体。

mereology（分体论）：对部分与整体的关系的研究。

meta-ethics（元伦理学）：实质伦理学关注正确与错误和好与坏的理论，而元伦理学关注更一般性的问题，即伦理理论是关于什么的理论的问题。对这个问题的回答从思想和善等简单、不可定义、非自然的对象到空无一物。

meta-language（元语言）：用来谈论另一种"对象性的"语言的语言。

metaphysical realism（形而上学实在论）：一般而言，指如共相的一类实体存在的观点。最近逐渐等同于如下观点，即真理由独立于心灵的实在的对应物组成，以及真理是"非认识论的"，也就是说是独立于我们的知识的。

modal logic（模态逻辑）：处理必然和可能的概念的逻辑学分支。

modal operator（模态算子）：像"必然地"或"可能地"等表达真理的形态或形式的表达。

modal realism（模态实在论）：认为存在可能世界和可能但非现实的实体的观点，与现实论相对。

naive realism（素朴实在论）：事物就是它们在日常感觉经验中那样。

naming theory of meaning（意义的命名理论）：一个名称的意义就是它直接指称或指出的对象。

natural kind（自然类）：分享共同本质或自然特征的对象的类。

naturalism（自然主义）：把某个研究领域的概念和本体论还原为对自然世界的研究，也就是对科学研究必要的概念和本体论。

naturalistic fallacy（自然主义谬误）：狭义而言，自然主义谬误指摩尔认为自己在那些早期道德哲学家著作中发现的逻辑谬误。他认为，那些哲学家根据某些其他的自然的特征，某些在他看来可以通过未决问题论证在逻辑上被排除掉的东西来定义善。更一般而言，自然主义谬误指任何将应当是什么建基于自然地是什么之上的倾向的成问题的合法性。

natural-law theory（自然法理论）：指如下观点，即存在独立于任何人类制度的原则或价值的观点，并且如果它要具有法律效力，任何人类立法或决定都必须遵守它。

neutral monism（中立一元论）：一种形而上学观点，由威廉·詹姆斯首次提出，后又由罗素提出。它认为心灵和物理对象都是形而上学的次级实体，都应当视为来自直接经验——实在的基本"材料"——的建构。

nominalism（**唯名论**）：认为所有存在都是个别的，不存在一般的或普遍实体的一种主张，也等同于对如集合和数等抽象实体的拒斥。

norm（**规范**）：一种指导行动的标准，使得能恰当地断言应当采取这个行动。一般而言，对一个规范的接受至少包括承认一个人因此有遵守它的理由。

object theory（**对象论**）：迈农使用的术语，对存在和不存在的对象的最一般性研究。

ontological argument（**本体论证明**）：对上帝存在的一种论证。它得出上帝存在的结论只是由于把上帝的概念作为"无与伦比的伟大之物"或最完满的可能存在。

ontological commitment（**本体论承诺**）：理论与人们断言该理论相信其存在的对象之间的关系。

ontology（**本体论**）：对一般存在的哲学研究，如对存在的那类事物的研究。

opacity, referential（**指称的不透明性**）：对名词或限定摹状词而言，如果一个联合指称表达的代入或一个量词短语的导出能够改变语句的真值，那么出现在句子中并包含名词表达的语法语境就被说成指称上不透明的。因此，即使"Cicero"和"Tully"是联合指称的名词表达（琼斯不知道这个事实），"琼斯相信 Cicero 揭发了 Catiline"仍能为真并且"琼斯相信 Tully 揭发了 Catiline"能够为假的事实意味着"相信"的语法语境是指称上不透明的。同样，即使导出这个量词短语"一个独角兽"的结果如在"存在一个独角兽，琼斯在找它"中一样为假（因为不存在任何独角兽），"琼斯在找独角兽"仍能够为真的这一事实也意味着"寻找"的语法语境是指称上不透明的。

open question argument（**未决问题论证**）：摩尔认为，通过未决问题论证，他能证明"善"是不可定义的。如果我们把提出的任何定义 x 代入"x 是善吗？"，那么这个问题是一个未解决的问题，根据摩尔的观点，它表明，"x"和"善"不可能指相同的东西。

ostensive definition（**实指定义**）：一个术语的意义或指称是通过指出它的一个例示来传达的，如："[指向的]那个就是[我所视为的]红"。在后期维特根斯坦的理论中，实指定义不同于他所谓的实指教育。在后一种情形下，当某个特定的对象被指出时，学习者被鼓励说出正确的名称，但是学习者尚未掌握"那个东西叫什么？"这个表达的用法；而在前一种情形下，学习者已经掌握了问一个给定事物叫什么的语言游戏。

Pareto efficiency（**帕累托效率**）：如果从 b 向 a 变化，至少使得一部分更好而没有任何部分变得更差，那么情形 a 帕累托优于情形 b。如果没有任何情形帕累托优于情形 a，那么情形 a 就是帕累托效率。这个概念以 19 世纪后期社会理论家维弗雷多·帕累托

(Vilfredo Pareto) 的名字命名。

phenomenalism (现象论)：一种哲学观点，试图把物理世界分析为直接经验或现象的建构。

picture theory of meaning (意义的图像论)：由维特根斯坦在《逻辑哲学论》中提出的观点。语言的基本或原子命题作为基本事实的图像起作用，后者又被看成绝对简单对象的组合。

platonic realism (柏拉图的实在论)：抽象实体尤其是共相存在，并且这种存在不依赖于具体的实例。

possibilia **(可能存在物)**：不同于任何现实事物而只是可能存在的个体。

possible world (可能世界)：事物可能存在的方式，不同的理论中可能是抽象实体，也可能是具体实体。

pragmatism (实用主义)：一种哲学流派，最早由皮尔士在19世纪末和20世纪早期提出，由詹姆斯、杜威等人以不同方式加以发展。实用主义者认为，每个有意义的思想或命题都必须在人类生活中有实践的——因而是可观察得到的——结果。

problem of evil (恶的问题)：上帝存在与恶的存在之间的协调问题。恶的逻辑问题是认为，全能、全知、全善的存在在逻辑上与恶的存在是不兼容的。恶的证据问题是认为，恶的存在是反对上帝存在的最好证据。

proper name (专名)：命名或指示个别对象的词。罗素区分了日常专名如"苏格拉底"和"斐多"与逻辑专名如"这"和"那"，前者伪装或缩写为限定摹状词，后者指示它们的对象而没有任何中间描述的内容。其他一些哲学家如唐纳兰和克里普克认为，日常专名实际上是以罗素认为的逻辑专名的方式起作用的。

quiddity (本性)："这个"，性质上的个别本质。

radical interpretation (彻底解释)：对如下条件的确定，在此条件下说话者的表达为真不依赖于关于说话者所相信的东西的知识和他/她所说的那种语言的知识。

rationalism (唯理论)：不依赖于感觉证据的知识。（严格的唯理论：不存在任何依赖于感觉证据的知识，只存在真正的知识。）

realism about something, x **(关于 x 的实在论)**：x 的存在不依赖于认知者的理智或感知过程。

rigid designator (严格指示词)：在每个可能世界都指示同一实体的表达。与限定摹状词相对，后者可以是不严格的。

scientific realism (科学实在论)：认为科学所假设的实体和性质是实在的。

scientism (科学主义)：贬义词，指对科学过度的尊敬或赞赏。

semantic holism（语义整体论）：任何陈述的意义都取决于其他一些陈述的意义。

set（集合）：个体的群或聚集本身被视为一个个体。

ship of Theseus（特休斯之船）：一只著名的船，一块木板一块木板地更换直到它没有一块原装的木板。

singular term（单称词）：专名、限定摹状词、单称人称代词，或指示代词。

situational ethics（情境伦理学）：任何伦理理论都是不可能的，因为任何行动的正确与错误完全取决于行动的情境，而所有情境都是唯一的。

sortal term（类型词）：一类或一种个别事物的总称，如"桌子"、"狮子"或"数字"，与总量词如"水"或形容词如"蓝色的"相反。

statutory law（成文法）：法规是立法机关的命令或禁令法案，不同于习惯法，后者由法庭的决定组成，而成文法由法规组成。

substantive ethics（实质伦理学）：20世纪早期，哲学的这一分支关注是什么决定了行动为正确或错误的一般性问题。有人提出了一种单一的总体性原则，如"产生最好后果的那些行动是正确的"，也有人提出许多这种原则，如罗斯的类似义务的清单。但根据卡里特主张的伦理学的情境观点，严格说来，实质伦理学是不可能的，没有任何总体性的答案能回答什么决定了行动的正确与错误的问题。

synthetic truth（综合真理）：根据所涉事情而不是组成术语的意义而为真的命题。

temporal part（时间部分）：一个在某个时刻或在某个时间段被视为独立个体的对象。

theodicy（神正论）：解释恶的正当性或恶的理由是什么的努力。

token/type（殊型/类型）：一个类型的特殊事件与该类型本身之间的区分。这一区分经常被用于语言学实体。因此在语句"这人咬了这狗"中，有类型"这"的两个殊型；另一方面，这个句子中只有四个词类型。因此，如果我们问这个句子中有多少个词，我们根据指的是词类型还是殊型会有不同的回答。

truth-function（真值函项）：一个给定命题 p 是一组命题的真值函项——该组命题构成一个集合 s，当且仅当 p 的真值（即真或假）完全由 s 中的各命题的真值决定。罗素和维特根斯坦都受到如下观点的吸引，即语言的所有命题都是关于基本事态的基本命题集合的真值函项。罗素从未毫无保留地支持此观点，但是维特根斯坦在其《逻辑哲学论》中捍卫了这一观点。

utilitarianism（功利主义）：结果主义的一种。功利主义将行为的合理性与效用的最大化联系在一起。"效用"可以简单地指快乐，或者如摩尔的理想理论中一样可以包括个人情感和知识等善。然而在更新近的用法中，"效用"通常被定义为或者是愉悦的精神状态，或者是令人满意的选择，因此摩尔的理论现在被视为一种结果主义的非功利主义形式。

variable, bound（约束变量）：在符号逻辑中，指前面有量词"对所有 x……"或"对有些 y……"的变量 x 或 y，与前面没有量词的自由变量相对。

verification principle（证实原则）：由维也纳学派成员支持的一种原则，认为一个有意义的非逻辑命题原则上必须能够经验证实。这一原则有许多不同表述，但没有一种得到普遍认可。它被用来拒斥传统形而上学。

Vienna Circle（维也纳学派）：一个哲学家群体，许多人受过科学或数学的训练，在 1920 年代在石里克的领导下聚集于维也纳。该群体拥护逻辑实证主义哲学，后者在 20 年间无论是在欧洲大陆还是在英语世界都被证明是富有影响而又充满争议的。

Zeno (of Elea)（埃利亚的芝诺）：前苏格拉底时期希腊哲学家（生于公元前 490 年），其最著名的是被称为"芝诺悖论"的陈述。它旨在证明物理运动形式的变化是不可能的，直到 20 世纪它仍然是受到尊重的考察对象。芝诺也认为，多元性概念和空间位置有着深层的不一致性，因此不适用于实在。他相信实在的正确理解是一种不变的、不可分的整体。由此，芝诺的思想与 19 世纪末 20 世纪初的绝对唯心主义之间有一种有趣的相似的关系。

索 引

abortion（堕胎）368-370

absolute idealism（绝对唯心主义）77-81, 430-431

abstract singular term（抽象单称词）46

adjudication（判决）345

advertising, ethics of（广告伦理）387-388

aesthetic categories（美学范畴）413

aesthetic concepts（审美概念）407

aesthetic content（审美内容）413

aesthetic context（审美语境）412; and culture（文化）415

aesthetic emotion（审美情感）401-402

aesthetic experience（审美经验）400-401, 405-407

aesthetic qualities（审美特性）407-408

aesthetic surface（美感表象）399

aesthetic-attitude theories（审美—态度理论）398-400, 411-412

aesthetics, analytic period of（美学分析时期）405-410

Aiken, H. D.（艾肯）435

Alston, William（阿尔斯顿）: on evil （恶）436; on evidence for God's existence（上帝存在的证据）441-442

amusement art（娱乐艺术）403

analytic philosophy of religion（宗教分析哲学）437

analytic truth（分析真理）52-53

analytical Marxism（分析的马克思主义）295

analyticity（分析性）216-222; and behaviourism（行为主义）219; in epistemology（认识论）220-222; and holism（整体论）221-222

animal rights（动物权利）378-379

Annis, David（戴维·安妮丝）, on epistemic contextualism（认识论的语境主义）230

Anselm, Saint（圣安瑟尔谟）437

anti-essentialism（反本质主义）, in defining art（定义艺术）409-410

anti-realism（反实在论）128-132

appearances, Chisholm on（齐硕姆论表象）3-4

Armstrong, David M（阿姆斯特朗）: on

physicalism（物理主义）127–128；and reductive materialism（还原论唯物主义）128；on universals（共相）127, 128

ars combinatorial（结合的艺术）40–41

art（艺术）：its cognitive aspects（认知方面）424；as communication（交流）402；and criticism（批判）401；and deconstruction（解构）420–421；definition of（定义）416–418；and evaluation（评估）421–425；the experience of（体验）411–414；as the expression of emotion（情感表达）402–404；functional accounts of（功能解释）418；institutional theory of（制度理论）417–418；interpretation of（解释）419–421；and language（语言）415；procedural accounts of（程序解释）418；its subject（主体）415–416；as symbol（符号）407；theory of（理论）415

artwork, its perception（艺术作品的认知）413–414

artworld（艺术世界）417–418

atomic proposition（原子命题）255

attributes of God（上帝的属性）438–440

Äusserung（状态）263, 269–271

Austin, J. L.（奥斯汀）22–24；and legal positivism（法律实证主义）342；on ordinary language（日常语言）6；on rule following（规则）343

autonomy（自治）302

Ayer, A. J.（艾耶尔）432, 433；on emotivism（情绪主义）164, 285；on ethics（伦理学）148, 149, 365；on verification（证实）148, 150, 151, 208

Baier, Kurt, on moral discourse（库尔特·拜尔论道德语言）180–182

Baker, Gordon, on criteria（贝克论标准）267

Bambrough, Renford（雷福德·班布拉）：against prescriptivism（反对规定主义）176；and universals（共相）112

Beardsley, Monroe（门罗·比尔兹利）397, 405–406, 410, 419–420, 421, 422–423

bedrock of language（语言的基石）271–273

behaviourism（行为主义）274

Bell, Clive（克莱夫·贝尔）401–402

Bentham, Jeremy（杰里米·边沁）286, 375

Bergmann, Gustav（古斯塔夫·伯格曼）109

biocentric ethics（生物中心伦理学）379–382

bioethics（生命伦理学）368–375

biological determinism（生物决定论）307, 324

Black, Max（马克斯·布莱克）112, 113

BonJour, Lawrence（劳伦斯·邦乔）：on epistemic coherentism（知识论的融贯主义）205；on foundationalism（基础主

义）228

Boole, George（乔治·布尔）41-42

Boolean logic（布尔逻辑）41-42

Bradley, F. H.（布拉德雷）77-81

Braithwaite, R. B.（布雷思韦特）433

Brecht, Bertolt（贝托尔特·布莱希特）158

bribery, morality of（行贿的道德性）388-389

Broad, C. D. on emotivism（布洛德论情绪主义）149

builder's language-game（建筑师的语言游戏）256

Bullough, Edward（爱德华·布洛）398-399, 400, 406, 411

business ethics（商业伦理）367, 382-390

Caird, Edward（爱德华·开尔德）430

Caird, John（约翰·开尔德）430

Calabresi, Guido（圭多·卡拉布雷西）347, 354

Callicott, J. Baird（克利考特）380

care ethic（关怀伦理）315

Carnap, Rudolf（鲁道夫·卡尔纳普）432; on analyticity（分析性）218-220; on emotivism（情绪主义）163; on the logical construction of the world（世界的逻辑构造）50-52; and metaphysics（形而上学）105; and pragmatics（语用学）57; and pragmatism（实用主义）209, 210; on the principle of verification（证实原则）208-209; on reduction sentences（还原句）54; and the Vienna Circle（维也纳学派）205

Carritt, E. F., on intuitionism（卡里特论直觉主义）143-144

Carson, Rachel（蕾切尔·卡逊）367, 376

causal theory（因果论）: of knowing（知道）230, 231; of names（名称）27-29

causation（原因）: in the law（法律）359-360; and responsibility（责任）359

Chisholm, Roderick（罗德里克·齐硕姆）3; on foundationalism（基础主义）227-229; and the problem of the criterion（标准问题）233

Church, Alonzo（阿伦佐·丘奇）: on the lambda operator（λ算子）63; on the simple theory of types（简单类型论）65

Clifford, W. K.（克利福德）431, 440

Coase, Ronald H.（罗纳德·哈里·科斯）347

Cohen, Marshal（马歇尔·科恩）411-412

Cohen, Ted（泰德·科恩）408

collective rights（集体权利）360-361

Collingwood, R. G.（柯林伍德）403-404

common behaviour of mankind（人类共同行为）272

common sense（常识）199-202

communal knowledge（公共知识）318

communitarianism（共产主义）296-298,

300

community of life（生活社区）380

consciousness-raising（自我意识的增强）308，309，322

constative/performative distinction（记述/履行区分）22-24

contraception, ethics of（堕胎伦理）377

conversational implicatures（谈话含义）72

conversational maxims（谈话准则）25-26，72

Cornman, James on foundationalism（詹姆斯·科曼）229

corporate moral responsibility（共同道德责任）384-386

counterpart theory（对应物理论）123，124-125

criteria, Wittgenstein's conception of（维特根斯坦的标准概念）267-269；and angina（咽喉炎）267；and circumstance（环境）268-269；and personal identity（个性）7；and pretending（假装）268；and truthfulness（真）270

criterion, the problem of（标准问题）232-233

criminal law, moral limits of（刑罚的道德界限）353

critical legal studies movement（批判法学研究运动）349-351

critical theory of society（社会批判理论）289

custom（惯例）272

Daly, Mary（玛丽·戴利）313

Danto, Arthur（阿瑟·丹托）411，414-416

Davidson, Donald（唐纳德·戴维森）：on events（事件）3；on interpretation（解释）33-35；and ontology（本体论）118，119

Davies, Stephen（斯蒂芬·戴维斯）418

death（死亡）370-371

de Beauvoir, Simone（西蒙·德·波伏娃）307，322

de dicto necessity（命题的必然性）119，120

de re necessity（事物的必然性）120，121

deconstruction（解构）346

deep-ecology movement（深层生态学运动）379

definition by abstraction（抽象定义）51

depth grammatical remarks（深层语法表达）274-275

Descartes, René（笛卡尔）39-40

divine foreknowledge（神圣的预知）439-440

Devlin, Lord Patrick（帕特里克·德弗林勋爵）353，354，366；on the Wolfenden Committee Report（沃芬敦委员会报告）351-352

Dewey, John（约翰·杜威）392，400-401；and aesthetics（美学）402，405，406；on common sense in ethics（伦理常识）155；and ethical naturalism（伦理

自然主义）146-147；and ethics（伦理学）148，159；on ethics and science（伦理学和科学）158；on Hegel（黑格尔）78；political philosophy of（政治哲学）288；and pragmatism（实用主义）212-214；on *prima facie* duties（显见义务）153；on radical democracy（激进民主制）302

Dickie, George（乔治·迪基）411-412，417-418

difference principle（差异原则）291

Donagan, Alan（阿兰·多纳根）347；on responsibility（责任）360

Donnellan, Keith, on reference（凯斯·唐纳兰论指称）26-27

Dummett, Michael, and anti-realism（迈克尔·达米特和反实在论）130

Dürrenmatt, Friedrich（弗里德里希·杜伦马特）157

Ducasse, C. J., on foundationalism（杜卡斯论基础主义）228

Duff, R. A.（达夫）357

Dworkin, Andrea（安德里亚·德沃金）354

Dworkin, Ronald（罗纳德·德沃金）292，344-347，350，351，353；on interpretation（解释）345-346；on "Law as Integrity"（"法律即整全性"）345-346；on legal rules（法律规则）344；his model of adjudication（判决模型）345；on principles（原则）344-345

Earth Day（地球日）376-377

ecofeminism（女权运动）319，382

ecology（生态学）367

ego boundaries（自我边界）313

Einstein, Albert, on public morality（阿尔伯特·爱因斯坦论公共道德）156

elementary propositions（基本命题）3，253

emotive theory of ethics（伦理学的情绪理论），见"emotivism"

emotivism（情绪主义）149，163-169，285

empiricism（经验主义）197-204；problems for（问题）215-222

end of ideology（意识形态的终结）288

endangered species（濒临灭绝的物种）379

enforcement of morality（道德的强制）351-354

environmental ethics（环境伦理学）376-382

environmental justice（环境正义）381

epistemic coherentism（认识论的融贯论）225-227

epistemic conservatism, principle of（认识论的保守主义原则）220-222

epistemic contextualism（认识论的语境主义）229；David Annis on（戴维·安妮丝），230

epistemic holism（认识论的整体论）217，223

epistemic infinitism（认识论的无限论）224-225

epistemic justification（认识论的正当性）223-230

Epstein, R. A., on causation and liability（爱泼斯坦论因果关系和义务）360

equal rights（平权）309-310

Erlich, Paul（保罗·埃利希）377

essentiality of origin（起源的本质性）121, 122

ethical naturalism（伦理自然主义）144-147

ethical objectivity（伦理客观性）144

ethical relativism（伦理相对主义）188-190

ethics（伦理学）: of care（关怀伦理）314; feminist concept of（女权主义伦理概念）315; and maternity（母性）314

euthanasia（安乐死）370-372

evil, the problem of（恶的问题），见problem of evil

exploitation（剥削）309-310

expressionist theory of art（艺术的表现主义理论）402-403

extensional context（外延语境）65, 66

fallibilism（可错论）223

family resemblance（家族相似）266-267, 346, 416

Farrell, Dan（丹·法雷尔）356

Feigl, H.（费格尔）: and pragmatism（实用主义）210; and the Vienna Circle（维也纳学派）205

Feinberg, Joel（乔尔·范伯格）: on Devlin（德弗林）354; on the moral limits of the criminal law（刑罚的道德界限）353

female heterosexuality, as a social construct（作为社会行为的女异性恋）310-311

feminism（女性主义）299-302; and race（人种）311-312

feminist critique of science（科学的女性主义批判）315, 316-318

feminist ethics（女性主义伦理学）154, 313-316

feminist epistemology（女性主义知识论）316-319

feminist psychology（女性主义心理学）319-321; and child rearing（儿童抚养）321; and the concept of self（自我概念）320, 322, 323, 325; on the female as wild（未驯化的女性）320; on hysteria and frigidity（歇斯底里和性冷淡）319; and identity formation（身份的形成）320, 322, 323, 325; and the mind/body split（心身分裂）321; and multiple personality（多重人格）323; and paranoia（偏执狂）321; and plurality（多重性）320; and rape fantasy（强奸幻想）319

Finnis, John（约翰·菲尼斯）347, 358

Firestone, Shulamith（舒拉米斯·费尔斯通）372

Flew, Anthony（安东尼·傅卢）433, 435, 440

folk psychology（大众心理学）5, 128, 278-279

Foot, Philippa, on prescriptivism（菲利帕·福特论规定主义）173-174

foundationalism（基础主义）227-229

Fraassen, Bas Van, and anti-realism（巴斯·范·弗拉森）130-131

Frankena, William, on the concept of morality（弗兰克纳论道德概念）179

free will（自由意志）122, 123; and divine foreknowledge（神圣预知的知识）439-440

free will defense（自由意志辩护）435-436

Frege, Gottlob（戈特洛布·弗雷格）: on first and second level concepts（一阶概念和二阶概念）45; on quantifiers（量词）2, 42, 43; on sense and reference（意义和指称）5, 15, 44; on singular terms（单称词）14, 15

Friedman, Milton（米尔顿·弗里德曼）367, 384, 386

function, in Wittgenstein（维特根斯坦的函项）266

future persons, our duties towards（我们对未来人负有的责任）377

Galbraith, J. K.（加尔布雷思）387-388

Gauthier, David（戴维·高契尔）: on rational choice（理性选择）294-295; on reason and morality（理性和道德）184, 185

Gavagai（兔子）32-33

Geach, Peter, on prescriptivism（彼得·吉奇论规定主义）174, 175

general semantics（普通语义学）71-72

gestural stage of language learning（语言学习的姿态阶段）260-261

gestures（姿态）270

Gettier, Edmond（埃德蒙德·盖梯尔）231

Gettier problem（盖梯尔问题）231, 232

Gewirth, Alan, on reason and morality（艾伦·格沃思论理性和道德）185-186

Gifford lectures（吉福德讲座）430, 431, 432

Gödel, Kurt, and the Vienna Circle（库尔特·哥德尔和维也纳学派）205

God's attributes（上帝的属性），见"attributes of God"

Goethe, Johann Wolfgang von（歌德）261-262

Goldman, Alvin, on the causal theory of knowing（阿尔文·戈德曼论知识的因果理论）230-231

Goodman, Nelson（尼尔森·古德曼）397, 406-407, 410, 424; and nominalism（唯名论）110-112

good-reasons approach（良好理由方法）180, 181

grammatical fictions（语法虚构）249，250

Grave, S. A.（格雷夫）435

Green, Leon（利昂·格林）360

Green, T. H.（T. H. 格林）430

Grice, Paul（保尔·格赖斯）25-26; on meaning（意义）21-22

Grisez, Germain（杰曼·格瑞塞斯）347

Griswold vs. Connecticut（格里斯沃尔德诉康涅狄格州案）352

Hacker, P. M. S., on criteria（哈克论标准）267-268

Hahn, Hans, and the Vienna Circle（汉斯·哈恩和维也纳学派）205

Hall, Evert, his criticism of Moore（埃佛特·霍尔对摩尔的批判）139

Hampton, J.（汉普顿）357-358

Hare, R. M. 433（黑尔）; on prescriptivism（规定主义）168-173

harm principle（伤害原则）351, 353, 354

Harmen, Gilbert（吉尔伯特·哈曼）: on epistemic coherentism（认识论的融贯论）225; on ethical relativism（伦理相对主义）189

Hart, H. L. A.（哈特）354, 359, 360, 366; on the Wolfenden report（沃芬敦报告）351-352; and legal positivism（法律实证主义）342; and legal theory（法律理论）342-344; and natural law（自然法）343; on rule following（遵守规则）343

Hartshorne, Charles（查尔斯·哈茨霍恩）109, 432; on the ontological argument（本体论证明）437

Hasker, William（威廉·哈斯克）440

Hastings Center（哈斯汀斯中心）366

hate laws（攻击性法）353

Hayek, Friedrich（弗里德里希·哈耶克）286, 387-388

Hegel, Georg Wilhelm Friedrich（黑格尔）352; on punishment（惩罚）357; Russell's criticism of（罗素的批判）89

Heidegger, Martin（马丁·海德格尔）8

Hempel, Carl（卡尔·亨佩尔）434

Hick, John（约翰·希克）436, 442

Hippocratic oath（希波克拉底誓言）383

Hobbes, Thomas（托马斯·霍布斯）294

holism（整体论）221, 222

Hobhouse, L. T.（霍布豪斯）286

Honoré, Tony（托尼·奥诺尔）359, 360

Human Genome Project（人类基因组计划）373

human life, sanctity of（人类生命的神圣性）373-374

identity formation（身份的形成）320

identity of indiscernables（不可识别物的同一性）112, 113

ideal language（理想语言）6, 39-44

ideal utilitarianism（理想的功利主义）154

idealism（唯心主义）197，198，430-431

illocutionary act（以言行事的行为）69

illocutionary logic（以言行事的逻辑）69-71

illocutionary speech（以言行事的话语）23-24

induction, in ethics（伦理学中的归纳推理）176

infanticide（杀婴）370

inferential justification（推论辩护）224，225

inner ostensive definition（内心实指定义）275

insider trading, morality of（内幕交易的道德）389-390

instinctive behaviour（本能行为）258，259

intensional context（内涵语境）65-66

intensional logic（内涵逻辑）62-66

intention（意向）260，261，262-264，270

interpretation（解释）：of law（法律）345-346；of rules（规则）271-272

intuitionism（直觉主义）138，141-144，186-187，285

Inwagen, Peter van（彼得·范·因瓦根）436

James, William 78，93-97，431-440（威廉·詹姆斯）；on pragmatism（实用主义）211-212

Joyce, James（詹姆斯·乔伊斯）387

justice ethics（正义伦理学）315

justice, principles of（正义原则）183，184

Kant, Immanuel（伊曼努尔·康德）437

Kantian ethics（康德伦理学）374-375

Katz, Jerrold J.（杰罗德·卡茨）7，8

Kavka, Gregory（格里高利·科夫卡）357

Kelson, H.（凯尔森）344

Kennick, William（威廉·肯尼克）409

Kenny, Anthony（安东尼·肯尼）：on God's attributes（上帝的属性）438；on private language（私人语言）277

knowledge（知识）：analysis of（分析）223；of the external world（外部世界）223-230

Kretzmann, Norman（诺曼·克雷茨曼）438

Kripke, Saul（索尔·克里普克）：on belief（信念）30-31；on the essentiality of origin（起源的本质性）121，122；on kind terms（种类词）29，121；on names（名称）27-29；

on necessity（必然性）119，121；on the necessity of identity（同一的必然性）120，121；on private language（私人语言）276；on rigid designators（严格的指示词）121

Kuhse, Helga（海尔格·库瑟）370

Kymlicka, Will（威尔·金里卡）298，361

lambda operator（λ算子）63

Langer, Suzanne（苏珊·朗格）403，405

language learning（语言学习）257，259，261-264

language-game（语言游戏）252，255，256，257，264-266；and action（行动）280；its primitive form（原始形式）258，259，261-262

Law and Economics Movement（法律经济学运动）347-348，360

Law as Integrity（法律即整全性）346

law, principles of（法律原则）344-345

Leibniz, Gottfried（莱布尼茨）39-41

Leopold, Aldo（奥尔多·利奥波德）376，379

legal moralism（法律道德主义）353

legal paternalism（法律家长主义）353

legal positivism（法律实证主义）342

legal realism（法律实在论）349

legal rules（法律规则）344

Lewis, C. I.（刘易斯）：on foundationalism（基础主义）227；on pragmatism（实用主义）212，214-215

Lewis, David（大卫·刘易斯）：on causation（因果关系）359；on counterpart theory（对应物理论）123；on the ontological argument（本体论证明）437；on ontology（本体论）123，124，125

liberalism（自由主义）290-292；attacks on（攻击）289-290

Linsky, Bernard（伯纳德·林斯基）3

Locke, John, William James on（威廉·詹姆斯论洛克）95，96

locutionary speech（以言表义话语）23-24

logical atomism（逻辑原子主义）55，56；Russell on（罗素）92，93

logical form（逻辑形式）1，2

logical positivism（逻辑实证主义）4-5，18-21，205-210；and ethics（伦理学）148-151；and religion（宗教）432-434

logical types, theory of（逻辑类型论）45-49

logically perfect language（逻辑完美语言）43-44

logicism（逻辑主义）50

Lorde, Audre（奥德烈·罗尔蒂）313

Lovelock, James（詹姆斯·洛夫洛克）381

Lotze, Hermann（赫尔曼·洛采）430

McCloskey, H. J.（麦克克洛斯基）435

MacIntyre, Alasdair（阿拉斯代尔·麦金太尔）298；on G. E. Moore（摩尔）135；on tradition（传统）296-297；on virtue ethics（美德伦理学）193

Mackie, J. H.（麦基）：on causation（因果关系）359；on evil（恶）435

MacKinnon, Catherine A.（凯瑟琳·麦金农）301，354

McTaggart, J. M. E.（麦克塔格特）80；on

the reality of time（时间的实在性）59

magical art（魔法艺术）403

Malcolm, Norman（诺曼·马尔康姆）257; on the ontological argument（本体论证明）437; on private language（私人语言）276; on religion（宗教）434

male dominance（男性支配）310

male scientists, their gender bias（男性科学家的性别偏见）316

Mally, Ernst（恩斯特·莫利）126

manifest images（明显影像）128

Mandelbaum, Maurice（莫里斯·曼德尔鲍姆）411, 416

Margolis, Joseph（约瑟夫·马戈利斯）420

Marx, Karl（卡尔·马克思）287, 289

Marxism（马克思主义）287, 289; analytical（分析的）295

Mathews, Freya（弗雷娅·马修斯）381

meaning（意义）: cognitive（认知）19-20; emotive（情感的）19; empiricist theory of（经验主义理论）4, 53-55; Grice's theory of（格赖斯的意义理论）21-22; holism（整体论）217, 218; naming theory of（命名理论）12; non-natural（非自然的）21-22; postulates（假定）218; pragmatic theory of（语用学理论）210, 211; use theory of（使用论）17; and verification（证实）4, 18

meaninglessness（无意义）4, 5, 82, 83, 98-101, 103, 105

medical ethics（医学伦理学）367

Meinong, Alexius（阿莱克西斯·迈农）116

Meinongianism（迈农主义）125, 126

Melamed, A. D.（梅拉梅德）347, 359

Mestiza consciousness（多族裔意识）322-324

meta-aesthetics（元美学）405

meta-ethics（元伦理学）154, 285, 365

metaphysical picture（形而上学图像）274

metaphysical realism（形而上学实在论）129

Mill, John Stuart（约翰·斯图亚特·密尔）286, 353, 375; on freedom of speech（言论自由）301; on good（善）139, 135-137; his harm principle（伤害原则）351; Moore's criticism of（摩尔的批判）135-137; on utilitarianism（功利主义）154

Mitchel, Basil（巴兹·米切尔）433

modal realism（模态实在论）124, 125

model theory（模态理论）56, 57

molecular propositions（分子命题）3

Montague, Richard M.（理查德·蒙塔古）: on pragmatics（语用学）60-61; on universal grammar（普通语法）66-68; on intensional logic（内涵逻辑）62-66

Moore, G. E.（摩尔）78; and analysis（分析）87; and common sense（常识）85-87, 200, 202; on good（善）134; on ideal utilitarianism（理想功利主义）154, 155; and metaphysics（形而上学）84; and realism（实在论）198, 199; and the referential theory of meaning（意义的指称论）139-141

Moore's paradox（摩尔悖论）26

moral agency, and oppression（道德主体及其压制）315

moral point of view（道德观点）182

moral realism（道德实在论）186-188

morality, the concept of（道德的概念）178-180

Morris, Thomas（托马斯·莫里斯）442

Moser, Paul（莫泽）233-241

multiple personality（多重人格）323

Naess, Arne（阿恩·纳斯）379

Nagel, Thomas（托马斯·内格尔）293

names（名称）: attributive and referential use of（归属性用法和指称性用法）26, 27; causal theory of（因果理论）7, 26-30; as disguised descriptions（伪装的摹状词）16-17; Russell's theory of（罗素的名称论）7

natural law theories（自然法理论）342, 343, 346, 347

naturalism（自然主义）126-128

naturalistic fallacy（自然主义谬误）136, 137

natural-kind terms（自然种类词）29-30, 121

necessity（必然性）: *de dicto*（命题的必然性）119, 120; *de re*（事物的必然性）120, 121; of identity（同一性的）120, 121

Nelson, Gaylord（盖洛德·尼尔森）376-377

neo-Hegelianism（新黑格尔主义）77-81

Neurath, Otto（奥图·纽拉特）: on pragmatics（语用学）58; and the Vienna Circle（维也纳学派）100

neutral monism（中立一元论）96-97

Nielsen, Kai（凯·尼尔森）434-435

nominal transparency（名称的透明性）30

nominalism（唯名论）110-112

non-cognitive moral judgements（非认知道德判断）164

non-natural property（非自然特征）137, 139

norms（标准）: and the law（法律）343-344; and social practice（社会实践）344

Nowell-Smith, P. H.（诺维尔·史密斯）433

Nozick, Robert（罗伯特·诺齐克）355; on health care（健康关怀）374; on punishment（惩罚）357; on Rawls（罗尔斯）292-295

Nuremberg trials（纽伦堡审判）368

Oakeshott, Michael（迈克尔·欧克肖特）297

offense principle（冒犯原则）353

Ogden, C. K.（C. K. 奥格登）149

Okinl, Susan Moller（苏珊·莫勒·奥金）299

O'Neill, Onora（奥诺拉·奥尼尔）375

ontological commitment（本体论承诺）115, 124

ontological argument（本体论证明）122, 437

ontology（本体论）123, 124, 125, 127

oppression of women（对妇女的压迫）307-308

ordinary-language philosophy（日常语言哲学）5, 6, 112-113

ostensive definition（实指定义）: inner（内心）273; in Wittgenstein（维特根斯坦）277

overpopulation（人口过剩）377

pain, natural expression of（疼痛的自然表达）274

paradox of reference and existence（指称和存在悖论）16-17

Parsons, Terrance（特伦斯·帕森斯）126

patients' rights（病人的权利）368

Paul Ⅳ on contraception（教皇保罗六世谴责避孕）366

Pears, David（大卫·皮尔斯）112

Peirce, C. S.（皮尔士）78, 81-83; and epistemic infinitism（认识的无限论）225; and the pragmatic theory of meaning（意义的语用理论）210

performatives（完成行为句）22-24

perlocutionary speech（以言取效的话语）23-24

Perry, Ralph Barton（拉尔夫·巴顿·佩里）144-146

personal autonomy（个人自治）374-375

personal identity（个人认同）7, 114-115

Phillips, D. Z.（菲利普）434

philosophy of as if（仿佛哲学）131

physicalism（物理主义）127-128

Pike, Nelson（派克）435, 439-440; on evil（恶）435

Plantinga, Alvin（阿尔文·普兰丁格）435; evidence for God's existence（上帝存在的证据）441; on God and other minds（上帝和他心）438; on the ontological argument（本体论证明）437

Plato, on punishment（柏拉图论惩罚）357

playful world travel（游戏性的旅行世界）315-316

play, men's idea of（男性意义上的游戏）315

Popper, Karl（卡尔·波普尔）287

pornography（色情表演）301, 352, 354

Posner, Richard（理查德·波斯纳）347

power（权力）302; patterns of（模式）308-309

pragmatics（语用学）12, 22-26, 57-61

pragmatism（实用主义）93-97, 210-

215，288-289；and religion（宗教）431；and the Vienna Circle（维也纳学派）209，210

Prall, David（戴维·普劳尔）399-400

prescriptivism（规定主义）168-173；attack on（攻击）173-176

pretending（假装的）267-268

prima facie duties（显见义务）152，153

Pringle-Pattison, Andrew Seth（安德鲁·塞斯·普林格尔-帕蒂森）430

Prior, Arthur（亚瑟·普莱尔）438；and tense logic（时态逻辑）58-60

Pritchard, H. A.（普理查德）：on intuitionism（直觉主义）141-142；on moral claims（道德主张）148

private-language argument（私人语言论证）273-277

problem of evil（恶的问题）435-436，438

process philosophy（过程哲学）109，432

property rights（财产权）354-355

protocol statements（记录陈述）207-208

proto-type, in Wittgenstein（维特根斯坦的原型）258，261

psychical distance（心理距离）398-399

psychological period in aesthetics（美学心理学时期）398-405

psychology and applied ethics（心理学和应用伦理学）392

public vs. private（公共的与私人的）300-302

Puffer, Ethel（埃塞尔·普夫）398

punishment（惩罚）354-358；communicative theories of（商谈理论）355，357-358；consequentialist theories of（结果主义理论）355-357；and deterrence（威慑）356-357；and free choice（自由选择）358；retributive theories of（报应理论）355，357

Putnam, Hillary（希拉里·普特南）：and anti-realism（反实在论）129；on kind terms（种类词）29-30；and realism（实在论）128-129

quasi analysis（准分析）51

Quine, Willard van Orman（威拉德·奥曼·奎因）：on analyticity（分析性）216-218；and behaviourism（行为主义）219；on epistemic conservatism（认识论的保守主义）220-222；and epistemic holism（认识论的整体论）217，223；and metaphysics（形而上学）115；and naturalism（自然主义）126，127；on necessity（必然性）120；on ontological commitment（本体论承诺）115，124；and ontology（本体论）115-118，127；on translation（翻译）31-33

Quinlan, Karen Ann（卡伦·安·昆兰）371

Quinn, Philip（菲利普·奎因）442

Quinn, Warren（沃伦·奎因）356

race, and the definition of women（种族和妇女的定义）314

radical contractarianism（激进的契约主义）294-295

radical democracy（激进的民主制）302, 303

radical empiricism（彻底的经验主义）50, 51

radical interpretation（彻底解释）33-35

radical translation（彻底的翻译）31-33

Rainbow coalition（彩虹联盟）303

ramified theory of types（分支类型论）49

Rashdall, Hastings（黑斯廷斯·拉什道尔）431

rational choice（理性选择）182-186

Rawls, John（约翰·罗尔斯）300; criticism of（批判）292-295, 296, 297, 298; and feminism（女性主义）153; on justice in health care（健康关怀中的正义）374; on reason and morality（理性和道德）182-184; on reflective equilibrium（反思平衡）176-178; on rules（规则）191-192; his theory of justice（正义史）290-292

Raz, Joseph（约瑟夫·拉兹）344

reduction sentences（还原句）54, 55

referential content of art（艺术的指称内涵）406

referential theory of meaning（意义的指称论）139-141

reflective equilibrium（反思平衡）176-178

Regan, Tom（汤姆·雷根）380

religious epistemology（宗教知识论）440-442

reproductive freedom（生殖自由）325

reproductive technology, morality of（生殖技术的道德）372-373

Rescher, Nicholas（尼古拉斯·雷谢尔）225

resistance to male domination（对男性支配的抵抗）315

resource depletion（资源开发）377

Richards, I. A.（理查兹）149

rigid designators（严格指示词）121

Rolston, Holmes, III（霍尔莫斯·罗尔斯顿）380

Rostow, Eugene（尤金·罗斯托）353

Royce, Josiah（乔西亚·罗伊斯）430

Roe vs. Wade（罗诉韦德案）352, 368

Roman Catholicism（罗马天主教）297

Rorty, Richard（理查德·罗蒂）131-132

Ross, W. D.（罗斯）: his intuitionism（直觉主义）142-143; on *prima facie* duties（显见义务）152-153

Rowe, William（威廉·罗）436, 440

rule following（服从规则）271, 272, 343; in Wittgenstein（维特根斯坦）276

Russell, Bertrand（伯特兰·罗素）78; on definite descriptions（限定摹状词）14-17; on denoting（论指谓）2; and ethics（伦理学）156, 157; on foundationalism

（基础主义）227; and idealism（唯心主义）197, 198; and logical atomism（逻辑原子主义）92, 93; on logical constructionism（逻辑构造主义）90–91; on logical form（逻辑形式）2, 3; on names（名称）13, 14; and neo-Hegelianism（新黑格尔主义）88–90; and neutral monism（中立一元论）97; and quantifiers（量词）2; and realism（实在论）198, 199; his referential theory of meaning（意义的指称论）140; and science（科学）204, 205; on the *Tractatus*（《逻辑哲学论》）5, 6

Russell's paradox（罗素悖论）47–49

Ryle, Gilbert（吉尔伯特·赖尔）6

Saint Thomas Aquinas（圣托马斯·阿奎那）109

Sandel, Michael（麦克尔·桑德尔）296, 297, 298

Santayana, George（乔治·桑塔亚纳）401; on objectivity in ethics（伦理学中的客观性）144

Schneewind, Jerome（杰罗姆·施尼温德）176

scepticism（怀疑论）232–241

Schlick, Moritz（莫里兹·石里克）181, 432; on meaningful propositions（有意义命题）101; and the Vienna Circle（维也纳学派）205

Schopenhauer, Arthur（亚瑟·叔本华）398, 400

Schweitzer, Albert（阿尔伯特·施韦泽）376, 379

science, and moral responsibility（科学和道德责任）378; and sexism（男性至上主义）316, 317

scientific moral realism（科学的道德实在论）187–188

scientism（科学主义）5, 128

Scruton, Roger（罗杰·斯克鲁顿）352

Searle, John（约翰·塞尔）24–25; against prescriptivism（反规定主义）175–176

self, concept of（自我概念）320

Sellars, Wilfrid（威尔弗雷德·塞拉斯）: and epistemic coherentism（认识论的融贯论）225; against foundationalism（反基础主义）228; on manifest and scientific image（明显影像和科学影像）128

semantics（语义学）12

semiotic（符号学）57

sense data（感觉材料）50, 202–203

sexual politics（性政治学）309

Sibley, Frank（弗兰克·西布利）407–408, 410, 413, 423–424

signals, in Wittgenstein（维特根斯坦的符号）256

significant form（意义形式）401–402

simple objects（简单对象）253

simple theory of types（简单类型论）49

Singer, Peter（彼得·辛格）370, 378–

379

situated knowledge（情境化知识）319

Smith, Adam（亚当·斯密）383

species problem（物种难题）122

speech acts（言语行为）22-25, 68-72

Spinoza, Benedict（斯宾诺莎）381

Stace, W. T.（史泰思）431

standpoint theory（立场理论）318, 319

state descriptions（状态描述）56

Stevenson, Charles L.（查尔斯·斯蒂文森）150, 164-168

Stolnitz, Jerome（杰罗姆·斯托尔尼茨）400, 411

Stone, Christopher（克里斯托弗·斯通）380, 386-387

Strawson, P. F.（彼得·F·斯特劳森）: and persons（人）113, 114; on referring（指称）17-18; on scientific concepts（科学概念）58

substantive ethics（实质伦理学）152-157

suicide（自杀）371

suppression of knowledgeable women（对知识女性的压制）317

Swinburne, Richard（理查德·斯温伯恩）436, 438, 440, 442

Sylvan, Richard（理查德·西尔万）379

symbolic forms（符号形式）404

syntax（句法）11

Tarski, Alfred（阿尔弗雷德·塔斯基）: on semantics（语义学）12; and model theory（模态理论）56, 57

tautology（重言式）19

Taylor, Charles（查尔斯·泰勒）298

Taylor, Paul（保罗·泰勒）380

tense logic（时态逻辑）58-60

testeria（测试对象）319

Theism（有神论）429

theodicy（神正论）435-436

theology（神学）442; and verification（证实）432-434

theory of logical types（逻辑类型论）45-49

Third World women（第三世界妇女）321

Thomism（托马斯主义）109

Thompson, Judith Jarvis（汤普森）: on abortion（堕胎）369-370; on private language（私人语言）276

Tooley, Michael（迈克尔·图利）370

Toulmin, S.,（图尔明）180, 181

translation, formal theory of（翻译的形式理论）67-68

trickster（精灵）316

truth conditions（真值条件）55

Unger, Robert M.（罗伯托·昂格尔）303, 349, 351

universal language（普遍语言）39-41

universal Montague grammar（普遍蒙塔古语法）66-68

universals（共相）5, 112

Urmson, J. O.（厄姆森）421

use（使用）251-254, 264, 265, 266

utilitarianism（功利主义）190-192, 286-287, 375; attacks on（攻击）290

Vaihinger, Hans（汉斯·费英格）131

veil of ignorance（无知之幕）290

verification（证实）: principle of（原则）102, 103, 206-209, 211; and the theory of meaning（意义理论）18-21

verificationism（证实主义）276

Vermazen, Bruce（布鲁斯·费尔马岑）424-425

Vienna Circle（维也纳学派）5, 18, 100, 101, 205-210, 432

Vietnam war（越南战争）284, 289, 366

virtue ethics（美德伦理学）190, 192-193

visual design（视觉设计）405-406

Vivas, Eliseo（埃莉西奥·维瓦斯）411

Waismann, Friedrich（弗里德里希·魏斯曼）205

Walton, Kendal（肯达尔·沃尔顿）413

Weiss, Paul（保罗·魏斯）109

Weitz, Morris（莫里斯·威茨）409, 411, 416

welfare state（福利国家）290

"whistle-blowing", morality of（"揭发"的道德）390

White, Morton（默顿·怀特）5

Whitehead, Alfred North（艾尔弗雷德·诺思·怀特海）432

Wierenga, Edward（爱德华·维伦卡）439

Winch, Peter（彼得·温奇）343

Wiggins, David（大卫·威金斯）114

Wisdom, John（约翰·维斯道姆）433

Wittgenstein, Ludwig（路德维希·维特根斯坦）78, 397; and academic philosophy（学院派哲学）278-279; aim of（目的）248; on analysis（分析）6; and clarity（明晰性）1; early philosophy of（早期哲学）97-100, 104; and epistemic contextualism（认识论的语境主义）230; and ideal language（理想语言）58; impact of（影响）247-248; and logical positivism（逻辑实证主义）100-106; and moral realism（道德实在论）187; on naming theory of meaning（意义的命名理论）141; on ordinary language（日常语言）6; and philosophical method（哲学方法）278; on psychology（心理学）281-282; on religion（宗教）434-435; on rule following（服从规则）343; and the *Tractatus*（《逻辑哲学论》）3; on value（价值）148, 151, 152; and verification（证实）206-207; and the Vienna Circle（维也纳学派）206

Wittgensteinian fideism（维特根斯坦的信仰主义）434-435

Wolfenden Committee Report（沃芬敦委员会报告）351, 366

women, oppression of（对女性的压制）312—313

women's liberation movement（妇女解放运动）307

women's rights（妇女权利）367

Wong, David（黄百锐）189—190

Zagzebski, Linda（琳达·扎格泽波斯基）440

Zelta, Edward（爱德华·扎尔塔）126

Ziff, Paul（保罗·齐夫）409—410, 411

译后记

往往是几本教科书教育了一代人，或者说几本教科书形成了一代人的知识结构和学术观。我们这一代人就是通过读黑格尔的《哲学史讲演录》、罗素的《西方哲学史》、梯利的《西方哲学史》和文德尔班的《哲学史教程》等教科书来了解西方哲学的。20世纪下半叶特别是80年代以来国内学界的一些前辈和同仁也编写了一批西方哲学史教材，但是它们的取材范围、断代原则和哲学史观都没有完全脱离上述几本引进教科书的影响。上述几本教科书也存在一些问题，最大的问题是过于陈旧，它们分别成书于19世纪和20世纪初，未能反映20世纪哲学的最新发展，不能适应教学和研究的需要。

20世纪60年代末至70年代初，在西方世界又出现了一批比较好的多卷本的哲学史，例如法国的"七星百科全书"（Encyclopédie de la Pléiade）中的三大卷的《哲学史》（Histoire de la Philosophie），该书是上百位专家共同编写的，内容广博，涵盖东西方的各种哲学思潮流派；但是该书是用法语写成，国内能直接阅读的人太少。此外，在美国出版了科普斯顿（F. Copleston）的九卷本的《哲学史》（A History of Philosophy），该书由作者一人写成，尽管他的知识非常广博，文笔很优美，但是上下几千年、纵横全世界、洋洋九大卷的哲学史凭一人之力，总会有遗憾之处。作者作为一位神学家，在材料的取舍、笔墨的浓淡、理论的是非等问题上总会或多或少留下个人的一些痕迹。这两部哲学史的共同的问题是，它们也都只写到20世纪50年代前后，未能反映20世纪下半叶西方世界哲学发展的最新进展，而且它们都没有被译成汉语，不能被广大的中国学生和读者所阅读。

世界上著名的劳特利奇出版公司出版的《劳特利奇哲学史》是西方世界在走向21世纪时出版的一部代表当今世界西方哲学史研究领域最高学术水

平的著作。全书共十卷，1993年开始出版，2000年出齐。该书是集体智慧的结晶，每一章的作者都是这一领域公认的专家，130多位专家来自英国、美国、加拿大、澳大利亚、爱尔兰、法国、意大利、西班牙、以色列等十多个国家的著名大学和科研机构。该书既是一部系统的哲学史，又可以被看作一部专题研究论丛，它涵盖了从公元前8世纪直到20世纪90年代末西方哲学发展的全部内容，有很高的学术含量。它既可以作为研究人员的参考书，也可以作为大学生和研究生的参考教材，同时也可以作为文化人系统了解西方哲学的工具书。

1994—1995年我在英国牛津大学做高级访问学者时，在经常光顾的Blackwells书店发现了刚刚出版的几卷《劳特利奇哲学史》，就被它深深吸引，萌发了将它译成汉语的愿望。回国后我主动向中国人民大学出版社推荐了此书，得到了人大出版社的回应和鼓励。待2000年《劳特利奇哲学史》十卷本全部见书后，我们就开始同劳特利奇出版公司洽谈版权，不久就签订了购买版权的合同。于是，我牵头组织从事西方哲学研究的一些同事、朋友、学生来翻译这套书，他们译完后由我校译并统稿。我们的原则是翻译以研究为基础，基本上是找对所译部分有研究的学者来译，力求忠实地反映原书的面貌，包括保留原书的页码和全部索引，便于读者查对。原书中每一章后面附有大量的参考书，我们不做翻译，原文照录，其目的也是便于有深入研究需要的读者进一步查询，如果译成了汉语反而给读者查找造成了不便。这样做的目的都是为了保持原书的学术性。

翻译是一种遗憾的艺术，或者说是一项吃力不讨好的工作，即使是很多大翻译家的译作也可以被人们挑出很多错误和疏漏，何况是才疏学浅的我辈呢？译文中可能存在一些错误，恭请各位指正。好在所有严肃的研究者从来就不倚赖翻译本做学问，他们只是把译本作为了解材料的一个导引，希望我们的翻译能够给他们做好这样一个导引。近年来国内的学者们兴起盛世修史之风，就我所知，现时学界已有许多编撰多卷本西方哲学史的计划，愿我们的这套译本能给大家提供一些参考。

本套译著的出版得到了中国人民大学出版社的大力支持，没有他们的学术眼光和为购买版权所做的工作，我们也不可能把该套书翻译出来奉献给读者。先后为这套书的出版提供过帮助的有曾经在和仍然在人大出版社工作的周蔚华、李艳辉、胡明峰、杨宗元、符爱霞等多位主编、编辑室主任和编辑，他们为该书的编辑出版付出了大量的劳动，向他们表示感谢。

《劳特利奇哲学史》第十卷的翻译分工是：

第十卷简介，目录，作者简介，历史年表，导言，第九、十一章，名词解释，索引——**鲍建竹**译。

第一、二、八章——**江怡**译。

第三、四、七章——**曾自卫**译。

第五、六章——**郭立东**译。

第十章——**魏开琼**译。

第十二、十三、十四章——**罗俊丽**译。

《劳特利奇哲学史》（十卷本）简介、总主编序和译后记——**冯俊**译、编。

由**冯俊**、**鲍建竹**审校全书。

对上述诸位译者、校者一并致以诚挚的谢意。

冯　俊

2015年7月17日于上海浦东

Philosophy of Meaning, Knowledge and Value in the Twentieth Century—
Routledge History of Philosophy Volume X, by John V. Canfield
ISBN：0-415-05605-5

Selection and editorial matter © 1997 John V. Canfield I①P

Individual chapters © 1997 the contributors

Authorised translation from the English language edition published by Routledge, a member of the Taylor & Francis Group; All rights reserved. 本书原版由 Taylor & Francis 出版集团旗下 Routledge 公司出版，并经其授权翻译出版，版权所有，侵权必究。

China Renmin University Press is authorized to publish and distribute exclusively the Chinese (Simplified Characters) language edition. This edition is authorized for sale throughout Mainland of China. No part of the publication may be reproduced or distributed by any means, or stored in a database or retrieval system, without the prior written permission of the publisher. 本书中文简体翻译版权授权由中国人民大学出版社独家出版并仅限在中国大陆地区销售，未经出版者书面许可，不得以任何方式复制或发行本书的任何部分。

Copies of this book sold without a Taylor & Francis sticker on the cover are unauthorized and illegal. 本书封面贴有 Taylor & Francis 公司防伪标签，无标签者不得销售。

北京市版权局著作权合同登记号：01-2000-1577

图书在版编目（CIP）数据

劳特利奇哲学史（十卷本）.第十卷，20世纪意义、知识和价值哲学/（加）约翰·V.康菲尔德主编；江怡等译. —北京：中国人民大学出版社，2016.11
ISBN 978-7-300-23080-1

Ⅰ.①劳… Ⅱ.①约…②江… Ⅲ.①哲学史-世界②价值（哲学）-英国-20世纪③价值（哲学）-美国-20世纪 Ⅳ.①B1

中国版本图书馆 CIP 数据核字（2016）第 152277 号

劳特利奇哲学史（十卷本）
总主编：［英］帕金森（G. H. R. Parkinson）
　　　　［加］杉克尔（S. G. Shanker）
中文翻译总主编：冯俊
第十卷
20 世纪意义、知识和价值哲学
［加］约翰·V.康菲尔德（John V. Canfield） 主编
江怡 曾自卫 郭立东 鲍建竹 魏开琼 罗俊丽 译
冯俊 鲍建竹 审校
20 Shiji Yiyi Zhishi he Jiazhi Zhexue

出版发行	中国人民大学出版社			
社　　址	北京中关村大街 31 号	邮政编码	100080	
电　　话	010-62511242（总编室）	010-62511770（质管部）		
	010-82501766（邮购部）	010-62514148（门市部）		
	010-62515195（发行公司）	010-62515275（盗版举报）		
网　　址	http://www.crup.com.cn			
	http://www.ttrnet.com（人大教研网）			
经　　销	新华书店			
印　　刷	涿州市星河印刷有限公司			
规　　格	165 mm×235 mm　16 开本	版　次	2016 年 11 月第 1 版	
印　　张	34.75 插页 2	印　次	2016 年 11 月第 1 次印刷	
字　　数	523 000	定　价	98.00 元	

版权所有　　侵权必究　　印装差错　　负责调换